全国高等教育自学考试指定教材

经济管理类专业

对外经济管理概论
（2005年版）

（附：对外经济管理概论自学考试大纲）

全国高等教育自学考试指导委员会

主　编　杜奇华

副主编　黄晓玲　宋　沛

武 汉 大 学 出 版 社

图书在版编目（CIP）数据

对外经济管理概论:2005 年版/全国高等教育自学考试指导委员会组编;杜奇华主编;黄晓玲,宋沛副主编.—武汉:武汉大学出版社,2005.9(2021.8 重印)

全国高等教育自学考试指定教材　经济管理类专业
ISBN 978-7-307-04701-3

Ⅰ.对…　Ⅱ.①全…　②杜…　③黄…　④宋…　Ⅲ.对外经济—经济管理—中国—高等教育—自学考试—教材　Ⅳ.F125

中国版本图书馆 CIP 数据核字(2005)第 103565 号

责任编辑:刘爱松　　责任校对:王　建　　版式设计:支　笛

出版发行:**武汉大学出版社**　(430072　武昌　珞珈山)
　　　　　(电子邮箱:cbs22@ whu.edu.cn　网址:www.wdp.com.cn)
印刷:武汉中科兴业印务有限公司
开本:880×1230　1/32　印张:20.5　字数:585 千字
版次:2005 年 9 月第 1 版　　2021 年 8 月第 19 次印刷
ISBN 978-7-307-04701-3/F · 940　　定价:26.00 元

组 编 前 言

当您开始阅读本书时,人类已经迈入了 21 世纪。

这是一个变幻难测的世纪,这是一个催人奋进的时代。科学技术飞速发展,知识更替日新月异。希望、困惑、机遇、挑战,随时随地都有可能出现在每一个社会成员的生活之中。抓住机遇,寻求发展,迎接挑战,适应变化的制胜法宝就是学习——依靠自己学习、终生学习。

作为我国高等教育组成部分的自学考试,其职责就是在高等教育这个水平上倡导自学、鼓励自学、帮助自学、推动自学,为每一个自学者铺就成才之路。组织编写供读者学习的教材就是履行这个职责的重要环节。毫无疑问,这种教材应当适合自学,应当有利于学习者掌握、了解新知识、新信息,有利于学习者增强创新意识、培养实践能力、形成自学能力,也有利于学习者学以致用、解决实际工作中所遇到的问题。具有如此特点的书,我们虽然沿用了"教材"这个概念,但它与那种仅供教师讲、学生听,教师不讲、学生不懂,以"教"为中心的教科书相比,已经在内容安排、形式体例、行文风格等方面都大不相同了。希望读者对此有所了解,以便从一开始就树立起依靠自己学习的坚定信念,不断探索适合自己的学习方法,充分利用已有的知识基础和实际工作经验,最大限度地发挥自己的潜能,达到学习的目标。

欢迎读者提出意见和建议。

祝每一位读者自学成功。

全国高等教育自学考试指导委员会

目　　录

第一章　国际经济与贸易概述……………………………………… 1
　第一节　国际经济与贸易的基本知识……………………………… 1
　第二节　国际经济与贸易的产生和发展 ………………………… 15
　第三节　国际分工和国际经济与贸易 …………………………… 32
　第四节　国际经济与贸易的地位和作用 ………………………… 44

第二章　国际贸易理论 …………………………………………… 49
　第一节　古典贸易理论 …………………………………………… 49
　第二节　新古典贸易理论 ………………………………………… 62
　第三节　新贸易理论 ……………………………………………… 75

第三章　国际贸易管理 …………………………………………… 93
　第一节　国际贸易政策 …………………………………………… 93
　第二节　关税措施 ………………………………………………… 99
　第三节　非关税措施……………………………………………… 107
　第四节　鼓励出口和出口管制…………………………………… 115
　第五节　贸易条约与协定………………………………………… 121
　第六节　世界贸易组织…………………………………………… 129

第四章　中国对外贸易管理……………………………………… 135
　第一节　对外贸易发展概述……………………………………… 135
　第二节　发展对外贸易的作用…………………………………… 141
　第三节　对外贸易发展战略……………………………………… 144
　第四节　对外贸易宏观管理……………………………………… 160

第五章　国际技术贸易 ························· 192
第一节　国际技术贸易概述 ····················· 192
第二节　国际技术贸易的内容 ··················· 197
第三节　国际技术贸易的方式 ··················· 207
第四节　国际技术贸易的价格与支付 ············· 211
第五节　知识产权的国际保护 ··················· 213

第六章　中国对外技术贸易管理 ··············· 218
第一节　中国对外技术贸易政策 ················· 218
第二节　中国国际技术贸易管理 ················· 224
第三节　中国参与的与知识产权有关的国际组织和条约······ 244

第七章　国际服务贸易 ······················· 246
第一节　国际服务贸易概述 ····················· 246
第二节　国际服务贸易理论与政策 ··············· 259
第三节　服务贸易总协定 ······················· 271

第八章　中国对外服务贸易管理 ··············· 285
第一节　中国国内服务贸易发展概述 ············· 285
第二节　中国服务贸易各行业发展现状 ··········· 293
第三节　我国有关服务贸易的法律规定 ··········· 313

第九章　国际金融 ··························· 321
第一节　国际金融概述 ························· 321
第二节　国际收支 ····························· 325
第三节　汇率 ································· 339
第四节　国际储备 ····························· 350
第五节　国际金融市场 ························· 354

第十章　中国对外金融管理 ··················· 364
第一节　中国外汇管理 ························· 364
第二节　人民币完全可兑换 ····················· 382
第三节　WTO 与中国金融开放 ················· 391

第十一章　中国利用外资管理…………………………………………413

第一节　中国利用外资的概况……………………………………413

第二节　中国利用外资的方式……………………………………420

第三节　入世与我国利用外资的政策措施………………………442

第十二章　中国对外投资管理…………………………………………457

第一节　中国对外投资概况………………………………………457

第二节　"走出去"战略与中国企业海外直接投资　………………464

第三节　中国对外投资的方式和战略……………………………468

第四节　中国对外投资管理………………………………………478

第五节　中国对外投资管理中存在的问题及应对措施…………490

第十三章　国际工程承包与劳务合作…………………………………495

第一节　国际工程承包概述………………………………………495

第二节　招标与投标………………………………………………501

第三节　国际工程承包合同与施工管理…………………………509

第四节　国际工程承包的银行保函………………………………516

第五节　国际工程承包的施工索赔与保险………………………518

第六节　国际劳务合作……………………………………………525

第七节　中国对外承包工程与劳务合作…………………………532

第十四章　国际发展援助………………………………………………537

第一节　国际发展援助概述………………………………………537

第二节　联合国发展系统的援助…………………………………545

第三节　世界银行贷款……………………………………………552

第四节　政府贷款…………………………………………………557

第五节　主要发达国家的对外发展援助…………………………560

第六节　中国与国际发展援助……………………………………568

后记…………………………………………………………………………578

附录　对外经济管理概论自学考试大纲……………………………579

第一章　国际经济与贸易概述

跨入新的世纪，科学技术的飞速进步和社会生产力的迅速发展，使经济全球化趋势进一步加快。这种趋势使得当今世界经济格局中的任何一个国家或地区，不论其文化背景、社会环境和经济体制如何，都呈现出更强的开放性和外向性，经过了二十多年的经济体制改革和对外开放的中国也不例外。在加入世界贸易组织四年后的今天，面对更加复杂的国际经济和贸易环境，面对新时期的机遇和挑战，作为发展中国家代表的中国，作为"世界工厂"的中国，该如何趋利避害，通过发展本国的对外经济和贸易带动包括国内经济在内的世界经济的整体发展，已经成为当代中国所面临的最紧迫的课题之一。如何更好地解答这一问题，将在未来几十年甚至更长时间内对中国经济和社会的发展产生深远的影响。而要解决这一问题，就首先要了解有关国际经济与贸易各方面的知识。

第一节　国际经济与贸易的基本知识

一、国际经济与贸易的基本概念

（一）国际经济

国际经济（International Economy），又被称为世界经济（World Economy），是指全世界范围内各个国家、各个地区和各个部门的经济通过经济纽带联结而成的有机整体。世界经济是一个经济范畴，也是一个历史范畴，它不是自人类社会产生以来就存在的，而是世界范围内的社会生产力发展到一定历史阶段的产物。因此，世界经济并非静止不变的，而是不断地运动、发展和变化的。

1

（二）国际贸易

国际贸易（International Trade）是指世界各国之间货物和服务交换的活动，它反映了世界各国之间的劳动分工和经济上的相互依存。

（三）国际经济与贸易

什么是"国际经济与贸易"（International Trade and Economy）呢？我们可以从广义和狭义两个角度来理解。狭义的国际经济与贸易仅指国际贸易，即世界各国之间商品和服务的交换活动。广义的国际经济与贸易则不仅突破了单纯的国际贸易范畴，而且还涉及与国际贸易有关的国际金融、国际投资、国际经济合作以及国际人力要素流动、国际信息流动等领域。通常意义上的"国际经济与贸易"是指前者，即仅指国际贸易。

二、国际经济与贸易的研究对象

由国际经济与贸易的基本概念出发，根据研究国际经济与贸易的整体思路及其所涉及的其他问题，可以将国际经济与贸易的研究对象大体分为以下几个方面：

（一）国际经济与贸易的发展阶段

国际经济与贸易是一个历史范畴，它是随着人类社会生产力的不断发展，尤其是伴随着人类社会的几次大的分工而出现的。在资本主义生产方式出现以前，国际经济与贸易的发展相对较为缓慢。原始社会末期，随着第一次社会大分工，一些氏族公社、部落之间出现了最初的带有对外性质的商品交换。到了奴隶社会，随着私有制的产生和国家的出现，少量的商品跨越国界，形成国与国之间的商品交换，出现了国际商品交换的萌芽。发展到封建社会，由于货币的广泛应用，这种国际商品交换得到了进一步发展，国际商品交换的商品种类和地域范围与奴隶社会相比也变得更为多样和广阔。但是，奴隶社会和封建社会的生产力水平还不高，因此，国际经济与贸易发展缓慢，国际商品的交换也只是个别的、局部的现象，还不存在真正的世界市场，更不存在真正意义上的国际贸易。

从 15 世纪末到 16 世纪初，随着地理大发现、殖民主义的产生和资本主义生产方式的发展，国际商品交换不断扩大，逐渐形成了区域性的国际商品市场。18 世纪 60 年代到 19 世纪 60 年代，以英国为首的欧洲先进国家相继完成了产业革命，资本主义生产完成了从工场手工业到机器大工业的过渡。伴随着产业革命形成的，是与之相适应的资本主义国际分工体系。作为国际商品交换的基础，这一国际分工体系的形成，把全世界联结成一个整体，形成了真正的世界市场，而世界市场的形成又反过来促进了国际交换的发展。正是国际贸易和国际投资的迅速发展，才产生了与资本主义生产方式相适应的国际货币体系，并最终形成了资本主义货币体系和相应的经济秩序。

第二次世界大战以后，在第三次科技革命的影响之下，各国工业生产迅速发展。第二次世界大战后的二十年间，资本主义世界的工业生产年增长率达到了 5.4%，被誉为战后世界经济发展的"黄金时期"。同时，第三次科技革命还导致了国际分工在形式、深度和广度上都发生了重大的变化，使得一系列新兴的工业部门建立起来。加之战后跨国公司如雨后春笋般地出现和贸易自由化的作用，资本输出迅猛增长，国际贸易规模迅速扩大和发展。世界出口贸易额从 1950 年的 607 亿美元跃至 1980 年的 19 986 亿美元，1996 年则增至 51 000 亿美元。不仅如此，战后的国际经济与贸易呈现出了许多新的特点，无论是 20 世纪 70 年代，还是 80 年代，服务贸易平均增长率均高于货物贸易（见表 1-1）。20 世纪 90 年代以后，随着国际货物贸易的较快发展，国际服务贸易逐渐落后于货物贸易的增长，但服务贸易仍然保持着较高的发展势头。1996 年，国际商业服务出口额达到了 12 000 亿美元，约占当年出口贸易额的 23.5%。国际货物贸易与服务贸易密切结合，共同发展。

表 1-1　**1976—1982 年货物贸易与服务贸易出口增长率比较**（%）

	1976—1982 年	1980—1982 年
货物贸易出口	11.8	3.8
服务贸易出口(a)	13.2	7.8
货物运输	(11.4)	(6.2)

中。这些发展中国家以独立国家的身份出现在国际经济与贸易舞台之上，它们希望通过对外贸易的发展带动本国经济的发展。为了改善自己在国际贸易中的地位，发展中国家通过联合国和各种世界性的经济和贸易组织，积极从事破旧立新的斗争，开展"南北对话"和"南南合作"。

总之，无论是发达国家、发展中国家，还是社会主义国家都要通过世界市场和国际分工发展本国经济。这三类国家在国际经济与贸易领域，一方面，不断地开展对话，加强联系，相互合作；另一方面，又不断地进行相互竞争。正是这种既合作又竞争的环境，使得各个国家的经济都得到了持续的发展。

三、国际经济与贸易的有关概念

在国际经济与贸易的理论研究和实践发展过程中，人们逐渐形成了一系列国际经济与贸易的概念。

（一）货物贸易与服务贸易

国际贸易按照所进行贸易的商品的形式和内容的不同，可分为两种：一种是货物贸易（Goods Trade），也称有形贸易；一种是服务贸易（Service Trade），也称无形贸易。

1. 国际货物贸易

国际货物贸易是指有形的、看得见的、摸得着的实际商品的贸易。国际货物贸易的进出口都会在海关的进出口统计中反映出来，从而构成了一个国家一定时期的对外贸易额。国际贸易中的货物种类繁多，如果从贸易统计的角度来看，国际货物贸易的分类体系主要有三种：

（1）联合国国际贸易标准分类（SITC）

为便于统计，联合国秘书处起草了 1950 年版的《联合国国际贸易标准分类》，并分别在 1960 年和 1974 年进行了修订。在 1974 年的修订本中，把国际贸易中的货物共分为 10 大类、63 章、233 组、786 个分组和 1 924 个基本项目，几乎包括了国际贸易交易的所有种类。这 10 大类商品分别为：

0 类：食品及主要供食用的鲜活动物；

1 类：饮料及烟草；

2 类：燃料以外的非食用粗原料；

3 类：矿物燃料、润滑油及有关原料；

4 类：动植物油、油脂和蜡；

5 类：未列明的化学品及有关产品；

6 类：主要按原料分类的制成品；

7 类：机械和运输设备；

8 类：杂项制品；

9 类：未分类的其他商品。

在上述分类中，一般把 0~4 类称为初级产品，5~8 类称为工业制成品。由于 SITC 在国际上的广泛影响，该体系在贸易研究中有广泛的应用，许多贸易分析模型都以这个分类体系为基础。

（2）关税合作理事会税则目录（CCCN）

欧洲关税同盟研究小组于 1952 年 12 月拟定了《关税税则商品分类公约》，并设立了关税合作理事会。关税合作理事会制定了《关税合作理事会税则目录》（*Customs Cooperation Council Nomenclature*，*CCCN*），又称《布鲁塞尔税则目录》（*Brussels Tariff Nomenclature*，*BTN*）。CCCN 对货物的划分原则，是以商品的自然属性为主，结合加工程度来划分的。它将全部商品共分为 21 类（Section），99 章（Chapter），1 015 项税目号（Heading No.）。其中，1~24 章为农畜产品，25~99 章为工业制成品。

（3）商品名称及编码协调制度（HS）

本着使 SITC 和 CCCN 这两种国际贸易货物分类体系进一步协调和统一的目的，20 世纪 70 年代初，海关合作理事会设立了一个协调制度委员会，研究并制定了《商品名称及编码协调制度》，简称《协调制度》（HS）。该制度于 1988 年 1 月 1 日开始正式实施。我国于 1992 年 1 月 1 日起正式实施以《协调制度》为基础的新的海关税则。

《协调制度》将商品分为 21 类 97 章，第 97 章留空备用，章以下设有 1 241 个四位数的税目、5 091 个 6 位数的子目。我国海关在《协调制度》目录的六位数编码的基础上，加列了 828 个 7 位数子目和 298 个 8 位数子目。这样，我国新的海关税则的总目数达 8 871 个，同时，将不再细分的子目归类，实际使用的商品组共有 6 255 个。

2. 国际服务贸易

第二次世界大战后，服务业在各国经济中的地位上升，国际服务贸易迅速发展起来。但是，由于国际服务贸易本身的复杂性，对于国际服务贸易的界定也就各不相同。

联合国贸易与发展会议（UNCTAD）从实际过境的角度来界定国际服务贸易，将国际服务贸易的交付方式分为四种：（1）商品贸易中服务的过境；（2）货币（资本）的过境；（3）人员的过境；（4）信息的过境。

1994 年，关税与贸易总协定（GATT）"乌拉圭回合"多边贸易谈判成功达成了《服务贸易总协定》，其中对国际服务贸易做出了比较确切的定义。国际服务贸易包括：（1）过境交付（Cross-border Supply），即从一参加方境内向任何其他参加方境内提供服务；（2）境外消费（Consumption Abroad），即在一参加方境内向任何其他参加方的服务消费者提供服务；（3）商业存在（Commercial Presence），即一参加方的服务提供者在任何其他参加方境内通过商业存在提供服务；（4）自然人流动（Movements of Personnel），即一参加方的服务提供者在任何其他参加方境内通过自然人存在提供服务。

世界贸易组织（WTO）以"行业"作为划分国际服务贸易的标准，列出了服务行业包括的 12 个部门：商业、通讯、建筑、销售、教育、环境、金融、卫生、旅游、娱乐、运输、其他。

（二）总贸易体系与专门贸易体系

总贸易体系和专门贸易体系是区分对外贸易统计体系的两种不同的方法，大部分国家在记录和编制净出口货物统计时只采用其中的一种方法。

1. 总贸易体系（General Trade System）

总贸易体系，也称为一般贸易体系，它以商品通过国境作为统计进出口的标准。凡是进入国境的商品一律计入进口，包括进口后供国内消费的部分和进口后成为转口或过境的部分；凡是离开国境的商品一律计入出口，包括本国生产的商品的出口和进口商品的复出口。前者称为总进口，后者称为总出口，总进口额和总出口额之和，称为总贸易额。

目前，采用总贸易体系的大约有 90 个国家和地区，包括日本、英国、加拿大、美国、澳大利亚等国。我国采用的也是总贸易体系。

2. 专门贸易体系（Special Trade System）

专门贸易体系，也称为特殊贸易体系，它是以商品经过关境作为统计进出口的标准。外国商品只有进入关境并向海关缴纳关税，由海关放行后才能计入进口，称为专门进口；而从国内运出关境的本国产品及进口后未加工又运出关境的复出口商品，只要是经海关办理了出口手续，不论该货物是否离开该国国境，一律计入出口，称为专门出口。专门出口额与专门进口额之和构成了一国的专门贸易额。

目前，采用专门贸易体系的约有 83 个国家和地区，包括德国、意大利、法国等国家。

总贸易体系和专门贸易体系说明的是不同的问题。前者说明一国在国际货物流通中所处的地位和所起的作用，后者说明一国作为生产者和消费者在国际贸易中具有的意义。一般来说，一个国家的关境和国境是一致的，但也有例外的情况。比如，设有自由港、自由贸易区和保税仓库的国家，其关境小于国境。而正是各国关境和国境的不一致，造成了总贸易额和专门贸易额在统计结果上存在一定的差距。因此，联合国在公布各国贸易额的资料时，一般都注明采用何种贸易体系。

（三）对外贸易额与对外贸易量

对外贸易额与对外贸易量是反映国际贸易规模的主要数量指标，因而也会在一定程度上反映出当今经济全球化的广度和深度。

1. 对外贸易额（Value of Foreign Trade）

一定时期内一国从国外进口货物的全部价值，称为进口贸易总额或进口总额；一定时期内一国向国外出口货物的全部价值，称为出口贸易额或出口总额。

对外贸易额，又称对外贸易值。简而言之，就是以货币表示的一国的对外贸易，它是反映一国在一定时期对外货物贸易规模的重要指标之一，是该国在一定时期内进口和出口的贸易总额之和。对外贸易额一般用本币表示，但为了便于比较，许多国家都以美元这种国际上的通用货币作为单位统计和表示对外贸易额，联合国编制和公布的世界各国的对外贸易额的资料，也是以美元表示的。

按照同一货币单位折算之后，将世界上所有国家和地区的进口总额或出口总额加总，就得到世界货物贸易额，即世界进口总额或世界出口总额。从世界范围来看，一国的出口额就是其贸易对象国的进口额，因此，所有国家和地区进口总额之和应与所有国家和地区的出口总额之和相等。但是，由于各国通常都用 FOB 价（离岸价格，即装运港船上交货价，其中不含保险费和运费）计算出口额，而以 CIF 价（到岸价格，即成本、保险费加运费）计算进口额，因此世界出口货物总额总是小于世界进口货物总额。不同于一国的进出口总额，世界进出口总额经过了重复计算，已经失去了其独立的经济意义，所以，我们一般只以世界各国的出口额之和作为世界货物贸易额。

由于对外贸易额是以货币表示的，它经常会受到世界市场上的商品价格和货币币值波动的影响。例如，第二次世界大战结束后，在主要的西方发达国家就曾经出现过一段持续时间较长的通货膨胀。所以，不同时期的对外贸易额是不能直接进行比较的，各国的对外贸易额也往往无法确切地反映出该国在一定时期内贸易的实际规模和未来趋势。而如果要剔除上述各种因素的影响，就要引入下面一个概念——对外贸易量。

2. 对外贸易量（Quantum of Foreign Trade）

对外贸易量是以数量、重量、面积等计量单位表示的反映一国一定时期进出口贸易规模的经济指标，在实际工作中，一般采用进出口贸易指数来计算一国（或地区）贸易量的变化。进出口贸易指数，是指用固定年份为基期计算的进口或出口价格指数去除报告期的进口额或出口额的方法。其具体的计算公式为：设基期进出口贸易额和进出口价格指数分别为 V_0 和 P_0，报告期进出口贸易额和进出口价格指数分别为 V_t 和 P_t，若设基期贸易量指数 $I_0 = 100$，则

报告期贸易量指数 $I_t = V_t/P_t \times 100\%$

通过计算进出口贸易指数可以得到相当于不变价格计算的进口额或出口额，所以，这种方法已经剔除了通货膨胀、价格变动等因素带来的影响，可以比较准确地反映出对外贸易的规模，便于把不同时期的对外贸易额进行比较，而且还可以利用其来计算各个时期定期的或环比的物量指数。

（四）贸易差额、贸易条件

贸易差额（Balance of Trade）是指一国或一地区在一定时期（如一年内）出口总额与进口总额之间的差额。若出口总额大于进口总额，称为贸易顺差，我国称之为出超；若出口总额小于进口总额，称为贸易逆差，我国称之为入超；若出口总额与进口总额相等，则称为贸易平衡。贸易差额用以衡量一国或一地区的对外贸易状况。由于一国进出口贸易收支是该国国际收支中经常项目的最主要的组成部分，因此贸易差额也就成为影响一国国际收支的重要因素。

影响贸易差额本身的因素也是多种多样的。经济制度不同的国家或者处于同种经济制度的不同发展阶段的国家，其贸易差额的状况和结构会存在很大的差异，因而对其经济发展的影响也会不同。

（五）贸易条件（Terms of Trade）

在国际贸易中，贸易条件包括以下几种：

1. 净贸易条件

净贸易条件是出口价格指数与进口价格指数之比。其计算公式为：

$$N = (P_X/P_M) \times 100$$

其中：N 为净贸易条件；P_X 为出口价格指数；P_M 为进口价格指数。

2. 收入贸易条件

收入贸易条件是在净贸易条件的基础上，引入贸易量。其计算公式为：

$$I = (P_X/P_M) \times Q_X$$

11

其中：I 为收入贸易条件；Q_X 为出口数量指数。

3. 单项因素贸易条件

单项因素贸易条件是在净贸易条件的基础之上，考虑劳动生产率的提高或降低对贸易条件的影响。其计算公式为：

$$S = (P_X/P_M) \times Z_X$$

其中：S 为单项因素贸易条件；Z_X 为出口商品劳动生产率指数。

4. 双项因素贸易条件

与单项因素贸易条件相比，双项因素贸易条件不仅考虑到出口商品劳动生产率的变化，而且考虑到进口商品劳动生产率的变化。其计算公式为：

$$D = (P_X/P_M) \times (Z_X/Z_M)$$

其中：D 为双项因素贸易条件；Z_M 为进口商品劳动生产率指数。

（六）对外贸易依存度

对外贸易依存度，是指一国（或一地区）在一定时间内进出口贸易总额在该国（或地区）的国内生产总值中所占的比重。其计算公式为：

对外贸易依存度 $= (M+X)/Y \times 100\%$

其中：M 为进口贸易额；X 为出口贸易额；Y 为国内生产总值。

对外贸易依存度用来表明一国（或一地区）的对外贸易在国民经济中的地位和作用，或者说是该国（或地区）对于对外贸易的依赖程度。此外，它还表现出一国（或地区）经济与其他国家（或地区）经济的密切程度和该国（或地区）参与国际分工的深度。

在对外贸易依存度的基础上，我们可以分别计算一国贸易的进口依存度和出口依存度：

进口依存度 $= M/Y \times 100\%$

出口依存度 $= X/Y \times 100\%$

在此需要特别指出两点：第一，如上所述，对外贸易依存度是一个相对指标，用以比较各国（或地区）之间对于对外贸易的依赖程度。但是如果不同国家（或地区）之间的对外贸易依存度不同，并不可以直接就得出绝对的结论，即对外贸易依存度大的国家或地区，对外贸易对本国经济的作用就大，对外贸易依存度小的国

12

家，对外贸易对本国经济发展的作用就小。美国就是一个很典型的例子，美国的对外贸易依存度一直低于世界上很多国家，但作为当今世界上无可争议的最大的贸易国，对外贸易在其经济发展中的作用是毋庸置疑的。第二，对外贸易依存度是一个静态指标，它不仅表明一国对外贸易在该国经济中的地位，同时也表明国际经济环境对该国经济发展的影响程度。这意味着，若要追求更高的对外贸易依存度就要接受随之而来的本国经济对于国际经济环境的较高的敏感度和较强的波动性。因此，对外贸易依存度并非越高越好，而是应保持适度，与各个国家或地区经济发展的节奏相一致。

（七）直接贸易、间接贸易和转口贸易

国际贸易如果按照是否有第三者参加，可以分为直接贸易、间接贸易和转口贸易。

1. 直接贸易（Direct Trade）

货物生产国与货物消费国直接买卖货物的行为，称为直接贸易。货物从生产国直接卖给消费国，对生产国来说是直接出口，对消费国来说是直接进口。

2. 间接贸易（Indirect Trade）

货物生产国与货物消费国通过第三国进行货物买卖的行为，称为间接贸易。

3. 转口贸易（Entrepot Trade）

货物生产国与货物消费国通过第三国进行货物买卖的行为，对于第三国而言，就是转口贸易，也称中转贸易。在转口贸易中，货物通过第三方卖给消费国，对生产国而言是间接出口，对消费国而言是间接进口。转口贸易的经营方式主要分为两种：

（1）转口国把货物输入本国后，再将该货物输出到消费国；

（2）直接转口，即转口国只参加货物的交易过程，但货物仍由生产国直接运往消费国。

从事转口贸易的多为地理位置优越、交通运输便利、贸易管制宽松的国家或地区，例如亚洲的新加坡、中国香港以及欧洲的鹿特丹、奥斯陆等。

此处需要指出的是，直接贸易和转口贸易是指贸易方式而不是运输方式。转口贸易可以直接运输，直接贸易也可以间接运输。

（八）对外贸易货物结构和国际贸易货物结构

对于对外贸易结构和国际贸易结构的定义有广义和狭义之分。广义的对外贸易和国际贸易结构，是指货物和服务在一国进出口或世界贸易中所占的比重；狭义的对外贸易和国际贸易结构，仅指货物贸易在一国进出口贸易或世界贸易中所占的比重。下面将分别介绍对外贸易货物结构和国际贸易货物结构。

1. 对外贸易货物结构（Composition of Foreign Trade）

对外贸易货物结构，是指一国一定时期内某大类货物或某种货物进出口贸易额与进出口贸易总额之比，以份额表示。一国的对外贸易构成取决于该国的国民经济发展状况、自然资源丰裕程度、产业结构布局和对外经济政策等因素。通过分析一国的对外贸易构成，可以看出该国的经济技术发展水平及其在国际分工中的地位。

通常，发达国家的对外贸易货物结构中，工业制成品及高科技产品在出口中所占的比重要远远大于初级产品的比重，而初级产品在进口中所占的比重要大于工业制成品及高科技产品的比重。发展中国家的对外贸易货物结构则恰好与此相反。在这里值得一提的是，一些发展中国家通过发展本国的经济，实现了本国产业结构的优化和升级，成为了新兴的工业化国家，其对外贸易结构也得到了改善。

2. 国际贸易货物结构（Composition of International Trade）

国际贸易货物结构，是指一国一定时期内各大类货物或某种货物进出口额在整个国际贸易中的比重，即与世界出口贸易额之比，以比重表示。

国际贸易货物结构可用来反映世界经济的发展状况和水平。例如，20 世纪 50 年代以前，初级产品在国际贸易货物结构中的比重一直高于工业制成品的比重。但是随着生产技术的进步和劳动生产率的不断提高，国际贸易中的产品结构也发生了巨大的变化。自1953 年起，国际贸易货物结构中工业制成品的比重开始超过初级产品的比重，且两者的差距逐渐拉大，时至今日，工业制成品在国际贸易货物结构中的比重已经超过了 2/3。

目前，为便于比较和分析，世界各国均以《联合国国际贸易标准分类》（SITC）为标准公布对外贸易和国际贸易货物结构。

（九）对外贸易与国际贸易地理方向

1. 对外贸易地理方向（Direction of Foreign Trade）

对外贸易地理方向，也称对外贸易地区分布或国别构成，是指一定时期内各个国家或国家集团在一国对外贸易中所占的地位，通常用一国家或国家集团在该国进口、出口总额或进出口总额中的比重来表示。对外贸易地理方向清晰地指明了一国出口货物和服务的去向和进口货物和服务的来源，从而反映了一国与其他国家或国家集团之间经济贸易联系的程度。一国的对外贸易地理方向通常要受到经济互补性、国际分工的结构以及各种贸易政策的影响。

2. 国际贸易地理方向（International Trade by Region）

国际贸易地理方向，又称国际贸易地区分布，顾名思义，用来表明世界各洲、各国（地区）或国家集团在国际贸易中所占的地位。其计算方法可以分为两种：一是通过计算各国的进口、出口额在世界进口、出口额中的比重；二是通过计算各国的进出口总额在国际贸易总额（世界进出口总额）中的比重。

由于对外贸易是一国与别国之间发生的货物与服务交换，因此，把对外贸易按货物与服务分类和按国家分类结合起来分析研究，即把货物与服务结构和地理方向的研究结合起来，可以查明一国出口中不同类别货物与服务的去向和进口中不同类别货物与服务的来源，具有重要意义。

第二节　国际经济与贸易的产生和发展

一、国际经济与贸易的起源

国际经济与贸易是一个历史范畴，是人类社会发展到一定历史阶段的产物。国际经济与贸易的产生必须具备两个基本条件：一是经济条件，即社会生产力的较大发展提供了可供交换的剩余货物和服务；二是政治条件，即国家的产生和发展，它使得货物和服务在各自为政的社会实体之间进行交换。从根本上说，社会生产力的发展和社会分工的扩大，是国际贸易产生和发展的基础。

国际贸易起源于原始社会，但并非是原始社会与生俱来的附带的"丝绸之路"。到明朝时,宦官郑和率领船队七次下西洋,进一步扩大了我国的海上贸易。正是通过国际贸易,我国的"四大发明"等伟大的科技成果得以传播到全世界,同时欧洲的先进技术和文化也得以传入我国。

（三）资本主义社会的国际经济与贸易

资本主义时期国际贸易的发展是与西欧各国资本主义生产方式的建立和发展紧密联系在一起的。国际贸易在资本主义生产方式产生的初期,是作为这种生产方式诞生的基础而存在的,但在资本主义生产方式的发展过程中,它又成为了这种生产方式自身的产物。因此,国际贸易和资本主义生产方式自始至终都是不可分割地紧密联系在一起的。

在封建社会的末期,资本主义逐渐萌芽,而正是国际贸易,通过促进资本的原始积累,促进了资本主义生产方式的产生,推动封建社会向资本主义社会过渡。国际贸易对资本原始积累的作用,是通过为资本主义生产提供劳动力、资本和市场来实现的。那么,国际贸易是如何为资本主义生产提供劳动力、资本和市场的呢?

15世纪前后,西欧各国资本主义要素不断发展,其中最具代表性的是英国的"圈地运动"。为了满足农场主生产更多羊毛的需求,大批农民从自己的土地上被赶走,逐渐沦为雇佣劳动者,而原来的耕地被改建为牧场,用以饲养羊群。作为资本主义生产方式产生的标志性运动,"圈地运动"正是由国际贸易催生的。由于羊毛及其制品是当时英国在国际贸易中最主要的出口产品,生产羊毛与种植农产品相比,能够为生产者带来更高的利润。这种"羊吃人"的运动,不仅源源不断地为国际贸易提供了交换所需的商品,也为刚刚兴起的资本主义工业输送了大量的流离失所的失业农民。所以说,国际贸易为资本主义生产提供了劳动力。

此外,国际贸易还为资本生产提供了资本和市场。从16世纪到18世纪,殖民主义兴起,欧洲的殖民统治者从遍布世界的殖民地中掠夺了大量的财富,并将其转化为货币资本用于资本积累。伴随着不断扩大的殖民统治的,是不断扩展的世界市场,许多落后的国家和地区,如亚洲、非洲和拉丁美洲的一些国家,不但成了资本主义国家的原料产地，而且成了它们的产品销售市场。

可见，国际贸易在资本的原始积累，进而在资本主义生产方式的产生当中发挥了不可替代的作用。而在资本主义生产方式建立起来之后，国际贸易在促进发达资本主义国家的经济发展方面同样发挥着重要的作用，这是由资本主义生产方式自身的特点和要求所决定的。这些作用主要包括以下几个方面：

1. 通过国际贸易提高利润率

（1）国际贸易可以降低生产成本。国际贸易使得资本家可以从国际市场上采购到比国内市场更为便宜的生产原材料，大大降低了不变资本的费用。

（2）国际贸易可以带来规模经济效益。国际贸易使得原来分割的市场整合为一个大的市场，从而扩大了生产的规模，提高了劳动生产率。

（3）国际贸易可以带来超额利润。这种超额利润来自于两个部分：一是高于其他国家的劳动生产率，一是对国际市场的垄断。

（4）跨国公司就地设厂，可以提高利润率。国际贸易使得跨国公司大量出现，它们利用各个国家经济发展的不平衡和资源禀赋的差异，在整个世界范围内配置资源，大大提高了利润率。

2. 通过国际贸易占领国外市场

资本主义无限扩大的生产和有限的国内市场是资本主义生产方式下的一个必然矛盾，而资本家若想获得更高的垄断利润，就必须设法克服这一矛盾。因此，资本家们便突破了已经饱和的国内市场的限制，跨越了国家的界限，将自己的市场扩展到了整个世界的范围。

3. 通过国际贸易实现社会产品

（1）国际贸易与社会两大部类的平衡。在资本主义社会，社会的两大部类——生产资料和消费资料，经常处于不平衡的状态，生产资料的产出往往超过社会需求，而消费资料的产出又无法满足社会的需要。为了调整这两大部类的平衡，资本主义国家一般会采取出口过剩的第一部类产品，进口不足的第二部类产品的方法。

（2）国际贸易与社会总产品的实现。资本主义的社会总产品就必然要发展对外贸易。

（5）社会主义国家参加国际分工的需要。国际分工是国际贸易的基础和前提。社会主义国家与发达市场经济国家相比，缺少先进的生产技术和设备，缺少现代化的管理经验。因此，社会主义国家要想发展本国的经济，只能从参与国际分工开始。在平等互利的基础上，社会主义国家参与国际分工，使它们能以较少的劳动取得较大的经济效益，符合它们现阶段的经济发展需要。社会主义经济越发展，分工越要扩大，越需要参加国际分工。

2. 国际经济与贸易在社会主义国家国民经济发展中的战略性作用

这种作用主要体现在：

（1）通过国际贸易扩大市场，获得国外资源；

（2）通过国际贸易引进先进技术和管理经验，促进生产力发展；

（3）通过国际贸易为社会主义国家扩大积累；

（4）通过国际贸易参与国际分工；

（5）通过国际贸易进口国内所需商品，满足人民日益增长的物质和文化需要；

（6）通过国际贸易促进国民经济发展；

（7）通过国际贸易发展对外关系。

三、国际经济与贸易的现状

从第二次世界大战结束到现在的半个多世纪的时间里，国际经济与贸易经历了一个持续增长的时期，国际贸易、国际分工和国际经济关系等方面都取得了重大的突破，呈现出了新的面貌。

（一）第二次世界大战后至冷战结束前的国际经济与贸易

第二次世界大战后，在一些主要的发达资本主义国家先后发生了科学技术革命，也就是人类历史上的第三次科技革命。由于科学技术的飞速进步，出现了大量的新材料和新产品，如电子计算机、半导体和电子元件、激光技术装置、人造卫星、原子能、合成橡胶、合成纤维、塑料和合成树脂等，建立了电子工业、宇航工业、原子能工业等一系列新兴工业部门，并推动了化学工业、汽车工业、飞机制造业等原有工业部门的改造和发展，从而使世界工业生产和交通运输业发展到更高的水平。这次革命和生产力的大发展，对当代国际经济与贸易各个方面的发展、变化产生了深远的影响：

1. 科学技术革命加快了战后各主要资本主义国家的恢复和发展

第二次世界大战几乎摧毁了整个西方世界的经济，使其工农业生产趋于瘫痪。科学技术革命的出现，大大促进了各主要资本主义国家工农业的恢复和发展。特别是在高速增长的 20 世纪 60 年代，各国都极力把科技成果转化为现实的生产力，极大地提高了劳动生产率。世界各主要资本主义国家在 1950—1970 年，除美国、英国之外，劳动生产率都增加了几倍。其中，日本增长 6 倍，位居第一，其次是意大利、联邦德国和法国。按同期平均增长率来看，日本为 10.7%，意大利为 6%，联邦德国为 5.7%，法国为 5.4%，美国为 3%，英国为 2.45%。

2. 科学技术革命加速了产业结构的升级

产业结构是指生产要素在各个产业和部门间的比例构成及其相互依存、相互制约的关系。影响产业结构变化的因素很多，主要有技术进步、投资结构、劳动力就业结构、资源条件和政府有关政策等等，但所有这些因素中起主要作用的因素则是技术进步。这是由于一种产业的形成和发展，从根本上说都源于技术的进步，产业结构的变化也同样源于技术结构的变化。第二次世界大战后，科学技术革命使得一系列新兴产业部门陆续建立，加速了产业结构的升级，各国的产业结构由"劳动密集型"转向"资本密集型"，再由"资本密集型"转向"技术和知识密集型"。

3. 科学技术革命扩大了各国之间的贸易往来和资本流动

第二次世界大战后国际贸易的增长速度不仅要快于战前，而且要快于工农业生产的增长，而国际资本的流动又快于国际贸易的增长。究其原因，可归结为以下几个方面：首先，这不仅是由于跨国公司在不同国家之间的商品和资本流动，而且还由于各国依靠现代科学技术生产并向国外市场提供的产品所占比重越来越大；其次，第三次科技革命促使国际分工和生产国际化深化发展，国际分工在形式、广度和深度上都发生了重大变化，这不但引起了一系列新兴工业部门的建立，而且这些部门在国民经济中所占的比重也不断提高；最后，现代交通和通信手段的日益发达也为商品和资本流动的加快创造了便利条件。

4. 科学技术革命加快了各国之间的技术交流

国际贸易本身便是国与国之间的技术交流的重要手段之一，引进技术和技术转让已经成为国际经济活动中的经常现象，成为国际贸易的重要组成部分。科技革命的出现，更是加快了这种技术交流的步伐，它不仅彻底地改进了科学技术本身，还为科学技术的传播提供了更为便利的现代交通和通信手段，使得国与国之间的科技交流变得更加快捷和顺畅，进一步密切了各国之间的经济交往，推动了整个国际经济与贸易关系的发展变化。

（二）冷战后的国际经济与贸易

20世纪80年代末90年代初，苏联的解体和东欧的剧变，标志着第二次世界大战之后持续近四十年的冷战时代的结束，国际政治关系的发展进入了一个新的阶段。处于这个过渡时期的国际经济与贸易关系，在国际环境一系列重大变化的影响之下，既保留了冷战时期的部分特征，又形成了与新时期的国际环境相适应的新的发展和特点。我们将其归结为以下几个方面：

1. 科学技术成为第一生产力

第二次世界大战结束后兴起的第三次科技革命对西方发达资本主义国家的经济，乃至整个世界的经济发展都起到了巨大的推动作用。事实证明，科学技术是推动现代世界经济发展的根本动力，决定着世界未来的发展方向。冷战结束后，世界上越来越多的国家意识到了科学技术的重要作用，各个发达资本主义国家也在科学技术领域展开了激烈的竞争。1983年3月，美国提出了《战略防御计划》，也就是著名的"星球大战"计划。这一战略防御计划名义上旨在与苏联争夺太空军事优势，但其核心内容乃是发展先进的科学技术，军备竞赛只不过作为其推动力而已。此后不久，日本也于1984年提出了《科技振兴基本政策》，明确了自己的"技术立国"

的战略方针。

2. 经济全球化节奏的加快

经济全球化是指世界经济活动超越国界，通过对外贸易、资本流动、技术转移、提供服务、人员交往等活动，使得各国和地区之间的经济相互开放、相互依存、相互联系而形成的全球范围的有机经济整体。

经济全球化的产生和发展不是偶然的，第二次世界大战以来，在科技进步、交易方式创新以及各国经济政策趋向开放的促进下，全球商品、资本、人员、信息等流动日益加强，国与国之间的经济和贸易交往愈发密切。尤其在冷战前后，特别在进入20世纪90年代以后，国际环境发生了巨大的变化，加之科学技术的飞速进步和社会生产力的迅速发展，世界经济全球化的进程大大加快。它通过国际贸易、国际资本流动和国际金融合作等方式把处于不同国家和地区的人们的经济生活紧密联系起来，将实行不同社会制度、处于不同经济发展阶段的国家统一在同一个经济体系之中。

3. 区域经济一体化的纵深发展

经济一体化（Economic Integration），目前在国际上并无为各国所公认的定义，但其含义有广义和狭义之分。广义的经济一体化，就是世界经济一体化，指世界各国经济之间彼此相互开放，形成一个相互联系、相互依赖的有机体；狭义的经济一体化，即区域经济一体化，是指区域内两个或两个以上的国家或地区在社会再生产的某个领域内实行不同程度的经济联合和共同的经济调节，向结成政治经济高度协调统一的有机体的方向发展。

第二次世界大战后最早出现的一体化组织是1949年1月苏联同保加利亚、波兰、匈牙利、捷克斯洛伐克5国共同建立的经济互助委员会，简称经互会；1958年1月1日，欧洲经济共同体正式启动，成为了后来的"欧洲联盟（European Union）"的前身。进入20世纪90年代以来，不但有许多新的经济一体化组织纷纷建立，而且一些早期建立的经济一体化组织也在大踏步地向前发展。以欧盟为例，欧盟的成员国数量由刚刚成立时的6个国家逐渐发展到1995年的15个国家，而2004年5月的"欧盟东扩"又使欧盟完成了其历史上最大规模的一次扩张。通过这次扩张，欧盟的成员国数量已经达到了 25 个。除欧盟之外，其后出现的北美自由贸易区、东盟自由贸易区等也在迅速扩大。而且还出现了像亚太经合组织（APEC）这样的既有发达国家，又有发展中国家参与的非集团性的区域合作组织。

4. 世界经济格局趋向多极化

20 世纪 80 年代末 90 年代初的苏联解体和东欧剧变，不但标志着冷战的结束，也标志着这种两极政治格局的彻底瓦解。在世界经济领域，早在 20 世纪 50 年代中期，美国经济霸主地位就已几经开始逐渐下降，加之 20 世纪 70、80 年代日本和西欧经济的迅速崛起，美国一统天下的地位不复存在，取而代之的是美、日、欧三足鼎立的世界经济格局。冷战的结束，使美国得以从与苏联无休无止的军备竞赛和政治斗争中解脱出来，专注发展本国的经济。与此同时，西欧的经济也保持了稳步的增长。相比之下，日本的经济却在这一时期陷入了长期的颓势之中，增长较为缓慢。

在发达资本主义国家的经济发展重新洗牌的同时，一些"新兴力量"迅速崛起，亚洲"四小龙"便是其中的突出代表，它们克服自身客观经济发展条件的制约，抓住难得的机遇努力发展经济，逐步缩小了自己与发达国家之间的差距。

5. 南北关系矛盾加剧和贫富差距的扩大

所谓南北关系，是指发展中国家与发达国家之间的关系，通常指经济领域的关系。南北关系的矛盾和经济上的巨大差距最早来源于帝国主义时期长期的殖民统治，是一种极不合理和不平等的国际秩序。进入 20 世纪 80 年代，发达国家依靠自己的高科技优势，加快产业结构调整，实现产业结构高级化；而发展中国家由于受到自身资源和发展条件的限制，只能发展粗放型的经济。经济结构和增长方式上的巨大差距，使发展中国家在与发达国家的经济交往和竞争当中处于不利的地位，贫富差距进一步扩大。1965 年，七国集团国家的人均收入是世界上最穷的七个国家收入的 20 倍，而 1995年则高达 39 倍。1995 年世界 GNP 达 26 万亿美元，北美、欧盟和日本 16 个国家的人口 8.7 亿，占世界总人口数的 15.58%，而 GNP

约为 18.3 万亿美元，占世界总值的 70.3%；最不发达国家 1986 年是 36 个，1995 年增加到 48 个，这 48 个国家的人口占世界人口总数的 10%，而收入仅占世界总收入的 0.1%。

（三）当前的国际经济与贸易

在美国遭受"9·11"恐怖袭击之后，国际政治与经济形势都发生了重大的变化。在新时期"反对恐怖主义"的旗帜之下，各个国家不仅要及时调整自己的内政外交政策，还要调整与之相适应的对外经济政策。受到"9·11"事件以及伊拉克战争的影响，国际经济与贸易在过去的几年间曾经经历了一段低潮期，人们甚至逐渐开始对国际经济与贸易的发展失去了信心。但是，2004 年伊始人们发现，世界经济开始出现了复苏的势头，而且恢复的程度和趋势都远远优于人们先前的各种预期，不论是消费、投资还是国际贸易都在有条不紊地实现着增长。虽然，一段时期内的经济结构不平衡和经济增长不平衡的矛盾依然存在，但是有理由相信，国际经济与贸易会在恢复中不断地调整，在调整中找到自己新的发展方向。

我们可以将目前国际经济与贸易的增长总结为以下几个方面：

第一，世界经济增长动力加大。世界主要的经济体，不论是发达国家还是发展中国家都出现了经济的前进复苏。根据 2005 年世界经济论坛的统计数据，2004 年，美国经济增长达到 4.5%，基本摆脱"失业型复苏"，进入可持续扩张阶段，日本和欧盟的经济也在这一时期实现了不同程度的增长，增长率分别为 2% 和 3%，基本走出了各自的低谷；中国、印度、俄罗斯等发展中大国的经济也一直保持着快速增长，成为各自地区乃至世界经济增长新的发动机。

第二，制造业开始了全面的扩张。美国、日本、欧盟的制造业都呈上升态势，新加坡、马来西亚等亚洲国家的制造业增幅也较大。

第三，国际贸易和投资复苏势头强劲。在以中国为首的亚洲国家以及美国经济的强劲复苏的影响之下，国际贸易的规模进一步扩大。跨国投资在制造业的带动之下恢复较快，跨国并购日益频繁。2004 年，美国对外直接投资达到创纪录的 2 520 亿美元，吸收直接投资 1 070 亿美元。据经济合作发展组织（OECD）的估计，中国和印度等亚洲国家有望超过美国和英国，成为全球吸引跨国投资最多的地区。中国海关统计数据显示，2004年1～12月份中国吸引外商直接投资的合同金额达1 534.8亿美元，同比增长33.4%，实际使用金额达606.3亿美元，同比增长13.3%。

当然，在国际经济与贸易强劲复苏的总体态势中，还伴随着一些问题值得我们去关注：

第一，发达国家继续实行的贸易保护政策对发展中国家造成的危害。迫于国内失业率不断攀升的压力和对个别产业保护的需要，发达国家在这次经济复苏的周期中实施了比以往任何时候都更为苛刻的贸易保护政策，这无疑会使发展中国家本已脆弱的经济雪上加霜。

第二，国际市场原油价格的持续上涨。石油和天然气占美国能源消费的60%以上，石油占日本能源消费的50%左右，占印度的35%，占中国的30%。石油价格的上涨无疑意味着其生产成本的增加，因而成为抑制世界经济增长的不利因素之一。

第三，各国利用宏观经济政策调控的空间越来越小。美国历史上，联邦储备委员会主席格林斯潘曾多次通过调整利率的手段使美国经济起死回生。2005年2月初，美联储再次宣布将利率由2.25%上调至2.5%。尽管是连续第6次调整利率，但面对层出不穷的各种问题，如国内的就业不足、贸易赤字、财政赤字等，宏观调控政策的作用早已不如从前，可说是力不从心。

四、国际经济与贸易的发展前景

在经历了"9·11"恐怖袭击所带来的整个世界经济和国际贸易的两年多的低迷期之后，2004年的全球经济逐渐走出低谷，形势转好，甚至还实现了较高的增长。这让本已对国际经济与贸易的发展前景失去信心的人们重新看到了曙光。从总体上看，经济全球化的势头依然不可阻挡，科技进步仍是世界经济增长的加速器，区域经济合作也将会得到进一步的发展。但是，南北贫富差距等消极因素在一段时期内仍将存在，并继续对国际经济与贸易的稳定增长产生影响。纵观国际经济与贸易在整个2004年的发展情况，考虑影响其未来发展的各种因素，可以将国际经济与贸易短期内的发展趋势总结为以下几个方面：

（一）世界经济增长速度稍有回落

2004年是近年来世界经济增长最快的一年，据国际货币基金组织（IMF）的数据，2004年世界经济增长率达到了5%。这主要是因为，目前全球产出和出口增长都已经达到近期的较高水平，成为了全球经济实现稳定增长的动力。与2004年如此迅猛的经济增长势头相比，未来一段时间内，世界经济增长速度将出现适度回落，这是由多方面的因素决定的：首先，结构调整的不到位使得类似新技术创新带来的新的投资热点没有出现；其次，安全因素影响扩大，而美国的"双高"赤字（财政赤字和国际收支经常项目赤字）也给世界经济发展增添了更多的不确定性因素；此外，国际市场价格水平不断攀升，通货膨胀压力增大，全球进入新一轮的"升息"周期，这些都成为了未来几年内世界经济增长的潜在风险。

（二）新一轮国际贸易谈判呈现新的势头

世界贸易组织的"多哈回合"虽然自2001年11月就开始启动，但进展十分缓慢。2004年8月1日，"多哈回合"谈判出现一丝曙光——"多哈回合框架协议"在瑞士的日内瓦达成。这个框架协议的达成标志着世贸组织"多哈回合"谈判终于取得重要阶段性进展。"多哈回合框架协议"确定的原则和基本内容有助于消除当前世界农产品贸易中最为突出的问题，其内容较好地平衡和兼顾了发达国家成员与发展中国家成员的利益关系，比"乌拉圭农业协议"有了较大的改进。但是，由于该框架仅仅明确了今后谈判的一些指导原则和基本内容，许多棘手的、分歧较大的问题被搁置，随着谈判的深入，这些问题以及深层次矛盾仍将逐渐地显现出来，因此，可以预见，世贸组织下一阶段谈判的任务将更为艰巨。

与世贸组织的多边谈判相比，区域合作与双边自由贸易由于对象选择的灵活性强，开始加速发展。仅2004年以来，美国和新加坡、智利、中美洲四国之间便纷纷签署双边或区域自由贸易协定。中国—东盟自由贸易区框架下的"早期收获"方案也已经正式实施。

（三）国际贸易在知识经济条件下呈现出新特点

20 世纪 90 年代以来，知识经济初露端倪，特别是以信息技术、知识产业为主要标志的知识革命迅猛发展，这对国际贸易的各个方面也产生了重大的影响，使得国际贸易的发展表现出一系列的新特点，这些特点包括：

1. 国际贸易发展动因知识化

传统的国际贸易理论，一般将各个国家之间进行国际贸易的动因解释为各国之间的生产成本差异或者是资源禀赋的不同，而进入知识经济时代，各国知识资源的丰富程度将成为国际贸易产生和发展的新的动因，以自然资源为中心的国际分工体系逐渐被以知识和技术为中心的国际分工体系所代替，知识总量、科技实力和人力资源的素质将代替自然禀赋成为国际分工和国际贸易中的决定性因素。

2. 国际贸易交易对象升级

进入知识经济时代以后，各国都将发展高科技产业作为经济发展的制高点，科学技术以前所未有的速度在全世界范围内得到了传播和发展。这些使得国际贸易的交易对象也日益升级，呈现出新的趋势：第一，国际贸易的商品结构日益高级化，高科技产业增长迅速，高科技产品在贸易品中的比重也不断上升；第二，国际技术贸易在国际贸易中所占的比重逐渐加大，成为国际贸易新的增长点。

3. 国际贸易交易方式网络化

与知识经济时代同步到来的，是多媒体技术的发明和应用以及互联网的普及和发展。而随着网络日益贴近人们的日常生活，国际贸易也找到了更为快捷和有效的交易方式，即网络贸易。网络贸易是指通过计算机网络，如万维网（World Wide Web）、因特网（Internet）等现代化电子方式所进行的贸易或商务活动，整个交易过程包括交易磋商、签约、货物交付、货款收付等，大都在全球电信网络上进行。网络的发展不仅为国际贸易的实物产品交易提供了交易的平台，也将一些过去无法想象的数字化产品划入了国际贸易的交易范畴，如金融服务、网上娱乐、售票服务、音像书刊、软件设计、咨询服务、信息传递等。

4. 国际贸易利益分配两极化

国际贸易利益分配格局中的两极化趋势，即所谓的"中心——外围化"趋势，源于发达国家和发展中国家在知识经济的发展过程中所处地位的悬殊。发达国家凭借在资金和高新技术上的绝对优势，从一开始就在国际贸易中占据着主导地位。而在知识经济全面发展的 21 世纪，这种两极化的趋势并没有像人们预期的那样得到改善，反而表现得更加明显。目前，在国际技术贸易中，发达国家占 80%，其中仅美、英、德、法、日几个国家便占发达国家技术贸易总额的 90% 以上，美国更是占据了世界技术贸易总额的 1/3。

（四）国际资本流动将出现新的态势

与世界经济恢复性增长同步的是国际资本流动出现恢复性增长。随着跨国并购活动的逐渐恢复以及经济增长的不断加速，全球投资流量在 2004 年重新开始增长。联合国贸易和发展会议于 2005 年 1 月 12 日发布的公报显示，2004 年全球外国直接投资总额约为 6 120 亿美元，较上一年增长 6%，这是全球外国直接投资自 2001 年持续减少以来首次回升，而这一增长则主要归功于发展中国家和中东欧国家。2004 年，发展中国家吸收的外国直接投资比上一年猛增 48%，达到 2 550 亿美元。其中，亚太地区的发展中国家吸收外资 1 660 亿美元，增幅高达 55%；中东欧国家吸收的外国直接投资总额超过 360 亿美元，创下历史最高纪录。有理由相信，未来一段时间内，随着全球经济的平稳增长，全球跨国直接投资将进一步趋于繁荣。而放眼全球，亚太地区，尤其是中国和印度，无疑将成为未来一段时间内吸引外资前景最为乐观的地区。

（五）国际石油价格未来变动趋势

国际市场上的石油价格，不但决定着以石油作为原料的其他产品的价格，更掌握着处于石油供应线两端的国家的经济发展节奏。在 2004 年 9 月，油价在突破了每桶 50 美元的临界线之后，在其后一段时间里又接连数次刷新历史高点，就在人们为国际石油价格的一路飙升唏嘘不止时，2004 年 12 月，国际石油价格却又出乎意料地出现了回落，并一下跌至三个月来的最低点。2005 年初，国际石油价格在经历短暂的回落之后又大幅回升。1 月份，国际市场原油现货平均价格为 41.81 美元/桶，期货平均价格为 46.92 美元/桶，环比分别上涨了 13.84%和 8.98%。到了 2005 年 8 月，国际原油期货价格已突破 67 美元/桶。面对如此反复无常的国际油价波动，许多经济学家都做出了自己的解释，但最终无非都归结到供给和需求两个方面。同样，如果要对国际石油价格未来的走势做出判断，也要从供需两个方面入手。

首先，国际市场上石油需求的增幅减缓。由于世界经济的通货膨胀压力逐渐增大，各国将陆续进入新一轮的"升息"周期，全球经济在总体的增长势头下将出现一定的回落，对石油的需求也有所减少。

其次，国际市场石油供给稳步增长。尽管目前欧佩克（OPEC）产油国剩余产能非常有限，但是经过两年来高油价的刺激，部分原油投资将会再形成新的产能，而且伊拉克石油生产有望得到较大幅度的增长。因此，全球石油将保持稳定供应。

第三节　国际分工和国际经济与贸易

社会分工是伴随着人类社会经济的发展而同步地产生和发展起来的。在人类社会的经济发展史上，曾经出现过三次大的社会分工，而国际分工的产生由于需要满足一定的条件，则经历了更加漫长的过程。国际分工是跨越国界的劳动分工。只有当社会生产力发展到一定的水平，并在国家产生之后才开始出现了国际分工。正如国内分工的存在是商品交换产生和发展的必要条件与基础一样，国际分工的存在则是国际经济与贸易形成和发展的必要条件与基础。因此，我们若想更加透彻而全面地了解国际经济与贸易，就必须对国际分工加以研究和分析。

一、国际分工的产生和发展

（一）国际分工的含义

国际分工（International Division of Labour）是指世界各国之间的劳动分工，它是社会分工发展到一定的阶段，一国国民经济内部

32

分工超越国家的界限广泛发展的结果，是国际贸易和世界市场产生的基础。最初的国际分工的形式只是不同国家根据本国的优势，分别从事不同商品的生产，但是随着生产的国际化和专业化的不断发展，现代的国际分工的形式已变得更为复杂。它不仅指各国的生产集中在不同的生产部门，还意味着同一生产部门内部、甚至是同一企业内部的跨越国界的劳动分工。

(二) 国际分工的产生和发展

国际分工的产生和发展是与社会生产力的发展紧密联系在一起的，它的出现需要具备必要的条件：一是国家的存在，二是社会生产力发展到一定的水平。因此，国际分工的产生和发展并非一蹴而就，而是经历了漫长的过程。大致可分为以下几个阶段：

1. 国际分工的萌芽阶段（16 世纪至 18 世纪中叶）

在资本主义生产方式确立之前，不论是原始社会、奴隶社会还是封建社会，都是自给自足的自然经济占统治地位，生产力水平低下，商品经济不发达，社会分工的程度也较低，甚至根本没有社会分工。这个时期，只存在为数很少的不发达的社会分工和不发达的地域分工，而各国的社会分工和地域分工还不具备发展为国际分工体系的必要条件。

随着生产力的发展，资本主义生产方式进入了准备时期。11世纪，欧洲各大城市的纷纷兴起和手工业和农业的进一步分离，促进了商品经济的迅速发展。随着 15 世纪末至 16 世纪上半叶的"地理大发现"，新航线被陆续地开发出来，欧洲的殖民主义者开始在亚洲、非洲和拉丁美洲进行殖民掠夺，将这些殖民地作为本国的原料产地和商品销售市场，从而出现了殖民地宗主国与殖民地国家之间最初的国际分工形式，建立了早期的资本主义国际专业化生产。到 17 世纪时，手工业向工场手工业的过渡，使劳动生产率得到了极大的提高，资本主义原始积累进程加剧，这种国际分工的形式也得到了进一步的强化。

2. 国际分工的形成阶段（18 世纪 60 年代至 19 世纪 60 年代）

18 世纪 60 年代，在英国率先发生了以蒸汽机的发明和应用为标志的第一次工业革命，又称产业革命。产业革命使得工场手工业向机器大工业过渡，资本主义的现代工厂制度也随之建立起来。这种机器大工业生产方式的确立，极大地推动了社会生产力的发展，使社会生产的各个领域、各个部门和各个单位之间的相互依存空间空前加深，形成了资本主义的社会化大生产。在此基础之上建立起来的分工体系，既包括传统的行业间的分工，也包括地域间的分工，而当这种分工逐渐摆脱了国家、民族的限制，便形成了整个世界范围内的国际分工。这个时期的国际分工具有以下几个特征：

第一，机器大工业的建立从各个方面推动了国际分工的发展。首先，机器大工业使得生产效率较之工场手工业得到较大提高，生产规模也进一步扩大，商品生产和交换逐渐由国内市场向国际市场扩张，日益依赖于国际贸易和国际分工；其次，机器大工业还提供了更加先进的通讯方式和运输方式，节约了通讯和运输所需的时间和成本，把原料提供国和商品生产国更加紧密地联系起来，从而促进了国际分工的发展；最后，机器大工业生产的物美价廉的商品成为资本主义国家开拓国外市场的武器，打破了各个国家和民族之间的固有界限，将世界上各种类型的国家和地区都纳入统一的大市场和国际分工的体系中来。

第二，产业革命使英国成为这一时期国际分工的中心。虽然产业革命的成果以最快的速度传播到了其他的资本主义国家，但作为率先完成产业革命的国家，英国在当时的国际经济与贸易中具有绝对的优势。

第三，国际分工的发展改变了世界市场所交换商品的性质。世界市场上所交换的商品，由过去为了满足少数的特权阶级享用的奢侈品向人们日常生活中所需要的大宗商品转化。

第四，欧洲殖民地宗主国对殖民地国家的剥削方式发生了变化。在资本的原始积累时期，殖民统治者用暴力的手段和超经济的强制手段进行殖民统治。随着机器大工业的建立，欧洲殖民统治者代之以较为温和的方式，即通过自由贸易对其殖民地国家进行更为隐蔽的剥削，逐步将其变为自己的原料产地和商品销售市场。

3. 国际分工的发展阶段（19 世纪中叶至第二次世界大战）

19 世纪 70 年代以后，资本主义世界爆发了以电力的发明和应用以及钢铁、化学和交通运输业的革新为代表的第二次产业革命，使资本主义经济在 19 世纪末 20 世纪初的 30 年间获得了飞跃发展。第二次产业革命导致了许多新兴工业部门的出现，如钢铁工业、冶炼工业、汽车制造工业、化学工业等，而通信技术和交通运输方式也得以改进，这些都极大地提高了社会生产力，促进了资本主义经济的发展，使得国际分工和国际贸易再一次发生深刻的变化。这个时期的国际分工具有以下几个特征：

第一，国际分工的中心由英国变为一组国家。这一时期，美国和德国等资本主义国家在科学技术和生产力上的飞速进步带动了其经济的迅速发展，而英国发展相对较为缓慢，英国在国际分工和世界市场中的绝对霸主地位开始动摇。

第二，产业革命推动了交通运输和通讯事业的发展，从而促进了世界市场的形成。19 世纪 70 年代，铁路还主要分布在欧洲和北美。到 20 世纪初，随着资本输出的加剧，殖民地宗主国开始在其设于亚、非、拉美的殖民地大规模地兴建铁路。截至 1910 年，全球已经建成上百万公里的铁路网。水上运输方面，苏伊士运河（1869 年）和巴拿马运河（1913 年）的开凿，汽船业在世界航运事业中优势地位的确立，使得水运的成本大大降低。而在通讯方面，电报、海底电缆的出现及其在世界范围内的应用，极大地提高了通讯的效率，缩短了国与国之间的距离，使各国之间的联系更加频繁和紧密。

第三，垄断和资本输出改变了国际分工的形式。随着资本的积聚与集中，垄断进一步加强，垄断逐渐代替了自由竞争，成为这一时期资本主义经济的突出特征。垄断又促进了资本输出的发展，使资本主义发达国家日益将其生产扩大到其设在亚、非、拉美的殖民地和半殖民地，将这些过去的原料产地和产品销售市场变为了资本主义国际化生产的一部分，从而使殖民地宗主国与殖民地国家之间、发达的工业国家与初级产品生产国之间的国际分工日益加深，最终形成了国际分工体系。

第四，国际分工体系的形成，使不同类型的国家之间经济的相互依赖性增强。首先，新的国际分工形式的确立，使得落后的亚、非、拉美的殖民地国家的经济趋于单一化和畸形化。它们只生产并出口一两种或两三种产品，而且这些产品也往往只出口到发达工业国家，造成了它们对少数几种产品和对发达工业国家市场的高度依赖性。其次，随着国际贸易在各国经济中地位的升高，参与国际分工的每个国家，不论是发达工业国家，还是落后的殖民地国家，都日益依赖于彼此，也日益依赖于世界市场。

4. 国际分工的深化发展阶段（第二次世界大战之后）

第二次世界大战后，出现了以原子能、电子计算机和空间技术的发展和应用为主要标志的第三次科学技术革命。这次科学技术革命，导致了一系列新能源、新材料、新工艺的出现和电子、信息、服务、软件、宇航、生物技术和原子能等一大批新兴部门的建立，大大提高了劳动生产率。与此同时，原来的殖民地国家不再甘于只作西方发达国家的附庸，分布于亚、非、拉美各洲的殖民地纷纷独立。这些独立国家与新成立的社会主义国家一起登上世界舞台，以发展本国的民族经济为首要任务，努力寻求自己在国际经济与贸易的一席之地。随着发达国家和原来的殖民地国家各自地位的微妙变化，世界经济的结构也发生了变化，这些都促进国际分工以更快的速度进一步向纵深发展。

具体地说，这个时期国际分工的深化发展主要表现在以下几个方面：

第一，国际分工的格局发生了巨大的变化。在第二次世界大战之前，国际分工的格局主要是经济结构不同、技术基础不同的工业国与农业国之间的分工，而经济结构相似、技术水平相近的工业国之间的分工则居于次要地位。第二次世界大战后，第三次科技革命带来的科学技术的飞跃进步，推动了产业结构的调整和升级，促进了生产力的提高和经济的迅猛发展，这些都改变了第二次世界大战前的国际分工的格局，工业制成品生产国之间的分工形式，成为这一时期国际分工的主要形式。

第二，国际分工的部门结构发生了重大的变化。二次世界大战之前，部门间的分工在国际分工中居于主导地位。第二次世界大战后，第三次科技革命的爆发和跨国公司的发展壮大使得社会生产力

36

迅速提高，分工进一步深化，生产部门的划分越来越细。这种分工发展到一定的阶段，同样需要跨越国界，寻求更为广阔的海外市场。因此，国际间工业部门内部的分工逐渐代替部门间的分工，在国际分工结构中占主导地位。

第三，国际分工参与国的经济所有制形式发生了变化。在第二次世界大战之前，参与国际分工的多为以私有制为主的资本主义国家。第二次世界大战结束之后，随着社会主义国家的出现并逐渐登上世界舞台，以资本主义国家为主导的国际分工的时代结束了。刚刚成立的社会主义国家为了发展本国的经济，积极地参与国际分工，逐渐成为国际分工中不可或缺的组成部分。

第四，国际分工的类型发生了变化。第二次世界大战前，国际分工的类型多为垂直型分工，第二次世界大战后，国际分工由垂直型向水平型过渡。在这里有必要介绍一下国际分工的三种类型，按照参加分工的国家的经济发展水平，国际分工可分为：

（1）垂直型国际分工（Vertical International Division of Labour），是指农矿业产品和工业制成品的生产分工，通常是经济发展水平不同的国家之间的纵向分工。

（2）水平型国际分工（Horizontal International Division of Labour），是指工业品生产上进行的专业化与协作的分工，主要是经济发展水平大体相同的国家之间的横向分工。

（3）混合型国际分工（Mixed International Division of Labour），即垂直型和水平型混合起来的国际分工。

第五，国际分工的内容发生了变化。第二次世界大战之前，国际分工的内容几乎全部都是有形的商品贸易。第二次世界大战后，尤其是 20 世纪 70 年代之后，在科技革命的推动之下，社会分工进一步扩大和深化，各经济部门之间和经济部门内部日益相互依赖，国际服务贸易应运而生并迅速发展起来。这必然会推动服务业国际分工的发展，国际分工的内容由原来的有形商品生产的分工向服务业分工扩展，生产国际化和服务国际化交织发展，商品生产的国际分工和服务业的国际分工也呈现出相互结合、相互渗透的新趋势。

（三）国际分工的特点和作用

1. 国际分工的特点

国际分工是国内社会分工超越国家界限广泛发展的结果。与一般的国内分工相比，国际分工既具备社会分工的基本特点，又有自己的独特之处。具体地说，国际分工的特点可归结为以下几点：

（1）国内分工是各国国民经济范围之内的劳动分工，而国际分工则是指超越各国国家界限在世界范围内形成的社会分工。

（2）国内分工是在人类历史上的所有社会形态下都存在过的，而国际分工则是在国家产生之后并且社会生产力发展到一定的阶段之后才出现的，确切地说，是在资本主义阶段才出现的。

（3）决定国内分工的主要是一国国内的生产力和科学技术水平，而决定国际分工的则是世界范围内的生产力水平和生产的国际化程度。

（4）一国的国内分工一般不会受到其他国家的干预和限制，而国际分工则要受到各个国家的政府策略、法律制度和经济政策等因素的共同制约。

2. 国际分工的作用

与后来的经济全球化一样，对于资本主义国际分工的历史作用，存在着两种截然不同的观点。一种观点认为，资本主义国际分工极大地推动了社会生产力的发展，具有历史进步性；另一种观点则认为，国际分工具有典型的资本主义剥削特征，是资本主义国家剥削广大的落后国家的手段之一，具有历史倒退性。因此，在分析资本主义国际分工时，应该从正反两个方面加以分析。

（1）国际分工的积极作用

①有利于发挥各国优势。参与国际分工的国家在资源禀赋、技术水平和生产能力上拥有各自的优势，国际分工可以使各个国家扬长避短，集中精力和资源专业化生产某种商品，从而降低了生产成本，节约了本国的资源和劳动力。

②有利于提高劳动生产率。各国通过国际分工各自进行专业化生产，不仅使得进行专业化生产的国家的生产规模较之以前扩大，更易于产生规模经济效益，而且更细的分工和专业化生产也使各国

的生产技术水平获得了更大的提高，技术改进和新技术的产生更为迅速和频繁，大大地节约了社会劳动，提高了劳动生产率。

（2）国际分工的消极作用

国际分工和国际贸易的前提条件是平等互利，但是资本主义的国际分工往往带有其与生俱来的剥削性、掠夺性和不平等性。尤其当资本主义发达国家通过自己对生产资料和生产技术等有利生产条件的占有从落后国家那里榨取超额利润的时候；或者当资本主义发达国家凭借自己庞大的跨国公司网络和垄断地位，控制整个世界市场，通过制定垄断价格对落后国家进行掠夺的时候，资本主义国际分工的不平等性便更加明显地表现出来了。

二、影响国际分工发展的因素

影响和制约国际分工发展的因素来自各个方面，其中最基本的因素是社会经济条件和自然经济条件。

（一）社会生产力是国际分工形成和发展的决定性因素

1. 生产力的发展推动了国际分工的发展

国际分工的发展归根到底是由生产力的发展所决定的。一切形式的分工，包括国际分工，都是社会生产力发展的必然结果。在国际分工最终产生的过程中，科学技术发挥了重要的作用。人类历史上出现过的三次技术革命，都大大推动了国际分工的发展。18 世纪 60 年代，英国首先发生了以蒸汽机的发明和应用为主要标志的第一次科技革命。这次革命很快波及整个西欧和北美，使得机器大工业得以建立，各个国家和地区的生产和消费日趋国际化，最终产生了国际分工。19 世纪 70 年代开始的第二次科技革命，使得许多新型的生产部门纷纷出现，生产技术和生产工具得以改善，资本的积聚与集中进一步加强，资本输出成为这一时期国际经济与贸易的重要特点，形成了资本主义的国际分工体系。第二次世界大战后出现的第三次科技革命，则在最短的时间内促进了生产力的飞速发展，使得国际分工进一步深化，出现了生产的国家化。

2. 各国的生产力水平决定了其在国际分工中的地位

通常，生产力发展水平较高的国家在国际分工中会处于主导地位，这样的例子古有英国，今有美国。从历史上看，英国率先完成产业革命，使得其生产力发展在其后的很长一段时间里都远高于其他国家，英国在国际分工中也因此一直处于支配地位。而欧美资本主义国家因为继英国之后相继完成了产业革命，生产力发展也极为迅速，不久便与英国一道成为了国际分工的主导力量。第二次世界大战后，第三次科技革命的爆发，使美国成为了世界上科技最为发达，生产力发展最为迅猛的国家。美国逐渐取代英国，在国际分工中处于绝对主导地位。近年来，原来的殖民地国家纷纷独立，一些新兴的工业化国家异军突起，他们努力发展着本国的民族经济，在国际分工中的地位也不断地获得提高。

3. 各国的生产力水平决定了其在国际分工中的形式、广度和深度

生产力的发展不仅使科学技术日新月异，还使参与国际分工的国家的类型日趋多样化。国际分工把各种类型的国家和地区联系在一起，逐渐形成了世界性的分工。随着生产力的发展，各国参与国际分工的形式从"垂直型"向"水平型"过渡，出现了多类型、多层次的分工形式。

4. 生产力的发展决定了国际分工的产品内容

随着生产力的发展，国际贸易的内容逐渐由货物贸易向服务贸易转化，服务部门分工在国际分工中出现。而货物贸易的产品内容也由过去的大部分为初级产品向更多的工业制成品、高科技产品转化。

（二）自然条件是国际分工产生和发展的基础性条件

进行任何生产和经营活动都需要一定的自然条件，自然条件是一切经济活动的基础，没有一定的自然条件，进行任何经济活动都是困难的，甚至是不可能的。得天独厚的自然条件不但为发展本国的经济提供了许多必要的资源，还有助于国际分工和国际贸易的发展。但值得注意的是，随着生产力的发展，自然条件对国际分工的作用正在不断的减弱。一方面，自然条件只提供国际分工的可能性，而不提供现实性，要把可能性变为现实性，还需要一定的条件；另一方面，科学技术的不断进步，使得各国在自然资源上存在

的不足日益被科学技术所弥补。因此，生产力水平和自然条件之间，前者具有绝对的主导地位。

（三）资本国际化是国际分工深入发展的必要条件

从 19 世纪末开始，资本输出就成为了资本主义发达国家参与国际分工，发展本国经济的重要手段之一。第二次世界大战之后，发达国家跨国公司的大量出现和迅速发展，加之发展中国家对外经济政策的配合，进一步加快了资本国际化的进程。而资本国际化的迅速发展，又促进了国际分工向纵深化发展。

（四）国际生产关系决定了国际分工的性质

国际分工是生产力发展的必然结果，它的发展总是与一定的生产关系的发展联系在一起的。既然国际分工被定义为社会分工超出国家界限的结果，那么，社会生产关系也可以超出国家的界限而形成国际生产关系。

在当代世界的国际生产关系当中，既包括资本主义生产关系，也包括社会主义生产关系，但仍是资本主义生产关系占主导地位。因此，当代国际分工中也同样具有较多的资本主义成分，这突出地表现为国际分工中的掠夺性、剥削性和不平等性。但随着殖民地国家的纷纷独立和社会主义国家日益登上世界舞台，国际分工正向着更加积极的方向发展。

三、国际贸易与国际分工的关系

国际贸易是随着国际分工的发展而产生和发展起来的。可以说，国际分工产生和发展的过程就是国际贸易产生和发展的历史，两者是互为条件、互相促进的两个方面。正是有了国际分工才有了世界市场，正是有了世界市场才有了国际贸易。概括地说，国际分工是国际贸易的基础，国际贸易是国际分工的表现。

（一）国际分工的发展推动了国际贸易的发展

最初的国际贸易是由于资源禀赋上的差异引起的，主要是为了互相调剂余缺，规模很小，而且也并不频繁。随着国际分工的形成和发展，国际贸易也在广度、深度上不断发展起来，其规模也越来越大，速度越来越快。18 世纪 60 年代的产业革命直接导致了国际分工的产生与发展，国际贸易额从1810年的25亿美元增加到1860年的123亿美元，国际贸易量的平均增长率从1720~1780年的1.1%提高到1840~1860年间的4.84%；19世纪70年代的第二次科技革命则使得国际分工进一步发展，国际贸易额在1865~1913年间增加了4倍多，国际贸易量的平均增长率从1870~1900年的3.24%提高到1900~1913年间的3.75%；而第二次世界大战结束后的第三次科技革命使国际分工进一步向纵深发展，世界出口贸易额从1950年的607亿美元增加到1980年的20 127亿美元，30年间增加了32倍。

可见，国际贸易是随着国际分工的发展而发展的。历史上，一般国际分工发展较快的阶段，国际贸易的发展也较为迅速。

（二）国际分工影响国际贸易的地区分布

各国在国际贸易中的地区分布与它们在国际贸易中的地位是密不可分的。一般在国际分工中处于中心地位的国家和地区在国际贸易的地区分布中也会占据主要地位。从产业革命到19世纪末，英国一直在国际分工中处于中心地位，这使它在国际贸易中所占的比重也一枝独秀，从1750年的13%提高到1800年的33%，成为名副其实的"世界工厂"。随着工业革命在其他欧美资本主义国家的相继完成，英国在国际分工中的地位有所下滑。到第二次世界大战结束时，美国取代英国在国际分工中处于中心地位，同时，英国在国际贸易中的霸主地位也逐渐被美国所取代。而近年来，美国在国际分工和国际贸易中的这种霸主地位又在逐渐地被美、日、欧三足鼎立的局面所替代，国际分工和国际贸易正向着多极化的方向发展。

（三）国际分工影响国际贸易的地理方向

与国际贸易的地区分布类似，国际贸易的地理方向也与国际分工的程度密切相关。19世纪以来，国际分工的方向由发达国家和发展中国家之间的垂直分工转变为发达国家之间的水平分工，而国际贸易的地理方向也随之由殖民地同宗主国之间的贸易演变为发达国家之间的贸易。前者的贸易在世界贸易中所占比重从1913年的43%提高到了1984年的52%，而后者则从52%下降到17.1%。

（四）国际分工影响国际贸易的商品结构

随着国际分工的发展和科学技术的进步，国际贸易的商品结构也发生了很大的变化。最初的国际贸易只是为了满足特权阶级享受的需要，所以贸易品多为奢侈品，如贵重金属、宝石、象牙、香料和瓷器等。随着生产力的进步和国际分工的发展，加之手工业工厂和城市的兴起，贸易品由奢侈品向日常消费品转化，大米、棉花、烟草、茶叶、咖啡等成了国际贸易的主要商品；第一次科技革命使英国成为了国际分工的中心，国际贸易的商品结构也随之发生了极大的变化，随着机器大工业的建立和运输及通信工具的改善，纺织品、钢铁和石油制品的贸易量增长迅速，谷物成为国际贸易的大宗商品；第二次科技革命使国际分工进一步发展，不但农产品贸易量不断增长，工业制品的贸易量也不断扩大；而第二次世界大战后的第三次科技革命，使国际分工向纵深发展，工业制成品逐渐取代初级产品在国际贸易中占主导地位。到 20 世纪 60 年代末，工业制成品在国际贸易中的比重增至 2/3 左右。同时，服务贸易也有了飞跃式的增长，世界服务贸易额从 1967 年的 700 亿~900 亿美元增至 1987 年的 9 600 亿美元。

（五）各国在国际分工中的地位影响各国对外贸易政策

各国在国际分工中所处的地位和作用是各不相同的。国际分工从产生之日起就带有一定的剥削性、掠夺性和不平等性，因为最初的国际分工是发达资本主义国家占主导地位的国际分工。近年来，随着殖民主义的瓦解和国际分工的发展，国际分工的性质也在慢慢地发生着变化，落后国家和社会主义国家在国际分工中的地位和作用也日益受到重视，但发达国家仍在国际分工中占有不可比拟的主导地位。通常，在国际分工中处于优势地位的国家，由于本国的生产力水平较高，其产品也更具有竞争力，所以为了通过国际贸易获得更多的利益，它们往往会采取自由贸易的政策；反之，一个在国际分工中处于劣势的国家，由于本国的生产力水平较为落后，商品竞争力较弱，所以为了保护国内相对较为落后的产业的发展，一般会采取保护主义政策。

第四节 国际经济与贸易的地位和作用

国际经济与贸易是一个历史范畴，是社会生产力发展的最终产物。它是在人类社会发展到一定的阶段，随着国际分工的出现而产生和发展起来的。从其产生之日起发展至今，国际经济与贸易经历了自身的高潮和低潮，它的每一次跨越发展都是与当时的生产力发展，特别是科技进步紧密联系的。因此，历史上的三次科技革命都曾经为国际经济与贸易的发展注入过强大的动力，几次彻底改变了国际经济与贸易的面貌。每次科技革命之后，国际经济与贸易都会以几倍甚至几十倍于原来的速度向前发展，创造出更先进、更有效率的生产力。近年来，经济全球化的发展使世界各国的经济更加紧密地联系在一起，成为一个不可分割的整体。各国政府也逐渐意识到了国际经济与贸易在本国经济中越来越重要的地位和作用，制定各种政策和措施，并积极地参加各种同国际经济与贸易有关的组织和活动，千方百计发展本国的对外经济和贸易。

一、国际经济与国际贸易的关系

在具体分析国际经济与贸易在各国经济中的地位和作用之前，有必要阐述一下国际经济与国际贸易之间的关系。在大多数时候，我们都将国际经济与贸易看作一个整体加以研究，但在进行具体分析时，又常常将它们拆开来分别进行论述。我们在第一节中已经详细对国际经济和国际贸易分别进行了介绍，这里我们将深入分析二者之间的关系。

国际经济与国际贸易的关系包括两个方面。一个方面是国际贸易对国际经济发展的促进作用；另一个方面是国际经济发展对国际贸易的影响。

（一）国际贸易对国际经济发展的促进作用

国际贸易对国际经济发展的作用可以分为正反两个方面，但是其中起主导作用的是国际贸易对国际经济发展的促进作用。这种促进作用可以从三个角度来加以分析：

第一，从国际贸易规模的扩大与国际生产的辩证关系来看。生产和交换之间存在着辩证的关系，生产决定着交换，而交换也反过来作用于生产。生产规模的扩大，需要不断扩大的市场，市场扩大到一定的程度就会超越国界形成世界市场。不断扩大的世界市场又反过来对生产提出了更高的要求，它要求更高的产品质量和更大的生产规模。生产和交换就是这样既互相促进、又互相制约，在矛盾之中共同地向前发展着。

第二，从国际分工与国际贸易的辩证关系来看。在介绍国际分工时，我们曾经论述过国际贸易与国际分工之间的关系。简而言之，国际分工决定着国际贸易，国际贸易又反作用于国际分工。国际分工作为国际贸易的基础对国际贸易的决定作用无需多作论述，此处需要强调的是国际贸易对国际分工的反作用。国际贸易产生于国际分工，产生之后便成为了国际分工进一步向纵深发展的最为直接的媒介。国际分工与国际贸易就是在这样的辩证关系之中互为条件、互相促进的不断发展着。

第三，从各国经济增长与其对外贸易增长的关系来看。一个国家经济的增长是由各种各样的因素共同决定的，决定不同类型国家经济发展的因素更是千差万别。但是，对外贸易的增长，对任何国家的经济增长来说都是必不可少的重要因素。经济学最初对国际贸易和经济增长的关系给予充分重视是在 20 世纪 50 年代，其代表人物是一批发展经济学家。发展经济学家 R. 纳克斯解读 19 世纪世界经济史，发现如美国、阿根廷、澳大利亚等新兴国家的经济增长主要是由良好的外部条件所导致的。纳克斯由此得出结论：贸易是增长的引擎。这个理论虽然存在许多的不足，并且曾经饱受来自各方的抨击，但它确实在一定程度上说明了国际贸易对经济增长的巨大带动作用。

国际贸易对经济发展的推动作用可以从以上三个方面的理论完整的表现出来，而事实也同样证明了这样的结论。第二次世界大战结束初期至 20 世纪 80 年代初期，世界经济高速增长，而这一时期的国际贸易也不出意料地超过了世界生产的增长速度。1948—1981年，国际贸易量（出口量）平均增长 6.8%，而同期世界工业平均增长仅为 5.6%。这一数据充分说明，在经济日益全球化的今天，在生产日益国际化的今天，国际贸易的发展不容小视，国际贸易对经济发展正起着越来越为重要的促进作用。

(二) 国际经济发展对国际贸易的影响

经济增长与贸易增长之间存在着辩证的关系。与国际贸易的发展对经济发展的所谓推动作用不同，经济发展对国际贸易的影响是不言而喻的，经济增长是贸易增长的前提或条件，经济增长决定贸易增长，经济增长促进贸易增长。但是，由于影响国际贸易变动的因素复杂而且多样，经济增长对国际贸易的影响往往无法清晰地表现出来。

最初的贸易发生在自然经济占统治地位，生产力极为低下的原始社会，那时的贸易指的只是氏族或者部落之间偶然的、简单的商品交换。后来，随着人类社会几次大的分工，生产力获得了飞跃发展，社会分工变得越来越细，分工的范围也不断扩大，并逐渐跨越国家的界限，形成了世界范围内的国际分工。国际分工的产生和发展带动了国际贸易的迅猛增长，国家之间的贸易往来日益频繁，各国经济之间的相互依赖程度也日益提高。以中国为例，中国 1950~1978 年的出口额平均每年增长 11.8%，而 1979~1990 年平均每年增长为 15.11%，1978 年进出口总额为 206.05 亿美元，1980 年为 381.4 亿美元，1992 年为 1 656.1 亿美元，12 年间平均增长率为 13%，1993 年又增长为 1 958 亿美元，1994 年为 2 300 多亿美元，到 2004 年进出口总额已达 11 547 亿美元，比上年增长了 35.7%。这些在很大程度上都是中国经济增长作用的结果，1980~1992 年中国国民生产总值增长率为 9%，1993 年为 12.85%，1994 年为 11.8%，国民生产总值从 1980 年的 7 000 亿元人民币增长到 1994 年的 40 000 亿元。2004 年，中国全年国内生产总值 136 515 亿元，比上年增长 9.5%。可见，如果没有国家经济的快速增长，就决不会带来对外贸易在短时间内如此迅猛的发展。

可见，一国的贸易量要受到其当年经济生产总值的一定影响。但是，要使一国或一地区的贸易量能够在短时期内有较大程度的增长，仅仅依靠发展本国经济是不够的。由于一国的国际贸易要受到

46

许多因素的共同影响，除了发展本国的经济，还要考虑如何使国内分工和国际分工都能够进一步地向纵深发展。此外，一国的对内对外经济政策，也是影响其对外贸易发展的重要因素。如何通过各种经济和贸易政策，为本国的对外经济贸易发展创造良好的内外部条件，是摆在每一个国家的对外经济和贸易发展面前的问题。

二、国际经济与贸易的地位和作用

国际经济与贸易随着人类社会的进步和生产力的不断发展，从无到有，尤其是在经历了人类社会三次大的分工之后，逐渐在世界经济中占有了自己的一席之地。时至今日，国际经济与贸易不论是对发达国家，还是对发展中国家的经济发展来说，都起着不可替代的作用。

（一）国际经济与贸易在发达国家中的地位和作用

当今的世界经济中，发达资本主义国家仍然占据着不可动摇的主导地位。国际经济与贸易产生之初，发达国家利用殖民主义开拓本国的殖民地，将分布在亚、非、拉美的殖民地都变成了本国的原料产地和产品销售市场，为发展本国的经济积累了大量的资本。第二次世界大战结束后，随着跨国公司的大量兴起，发达资本主义国家改变了策略，转而通过自己遍布全球的跨国公司网络调配资源，对整个世界市场进行垄断和控制。

经过多年的发展，国际经济与贸易已经成为了发达国家从广大的落后国家那里攫取利润和资源的重要手段，因此在发达国家的经济发展之中占有举足轻重的地位。

（二）国际经济与贸易在发展中国家中的地位和作用

第二次世界大战结束后，反对殖民统治的呼声日渐升高，一些殖民地先后独立，殖民统治逐渐瓦解。与此同时，一些社会主义国家开始出现在世界政治舞台之上，这些国家为了发展本国的经济，与那些刚刚独立的国家一道，陆续地参与到国际经济与贸易的竞争中来。除了发展本国的经济，他们还希望通过参与国际经济与贸易，能够改善自己在世界经济中的地位。为此，他们积极地开展"南北对话"和"南南合作"，并通过联合国和各种世界性的经济和贸易组织，进行建立国际经济新秩序的斗争。

可见，国际经济与贸易已经成为了发展中国家发展本国经济，并且不断进行破旧立新的斗争的重要武器。虽然发达国家依然在通过国际经济与贸易对它们进行着剥削和掠夺，但国际经济与贸易对发展中国家经济的促进作用是毋庸置疑的。

总之，无论是发达国家、发展中国家，还是社会主义国家，都要借助世界市场，通过国际经济与贸易发展本国的经济。这些国家在国际经济与贸易领域，一方面不断开展对话、加强联系、相互合作，另一方面又不断地进行相互竞争。正是这种既存在合作、又充满竞争的世界市场环境，促进了参与国际经济与贸易的国家经济的持续发展，同时也使得国际经济与贸易在各国经济发展中的作用日益突出，其地位也日益得到了巩固和加强。

第二章　国际贸易理论

国际贸易纯理论主要从贸易原因、贸易结构和贸易结果这三个方面阐述国际贸易的基本问题。国际贸易的原因是要说明一国参与国际贸易的动力何在，即它为什么要参与国际贸易？国际贸易的结构所要回答的是，国际贸易的生产结构或分工结构是怎样的？以及一国在国际贸易中进出口商品结构又是什么？而国际贸易的结果则是要讨论国际贸易能否使参与国获得经济利益。但是不同的经济学理论前提所得出的国际贸易理论是不同的，要回答国际贸易的这三个基本问题还有待于国际贸易理论前提的确立。

国际贸易理论的发展是伴随着现实经济活动和国际贸易实践的发展，伴随着经济学理论的发展而不断向前推进的。它先后经历了古典贸易理论、新古典贸易理论和新贸易理论这三个发展阶段。

第一节　古典贸易理论

一、重商主义

重商主义兴盛于 15 世纪至 17 世纪资本主义原始积累时期，是商业资产阶级最早的经济思想和政策体系，它代表了商业资产阶级的利益，也是前资本主义国际贸易理论的集中体现。

15 世纪的西欧正处于封建社会向资本主义社会过渡的时期，自然经济逐渐衰落，商品货币关系迅速发展起来，商业资本因此得到了迅速的发展和壮大。商品经济的发展又刺激了货币需求的急剧增长，货币代替土地成为社会财富的象征，受到人们普遍的追捧。由于当时充当交易媒介的货币主要是黄金、白银等铸成的金属货币，因此代表货币的金银就成为整个社会纷纷追逐的对象。但是，由于当时的西欧除了法国出产少量的白银外，大多数国家不产金银，这样，社会对金银货币的需求与金银的自然供给形成强烈的反差，需求巨大而供给却相对不足。于是，西欧各国都希望通过积极开展国际贸易来达到从国外敛聚大量金银货币的目的。因此，随着国际贸易实践的不断发展，代表商业资产阶级利益和要求的重商主义在这样的社会背景下便应运而生了。

重商主义在其发展过程中，大致经历了早期和晚期两个发展阶段。

（一）早期重商主义

早期重商主义流行于15世纪到16世纪中叶的西欧各国。代表人物有英国的约翰·海尔斯、斯塔福德，法国的博丹和安徒安·孟克列钦。集中反映早期重商主义思想的代表作有由海尔斯撰写、斯坦福德修订的《对我国同胞某些控诉的评述》以及孟克列钦所著的《献给国王和王后的政治经济学》。

1. 早期重商主义思想的特点

（1）极力主张对外贸易应该根据绝对的"多卖少买"，最好"不买"的原则来积累货币，强调每笔交易都有盈余的微观贸易盈余。

（2）认为防止金属货币外流应成为制定外贸政策的指导原则。为积累货币财富并实现国家富裕，早期重商主义者主张国家通过立法和行政手段严禁金银输出，在限制外国商品进口的同时鼓励本国商品出口。

2. 早期重商主义的政策措施

（1）禁止货币出口，由国家垄断全部货币交易。

（2）外国与本国进行贸易要将全部所得用来购买本国商品。

（3）制定高额进口关税。

由于早期重商主义是力图通过实现每笔对外贸易交易的顺差，以贮藏货币的形式来积累货币金银，从而达到使国家富裕的目的，因此这种思想被称为货币差额论，马克思称其为货币主义，也称重金主义。恩格斯曾形象地指出，这个时期的重商主义者"就像守财奴一样，双手抱住他心爱的钱袋，用嫉妒和猜疑的目光打量着自己的邻居"。这是个绝妙的比喻。

（二）晚期重商主义

晚期重商主义思潮在16世纪中叶到17世纪中叶较为盛行，其代表人物有英国的托马斯·孟、米塞尔登，法国的柯尔培尔，意大利的安东尼奥·塞拉。这一时期最重要的著作是托马斯·孟的代表作《英国得自对外贸易的财富》，被马克思称为重商主义的"圣经"。

1. 晚期重商主义思想的主要特点

（1）允许货币输出国外，而不再强调将金银货币禁锢在一国国内

由于16、17世纪西欧各国的工场手工业有了较大发展，晚期重商主义者主张国家应允许货币输出国外，以购买本国生产所需的原材料来大力发展出口品的生产或进行转口贸易。所以他们用发展的眼光看待货币，认为只有将货币投入流通才能取得更多的货币。

正如托马斯·孟在其《英国得自对外贸易的财富》中所指出的，"货币产生贸易，贸易增多货币"，他认为禁止货币流出并将其贮藏起来的做法是不明智的，应该将货币投入到有利可图的对外贸易中去。

恩格斯对晚期重商主义者的描述也甚为贴切：晚期重商主义者开始明白，一动不动地放在钱柜里的钱是死的，而流通中的资本不断增值，于是，他们开始把自己的金银当作诱饵放出去，以便把别人的金银吸引过来。

（2）强调保持宏观的贸易顺差，目的是为了保证货币的输出能带来更多的货币回流

贸易差额是一定时期内出口和进口之间的差额。如果出口大于进口就叫贸易顺差，反之为逆差。当一国发生贸易顺差时，会有金银货币的流入，在重商主义者看来，这就是财富的增加，因而他们认为在对外贸易中只要保持总的贸易顺差，就能增加一国货币拥有量，也就能达到国家富裕的目的。所以，他们主张国家应该通过调

节对外贸易中的进出口商品运动而不是控制货币本身的运动来增加货币财富。

2. 晚期重商主义的政策措施

（1）奖出限入，采用保护贸易政策，实行外贸管制。

（2）制定相关的法律来减少外国制成品的进口，并努力扩大本国农产品和工业品的出口。如英国制定《谷物法》以限制粮食进口。

（3）规定出售本国商品所得必须大于购买外国商品的所得。

（4）为实现贸易顺差，发展工场手工业和航运业，并实行殖民扩张纲领。

晚期重商主义的代表人物托马斯·孟除了强调要保持贸易顺差之外，还在其著作中阐述以下几个观点：

第一，强调了发展对外贸易的重要性。他认为："商品贸易不仅是一种使国家之间交往具有意义的值得称誉的活动，而且，如果某些规则得到严格遵守的话，它还恰恰是检验一个王国是否繁荣的试金石。"

第二，论述了发展对外贸易的基础是一国拥有特产和出现剩余产品。他不仅认为财富来源于流通领域，强调要发展对外贸易，而且把生产和生产出来的剩余产品看作是发展流通的必要条件。

第三，论证了对外贸易能使国家致富。他对几种商品在印度的离岸价和在英国的出售价作了比较，发现后者高于前者，从而得出英国每年能从对印度的贸易中获得大量利润。

意大利的安东尼奥·塞拉是晚期重商主义的另一典型代表。他认为商人输出金银有两大目的：一是用来支付原材料的进口，而用这些进口商品生产出来的出口商品可带来更多的货币；二是输出货币资本，进行海外投资以获取更多的利润。因此，他反对禁止货币出口的政策，强调发展转运贸易以谋求从流通中获利，或者可以进行海外投资。这种思想已初步具有了资产阶级经济思想的特点。

总之，晚期重商主义者已不再强调将金银货币禁锢在一国国内，而是主张发展对外贸易，扩大商品输出，限制商品输入，通过调节商品的运动，保持宏观的贸易顺差，来达到积累货币财富的目的。因此，晚期重商主义思想被称为贸易差额论。由于他们支持西欧主要欧洲国家积极干预经济生活，采取扶植和鼓励制造出口商品的工场手工业的政策，因此马克思又称之为"重工主义"。

（三）对重商主义的评价

重商主义思想对推动国际贸易理论及资本社会的发展起到了一定的积极作用，主要表现在：

1. 作为一种理论思潮，重商主义虽然本身并未形成严谨的理论体系，但它对资本主义生产方式进行了最初的理论研究，其有关国际贸易的理论是西方经济学界对国际贸易最早的理论说明。

2. 重商主义反映了西欧从封建社会向资本主义制度过渡时期商业资产阶级对积累原始货币资本的渴求，它促进了商品货币关系的发展，加速了资本的原始积累，对推动资本主义生产方式的建立和发展有一定的积极意义。

当然，重商主义思想的局限性也很明显，大致可归纳为以下三个方面：

1. 重商主义的财富观是片面的。它对社会经济现象的分析着眼于流通领域而没有深入到生产领域，认为财富来源于流通领域，尤其是来源于"奖出限入"制下的国际贸易，因而这种财富观点是不全面、不科学的，它混淆了财富和货币的区别。财富应该是在生产活动中创造出来的，而纯粹的商业活动并不创造财富。而且，金银货币也并不是财富的唯一形态。

2. 重商主义认为国际贸易是零和博弈而非双赢博弈。它用静止的眼光看待世界资源，认为一国所得的贸易利益必是他国的贸易损失，从而单纯强调本国利益而忽视他国利益，违背了互利互惠的国际贸易准则。

3. 重商主义着重从贸易利益角度分析国际贸易问题，很少阐述国际贸易产生的原因。它没有认识到国际贸易对各国经济发展的促进作用，只是把贸易作为敛聚金银货币的一种途径。而且重商主义有关贸易利益的概念也比较模糊。因此，该理论还只是不成熟，不系统的理论。

二、绝对成本论

重商主义只局限于商业、流通和贸易领域而没有认识到资本主义生产方式的本质，从而不能成为科学的经济学说。随着资本主义的发展，产业资本逐渐发展壮大，在社会经济生活中的地位也日益提高，新兴资产阶级要求扩大对外贸易，以便从海外获得廉价原料，并为其产品寻找更大的海外市场。为此，产业资产阶级要求从重商主义者对国民经济和对外贸易的束缚中解放出来。适应时代的要求，代表产业资产阶级利益的自由贸易学说产生了。其中的典型代表之一是英国著名经济学家亚当·斯密，其代表作为《国民财富的性质和原因的研究》，简称《国富论》。

斯密在《国富论》中对重商主义进行了批评，并提出了与之不同的观点。首先，他认为一国的真实财富不是以货币金银来衡量的，而是以生产出来的商品和劳务来衡量的，因而他把劳动价值论作为其理论基础，以劳动为单一生产要素。其次，斯密认为一个国家的繁荣富强是通过贸易来扩大生产而不是仅从贸易中获得金银货币，政府必须通过减少经济管制，发展自由贸易，来促使国民经济迅速发展。最后，他指出重商主义者通过持续的贸易顺差积累金银货币只会是徒劳，因为一国不能维持持久的贸易顺差。如果一国长期保持贸易顺差，金银不断流入，那么本国货币供给会大量增加，在产出保持不变的情况下，国内价格会趋于上升，本国出口产品的国际竞争力会因此而下降，出口受到影响，使得贸易顺差减少，甚至可能出现逆差。因此，希望通过持续顺差来积累金银的想法是难以实现的。

（一）绝对成本论的主要内容

斯密在批判重商主义的同时提出了绝对成本论，认为两国间的贸易基于绝对优势。该理论的基本含义是：由于拥有不同的自然优势和后天优势，两国在同一产品的生产成本上存在绝对差异，各国都选择对其绝对有利的生产条件去进行专业化生产，然后进行交换，两国的国民福利水平都能提高。

首先，斯密分析了一国内分工所带来的利益。他指出，在生产要素不变的条件下，分工可以提高劳动生产率。例如，在实行分工的情况下，10个人每天可制造48 000根针，但在没有分工的情况下，一个人每天连一根针也制造不出来，分工使劳动生产率获得了极大的提高。然后他把这种适用于一国内不同职业、不同工种之间的分工利益原则运用于各国之间，指出如果一国生产一单位某种产品所使用的资源少于另一国相同产品的生产，那么该国在这种产品的生产上就具有绝对成本优势。一国可以专业化生产具有绝对优势的产品，同另一国的绝对优势产品相交换，交易双方都可以获利。因为，这样能使两国资源都得到最有效的利用，两种商品的产出都会有很大程度的增长，而增长所带来的利益可在两国之间进行分配。

斯密用2×2模型来分析其绝对优势原理：

假设世界上只有两个国家：英国和葡萄牙；两种产品：毛呢和酒。两国在贸易前都生产毛呢和酒，单位产品投入如表2-1所示。

表 2-1　　　　　　　　　　分工前两国的情况

国家	酒产量（单位）	所需劳动人数（人/年）	毛呢产量（单位）	所需劳动人数（人/年）
英国	1	120	1	70
葡萄牙	1	80	1	110

显然，英国在毛呢生产上有绝对优势，因为生产同样一单位毛呢，英国所需的劳动投入为70，小于葡萄牙的110。同理，而葡萄牙在酒的生产上有绝对优势。根据亚当·斯密的分工原则，英国应集中全部资源专业化生产毛呢，而不生产酒，它可以通过与葡萄牙的贸易来满足国内对酒的需求。而另一方面，葡萄牙则专门生产酒，并同英国进行交换以换得毛呢。通过这样的专业化分工并彼此交换各自所需的产品后，两国情况如表2-2所示。

表 2-2 分工后两国的情况

国家	酒产量(单位)	所需劳动人数 (人/年)	毛呢产量 (单位)	所需劳动人数 (人/年)
英国	0	0	190/70 = 2.71	190
葡萄牙	190/80 = 2.375	190	0	0

比较两表容易得出,在两国劳动总投入并未增加的情况下,通过专业化分工,毛呢的世界总产量比分工前增加了,2.71 单位>1 单位+1 单位 = 2 单位;酒的世界总产量也增加了,2.375 单位>1 单位+1 单位 = 2 单位。再假定国际交换价为 1,即一单位毛呢换一单位酒,则英国用一单位毛呢交换一单位酒后还有 1.7 单位的毛呢,多于国际分工及贸易之前只有 1 单位毛呢的水平。同样,葡萄牙用一单位酒交换一单位毛呢后还有 1.375 单位的酒,也多于贸易前仅为 1 单位的水平。因此,通过国际分工和贸易,两国的福利都增加了。

通过上述分析,斯密得出结论:每个国家都有其生产特定产品的绝对有利的生产条件,如果每个国家都按照这种绝对有利的生产条件进行专业化生产,成本就绝对低,然后彼此交换,双方都能获得绝对利益。

正是由于国际分工和国际贸易能使各国都获得分工所带来的利益,因而斯密反对国家干预经济,主张自由贸易,各国只有在自由竞争和自由贸易的环境中,才能更加充分合理地利用本国的生产优势,通过贸易各国得到比分工前更多的产品,从而使整个世界的经济不断发展。

(二) 对绝对成本论的评价

亚当·斯密的绝对成本理论提倡自由贸易的思想,反映了当时英国资产阶级通过扩大对外贸易进行经济扩张的要求,为资本的自由活动建立了理论基础,对以后的国际贸易理论的发展有着深远的影响和重要的历史意义。它的积极方面表现在:

(1) 建立在劳动价值论基础上的绝对成本理论,第一次从生产领域出发,探讨了国际贸易产生和发展的原因,克服了重商主义的缺陷，为建立科学的国际贸易理论作出了贡献。

（2）它的积极意义还在于说明国际贸易不是重商主义所认为的零和游戏，不是只能使一方获得贸易利益，而是贸易双方都能获利，贸易可以实现双赢。它为扩大贸易提供了理论基础。

（3）各国取得的利益是在劳动量不变的情况下商品的增加，而不是重商主义所追求的货币金银的积累。

当然，绝对成本论也有其局限性，表现在：

（1）斯密的绝对成本理论只说明了在某种产品的生产上有绝对优势的国家如何参与国际分工和国际贸易。而如果一国在任何产品生产上都不具有绝对优势，即在任何产品生产上所花费的劳动投入都比另一个国家多，那将如何进行国际分工和贸易呢？绝对成本论未给予回答。

（2）该理论以劳动价值论为基础，只考虑劳动这个单一要素。把劳动生产率的差异作为国际贸易产生的唯一原因，而没有考虑贸易产生的其他原因，有一定的局限性。

三、比较成本论

比较成本论是英国工业资产阶级思想家，资产阶级政治经济学的完成者大卫·李嘉图提出的，其代表作是 1817 年出版的《政治经济学及赋税原理》。

（一）比较成本论提出的背景

一方面，由于时代环境的改变，绝对成本论对维护自由贸易的理论支持作用逐渐减弱。大卫·李嘉图所处的时代环境和亚当·斯密所处的时代背景有了明显的不同。18 世纪斯密所处的时代，工场手工业虽然很发达，但毕竟仍然以手工技术为基础，发达国家与不发达国家之间劳动生产力差异不是太大，各有优势产品的可能性很大，可以构成"绝对成本论"的基础。而李嘉图所处的时代，机器大工业快速发展，各国技术差距加大，出现了先进国比后进国具有全面优势的新形势。在这种情况下，各国是否仍然能够参与国际分工和贸易并得到贸易利益的问题被提上了议事日程。如果一个国家在任何产品生产上都没有成本优势，那该国还会参与国际贸易吗？此时，已不能再把绝对成本论作为支持各国之间进行自由贸易的有力的理论支持和理论依据。

另一方面，废除英国"谷物法"的论战也促使了比较成本论的提出。由于1815年英国政府为维护土地贵族阶级的利益颁布了"谷物法"，致使英国粮价上升，地租上涨，严重损害了产业资产阶级的利益。昂贵的地租使工人货币工资上升，产品成本增加，削弱了工业品的出口竞争能力；而且昂贵的谷物也增加了人们的粮食开支，从而减少了对工业品的需求。因此，英国产业阶级迫切要求废除谷物法，极力宣传谷物自由贸易。李嘉图的比较成本论正是在废除"谷物法"的论战中提出的，工业资产阶级迫切需要找到谷物自由贸易的理论依据，而比较成本论适应了这种需要。李嘉图认为英国应该从外国大量进口粮食，因为英国在纺织品生产上的优势比在粮食生产上的优势更大，即有所谓的"比较优势"。

（二）比较成本论的内容

李嘉图的比较成本论是在绝对成本论的基础上发展起来的，它们的假设前提基本相似，主要有以下几点：

（1）是2×2模型，即考虑两个国家（英国和葡萄牙）和两种商品（毛呢和酒）的情况。

（2）以劳动价值论为基础，劳动是构成生产成本的唯一要素，并且所有劳动都是同质的。

（3）生产的边际成本不变，没有规模效应。

（4）生产要素在一国之内可以流动，在国际间不能流动。

（5）生产要素市场和商品市场都是完全竞争市场。

（6）不考虑交易费用和运输费用。

（7）贸易是按物物交换进行的，不考虑复杂的商品流通。

（8）不考虑收入分配的影响。

（9）不存在技术进步和经济发展，国际经济是静态的。

（10）两国资源都已得到了充分利用，一国某个部门资源的增加就意味着另一个部门资源的减少。

李嘉图认为，决定国际贸易的基础不是绝对成本，而是比较成本或比较优势。即使一国在两种产品上都处于生产劣势，也能参与国际贸易，获得贸易利益。

所谓比较优势，就是如果一国在两种商品的生产上都处于绝对劣势地位，但两者的不利程度不同的情况下，一种商品的劣势相比而言要小一些，则这种商品就具有比较优势。每个国家都能用处于比较优势的产品参与国际分工，进行国际贸易，贸易双方都能获利。如果一国与另一国相比，在两种商品生产上都具有绝对劣势，那么绝对劣势较小的产品为其比较优势产品；反之，如果一国在两种商品生产上都具有绝对优势，那么优势更大的那种产品为其比较优势产品。根据"两利相权取其重，两害相权取其轻"的原则，一国应专业化生产本国的比较优势产品，并与其他国家的比较优势产品相交换，同样能增进各国福利。

李嘉图通过与绝对成本论类似的 2×2 模型解释比较成本原理，具体如下：

假设存在两个国家：英国和葡萄牙；生产两种产品：毛呢和酒。国际分工和贸易之前，两国的都生产两种产品，如表 2-3 所示。

表 2-3 　　　　　　　　　　**分工前两国的情况**

国家	酒产量（单位）	所需劳动人数（人/年）	毛呢产量（单位）	所需劳动人数（人/年）
英国	1	120	1	100
葡萄牙	1	80	1	90

表中显示的情况表明，葡萄牙生产毛呢和酒的成本都小于英国，都处于绝对优势地位，而英国则都处于绝对劣势地位。按照亚当·斯密的绝对成本理论，两国之间不可能产生分工和贸易。但根据李嘉图的比较成本理论，两国仍然可以通过参与国际分工和贸易获利，各国专门生产成本相对有优势的产品，可以节约劳动，提高劳动生产率，增加各国产品拥有量和世界产品总量。

虽然英国生产毛呢和酒都处于绝对劣势地位，但相比而言，毛呢的劣势要小一点，因此英国在毛呢生产上相对有利，具有比较优势。英国的毛呢单位生产成本与葡萄牙的毛呢生产成本之比是 $100/90 = 1.1$，酒是 $120/80 = 1.5$。相反，葡萄牙虽然都处于绝对优势，但生产毛呢和酒的成本优势不同，葡萄牙酒的单位生产成本与英国酒的单位生产成本之比是 $80/120 = 67\%$，毛呢是 $90/100 = 90\%$。不难看出，葡萄牙生产酒的成本相对更低一些，表示酒的劳动生产率更高一些，因此它的比较优势产品为酒。

根据比较成本原理进行专业化国际分工后，两国情况如表 2-4 所示。

表 2-4　　　　　　　　**分工后两国的情况**

国家	酒产量（单位）	所需劳动人数（人/年）	毛呢产量（单位）	所需劳动人数（人/年）
英国	0	0	$220/100 = 2.2$	220
葡萄牙	$170/80 = 2.125$	170	0	0

比较表 2-3 和表 2-4 可知，在不存在绝对优势，且两国生产两种产品的劳动总量并未增加的情况下，国际分工使世界商品总量获得增加，毛呢总产量增加到 2.2 单位，大于分工前的 2 单位；酒的总产量增加到 2.125 单位，也大于分工前的 2 单位。因而国际分工提高了劳动生产率。如果一单位的酒可以和一单位毛呢相交换的话，那么对葡萄牙来说，用一单位的酒和英国相交换后，还能得1.125 单位的酒，比分工贸易前多了 0.125 单位。同样，英国也比分工前多得 0.2 单位的毛呢。这就是各国根据比较优势进行国际贸易所得到的贸易利益。

综上所述，建立在劳动价值论基础之上的比较成本学说把劳动生产率之间的差异作为国际贸易产生的唯一原因。一国应专业化生产劳动生产率相对更高，即成本相对更低的商品，来参与国际贸易，从而获得贸易利益。

（三）对比较成本论的评价

（1）大卫·李嘉图的比较成本论是在斯密绝对成本论的基础上对国际贸易理论作出的重大发展。它说明了在没有绝对优势的情况下两国间贸易是如何发生的，进一步揭示了国际贸易产生的原因及开展国际贸易的动机，比斯密的理论更具普遍意义。

（2）它把国际贸易研究彻底地从流通领域转向生产领域，指明了国际贸易理论研究的方向。

（3）该理论为各国提供了发展自由贸易更有力的理论武器，成为自由贸易理论的核心。它指出，不论一个国家处于何种发展阶段，都可以找到自己的比较优势所在，并根据自己的比较优势安排生产，进行贸易，获得比闭关锁国时更多的产品。

（4）在该理论的影响下，"谷物法"被废除了，加速了19世纪社会生产力和社会经济的发展。

但比较成本论也不可避免地存在一些矛盾和问题，主要体现在以下几个方面：

（1）李嘉图试图把劳动价值论作为其理论基础来解释国际贸易和国际分工，但是他没能把价值规律科学地引入国际贸易之中。他认为在一国内适用的等价交换原则在国际领域失去了普遍意义。因为在他看来，在同一国家内不可能用80个英国人的劳动交换到100个英国人的劳动，但在国际上却可能用80个英国人的劳动交换到100个葡萄牙人的劳动。李嘉图把这个问题归因于资本在国际间流动困难。显然，这种解释是乏力的。他不能正确解释国际贸易中的不等量劳动交换，是因为其没有能够区分个别劳动和社会劳动，简单劳动和复杂劳动，国别价值和国际价值的概念。可见，李嘉图的劳动价值论是不彻底的劳动价值论。而马克思指出："不同国家的工作日相互间的比例，可能像一个国家内熟练的、复杂的劳动同不熟练的、简单劳动比例一样"，因此，"即使从李嘉图理论的角度来看，一个国家的三个工作日也可能同一个国家的一个工作日交换。"也就是说，由于劳动可区分为简单劳动和复杂劳动，并

61

且复杂劳动等于倍加的简单劳动，因此，一个国家一个工作日的复杂劳动所创造的商品价值相当于另一国家三个工作日的简单劳动所创造的商品价值，它们之间的交换仍然符合等价交换的原则。这样就解决了李嘉图在解释国际交换问题中所遇到的困难。

（2）李嘉图的比较成本理论只提供了国际分工一个方面的依据未能揭示出国际分工形成和发展的其他原因。事实上，劳动生产率的差异不是贸易产生的唯一因素。

（3）尽管他主张完全自由贸易对任何参与国都有利，但对这种贸易利益的分配问题没有给出定论。比较成本理论阐述的只是各国之间产生贸易的原因及国际贸易的互利性，并没有讨论两国之间的商品按怎样的比例进行交换（例子中"一单位酒交换一单位毛呢"的交换比例只是给出的一个假定），因此他没能解答国际贸易理论中的贸易条件问题。

（4）李嘉图仅从生产成本角度即供给方面进行论述，没有考虑需求因素对国际贸易的影响。

（5）比较成本理论的分析方法属于静态分析方法。李嘉图假设劳动生产率固定不变，假定产品成本不变，没有考虑技术进步和经济发展对一国劳动生产率的促进作用。因而他所设想的国际格局是一成不变的，没有发明创造，没有新产品的出现，甚至也不可能有更有效的制造酒和毛呢的新方法，从而整个世界是个永恒的静态世界。而现实生活中，一国可以通过技术革新来提高劳动生产率，从而改变国际贸易的分工格局。这也导致了在当今日新月异的国际环境中该模型无法解释很多贸易现象。

第二节　新古典贸易理论

一、相互需求论

正如上文所指出的，李嘉图的比较成本理论只是说明了在自由贸易的条件下，两国按照比较成本原则进行国际分工和国际贸易都可以获利，它没有说明贸易条件的确定问题以及贸易利益的分割问题，它只能说明国际贸易条件必须处于某个比例范围之内，而无法给出具体的均衡国际交换比例。而且，李嘉图只是从供给角度阐述国际贸易问题，而没有考虑需求方面的因素。针对这些问题，英国经济学家约翰·穆勒在继承亚当·斯密和大卫·李嘉图经济思想的基础上提出了相互需求论，他运用国际价值理论和国际需求方程从供求平衡角度对贸易条件等国际贸易理论问题进行了论述，从而解决了贸易条件的确定问题和贸易利益的分配问题，其代表作为1848年出版的《政治经济学原理及其在社会学上的运用》，简称《政治经济学原理》。穆勒在该书中提出了"国际交换比例"决定"国际价值"的学说，对当时学术界作出了重大贡献。

而另一名英国经济学家阿弗里德·马歇尔则运用几何方法对穆勒的相互需求理论作了更为精确的描述，提出了"提供曲线"，并以此来说明贸易条件的确定及其变动问题，这是对穆勒的国际价值理论与国际需求方程的进一步说明。

虽然相互需求理论是李嘉图比较成本理论的延伸和补充，但它运用微观经济学的分析工具研究问题，使国际贸易的理论框架更为严密，对国际贸易理论的发展产生了重要影响。因此，在理论界被归为新古典贸易理论。

（一）约翰·穆勒的相互需求论

约翰·穆勒与李嘉图一样，也认为国际贸易的产生是基于两国比较成本的差异，一国可以进口本国比较成本较高的产品，以节约本国劳动，提高本国国民福利。但穆勒进一步分析了两国进行交换时的交换比例问题。他认为，商品的国际交换价值由国际交换比例决定，而国际交换比例又由国际需求方程决定。

穆勒在比较成本的基础上，用贸易前两国国内两种商品间的交换比例确定国际交换比例的上下限，由此得出了贸易双方获利的范围。他分析的出发点是两国用等量的劳动投入生产，但在同一时间内却有着不等量的产出。表2-5表示了两国两种产品在同一时间内的产出量。

表 2-5　　　　　　　　两国两种商品在同一时间内的产出

	英国	德国
毛呢（码）	15	10
麻布（码）	10	20

由表 2-5 可知：

（1）德国在生产麻布上的优势更大，即在麻布生产上有比较优势，而英国在毛呢生产上有比较优势。因而，德国应该专业化生产麻布，英国分工生产毛呢。

（2）两国在进行国际分工之前，各国国内都生产毛呢和麻布两种产品，并且毛呢和麻布两种产品在英国国内的交换比例为 10/15，在德国国内的交换比例则为 10/20。

（3）如果两国的交换比例为 10/15，即等于英国的国内交换比例，德国付出 15 单位麻布就可换得 10 单位毛呢，贸易利益全部归德国所有，英国就不会参与国际贸易；而如果两国的交换比例为 10/20，也就是和德国的国内交换比例相等时，贸易利益全部归英国，德国就没有理由参与国际贸易。

很显然，在上述任何一种情况下，都不会有贸易的发生。要使两国之间开展贸易，则必须有一个适当的国际交换比例来使贸易双方都能获利，而这个交换比例的上下限由两国的国内交换比例来确定。在此例中，毛呢和麻布国际交换比例的上限为 10/20，下限为 10/15。因此，国际贸易中双方获利的范围由两国国内交换比例所形成的区间来决定。

那么，国际商品交换比例在这个区间是如何发生变动的？交换比例最终又是如何确定的呢？

穆勒认为，交易双方对对方商品需求的强度的变化会引起国际商品交换比例的变化。假设有 A、B 两个国家，如果 A 国对 B 国商品需求的强度大于 B 国对 A 国商品需求的强度，交换比例就会朝着不利于 A 国而有利于 B 国的方向变化。反之，如果 B 国对 A 国商品需求的强度大于 A 国对 B 国商品需求的强度，则交换比例会朝着不利于 B 国而有利于 A 国的方向变动。由于交易双方彼此对对方产品的需求强度会不断发生变化，因此交换比例也会处于不断变化之中，从而引起交换双方分得的贸易利益的大小也不断发生变化。在贸易利益的分配过程中，最终的国际交换比例越接近于本国的国内交换比例，则本国分得的利益越少，对本国越不利；而国际交换比例越接近对方参与国的国内交换比例，则对方贸易国获得的贸易利益就越少，对对方国也就越不利。因为国际交换比例越接近贸易前本国国内的交换比例，说明本国通过交换得到的产品数量越接近于分工和贸易前本国国内生产的产品数量，贸易带来的利益也就越不明显。

穆勒还认为，相互需求强度不仅引起交换比例的变化，而且还决定交换比例。他提出了"国际需求方程式"的概念来说明需求对交换比例的决定作用。

所谓国际需求方程式，就是贸易双方的相互需求相等，即供求一致时的交换比例所构成的供求数量。而相互需求相等是指贸易各国各自的出口刚好用于偿付其进口，也就是指一国的进出口贸易收支是平衡的。只有在贸易平衡时交换比例才是稳定的，这个稳定的交换比例所构成的供求数量就叫国际需求方程式。举例来说就是，假如英国对德国麻布的需求量为 $100 \times 17 = 1\,700$，德国对英国毛呢的需求量为 $100 \times 10 = 1\,000$，要使两国的相互需求相等，此时的国际交换比例应为 10/17，国际需求方程式为 $(100 \times 10) / (100 \times 17) = 10/17$。如果两国彼此对贸易对象国产品的需求都不发生变化，则这个交换比例是稳定的。

但如果两国的相互需求发生了变化，则国际交换比例也会随之发生变化。例如，在 10/17 的交换比例下，英国对麻布的需求下降为 80×17，而德国对毛呢的需求仍然是 100×10，显然此时 10/17 的交换比例就不能稳定下来，因为它不能使国际需求方程式保持平衡，$(100 \times 10) / (80 \times 17) \neq 10/17$。在 10/17 的交换比例下，由于德国对英国毛呢的需求更为强烈，所以德国为了换得所需要的毛呢，必须降低麻布的交换比例，即换得同样多的毛呢需要更多的麻布。假设毛呢和麻布的交换比例变为 10/18，此时，由于毛呢的交换价值上升，使得德国对毛呢的需求减少，从原先的 100 减少至 90；同时，由于麻布的交换价值下降，英国对麻布的需求增加，从 80 增加到 90。这样，在 10/18 的交换比例下国际需求方程式再次达到平衡，即（90×10）／（90×18）＝10/18，这时的交换比例达到一个新的稳定状态。

综上所述，约翰·穆勒的相互需求论包括了以下三个要点：

（1）两国进行两种商品的贸易时，这两种商品的国际交换比例介于两国贸易前的国内交换比例之间。

（2）两种商品国际交换比例的大小取决于两国对彼此商品的相互需求强度。需求强度越大，交换比例越偏向该国国内的交换比例，该国的贸易利益也就越少。

（3）只有两国相互需求相等，即满足国际需求方程式或者说贸易平衡时，国际交换比例才能保持稳定。

（二）马歇尔的提供曲线

马歇尔是继约翰·穆勒之后英国又一位有影响力的经济学家，是 19 世纪末 20 世纪初新古典学派的创始人。他继承了穆勒的相互需求的理论，并在其基础上提出了"提供曲线"来进行更为精确的研究，为国际贸易理论增添了一种新的表达方式。

提供曲线又称相互需求曲线，它反映的是一国为了进口其所需要的某一数量的商品而愿意出口的商品数量，也可以说是反映了一国在不同的国际交换比例（或者说相对价格）下所愿意进口和出口的商品数量。提供曲线包括供给和需求两个方面的因素，既反映该国对进口商品的需求，同时又反映在不同交换比例下该国愿意提供的本国产品的数量。从提供曲线上也可以看出出口产品数量将随着出口品相对价格的上升而增加，进口产品数量将随着进口品相对价格的上升而减少。这里，一种商品的相对价格以交换到的另一种商品的数量来表示。一种商品的相对价格上升表明它所能交换到的另一种商品的数量增多；而下降则意味着交换到的另一种商品的数量减少。

该国的提供曲线可以从一国的生产可能性曲线、产品的无差异曲线以及各种可能使贸易发生的相对价格中推导出来。这里主要研究提供曲线本身的特点，故省略其推导过程。如图 2-1 中所示，两曲线分别为英国和德国的提供曲线。曲线上任意一点与原点连线的斜率可表示一个贸易条件，也就是毛呢与麻布的一个交换比例。两条提供曲线的区别在于：

（1）它们凸向的轴不同。英国的提供曲线凸向竖轴表示英国在毛呢生产上有成本优势，即英国出口毛呢，进口麻布；同理，德国的提供曲线凸向横轴表示德国在生产麻布上有优势，也就是德国出口麻布，进口毛呢。

（2）两条曲线的弯曲方向不同。英国的提供曲线向下弯曲，表示随着用一定量的毛呢可以换更多的麻布。因为曲线上每一点与原点连线的斜率越来越小，意味着随着贸易量的增加，英国交换同样数量的麻布所用的毛呢越来越少，国际交换比例朝着有利于英国的方向变动，即英国的贸易条件随之改善。德国的提供曲线向下弯曲，表示一定量的麻布可以换得更多的毛呢，斜率随着贸易量的增加而变大，意味着德国交换同样数量的毛呢所需提供的麻布越来越少，贸易条件对德国来说越来越有利。

在不同的国际交换比例下，两国都将出口一定数量的本国相对优势产品而进口相对劣势产品，只有当一国的出口供给等于另一国的进口需求时，贸易才处于平衡状态，国际交换比例才稳定。如图 2-1 所示，原点与两提供曲线交点的连线所表示的斜率表示一个稳定的交换比例，即前面所述的约翰·穆勒相互需求理论中满足国际需求方程式的国际交换比例。而其他斜率的直线（表示偏离均衡交换比例的贸易条件）则表明一国对一种商品的进口需求与另一国对该商品的出口供给不等，而供求不等时，交换比例也就不稳定，会发生变化，直到供给等于需求。

（三）对相互需求论的评价

相互需求论对促进国际贸易理论的发展有着积极的意义，具体表现在：

（1）相互需求论在比较成本论的基础上进一步说明了贸易条件的确定问题，阐述了贸易双方的利益分割问题。这里的贸易条件即指均衡的国际交换比例，也就是相互需求相等时两种产品的国际交换比例。相互需求论提供了确定贸易条件的两条途径：一是根据约翰·穆勒的国际需求方程式，用算术的方法进行解释；二是根据马歇尔的提供曲线，用几何的方法给予说明。两种方法在原理上是一致的。

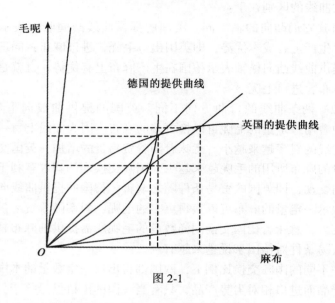

图 2-1

（2）相互需求论从需求角度分析贸易问题，是对以前理论只从供给方面考虑的一个重要补充。

（3）马歇尔通过提供曲线来分析国际贸易，开始运用几何的方法研究国际贸易问题，为以后的理论研究提供了新的研究手段和研究工具。

但相互需求论是对古典贸易理论进行的补充和发展，其假设前提和理论研究模型与古典理论相似，因此有着古典贸易理论同样的缺陷。而下文将要讨论的要素禀赋论中的模型将会与此有很明显的不同。

二、要素禀赋论

古典学派的国际分工和国际贸易理论假设劳动是构成生产的唯

一要素，产生比较优势的唯一原因是各国之间劳动生产率的差异。但是，如果各国的劳动生产率是相同的，那么产生成本差异的原因又是什么呢？在这种情况下又如何来解释国际贸易的产生呢？事实上，劳动生产率的差异只是国际贸易产生的一个方面的原因，而并不是唯一原因，其他生产要素（如土地、资本及矿产资源）的供给不同也会对国际贸易模式产生影响。比如，加拿大向美国出口林木产品并不是因为加拿大在林木产品上的劳动生产率比美国要高，而是因为加拿大的林木资源比较多，人均森林面积大于美国。因此，到 20 世纪 30 年代，瑞典经济学家赫克歇尔及其学生俄林提出了要素禀赋论（称为赫克歇尔-俄林模型，简称 H—O 定理），他们用各国之间资源禀赋的差异来解释国际贸易产生的原因。该理论的代表著作是俄林撰写的《地域和国际贸易》一书。

要素禀赋论有广义和狭义两种含义。狭义的要素禀赋论也称为生产要素供给比例理论（即上文所提的 H—O 定理），这一理论强调不同的生产要素在不同国家的资源中所占的比例不同，并且各生产要素在不同产品的生产投入中所占的比例也不同，即各国的资源禀赋和不同产品的要素密集度都不同，而正是这些生产要素禀赋的差异导致了国际贸易的产生。广义的要素禀赋论是在狭义要素禀赋论的基础上包括了生产要素价格均等化定理（也称为 H—O—S 定理），该定理研究了国际贸易对要素价格的反作用，指出国际贸易不仅使国际间商品价格趋于相等，还会使各国间生产要素的价格趋于相等。

（一）狭义的要素禀赋论——H—O 定理

与李嘉图模型类似，H—O 定理也是建立在一系列假设条件的基础上的：

（1）考虑 2×2×2 模型，即有两个国家（A 国和 B 国），两种商品（商品 X 和商品 Y），和两种生产要素（劳动 L 和资本 K）。

（2）两国在同一种产品上的生产技术相同（即两国之间同种产品的生产函数相同）。这个假设排除了劳动生产率的差异对国际贸易产生的影响，可以单纯把焦点集中在资源禀赋的差异上。如果两国的要素价格相同，那么它们在生产同一种商品时会使用相同数

69

量的劳动和资本。但在要素价格一般不等的情况下，各国会更多地使用价格较低的生产要素以降低产品成本。

（3）两种商品的要素密集度不同。假设商品 X 为劳动密集型产品，商品 Y 为资本密集型产品，也就是说，在相同的要素价格条件下，各国生产商品 X 的劳动/资本比例均高于生产商品 Y 的劳动/资本比例。

（4）两国的要素丰裕情况不同。设 A 国为劳动丰裕型国家，即该国的劳动力资源较丰富，劳动与资本的要素供给比例较高。而 B 国为资本丰裕型国家，该国的资本较充裕。

（5）在两国中，两种商品的生产都是规模报酬不变的。这意味着增加某一商品生产的劳动和资本投入会带来该商品产量相同比例的增加。

（6）两国的需求偏好相同。考虑了需求因素。

（7）两国国内的两种商品市场和两种要素市场都是完全竞争市场。

（8）一国之内要素可以自由流动，而国际间要素不能流动。

（9）没有运输成本和交易费用。

（10）资源处于充分就业状态，贸易是平衡的。

（11）两国在生产上实行不完全专业化分工。

在这些假设前提下，H—O 定理从商品价格的国际绝对差开始分析并逐层展开。在各国生产同一产品的技术水平相同的情况下，两国生产同一产品的价格差来自于产品的成本差，这种成本差来自于生产过程中所使用的生产要素的价格差，这种生产要素的价格差则取决于该国各种生产要素的相对丰裕程度。由于各种产品生产所要求的两种生产要素的比例不同，一国在生产密集使用本国比较丰裕的生产要素的产品时，成本就较低，而生产密集使用别国比较丰裕的生产要素的产品时，成本就比较高，从而形成各国生产和交换产品的价格优势，进而形成国际贸易和国际分工。具体论述包括以下几个步骤：

（1）价格的国际绝对差，即同种商品在不同的国家有着不同的价格。俄林认为各国生产同种产品的价格绝对差是国际贸易产生的直接原因。当两国间存在同种产品的价格绝对差时，价格较低的国家出口该商品到价格较高的国家是有利可图的。

（2）成本的国际绝对差。即同种商品在不同国家的生产成本不同。俄林认为同一种商品价格的国际绝对差主要是源于成本的国际绝对差。这是发生国际贸易的第一个条件。

（3）两国国内各种商品的成本比例不同。这是国际贸易发生的第二个条件。如果两国在两种商品上的成本比例相同，一国的两种商品成本都按同一比例低于另一国，那么国际贸易是暂时的，不能维持下去，因为两国的汇率变化会使两国两种商品的单位成本完全相等。可见，俄林认为比较成本差异是贸易产生的重要条件。

（4）两国国内生产要素的价格比例不同。俄林认为不同国家两种商品的成本比例不同是因为各国内生产要素的价格比例不同。因为，不同的商品是由不同的生产要素组合来进行生产的，不同的要素价格比例也就形成了不同的商品成本比例，在假设前提满足的情况下，要素价格比例与商品成本比例是一一对应的关系。

（5）生产要素的供求比例不同。各国在生产要素的供给方面不同，即各国所拥有的各种要素的数量和质量方面是有差异的。如假设条件中已说明了一国为劳动丰裕国，而另一国为资本丰裕国。既然每种生产要素的价格是由供求决定的，那么要素供给的不同导致生产要素供求比例不同，从而使得各生产要素的价格比例不同。

俄林认为，这个关系链中要素供求比例的不同是关键的一环。各个环节之间的相互依赖关系决定了各国的价格结构，从而决定了各国参与国际分工和国际贸易模式和利益分配。因此，各国的相对要素丰裕度即要素禀赋，是国际贸易中各国形成比较优势的基础和决定因素。这样，H—O定理就解释了比较优势产生的原因，而不是像古典经济学派只是假设比较成本优势存在。

根据以上分析，H—O定理得出的结论是：一国应当出口那些密集使用本国相对丰裕的要素进行生产的商品，而进口那些密集使用本国相对稀缺的要素进行生产的商品。也就是说，劳动丰裕国应该出口劳动密集型产品，进口资本密集型产品；而资本丰裕国则应该出口资本密集型产品，进口劳动密集型产品。

（二）要素价格均等化定理

1. 要素价格均等化定理的内容

要素价格均等化定理是对 H—O 定理的扩展和延伸。赫克歇尔和俄林不仅认为各国生产要素禀赋的不同是国际贸易产生和发展的原因，而且还进一步阐述了国际贸易将使要素相对价格和绝对价格都趋于相等。美国经济学家保罗·萨缪尔森进行了严格的论证，指出国际要素价格均等化不仅是一个趋势，而且还是种必然。因此，要素价格均等化定理也被称为赫克歇尔—俄林—萨缪尔森定理，简称H—O—S定理。

要素价格均等化定理指出，虽然各要素在国际间不能流动，但国际贸易中商品在国际间的流动会促使贸易各国的同质生产要素获得相同的报酬，即同质劳动获得等量工资，同质资本获得等量收益。假设 A 国为劳动丰裕型国家，劳动力资源充裕而资本资源稀缺，因此工资相对较低，而利息率较高；B 国为资本丰裕型国家，资本资源充裕而劳动力资源缺乏。根据 H—O 定理，A 国应集中生产并出口劳动密集型产品，进口资本密集型产品；B 国应集中生产并出口资本密集型产品，进口劳动密集型产品。在两国实行分工和进行贸易后，由于各自大量使用本国丰裕要素进行生产并出口本国丰裕要素密集型产品，从而导致本国丰裕要素的价格趋于上升；同时，由于各自减少生产本国稀缺要素密集型产品而改为进口这些产品，从而使本国稀缺要素的价格趋于下降。即此例中 A 国的劳动力工资上升，资本利息率下降；而 B 国的资本利息率上升，劳动力工资下降，直到两国商品的价格完全相等，要素价格也完全相等，国际贸易逐渐减少并最终停止。

2. 对要素价格均等化定理的实践检验

要素价格均等化定理企图说明国际贸易不仅可以合理配置并充分利用资源，还可以改善各国的收入分配和生活水平，缩小经济差距。

但要素价格实现均等化需要满足三个假设前提：（1）两个国家同时生产两种相同的产品，实行不完全分工；（2）两国的技术水平相同；（3）贸易使两个国家的产品价格相等。然而在现实生活中，要素均等化定理的一些前提假设并不满足，世界各国的要素价格事实上并不相等，从而导致该定理在实际中不能完全成立。

（1）为了从商品的相对价格推导出工资率和利息率，需要假设两个国家同时生产两种产品。事实上，劳动供给很多的国家往往只生产劳动密集型产品，而资本供给很多的国家往往只生产资本密集型产品，也就是说两个国家的资源状况只有相似到一定程度时才有可能发生要素价格相等。因此，资本对劳动的相对供给相差很大时，就不一定发生要素价格均等化现象。

（2）如果各国的生产技术水平不同，国际贸易就不会导致要素价格均等化。一般来说，技术水平高的国家，其工资率和利息率都高于技术水平低的国家。生产技术水平的不同是解释该定理所得的结论与现实之间差异的关键。

（3）另外，要素价格的完全相等取决于商品价格的完全相同。在现实生活中，由于关税、配额等人为的贸易壁垒及运输成本的存在，使得各国商品价格不能完全相同，也就不能使各国要素价格完全相等。

（三）对要素禀赋论的评价

要素禀赋论比李嘉图的比较成本理论更深入、更全面，表现在以下三个方面：

（1）它从供给方面探讨了一国比较优势产生的原因。

（2）用多种生产要素理论代替了古典学派的单一要素理论。所研究的生产要素不仅包括劳动，还包括资本等其他生产要素。

（3）该理论还讨论了国际贸易对生产要素报酬的影响，把国际贸易的研究深入到收入分配领域。

但该理论仍然存在一些缺陷，主要有两点：

（1）忽视了科学技术的作用。技术革新和技术进步可以改变要素成本和比例，从而改变比较成本。因此，在当今技术日新月异，起着越来越重要作用的情况下，要素禀赋论不能很好地解释当代许多国际贸易现象和问题。

（2）按照该理论，国际贸易应该发生在要素禀赋不同的工业化国家和初级产品生产国之间，但当代贸易的一大特点是大量贸易发生在要素禀赋相似，需求格局接近的发达国家之间，而发达国家同发展中国家之间的贸易却发展缓慢。

三、里昂惕夫之谜

要素禀赋论确实对国际贸易理论的发展起了非常重要的影响，被很多学者所接受。由该理论可知，只要知道一个国家的资源禀赋情况，就可以推断出该国的对外贸易走向。美国经济学家里昂惕夫一开始也对此确信不疑，他本着对 H—O 定理进行验证的目的，利用投入—产出分析方法对美国对外贸易商品结构进行了具体研究。但研究结果却出人意料，他的验证结果与要素禀赋论得出的结论正好相反——作为资本要素丰裕型的美国进口资本密集型产品而出口劳动密集型产品。此悖论于 1953 年发表在里昂惕夫撰写的《国内生产和对外贸易：美国资本地位的再审查》一文中。西方经济学界对此反论大为震惊，称其为"里昂惕夫"之谜。

按照要素禀赋论的原理，一国拥有较多的资本，就应该生产和输出资本密集型产品，输入劳动密集型产品。美国拥有的资本较多，生产和输出的产品的资本密集度应该大于其进口产品。第二次世界大战以后，里昂惕夫基于这样的认识，对美国外贸商品结构进行了分析。他把生产要素分为资本和劳动两种，对美国 200 个产业1947 年和 1951 年的生产情况进行统计分析，计算出每 100 万美元的出口商品和进口替代商品所使用的资本和劳动投入量，从而得出美国出口商品和进口替代商品的资本/劳动比例（如表 2-6 所示）。他估算时所使用的是进口替代品的资本/劳动比例，而不是进口商品的资本/劳动比例，是因为美国进口的外国产品的数据不全，这对验证 H—O 定理是否与实际相符不会有很大影响，也就是说，如果该定理成立，则美国进口替代品的资本密集度将低于其出口产品。然而，检验结果与 H—O 定理预测的结论完全相反，1947 年美国进口替代品的资本密集度比美国出口商品的资本密集度高出大约 30%，1951 年高出 6%。这两个比率都说明美国进口的是资本密集型产品，出口的却是劳动密集型产品。

表 2-6　**1947 年美国每百万美元出口商品和进口代替品的要素投入量**

	出口商品	进口代替品
资本（美元）	2 550 780	3 091 339
劳动（人/年）	182 313	170 004
资本/劳动	13 991	18 184

里昂惕夫之谜发表后，引起了西方学界对要素禀赋论的重新思考和探讨的热潮，他们纷纷提出了各种解释来说明现实和理论的不符，在一定程度上对战后国际分工理论和国际贸易理论的发展起了极大的促进作用。这些理论有劳动熟练说、人力资本说、产品周期说、技术差距说、需求偏好相似说以及产业内贸易学说。

第三节　新贸易理论

一、技术差距论

技术差距论是美国经济学家波斯纳和哈夫鲍尔在 20 世纪 60 年代提出的。

波斯纳认为，技术反映了过去对研究与开发进行投资的结果，它可以作为一种资本或独立的生产要素。技术创新或技术革新有两种方式：一是发展新的更节约的方法来生产现有的产品，提高要素的生产效率；二是创造发明全新的产品。由于各国对技术的投资和技术革新的进展是不同的，因此，已经完成技术创新的国家，不仅可以取得技术上的优势，而且凭借技术上的优势在一定时期内在某种产品的生产上取得垄断地位，从而形成与没有技术创新的其他国家之间的技术差距，并导致该技术产品的国际贸易。

技术差距论研究了在时滞的影响下技术差距所形成的贸易模式，其理论脉络是：技术领先国家引入技术创新后，生产出新产品，在一定时期内形成技术领先差距，该国向国外出口这种新产品，外国市场开始对该商品有需求；随着该技术产品的国际贸易的扩大，由于该项技术在经济增长中的示范效应，其他国家也会进行研究和开发，或者可能是创新国家通过多种途径和方式进行技术转让，从而使后进国家在一段模仿时间之后会掌握该项技术，并随之减少这些产品的进口，从而导致技术创新国与模仿国在该技术产品上的国际贸易的下降；当后进国的技术完全赶上先进国家，能生产出满足国内需求量的该种产品，即技术创新国的创新优势完全丧失，两国间技术差距消失时，它们在此产品上的国际贸易将最终停止。

波斯纳和哈夫鲍尔认为后进国家对先进国家的技术模仿是有时滞的，称为模仿时滞。对国际间技术差距的衡量用模仿时滞表示，即从技术创新国完成技术创新的成果开始到技术模仿国掌握该项创新技术不再进口该技术生产的产品时为止，用这期间所经历的时间来衡量两国之间的技术差距，如图 2-2 所示。波斯纳认为，模仿时滞包括反应时滞和掌握时滞，而反应时滞中又包括需求时滞。需求时滞就是外国新技术产品问世，而后进国家的消费者还不认为它是国内产品的完全替代品，对它并无需求的这一段时间间隔。反应时滞是创新国完成技术创新并开始生产新产品到后进国对该技术产品产生需求，并开始模仿其技术进行国内生产的时间间隔。而掌握时滞是指模仿国开始生产该种技术产品直到能完全掌握这种技术自行生产并满足本国的国内需求，不再需要从原创新国进口该产品的这段时间。需求时滞一般小于反应时滞，反应时滞的长短取决于规模经济、关税、运输成本、国外市场的大小和收入水平等因素。如果创新国家在新产品生产中获得大规模生产的经济效益，运输成本较低，进口国关税税率较低，进口国收入水平较低，而且进口国市场也比较狭小，创新国家就较容易保持出口优势。反之，则有利于后进国反应时滞的缩短。

技术差距理论很好地解释了经济生活中经常见到的技术先进国家和技术落后国家之间技术型产品的贸易模式。如果把技术看作是一种生产要素，那么科研投入多，注重技术发展的国家就会有较大的技术型产品的出口优势。由于技术创新来自对科研和技术发展的

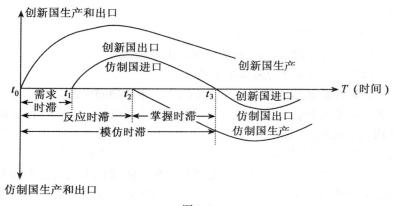

图 2-2

投资，因此，出口技术密集型产品的国家往往是资本相对丰富的国家。这样，技术差距论就扩展了要素禀赋论，从这个意义上说，美国的技术密集型产品在生产和出口方面有优势，因此美国的贸易模式可以和要素禀赋论得出的结论相一致。

二、产品生命周期理论

产品生命周期理论是由美国哈佛大学经济学教授弗农于 1966 年在其《产品周期中的国际投资与国际贸易》一文中提出的，主要试图解释战后初期美国制造业在欧洲的海外投资活动。后由威尔士等人进行了重要的扩展和检验，使其成为在贸易领域和投资领域都具有深远影响的理论。该理论第一次从比较优势的动态转移角度将国际贸易和国际投资作为整体考察企业的跨国经营行为。其基本结论是：随着产品生命周期的演进，比较优势呈一个动态转移的过程，贸易格局和投资格局随着比较优势的转移而发生变化；每个国家都可以根据自身的资源条件生产其在产品生命周期一定阶段上具有比较优势的产品，并通过交换获得利益。

（一）产品生命周期理论的基本假设

（1）需求取决于收入水平。

（2）企业的交流成本随着企业与市场间距离的扩大而迅速增加。

（3）技术市场是不完全竞争市场。

（4）技术创新是一个间断的突变的过程。

（二）产品生命周期理论的内容

该理论的基本思想是：在产品的整个生命期间中，生产和销售所需要的要素是会发生变化的，因此在新产品的生产中我们可以观察到一个周期。当新产品被引入时，通常需要大量的研究与开发费用和人力资本含量高的劳动力，当这一产品的生产技术日臻成熟而走向大规模生产时，产品日益变得标准化，需要标准化的技术和大量的非熟练劳动力。这样在这一产品上的比较优势就由最初开发时的技术和资本相对丰裕的发达国家转移到劳动力相对丰裕劳动力成本相对低廉的国家，这一比较优势的动态转移通常伴随着技术创新国与其他国家之间的国际贸易和对外直接投资活动。

弗农将产品周期分为三个阶段，即创新阶段、成熟阶段和标准化阶段，主要分析在产品创新阶段决定最初生产区位的因素，在产品成熟阶段厂商如何选择出口和直接投资，以及在标准化阶段外国企业与本国企业的国际竞争格局是怎样形成的。

1. 产品创新阶段（Ⅰ阶段）

在此阶段，少数在技术上领先的创新国家有比较优势，它们首先开发出新产品，并在国内投入生产。这是因为国内拥有开发新产品的国内市场，而且在产品开发初期，产品的性能和市场需求都不稳定，需要投入较多来进行市场开发，新产品的开发成本也随着企业与市场距离的拉大而增加，所以创新企业往往选择本国作为生产基地以靠近需求市场。该创新产品的生产企业拥有生产和销售方面的垄断权，由于时滞效应，该国很可能在一段时间内保持领先地位，其他地区后起的生产者无法与之竞争。新产品不仅满足了国内市场的需求，而且出口到与创新国家收入水平相近的国家。此时，国外还没有生产该产品，当地的消费需求完全靠进口来满足。

弗农认为各国企业的创新机会并不均等，这与各国的经济实力和技术水平有关。此外，人均收入不同，创新机会也不同。收入水平高的国家能够提供销售新产品和劳务的机会，而人均收入低的国家则能提供将现有产品改造成低价形式的独特机会。例如，美国之所以一直是世界上生产新产品最多的国家，主要与美国的市场条件有关：一是美国市场规模大，可以减少新产品引进过程中的风险；二是美国消费者的人均收入高，使得某些新消费品的销售得以增长；三是美国劳动的相对成本高，因而不断能产生以资本替代劳动的创新需求。

2. 成熟产品阶段（II 阶段）

在此阶段，产品的设计和生产已经有了某些标准化的因素，随着经验的积累和产品的发展，产品已经基本定型，因此最初生产者的专门知识和专门技巧会被国内和国外的其他生产者所分享，新产品企业的技术垄断和市场独占地位相对削弱，价格竞争的威胁更为明显。从消费者角度讲，当对产品的需求增长时，需求价格弹性也会比最初的时候高。此外，各种商标的产品之间的价格交叉弹性对那些后期使用者来说通常更为重要，后期消费者比初期消费者更关心价格问题。因此，随着需求的扩大和产量的增加，市场的价格竞争趋于激烈，生产成本的节约成为能否在市场上击败竞争者的重要因素。按照利润最大化原则，只要出口商品的边际生产成本加上运输成本低于进口国市场的预期平均生产成本，投资者总是先只考虑出口，而把进行海外直接投资放在以后。而当上述条件逐渐变得有利于投资时，发达国家的投资者也往往是把发展程度与本国相似的国家作为优先选择的投资区位，因为那里的需求类型与本国相近，而劳动力成本却可以相对较低。

3. 标准化产品阶段（III 阶段）

产品本身和生产技术已经完全成熟，这时产品创新国在技术上的垄断优势也完全消失，创新能力、市场知识和信息已退居次要地位，成本价格因素在竞争中起了决定性作用。在标准化产品阶段，优先考虑的生产基地是成本最低的国家，投资国开始在一些发展中国家投资生产并将生产的产品返销到母国或第三国市场。此时产品创新国成为该产品的进口国。技术后进国成为该产品的出口国。

以上分析的三阶段模型可用图 2-3 来表示：

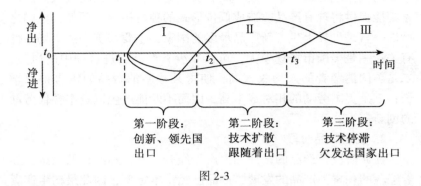

图 2-3

　　在产品生命周期的不同阶段，产品的要素密集度是有变化的。在产品创新阶段，由于需要投入大量的科研与开发费用来研制新产品，技术投入很大，因此这时期的产品为技术密集型产品，因此技术发达的国家有比较优势；在产品成熟阶段，技术投入趋于减少，而资本投入不断增加，熟练劳动的投入也越来越重要，这时期的产品表现为资本密集型，因而资本丰裕的国家有比较优势；在标准化产品阶段，技术投入变得更少，非熟练劳动的投入大幅增加，并超过资本投入的重要性，产品的要素密集度又随之发生改变，成为劳动密集型产品，此时的比较优势从而转向了劳动力富裕的发展中国家。总之，由于不同的时期产品的要素密集度不同，使得要素丰裕情况不同的国家在产品处于生命周期的不同阶段时具有不同的比较优势。随着产品生命周期的演进，比较优势发生转移，贸易方向也在产品生命周期的不同阶段上发生改变。

　　（三）产品生命周期理论的评价

　　产品生命周期理论对贸易理论和投资理论的贡献主要表现在以下三点：

　　（1）它弥补了古典贸易理论的比较优势静态分析的局限，第一次从比较优势的动态转移角度将国际贸易和国际投资作为整体考察企业的跨国经营行为。产品周期理论接受了波斯纳的技术差距模型和哈夫鲍尔的创新与模仿理论的分析方法，把国与国之间的贸易置于动态背景之下。

（2）弗农的产品生命周期理论在技术差距理论的基础上更进一步地揭示了技术差距产生的原因。弗农认为新产品和技术创新通常要求很高的研究与开发费用，而美国等发达国家由于拥有雄厚的资本、大量的熟练劳动力和广大的需求市场，因而在研究与开发产品上有比较优势，发达国家与不发达国家之间的技术差距正是这种比较优势的反映。

（3）产品生命周期理论为制造业跨国公司的成长提供了一个有力的分析工具，特别是对战后初期美国资本技术密集型企业在欧洲国家的贸易和直接投资活动做出了比较合理的解释。该理论从技术差距的角度阐述了跨国公司从事跨国经营的基础，特别是对于那些最初从事跨国经营并与最终产品相关的企业，产品生命周期理论有较强的借鉴意义。

但是，产品生命周期理论在解释某些方面的问题时也存在一些缺陷：

（1）弗农等人虽然坚持了动态的方法，强调了随着时间的推移跨国经营活动是怎样在贸易和投资之间转移的，但该理论没有进一步说明贸易活动和直接投资活动是以怎样的速度实现转换的。

（2）产品生命周期理论描述了产品区位转移的三段模式，即母国生产并出口发达国家；发达国家投资生产，母国减少生产和出口；最后，在发展中国家投资生产而母国停止生产，改为由海外进口。这一发展模式随着国际经济条件的变化显得越来越不适用。事实上，考察跨国公司的全球战略时，发现贸易与投资绝不是简单的替代关系。跨国公司是以全球战略的眼光决定各区位的生产经营方式，很多产品不是由母国扩散到海外而是一开始就在海外进行设计、研究、开发并瞄准海外市场销售。在技术竞争激烈的条件下，企业为了抢占市场获得丰厚的垄断利润，就必须尽可能快地在不同地区生产和销售新产品，并针对不同地区的需求偏好开发生产差异性产品，产品周期也相应缩短。

（3）随着经济国际化和全球化的发展，发达国家之间在收入水平、市场规模、要素成本方面日趋接近。产品生命周期理论无法解释 20 世纪 70 年代以后西欧国家和日本对美国的大规模直接投资活动，更不能说明近 20 年来发展中国家对发达国家直接投资迅速发展这一现象。

三、需求偏好相似理论

瑞典经济学家林德尔认为赫克歇尔—俄林的要素禀赋论适宜于解释初级产品，尤其是自然资源密集产品的贸易方式，但不适合于解释制成品，尤其是资本密集型产品的贸易方式。因为，赫—俄理论认为贸易发展主要是由供给方面决定的，而林德尔认为国际贸易在很大程度上是由需求方面决定的。因此他提出了需求偏好相似理论。

该理论主要包含以下三个命题：

（一）*潜在出口品是由国内需求决定的，即国内对某种产品的市场需求是该产品出口的可能性条件*

原因有三点：

（1）创造和发明新产品必须与市场紧密结合，只有符合市场需求的产品才有发展前景；

（2）企业家对国外市场不会像对国内市场那样熟悉，而且取得国外对新产品的市场信息的成本较高，首先选择满足于国内市场的需求有利于减少风险；

（3）企业之所以生产某一产品是因为对该产品有国内需求，并促使生产者不断改进技术提高产量，结果产量增加的速度超过国内需求增长的速度，这样才可能使该国有能力对外出口。

（二）*影响一国需求结构的最主要因素是人均收入水平*

人均收入水平可以被视为需求结构相似程度的一个重要指数。人均收入水平的高低与消费品的需求类型有密切关系。一般来说，人均收入高的国家对消费品的需求档次也较高；而人均收入低的国家则只能消费档次低的产品和生活必需品，因为它们要让有限的收入来满足多样化的需求。不同收入水平的国家对资本品的需求也不同。高收入国家要求精密度高的先进机器设备，而为了实现充分就业和掌握生产技术，收入水平低的国家往往只使用通用的技术简单的资本设备。

（三）两个国家收入水平越相似，需求结构就越接近，两国之间的贸易可能性和贸易量就越大

以上三个命题间的逻辑关系可以这样描述：一国人均收入水平提高，对工业制成品尤其是奢侈品的需求增加，从而带动本国工业制成品生产增加，为了满足市场需求，生产者扩大生产，结果使产量的增加超过需求的增长，从而为出口创造条件。由于该产品是为满足国内市场喜好和收入水平而生产的，因而出口对象通常是那些与本国需求偏好相似的国家，因为出口国的产品在这些国家才有较强的消费需求。而两国之间收入水平越相近，需求结构和需求偏好越相似，其贸易量也就越大。因此，人均收入水平较高，经济发展程度相近的发达国家之间工业制成品的贸易量相对较大。当然，经济的增长会引起收入水平的提高，并由此带来需求结构的改变，潜在出口品的范围和实际出口品的范围会随着时间以一种渐进和可预测的方式发生变化。例如，日本在十年之内从汽车进口国和自行车出口国成为汽车出口国和自行车进口国。

林德尔把两国之间人均收入水平相近和消费者需求结构相似视为决定贸易格局的关键因素。他认为，每个国家都存在一个代表性的需求水平，而建立在代表性需求基础上的国际贸易是同一产品内部不同档次产品的贸易，即差异产品之间的贸易。代表性需求水平表示一国平均的收入水平或大多数人的收入水平，而这种收入水平的代表性消费品是各国消费品产业发展的主导。因为企业生产的产品只有符合大多数消费者的需要，其生产才容易达到规模经济，从而有助于企业获得较高的利润率。另一方面，任何一个国家，由于收入水平的差异，其需求偏好也必然有所不同。因此，一国专门生产某一个代表性需求层次上的商品，就意味着它不能满足其他收入水平的消费者对同类产品的消费。国际贸易可以解决各国生产者在生产某个层次的产品时要求达到规模经济和满足不同收入水平消费者对差异产品的消费需求之间产生的矛盾，即各国可以专门生产本国代表性需求产品，并出口这种产品，同时分别从不同的国家进口其他国家生产的这些国家代表性需求的产品，满足本国其他收入水

平消费者的需求。代表性需求贸易理论表明，在消费品的生产上，规模经济容易在各国代表性需求的产品生产上形成；收入水平比较接近的国家之间的贸易较多，因为它们的代表性需求接近，为相互之间满足不同收入水平的消费者的消费需求创造了条件。由此得出，两国间人均收入水平的差距越大，需求结构的相似程度就越小，它们相互贸易的可能性也就越小。

总之，需求偏好相似理论是从需求方面来解释国际贸易的商品流向的，说明了经济发展程度相似、人均收入水平相近的国家之间的贸易现象，指出经济发展程度和人均收入水平的差异是国际贸易的主要潜在障碍。该理论对只从生产要素供给方面论述国际贸易的要素禀赋论作了重要补充。

四、产业内贸易理论

(一) 产业内贸易理论提出的背景

自第二次世界大战以来，国际贸易的增长速度远远超过了世界产出的增长速度。国际贸易的发展出现了两种新的趋势：第一，发达工业国家之间的贸易量大大增加，成为国际贸易的主要部分。从20世纪60年代开始，西方发达工业国家之间的贸易占世界贸易量的比例由原先的40%上升到65%左右，而到了20世纪70~80年代，该比例更是达到3/4以上。第二，产业内贸易大大增多。大多数发达国家不仅出口工业制成品，也大量进口相似的工业制成品，出现了一个国家在同一产业内既有出口又有进口的"产业内贸易"。例如，日本向美国出口丰田汽车，从美国进口福特汽车。发达国家与发展中国家之间传统的"初级产品—工业制成品"的贸易模式在国际贸易中的地位逐渐下降。

这些新的变化与传统贸易理论所预测的贸易模式不一致。以李嘉图的比较成本论为核心的传统贸易理论认为，各国应致力于集中生产它的比较优势产品，并出口这些产品以换回生产上处于比较劣势的产品。而赫克歇尔和俄林的要素禀赋论指出，各国应出口本国丰裕要素密集型商品，进口那些密集使用本国稀缺要素所生产的商品。由于发达国家和发展中国家要素禀赋具有较大的差异，符合传统理论的前提条件，因而大量的国际贸易理应发生在这两类国家之间。然而，大部分的国际贸易却发生在要素禀赋比较相似的发达工业化国家之间，而且实际贸易中包含着大量的要素密集度相似产品的产业内贸易。

产业内贸易这种新的贸易模式不能用传统的贸易理论来解释是因为产业内贸易的发展没有遵循传统贸易理论的基本假定，即完全竞争和规模报酬不变。大量的产业内贸易是垄断竞争或寡头竞争的厂商所生产的差异产品之间的交换，而垄断竞争和寡头竞争都是不完全竞争形式，且差异产品的生产一般具有规模经济。传统国际贸易理论的假设前提同产业内贸易的实际相去甚远，因此无法正确解释国际贸易的新格局，而产业内贸易理论的提出正是适应了这种国际贸易实践发展的需要。

（二）产业内贸易的含义和特征

产业内贸易是指一个国家在出口的同时又进口某种同类产品。这里的同类产品是指按国际贸易标准分类（SITC）至少前 3 位数相同的产品，即至少属于同类、同章、同组的商品。它分为水平性产业内贸易和垂直性产业内贸易两种。产业内贸易一般具有如下几个特征：

（1）产业内贸易与产业间贸易的内容不同。产业间贸易是指非同一产业内的产品在两国间的进口和出口贸易，也称之为垂直贸易。

（2）产品流向具有双向性，即同一产业的产品，可以同时进行进出口贸易。

（3）产业内贸易中的产品具有多样化的特点，这些产品中既有资本密集型的，也有劳动密集型的；既有高技术产品，也有标准技术产品。

（4）产品必须具备两个条件：一是在消费上能够相互替代；二是在生产中需要相近或相似的生产要素投入。

（三）产业内贸易产生的基础及制约因素

产业内贸易不是基于比较优势，而是以产品异质性和规模经济为基础的。

1. 同类产品的异质性是产业内贸易的重要基础

产品的异质性主要包括两类：

一类是水平异质性，它是指产品特征组合方式的差异。在一组产品中，所有产品都具有某些共同的本质特征，即核心特征，但从实物形态上看，可以由于商标、款式、包装和规格等方面的差异而被视为差异产品。

另一类是垂直异质性，它是指在一组产品中各个产品所具备的核心特征在数量上有差异。也可以将垂直异质性理解为产品质量上的不同。例如，同一个产业内有不同等级的产品，这些产品具有垂直异质性。

这些同类的异质性产品可以满足不同消费者不同的消费心理和消费需求，从而导致不同国家之间产业内贸易的发生。

2. 规模经济是产业内贸易形成的重要原因

生产要素比例相近的国家之间进行国际分工和国际贸易，获得贸易利益的主要原因是企业规模经济的差别。如果差异产品的生产存在内部规模经济，则一国企业可以因为偶然的原因通过扩大一种差异产品的生产规模而取得规模经济的好处，即使其在该产品的生产成本随着产量的增加而递减，该国借此打破了原先的比较优势的均衡状态，使本国在该种差异产品上获得相对竞争优势，在国际市场上更具竞争力，从而进一步扩大该产品的生产及出口规模，形成规模经济的良性循环。而另一国由于无法在该国已经形成规模经济的基础上与其竞争，只能转而生产另一种同样存在规模经济的产品，这样，国际贸易分工模式也就形成了。

3. 经济发展水平是产业内贸易的重要制约因素

一方面，经济发展水平越高，产业内差异产品的生产规模就越大，产业内部分工就越明显，从而形成异质性产品的供给市场。另一方面，经济越发达，人均收入水平越高，消费者的需求也会变得更加复杂，对产品多样化的需求更强烈，从而形成异质性产品的消费市场。尤其是当两国的人均收入水平相似时，其需求结构也就越趋于接近，产业内贸易的倾向就越明显。

（四）对产业内贸易的早期探索

沃顿（Verdoorn，P. J.）首先注意到了产业内贸易现象的存在，他在考察比、荷、卢经济联盟内部的贸易形式所发生的变化时发现，联盟内部各国专业化生产的产品大多是同一贸易分类目录下的。

麦可利（Michaely，M.）研究了国际贸易中商品集中度和价格弹性之间的关系。他计算了 36 个国家的商品出口和进口差异性的系数后发现，发达国家之间的进出口商品组成有较高的相似性，发展中国家之间的进出口商品相似性较小。这种新的贸易类型可以概括为同一产业内的产品在国家间进行贸易的现象。

美国经济学家格鲁贝尔（Grubel，H. G.）和劳埃德（Loyd，P. J.）把国际贸易分为两大类：一是产业间贸易，比如发展中国家的初级产品与发达国家的工业制成品之间的贸易，这类贸易可以用传统的要素禀赋论加以解释；二是产业内贸易，不论是相似性产品还是有差异的产品，都存在产业内贸易。他们认为，贸易中心进行的贸易大多是产业内贸易，而且产业内贸易与季节性因素、较高的运输成本有关，还可能是受政府的某项政策或法律约束的结果。由于贸易中心进行的大多是转口贸易，所以会出现进出口相似产品的情况；受季节影响的主要是农产品，在一个季节里一国可能大量生产和出口某种农产品，在另一个季节它又可能进口这种农产品；当贸易的运输成本非常高的时候，虽然一国的某地区可能是一种商品的生产地，这个国家也可能从别的相邻国家进口这种商品；一国如果运用补贴或其他方法促进某些商品的生产，有可能使这个国家成为这些商品的出口国，当该国对这些商品仍有进口的时候，产业内贸易就产生了；由于某项国际协定，一国从其他国家进口本身具有出口优势的产品，也会产生产业内贸易。

（五）产业内贸易的理论模型

从 20 世纪后期开始，对于产业内贸易的研究集中在水平性产业内贸易与垂直性产业内贸易的分别研究上。水平性产业内贸易是指进行双向贸易的是质量相似但在特性或属性上不同的产品，而垂直性产业内贸易是指同时出口和进口不同质量的相似性产品，因

87

此，二者的区别主要在于产品多样化的性质不同。根据不同的模型，水平性产业内贸易可以由规模经济、消费者的多样化偏好、相互倾销等原因引起；垂直性产业内贸易可以由要素禀赋差异等原因引起。

1. 水平性产业内贸易理论

（1）新张伯伦垄断竞争模型

水平性产业内贸易的第一个正式模型是由美国经济学家克鲁格曼（Krugman, P. R.）在1979年提出的。在其提出的模型中，生产产品的企业存在内部规模经济，市场结构类似张伯伦垄断竞争，被称为新张伯伦垄断竞争模型。

在供给方面，克鲁格曼假设某一产品的市场中存在多个厂商，每一个厂商生产某一种或几种相似的产品，这些产品的收益递增。在消费方面，假设消费者有多样化偏好，这意味着一旦有新的好商品上市，就会有消费者购买它。模型证明了，由于规模经济的存在，相似的国家之间会进行产业内贸易。但由于生产这些贸易品的资本和劳动力要素的投入比率是一样的，所以产业内贸易并没有像传统贸易的增长那样有较大的收入分配效应，当贸易双方在要素禀赋方面有很大相似性的时候，产业内贸易的影响超过了产业间贸易，两种要素都可以从贸易中获益。克鲁格曼还得出，产业内贸易所带来的调整相对于产业间贸易来说较为温和，没有太大的痛苦。因为根据产业内贸易的假设，同一个产业内各个企业的要素密集度都是相似的，在这些企业间的资源再分配也就相对比较容易，调整成本比较低。

（2）新霍特林垄断竞争模型

兰卡斯特（Lancaster, K.）从另一条思路分析了垄断竞争条件下的产业内贸易，他提出的模型被称为新霍特林垄断竞争模型。

兰卡斯特假设厂商可以自由进入和退出市场，可以选择生产任何品种的商品，而且所有商品的生产成本都相同。在该模型中，从开始生产差异产品时起就存在着规模经济，即厂商所面临的平均成本曲线是下降的，因而首先开始生产的企业成本会迅速下降从而率先获得规模经济所带来的优势。而进入市场的厂商必须决定生产哪个品种以及以什么样的价格出售，价格越低，可以售出的商品就越多。如果两个产品的差异性太小，厂商就不能销售足够的产品以弥补成本，因此它们面临的选择不是退出市场就是生产其他品种；反之，如果两个品种的特性相差很远，就会有新厂商进入生产一种新产品，其特性介于已经存在的两种产品之间。厂商的自由进出、消费者相同的偏好以及相同的成本函数使得实际生产的产品品种在长期均衡中会呈均匀分布，而且每一个品种的生产数量和销售价格都相同，每一个厂商获得正常的利润，即价格等于平均成本，兰卡斯特把这种情况称为"完全垄断竞争"。

在一个封闭的市场中，生产者的规模和消费者的多样化偏好都由于市场规模太小而受到了限制。在这种情况下两国进行贸易，既可以使企业的规模变大以降低单位产品的成本，获得规模收益，又可以使消费者的多样化偏好得到满足。而且，规模经济和水平性产品差异可以独立地在技术和要素禀赋方面相似的国家间引起产业内贸易。另外，消费结构与收入水平相关，同一种产品在收入水平相似的国家中可以同时找到大量消费者，而在要素禀赋和收入水平都不一样的国家，这种可能性就比较小。

（3）寡头垄断模型

布兰德（Brander，J.）和克鲁格曼证明了，在寡头垄断竞争的市场中，即使不存在成本差异和规模经济，寡头之间的"相互倾销"也将使产业内贸易出现：不同国家中的各个垄断厂商都向对方厂商的国内市场进行倾销。出现这种结果的原因在于市场分割的假设。在这个假设下，每个企业针对不同的国家有若干个彼此没有联系的市场，而对其中一个市场所做的决定，不会影响到其他市场。寡头垄断厂商会以低于国内价的价格将产品销售到国外市场，因为厂商在意的是总利润水平，尽管该产品在国外的售价更低，但只要有利润空间，仍会向国外销售。同理，其他国家的厂商也会把产品销售到本国市场。这样，相互倾销就出现了。由于相互倾销的产品一般是相似的工业品，所以此模型也很好地解释了产业内贸易的一个成因。

2. 垂直性产业内贸易的理论模型

（1）法尔维—基尔奇考斯基模型（F—K 模型）

对垂直性产业内贸易首先进行研究的是法尔维（Falvey, R. E.）。他认为，当许多不同的厂家生产质量不同的产品，而且这些产品又都没有规模效应时，垂直性产业内贸易有可能发生。他假设资本存量不是同质的，而劳动力是同质的，生产质量越高的产品相应所需要的每单位劳动的资本数量也越多。因此，垂直性产业内贸易的贸易模式为资本相对丰裕的国家出口质量高的产品，劳动力相对丰裕的国家出口质量低的产品。这与以要素禀赋为基础的产业间贸易有很大的相似之处。

后来由法尔维和基尔奇考斯基（Kierzkowski, H.）用模型（即 F-K 模型）进一步分析了一国内同时存在两个产业部门的情况。他们指出，即使不存在不完全竞争和收益递增，垂直性产业内贸易也会存在。从供给方面讲，每一个国家都有两个部门，其中一个部门生产一种同质性产品，另一个部门生产同种商品中不同质量的产品（这些商品在国家之间的贸易将是垂直性产业内贸易）。每一个部门都雇佣劳动力，资本的使用随着产品质量的不同而不同——高质量的产品体现了相对较高的资本/劳动比率。两国之间技术（劳动生产率）上的差距使得贸易不会导致两国工资均等化，由于工资相对较低的国家的资本价格相对较低，因而这些国家在生产低质量产品上有比较优势；反之，工资相对较高的国家在生产高质量产品上有比较优势。从需求方面讲，两国消费者的偏好相同，在相对价格一定的情况下，对不同质量产品的需求依消费者的收入而定，收入越高就越倾向于消费高质量的产品。由于分配不均，每一个国家都既有低收入者，又有高收入者，因此每个国家都有对不同质量产品的需求。

在 F—K 模型中，存在许多过渡类型介于完全的垂直性产业内贸易与完全没有这种贸易这两个极端之间。实际的贸易类型依赖于要素禀赋、技术和收入分配情况这三个因素对不同国家的相对影响。

①在技术一样、要素禀赋不同的情况下，资本密集度高的国家进口同质性产品，同时成为异质性产品的净出口国。在这种情况

下，垂直性产业内贸易是否出现不能确定。即使存在产业内贸易，哪个国家出口高质量产品也是不确定的。因为资本密集度高的国家在高质量的产品上具有的比较优势未必会在出口中表现出来。例如，若两个国家的要素禀赋差异特别明显，单个劳动力的收入差距很大，资本密集度高的国家可能集中出口低质量的产品以迎合穷国消费者的需要，因为在两个国家的人均收入相差极大的情况下，即使穷国国内存在一定程度的收入不平等，穷国对于质量高的产品也几乎不会有需求，它只需要质量低的产品。

②在要素禀赋一致、技术不一致的情况下，垂直性产业内贸易会发生，拥有高技术的国家将出口高质量的产品，进口低质量的产品。在这里，两贸易国的收入分配情况并不重要，在两个国家中都会既有高收入者又有低收入者，高收入群体将购买高质量产品，低收入群体将购买低质量产品。

③两国之间的禀赋差异的变化会对产业内贸易产生影响。假设两国在一开始有同样的禀赋，然后在增加一国人均资本的同时，减少另一国的人均资本。如果技术发达国家的资本/劳动比率升高，这个国家在高质量产品生产上的比较优势将得到加强，高质量产品的品种将增加，同时，对低质量产品的需求将由于人均收入的提高而减少。相反，在技术缺乏的国家，人均收入的下降使得对来自国外的高质量产品的需求也下降了。这样，产业内贸易也就减少了。而另一方面，如果生产低质量产品国家的要素密集度发生了改变，人均资本量上升，变化将是相反的，即技术缺乏的国家由于收入水平的上升，对对方国家具有比较优势的高质量产品的需求会增加，同时由于低收入国家资本/劳动比率的上升，产品向高质量发展，高收入国家对其产品的需求也会增加。因此，两国间要素禀赋相对差异的变化对于垂直性产业内贸易份额的增减有重要影响，垂直性产业内贸易是增加还是减少取决于是哪个国家使自己的资本/劳动比率更高；如果是高质量产品出口国的资本/劳动比率升高，垂直性产业内贸易将下降，如果是低质量产品出口国的资本/劳动比率升高，垂直性产业内贸易将上升。

（2）莎科特—萨顿模型（S—S模型）

莎科特（Shaked，A.）和萨顿（Sutton，J.）的S—S模型没有像F—K模型那样研究产业内贸易与要素比率之间的关系，而是研究由于研发支出的不同而造成的产品质量差异对市场的影响。他们假设不同企业的产品质量有差异，这种差异来自于企业研发支出的多少，同时，如果质量不同的同类产品以相同的价格销售，消费者将选择质量高的产品。而单位产品成本的差异不会因为质量的提高而很快地提高，因为质量提高的来源是已经支出的固定成本（研发成本），而不是劳动力或资本的投入。

假设存在两个相同的封闭市场，这两个市场中都有两个垄断者，一个企业生产高质量产品，另一个企业生产低质量的产品。贸易把不同的市场联系起来，两个国家中生产高质量产品的企业将相互竞争，生产低质量产品的企业也会出现相同情况。竞争使每个产品的两个生产者中都会有一个退出市场，因为在两个生产者并存的情况下，没有一个能获利。这样，自由贸易会使一种质量的产品只由一个企业生产，该生产者同时供应国内外两个市场。我们无法预测哪两个企业会生存下来，也不能预测哪一个质量的产品在哪一个国家生产。如果是同一国内的两家企业都撤离了市场，垂直性产业内贸易就不会发生；如果是每个国家都撤出一个企业，垂直性产业内贸易就会发生，一个国家出口质量较低的产品，另一个国家出口质量较高的产品，但哪一个国家出口哪种质量的产品不能确定。

第三章　国际贸易管理

国际贸易管理是指政府根据需要，制定国际贸易政策，利用各种手段与措施对本国的国际贸易施加影响或直接控制，以达到平衡贸易收支、保护本国产业、扩大对外出口等目的。在实践中，政府主要采用关税、非关税措施以及通过参加各种国际组织，通过政府之间双边或多边的协调、合作在一定程度上实现本国的经济及政治利益。本章重点介绍国际贸易政策的历史演变，关税及非关税壁垒措施的应用以及世界贸易组织等主要国际组织的设立宗旨和运行规程，以使读者从宏观层面上更好地把握国际贸易管理。

第一节　国际贸易政策

一、国际贸易政策的目的和类型

对外贸易政策是一国政府针对进出口贸易所实行的政策。它是一国经济政策的重要组成部分，也是一国对外政策的重要内容。制定对外贸易政策时主要基于以下目的：保护本国产品市场；扩大对外出口，扩大本国对外开放的规模及范围；改善和优化本国产业结构，通过国际贸易促进本国经济发展；在不损害本国主权和利益的前提下，协调与各国的经济贸易关系。对外贸易政策不仅影响着一国的对外经济贸易活动，而且还会通过对外贸易活动渗透到国民经济的各个部分，影响这个国民经济的发展；同时也会在一定程度上影响其贸易伙伴国的经济贸易发展。

一国对外贸易政策包括对外贸易总政策与对外贸易具体政策。对外贸易总政策是一国依据本国在国际中的经济政治的基本状况和发展趋势，结合本国的资源状况、产业结构、经济发展状况以及在世界经济贸易中所处的地位，从有利于本国国民经济发展出发，制定的较长时期的经济方针与策略。

对外贸易具体政策是在一国对外贸易总政策的指导下制定的涉及对外贸易某一方面内容的政策，例如进出口商品政策，国际货物贸易政策，国际服务贸易以及国别或地区政策等。这些具体政策往往比较灵活，会随着不断变化的国际经济形势及本国情况进行调整与完善。

从一国对外贸易政策的内容、结果、实施情况看，各国对外贸易政策基本上可以分为两大类型，即自由贸易政策与保护贸易政策。

自由贸易政策是指一个国家对进出口贸易既不加任何干涉和限制，又不给予补贴和优惠，允许商品自由输出和输入。保护贸易政策是指为保护本国产业和市场免受外国厂商的竞争，国家采取各种措施限制对外国商品的进口。同时对本国出口商给予各种补贴和优惠以鼓励出口，保护出口商的利益，增强其在国际市场的竞争力。

二、对外贸易政策的演变

从整个世界范围来看，自资本主义生产方式出现以来，自由贸易政策和保护贸易政策始终相伴随。但在不同的发展时期，贸易政策的基调不相同，有时以自由贸易政策为主，有时会掀起保护贸易的浪潮。

16 世纪至 18 世纪中期，是资本主义生产方式的形成时期。西欧各国普遍实行保护贸易政策，通过限制货币的输出和扩大贸易顺差的办法积累财富。运用各种政策手段和严厉的措施限制进口和货币输出。同时，对出口给予鼓励。这一保护政策推动了资本的原始积累，为资本主义生产方式的建立提供了财富积累。

18 世纪至 19 世纪后期，出现资本主义自由竞争时期。从总体上看，这一时期资本主义国家的对外贸易政策主要以自由贸易政策为特征。特别是英国、荷兰倡导全面的自由贸易政策。自由贸易政策在很大程度上促进了这些国家的工业和对外贸易的发展。而这一时期的美国和德国基本上实行的是保护贸易政策。由于这些国家工业起步较晚，无法与英国工业产品竞争，不得不实行保护贸易政策，扶植本国工业的发展。保护贸易政策促进了这些国家工业的迅速成长。

19世纪末20世纪初，进入垄断资本主义阶段。1929—1933年爆发的世界性经济危机，表明了市场问题的尖锐化，正是在这一背景下，超保护贸易政策应运而生。正是这种超保护贸易政策的实施极大地阻碍了社会生产力的发展和国际贸易的扩大。

第二次世界大战以后，随着生产国际化和资本国际化，国际分工更加的细分以及大的跨国公司如雨后春笋的出现与发展，这一切导致在世界范围出现了贸易自由化倾向。1947年签署的《关税与贸易总协定》旨在削减关税和其他贸易壁垒，削减贸易中的歧视待遇，促进世界贸易的自由化发展。《关税与贸易总协定》的临时适用，极大推动了贸易自由化。各国纷纷降低关税，减少非关税壁垒。这对迅速恢复战后经济，促进国际贸易的发展起到了积极作用。但是，战后的贸易自由化是有保留有选择的自由，并不完全排除保护贸易政策。

从20世纪70年代中期起，世界又掀起一股新贸易保护主义浪潮。在1974—1975年和1980—1982年两次世界经济危机的打击下，经济严重停滞，国际市场竞争日趋激烈，导致了贸易保护主义的爆发。美国成为新贸易保护主义的重要发源地。在各国贸易政策的相互影响下，新贸易保护主义不断蔓延与扩大，对国际贸易的正常发展带来了不利影响。

进入20世纪90年代中期以来，在世界范围内出现了商品、劳务、资金、技术、信息流通自由化的浪潮。

三、自由贸易政策理论依据

自由贸易政策是以自由贸易理论为基础的。自由贸易理论开始于法国的重农主义，其理论主张贸易的自由放任，完成于古典政治经济学。古典政治经济学的代表人物是亚当·斯密、大卫·李嘉图。后来约翰·穆勒、赫克歇尔、俄林又从不同角度对其作了进一

步的阐述。自由贸易理论主要包括以下内容:

（1）自由贸易可以形成有利的国际分工。生产的社会化和分工的国际化会使世界的生产水平提高。因为实行国际分工，有利于加强各国的专业生产技能，并使生产要素实现最佳配置，从而提高世界范围的劳动生产率。而要做到这一点，各国必须实行自由贸易政策。

（2）自由贸易可以提高国民福利水平。由于实行自由贸易，各国可根据自己的比较优势参与国际分工，使劳动、资本、技术等生产要素得到最有效的运用，从而增加国民收入。同时又可以从国外进口廉价的商品以减少国民支出。因此，实行自由贸易有利于提高国民消费水平。

（3）自由贸易有利于加强竞争，打破垄断，促使企业积极进取，不断提高经济效率，进而促进国民经济的发展。自由贸易有利于提高利润率，促进资本累积。

四、保护贸易政策的理论依据

保护贸易政策是以保护贸易理论为支撑的。保护贸易理论最早被称作重商主义，以后经过汉密尔顿、李斯特、凯恩斯等人的发展，形成了一个和自由贸易理论相并存的保护贸易理论。

（一）重商主义

重商主义形成于15世纪至17世纪，那个时期正值欧洲资本原始积累时期，该理论代表了发展商业资本的经济思想。重商主义认为，财富就是金银，金银是货币的唯一形态。根据对待金银的态度和获取金银的手段不同，重商主义可分早期和晚期两个阶段。

早期的重商主义也称货币差额论，其主要代表人物是英国的斯塔福德和法国的孟克列钦。他们认为，积累财富的主要途径就是对外贸易顺差，因此在对外贸易活动中必须使每笔交易和每个国家都保持顺差，以使金银流入本国，并使其储藏起来，不再投入对外贸易。同时，为了增强国力，应阻止本国金银货币外流，禁止金银输出。

晚期的重商主义也称为贸易差额论，其主要代表是英国的托马斯·孟。他批评了早期的重商主义禁止货币流出，将货币储藏起来的不明智做法，主张将货币投入有利可图的对外贸易，认为货币产生贸易，贸易增多货币，只有保持贸易顺差，才能增加货币并使国家富足。但一国追求贸易顺差的办法应是保持本国对外贸易总额的顺差，托马斯·孟提出发展英国工场手工业、航运业、殖民扩张以及保护贸易等政策主张。

（二）汉密尔顿的关税保护论

汉密尔顿是美国独立后的首任财政部长，是美国保护主义的开山鼻祖。美国当时刚从英国殖民统治下获得独立时，由于长期受殖民统治的影响，特别受到独立战争的破坏，经济萧条，工业发展落后，在与英国的贸易中仍保留着出口本国的农林等初级产品，进口本国所需工业制成品的格局。这种格局虽有利于南方的种植园主的利益，但使北方工业资产阶级所经营的制造业长期难以发展。汉密尔顿正是代表工业资产阶级的利益，于1791年向国会提交《保护制造业的报告》，其文中建议以较高的关税保护美国的制造业。汉密尔顿指出美国的经济情况不同于欧洲先进国家，其工业基础薄弱，技术水平滞后，工业生产成本相对较高，如果推行自由贸易政策，必将断送美国的工业，进而威胁美国经济和政治上的独立地位。因此，必须采取关税措施保护美国新建的工业，使之生存、发展和壮大。

（三）李斯特的幼稚产业保护论

李斯特是19世纪德国著名的经济学家，其幼稚产业保护理论受到汉密尔顿理论的影响，但较之更加全面和深刻。其于1841年出版《政治经济学的国民体系》是幼稚工业保护论的代表作，书中系统地阐述了其学说的内容。

李斯特认为实行保护贸易政策的目的不是为了保护其行业本身，而是为了促进行业的发展，为了最终无须保护。因此，保护并不是对所有行业的保护，而是有选择进行的。国家应该选择那些目前尚处于幼稚阶段、受到外国企业强大的竞争压力，但经过一段时间的保护和发展能够被扶植起来并达到自立，并有可能成为具有比较优势的行业。因此，如果幼稚工业没有遭遇到外国强有力的竞争，或经过一段时期的保护和发展仍不能够自立，就不应给予保护。李斯特认为，保护是有期限的，其最高限为30年。李斯特的保护贸易学说对德国资本主义的发展起到了积极的作用，为资产阶级发展和壮大自己的实力，反对封建主义提供了重要的理论帮助。他的理论同时对经济不发达国家制订对外贸易政策也有积极的参考价值。他的关于保护对象是有条件的，保护是有时间限制的，保护本身不是目的，而是以自由贸易为最终目标的等主张具有积极深远的意义。

（四）凯恩斯保护贸易理论

凯恩斯是英国资产阶级经济学家，是凯恩斯主义的创始人，其代表作是《就业利息和货币通论》（以下简称《通论》）。

（1）凯恩斯的新重商主义。凯恩斯在《通论》中，对古典国际贸易理论进行了重新评价。认为古典国际贸易理论只用"国际收支自动调节机制"来证明贸易顺差、逆差的最终均衡过程，忽视了国际收支在调整过程中对一国国民收入和就业的影响。他认为，贸易顺差对一国对外贸易有利，而贸易逆差则有害。因为贸易顺差可以给一国带来黄金，扩大货币的供应量，刺激物价上涨和降低利息率，从而可以扩大投资和就业；而逆差会使黄金外流，供应量减少，物价下降，利息率提高，从而导致国内经济趋于萧条，增加失业人数，使国民收入下降。因此，凯恩斯及其追随者在一国对外贸易上拥护贸易顺差，反对贸易逆差，提倡国家干预对外贸易活动，运用各种保护措施，扩大出口，减少进口，以获得贸易顺差。

（2）凯恩斯主义的对外贸易乘数理论。为了进一步说明投资如何对就业和国民收入产生影响，凯恩斯提出了著名的乘数理论。他指出：新增加投资会引起对生产资料需求的增加，从而引起从事生产资料生产的人数和工资的增加。其结果导致国民收入的增加量将为新增加投资的若干倍。而增加倍数的多少取决于一个乘数，即所谓"边际消费倾向"乘数。

此外，一些经济学家还分别从改善贸易条件、维持高水平工资、维持贸易收支和国际收支、报复别国、保护本国经济安全等不同角度对保护贸易理论进行了论述。

五、国际贸易政策的发展趋势

（一）实现贸易自由化是国际贸易政策的总趋势

国际分工日益深化的今天，任何割裂、阻挡国际交流的做法都是不明智的，对外开放已成为大多数国家所坚持的基本原则。因此，国际贸易政策会随着世界经济的发展深入地向贸易自由化发展，这是一个总的趋势。但是，各国从自身政治和经济的利益出发，有时也会采取较为严厉的保护贸易措施，因而这一进程时快时慢。

（二）管理贸易政策成为西方国家的主要贸易政策

管理贸易政策是指一国对内加强对外贸易秩序的管理，对外运用各种政治、经济、外交手段参加双边与多边谈判，以协调与各国的经济贸易关系。

（三）国际协调在制定、实施国际贸易政策中的作用日趋重要

在国际贸易政策制定和实施过程中，国际协调能否成功，取决于经济利益的创造与分配。当一国参与协调所获得的利益大于不参与协调，或一国参与协调所受到的损失小于不参与协调时，一国便会赞成、参与协调。反之则不参加或反对这一协调。

第二节 关税措施

一、关税概述

（一）关税的概念

关税是进出口商品经过一国关境时，由政府所设置的海关向进出口商所征收的一种税。

它与其他税收一样，关税是国家财政收入的一个重要组成部分。其具有强制性、无偿性和预定性。强制性是指税收是根据法律的规定，强制征收的，而不是一种自愿缴纳，凡要交税的，都要按照法律规定无条件地履行自己的义务，否则就要受到国家法律的制裁。无偿性是指征收的税收，除特殊例外，都是国家向纳税人无偿

取得的国库收入。国家不需付出任何代价，也不必把税款直接归还给纳税人。预定性是指国家预先规定了一个固定征税比例或征税数额，征、纳双方必须共同遵守执行，政府不得随意变化和减免。

（二）关税的特点

1. 关税是一种间接税

按照纳税人的税负转嫁与归宿为标准，通常把税收分为两大类：即直接税和间接税。前者是指由纳税人依法纳税并直接承担税负，不能转嫁给他人；后者是指由纳税人依法纳税，但可通过契约关系或交易过程将税负一部分或全部转嫁给他人。换句话说，直接税由纳税人自己负担，不转嫁；间接税可在一定条件下由纳税人转嫁出去，由他人负担。

关税属于间接税。因为关税主要是对进出口商品征税，其税负可以由进出口商垫付税款，然后把它作为成本的一部分加在货价上。

2. 关税的税收主体和客体是进出口商人和进出口货物

按纳税人与课税货物的标准，税收可分为税收主体和税收客体。税收主体也称课税主体，是指根据税法规定，负责纳税的自然人或法人，也称纳税人。税收客体也称课税客体或课税对象，如消费品等。

3. 关税是对外贸易政策的重要手段

进出口商品，不仅与国内的经济和生产有着直接关系，而且与世界其他国家或地区的政治、外交、经济、生产和流通等方面也有密切关系。关税措施体现一国对外贸易政策。关税税率高低，影响着一国经济和对外贸易的发展。

4. 关税可起到调节进出口贸易的作用

许多国家通过制订和调整关税税率来调节进出口贸易。在出口方面，通过低税、免税和退税来鼓励商品出口；在进口方面，通过税率的高低、减免来调节商品的进口。

二、关税的种类

关税的种类很多，按照不同的标准，主要可分为以下几类。

（一）按照征收的对象或商品流向，关税可分为进口税与出口税与过境税

1. 进口税

进口税是进口国家的海关在外国商品输入时，对本国进口商所征收的关税。进口税一般可分为最惠国税和普通税两种。最惠国税适用于与该国签订有最惠国待遇原则的贸易协定的国家或地区所进口的商品。普通税适用于与该国没有签订这种贸易协定的国家或地区。根据 WTO 最惠国待遇的基本原则，凡加入该组织的国家均可以享受关税的优惠待遇。

2. 出口税

出口税是出口国家的海关在本国产品输往国外时，对出口商所征收的关税。目前一些发达国家一般都取消了出口税，因为征收这种税收势必提高本国商品在国外市场上的销售价格，削弱商品的竞争能力，不利于扩大出口。征收出口税的国家主要是发展中国家。征收出口税可能有以下三个原因：

（1）为了增加本国财政收入。有些发展中国家因国内财源不足，通过征收出口税以增加国家收入。征收出口税的对象一般是本国资源丰富、出口量较大的商品，出口税率较低，否则，会影响出口数量，达不到增加税收的目的。

（2）为了保护本国生产，通常对出口的原料征税，其目的在于保障国内生产上的需要和增加国外产品的生产成本，以增强本国产品的竞争能力。例如瑞典、挪威对于木材出口征税，以保护其纸浆及造纸工业。以保障国内市场的供应为目的的出口税，除了对某些本国生产不足而需要又较大的生活必需品征收，以抑制价格上涨。

（3）作为同跨国公司斗争的手段。一些发展中国家为了维护本国的经济利益，以出口税为手段反对跨国公司在当地以低价收购初级产品。

3. 过境税

过境税又称通过税。它是一国对于通过其关境的外国货物所征收的关税。在资本主义生产方式准备时期，这种税制开始产生并普遍流行各国。在 19 世纪后半期，各国相继废除了过境税。第二次

世界大战后，大多数国家都已不征收这种税。目前一些国家在外国商品通过其关境时仅征收少量的准许费、印花费、登记费和统计费等。

（二）按征税的目的，关税可分为财政关税与保护关税

1. 财政关税

财政关税是以增加国家财政收入为主要目的而征收的关税。税率不能过高，过高既影响进出口数量，又不能达到增加财政收入的目的。目前除一些发展中国家外，征收财政关税的国家为数很少。

2. 保护关税

保护关税是指以保护本国工业或农业以及科学技术发展为主要目的而征收的关税，保护关税税率要高，否则，就不能达到保护的目的。战后，由于关贸总协定主持了多轮的减税谈判，关税税率有较大幅度的下降。关税的保护作用有所下降，但其仍然是限制进口保护本国产业的重要手段。

（三）按照差别待遇和特定的实施情况，关税可分为进口附加税、差价税、特惠税与普遍优惠制

1. 进口附加税

进口附加税是对进口商品，除了征收一般进口税，还往往根据某种目的再加征进口税，这种对进口商品在征收一般关税以外，再加征额外的关税，就叫作进口附加税。

进口附加税通常是一种限制进口的临时性措施，其主要目的有：应对国际收支危机，保持进出口平衡；预防外国商品低价倾销；对外国某个国家实施歧视或报复措施等。因此，进口附加税又称特别关税。

进口附加税主要采取以下两种形式：

（1）反补贴税

反补贴税又称补偿税或抵消税。它是对于直接或间接的接受任何奖励或补贴的外国进口商品所征收的一种进口附加税。凡进口商品在生产、制造、加工、买卖、输出过程中所接受的直接或间接的奖金或补贴都构成反补贴税的条件。这种奖金补贴是可以来自于政府，也可能来自同业工会等机构。反补贴税的税额一般参考奖金或补贴的数额进行征收。征收的目的是通过增加进口商品的价格，抵

102

消其所享受的补贴金额，削弱外国进口商品竞争能力，使它不能在进口国的国内市场上进行低价竞争或倾销。

（2）反倾销税

反倾销税是对于实行商品倾销的进口货所征收的一种进口附加税。其目的在于对进口商品的倾销行为进行抵制，保护本国产业和国内市场。关税与贸易总协定第六条对倾销与反倾销的规定主要有以下几点：第一，倾销就是将一国产品以低于正常的价格的办法挤进另一国贸易内的行动。如因此对某一缔约国领土内已建立的某项工业造成重大损害或产生重大威胁，或者对某一国内工业的新建产生严重阻碍，这种倾销应该受到谴责。第二，缔约国为了抵消或防止倾销，可以对倾销的产品征收数量不超过这一产品的倾销差额的反倾销税。第三，"正常价格"是指相同产品在出口国用于国内消费时在正常情况下的可比价格。如果没有这种国内价格，则是相同产品在正常贸易情况下向第三国出口的最高可比价格，或产品在原产国的生产成本加合理的推销费用和利润。第四，不得因抵消倾销或出口补贴，而同时对它既征收反倾销税又征收反补贴税。第五，为了稳定初级产品价格而建立的制度，即使它有时会使出口商品的售价低于相同产品在国内市场销售的可比价格，也不应认为造成了重大损害。

2. 差价税

差价税又称差额税。当某种本国生产的产品国内价格高于同类的进口商品的价格时，为了削弱进口商品的竞争能力，保护国内生产和国内市场，按国内价格与进口价格之间的差额征收关税，就叫差价税。由于差价税是随着国内外价格差额的变动而变动的，因此它是一种滑动关税。对于征收差价税的商品，这种差价税实际上属于进口附加税。

3. 特惠税

特惠税又称优惠税。它是指对从某个国家或地区进口的全部商品或部分商品，给予特别优惠的低关税或免税待遇。其他国家或地区不得根据最惠国待遇要求享受这种优惠待遇。特惠关税有的是互惠的，有的是非互惠的。

4. 普遍优惠制

普遍优惠制简称普惠制。普惠制是发达国家承诺对从发展中国家或地区输入的商品，特别是制成品和半制成品，给予普遍的、非歧视的和非互惠的优惠关税待遇的一种制度。它是发展中国家在联合国贸易与发展会议上经过长期斗争，在 1968 年通过建立普惠制决议之后取得的。

普惠制的重要原则是普遍的、非歧视的、非互惠的。所谓普遍的，是指发达国家对应发展中国家或地区出口的制成品和半制成品给予普遍的优惠待遇。所谓非歧视的，是指应使所有发展中国家或地区都不受歧视，无例外地享受普惠制的待遇。所谓非互惠的，是指发达国家单方面给予发展中国家或地区关税优惠，而不要求发展中国家或地区提供反向优惠。

三、关税的基本分类与关税征收

（一）税率的基本分类

各国关税税率名目繁多，而且常有变化，难以详述，但大致可分为普通税率、最惠国税率与普惠制税率。

（1）普通税率。它是最高税率。现仅个别国家对从极少数（一般是非建交）国家进口的商品实行这种税率。普通税率一般比优惠税率高 1~5 倍。

（2）最惠国税率。它是对签有最惠国待遇条款贸易协定国家实行的税率。它既适用于双边，也适用于多边贸易条约。WTO 缔约国之间实行这种税率。

（3）普惠制税率。它是发达国家向发展中国家提供的优惠税率，这种税率在最惠国税率的基础上实行减税或免税，并且不是互惠的，而是单向的。

（二）关税的征收标准

1. 征税标准的含义

一国进出口货物的品种繁杂多样，有的商品体积很小但价格却很高；有的商品由于规格不同，价格相差却悬殊；有的商品按重量出售；有的商品按件数出售。这样对不同的商品进行征收关税时应该有一个统一的标准作为征税基准。征税标准不同，计算税款的方法也就不同。

2. 征税标准的种类

（1）从量税。从量税是以商品的重量、数量、容量、长度和面积等计量单位为标准，以每一个计量单位应纳的关税金额为税率征收的关税。

（2）从价税。从价税是以进出口商品价格为标准征收一定比例的关税。其税率为占进出口商品价格的百分比。

（3）复合税。复合税又称混合税。它是对某种进口商品，采用从量税和从价税同时征收的一种方法：

混合税额＝从量税额+从价税额

（4）选择税。选择税是对于一种进口商品同时订有从价税和从量税两种税率，在贸易保护主义盛行的条件下，征税时选择其税额较高的一种征税。

（三）海关税则和通关手续

1. 海关税则的结构

海关税则又称关税税则。它是一国对进出口商品计征关税的规章和对进出口的应税与免税商品加以系统分类的一览表。海关凭此征收关税，是关税政策的具体体现。

海关税则一般包括两个部分：一部分是海关课征关税的规章条例及说明，另一部分是关税税率表。

关税税率表主要包括三部分：税则号列，简称税号；货物分类目录；税率。

海关税则的货物分类方法。主要是根据进出口货物的构成情况。对不同商品使用不同税率根据进出口货物统计需要而进行系统的分类。但各国海关税则的商品分类方法不尽相同，有的甚至相差很大，这样不仅给贸易商带来麻烦，而且在国际贸易谈判和关税减让谈判时，不易了解和掌握进出口商品的情况和关税水平，为谈判的进行带来诸多不便。

为此，出现了制定一个国际间统一的海关分类目录的要求，于是统一税则目录开始出现并不断完善。

2. 海关税则的种类

（1）单式税则。单式税则又称一栏税则。这种税则，一个税目只有一个税率，适用于来自任何国家的商品，没有差别待遇。现在只有少数发展中国家如委内瑞拉、巴拿马、冈比亚等在实行这种税则。

（2）复式税则。复式税则又称多栏税则，这种税则，在一税目下订有两个或两个以上的税率。对来自不同国家的进口商品，适用不同的税率。现在绝大多数国家都采用这种税则。这种税则有两栏、三栏、四栏不等。

在单式税则或复式税则中，依据制定税则的权限，又可分为自主税则和协定税则。

（1）自主税则。自主税则可分为自主单式税则和自主复式税则。前者为一国对一种商品自主地制定一个税率，这个税率适用于来自任何国家或地区的同一种商品；后者为一国对一种商品自主地制定两个或两个以上的税率，分别适用于来自不同国家和地区的同一种商品。自主复式税则又可分为最低和最高税则，前者适用于来自与该国签订贸易条约或协定的国家或地区的商品；后者适用于来自未与该国签订贸易条约或协定的国家或地区的商品。

（2）协定税则。协定税则是指一国通过与其他国家或地区进行贸易与关税谈判，以贸易条约或协定的形式确定的关税率。这种税则是在本国原有的固定税则之外，另行规定的一种税率。它是两国通过关税减让谈判的结果，因此要比固定税率低。协定税则不仅适用于该条约或协定的签字国，某些协定税率也适用于享有最惠国待遇的国家，对于没有减让关税的商品或不能享受最惠国待遇的国家的商品，仍采用自主税则，这种形式的复式税则，叫作固定——协定税则或自主——协定税则。

3. 通关手续

通关手续又称报关手续，是指出口商进出口商品时，首先要向海关申报出口或进口，接受海关的监督与检查，履行海关所规定的各种手续。当办完通关手续，结清应付的税款和其他费用，经由海关同意，货物方可通关放行。

第三节　非关税措施

非关税措施，又称非关税壁垒，是指除关税外，为限制进口而设置的各种贸易壁垒的一切直接或间接措施。

一、非关税壁垒作用的加强

随着 WTO 缔约方进口关税税率的下降，贸易壁垒的重点从关税壁垒转向非关税壁垒。非关税壁垒的趋势呈现日益加强的态势，主要表现在以下几方面：

1. 非关税壁垒措施的项目日益繁杂

世界各类国家所实行的非关税壁垒措施从 20 世纪 60 年代末的 850 多项到 70 年代的 900 多项，20 世纪 90 年代的 1 000 多项，一直增长到现在的近 2 000 项，呈现出日益繁杂，而且形式各异，花样百出。

2. 非关税壁垒措施适用的商品范围日益扩大

随着非关税壁垒措施的项目日益增加，这些措施用于限制商品进口的范围也日益扩大。以非关税壁垒限制的进口商品已从农产品扩展到工业品，从劳动密集型产品延伸到技术密集型产品。世界贸易中受到非关税壁垒限制的范围不断扩大。

3. 非关税壁垒措施的歧视性、报复性日益加深

许多国家，特别是发达资本主义国家，为了加强非关税壁垒的作用，根据它与不同国家或地区的经济贸易关系，采取不同的非关税壁垒措施，实行不同程度的非关税壁垒限制。面对外国对本国所采取的一些贸易壁垒政策，很多国家会采取相应的贸易保护政策予以报复。

二、非关税壁垒的作用特点

非关税壁垒与关税壁垒都有限制进口的作用，但与关税壁垒比较，它有以下的特点：

1. 非关税壁垒比关税壁垒具有更大的灵活性和针对性

一般来说，各国关税税率制定，必须通过立法程序，并像其他立法一样，要求具有一定的相对固定性和延续性。如果调整或更改税率，需通过较为烦琐的法律程序和手续。但这种立法程序与手续，由制定到实施往往需要经过一段时间，在需要紧急限制进口时往往难以适应。在同等条件下，关税还受到最惠国待遇条款的约束，当与贸易伙伴国签订了双边或多边贸易协定的情况下税率也要受到限制，因而在税率上作灵活的调整一般比较困难，而在制定和实施非关税壁垒措施时，通常采用行政手段，手续比较迅速，制定的程序也较简便，可随时针对某国的某种商品采取或更改相应的措施加以控制，较快地达到限制进口的目的。

2. 非关税壁垒比关税壁垒更能达到限制进口的目的

关税壁垒是通过征收高额关税，提高进口商品成本或价格，削弱其市场竞争能力，达到间接地限制进口的目的。但如果出口国以出口补贴、商品倾销等方式降低出口商品价格，这时关税往往难以起到预期的限制商品进口的作用。而一些非关税措施如进口配额等预先规定进口的数量和金额，超过金额就直接地禁止进口，就可把超额的商品拒之门外，起到关税未能达到的目的。

3. 非关税壁垒比关税壁垒更具有隐蔽性和歧视性

一般说来，当关税税率确定之后，往往采取法律形式公布于众，并依法执行，这样进出口商便容易了解有关税率。但是，有些非关税壁垒措施往往不公开，或者规定了极为烦琐的标准和手续，这使进出口商难以适应和应付。以技术标准而论，一些国家对某些商品规格、质量、性能和安全等规定了极为严格的和特殊的标准，检验手续也烦琐复杂，而且经常发生变化，使外国商品难以适应，由于某一个规定不符使商品不能进入市场的情况非常普遍。同时，一些国家往往对某个国家采取相应的限制性的非关税壁垒措施，更加强了非关税壁垒的差别性和歧视性。

三、非关税壁垒的主要种类

(一) 配额限制

配额是一种通过控制进口货物数量，对进口进行限制的方法，其目的是保护本国市场和控制外汇流出。

1. 进口配额制

进口配额又称进口限额，是一国政府在一定时期（如一季度、半年或一年以内），对某些商品的进口数量或金额直接加以限制。在规定的期限内，配额以内的货物可以进口，超过配额不准进口，或者征收较高的关税后才能进口。它是进口数量限制的重要手段之一。

进口配额制，主要有以下两种：

（1）绝对配额，即在一定时期内，对某些商品的进口数量或金额规定一个最高额数，达到这个额数后，便不准进口，这种进口配额又分为两种方式：全球配额和国别配额。前者是指在世界范围内的绝对配额，对来自世界上任何国家或地区的商品一律适用。主管当局通常按进口商的申请先后或过去某一时期的进口实际额批给一定的额度，直到总配额发放完为止，超过总配额就不准进口。由于全球配额不限定进口国别或地区，在配额公布后，进口商竞相争取配额并可从任何国家或地区进口。由于邻近国家或地区地理位置接近，到货较快，处于有利地位；而较远的国家或地区就处于不利的地位。因此，进口国家在限额的分配和利用上，难以贯彻国别政策。而国别配额是指在总配额内按国别和地区分配给固定的配额，超过规定的配额便不准进口。为了区分来自不同国家和地区的商品，在进口商品时，进口商必须提交原产地证明书。实行国别配额可以使进口国家根据它与有关国家或地区的政治经济关系分配不同的额度。

（2）关税配额。关税配额是对商品进口的绝对数额不加限制，而对在一定时期内，在规定配额以内的进口商品，给予低税、减税或免税待遇；对超过配额的进口商品则征收较高的关税，或征收附加税或罚款。

关税配额按商品进口的来源，可分为全球性关税配额和国别关税配额。按征收关税的差别，可分为优惠性关税配额和非优惠性关税配额。前者对关税配额内进口的商品，给予较大幅度的关税减让，甚至免税；超过配额的进口商品即征收原来的最惠国税率。西欧共同市场在实行的普通优惠制中，所采取的关税配额就属于这一类。后者在关税配额内仍征收原来的进口税，但超过配额进口商品，就征收极高的附加税或罚款。

2. "自动"出口配额制

"自动"出口配额制又称"自动"限制出口，是一种限制进口的手段。所谓"自动"出口配额制是出口国家或地区在进口国或地区在进口国家或地区在进口国的要求或压力下，自动规定某一时期内，某些商品对该国的出口限制，在限定的配额内出口国自行控制出口，超过配额即不准出口。

"自动"出口配额与绝对进口配额制在形式上略有不同。绝对进口配额制是由进口国家直接控制进口配额来限制商品的进口，而"自动"出口限制是由出口国家直接控制这些商品对指定进口国家的出口。但是，就进口国家来说，二者都起到了限制商品进口的作用。

"自动"出口配额制主要可分为以下两种形式：

（1）非协定的"自动"出口配额：即不受国际协定的约束，而是由出口国迫于来自进口国方面的压力，自行单方面规定出口配额，以限制商品出口。

（2）协定的"自动"出口配额：进出口双方通过谈判签订"自限协定"或"有秩序销售协定"，在协定的有效期内规定某些商品的出口配额，出口国应据此配额实行出口许可证制或出口配额签证制自行限制这些商品出口。进口国则根据海关统计进行检查。目前，"自动"出口配额大多数属于这一种。

目前最大的自愿配额是多种纤维安排，有41个出口和进口国家参与。它允许西方国家政府对来自第三世界的纺织品施以进口配额。

3. 进口许可证制

国家规定某些商品进口必须事先领取许可证才可进口，否则一律不准进口。印度对所有进口商品都要求有许可证；如无许可证则被禁止进口。

从进口许可证与进口配额的关系上看，可以分为两种：（1）有

110

定额的进口许可证,即国家有关机构预先规定有关商品的进口配额,然后在配额的限度内,根据进口商的申请,发放进口许可证。(2)无定额的进口许可证,即进口许可证不与进口配额相结合,国家有关机构预先不公布进口配额,颁发有关商品的进口许可证,只是在个别考虑的基础上进行。

从对进口商品许可程度上看,可分为两种:(1)公开一般许可证:又称公开进口许可证,一般许可证或自动进口许可证。它通常对进口国别或地区没有限制。凡列明属于公开一般许可证的商品,进口商只要填写公开一般许可证后,即可获准进口。因此这类许可证的商品实际上是"自由进口"的商品。(2)特种进口许可证:又称非自动进口许可证,进口商必须向政府有关当局提出申请,给政府逐笔审查批准后才能进口。这种进口许可证,多数都指定进口国别或地区。为了区分这两种许可证所进口的商品,有关当局通常定期分别公布有关的商品项目,并根据需要随时进行调整。

(二)金融控制

1. 外汇控制

外汇控制,是一国政府通过法令对外汇买卖和国际结算实行限制以达到国际收支和维持本国货币汇价等目的的一种制度。

在外汇管制的国家,出口商必须按官定汇率把他们出口所得到的外汇卖给外汇管制机关,进口商也必须按官定汇价在外汇管制机关申请购买外汇。而且携本国货币出入国境也受到严格的限制。这样,国家的有关政府机构就可以通过确定官定汇价,集中外汇收入和审批外汇的办法,控制外汇供应数量来达到限制进口商品品种、数量和进口国别,从而达到限制进口的作用。

外汇管制可分为以下几种:

(1)数量性外汇管制。即国家外汇管理机构对外汇买卖的数量直接进行限制和分配。通过集中外汇收入,控制外汇支出,实行外汇分配,以限制进口商品品种、数量和进口国别。

(2)成本性外汇管制。即国家外汇管理机构对外汇买卖实行两种以上汇率的复汇率制度,利用外汇买卖成本的差异,间接影响不同商品的进口。

（3）混合性外汇管制。即同时采用数量性和成本性的外汇管制，直接或间接地控制和影响商品进口。

2. 预先进口存款制

预先进口存款制又称进口存款制。在这种制度下，进口商在进口商品时，必须预先按进口金额的一定比率和规定的时间，在指定的银行无息存储一笔现金，这样做的目的是加重进口商资金负担，使其不愿进口。

3. 利润汇出限制

外汇壁垒的另一种形式是利润汇出限制。许多国家对本国经营获取利润汇出和汇给在外国的公司进行管制。

（三）采购及经营限制

（1）歧视性政府政策是指一国政府制定法令，规定政府机构在采购时要优先购买本国产品。美国在 1933 年通过的"购买美国货法案"就是其代表。它规定：凡是美国联邦政府所要采购的货物，应该是美国制造的，或是用美国原料制造的。开始时，凡商品的成本有 50% 以上是国外生产的，就称为外国货。接着又作了修改，即对在美国自己生产的数量不够，或者国内价格太高，或者不买外国货就会损害美国利益的情况下，才可以购买外国货。优先采购美国商品的价格约高于国际市场价格的 6%～12%。但美国国防部和财政部常常采购比外国货贵 50% 的美国货。

（2）进口和出口的国家垄断。进口和出口的国家垄断，是指在对外贸易中，国家机构直接经营对某些或全部商品的进出口，或者是把某种商品的进口或出口的垄断权给予某些垄断组织。

进口和出口的国家垄断主要集中在三类商品上面。第一类是烟和酒；第二类是农产品；第三类是武器。

（四）价格限制

1. 进口最低限价

进口最低限价就是一国政府规定某种进口商品的最低价格，凡进口货价低于规定的最低价格则征收进口附加税或禁止进口。

20 世纪 70 年代，美国为了抵制从欧洲和日本等国家进口低价钢材和钢制品，对这些产品进口实行所谓"启动价格制"。这也是一种进口最低限价制度。这种价格以当时世界上效率最高的钢材生产者的生产成本为基础计算出来的最低限价，如果所进口产品价格低于所定的启动价格，进口商必须对价格进行合理调整，否则，将征收反倾销税。

2. 海关估价

海关估价是指海关按照国家有关规定，对申报进口的货物价格进行审核，确定或估定其完税价格的制度。

有些资本主义国家专断地提高进口货的海关估价，来提高进口货的关税负担，阻碍商品的进口。用专断的海关估价来限制商品的进口，以美国最为突出。

长期以来，美国海关是按照进口商品的出口价格或外国价格两者之中较高的一种进行征税。这实际上就提高了交纳关税的税额。

为防止外国商品与美国同类商品竞争，美国海关当局对如胶底鞋类、煤焦油产品、蛤肉罐头、毛手套等商品，依"美国售价制"这种特殊估价标准进行征税。这四种商品都是国内售价很高的商品，按照这种标准征税，使这些商品的进口税率大幅度提高。例如，某种煤焦油产品的进口税率从价 20%，它的出口价格为每磅 0.50 美元，应缴进口税每磅 0.10 美元，而这种商品的"美国售价"每磅为 1.00 美元。按同样税率，每磅应缴进口税为 0.20 美元，其结果是实际的进口税率不是 20%，而是 40%，即增加了 1 倍。这就有效地限制了外国货的进口。

由于"美国售价制"引起了其他国家的强烈反对，直到"东京回合"签订了"海关估价准则"后，美国才不得不废除这种制度。

这个协议规定了六种不同的依次采用的新估价法。即：进口商品的成交价格；同类商品成交价格；类似商品的成交价格；倒扣法；计算价格法；合理法。

3. 技术性贸易壁垒

（1）产品标准。为了保护消费者的健康和安全，各国都确定了自己的产品标准。这些标准可能成为阻止外国产品进口或降低外国产品进口量的壁垒。

很多国家对进口商品规格或制造标准有一些专门的要求和规

定。例如，加拿大关于电机制品的规格，各省均不同。德国、英国、法国对电子零件订有统一规格。美国对锅炉及耐压容器，规定必须先申请派检验人员事先检验，俟合格后方批准进口。美国对农产品的档次、规格、质量和成熟度有特殊要求，这就造成很多墨西哥产品不能向美国出口。

（2）产品试验、检验标准。许多国家规定产品在销售前必须要进行产品试验，在证明其安全性和适用可行性之后，方能出售。日本对此要求更加严格，使美国一些产品在对日本的出口过程中遇到了不少麻烦。尽管美国制造的医疗设备和药品在其他地方赢得很高的安全有效称誉，但在出口日本时必须面临按试验室标准检验的问题。为此往往要消耗几年时间。在此时间内，日本公司有足够的时间研制出具有竞争性的类似产品或替代产品。即使该产品被试验室试验通过了，日本厚生省的复审也将把它拒之门外。

日本对自英国进口的汽车检验规定：英国输往日本的小汽车运到日本后，必须由日本人进行检验，如不合规定，则要英方由日本雇员进行检修。这就费时费工，加上日本有关标准公布迟缓，给英国小汽车输往日本带来了更大困难。

（3）卫生检疫规定。随着资本主义国家贸易战愈演愈烈，发达资本主义国家更加广泛地利用卫生检疫的规定限制商品的进口。它们对于要求卫生检疫的商品越来越多，卫生检疫规定也日益细分，呈现越来越严的趋势。例如，茶叶，日本对茶叶农药残留量规定不超过百万分之零点五；花生，日本、英国、加拿大等要求花生黄曲霉素含量不超过百万分之二十，花生酱不超过百万分之十，超过者一律不准进口；陶瓷制品，美国、加拿大规定含铅量不得超过百万分之七，而澳大利亚规定的含铅量不得超过百万分之二十。

美国对来自其他国家或地区的食品饮料、药品及化妆品规定，必须符合美国的"联邦食品、药品及化妆品法"，否则不准进口。

（五）商品包装和标签的规定

许多资本主义国家对于在国内市场上销售的商品，往往在包装和标签上都作出了种种规定。这些规定内容复杂，手续烦琐。这就要求进口商在进口商品之前必须对有关规定有所了解，使得进口商品符合这些规定；否则，将面临不准进口或禁止在其市场上销售的后果。很多情况下，许多外国产品为了符合有关国家的这些规定，不得不重新包装和更换商品标签，这样不仅费时费工，增加商品成本，而且也削弱了商品竞争能力，影响了商品销路。

第四节　鼓励出口和出口管制

一、鼓励出口方面的措施

（一）出口信贷

出口信贷是一国的银行对本国出口厂商或国外进口厂商或进口方银行提供的一种贷款，其目的是为了鼓励商品出口，加强本国商品的竞争能力。它是一国的出口厂商利用本国银行的贷款扩大商品出口的一种重要手段，特别是金额较大、期限较长，如船舶、大型成套设备等的出口。按出口信贷的信贷关系，出口信贷主要有以下两种：

（1）卖方信贷，它是出口方银行向本国的出口厂商提供的贷款。这种贷款合同由出口厂商与出口方银行之间签订。它是银行以直接资助出口厂商的形式，向外国进口厂商提供延期付款，以促进商品出口的一种方式。

（2）买方信贷，它是出口方银行采取直接向外国进口厂商或进口方银行贷款的方式，提供出口信贷。这种的附带条件是贷款必须用于购买债权国的商品，因而可以起到促进商品出口的作用。这就是所谓约束性贷款，当外国进口厂商接收到出口方供款银行的直接贷款后，便用这笔贷款以即期付款的方式付给出口厂商，然后按与银行签订的贷款合同所规定的条件，向供款银行还本付息。另一种情况是，当出口方供款银行贷款给进口方银行时，进口方银行将这笔款项以即期付款的方式贷给进口厂商，让其进行应付的货款支付，并按贷款协议规定的条件向供款银行归还贷款和利息等。而进口厂商与本国银行的债权债务关系，则按双方商定办法在国内结算清偿。后一种方式在目前较为流行。

（二）出口信贷国家担保制

出口信贷国家担保制是指国家为了扩大出口，由国家设立的专门机构对本国出口厂商或商业银行向外国进口厂商或银行提供的信贷提供担保，保证当外国债务人拒绝付款时，这个机构即按照事先约定的承保数额给予补偿。

出口信贷国家担保主要针对政治风险项目与经济风险项目进行担保。

政治风险项目。例如，进口国发生政变、暴乱、革命、战争，以及政府实行禁运、冻结资金或限制对外支付等政治原因，使债务人不能按时付款，造成了债权人的损失，在此情况下，如债权人已投保，可以给予补偿。这种风险项目的承保金额一般为合同金额的85%~95%。

经济风险项目。例如，进口厂商或借款银行破产、倒闭、无力偿付贷款、通货膨胀或货币贬值等经济原因所造成的损失，在此种情况下，如债权人已投保，可获得补偿。此类担保金额一般为合同金额的70%~80%。有时为了扩大出口，对某些出口项目的承保金额可高达100%。

（三）出口补贴

出口补贴又称出口津贴，是一国在出口某种商品时，政府为了加强其商品在国外市场上的竞争能力，给予出口厂商的现金补贴或财政上的优惠待遇，以此降低出口商品的价格的一种方式。

出口补贴的方式有两种：

1. 直接补贴，即出口某种商品时，直接付给出口厂商的现金补贴。

2. 间接补贴，即政府对某些出口商品给予财政上的优惠政策。主要有以下几种：

（1）减免或退还出口商品所缴纳的国内税。如免征增值税、消费税、销售税或盈利税等。

（2）暂时免税进口。如果某些进口货不是为了本国消费，而是经过改制、修理或加工以后再出口时，允许暂时免税进口。

（3）退还进口税。即进口原料或半成品，再加工为制成品后出口时，退还已缴纳的进口税。

（4）免征出口税，以此来提高商品竞争能力。

（5）对出口商品实行延期付税、减低运费、提供低息贷款和复利率等。

（四）商品倾销

商品倾销是国内垄断企业在控制国内市场的前提下，以低于国内市场的价格，甚至低于商品生产成本的价格，在国外市场抛售商品，其主要目的是为了打击竞争对手以占领外国市场。

按照倾销的具体的目的和时间长短的不同，商品倾销可分为以下几种：

（1）偶然性倾销：这种倾销通常是因为本国的此种商品销售旺季已过，或因公司改营其他业务，在国内市场上较难出售的"囤积货物"，而以倾销方式在国外市场抛售。由于这种倾销方式是暂时的、短期的行为，因此不会对进口国同种商品的生产者造成太大的影响。

（2）间歇性或掠夺性倾销：这种倾销的方法，是以低于国内市场价格甚至低于成本的价格，在某一国外市场上倾销商品，在打垮或摧毁了所有或大部分竞争对手，垄断了这个市场之后，再提高价格。这种倾销的目的是掠夺、占领和垄断国外市场，获取超额利润。由于此种倾销行为带有明显的掠夺外国产品市场的特征，会对进口国及进口国国内生产者带来巨大冲击，因此是各国政府强烈反对和打击的倾销行为。

（3）长期性倾销：这种倾销是长期以低于国内市场的价格，在国外市场出售商品，长期性是这种倾销所具有的特点，但其出口价格至少应高于边际成本；否则，出口货物将长期处于亏损状态。这种倾销者往往采用"规模效益"，扩大生产以降低成本。有的出口厂商还可通过获取本国政府的出口补贴来进行这种倾销。

必须指出的是，资本主义国家的垄断企业倾销商品可能会使利润暂时减少甚至亏本，在这种情况下一般采用以下办法进行补偿：

（1）国家提供出口补贴以此来对垄断组织倾销时出现的亏损进行补偿。

（2）在贸易壁垒的保护下，垄断组织只有在维持国内市场上的垄断高价或想尽办法压低工人的工资等情况下，榨取高额利润，以弥补出口的亏损。

（3）垄断组织在国外市场进行倾销，利用价格等优势打垮了国外竞争者，占领了国外市场后，此时再抬高价格，攫取高额垄断利润，弥补过去倾销的损失。

（五）外汇倾销

外汇倾销是出口国的出口企业利用本国货币对外贬值的机会，加大产品的出口，以争夺国外产品市场的特殊手段。

当一国货币贬值后，出口商品以外国货币所表示的价格降低，这样在国际市场上便产生了价格优势，从而提高了商品的竞争能力，有利于扩大出口。

另外，在货币贬值后，货币贬值国家所进口商品的本币价格也发生了相应的上涨，从而削弱进口商品的竞争能力。因此，一国的货币贬值可以起到促进出口和限制进口的双重作用。

但是，外汇倾销应具备一定的条件，并不是可以无条件的使用，它要受到一定条件的限制才有效，只有具备以下两个条件才能起到扩大出口的作用：

（1）货币对外贬值的程度大于因此而引起的国内物价上涨的程度；

（2）其他贸易国不同时实行同等程度的货币对外贬值和采取其他报复性措施。

（六）促进出口的组织措施

（1）设立和加强促进出口的行政机构，专门研究、制定促进出口的政策与措施，以扩大商品出口。

（2）建立商业情报网，加强商业信息的业务工作，向出口厂商提供所需的信息。

（3）建立贸易中心和组织贸易展览会，促进商品出口。

（4）组织贸易代表团出访和接待来访，互相参观学习，谋求发展对外贸易。

（5）组织出口商的评奖活动。通过各种奖励活动推广他们扩大出口的经验，促进对外贸易发展。

（七）外汇分红、出口奖励证制和复汇率制

（1）外汇分红：即政府允许出口厂商从其所得的出口外汇收入中提取一定百分比的外汇用于进口，鼓励其积极性。

（2）出口奖励制：即政府对出口商出口某种商品以后发给一种奖励证，持有该证可以进口一定数量外国商品，或将该证在市场上自由转让或出售，从中获利。

（3）复汇率制：政府规定不同种类的出口商品或进口商品适用不同汇率，以促进其中某些商品的出口，或限制其中某些商品的进口。

二、出口管制方面的措施

许多国家为了达到一定的政治、经济、军事的目的，往往对某些特殊商品实行出口管制、限制或禁止出口。

（一）出口管制的商品

出口管制的商品主要可分为以下几类：

（1）战略物资及其有关道德先进技术资料的出口。如武器、军事设备、军用飞机、军舰、先进的电子计算机及有关技术资料等。大多数国家对这类商品与技术资料均严格控制出口。这些商品须领取出口许可证，方能出口。

（2）国内生产所需的原材料、半成品及国内市场供应不足的某些必需品。如英国对某些化学品、石油、药品、活牛、活猪；日本对矿产品、肥料、某些食品；瑞典对废金属、生铁等都控制出口。

（3）为了缓和与进口国在贸易上的摩擦，在进口国的要求或压力下，"自动"控制出口的商品。如发展中国家根据纺织品"自限协定"自行控制纺织品的出口。

（4）为了有计划地安排生产和统一对外而实行出口许可证制的商品。

（5）为了采取经济制裁而对某国或地区限制甚至禁止出口的商品。如美国曾对苏联实行粮食控制出口。

（6）某些重要的文物、艺术品、黄金、白金等特殊商品，多数国家都规定需特许方能出口。

（二）出口管制形式

（1）单方面出口管制。即一国根据本国的出口管制法案，设立专门的执行机构对本国某些商品出口进行审批和颁发出口许可证，实行出口管制。例如美国政府根据国会通过有关出口管制法，在美国商务部设立贸易管理局，专门办理出口管制的具体事务，美国绝大部分受出口管制的商品的出口许可证都在该局办理。

（2）多边出口管制。即几个国家政府，通过一定的方式建立国际性的多边出口管制机构，商讨和编制多边出口管制货单和出口管制国别，规定出口管制的办法等，以协调彼此的出口管制政策和措施，达到共同的政治和经济目的。

1949年11月在美国倡议下成立的巴黎统筹委员会就是一个国际性的多边出口管理机构。这个委员会的决策机构由参加国政府派高级官员参加，组成咨询小组，商讨他们对当时的社会主义阵营国家的出口管制问题。1950年初这个小组调查小组，主管对苏联、原东欧和中国等国家的"禁运"。1952年又增设一个所谓"中国委员会"，以加强对中国的非法"禁运"。1957年，取消"中国委员会"。1971年6月，在美国总统尼克松宣布开放对中国贸易后，"巴统"即取消对中国的禁运，对中国出口的管制货单不断减少。

巴黎统筹委员会是根据1949年11月22日英、美、法三国秘密达成的所谓"君子协定"，于1950年1月1日成立，曾有15个成员国。它们是美国、英国、法国、意大利、比利时、卢森堡、荷兰、丹麦、葡萄牙、挪威、原联邦德国、日本、希腊、土耳其和西班牙。这个委员会的主要工作是：增减多边"禁运"货单、规定受禁运的国别或地区、确定"禁运"审批程序、加强转口管制、讨论例外程序、交换情报等。随着国际形势的变化，巴黎统筹委员会已于1994年4月1日宣布解散。

（三）出口管制的机构与措施

一般说来，执行出口管制国家的机构根据出口管制的有关法案，制定管制货单和输往国别分组管制表，然后采用出口许可证制定具体出口申报手续。现以美国为例加以说明。

120

美国出口管制由总统指令美国商务部执行，商务部设立贸易管理局具体从事输出口管制工作。首先，贸易管理局根据有关法案和规定，制定出口管制货单和输往国别分组管制表。在管制货单内列有各种需要管制的商品名称，商品分类号码、商品单位及其所需的出口许可证类别等。其次，美国出口商出口受管制的商品时，必须向商务部贸易管理局申请出口许可证。美国的出口许可证分为两类：

（1）一般许可证。根据上述的管制货单和输往国别分组管制表，如属于普通许可证下的商品，即按一般出口许可证的程序输出口。这类商品的出口管理很松。为了便于出口，规定出口商出口这类商品，不必向商务部贸易管理局提出申请，只要在出口报关单上填明管制货单上该商品的普通许可证编号，经海关核实，就作为办妥了出口证手续。

（2）有效许可证。根据管制货单和输往国别分组管制表，如属于有效许可证出口的商品。出口商必须向商务部贸易管理局申请有效许可证。出口商在许可证上按管制货单的项目填写商品名称、数量、商品管制编号，并详细说明输出商品的最终用途。如再出口，须注明再出口国家名称和输往目的地的说明，此外，还要附上其他有关证件一起送上审批，经批准后，方能出口。

第五节　贸易条约与协定

一、贸易条约与协定概述

贸易条约和协定是一种书面协定，它是两个或两个以上的主权国家为确定它们之间在经济贸易方面的权利、义务而缔结的，以此达到经济合作与协调发展的目的。

（一）贸易条约和协定的内容结构

贸易条约和协定一般由序言、正文和结尾三个部分组成。

序言部分通常载明缔约双方发展贸易关系的愿望，及缔约条约或协定所共同遵守的原则。

贸易条约和协定的正文，是有关缔约各方权利、义务的具体规定，是贸易条约和协定的主要组成部分。不同种类的贸易条约和协定，其正文所包括的条约和内容有所不同。

贸易约定和协定的结尾包括条约和协定的生效、终止、有效期、延长和废止等程序以及份数、文字等内容，还有签订条约和协定的地点及双方代表的签名。特别指出的是，对于需要经过批准的条约和协定，缔约条约和协定的地点有特别的意义，如果条约是在一方首都签订的，按惯例批准书就应在对方国家的首都交换。贸易条约和协定一般用缔约各方的文字写成，并且规定两种文本具有同等的效力。

（二）贸易条约和协定的种类

贸易条约和协定的种类很多，按内容可分为：通商航海条约、贸易协定、贸易议定书、支付协定、清算协定等；按有效时间可分为短期和长期的；按缔约国数目可分为：双边和多边的。下面对几种主要的贸易条约和协定进行介绍：

（1）通商航海条约又称通商条约、友好通商航海条约等。

它是全面规定缔约国间经济、贸易关系的条约，须由两个国家或国家首脑名义签订的。签约后，两国必须按缔约国法律程序完成批准手续，互换后生效。主要内容包括以下几方面：

①关于商品进出口关税给予最惠国待遇的规定。这是贸易条约中的最主要的问题。缔约双方对来自或输出至他国的产品应互相给予最惠国待遇，这是此种贸易条约的重要内容。

②关于进出口数量限制的规定。由于贸易保护主义加强，导致许多国家采用各种手段对进出口数量采取限制措施，所以有些条约对这方面作出了若干规定。

③关于缔约双方公民和企业的经济权利的规定。这些权利主要包括移民权、财产置购权、经营工商权和征收捐税的待遇等。

④关于特种所有权的规定。规定缔约国双方公民和企业在对方境内是否享有版权、专利权、商标权等问题的条款。

⑤关于商品进口的国内捐税规定。最惠国待遇或国民待遇条款是进口商品国内捐税的征收通常所采取依据。

⑥关于船舶航行和港口使用问题的规定。通常规定缔约国一方的船舶进入另一方港口后，在卸货和装货、缴纳港口捐税等问题上应依据最惠国待遇条款或国民待遇条款。

⑦关于铁路运输和过境问题的规定。在条约中往往规定缔约国双方在运送旅客、货物及办理铁路运输手续方面所给予待遇的条款。如对于在铁路运输方面已签有国际多边公约的国家，通常在条约中引用多边公约的规定。

⑧关于仲裁的规定。当缔约国之间的贸易企业发生争议时，经缔约国一方的仲裁机构做出裁决，缔约国另一方承担在其本国内执行仲裁裁决的义务。

（2）贸易协定是两国或几国之间签订的书面协议，一般是就贸易关系的相关问题对缔约国的贸易关系作比较具体的规定，有效期限较短，内容也相对简单。主要内容有：贸易额、使用货币、作价办法、双方出口货单、支付方式、关税优惠、关税减让等。当贸易协定中包括支付条款时，叫作政府间贸易协定；民间团体间签订的，叫作民间贸易协定。

（3）贸易协定书是两国间就贸易关系签订的书面协议，与贸易协定相比一般程序相对简单，内容是贸易协定的补充或者解释，有时用来规定双方有关贸易方面的专门技术性问题或修改两国间贸易条约和协定的某些条款。除了协定书，通常还以补充协定、换文等名目出现。

（4）支付协定是外汇管制下的产物，是两国间贸易和其他债权债务结算方法的协定。支付协定的主要内容是：①规定清算机构和开立清算账户；②两国间一切债权债务结算，统一在双方清算机构集中进行；③债权债务抵偿后余额，或用黄金、兑换货币支付；或用双方同意的其他不兑换货币支付；或转入下年度由逆差国用出口来清偿；④规定信用摆动额，只要抵偿后的余额不超过这一额度，即可转入下年度结算，债务国一般须支付债权国利息，支付协定有双边或多边两种。

（三）贸易条约和协定中所适用的法律待遇条款

在贸易条约和协定中，通常所适用的法律待遇条款是最惠国待遇条款和国民待遇条款。

1. 最惠国待遇条款

（1）最惠国待遇条款的含义

最惠国待遇条款是贸易条约和协定的一项重要条款。它的基本含义是：缔约国一方现在和将来所给予任何第三国的一切特权、优惠及豁免，也同样给予缔约对方。最惠国待遇的基本要求，是使缔约一方在缔约另一方享有不低于任何第三国享有的待遇。换言之，即要求一切外国人或外国企业处于同等地位，享有同样的待遇，不给予歧视待遇。

最惠国待遇分为无条件的最惠国待遇与有条件的最惠国待遇两种。无条件的最惠国待遇是指缔约国一方现在和将来给予任何第三国的，一切优惠待遇，立即无条件地、无补偿地、自动地给予缔约对方。有条件的最惠国待遇是指如果一方给予第三国的优惠是有条件的，则另一方必须提供同样的补偿，才能享受这种优惠待遇。现在的国际贸易条约和协定一般多采用无条件的最惠国待遇。

（2）最惠国待遇条款适用的范围

最惠国待遇条款的适用范围很广，通常包括诸多方面：有关进口、出口、过境商品的关税及其他各种捐税；有关商品进口、出口、过境、存仓和换船方面的海关规则、手续和费用；有关进出口许可证发给的行政手续；有关船舶驶入、驶出和停泊时的各种税收、费用和手续；有关移民、投资、商标、专利及铁路运输方面的待遇。当然，两国在具体签订贸易条约和协定时，缔约双方会根据两国的关系和发展贸易的需要，在最惠国待遇条款中具体确定其适用的范围。

（3）最惠国待遇条款适用的限制和例外

一般在贸易条约或协定中，都对最惠国待遇的限制或例外条款进行规定。

最惠国待遇条款适用的限制，是指将最惠国待遇适用范围限制于若干具体的经济与贸易方面。例如，在关税上的最惠国待遇一般并不是适用所有商品，只限于某些具体的商品，而对其他商品并不享受此种待遇；有的规定最惠国条款只包括缔约国的某些地区等。

最惠国待遇适用的限制可分为直接限制和间接限制两种：直接限制，即在贸易条约和协定中明确地规定最惠国待遇适用范围的限制，通常从商品范围、地区和商品来源等方面加以限制；间接限制，即并未在条约或协定中明确地规定，而采用其他办法以达到限制缔约国的某些商品适用最惠国待遇的范围。

最惠国待遇条款适用的例外，指最惠国待遇不能适用于某些具体的经济和贸易事项。在现代的贸易条约和协定中最常见的最惠国待遇的例外有以下几种：边境贸易，一些国家往往把边界两边15公里以内的小额贸易在关税、海关通关手续上给予减免等优待不适用于任何签有最惠国待遇条款国家的正式贸易关系；关税同盟，已经结成关税同盟的成员国之间在关税上优惠待遇，作为最惠国待遇的例外；沿海贸易和内河航行，对于缔约国一方在沿海贸易和内河航行方面给予他国的优惠视为例外；多边国际条约或协定承担的义务，如缔约国一方参加其他多边国际条约或协定而履行的义务，如涉及最惠国待遇利益者，应视为例外；区域性特惠条款，即若干特定的国家之间通过条约或协定相互给予的优惠待遇，应作为最惠国待遇的例外；其他例外，如沿海捕鱼，金银外币的输出入，文物、贵重艺术品的出口限制和禁止等也常作为例外。

2. 国民待遇条款

贸易条约或协定的条款中一般都包括国民待遇条款。其内容是缔约国一方保证缔约国另一方的公民、企业和船舶在本国境内享受与本国公民、企业和船舶同等的待遇。

国民待遇适用的范围，通常包括：外国公民的私人经济权利、外国产品应缴纳的国内捐税、运输、转口、过境、船舶在港口的待遇、商标注册、版权及专利权的保护等。但是这项条款的应用，并非把本国公民的一切权利均都包括在内，而是一定范围的给予。例如沿海航行权、领海捕鱼权、购买土地权、零售贸易权等，这些权利通常都不包括在国民待遇条款的范围之内，一般不给予外国侨民，只准本国公民享有。

二、国际商品协定和商品综合方案

国际商品协定和商品综合方案是国际贸易中为了解决初级产品贸易问题而达成的政府间协定。

（一）国际商品协定

国际商品协定是初级产品主要生产国与消费国，出口国与进口国之间达成的政府间的多边协定。其主要目的是为了该类商品的价格稳定与供销平衡。现在生效的国际商品协定有 7 个，即：橄榄油、小麦、咖啡、可可、食糖、锡及天然橡胶。

1. 签订国际商品协定的目的

初级产品是发展中国家的主要出口产品，是其外汇收入的重要来源，同时也是国民经济的重要组成部分。因此，初级产品出口的在国际市场上的份额、价格、销路关系到发展中国家的国计民生，故发展中国家要求稳定初级产品的贸易量与价格；而初级产品的消费国也希望得到稳定的供应，而且价格不要波动太大。在这种情况下，初级产品的生产国与初级产品消费国共同利益的结合促进了初级产品国际协定的产生。签订国际商品协定的目的主要是：（1）防止价格过分波动；（2）保证该产品的生产和供应；（3）使该产品长期保持生产和消费的均衡；（4）建立干预市场的机制。

2. 国际商品协定的结构

国际商品协定一般由序言、宗旨、定义、经济条款、行政条款、财务条款和最后条款等部分构成。

（1）序言，通常载有缔约各国发展该项初级产品贸易的愿望及缔结协定所应遵循的原则。

（2）宗旨，表明签订该项初级产品协定的目的与实现目的的手段与途径。

（3）定义，指明签订协定成员、机构的身份和产品的确切含义与衡量的标准。

（4）经济条款，是确定各签约国经济权利与义务的依据，它关系到各成员国的经济权益。它的中心是协定机制的调节。

为了保证协议的顺利执行，各协定都采取了一些干预市场机制的措施，其主要措施有：一种是协调方法，生产国与消费国根据当时市场出现的问题，通过协调采取共同措施。采取此种办法的有国际小麦协定、国际橄榄油协定。另一种方法是调节供求的办法，主要有以下措施：第一，通过规定出口限额和进口限额的办法进行调节。首先根据各出口成员国和进口成员国生产与需求能力，对其出口与进口的数量做出年度限额的分配。其次，规定超过限额的处理办法和限额不足的相应调节措施，如出口成员国超过出口限额时，则超出额要从以后年份的出口限额中扣除，甚至从协定组织中除名。再次，规定出口成员国的出口的每批产品都应出具有效的原产地证明书，以此规范合理的产品出口秩序。国际咖啡协定就是采取这种办法。第二，运用缓冲储存的办法来干预市场。所谓缓冲储存，就是出口成员国和进口成员国共同提供的实物和资金作为储备，当需要时，由商品协定机构运用这些储备来干预市场。当市价高于规定的价格时，就抛售实物储存；当市场价格低于规定的价格时，则利用资金储备购进实物。通过这种办法把价格稳定在规定的价格幅度内。为此，要对缓冲存储的规模、筹资和如何经营管理运作等方面做出规定，并要制订出价格幅度。国际天然橡胶协定就采取这种办法。第三，采取限额和缓冲储存相结合的办法，采用这种办法的有国际可可、锡、糖三个协定。

（5）行政条款，主要涉及权力机构和表决票的分配。

（6）财务条款，主要解决国际初级产品协定机构活动的经费来源与分摊办法。各协定都规定，在核准协定预算时，该成员在所有成员表决票总数中所占的表决票数往往决定各成员对每个财务年度预算的分摊额。

（7）最后条款，主要规定协定的签字、批准、生效、有效期、加入、退出等具体程序和手续。

（二）商品综合方案

商品综合方案是按照1976年5月联合国第四届贸易和发展会议通过的商品综合方案决议成立的，主要解决发展中国家初级产品贸易问题。

1. 商品综合方案的主要特点

（1）为了促进发展中国家的经济和社会发展，明确地提出改善发展中国家的贸易条件，稳定和增加它们的出口收入。

（2）综合地把各项因素结合起来考虑：把十几种初级产品联系在一起，以共同基金资助协定，规定商品的存储；从中期或长期的角度对买卖双方做某种产品的供销安排；对初级产品的生产国从财政上予以支持；安排较广泛的改进该产品的办法。

2. 商品综合方案的主要内容

（1）建立多种商品的国际储存的"缓冲存货"

"缓冲存货"是综合商品方案的一种商品国际储备，其目的主要是为了稳定商品价格，以此保证正常的生产和供应。国际存储的商品选择有以下两条标准：首先，这项商品一般对发展中国家的国计民生具有重要利害关系。其次，这项商品便于存储。国际存储的主要商品有：可可、咖啡、香蕉、茶、糖、肉类、棉花、植物油、硬纤维、黄麻、热带木材、橡胶、铝、铁、锰、磷、铜和锡。

（2）建立国际存储的共同基金

共同基金是综合商品方案的一种国际基金，目的主要是用来资助这些国际初级产品的缓冲存货和改善初级产品市场，提高初级产品的中长期的竞争能力，如开发研究、改进销售、提高生产率等。初步提出的金额为 60 亿美元。

（3）签订商品贸易的多边承诺

参加方案的各国政府一般出于稳定供应的考虑，承诺在特定时间内限制或保证一定数量的某种商品出口和进口。

（4）扩大和改进商品贸易的补偿性资金供应

当出口初级产品的发展中国家由于某种原因而导致出口收入剧减时，国际货币基金向此国家提供补偿性贷款。

（5）扩展初级产品加工，使出口商品呈现多样化

对于来自发展中国家初级产品和加工产品，要求发达国家降低或取消的进口关税和非关税壁垒，并采取其他的促进贸易的措施。

第六节　世界贸易组织

一、世界贸易组织的宗旨、范围、职能

（一）世界贸易组织的宗旨

根据《世界贸易组织协议》前言的基本内容，世界贸易组织的宗旨是：

1. 加强世界经济与贸易的联系与合作，以提高人民生活水平，保障充分就业，增加实际收入，满足有效需求，充分合理开发和利用世界资源，扩大货物和服务的生产和贸易，实现可持续发展为目标。

2. 通过切实的努力，以确保发展中国家在国际贸易中增长的份额，适应其经济发展的需要。

3. 通过互惠互利的安排，实质性地达到降低关税，减少其贸易壁垒，消除在国际贸易交往中的歧视性待遇的目的。

（二）世界贸易组织的范围

世界贸易组织协议由正文16条和4个附件所组成。正文本身并未涉及规范和管理多边贸易关系的实质性原则，只是就世界贸易组织的结构、决策过程、成员资格、接受、加入和生效等程序性问题作了原则规定，而有关协调多边贸易关系和解决争端以及规范国际贸易规则的实质性规定，均体现在4个附件中。附件1由13个多边货物协议、服务贸易总协定和知识产权保护协定组成，附件2是争端解决规则与程序的谅解，附件3是贸易政策审议机制，附件4由四个诸边协议组成。

作为统一的法律框架，世界贸易组织统辖总协定和总协定指导下所缔结的所有协议以及乌拉圭回合的全部成果，其主要包括以下几个方面：

（1）货物贸易多边协定，包括1994年关税与贸易总协定，下附：①关于1994年关税与贸易总协定第二条1（b）解释的谅解、关于1994年关税与贸易总协定第十七条解释的谅解、关于1994年

关税与贸易总协定国际收支规定的谅解、关于 1994 年关税与贸易总协定义务豁免的谅解、关于 1994 年关税与贸易总协定第二十八条的谅解；②1994 年关税与贸易总协定马拉喀什协定书；③农产品协定；④实施卫生检疫措施的协定；⑤纺织品和服装协定；⑥技术性贸易壁垒协定；⑦与贸易有关的投资措施协定；⑧关于实施 1994 年关税与贸易总协定第六条的协定（即"反倾销守则"）；⑨关于实施 1994 年关税与贸易总协定第七条的协定（即海关估价协定）；⑩装船前检验协定；⑪原产地规则协定；⑫进口许可证程序协定；⑬补贴与反补贴措施协定；⑭保障措施协定。

（2）服务贸易总协定。

（3）贸易有关的知识产权协议。

（4）关于争端解决规则与程序的谅解协议。

（5）贸易政策评审机制。

（6）诸边贸易协定。包括：①民用航空器贸易协定；②政府采购政策协议；③国际奶制品协议；④国际牛肉协议。

（7）其他一些决议、声明及谅解共十六篇，24 项。

除诸边协定以外，其他有关法律文件对所有成员国都有约束力。由于诸边贸易协定由各成员国自行决定接受与否，所以只对那些接受的成员国有约束力。

（三）世界贸易组织职能

根据《建立世界贸易组织协定》的规定，世界贸易组织的职能有：

（1）组织实施多边贸易协定和诸边贸易协定。

（2）为成员国提供谈判的论坛和场所。

（3）按争端解决规则与程序解决各成员方之间的贸易纠纷。

（4）定期对各成员方的贸易政策与措施进行评议。

（5）以适当的方式与国际货币基金组织和世界银行及其附属机构进行合作，以协调全球经济政策。

二、世界贸易组织的结构

（一）部长会议

部长会议是世界贸易组织的最高决策机构，但不是一个常设机构。它由所有成员方的代表参加，至少每两年举行一次会议。部长会议具有下述具体职能：设立贸易与发展委员会、收支平衡限制委员会以及预算、财务和管理委员会；任命总干事并制定有关规则，确定总干事的权力、责任、任职条件和任职规则以及秘书处工作人员的职责及任职条件；对世界贸易组织和多边贸易协定作出解释；豁免某成员国对世界贸易组织和其他多边贸易协定所承担的义务，并应对超过一年的豁免按规定进行审议并决定对豁免的延长、修改和终止；审议成员方提出的对世界贸易组织协定或多边贸易协定或将其从该协定之中删除；决定加入世界贸易组织的国家和具有单独关税区地位的地区；决定世界贸易组织协定及多边贸易协定生效的日期以及这些协定在经过生效后两年可继续开放接受的决定。

（二）总理事会

总理事会由所有成员方的代表组成，定期召开会议。总理事会在部长会议休会期间，承担其职能。总理事会负责日常对世界贸易组织的领导与管理。会议可根据需要适时召开。总理事会下附设争端解决机构、贸易政策评审机构和其他附属机构，如货物贸易理事会、服务贸易理事会、知识产权理事会。

（三）理事会

理事会为总理事会附属机构。总理事会下设货物贸易理事会、服务贸易理事会和知识产权理事会，它们分别监督货物贸易、服务贸易和知识产权协议的贯彻和执行，并履行由总理事会所赋予的其他职责。理事会由所有成员方代表组成。每一理事会每年至少举行8次会议。

（四）委员会

部长会议下设贸易和发展委员会，国际收支限制委员会，预算、财政和管理委员会。它们执行由世界贸易组织协议及多边贸易协定赋予的职能，执行总理事会赋予的额外职能。上述委员会的成员对所有成员方代表公开。

（五）秘书处

秘书处为世界贸易组织的日常办事机构。它由部长会议任命的总干事领导。总干事的权力、职责、服务条件和任期由部长会议通过规则确定。总干事和秘书处工作人员均不得寻求和接受政府或世界贸易组织以外组织的指示。各成员方应尊重他们职责的国际性，不能寻求有碍履行其职责的影响。

三、世界贸易组织的特点

世界贸易组织的建立，不仅继承维护了 1947 年的关贸总协定形成的多边贸易体制，而且还加强和健全了这种多边贸易体制。

（一）世界贸易组织是具有法人资格的国际组织

关贸总协定是一套规则，是一个多边协议，它没有自己的组织基础。而世界贸易组织是一个永久性的机构，具有法人资格。其内部建立了一套组织机构，下设权力机构，各执行机构、执法机构和政策监督机构。作为正式的国际组织，世界贸易组织是国际法的主体，享有特权与豁免。

（二）世界贸易组织强化和丰富了已有的多边贸易体制中的基本原则

世界贸易组织一方面将关贸总协定原有的基本原则扩大到一些新的领域，另一方面又增加了多边主义原则、对经济转型国家鼓励的原则等。

（三）世界贸易组织保持权利与义务的平衡

关贸总协定基本上是以关税与贸易总协定为主协定，以东京回合制订的非关税领域的九个守则和多边纺织品协议为分协议的两层结构。在多边贸易谈判中，缔约方和非缔约方可以有选择地签署各种多边协定，这种"点菜式"接受，使缔约方在关贸总协定中的权利与义务不平衡，致使总协定的完整性与效能遭到破坏。而世界贸易组织则要求各成员方必须无条件地以"一揽子"方式签署乌拉圭回合达成的全部协议，从而保证了权利与义务在共同基础上的平衡，使世界贸易组织体制具备完整的统一性。

（四）世界贸易组织涉及的领域广泛

关贸总协定规则范围局限在货物贸易方面。而世界贸易组织作为总协定的继承和发展，不仅包括了总协定已有的并经乌拉圭回合修订的货物贸易方面的规则，而且也包括乌拉圭回合新制订的与货物贸易有关的投资规则、保护知识产权规则和服务贸易方面的规则。

（五）世界贸易组织建立了一个比较完整、适用所有协议的争端解决机制

关贸总协定的解决争端机制存在不少缺陷，如专家小组的权力有限，无法有效地发挥作用；争端解决的时间拖得过长，导致一些问题常常不了了之；制裁机制缺乏约束；争端解决后的结论往往流于形式。而世界贸易组织建立的争端解决机制则有效地克服了上述缺陷。

世界贸易组织解决争端机制的要点包括以下内容：（1）协商。对于成员方之间的争端，鼓励寻求与世界贸易组织规定相一致，各方均可接受的解决办法。因此，争端解决的第一阶段要求协商。在一方提出协商要求后的 30 天内，必须进行协商。（2）调解。在争端调解的任何阶段，任何一方可要求总干事调解。（3）成立专家小组。如 60 天未能解决，一方可申请成立专家小组。争端解决机构在接到申请的第二次会议上必须作出决定，即同意不同意成立专家小组。只有争端解决机制全体反对，专家小组才不能成立。专家小组进行审查的期限从其设立和小组权限拟定之日起直至向争端各方公布最终报告之日止，原则上不应超过 6 个月。（4）执行专家报告。执行专家报告有三种形式：一是履行建议。违背其义务的一方必须立即履行专家小组的建议。如果该方无法立即履行这些建议，争端解决机构可以根据请求给予一个合理的履行期限。二是提供补偿。如违背义务的一方在合理的履行期限内不履行建议，引用争端解决程序的一方可以要求补偿，或违背义务的一方可以主动提出给予补偿。三是授权报复。当违背义务的一方未能履行建议并提供补偿时，受侵害的一方可以要求争端解决机构采取报复措施，中止协议项下的减让或其他义务。（5）上诉程序。争端上诉机构设立常设上诉机构，常设机构由 7 人组成，任期 4 年，成员由具有法律、国际贸易和有关协定的主要问题等方面的专家组成。上诉案件的审理一般不超过 60 天。上诉机构可维持、修正、撤销专家小组的报告。上诉机构的报告在散发后 30 天内通过，当事方须无条件

接受。（6）仲裁。当事双方可通过协议，将争端提交仲裁。仲裁结果为最终裁决，须报理事会。（7）监督裁决的执行。争端从成立专家小组到理事会通过专家小组报告在 9 个月内完成，遇到上诉，在 12 个月内完成。理事会严格监督裁决的执行情况。从解决争端机制的内容可以看出，世界贸易组织的解决争端机制严格规定了解决争端的时间限制，防止当事方以用尽协商手段为由，拖延使用法律方法。同时确立了上诉复议机制，有效防止当事人阻挠专家小组报告的通过，并确保专家组适用 WTO 的准确性。随着纠纷解决机制的完善、效率的提高、公开、透明，世界贸易组织的多边纠纷解决机制将取代过去通过双边解决纠纷的做法。

（六）世界贸易组织对创始国条件严格，对新加入国资格放宽

世界贸易组织成员方的资格有两类，一类是该组织的创始国，一类是经过谈判按条款进入的成员。该组织的创始国必须具备三个条件：世界贸易组织协议生效时已是关贸总协定的缔约方；签署"乌拉圭回合"的最终文件；在"乌拉圭回合"中作出关税和非关税及服务贸易减让。新成员是在建立世界贸易组织协议生效后，一个国家或一个完全自主权的独立关税区，可按加入条件谈判，再经成员方 2/3 多数表决通过。

第四章 中国对外贸易管理

中国的对外贸易管理在不同的国内外形势下，在不同的历史发展阶段是发展变化的。加入世贸组织之后，根据对世贸组织的承诺和世贸组织的基本原则，中国对经济的管理体制进行了进一步改革，对外贸易管理体制基本同国际接轨。新旧体制的交替使中国对外贸易发展进入了一个转折性时期。

第一节　对外贸易发展概述

1978 年底党的十一届三中全会以后，我国实行对外开放政策，进行经济体制改革，国民经济迅速发展，对外贸易也进入了一个新的发展时期。对外贸易额持续高速增长，进出口商品结构显著改善，进出口生产呈现多元化。

一、贸易额

1978 年进出口贸易总额仅约 200 亿美元，1985 年"国民经济与社会发展第六个五年计划"完成时，进出口总额约 700 亿美元，1990 年第七个五年计划完成时，进出口总额突破 1 100 亿美元，第八个五年计划期间进出口贸易更是高速增长，1995 年进出口总额达 2 809 亿美元，第九个五年计划期间，进出口额继续保持增长，2000 年进出口总额达 4 743 亿美元，进入第十个五年计划以来，尤其是 2001 年我国正式加入世界贸易组织后，对外贸易发展进一步提速，2004 年进出口贸易超万亿，达 11 547.4 亿美元（见表 4-1）。

1978 年改革开放以来，我国进出口贸易的平均增长速度大大高于国民经济的平均增长速度，也大大高于世界贸易的平均增长速度，

表 4-1　　　　　**1978—2004 年中国进出口贸易额及增长率**　　　单位:亿美元

年份	进出口		出口		进口	
	进出口额	比上年增长(%)	出口额	比上年增长(%)	进口额	比上年增长(%)
1978	206.4	39.4	97.5	28.4	108.9	51.0
1979	293.3	42.0	136.6	40.2	156.8	43.9
1980	378.2	28.9	182.7	33.8	195.5	24.7
1981	440.2	16.4	220.1	20.4	220.2	12.6
1982	416.1	−5.5	223.2	1.4	192.9	−12.4
1983	436.2	4.8	222.3	−0.4	213.9	10.9
1984	535.5	22.8	261.4	17.6	274.1	28.1
1985	696.0	30.0	273.5	4.6	422.5	54.1
1986	738.5	6.1	309.4	13.1	429.0	1.5
1987	826.5	11.9	394.4	27.5	432.2	0.7
1988	1 027.8	24.4	475.2	20.5	552.7	27.9
1989	1 116.8	8.7	525.4	10.6	591.4	7.0
1990	1 154.4	3.4	620.9	18.2	533.5	−9.8
1991	1 357.0	17.6	719.1	15.8	637.9	19.6
1992	1 655.3	22.0	849.4	18.1	805.9	26.3
1993	1 957.0	18.2	917.4	8.0	1 039.6	29.0
1994	2 366.2	20.9	1 210.1	31.9	1 156.2	11.2
1995	2 808.6	18.7	1 487.8	23.0	1 320.8	14.2
1996	2 898.8	3.2	1 510.5	1.5	1 388.3	5.1
1997	3 251.6	12.2	1 827.9	21.0	1 423.7	2.5
1998	3 239.5	−0.4	1 837.1	0.5	1 402.4	−1.5
1999	3 606.3	11.3	1 949.3	6.1	1 657.0	18.2
2000	4 743.0	31.5	2 492.0	27.8	2 250.9	35.8
2001	5 097.7	7.5	2 661.5	6.8	2 436.1	8.2
2002	6 207.9	21.8	3 255.7	22.3	2 952.2	21.2
2003	8 512.1	37.1	4 383.7	34.6	4 128.4	39.9
2004	11 547.4	35.7	5 933.6	35.4	5 613.8	36.0

资料来源:中华人民共和国海关统计。

对外贸易在国民经济中的地位不断提高,中国对外贸易在世界贸易中的比例以及在世界贸易中的排位不断提升,经济开放度明显提高。

从增长态势看,进出口贸易额几乎每五年翻一番,1978 年为206 亿美元,2004 年超过万亿美元(见表 4-1),共计增长了约 56

倍，期间对外贸易年平均增长速度约为 30%，国民经济增长速度
为 9.8%，对外贸易依存度［（进口额+出口额）/国民生产总值］
迅速提高，2004 年达到 75%。与世界的其他大国比较，我国的贸
易依存度较高，不仅高于印度、巴西等发展中大国，也比美国、日
本等发达大国高。对外贸易依存度的提高，表明经济开放度提高，
对外贸易在国民经济中的作用不断增强（见表 4-2）。

表 4-2　　中国进出口占国内生产总值（GDP）的份额（%）

年　份	进　口	出　口	进出口
1978	5.5	5.2	10.7
1979	6.5	6.0	12.5
1980	6.8	6.7	13.5
1981	7.9	7.8	15.7
1982	7.2	8.2	15.4
1983	7.5	7.7	15.2
1984	8.9	8.5	17.4
1985	14.1	9.1	23.2
1986	14.9	10.8	25.7
1987	13.6	12.5	26.1
1988	14.0	12.1	26.1
1989	13.3	12.0	25.3
1990	13.4	16.3	29.7
1991	14.9	17.8	32.7
1992	15.8	17.9	33.7
1993	15.2	15.3	30.5
1994	18.9	22.4	41.3
1995	16.9	21.4	38.3
1996	15.0	18.4	33.4
1997	15.8	20.3	36.2
1998	14.8	19.4	34.2
1999	16.7	19.7	36.4
2000	20.8	23.1	43.9
2001	21.6	23.6	45.2
2002	23.6	26.0	49.6
2003	29.3	31.1	60.4
2004	36.5	38.6	75.1

资料来源：《中国对外经济贸易统计年鉴》各年及根据海关统计计算。

1978—2004 年，中国进出口贸易 16.7% 的年平均增长速度，不仅高于同期国民经济的平均增长速度，而且也大大高于世界贸易的平均增长速度。在 1980~2000 年间，世界贸易的平均增长速度约为 7%（见表 4-3），其中发展中国家贸易增长率略高于发达国家贸易增长率，转型国家的贸易增长率最低，仅在 1%~2%。中国对外贸易的持续增长，尤其是出口贸易的高速增长，使中国在世界贸易中的位次不断提前，中国对外贸易在世界贸易中的比例也不断提高。1978 年中国出口贸易在世界贸易中仅占 0.75%，居第 32 位，2004 年已上升到第 3 位，成为世界贸易大国之一。

表 4-3 　　　　　　**1980 年以来世界贸易增长率**（%）

时　　期	1980—2000 年		1990—2000 年		2000—2001 年	
	出口	进口	出口	进口	出口	进口
世界	7.03	6.98	6.57	6.48	−3.57	−3.26
发达国家	7.29	6.95	5.51	5.71	−3.43	−4.14
发展中国家	7.73	8.20	9.05	8.33	−5.14	−3.00
转型经济国家	0.93	1.64	8.76	8.72	6.87	11.12

资料来源：联合国贸发会议，统计手册，相关年份。

二、贸易差额

1981—1990 年 10 年间，我国对外贸易整体上呈现逆差。贸易逆差最高的年份是 1985 年，逆差额达 149 亿美元；贸易顺差最高的年份是 1990 年，顺差额为 87.4 亿美元；1991—2004 年间，从整体上看，贸易呈大幅顺差。除了 1993 年贸易逆差为 122.2 亿美元外，其余年份都保持贸易顺差，持续贸易顺差为我国外汇储备的积累起了决定性的作用。

我国内地贸易顺差的主要来源地为我国香港地区、美国、欧洲联盟等贸易伙伴，贸易逆差主要来源地为我国台湾地区、韩国、日本、东南亚联盟等贸易伙伴。

三、贸易商品结构

改革开放以来，我国进出口贸易规模迅速扩大的同时，进出口商品结构也得到明显改善。

（一）出口商品结构明显优化

在出口贸易中，制成品的比例不断升高，初级产品的比例不断下降。1980年，初级产品出口占53.4%，工业制成品占46.6%；1985年出口初级产品占总出口的54.2%，工业制成品占45.8%，2004年，初级产品占9.9%，工业制成品占90.1%（见表4-4）。改革开放以来，中国出口商品结构出现三次大的跨越：第一次是1986年，纺织服装取代石油成为中国第一出口产品，标志着中国摆脱了以资源为主的出口结构，进入了以劳动密集型制成品为主导的时代，1980—1990年，中国出口增加额的61%依靠纺织品和轻工产品实现。第二次是1995年，中国机电产品超过了纺织服装产品成为最大类的出口品，机电产品总体上看资本和技术密集度较高，机电类产品成为中国出口产品结构中一个新的支柱，标志着出口商品构成的升级。1990—2000年，出口增加额的50%由传统机电产品创造，2004年，机电产品出口值达3 234亿美元，占我国出口总值的54.5%。第三次跨越是以信息技术为代表的高新技术产品出口的高速增长为标志。进入21世纪以来，高新技术产品出口

表4-4 中国进出口商品结构演变

年份	进口（%）		出口（%）	
	初级产品	工业制成品	初级产品	工业制成品
1980	34.8	65.2	53.4	46.6
1985	17.1	82.9	54.2	45.8
1990	18.5	81.5	25.69	74.4
1995	18.5	81.5	14.4	85.6
2000	20.8	79.2	10.2	89.8
2001	18.8	81.2	9.9	90.1
2002	16.7	83.3	8.7	91.3
2003	17.6	82.4	7.9	92.1
2004	19.0	81.0	9.9	90.1

资料来源：《中国对外贸易统计年鉴》各年。

越来越显示出活跃的生命力，正成为推动中国出口的新亮点，2004年高新技术产品的出口增长达到52%，高于总出口增速17个百分点，占全部出口的比重达27.4%，对出口产品结构的影响日益加深。其中，笔记本电脑、移动通信设备、集成电路等产品的出口增速甚至达到70%~90%，高新技术产品直接拉动外贸出口增长13个百分点。

（二）进口商品结构不断完善

进口商品结构变动呈现以下特点：第一，进口贸易中，初级产品进口的比例逐步上升，制成品的进口比重逐步下降，如1985年为初级产品比重为17.1%，1990年上升为18.5%；2000年初级产品进口占20.8%，工业制成品占79.2%。2004年，初级产品占我国进口总值的19%，而制成品占进口总值的81%，说明我国加工能力有明显提高。第二，大量进口了短缺的资源型商品，如石油、小麦、大豆、橡胶等；第三，以信息、通信类产品为主的高新技术产品进口呈现高增长；第四，国内技术和生产能力逐步完善的进口商品大幅度减少。

四、贸易市场分布

随着中国改革开放深入发展，全方位协调发展的国别地区政策使中国与世界各国和地区的贸易关系有了突飞猛进的发展，进出口市场分布逐渐向多元化发展。我国已与220多个国家和地区建立了经济贸易关系，进出口市场从主要集中于西方发达国家向多元化发展。

2004年，中国货物出口排名前五位的国家和地区是美国、欧盟、香港地区、日本、东盟；货物进口排名前五位的国家和地区是日本、欧盟、台湾地区、东盟、韩国。进出口综合来看，欧盟、美国、日本、香港地区、东盟分别为我国内地第一至第五大贸易伙伴。

随着我国出口市场多元化战略的实施，我国对10大出口市场的依赖程度有所降低，10大出口市场在总出口中的比重已由1995年的92.2%降到2000年的88.9%，2004年进一步下降到87.2%。

从进口市场分布来看，2004年我国对10大进口市场的依赖也

140

降到 79.1%。亚洲作为中国进口商品的主要来源地始终保持了其重要地位，占总进口的比重始终在 60%~70%，在亚洲各国（地区）中日本已多年保持中国第一大进口来源国地位，我国台湾地区、韩国、东盟在我进口中所占的份额上升较快，而我国香港地区在总进口中的比重直线下降，从 1990 年的 26.72%降到 2004 年的 2.1%。相对于亚洲，中国从欧洲和北美地区的进口比重都有不同程度的下降，非洲和拉丁美洲在总进口中的比重有所上升，大洋洲的份额基本稳定。

在继续巩固发达国家市场的同时，我国与东盟、俄罗斯及东欧国家的贸易全面展开，与亚洲、拉丁美洲、中东和非洲的发展中国家的贸易也广泛建立起来。贸易禁区被打破，过去由于政治原因中国不能与之进行贸易的国家，如与韩国、南非和以色列等国的贸易关系迅速发展，中韩两国贸易发展尤为迅速，南非成为我国在非洲最重要的贸易伙伴。内地与台湾地区的贸易从无到有发展很快，2004 年，台湾地区是中国内地第七大贸易伙伴。

第二节　发展对外贸易的作用

发展对外贸易在国民经济发展过程中，可以优化生产要素的组合和经济资源的配置，可以实现国内外资源的转换，因而对外贸易活动具有其他经济部门所不能代替的特殊职能，对国民经济发展起着补充、调剂、促进和推动的杠杆作用。

一、促进国民经济协调发展

社会生产要素之间必须保持一定的比例关系，国民经济才能顺利发展，这是不以人们的意志为转移的客观经济规律的要求。发展对外贸易，通过国际范围的商品交换，转换使用价值形态，满足国民经济协调发展所要求的比例关系，促进国民经济的顺利发展。

从我国 50 多年对外贸易的实践看，这方面的作用是很显著的。我国在很大程度上是用生活资料换取必需的生产资料。生产资料在我国进口商品中一直占绝大比重，1950—1960 年约占全部进口的

91.9%；20 世纪 60 年代后，生活资料在进口中的比重虽然有所增加，但生产资料在进口中的比重始终占 80% 左右。中华人民共和国成立以来，我国根据扩大再生产的需要，进口了大量发展工业生产和其他国民经济部门所需要的机械产品和原材料；发展农业所需的化肥、农药、拖拉机以及相应的生产设备；发展轻工业所需要的棉花、化纤等原料和相应的生产设备；发展重工业所需的优质钢材、石油管、矽钢片等以及各种重工业技术装备。这些物资的进口，增强了扩大再生产的物质力量，对于实现国民经济的综合平衡，使扩大再生产按比例协调进行，起了重要的作用。

另一方面，通过出口贸易，为国内产品开拓国外市场，扩大我国社会再生产的规模，同样具有促进国民经济综合平衡的作用，使国民经济在新的更高的基础上实现平衡。

二、促进生产发展与产业结构升级

对外贸易通过出口和进口两个方面促进工业、农业、服务业的发展。

出口方面，通过发展出口贸易，使我国的产品直接加入国际竞争，从而迫使企业加速技术革新，改革生产工艺，增加花色品种，提高产品质量，从而推动生产的发展。自 20 世纪 90 年代中期以来，通过推行国际标准，参与国际市场竞争，我国机电产品出口增长迅速，这有力地促进技术改革和经济结构调整。通过发展"创汇农业"，扩大农副土特产品的出口，增加了农民收入，直接促进了农业经济多种经营的发展。我国出口商品构成中，高新技术产品的比例迅速上升，对于提升我国产业结构发挥了显著作用。

进口方面，通过进口生产所需的机器设备、技术和原材料，促进生产的发展；同时，引进的技术设备，通过扩散效应，还能促进其他企业、行业的技术进步。我国许多新兴产业的形成与发展都是以进口为支撑的。

发展对外贸易还可促进金融、保险、运输、旅游等各项事业的发展。

142

三、提高科学技术水平

从国外引进先进技术和先进设备，是我国加快社会主义现代化建设的需要，是我国社会主义对外贸易的重要任务。科学技术是人类的共同财富，但在现代条件下，科学技术也是一种特殊的商品，科学技术的发明、使用、转让等都受到国家的保护和限制。通过技术贸易，引进先进技术，可使科学技术水平落后的国家在发展科学技术的道路上节约时间和研究经费，跨越某些传统的发展阶段，实现跳跃式的发展。我国从总体上看科技水平较落后，通过引进技术，逐步缩短了与先进国家的差距，有的领域还赶上先进国家而居世界领先地位。

四、扩大就业

发展对外贸易是扩大劳动就业的重要手段，世界上许多国家，都把扩大对外经贸活动作为缓解本国劳动就业压力的手段之一。我国是拥有劳动力最多的国家，而且物质生产与劳动力生产严重失衡，解决劳动力就业的压力很大，它关系到政局的稳定、经济能否健康发展等重大问题。

从进口来看，通过进口国内短缺的原材料、设备等物资，使生产规模得以扩大，从而增加劳动就业机会。例如，我国是世界上出口纺织品最多的国家，但同时我国也是世界市场上纺织原材料、设备的重要进口国，如果没有纺织原材料、设备、技术的进口，我国纺织品的生产规模与出口规模都将大大小于现有规模。

从出口来看，我国出口商品大多属于劳动密集型产品，进料加工再出口在全部出口中已占 50%以上。可见出口贸易在解决就业问题上发挥了积极的作用。在今后相当长的一个时期，劳动密集型产品的出口在我国整个出口贸易中，仍将占有较大的比重，同时进料加工再出口将继续发展，进口的设备和生产资料也将增加，这些都可为劳动就业提供越来越多的机会。

五、丰富国内市场

社会主义生产的目的，是为了满足人民群众日益增长的物质文化生活需要。满足人民的物质文化生活需要，特别是人民的基本生活日用必需品，主要依靠国内生产供应。但同时也应当发挥对外贸易在这方面的作用。如基本生活必需品粮食的进口，不仅有助于解决城市的生活用粮和经济作物区的粮食供求，还可以减轻农民的负担，使土地得以休养生息，农业生产内部得到调整。又如随着人民生活的改善和购买力的提高，进口品种繁多的日用消费品和一些中高档耐用消费品，对于繁荣国内市场，提高人民物质文化生活水平起到了积极作用。

第三节 对外贸易发展战略

改革开放以来，我国对对外贸易做出了一系列战略规划，对对外贸易总量、商品结构、市场结构等方面进行了卓有成效的指导和调节。

一、出口商品战略

出口商品战略是我国根据本国在一定时期内比较优势与竞争优势的状况和国际市场的供求状况，对出口商品构成所做出的战略性安排。制定科学、切合实际的出口商品战略并采取相应的战略措施，对于增强出口商品的国际竞争力，扩大出口创汇能力，提高出口经济效益，是十分重要的。

一国的出口商品结构不仅受国际经济环境的影响，而且也受国内经济发展水平、产业结构和发展政策的制约。因此，我国在不同的历史时期，制定了不同的出口商品战略。

（一）"六五"计划时期的出口商品战略（1981—1985 年）

"六五"计划时期，根据我国刚刚改革开放，产业结构和生产技术落后的情况，我国制定的出口商品战略是：发挥我国资源丰富的优势，增加矿产品和农副土特产品出口；发挥我国传统技艺精湛的优势，发展工艺品和传统的轻纺产品出口；发挥我国劳动力众多的优势，发展进料加工；发挥我国现有工业基础的作用，发展各种机电产品和多种有色金属、稀有金属加工品的出口。根据该战略，"六五"计划期间，我国优先发展了石油、煤炭等矿产品和农副土特产品的出口，重点发展了轻纺产品的出口，逐步发展了机电产品及有色金属、稀有金属加工品的出口。

（二）"七五"计划时期的出口商品战略（1986—1990年）

20世纪80年代以来，国际市场初级产品价格大幅下跌，初级产品贸易趋于萎缩，初级产品在世界贸易中的比重由1980年的43%下降到1989年的27%，制成品贸易增长加速，市场份额提高。我国出口商品构成经过"六五"计划时期的努力，初级产品比重有所下降，制成品比重有所上升，但初级产品仍占较大比重。在工业制成品中，精加工品很少。针对这种情况，我国在"七五"计划中提出了以实现"两个转变"为核心内容的出口商品战略，即我国出口商品构成要实现逐步由主要出口初级产品向主要出口工业制成品的转变，由主要出口粗加工制成品向主要出口精加工制成品的转变。在此期间，我国减少了一些大宗原料性产品如石油、棉花、粮食及某些矿产品的出口，轻纺产品出口得到较快的发展，纺织品成为我国出口的最大宗商品，同时机电产品及某些高科技产品出口也有了一定的发展，到"七五"计划末，我国实现了第一个结构转变目标，即由主要出口初级产品向主要出口工业制成品的转变，出口产品中，工业制成品的比重已大大超过初级产品，约占2/3。

（三）"八五"计划时期的出口商品战略（1991—1995年）

进入"八五"计划时期，从国际市场变化看，在各类商品中机电产品贸易增长最快，并成为贸易额最大的一类商品。从国内经济发展看，随着改革开放的不断深入，一大批利用外资和引进技术项目建成投产并开始创造效益。据此，"八五"计划期间我国制定的出口商品战略是，逐步实现出口商品结构的第二个转变，即由粗加工制成品出口为主向精加工制成品出口为主的转变，努力增加附加价值高的机电产品、轻纺产品和高技术产品的出口，鼓励那些在国际市场上有发展前景，竞争力强的拳头产品出口。根据这一战略方针，"八五"计划期间，我国确立了以机电产品为主导、以轻纺产品为骨干，以高新技术产品为发展方向，同时继续保持了某些矿产品和农副产品的出口结构目标。经过"八五"计划期间的努力，我国出口商品结构进一步优化，到"八五"计划末，机电产品已取代轻纺产品，成为我国出口的最大宗商品，轻纺产品及农副产品、资源性产品，在出口中的比重虽然下降，但绝对额仍保持持续的增长。

（四）"九五"计划时期的出口商品战略（1996—2000年）

进入"九五"计划时期，国际贸易中机电产品仍在迅速增长，其中尤其是高技术含量、高附加值的高新技术产品增长更快。从国内因素分析，我国出口商品结构虽然不断优化，但仍以粗加工、低附加价值、低技术含量的劳动密集型产品为主，出口商品的总体竞争力较弱。因此，根据国家"九五"计划中提出的要实现经济增长方式从粗放型向集约型转变的方针，我国在该时期制定了"以质取胜"为核心的出口商品战略，努力实现外贸出口增长由主要依靠数量和速度转向依靠质量和效益。

优化出口商品结构是贯彻"以质取胜"战略，转换外贸增长方式的关键，是实现外贸质量、效益型增长的根本途径。为此国务院《关于国民经济和社会发展"九五"计划和2010年远景目标纲要》指出："进一步优化出口商品结构，着重提高轻纺产品的质量、档次，加快产品升级换代，扩大花色品种，创立名牌，提高产品附加值。进一步扩大机电产品出口，特别是成套设备出口。发展附加值高和综合利用农业资源的创汇农业。"通过这一战略措施的贯彻执行，在"九五"计划时期，我国各类出口商品的内部结构都有显著改善：在机电产品中，高新技术产品出口增长迅速；轻纺产品出口结构有明显的升级，附加值有较大提高；在农副产品中，减少了粮食作物的出口，增加了创汇农产品的出口。

（五）"十五"计划时期的出口商品战略（2001—2005年）

21世纪是知识经济时代，以信息技术为核心的科学技术的发展，推动着技术密集型的高科技产业和产品进一步快速发展。与此相适应，在国际贸易中，高附加值、高技术含量的产品增长更加强劲，所占比重进一步提高。经过改革开放以来20多年的经济发展，我国的产业结构和出口商品结构都有较大的提升，特别是高科技产业发展迅速、产品出口快速增长，但是我国出口商品结构总体上尚未实现第二个转变，即由粗加工制成品出口为主向精加工制成品出口为主的转变，出口产品中低技术、低附加价值产品仍占主导地位。因此，我国"十五"计划提出要继续贯彻以质取胜战略，重视科技兴贸，优化出口商品结构。贯彻"十五"计划的精神，我国应加快推进外经贸领域的两个根本性转变，基本实现外经贸发展从主要依靠规模扩张和数量增长向主要依靠质量和效益提高的根本性转变，增强我国外经贸的国际竞争力，努力保持对外经济贸易的可持续发展。通过全面贯彻以质取胜战略和科技兴贸战略，力争到2005年，机电产品出口达到1 800亿美元，在出口中的比重占到50%左右；高科技产品出口达到600亿美元，在出口中的比重将提高到20%左右；传统出口商品的技术含量和附加值明显提高。"十五"计划设计的机电产品和高新技术产品出口等目标已提前实现，2004年，我国出口总额达到5 933.6亿美元，其中机电产品3 234亿美元，占54.5%，高新技术产品1 655.4亿美元，占全国外贸出口的比重为27.9%。

二、以质取胜战略

（一）"以质取胜"战略的内涵

"以质取胜"战略包括三个方面的内容：

1. 提高出口商品的质量和信誉

通过提高出口商品生产者和外贸企业经营者对商品质量和信誉的认识，加强对生产过程、产品品质以及包装储运的质量管理，加大对我国出口商品质量的监督检查和执法力度，提高我国出口商品的质量和信誉。

2. 优化出口商品结构

要提高出口的总体结构水平，加大高附加值、高技术含量产品及大型成套设备的出口比重；提高传统出口商品的质量、档次和水平，以适应不断变化的国际市场需求。

3. 创名牌出口商品

名牌出口商品的多少，反映一个国家的综合实力、经济竞争能力和科技发展水平。创立名牌，也是提高产品附加值的有效途径。实施"以质取胜"战略，要加快培育和创立在国际市场上有影响和竞争力的系列化名牌出口商品。

（二）实施"以质取胜"战略的措施

1. 强化质量控制的立法与执法

加强质量方面的法律法规建设，强化执法力度，为实施"以质取胜"战略提供必要的法律环境。尤其是加快《对外贸易法》《产品质量法》《商检法》配套法律法规的建设，对保证出口商品质量，维护对外贸易各方面的合法权益，维护国家信誉，起了重要作用。执法部门要把工作重点放在促进出口生产企业提高产品质量，维护国家信誉上。一方面应发挥在技术、信息上的有利条件，为企业提供咨询服务，积极帮助企业生产符合国际市场质量要求的商品；另一方面，严格把好出口质量关，对待假冒伪劣商品，决不姑息迁就。

2. 提高产品科技含量

在当代科学技术迅猛发展，科技竞争以成为国际贸易竞争的重要方面，产品科技含量与产品竞争力的关系日益密切。由于高新技术向产品转化的速度明显加快，新产品不断涌现，产品更新换代的周期越来越短。要在竞争空前激烈的国际市场上保持优势，根本的出路在于加速科技进步，发挥科学技术在产品质量提高中的关键性作用。因此，我国要在研究开发、引进技术等方面切实提高对外贸易发展的科学技术含量。

首先，要加强高科技产品的研制和开发，并加速科技产品在生产中的运用，使科技成果尽快实现商品化、产业化，提高我国出口商品的质量、档次和加工深度，形成国际竞争的综合优势。

其次，要密切跟踪国际先进技术，通过引进先进技术和设备，推进技贸结合。

3. 推行与国际标准接轨的质量管理体系

我国出口产品与国外同类产品相比，产品在安全、健康、环境保护等方面的薄弱环节较多，常不符合国际标准，从而被进口国拒之门外。因此，积极推行国际标准化，是提高我国产品技术标准化水平、立足国际市场的必由之路。

（1）按照国际标准，建立健全企业质量保障体系认证标准。随着生产技术水平的提高和国际市场竞争的日益激烈，消费者不仅要求对产品的质量进行评价，而且还要对生产厂家的质量保障和服务体系进行评价，即通过工作质量来保证实物质量。而在这方面，按照国际标准化组织的《ISO 系列标准》进行企业质量保障体系认证，已成为当今国际贸易领域中对供方质量保证能力的一个基本要求。1987 年，国际标准化组织（ISO）发布了《ISO 9000 系列标准》，主要规定了生产企业要依靠产品质量保障体系的运行来保证产品质量。这一标准得到了国际上，尤其是发达国家的普遍重视，目前已被世界上近百个国家所采用。因此，《ISO 9000 系列标准》对企业质量保障体系进行评审认证，具有很高的权威性。获得这张国际贸易的"白色通行证"，对于产品进入国际市场，意义重大。

我国已于 1992 年 3 月开始实施《出口商品生产企业质量体系评审管理办法》，这对于提高质量管理和质量保证水平，确保出口商品质量，促进国际间的相互认证，推动我国出口贸易发展起到了十分积极的作用。随着越来越多的企业进入国际市场参与国际竞争，我国应继续促进和鼓励外经贸企业开展 ISO 9000 质量认证，推动国内产业部门制定、执行符合国际标准的质量标准，加快与国际接轨的步伐。

（2）积极宣传和推行《ISO 14000 环境管理标准系列》。由于可持续发展战略在发达国家中的广泛实施，环境保护对国际贸易所产生的影响日益凸显。为此，国际标准化组织于 1996 年正式推出了《ISO 14000 环境管理标准系列》，颁布了统一的国际性的环境管理体系标准及审核认证标准。企业要使其产品顺利进入国际市场，还要取得这张国际贸易的"绿色通行证"。所有国家和地区及各类企业都将面临这种新的挑战。这一发展动向已对我国企业的生产和出口产生巨大影响。我国一些产品的出口因不符合环保要求而屡屡受阻，如纺织品、农产品等因超过了美国、欧盟国家、日本所规定的有害污染物残留量而被拒之门外。因此，我国应在出口生产企业中积极宣传和推行《ISO 14000 环境管理标准系列》，增强环保意识，推动按国际环保标准进行产生。这不仅有助于减少我国商品进入国际市场遇到的绿色贸易壁垒，也有助于我国开发"绿色"产品，建立起有利于可持续发展的出口商品结构。

4. 实施名牌战略

实施名牌战略，就是通过创名牌、保名牌，树立我国优质商品和知名企业在国际贸易中的形象和地位，以提高我国出口商品的国际竞争力和出口创汇能力。创立名牌是贯彻以质取胜战略的重要内容，又是提高出口竞争力的重要途径。创立名牌更有利于促进企业建立质量效益机制，有利于促进出口增长方式从粗放型向集约型转变。创立名牌的过程，也是优化社会资源配置、加快企业优胜劣汰、推动企业重组、形成规模经营的过程。

创造名牌是实施名牌战略首要环节，而质量是创立名牌的基础。产品最终为广大消费者所接受、所信赖，归根到底要靠它上乘的内在质量和所包含的高新技术。因此，企业在创造名牌时，首先应依靠科技进步，坚持高技术起点、瞄准国际先进技术，高标准开发新产品。其次，要坚持不断地采用新技术、新工艺、新材料，为生产名牌产品提供坚实的技术物质基础和装备条件，有效地保证名牌产品高质量、高技术含量和高附加值含量。此外，要加强在国内外市场的广告宣传。品牌作为无形资产，它的价值有相当一部分是经长时期广告宣传积累所形成的。因此，创立名牌，必须着眼于长远，加强产品开发和广告宣传。

实施名牌战略还包括对名牌的保护。保护名牌需要企业、政府的共同努力。

企业保名牌，一方面要保护商标不受侵犯。企业商标要依法注册，取得法律的承认与保护。另一方面要善于在发展中保护名牌，通过保证产品的内外在质量和不断更新换代，争取市场，占领市场。

政府要通过法律、经济、行政等各种宏观管理手段，实施名牌保护战略，为企业创立名牌形成一个良好的外部环境。一方面要完善创名牌出口商品工作体系，激励出口企业重视产品质量、技术创新，加强对商标专利等知识产权的保护，增强我国出口产品的国际竞争力；另一方面也要对名牌产品的认定严格把关，保护知识产权和名牌商标，并加大惩处假冒伪劣产品的力度。

5. 加强全面质量管理

科技高速发展时代的质量观已演化为"全面质量观"。它不仅包括产品自身内在的价值，还包括产品外在的质量，即产品的生产质量、销售质量、服务质量等综合性的质量。

三、科技兴贸战略

党的十五大报告中明确提出实施科教兴国是我国的一项基本国策，把加速科技进步放在社会经济发展的更加突出的关键地位。为落实"科教兴国"战略，顺应经济科技全球化和知识经济蓬勃兴起的潮流，加快我国由贸易大国向贸易强国的转变，1999年初，外经贸部相应提出了"科技兴贸"战略。科技兴贸战略是科教兴国基本国策在外经贸领域的具体体现，是对我国外经贸跨世纪发展具有重大意义的战略。

（一）科技兴贸战略的内涵

科技兴贸战略是以提高我国出口产业和产品的国际竞争力、加强体制创新和技术创新、提高我国高新技术产业国际化水平为基本指导思想，以"有限目标、突出重点、面向市场、发挥优势"为发展思路，以市场为导向，以企业为主体，以创新为动力的贸易发展战略。政府的作用主要体现在提供服务保障方面：建立较为完善的政策、法律、知识产权保护、出口促进服务体系；为高新技术产品和传统出口产品的优势领域形成高新技术研究、开发与应用的有力支撑，提高高新技术产品出口持续发展能力和传统出口产品的技术含量和附加值，取得全球市场的战略性，实现我国由贸易大国向贸易强国的跨越。

科技兴贸战略主要包括两个方面内容：

一是大力推动高新技术产品出口，在我国优势领域培育一批国际竞争力强、附加值高、出口规模较大的高新技术出口产品和企业。

二是运用高新技术成果改造传统出口产业，提高传统出口产品的技术含量和附加值。选择出口额最大的机电产品和纺织品作为高新技术改造传统产业重点，初步完成我国出口商品结构由以低附加值、低技术含量产品为主向以高新技术产品为主的转变。

（二）实施科技兴贸战略的重要意义

1. 确立了高新技术产品出口在我国对外贸易发展中的重要地位

长期以来，我国对外贸易的发展一直把具有比较优势的劳动密集型产品作为出口支柱产品。世界高技术产业和知识经济的发展使传统的比较优势、国际分工格局和国际贸易结构发生了重大变化，高新技术产品出口已成为国际贸易最富生命力的带动力量和各国必争的制高点。实施科技兴贸战略，适应了世界经济与国际贸易结构的发展趋势，将有力地推动我国对外贸易的发展。

2. 提升我国在国际分工中的地位

我国已成功地迈入了世界贸易大国的行列。但是，与发达贸易强国相比还有很大的差距。目前我国出口仍以劳动和资源密集型产品为主，高科技含量、高附加值商品出口所占比重近年虽有所提高，但远未成为出口的主导产品，高新技术产品出口还处于起步阶段。我国加入 WTO 后，将在更大的范围、更宽的领域、更高的层次上融入世界经济，面对发达国家高科技产业的巨大优势以及一些国家、地区提高出口竞争力的种种举措，我国劳动力成本低廉的比较优势将会相对减弱。从长远看，能否顺利融入国际贸易体系，最大程度分享参与国际分工所带来的利益，从根本上取决于我国能否尽快提高对外贸易的技术含量和附加值实现出口商品结构的升级。实施科技兴贸战略，依靠技术创新建立我国出口产业和产品新的动态比较优势，从而在未来的国际分工和国际贸易中争取较为有利的位置，增强抵御各种外部风险与冲击的能力。

3. 提升我国产业结构和经济结构

国际高技术产业正呈现跨越式发展态势，这为我国进行经济结构战略性调整提供了重大机遇。传统产业是我国国民经济的主体，传统产业结构性矛盾突出，主要生产技术和工艺装备落后，用高新技术和先进适用技术改造传统产业是实现工业化的紧迫任务。实施科技兴贸战略，可在扩展国际市场，提升国际竞争力的过程中，有力推动国民经济进行产业结构调整和产业升级。

（三）科技兴贸战略的措施与成效

1999 年科技兴贸战略启动，成为外经贸的一项重要发展战略。国家外经贸部协同科技部、信息产业部、国家经贸委，共同采取了一系列扶持鼓励政策措施，将财政、金融、税收、市场准入等扶持高新技术产品出口的贸易政策与科技开发、技术改造等产业政策有机地结合起来，发挥了政策的集成效应。政府注重发挥引导和服务功能，加强高新技术产品出口市场开拓服务，加大开拓国际市场的力度，为我国高新技术产业走向世界提供了舞台，有力地促进了我国出口商品结构的优化和升级，带动了对外贸易的快速发展，对我国外经贸发展产生了深远影响。

1999 年，外经贸部会同有关部门在大量调查研究的基础上，提出了一系列扶持、鼓励高新技术产品出口的政策措施，先后下发了《外经贸部、科技部关于推动高新技术产品出口的指导性意见》《科技部、外经贸部关于国家高新技术产业开发区高新技术产品出口基地认定暂行办法》《外经贸部关于对国有、集体所有制的科研院所和高新技术企业实行自营进出口权登记制的通知》等文件，对高新技术产品出口予以鼓励，主要政策包括：对高新技术产品出口实行零税率；进出口银行给予优惠贷款；保险公司给予配套保险服务；国家支持高新技术产品出口企业开拓市场；对科研院所经营权实行登记备案制；将高新技术出口产品列入国家产业政策鼓励支持的重点等。具体措施包括确定对信息、生物医药、新材料、消费类电子及家用电器等五个领域的 166 家高新技术产品出口企业和 92 种高新技术出口产品给予重点支持，推动北京、天津、上海、重庆、武汉、沈阳、深圳、南京、成都、西安、广州、厦门、大连、青岛、苏州等 15 个重点城市和 53 个国家级高新技术产业开发区发展高新技术产品出口等。这些科技兴贸政策措施取得了初步的成效，并为"十五"计划期间科技兴贸战略的纵深推进奠定了基础。

科技兴贸战略实施之前的 1998 年，虽然我国出口额已达 1 837 亿美元，但在结构上，我国出口商品中高技术含量、高附加值的产品比重偏低。20 世纪 90 年代末，发达国家的高新技术产品出口占其出口总额的比重平均接近 40%，而我国的这一比重 1998 年仅为 11%。1999 年实施科技兴贸战略后，高新技术产品出口在总出口中的比重稳步上升，1999 年我国高新技术产品出口 247 亿美元，比上年增长 46 亿美元，增幅为 23%，高于全国出口增幅约 17 个百分点，高新技术产品出口占外贸出口的比重达到 12.7%。2000 年，高新技术出口继续保持高增长率，同比增长 50%，高出全国出口增幅 22 个百分点，总金额 370 亿美元，占全国外贸出口的比重达到 15%；2004 年，高新技术产品比上年增长 50%，达 1 655.40 亿美元，占总出口的 27.9%。在利用高新技术改造传统出口产业方面，也取得了突破，科技兴贸带动了我国对外贸易的快速增长（见表 4-5）。

表 4-5　　　　　　　　　　高新技术产品出口增长

年　份	高新技术产品出口额（亿美元）	占出口比重（%）
1996	126.63	8.3
1997	163.10	8.9
1998	202.51	11.0
1999	247.04	12.7
2000	370.43	14.9
2001	464.57	17.5
2002	677.07	20.9
2003	1 101.60	25.1
2004	1 655.40	27.9

资料来源：根据商务部网站统计资料整理。

四、出口市场多元化战略

扩大出口规模、优化出口结构，必须有市场拓展作保证。任何市场的容量都是有限的，市场的分散和多元化成为市场扩展的主要方面。

（一）出口市场格局的演变

我国改革开放后，对外贸易获得了巨大的发展，但对外贸易市场也呈现出集中的趋势。由于改革开放以后，我国出口结构与劳动力比较优势吻和度提高，出口结构中劳动密集型产品比重迅速提高，而发达国家由于劳动力成本高昂，正是劳动密集型产品的主要消费市场。因此，与改革开放前相比，对发达国家的市场依赖显著上升。

到20世纪80年代末"七五"计划完成时，我国港澳地区、日本、美国和欧盟四大出口市场占我国总出口的74.8%；20世纪90年代中期"八五"计划完成时，对这些国家和地区的出口仍占我国出口总额的比重为74.2%，与前期基本持平；"九五"计划时期，情况略有改观，但2000年"九五"计划完成时，以上四个主要出口市场所占比重仍高达71%。可见，从整体来看，我国出口市场格局变化不大，仍主要集中于发达国家和我国港澳地区。

（二）实施出口市场多元化战略的必要性

我国出口市场高度集中的分布态势对出口贸易的强劲增长形成了约束，而且也将出口贸易置于更加不稳定的市场环境中。从战略高度上把握出口市场格局的变化趋势，已成为中国外贸发展的焦点之一。我国从"七五"计划提出实施出口市场多元化战略，并于"八五"计划正式启动出口市场多元化战略。出口市场多元化战略是根据国际政治经济条件的变化，有重点、有计划地调整出口市场结构，在巩固传统市场的基础上努力开拓新市场，改变出口市场过于集中的状况，逐步建立起出口市场多元化的总体格局。

实施出口市场多元化战略的必要性，体现在以下几个方面：

（一）有利于减少贸易摩擦、规避市场风险

在世界向多极化发展，国际经济区域化、集团化加速发展的背景下，实施市场多元化战略，有助于分散市场风险，减少贸易摩擦，提高外贸整体经济效益。尤其是在新贸易保护主义盛行、某些发达国家与我国贸易摩擦屡屡发生，与其他发展中国家之间的竞争日趋激烈的形势下，实施市场多元化，有利于我国摆脱对某些市场的过分依赖。

（二）有利于出口贸易持续、健康、稳定发展

市场多元化，有利于扩大我国传统商品的出口规模。我国的传统出口商品，如轻纺产品等，主要出口到发达国家市场，其中有不少商品要受到数量限制，并不断遭致进口国的反倾销指控。开辟新市场，可分流一部分产品，突破传统出口市场的限制，扩大出口规模，保持外贸出口的持续增长。

（三）有利于在国际贸易中争取有利的贸易条件

面对竞争激烈的国际市场，如果我国的出口贸易过于依靠少数几个国家和地区市场，容易使对方形成买方垄断，造成对我出口商品市场和价格的控制，甚至附加一些不合理的要求。因此，只有实现市场多元化，才能有效地争取对等和公平的竞争条件，保证我国在国际交换和国际竞争中处于积极主动的竞争地位。

（四）有利于全面参与国际分工，提高在国际分工中的地位

出口市场高度集中于少数市场，易于受制于固定的国际分工模式，不利于提升我国在国际分工中的地位。例如我国与发达国家的国际分工类型主要是垂直性的国际分工，我国专业化于低层次的劳动密集产品和生产环节。如果我国出口市场仍高度向这些市场倾斜，不能有效实现拓展，则有被凝固在国际分工低层次的危险。出口市场的分散、多元化，有助于我国与不同经济发展水平、具有不同比较优势的贸易伙伴开展不同类型的国际分工，提升在国际分工中的地位。

（五）实施出口市场多元化战略的对策措施

我国在"九五"和"十五"计划中都进一步强调了"八五"计划制定和实施的出口市场多元化战略，"十五"计划提出："积极参与和维护全球多边贸易体系，发展双边和多边贸易，相互促进，实现市场多元化。在巩固提高传统市场占有率的基础上，大力开拓新市场，拓展出口渠道。"

根据我国出口市场分布的现状，结合各个市场需求的特点，总体上看，我国对发达国家市场的开拓要以商品结构的优化为重点，对新兴市场的开拓要适应不同的消费层次，针对不同国家和地区制定相应的出口政策，逐步实现以新兴市场为重点、以周边国家贸易

为支撑、发达国家和发展中国家市场合理分布的市场结构。

具体来讲，市场多元化的重点是，向纵深拓展欧洲、北美市场，恢复和稳定东南亚市场，积极开发非洲、拉丁美洲市场，稳步扩大俄罗斯和东欧市场。

1. 深度开发发达国家传统出口市场

发达国家市场是我国传统出口市场，这类市场具有较高的经济发展水平和消费水平，市场容量大，购买力强，因而是我国产品的主销市场。长期的贸易往来使我国在这些市场建立了较完整的经销网络。同时，这些传统市场也是我国所需资金、技术及重要物资的主要来源，我国应保持对这些国家的出口规模，否则进口难以为继。因此，我国必须继续巩固和发展传统市场，对其进行深度开发。

首先，深度开拓要以商品结构的优化为重点，在维持传统商品出口的同时，要提高出口产品的技术含量，增加技术、知识密集型产品的出口，逐步扩大参与水平分工的比重，获取更多的比较利益。

其次，要进一步了解和研究发达国家和地区的贸易法规和惯例，充分运用其先进的贸易基础设施和经销网络，特别是要进入这些国家市场上深层次的销售系统，如利用国外超市、连锁企业直接进入其销售网络。

最后，要改善售后服务，稳定和提高我国出口商品的市场占有率。

2. 稳定和扩大东南亚市场

亚洲尤其是东南亚市场在我国出口贸易中占据举足轻重的地位，我国香港地区、东盟、韩国、我国台湾地区等是我重要的贸易伙伴，香港还是我国最重要的转口市场。东南亚金融危机曾使这一重要出口市场一度萎缩。东南亚地区是世界经济中最为活跃的区域之一，中国作为区域经济的重要一员，应加强与其他成员的经济合作，在竞争与合作中实现双赢、多赢。

3. 开拓非洲、拉美发展中国家市场

发展中国家和地区，虽然进出口总额占世界贸易总额的比重较小，但其地域辽阔、资源丰富，人口众多，整体上是一个很有潜力的大市场。一些发展中国家经过经济改革，在本国经济发展和参与国际经济合作方面取得了长足的进步，进口市场迅速扩大。我国实施出口市场多元化战略，必须加强同发展中国家和地区的经济贸易关系，推动我国产品更多地进入这一市场。我国扩大对发展中国家市场出口具有一定优势，因为我国出口商品结构、档次很适合发展中国家的消费水平。如我国出口的轻纺产品以中低档为主，价格低廉，非常适合这些国家的进口需求。特别是我国的普通机电产品，操作技术要求不高，价格合理，与发展中国家的产业结构、生产力水平相配套，具有广阔的市场。同时，我国开拓这一市场也存在一些障碍和问题，如许多国家经济发展水平低，贸易规模不大，外汇短缺，有些市场交通运输不便，气候不利等，都会制约我国对这一市场出口的扩大。因此，我国应做好市场调研，针对市场需要，组织适销对路产品出口。同时我国应根据不同情况，采取灵活的贸易做法，将出口、援外、对外投资、承包工程和劳务合作等多种经济交往形式结合起来，对发展中国家和地区市场进行综合性开拓，以扩大对其出口。此外，我国还应在政策上对发展中国家出口有所倾斜，如提供优惠贷款、出口风险担保和运输担保等。

4. 积极扩大独联体、东欧国家市场

独联体、东欧国家市场是一个拥有四亿多人口的大市场，不少国家自然资源丰富，科技水平较高，消费需求总量较大。从长远看，该地区国家经济有巨大的发展潜力，其市场容量将进一步扩大。因此，开拓独联体、东欧国家市场是我国实施市场多元化战略的重要组成部分。我国开拓这一市场的有利条件是，一方面独联体不少国家与我国相邻，发展双边经贸往来有着地理、交通上的便利；另一方面，我国与独联体国家经济结构、产业结构的差异，使双方在经济贸易上有着广泛的互补性。独联体的核电、航天技术、机械设备、运输工具、钢材等重工业品及一些资源性产品是我国现代化建设所必需的，中国丰富的轻纺产品和食品等也很受独联体国家的欢迎。此外，这一地区国家在经历了大分化、大动荡、大改组之后，政治经济体制改革已初见成效，都积极实行对外开放和发展对外经济关系，也为我国产品进入这一市场提供了机遇。

五、进口商品战略

进口商品战略是指根据国内生产、消费的需要，对一定时期进口商品的构成所作的战略性规划。

进口贸易是国民经济的有机组成部分，因此，进口发展战略是以国民经济的发展目标为依据的。我国各个五年计划都对进口结构进行了规划。

"六五"计划对进口商品结构所作的规划是：引进先进技术和关键设备；确保生产和建设所需的短缺物资的进口；组织好国内市场所需物资和"以进养出"物资的进口；对本国能够制造和供应的设备，特别是日用消费品，不要盲目进口，以保护和促进民族工业的发展。

"七五"计划对进口商品结构所作的规划是：进口重点是引进软件、先进技术和关键设备，以及必要的、国内急需的短缺生产资料。

"八五"计划的规划是：按照有利于技术进步、增加出口创汇能力和节约使用外汇的原则合理安排进口，把有限的外汇集中用于先进技术和关键设备的进口，用于国家重点生产建设所需物资以及农用物资的进口；防止盲目引进和不必要的引进；发展替代进口产品的生产，促进民族工业的发展；国内能够生产供应的原材料和机电设备争取少进口或不进口；严格控制奢侈品、高档消费品和烟、酒、水果等商品的进口。

"九五"计划的规划是：积极引进先进技术，适当提高高新技术、设备及原材料产品的进口比例，努力发展技术贸易和服务贸易。

"十五"计划强调增加国内急需的关键技术设备和重要资源的进口，促进产业结构和技术水平的升级；保证重要资源和加工贸易物资的进口，弥补国内资源的不足；按照我国对国际社会承诺的市场开放进程和国内市场的需求，扩大消费品进口。

我国各个五年计划中对进口结构的规划，反映出我国进口的原则多年来没有太大变化，我国进口结构因而较为稳定，相对于出口结构变化，进口结构的变化程度是很有限的。随着国内产业结构的演进，国内供需平衡状况变化加剧，因而各个时期进口结构调控的重点不同，加之随着我国贸易体制改革的推进，对外开放市场的程度不断提高，国家对进口结构的调控主要是宏观层次的规划指导，大幅度较少了对进口的限制。

第四节　对外贸易宏观管理

对外贸宏观管理是以国家法律、规章和方针政策为依据，从国家宏观经济利益和对内、对外政策的需求出发，对进出口贸易进行领导、控制和调节。

一、对外贸易宏观管理模式

为了适应不同时期国内外形势和对外贸易发展的需要，我国政府在外贸宏观管理方面采取了不同的方针和政策，并对外贸管理的重点和管理方法不断进行调整和改进。

（一）计划经济体制下的对外贸易宏观管理

1949 年 9 月通过的《中国人民政治协商会议共同纲领》规定：我国"实行对外贸易的管制，并采取保护贸易政策。"据此，1950 年 12 月 8 日中央人民政府政务院第 62 次会议通过并颁布了《对外贸易管理暂行条例》。从此，我国对外贸易管理开始建立，国家通过制定和贯彻对外贸易的方针、政策、法规和计划，设立对外贸易管理机构，主要通过行政手段来实现对全国对外贸易活动的统一管理，管理方法简单，管理措施严厉。

1956 年以后，我国基本上完成了对私营进出口企业的社会主义改造，对外贸易业务开始全部由国营进出口公司经营。在统一的计划经济体制下，对外贸易受到国家计划的绝对控制。国家对于外贸活动的各个环节，从宏观到微观都实行统一的计划管理；国营外贸专业总公司及其分支机构完全按照国家的指令性计划开展进出口活动。计划管理和行政命令成为国家管理和控制对外贸易的主要手

段

（二）改革开放以来对外贸易宏观管理模式的改革与调整

自 1978 年以来，我国逐步对经济体制进行改革，从计划经济向社会主义市场经济转变，使市场成为配置资源的基础手段，市场体系逐步完善，以间接调控为主的外贸宏观调控体系逐步建立。

改革开放后至党的十四大召开前（1978—1991 年），我国对外贸易管理的主要特点是：以单一的计划管理为核心的外贸管理模式已被打破，通过计划、行政措施、法律法规、经济杠杆等多种手段调节和控制对外贸易活动的外贸宏观管理体系逐步形成。但是，各种外贸宏观管理手段在管理体系中的定位及相互关系尚未理顺，相互之间的交叉重叠严重，与社会主义市场经济体制和国际贸易规范的要求仍有较大的差距；外贸管理仍以直接调控为主，经济手段的运用尚不充分，影响对外贸易按客观经济规律运行；计划改革仍未到位，还存在一部分指令性计划，指导性计划也具有很强的刚性；行政措施的实施既不规范，也缺乏透明度；仍未建立起完善的外贸立法体系等。

1992 年党的十四大明确提出我国经济体制改革的目标是建立社会主义市场经济体制，以利于进一步解放和发展社会生产力；同时进一步指出我国外贸体制改革的目标是建立既适应国际经济通行规则又符合社会主义市场经济要求的新型外贸体制。据此，我国对外贸易宏观管理改革和调整的目标是转变外贸宏观管理职能，建立以法律手段为基础、以经济调节手段为主、辅以必要的行政手段的对外贸易宏观管理体系。外贸管理体制朝着加快完善外贸立法管理、充分发挥经济杠杆的调节作用、弱化外贸行政管理并按国际贸易通行规则规范外贸行政管理的方向演进。

二、对外贸易宏观管理的法制手段

社会主义市场经济是以法制为保障的经济。这就要求我国必须建立完善的外贸法律调控机制，使法律手段作为进行外贸宏观调控的基础手段。对外贸易法制管理手段是指在对外贸易宏观管理中借助法律规范的作用对进出口活动施加影响的一种手段。它具有权威性、统一性、严肃性、规范性的特点。

（一）对外贸易法律制度

我国的对外贸易法律制度是指国家对货物进出口、技术进出口和国际服务贸易进行管理和控制的一系列法律、法规和其他具有法律效力的规范性文件的总称，由国内法渊源和国际法渊源两部分组成。国内法渊源包括宪法、法律、行政法规和部门规章、地方性规章。国际法渊源包括国际条约和国际惯例。

（二）《中华人民共和国对外贸易法》

《中华人民共和国对外贸易法》（以下简"《外贸法》"）于1994年5月12日第八届全国人民代表大会常务委员会第七次会议审议通过，并于1994年7月1日正式实施。这是中国第一部外贸法，是我国对外贸易法律制度的基本法，是整个外贸制度的核心，《对外贸易法》的颁布与实施，为在社会主义市场经济体制下运用法律手段对外贸进行宏观调控提供了法律依据；为对外贸易持续、稳定、健康发展以及维护良好的对外贸易秩序提供了法律保障；为对外贸易经营管理向国际通行规则靠拢、与国际贸易法律制度接轨，特别是同世贸组织法律体系相接轨创造了条件，是中国外贸法制建设的重要基石。

为适应我国对外贸易快速发展的需要，适应我国法制化建设的需要，以及适应我国加入世界贸易组织的需要，十届全国人大常委会第八次会议于2004年4月6日通过外贸法修订草案，修订后的外贸法于2004年7月1日起施行。

1.《外贸法》的基本框架和主要内容

《外贸法》主要规定了中国对外贸易的基本方针、基本政策、基本制度和基本贸易行为，在中国对外贸易法律体系中处于核心地位。

《外贸法》（2004年）由11章70条组成。

第一章"总则"，对外贸法的宗旨、对外贸易制度的基本特征、基本原则、调整的法律关系的范围作了原则规定。

第二章"对外贸易经营者"，对经营者的主体资格及其权利义务进行了规范。

第三章"货物进出口与技术进出口"及第四章"国际服务贸易",对外贸客体—货物贸易、技术贸易和国际服务贸易的管理进行了规范。

第五章"与对外贸易有关的知识产权保护"是新增加的,对实施贸易措施,防止侵权知识产权的货物进出口和知识产权权利人滥用权利,促进我国知识产权在国外的保护做了规定。

第六章"对外贸易秩序",就对外贸易主体在经营活动中的行为做了规范。

第七章"对外贸易调查",对对外贸易调查的范围、手段以及对调查结果的处理等做了规定。

第八章"对外贸易救济",对对外贸易救济措施等做了规定。

第九章"对外贸易促进",对维护进出口经营秩序、扶持和促进中小企业开展对外贸易、建立公共信息服务体系等方面做了规定。

第十章"法律责任",是关于有关法律责任的规定,通过刑事处罚、行政处罚和从业禁止等多种手段,加大了对对外贸易违法行为以及对外贸易中侵犯知识产权行为的处罚力度。

第十一章"附则",明确对军品、裂变和聚变物质或者与衍生此类物质的物质有关的对外贸易管理以及文化产品的进出口管理另行规定,并对边境贸易灵活优惠的特殊原则及该法对单独关税区的非适用性、该法的生效日期做了规定。

2.《外贸法》的基本原则

《对外贸易法》的基本原则是对外贸易法确定的法律规范和法律制度的基础,贯穿于对外贸易立法、执法、守法过程中,并对立法、执法、守法起普遍性的指导意义。

(1)实行全国统一的对外贸易制度

《外贸法》第4条规定:"国家实行统一的对外贸易制度。"这一原则是我国《外贸法》的首要原则,为中国长期稳定地发展对外贸易,开展公平、公正的对外贸易活动,履行国际间双边或多边最惠国待遇和国民待遇奠定了基础。

实行统一的对外贸易制度,是指由中央政府统一制定、在全国范围内统一实施的制度。

实施统一的对外贸易制度，对于维护国家在对外贸易方面的整体利益和处理国与国之间的外贸关系具有十分重要的意义。对外贸易是跨越国界的商品交换，它关系到国家的重大经济利益。各国为了发展本国对外贸易，一方面要求在国内加强对外贸易的宏观统一管理，不允许在外贸领域各行其是，以免使本国经济在激烈的国际经济竞争中受到损害；另一方面，各国为了调整相互间的贸易关系，又需要在对外贸易的方针、政策方面取得某种协调，以便建立起一套国际贸易准则，作为处理国家之间贸易关系的依据。这些准则都是通过国家或政府之间进行谈判、协调，并以缔结国际条约或协定的形式予以确定。因此，每个国家都十分关注贸易伙伴国是否实行统一的外贸制度。实行统一的对外贸易制度，可保证一国履行这些条约、协定的义务，这样既可以顺利地开展国际间的对外贸易，又可以排除国际间的贸易障碍，为一国对外贸易的发展创造一个良好的外部环境。

（2）维护公平的、自由的对外贸易秩序

《外贸法》第4条规定："国家依法维护公平的、自由的对外贸易秩序。"国家维护一个良好的对外贸易秩序是对外贸易健康、顺利发展的保证。这一原则既符合国家利益，也体现了世界贸易组织的宗旨。

国家维护公平的、自由的对外贸易秩序，是指国家在法律上为外贸企业提供平等、自由的竞争环境，维护企业独立自主的经营地位，保障公平的进出口秩序，使外贸企业享受法律上的平等待遇，并要求外贸企业依法经营。公平与自由是法律的基本价值取向，但公平与自由不是绝对的公平与自由，而是在国家统一管理下的公平与自由，是建立在法律规定所允许的范围之内的公平与自由。为达到这一目的，《外贸法》第六章对外贸易秩序作了专门规定。从对内方面来看，主要对对外贸易经营者规定了若干重要的行为准则，如不得伪造、变卖或买卖进出口原产地证明书、进出口许可证；不得损害国家法律保护的知识产权；不得以不正当竞争手段排挤竞争对手；不得骗取国家的出口退税等。对于有破坏、扰乱外贸秩序行为的外贸经营者，将按《外贸法》第十章关于法律责任的有关规定，依法追究其法律责任。从对外方面来看，主要是针对外国的倾销、补贴等不正当竞争行为作出相应的规定，以维护公平的贸易秩序。《外贸法》的这些规定与世界贸易组织的基本精神是一致的，对保障国家和企业的利益，维护公平竞争的对外贸易秩序发挥着重要作用。

（3）货物与技术自由进出口

《外贸法》第14条规定："国家允许货物与技术的自由进出口，但是，法律、行政法规另有规定的除外。"这一规定体现了中国进出口贸易管理的基本原则：对于货物、技术的进出口，实行在一定必要限度管理下的自由进出口制度。

《外贸法》所确定的进出口自由，是指国家在保证进出口贸易不对国家安全和各项社会公共利益产生损害前提下的自由；而当国家法律所规定的某些不良倾向出现时，则对进出口贸易实施必要的限制或禁止。因此，《外贸法》依据国际贸易通行规则，在确立货物与技术自由进出口原则的同时，还借鉴国际上的通行做法，采取世界贸易组织规则所允许的外贸管理措施进行管理；明确公布国家限制和禁止进出口的法定范围和程序。

《外贸法》所规定的这一原则和具体措施是符合世界贸易组织的要求的。因为，任何国家的对外贸易都必须为本国的社会稳定与经济发展服务。世界上从来没有无任何限制与约束的自由。关贸总协定自创史以来，始终为实现国际贸易自由化，而力促减少各成员国之间的关税和非关税壁垒，以及取消贸易中存在的各种歧视性待遇。纳什关贸总协定又针对一些国家经济发展的实际情况，规定了不少例外条款，允许缔约国在符合规定的条件下，可以对某些货物实施限制或禁止进出口的措施。因此，关贸总协定的进出口贸易自由，是有一定限度的相对的自由，是逐步发展的自由，即不排除对货物、技术进出口进行一定限制条件的自由。中国作为一个发展中国家，在正视国际贸易自由化主张的同时，也应根据国家发展的实际情况，充分利用关贸总协定和世贸组织的有关规定，享受其赋予发展中国家的各种优惠待遇和合法权益。

（4）发展国际服务贸易

《外贸法》第24条规定："中华人民共和国在国际服务贸易方面根据所缔结或参加的国际条约、协定中所作的承诺，给予其他缔约方、参加方市场准入和国民待遇。"开放国内服务贸易市场，对服务行业发展既是机遇也是挑战，因此，上述原则的制定，对指导服务行业稳步开放，健康发展，维护国家利益具有重要意义。

在国际服务贸易方面，发达国家由于经济技术比较发达，同广大发展中国家相比占有明显的优势。因此，在乌拉圭回合谈判中达成的《服务贸易总协定》，与关贸总协定对货物进出口采取的原则和做法不同。关贸总协定对货物进出口基本上实行自由开放的原则，限制、禁止属例外，而《服务贸易总协定》采取的是允许逐步开放服务业市场的原则，即将缔约国承担的义务分为一般性义务和具体承诺的义务。其中，一般性义务如最惠国待遇、透明度等适用于缔约方的各个服务部门；而具体承诺的义务是必须经过双方或多边谈判达成协议后，根据承诺细目表所承担的义务，这些义务只适用于缔约方承诺开放的服务部门。市场准入和国民待遇属于具体承诺的义务。虽然《服务贸易总协定》有些具体规定与关贸总协定不同，但其宗旨与关贸总协定是一致的，即逐步取消一切限制进入服务业市场的措施，通过最惠国待遇和国民待遇的适用，实现服务贸易的自由化。

《外贸法》确定了中国根据缔结或参加的国际条约、协定所作的承诺，逐步发展国际服务贸易：一方面给予其他缔约方或参加方市场准入和国民待遇，另一方面还列举了国家限制和禁止国际服务贸易的范围。这表明中国促进国际服务贸易发展的积极态度与慎重原则。

（5）在多边、双边贸易关系中坚持平等互利、互惠对等的原则

《外贸法》第5、6、7条对中国如何处理对外贸易关系作出了明确规定，归纳起来就是平等互利原则和互惠、对等原则。

平等互利是国际经济关系的基本原则，也是中国在对外贸易交往中一贯奉行的原则。平等互利是指进行经济贸易交往的各国及其公民、法人，在法律上相互平等，双方均有获利权。就国家的相互

贸易关系来说，平等互利原则要求国家不论大小、强弱和贫富，都必须在平等的基础上发展双边贸易，不能以大欺小，以强凌弱，要根据双方的需要与可能，互通有无，以促进彼此经济的发展；对自然人、法人和其他经济组织相互之间的贸易关系来说，不论双方之间实力如何，都应本着需要与可能，本着平等协商的原则从事贸易，不能把不合理、不公平的合同条款强加于人，要切实保障双方或各方当事人的经济利益。

互惠、对等原则是世界贸易组织的基本原则之一。互惠是指利益或特权的相互或相应让与，它是两国之间建立和发展贸易关系的基础。在国际贸易中，国家之间相互给予最惠国待遇、国民待遇通常都是以互惠为前提的。对等是指贸易双方相互给予对方同等待遇：一是对等地给予同样的优惠待遇，二是对等地给予对方给予自己的不平等或歧视性待遇，采取相应的报复措施。

（6）促进对外贸易发展

《外贸法》第九章就对外贸易促进措施的内容、实施主体及其行为规范等都作了规定。对外贸易促进措施，是国家根据对外贸易发展需要，为支持、鼓励、推动对外贸易发展所采取的一系列政策和措施。积极开展对外贸易促进活动，在保证对外贸易持续、健康、稳定发展过程中起着重要作用。

参照国际贸易通行规则，外贸法规定可采取一系列支持、鼓励对外贸易发展的措施和办法。"国家根据对外贸易发展的需要，建立和完善对外贸易服务的金融机构，设立对外贸易发展基金、风险基金"；"国家采取进出口信贷、出口信用保险、出口退税及其他对外贸易促进措施"；"建立对外贸易公共信息服务体系"等，促进对外贸易发展。关于对外贸易促进组织和其对外贸易促进行为，国家通过设立或批准成立并赋予相应职责的民间性对外贸易促进机构，开展对外贸易促进活动。这类组织机构主要有进出口商会和中国国际贸易促进委员会。

《对外贸易法》所确立的对外贸易基本制度和原则，为对外贸易经营与管理提供了必要的法律依据。这说明中国对外贸易立法体系日趋成熟，标志着对外贸易开始全面纳入法制管理的轨道。

（三）外贸宏观管理的其他法律和法规

我国对外贸易立法体系，除了对外贸易基本法之外，还包括其他有关的法律和法规。

1. 货物进出口管理立法

《货物进出口管理条例》（以下简称《条例》）及其配套规章构成了中国货物进出口管理的主要法律依据。

根据《对外贸易法》《世界贸易组织协议》和我国加入世贸组织的承诺，在总结中国货物进出口管理实践经验的基础上，2001年12月31日国务院制定发布了《条例》，它是《对外贸易法》关于货物进出口规定的实施细则，是《对外贸易法》的重要配套法规之一。

《条例》作为《对外贸易法》的配套法规，其整体架构和内容按照《对外贸易法》的总体框架及相关规定制定。《条例》共八章77条，包括总则、货物进口管理、货物出口管理、国营贸易和指定经营、进出口监测和临时措施、对外贸易促进、法律责任、附则。

为了配合《条例》的实施，国务院有关部委相继颁布了新的配套部门规章，包括进出口许可证管理规章、进出口配额管理规章、国营贸易与指定经营管理规章等方面的规章。此外，针对特殊货物如核产品，易致毒化学品、军品、生物两用品等的进出口管理，国务院及有关部委还相继发布了有关规定和条例。

2. 货物进出口主要环节管理立法

世界各国都制定了相应的法律法规，对国际货物贸易的各个环节进行管理，从而保护本国生产者、消费者利益，增加本国财政收入，平衡国际收支，保护国家利益与安全。根据国际经济通行规则，中国为规范货物进出口各环节管理，也颁布了相应的法律法规，成为货物进出口立法的重要组成部分。

（1）进出口商品检验管理立法

进出口商品检验制度是实行对外贸易管理的主要手段之一，国家通过对进出口商品的检验，加强进出口商品质量管理，增强出口商品在国际市场上的竞争能力，维护国家的对外信誉，防止伪劣商品的进口，保护国家政治和经济利益。为规范进出口商品检验管理，中国颁布的法律、法规和规章主要有：《进出口商品检验法》（以下简称《商检法》）以及与进出口商品检验管理相关的法律、法规。

《商检法》是规范进出口商品检验活动的基本法。该法于1989年颁布，2002年进行了修订。《商检法》是中国进行进出口商品检验的最主要的法律依据，各项条款是指导、规范进出口商品检验的法定的行为准则。

《商检法》对该法的立法宗旨、进出口商品检验体制、商检主体及其行为规范、商检原则、商检分类、商检内容、商检依据、商检监管制度、进口商品检验和出口商品检验管理、商检工作人员的法律责任、违法行为及其处罚等，都做出了明确的规定。

中国颁布的其他部门的法律法规也涉及进出口商品检验管理的有关内容，如：《卫生检疫法》《动物防疫法》《食品卫生法》《产品质量法》《标准化法》及其配套实施细则与管理方法等。

（2）海关管理立法

海关管理是货物进出口管理的重要环节。国家通过海关监管，保障国家经济安全，保证国家对外经济贸易政策的贯彻实施，维护正常的进出口秩序和当事人的合法权益，促进对外贸易的发展。为了加强海关监管，建立、健全海关稽查制度，中国根据世贸组织规则的要求，对海关法律法规进行了全面的清理与修订，已初步建立了比较完整、协调的海关法律框架体系，为海关公正、透明、统一执法提供了缜密的法律依据。

《海关法》是构成海关法律体系的核心，是海关法规、规章的立法依据，是海关一切职能行为的基本规范。中国于1987年颁布《海关法》，并于2000年进行了修订。

《海关法》调整的是承担国家进出境监督管理职能的海关与从事进出境活动的运输工具负责人、货物、物品所有人之间的管理与被管理的社会关系，主要对海关执法部门及其执法相对方的行为作出规范，一方面体现了由国家强制力保障的约束性，另一方面也体现了对相关行为的指导性。因此，《海关法》涉及的主要内容有：海关的性质、任务、基本权力、监管对象，执法相对方的基本义务及权利，海关组织领导体制、职责权限、海关及其工作人员的行为规范，海关对进出境运输工具、货物、物品的监管，海关对关税征收监管，海关统计，海关缉私，海关事务担保，海关行政复议、行政诉讼程序等。

依照《海关法》的规定，海关具有四项基本职能，分别是监管、征税、查私、统计及其他海关业务，针对上述海关职能，颁布了相应法规或规章。

海关作为国家进出境监督管理机关，具有涉外性，而涉外性又决定了其各项业务规章制度必然不同程度地存在着同世界各国海关制度协调统一的问题，因此，中国政府缔结或参加的国际海关组织及相关条约、协议也是中国海关立法体系的组成部分。

（3）外汇管理立法

外汇管理是货物进出口管理的主要组成部分。中国的外汇管理，正在由过去的以行政管理为主转变为以法制管理为主，即外汇管理的内容和措施都是以法律、法规的形式予以明确。外汇管理纳入法制化轨道，对于提高金融监管水平，保持国际收支平衡，促进对外贸易健康有序发展有着十分重要的意义。

中国至今尚未颁布外汇管理法，外汇管理的主要法律依据是国务院于 1996 年颁布，并于 1997 年修订的《外汇管理条例》。条例作为外汇管理的基本行政法规，主要规定了中国外汇管理的基本原则与制度，涉的主要内容有：该条例的立法目的、外汇管理机关、外汇管理原则，明确表明中国实行人民币在经常项目下的可自由兑换；经常项目外汇收支管理规定，包括所实行的结售付汇制度、进出口收付汇核销制度、居民个人外汇管理等；资本项目外汇管理规定，包括中国仍对资本项目外汇收支实行管制的政策，资本项目流出流入审批制度，对外商投资、境外投资和外债的管理等；金融机构外汇业务管理规定，对金融机构经营外汇业务的审批程序、经营原则及金融机构的义务等作了原则性的说明；人民币汇率和外汇市场管理规定，明确了人民币汇率制度及外汇市场的管理主体和参与主体等；法律责任，主要规定了违法行为、处罚形式及复议条款等。

该条例是目前中国外汇管理最高层次的行政法规，它所作的规定是概括性和原则性的。针对各种外汇管理目标，还颁布了一系列专门规范外汇管理业务的其他法规、规章和规范性文件。

3. 维护贸易秩序的立法

反倾销、反补贴和保障措施是世贸组织允许成员采用的抵制不公平贸易，合法保护国内产业的重要措施。运用好符合世贸组织规则的反倾销、反补贴和保障措施，可以制止国外大量向我低价倾销产品，消除倾销对国内相关产业造成的损害，保护国内幼稚产业和新兴技术产业的发展，维护国家的经济利益。为此，中国以《世贸组织协议》为基础，借鉴市场经济国家的做法，并考虑到实际国情，于2001年12月10日、11日和12日分别颁布了《反倾销条例》《反补贴条例》和《保障措施条例》。作为中国对外贸易法律体系和贸易政策的重要组成部分，三个条例的颁布与实施对于入世后的中国来说，意义重大而深远，它不仅是中国在改革开放进程中按照世贸组织原则建立起的自我保护体系的重要措施，更是在国内经济融入全球经济大循环过程中法制建设的一个重要的里程碑，标志着中国反倾销、反补贴、保障措施法律制度与世贸组织规则的全面接轨，进一步为企业创造公平的贸易环境，更加有效地促进对外贸易的健康发展。

（1）《反倾销条例》。《反倾销条例》涉及的主要内容有：立法目的和适用范围；倾销的定义，倾销的确定方法，倾销的幅度；倾销损害的界定，损害评估标准；负责调查倾销与损害的机关，反倾销调查申请和立案程序，倾销和损害裁定程序；临时性反倾销措施，停止以倾销价格出口的价格承诺，反倾销税的征收；反倾销税和价格承诺的期限与复审程序；不服裁决者可申请和提起行政复议和行政诉讼的有关规定；反规避措施和反歧视措施等。

国务院有关部委还相应颁布了为实施反倾销措施而制定的规章与规范性文件，共同形成了中国反倾销法律体系。

（2）《反补贴条例》。《反补贴条例》涉及的主要内容有：立法宗旨与适用范围；采取反补贴措施的基本条件，补贴的定义，补贴的形式，进口产品补贴金额的计算方式；补贴损害的定义，确定补贴对国内产业造成损害时应当审查的事项；负责调查补贴与损害的机关，反补贴调查申请和立案程序，补贴与损害裁定程序；临时反补贴措施，出口国（地区）政府提出取消、限制补贴或者其他有关措施的承诺，反补贴税的征收；反补贴税和承诺的期限与复审程序；不服裁决者可申请和提起行政复议和行政诉讼的有关规定；反规避措施和反歧视措施等。

《反补贴条例》也有其一系列的配套规章。

（3）《保障措施条例》。《保障措施条例》涉及的主要内容有：立法目的和适用条件；调查机关及其职责分工；确定进口产品数量增加对国内产业造成损害时应当审查的相关因素；采取保障措施调查申请和立案程序，进口产品数量增加和损害裁定程序；临时保障措施，保障措施；保障措施的期限与复审程序；反歧视措施等。不同于《反倾销条例》和《反补贴条例》，《保障措施条例》没有规定司法审议。这是因为世贸组织保障措施协定中没有司法审议条款，因此《保障措施条例》对此义务，即对不服裁决者可申请和提起行政复议和行政诉讼未作规定。

《保障措施条例》也有其一系列的配套规章。

三、对外贸易宏观管理的经济调节手段

在社会主义市场经济条件下，应遵循价值规律的作用，主要运用经济手段调控对外贸易。经济手段是指国家通过调节宏观经济变量，对微观经济主体行为施加影响，并使之符合宏观经济发展目标的间接调控方式。

经济手段的特点是遵从物质利益原则，遵循经济规律，间接影响企业利益，引导企业行为，不具有行政命令的强制性。我国运用的经济调控手段主要有汇率、税收、信贷等经济杠杆。国家运用这些经济杠杆，通过市场机制，影响各调控对象的利益，以实现调控外贸活动和外贸经济关系的目的。

（一）汇率与汇率制度

汇率调控是一国实现进出口总量平衡和优化进出口商品结构的重要经济杠杆。

1. 高度集中的计划经济体制下的汇率形成机制

改革开放前，我国实行的是全面计划经济体制，在指令性计划的直接控制下，各种经济杠杆的间接调控作用被削弱或被严重扭曲。与此相适应，国家确立了高度集中、以严格行政管理为主的外汇管制体制，人民币汇率由国家有计划地确定和调整。国家汇率政策是以稳定人民币币值为目标，汇率对进出口贸易的调节作用完全丧失，只在外贸企业中起统计折算工具的作用。

2. 改革开放以后汇率制度改革

1979 年到 1993 年，在有计划的商品经济理论指导下，我国外贸体制改革取得了重大进展，以往统收统支的高度集中的计划经济体制已被打破；经济杠杆的作用空间大大扩大，调控能力明显加强；政府对微观经济干预减少，使外贸企业已有明显的独立竞争意识，企业行为积极向经济行为转化。期间，我国外汇体制进行了一系列改革，主要内容是：改革人民币汇率形成机制，变固定的、单一的官方汇率，为可变的官方汇率与外汇调剂市场汇率并存的双重汇率。在汇率水平上实行了以人民币不断贬值为主导的政策，以纠正人民币币值的高估，逐步强化汇率对外汇收支及进出口贸易的调控作用。

在高度集中的计划经济体制向有计划的商品经济体制过渡时期，人民币汇率双轨制的存在不仅很有必要，而且发挥了一定积极作用。

3. 中国现行汇率制度

人民币汇率双轨制是在一定的历史条件下采取的过渡性措施。随着建立社会主义市场经济体制这一改革目标的提出，要充分发挥汇价杠杆对进出口贸易的重要调控作用，必须进一步深化改革，按市场经济的要求建立新型的汇率形成机制。

1994 年 1 月 1 日我国对汇率制度进行了重大改革：进行汇率并轨，实行以市场供求为基础的、单一的、有管理的浮动汇率制度；实行银行结汇、售汇制，取消外汇留成、上缴和额度管理制度；建立统一的银行间外汇交易市场，改变人民币汇率形成机制；取消对外汇收支的指令性计划，国家主要运用经济、法律手段实现对外汇和国际收支的宏观调控。

为了进一步完善我国的汇率制度，从1996年起我国又采取了一些新的改革措施：1996年4月1日起，取消了若干对经常项目中的非贸易非经营性交易的汇兑限制；1996年7月1日起，在全国范围内全面推行外商投资企业银行结汇售汇制；1996年11月27日我国政府宣布，接受国际货币基金组织协定第八条规定的义务，实现人民币经常项目下的可兑换。

1994年以来我国进行的汇率制度改革，无论从深度、广度，还是从影响来看，都比以往的改革更为彻底和全面。

首先，实行以市场供求为基础的、单一的、有管理的浮动汇率制度，使我国的汇率形成机制发生了重大变化，汇率杠杆调节作用明显加大；

其次，实行银行结汇售汇制，为各类外贸企业提供了相对平等竞争的环境，有利于我国出口贸易的发展；

第三，取消国际收支经常性交易方面的外汇限制，实行货币的自由兑换，为企业提供了宽松的用汇条件，有利于中国经济与世界经济接轨；

第四，建立统一的银行间外汇市场，使我国外汇市场进一步完善，国家运用经济手段调控进出口贸易的能力进一步加强。

总之，我国汇率制度改革的主要目的，就是要让市场信号调节进出口企业行为，使市场机制在对外贸易宏观调控中发挥基础的作用，使汇率成为调节进出口活动强有力的经济杠杆。

(二) 对外贸易税收和税收制度

对外贸易税收按贸易流向可分为进口税和出口税，包括进口关税、进口商品税、出口关税、出口商品税。其中进口关税和出口关税仅对进出口的商品课征，体现对贸易商品和非贸易商品在税收上的差别待遇；进口商品税和出口商品税又称国内商品税，是对国内外商品同时课征的税，目的是平衡国内外商品的税负。

因此，我国的对外贸易税收主要是通过征收进口关税和国内税实行和完成的，而对出口税收则更主要地表现为出口关税的减免和出口退税。

1. 进口关税

（1）关税政策的沿革。关税是指进出口商品经过一国关境时，由政府设置的海关根据国家制定的关税税法、税则对进出口货物征收的一种税。关税手段被世界贸易组织视为透明度最高的对外贸易调节工具，因而得到世界各国的广泛使用。

关税政策是一国政府在一定时期内为运用关税达到其特定的经济、政治目的而采取的行为准则，是国家经济政策、政治政策及社会政策在对外贸易活动中的具体体现。一国实行什么样的关税政策，受其经济发展水平、国家经济运行状况及经济发展模式等多种客观因素的制约。新中国成立以来，我国的关税政策随着上述情况的变化而不断进行调整。

1950—1984年，我国实行的是全面保护关税政策。新中国成立以后，我国是在贫困落后的经济基础上发展本国经济的，民族工业十分脆弱，产品竞争力差，不具备实行自由关税的经济基础。而且在片面强调自力更生的思想指导下，基本上实行的是封闭式的内向型经济发展模式，产业政策目标追求建立完整的国民经济体系和工业体系。因此，关税政策的制定与选择只能从全面保护出发。

1985—1991年，我国的关税政策从"全面保护"开始向"有区别地进行保护"转变。随着改革开放的不断深入，原有的关税政策已难以适应新形势发展的需要。1985年我国对沿用了多年的关税制度进行了改革，重新修订了《进出口关税条例》和《海关进出口税则》。修改后的法规明确了我国在关税方面的总政策是"贯彻对外开放，鼓励出口创汇和扩大必需品的进口，保护与促进民族经济的发展"。在新的关税政策的导向下，我国对外开放取得重大进展，不仅出口贸易迅速增长，而且由于关税政策的倾斜，从国外进口的先进技术和设备大大增加。但从本质上看，这一时期我国的关税政策还未摆脱关税消极保护的特征。高关税保护虽然对幼

175

稚产业和新兴产业的发展起到了促进作用，但同时也导致了受保护产业的低效运行。

1992年以后，我国开始实行适度开放与适度保护相结合的关税政策。为了推进社会主义市场经济体制的确立，并尽快恢复我国在关贸总协定缔约国的地位和加入世界贸易组织，我国重新调整了关税政策，逐步扬弃消极的保护政策，实行以产业与技术倾斜为中心的适度开放与适度保护的关税政策，按照关贸总协定对发展中国家的要求，逐渐、较大幅度降低关税总体水平，结合国内产业政策，调整关税结构，建立一个世界贸易组织框架允许下的调节和管理进出口贸易的新体制，推动贸易自由化进程。

（2）关税税则和税率。关税税则是国家通过立法程序公布实施，并按商品类别排列的商品分类目录及税率表，是海关征收进出口关税的依据。我国的《海关进出口税则》是《进出口关税条例》的组成部分。现行的《海关进出口税则》是于1992年1月1日开始实施的，它是以国际上广泛采用的《商品名称及编码协调制度》为基础编制的，共分为21类、97章。

我国进口税则分设最惠国税率、协定税率、特惠税率和普通税率4个栏目。最惠国税率适用原产于与我国共同适用最惠国待遇条款的世贸组织成员国或地区的进口货物；或原产于与我国签订有相互给予最惠国待遇条款的双边贸易协定的国家或地区的进口货物。协定税率适用原产于与我国参加的含有关税优惠条款的区域性贸易协定的有关缔约方的进口货物。特惠税率适用原产于与我国签订有特殊优惠关税协定的国家或地区的进口货物。普通税率适用原产于上述国家或地区以外的国家和地区的进口货物。

我国绝大多数税目的税率使用从价税，只对少数税目实行从量税、复合税和滑准税。

关税税率是对课征对象征税时计算税额的比率。关税政策是通过关税税率具体体现和贯彻实施的，关税的经济杠杆作用也是通过不同的关税税率和关税结构来实现的。自1986年4月开始，我国对进口关税税率进行了多次调整，1991年开始多次大幅下调，到2002年我国进口关税的平均税率已降至12%，达到了发展中国家的平均水平，2003年起，我国平均关税水平进一步下降到11%。根据《中国加入世界贸易组织议定书》附件8"货物贸易减让表"的规定，我国关税平均水平到2005年将下降到10%。

（3）关税减免。中国的关税减免分为三种：①法定减免，指《海关法》和《进出口关税条例》规定给予的关税减免。②特定减免，指依照国家规定对特定地区、特定企业或特定用途的进出口货物所实行的关税减免。③临时减免，指法定减免、特定减免规定范围以外的临时减免关税。

2. 进口货物国内税征税制度

根据我国现行进口货物国内税征税制度，进口商品税是指对进口货物征收增值税和消费税。其主要作用是调节国内外产品税收负担的差异，为国内外产品创造一个公平竞争的环境。

（1）征税原则。1994年我国进行了税制改革，根据新税制的规定，我国对进口产品实行与国内产品同等征税的原则，即在增值税和消费税上按相同的税目和税率征税。

（2）征税范围和纳税人。根据我国《增值税条例》的规定，除境内销售货物或提供加工、修理修配业务外，进口货物也属于增值税征收的范围。凡在中国境内销售货物或者提供加工、修理修配以及进口货物的单位和个人，为增值税的纳税义务人。根据《消费税条例》的规定，我国纳入消费品征税范围的进口商品共11种，具体包括：烟、酒及酒精、化妆品、护肤护发品、贵重首饰及珠宝玉石、鞭炮及焰火、汽油、柴油、汽车轮胎、摩托车、小汽车。消费税的纳税人是指在中国境内生产、委托和进口应税消费品的单位和个人。

（3）税目税率。进口产品适用的税目和税率，是确定该项产品是否征税、征收何种税、征收多少税的重要标准。根据进口产品与国内产品同等纳税的原则，一般来说除国家另有规定外，进口产品适用的税目税率，都按照对国内征收增值税和消费税的税目税率执行。

根据《增值税条例》规定，增值税设基本税率、低税率和零税率三档。基本税率：纳税人销售或者进口货物、提供加工、修理修配劳务，税率为17%。低税率：纳税人销售或者进口粮食等19种货物，税率为13%。零税率：纳税人报关出口货物，税率为零。

根据《消费税条例》规定，消费税的税率有两种，一是比例税率，即实行从价定率征税；二是定额税率，即实行从量定额征税。《消费税条例》对消费税共设置十档比例税率，最高税率为45%，最低税率为3%。

3. 出口退税制度

出口退税是指将出口货物在国内生产和流通领域过程中缴纳的间接税退还给出口企业，使出口商品以不含税的价格进入国际市场。

（1）实行出口退税的意义。

首先，出口退税是依据出口商品零税率原则所采取的一项鼓励出口贸易的措施。一方面，通过出口退税，把生产和流通环节已征收的税款退还给出口企业，企业可以价格优势参与国际竞争，占领国际市场。另一方面，由于一国商品出口到另一国，进口国除了要征收进口关税，还要对进口品征收增值税与消费税，如果不实行出口退税，则构成双重征税。通过出口退税，实现出口零税率，就可以很好地解决重复征税的问题。

其次，出口退税是对出口货物的一种非歧视性赋税政策，是维护国内外产品公平竞争的有效手段。在国际贸易中，由于各国的税制不同而使货物的含税成本差距很大，这样就无法进行公平竞争。要消除这种不利影响，就必须使出口货物以不含税的价格进入国际市场。而出口退税是使出口货物以不含税的价格进入国际市场的有效手段。

（2）出口退税原则。我国对出口商品实行"征多少，退多少""未征不退"和"彻底退税"的原则。这不仅是财政平衡的需要，而且是政策机制的需要。因为，如果征得多退得少或者没有彻底退税，出口退税制度就不能充分发挥鼓励出口的作用；如果征得少退得多，出口退税制度会变成新的出口补贴渠道，而失去它原有的意义。

（3）出口退税范围。我国出口的产品，凡属于已征或应征增值税、消费税的产品，除国家明确规定不予退税外，均予以退还已征税款或免征应征税款。这里所说的"出口产品"一般应具备以下三个条件：必须是已征税产品，必须是报关离境的出口产品，必须是财务上作出口销售的产品。

出口产品退税原则上应将所退税款全部退还给主要承担出口经济责任的出口企业。它主要包括四个方面：一是经营出口业务的企业；二是在代理进出口业务活动中，代理出口的企业；三是特定出口企业（指外轮公司、对外修理企业、对外承包工程公司等）；四是外商投资企业。

（4）出口退税税种和税率。我国《出口货物退（免）税管理办法》规定，我国出口产品应退税种为增值税和消费税。

根据《增值税条例》规定，计算出口产品应退增值税税款的税率，应按17%和13%的税率执行；计算出口货物应退消费税税款的税率或单位税额，依《消费税条例》所附《消费税税目、税率（税额）表》执行。这是我国出口退税的法定税率，但在实际执行过程中，根据国家财政平衡情况和发展出口贸易的需要，我国曾多次调整出口退税率。

（三）进出口信贷制度

进出口信贷，是指一国政府通过银行向进出口商提供贷款，以鼓励出口、确保进口的重要措施。在国际贸易中，机器、成套设备、船舶、飞机及其他一些商品的交易，金额巨大，从订货到交付所需时间长，对进口商来说，一时难以筹措巨额货款；对出口商而言，垫支巨额款项虽可促成交易，但不利于资金周转。因此便需要银行贷款来资助它们进行进出口业务。尤其是近年来全球贸易自由化的发展，使得许多国家放弃过去财政补贴的方式，转而采用金融手段来支持和促进本国产品，特别是资本货物的出口。

1. 进出口信贷政策

进出口信贷政策是有效地发挥进出口信贷对进出口贸易的促进作用的指南与保证。我国进出口信贷政策的基本内容是：积极支持有信誉的国有进出口企业发展有效益、有市场的进出口业务；支持国有大中型企业、企业集团的发展；支持外贸企业推行代理制；严禁对盲目竞争、没有效益、挪用银行资金的企业贷款；支持国家重点建设企业技术进步；支持机电产品、成套设备出口；支持高利税、高创汇、高销售额的外商投资企业；支持效益好、产业结构合理的国家级经济技术开发区。

2. 进出口信贷机构

中国进出口银行和中国银行是我国提供进出口信贷的主渠道。另外，我国一些国有商业银行、区域性商业银行及其他金融机构，经国家外汇管理局批准，也可以对进出口企业发放一定数量的外汇贷款及人民币贷款。

我国于 1994 年 5 月成立了中国进出口银行，是专门办理进出口信贷业务的政策性银行。其主要任务是：执行国家生产政策和产业政策，为扩大我国机电产品和成套设备等资本性货物出口提供政策性金融支持。它实行自主保本经营和企业化管理，不以营利为目的，不与商业银行进行业务竞争，资本金主要由财政拨款，另外的资金来源是向金融机构发行金融债券。其业务范围包括：为机电产品和成套设备等资本性货物进出口提供出口卖方信贷和买方信贷；为中国银行的成套机电产品出口信贷办理贴息、出口信用担保及进出口保险和保理业务；进行进出口信贷项目评估审查业务。近年来，还按照国际流行做法，开始有选择地试办出口买方信贷业务，以及中国政府对外国政府贷款、混合贷款的转贷业务等。在信贷项目的选择上，该银行注意突出重点，充分体现政策性，并通过优化贷款结构，以提高政策性资金的使用效益；特别是在出口信贷方面，重点支持了高技术、高附加值的机电产品和成套设备出口，有力地促进了出口商品结构优化和产业结构的升级；另外，还把信贷的重点放在支持国有大中型企业，特别是大力扶持产业联动效应大的行业，以及中西部地区机电产品的出口上。

中国银行是中国政府授权经营外汇业务，办理进出口信贷的国有商业性银行，具有国家指定的外汇专业银行的性质和地位，并作为我国对外筹资的主渠道，在国内外开展各项银行业务，支持我国对外贸易和社会经济的发展。

四、对外贸易宏观管理的行政手段

对外贸易行政管理手段是国家经济管理机关凭借行政组织权力，采取发布命令，制定指令性计划及实施措施，规定制度程序等形式，按照自上而下的组织系统对对外贸易经济活动进行直接调控的一种手段。社会主义市场经济体制下，对外贸易的宏观管理采取的是以法律手段为依据，以经济调控手段为主，辅之与必要的行政手段的模式。世界贸易组织规则允许成员国采用某些行政手段进行对外贸易管理。

根据国际贸易规范和我国的实际情况，我国运用的行政手段主要包括：外贸经营权管理、进出口配额管理、进出口许可证管理、海关管理、进出口外汇管理、进出口商品检验管理等。

（一）外贸经营权管理

1. 对外贸经营者的资格管理

依据《对外贸易法》（1994年）的有关规定，我国对对外贸易经营实行审批许可制度，即企业应具备一定资格条件，并经国务院对外经济贸易主管部门许可，才能依法自主经营、自负盈亏，从事对外贸易活动。据此颁布的管理方法对赋予不同类型企业进出口经营权的原则、条件、申报审批程序，权利与义务以及奖惩都做了明确规定。

随着我国对外贸易体制改革的推进，国家对对外贸易经营者的资格管理，逐步从审批许可制向登记核准制过渡，即遵循自主申请、公开透明、统一规范、依法监督的原则，对各类所有制企业进出口经营资格实行统一的标准和管理办法。

中国在加入世界贸易组织所作的承诺中包括，在入世后3年过渡期内，在外贸经营权上与国际规则接轨，取消对外贸易经营权的审批制，实行对外贸易经营依法登记制，对所有的经济实体提供进出口贸易权。

2004年修订的《外贸法》取消了对货物和技术进出口经营权的审批规定，只要求经营对外贸易经营活动的自然人、法人和其他组织对外贸易者进行备案登记。商务部发布的《对外贸易经营者

备案登记办法》自 2004 年 7 月 1 日起施行。

2. 对重要货物对外贸易经营者的管理

根据我国相关法律与《中国加入世界贸易组织议定书》，国家可以对部分货物的进出口实行国营贸易管理和指定经营管理。

实行国营贸易管理的进出口货物目录由国务院外经贸主管部门会同国务院有关经济管理部门制定、调整并公布。我国现保留了粮食、棉花、植物油、食糖、原油、成品油、化肥、烟草等 8 种关系国计民生的大宗产品的进口和对茶、大米、玉米、大豆、钨及钨制品、煤炭、原油、成品油、丝、棉花等商品的出口实行国营贸易管理的权利，由政府指定的数量有限的公司专营。国营贸易企业名录的确定与公布由国务院外经贸主管部门和国务院有关经济管理部门执行。未列入国营贸易企业名录的企业或者其他组织，不得从事实行国营贸易管理的货物的进出口贸易。国营贸易企业应当根据正常的商业条件从事经营活动，不得以非商业因素选择供应商，不得以非商业因素拒绝其他企业或者组织的委托。

在指定经营方面，基于维护进出口经营秩序的需要，可以在一定期限内对部分货物实行指定经营管理。确定指定经营企业的具体标准和程序，由国务院外经贸主管部门制定并在实施前公布。指定经营企业名录由国务院外经贸主管部门公布。

我国加入世界贸易组织议定书中承诺在加入后 3 年内，每年调整和扩大指定经营制度下的企业清单，并最后取消指定经营制度。商务部发布公告，自 2004 年 12 月 11 日起，取消钢材、天然橡胶、羊毛、腈纶及胶合板的进口指定经营（木材进口指定经营已于 1999 年先行取消）。

（二）进出口配额管理

《对外贸易法》确立了我国对某些货物实行禁止、限制管理的原则和管理制度。对禁止进出口的货物，制定货物名录，对限制进口或者出口的货物，实行配额或者许可证管理。

进出口配额管理是指国家对部分货物的进出口规定一定的数量限制，在限额之内允许进出口的管理制度。

配额管理是世界各国普遍使用的数量限制措施。其主要作用

182

是：通过出口配额管理，有利于外贸出口秩序的调整，控制重要物资和敏感商品的出口数量，并保证部分出口配额商品数量符合我国与他国签订的贸易协议的要求；通过进口配额管理，有利于对进口商品及其数量的宏观控制，有效防止因盲目进口造成的对国内各项产业的严重冲击，保证国家经济发展计划和产业政策的顺利实施，也有利于减少和避免外汇的浪费使用，保证进口必要商品的用汇，维持国家合理的外汇储备。

1. 出口配额管理

我国出口配额管理可分为被动配额管理、主动配额管理形式。

被动配额管理，是指由于进口国对某种商品的进口实行数量限制，并通过政府间多、双边贸易协定谈判，要求出口国控制出口数量，从而出口国对这类出口实施数量限制，称作被动配额管理。

被动配额管理的出口商品主要是纺织品。纺织品被动配额是指对于出口输往与我国签订双边纺织品协议的国家协议项目下的棉、毛、化学纤维、丝麻及其他植物纤维纺织品及其制品，我国均需进行出口数量自我限制。设限国有美国、加拿大、欧盟国家、土耳其。根据世贸组织《纺织品与服装协定》，自 2005 年 1 月 1 日起，纺织品被动配额全部取消，全球纺织品贸易实现一体化。根据世界贸易组织纺织品配额一体化和我国加入世界贸易组织议定书中的相关条款，自 2005 年 1 月 1 日起，原对我纺织品出口设限国欧盟、美国、加拿大和土耳其全部取消对我国纺织品的配额限制，因此，自 2005 年 1 月 1 日起从我国出运到原设限国家的，不再实施配额许可证管理，出口经营者在向中国海关申报出口时无需出具纺织品出口许可证。

主动配额管理，是指国家为保证出口符合国民经济计划的要求，对部分重要出口商品实行的一种出口配额管理。这部分商品由商务部确定出口配额总量，凡符合条件的配额申请人可按相关规定通过各省、自治区、直辖市及计划单列市商务主管部门或直接向商务部提出申请。

出口配额可以通过直接分配的方式分配，也可以通过招标等方式分配。

2. 进口关税配额管理

进口关税配额是指对货物进口的绝对数额不加限制，而对在一定时期内在规定的配额以内的进口货物，给予低税、减税或免税待遇；对超过配额的进口货物则征收附加税或罚款。我国实行关税配额管理的进口货物目录，由国务院外经贸主管部门制定调整并公布。进口经营者凭进口配额管理发放的关税配额证明，向海关办理关税配额管理内货物的报关验收手续。

我国实行进口关税配额管理的商品有：小麦、玉米、大米、豆油、菜籽油、棕榈油、食糖、棉花、羊毛等农产品，以及化肥、毛条等工业品。年度市场准入数量配额量内的产品进口适用于关税配额内税率，配额量外的产品进口适用于关税配额外关税率。以上产品进口关税配额均为全球配额。

（三）进出口许可证管理

进出口许可证管理是指国家规定某些商品的进出口，必须从国家指定的机关领取许可证，没有许可证的一律不准进出口。它是一国对其进出口商品的品种、数量、进出口国别进行管理的手段之一。

根据《外贸法》规定，我国对限制进口或者出口的货物实行许可证管理。其主要目的是：为了合理配置资源，规范进出口经营秩序，营造公平的贸易环境；履行我国承诺的国际公约和条约，维护国家经济利益和安全。

1. 出口许可证管理

国家实行统一的货物出口许可证制度。国家对限制出口的货物实行出口许可证管理。

商务部是全国出口许可证的归口管理部门，负责制定出口许可证管理办法及规章制度，监督、检查出口许可证管理办法的执行情况，处罚违规行为。商务部会同海关总署制定、调整和发布年度《出口许可证管理货物目录》。

出口许可证包括出口配额许可证和出口许可证。凡实行出口配额许可证管理和出口许可证管理的货物，对外贸易经营者应当在出口前按规定向指定的发证机构申领出口许可证，海关凭出口许可证

184

接受申报和验放。

许可证局及商务部驻各地特派员办事处和各省、自治区、直辖市、计划单列市以及商务部授权的其他省会城市商务厅（局）、外经贸委（厅、局）为进口许可证发证机构，在许可证局统一管理下，负责授权范围内的发证工作。

2005 年实行出口许可证管理的 47 种货物（316 个 8 位 HS 编码），分别实行出口配额许可证、出口配额招标和出口许可证管理。

2. 自动出口许可证管理

为加强对敏感出口商品的统计分析和监测，及时向出口经营者发布预警信息，国家对一些出口商品实行自动出口许可证管理。例如，从 2005 年 3 月 1 日起，《纺织品出口自动许可暂行办法》正式实施。商务部是纺织品出口自动许可的管理机关，会同海关总署负责制定、调整《纺织品出口自动许可目录》，并在实施前 30 天，特殊情况下不迟于实施前 21 天以商务部公告等形式对外公布。对列入《纺织品出口自动许可目录》的纺织品通过《纺织品出口自动许可证》实施出口自动许可管理。各发证机构收到内容正确且形式完备的自动许可申请后，应当予以签发《纺织品出口自动许可证》，最多不超过 10 个工作日。

3. 进口许可证管理

进口许可证是国家管理货物进口的法律凭证。凡属于进口许可证管理的货物，除国家另有规定外，对外贸易经营者应当在进口前按规定向指定的发证机构申领进口许可证，海关凭进口许可证接受申报和验放，进口许可证适用于《进口许可证管理商品目录》内货物的进口。

商务部是全国进口许可证的归口管理部门，负责制定进口许可证管理办法及规章制度，监督、检查进口许可证管理办法的执行情况，处罚违规行为。商务部会同海关总署制定、调整和发布年度《进口许可证管理货物目录》。

2005 年实行进口许可证管理的货物共 3 种，监控化学品、易制毒化学品和消耗臭氧层物质，总计 83 个 8 位 HS 编码。

4. 自动进口许可证管理

基于监测货物进口情况的需要，国务院外经贸主管部门和国务院有关经济管理部门可以按照国务院规定的职责划分，对部分属于自由进口的货物实行自动进口许可管理。

　　实行自动进口许可管理的货物目录，应当至少在实施前 21 天公布。进口属于自动进口许可管理的货物，均应当给予许可。

　　进口属于自动进口许可管理的货物，进口经营者应当在办理海关报关手续前，向国务院外经贸主管部门或者国务院有关经济管理部门提交自动进口许可申请。

　　国务院外经贸主管部门或者国务院有关经济管理部门应当在收到申请后，立即发放自动进口许可证明；在特殊情况下，最长不得超过 10 天。

　　进口经营者凭国务院外经贸主管部门或者国务院有关经济管理部门发放的自动进口许可证明，向海关办理报关验放手续。

　　商务部授权配额许可证事务局、商务部驻各地特派员办事处、各省、自治区、直辖市、计划单列市商务（外经贸）主管部门以及部门和地方机电产品进出口机构负责自动进口许可货物管理和《自动进口许可证》的签发工作。

　　（四）海关管理

　　海关是国家进出关境的监督管理机关，其基本职能是：进出关境监管，征收关税和其他税、费，查缉走私，编制海关统计，办理其他海关业务。海关通过这些职能的履行，达到实施国家法律，维护进出关境秩序，保证国家税收，打击违法犯罪行为，保障国家利益的目的。因此，海关管理也是中国货物进出口管理环节中的重要组成部分。

　　中国实行集中统一的、垂直的海关管理体制，即海关的隶属关系，不受行政区划的限制；海关依法独立行使职权，向海关总署负责。

　　中国《海关法》就海关设立的原则做出了明确的规定：一是在国家对外开放的口岸设立海关，二是在海关监管业务集中的地点设立海关。海关设置分为直属海关和隶属海关两个层级，直属海关直接由海关总署领导，隶属海关由直属海关领导。海关行使职权向海关总署负责，同时由海关总署监督和保障海关依法独立行使职权。

1. 海关监管

海关监管是指海关依据国家法律、法规对进出关境的货物、物品、运输工具实施报关登记、审核单证、查验放行、后续管理、查处违法的行政监督管理职能。

海关监管的任务具体包括：执行国家外贸管制法规，监督管理运输工具、货物、物品合法进出境，保证国家对外经济贸易政策的贯彻实施；加强海关对市场经济的宏观监控，维护国家主权利益，促进经济、科技、文化交流；为海关征税、统计、稽查和查私及时提供原始单证、资料和线索。

中国海关监管对象为货物、物品和运输工具。

——货物监管

在海关监管中，对货物的监管数量最多、涉及面最宽、情况最复杂。《海关法》对不同性质、不同状态的货物规定了不同的海关监管措施。

一般贸易货物进出境监管。包括对进口与出口货物、许可证管理货物、应税货物、限制进出口货物、禁止进出口货物的监管。

特殊贸易货物进出境监管。包括加工贸易货物，保税货物（保税区、保税仓库、保税工厂、保税商店的货物），暂时进出口货物，过境、转运、通运货物的监管。

——物品监管

进出境物品通常是非贸易性物品，所以应当以自用、合理数量为限。携带、邮寄国家限制进出境物品、应税物品的，应当向海关申报，接受海关查验。任何人不得携带、邮寄国家禁止进出境物品出入关境。

——运输工具监管

进出境运输工具是指用以载运人员、货物、物品进出境的各种船舶、车辆、航空器和驮畜。进出境运输工具必须向海关申报，并接受海关检查。

2. 海关征税

征收关税和其他税、费是海关的基本职能之一。

（1）关税稽征制度。《海关法》《进出口关税条例》《海关进出口税则》等法律法规，就关税稽征制度做出了明确规定，以规范海关稽征关税的行为。

（2）完税价格制度。完税价格是由海关审核确定的，用以计算应税商品税款的货物物品价格，是海关征税的基础。《海关法》规定："进出口货物的完税价格，由海关以该货物的成交价格为基础审查确定。成交价格不能确定时，完税价格由海关依法估定。"这一规定使完税价格的计算有了法律依据，不仅保护了国家的利益，而且也保护了纳税人的合法权益。

（3）商品归类制度。商品归类是指海关按照《商品名称及编码协调制度》中既定的原则和方法将进出境商品准确地归入某一商品编号（在关税税则中即为税号），以确定该商品进出境应当适用的税率、贸易管制及其他进出口管理政策；同时，海关可以据此编制海关统计。

商品归类是海关对货物实施管理的一项重要的技术性基础工作，由于贸易管制的实施和关税税率的设定都是以商品目录为基础的，商品归类的结论将直接影响到商品的进口条件和关税税率的适用。

（4）关税减免制度。《海关法》规定，关税减免包括法定减免税、特定减免税和临时减免税。

法定减免税是指依照《海关法》和有关法律、行政法规的规定，应当予以减免进出口关税的项目。主要有：无商业价值的广告和货样，外国政府、国际组织无偿赠送的物资，在海关放行前遭受损害或损失的货物，规定数额以内的物品等。

特定减免税是指在法定减免之外，国家对特定地区、特定企业或特定用途的进出口货物给予关税减免。如对进出经济特区、技术产业开发区、对外开放地区、高新技术产业开发区的商品的关税减免等。

临时减免税是在法定减免和特定减免之外，国家为照顾某些纳税人的特殊情况和临时困难或者支持社会公益事业而给予的关税减免。

3. 查缉走私

走私是指逃避海关监管，进行非法的进出境活动，偷逃关税，非法牟取暴利的违法犯罪行为。查缉走私是海关的基本职责，也是维护国家主权和利益，保障改革和开放健康发展的重要手段。

国家实行联合缉私、统一处理、综合治理的缉私体制。海关负责组织、协调、管理查缉走私工作。国家在海关总署设立专门侦查走私犯罪的公安机构，配备专职缉私警察，负责对其管辖的走私犯罪案件的侦查、拘留、执行逮捕、预审。

各有关行政执法部门查获的走私案件，应当给予行政处罚的，移送海关依法处理；涉嫌犯罪的，应当移送海关侦查走私犯罪公安机构、地方公安机关依据案件管辖分工和法定程序办理。

依照《海关法》和《海关法行政处罚实施细则》的规定，走私分为走私犯罪与走私行为。犯走私罪者，依法追究当事人的刑事责任，包括判处徒刑直至死刑，并判处没收财产及走私货物、走私运输工具和违法所得等。犯走私行为者，由海关没收其货物、物品及违反所得，并处以罚款。

4. 编制海关统计

海关统计是指海关运用各种科学方法，对进出境的货物进行统计调查、统计分析的活动。海关统计的基本任务是：对进出关境的货物以及有关的贸易事项进行统计调查和统计分析，科学、准确地反映国家对外贸易的运行态势；提供统计资料和统计咨询服务；实行统计监督，通过审核海关统计，对货运监管、征税等业务环节起监督把关作用；开展国际贸易统计的交流与合作，为系统研究比较中国对外贸易和国际经济贸易关系提供资料，促进对外经济贸易的健康发展。

海关按照"准确及时、科学完整、国际可比、服务监督"的方针从事海关统计工作。国家海关统计资料由海关总署统计机构管理；地方海关统计资料由各地海关统计机构管理。

（五）进出口外汇管理

外汇管理是指一国政府授权国家的货币管理当局或其他机构，对外汇的收支、买卖、借贷、转移以及国际间结算、外汇汇率和外汇市场等实行的控制和管制行为。一国实施外汇管理主要是为了平衡国际收支、保持汇率稳定、维护国家经济安全，促进对外贸易和经济的健康发展。

外汇交易行为形式多样，因此外汇管理的内容也非常广泛，不仅包括对国际收支的管理，也涉及对外汇市场的管理，具体可分为：经常项目管理、资本项目管理、储备项目管理、汇率管理、外汇市场管理等。经常项目管理又包括贸易外汇管理和非贸易外汇管理。由于本节所阐述的是货物进出口环节的管理，因此，与其密切相关的是经常项目下的贸易外汇管理。

贸易外汇管理主要遵循以下原则：一是境内机构的经常项目外汇收入必须调回境内，不得违反国家有关规定将外汇擅自存放在境外；二是对贸易项下外汇支付不予限制，境内机构贸易项下用汇可以按照市场汇率凭相应的有效凭证和商业单据，用人民币向外汇指定银行购汇或从其外汇账户上对外支付；三是实行以事后监管为主的真实性审核，通过对银行付汇数据和进口报关到货数据的核对审核进口付汇的贸易真实性；以出口收汇核销单为依据对出口外汇收入的真实性进行事后核查。

中国贸易外汇管理具体表现为实行银行结汇制、银行售付汇制、出口收汇核销制度、进口付汇核销制度、贸易外汇账户管理制度。

（六）进出口商品检验管理

进出口商品检验管理是指国家商检机构和经国家商检部门许可的检验机构，根据保护人类健康和安全、保护动物或者植物的生命和健康、保护环境、防止欺诈行为、维护国家安全的原则，依法对进出口商品实施检验。

中华人民共和国国家进出口商品检验局主管全国进出口商品检验工作。国家商检局在省、自治区、直辖市以及进出口商品的口岸、集散地设立的进出口商品检验局及其分支机构，管理所负责地区的进出口商品检验工作。

国家商检部门可以按照国家有关规定，通过考核，许可符合条件的国内外检验机构承担委托的进出口商品检验鉴定业务，并依法

190

对经国家商检部门许可的检验机构的进出口商品检验鉴定业务活动进行监督，可以对其检验的商品抽查检验。

我国商检机构的主要任务是：

1. 实施法定检验

进出口商品检验分为法定检验和抽查检验两大类。法定检验是指国家商检局根据对外贸易发展的需要，对涉及社会公共利益的进出口商品实施强制检验。

商检机构和国家商检局、商检机构指定的检验机构对进出口商品实施法定检验的范围包括：

（1）对列入《商检机构实施检验的进出口商品种类表》的进出口商品的检验，该表由国家商检局制定、调整。

（2）对出口食品的卫生检验；

（3）对出口危险货物包装容器的性能鉴定和使用鉴定；

（4）对装运出口易腐烂变质食品、冷冻品的船舱、集装箱等运载工具的适载检验；

（5）对有关国际条约规定须经商检机构检验的进出口商品的检验；

（6）对其他法律、行政法规规定须经商检机构检验的进出口商品的检验。

2. 实施监督管理

商检机构对法定检验以外的进出口商品，可以抽查检验并实施监督管理。对外贸易合同约定或者进出口商品的收货人、发货人申请商检机构签发检验证书的，由商检机构实施检验。

国家商检部门可以公布抽查检验结果或者向有关部门通报抽查检验情况。

3. 提供公证鉴定服务

国家商检局、商检机构指定的检验机构以及经国家商检局批准的其他检验机构，可以接受对外贸易关系人以及国内外有关单位或者外国检验机构的委托，办理规定范围内的进出口商品鉴定业务，签发鉴定证书。

第五章　国际技术贸易

在当今的社会经济发展中，科学技术的地位日益重要。20 世纪 60 年代以来，许多国家都把引进技术作为提高技术水平，加快经济发展，增强国力，提高本国商品在国际市场占有率的一个重要途径。国际技术贸易正逐渐成为国际经济合作活动的重要组成部分，并受到世界各国的普遍关注。

第一节　国际技术贸易概述

一、技术的含义

技术作为一种人类智慧的成果，应该是一种系统的知识，它是人类最宝贵的财富。目前，国际上对"技术"还未形成统一认识。由于对技术在认识角度上的差异，技术有狭义和广义之分。狭义的技术指的是那些应用于改造自然的技术，而广义的技术则是指解决某些问题的具体方法和手段。技术一词在不同的领域也有不同的解释，在社会科学领域，技术是指用于解决社会发展中所面临的问题的具体措施；而在自然科学领域，则被认为是解决生产领域问题的某种发明或技能。世界知识产权组织在 1977 年版的《供发展中国家使用的许可证贸易手册》中，给技术下的定义是："技术是指制造一种产品的系列知识，所采用的一种工艺，或提供一项服务，这种知识或者反映在一项发明、一项外形设计、一项实用型或者一种植物的新品种上，或者反映在技术情况或技能中，或者反映在专家为设计、安装、开办、维修、管理一个工商企业而提供的服务或协助等方面。"这是迄今为止国际上给技术所下的最为全面和完整的定义。实际上，知识产权组织把世界上所有能带来经济效益的科学知识都定义为技术。

技术可以被划分为若干种，它是根据不同的标准而划分的。技术按其作用来划分，可分为生产技术和经营技术；按技术的形态划分，可分为软件技术和硬件技术；按技术的公开程度划分，可分为公开技术、半公开技术和秘密技术。

技术作为人类经验的总结和智慧的结晶，将会随着科学技术的进步而发展，人们也会借助于不断进步的科学方法来加深对技术的内涵和复杂性的认识。技术也将会成为人们认识自然，解决生产等领域所面临问题的最有力的武器。

二、国际技术转让与国际技术贸易

联合国在《国际技术转让行动守则草案》中，把技术转让定义为："关于制造产品、应用生产方法或提供服务的系统知识的转让，单纯的货物买卖或只涉及租赁的交易都不包括在技术转让的范围之内。"国际技术转让是带有涉外因素的转让，是跨越国境的转让。

国际技术转让与国际技术移动不同，国际技术移动是指技术从一个国家向另一个国家的移动，即技术的位移。这种位移可以发生在不同国家或地区之间，也可以发生在同一国家内的不同地区之间。国际技术转让是指一国技术的所有者将技术的所有权或使用权转让给另一国的其他人，即技术的所有权或使用权的转让。技术的所有权和使用权属于知识产权的范畴。

国际技术转让分有偿或无偿两种，有偿的技术转让是一种商业性的技术买卖，无偿的技术转让则属于非常性质的技术援助。凡是通过双边政府间的带有援助性的经济合作或科学技术交流等形式所进行的技术转让，属于无偿的或非商业性的技术援助；而通过贸易途径并以企业为交易主体的技术转让是属于商业性或有偿的技术转让。有偿的技术转让实际上是一种贸易活动。因此，有偿的国际技术转让也被称为国际技术贸易。

国际技术贸易的标的是技术，而技术是一种无形的商品。但在国际技术贸易的实际运作中，只有发达国家之间的技术贸易才会有单纯的软件贸易，而发展中国家在开展技术贸易时，由于技术落后和应用科学技术的能力较差，往往在进行软件贸易的同时，还伴随着硬件贸易，即引进技术与进口设备相结合。与此同时，许多发展中国家为解决资金的严重短缺，又往往将引进技术和设备与利用外资相结合。国际技术贸易在国际贸易中的地位日益重要，其实际操作也日益复杂。

三、国际技术贸易的产生与发展

技术在国际间的转让由来已久，早在公元6世纪，中国的养蚕和丝绸技术就曾通过丝绸之路传到中亚、西亚和欧洲各国。在10～15世纪，中国的造纸、火药、印刷术相继传到西方。16世纪初，德国的机械表制造技术和意大利的眼镜技术也先后传到日本和中国。16世纪以前，英国的技术水平还远远落后于欧洲大陆，英国的工业是在引进欧洲大陆先进的工匠技术的基础上发展起来的。但是，18世纪以前的技术转让还不属于现代意义上的技术贸易，这主要表现在两个方面：一个是转让的手段落后，国际间的技术转让主要是工匠技能的传播，而不是许可权的转让；二是传播的时间较长，中国的养蚕和丝织技术用了1 800多年才传到欧洲，造纸、火药和印刷术传到欧洲也用了600多年。而意大利的眼镜和德国的机械表技术则分别用了300年和100多年的时间才传到日本和中国。

现代意义的技术贸易是通过技术的商品化，并伴随着资本主义商品经济的发展而逐步发展起来的。进入18世纪以后，随着工业革命的开始，资本主义的大机器生产逐步代替了封建社会的小农经济，这为科学技术提供了广阔的场所，并出现了以许可合同形式进行交易的技术贸易。19世纪以来，随着西方各国技术发展速度的加快和技术发明数量的不断增多，绝大多数国家都建立了以鼓励发明制造为宗旨的保护发明者权利的专利制度，这就促进了以许可合同形式出现的国际技术贸易的迅速发展。第二次世界大战以后，科学技术在经济发展中所起的作用日益重要，国际间经济上的竞争实际上表现为技术的竞争。为此，技术已作为一种特殊的商品成为贸易的主要对象，这就使战后以来的技术贸易额不断增加。1955年技术贸易总额仅有 6 亿美元，到了 20 世纪 60 年代中期，技术贸易的年成交额也只不过 27 亿美元，70 年代中增至 110 亿美元，到 80 年代中激增到 500 亿美元左右，进入 20 世纪 90 年代以后，国际技术贸易的年成交额超过了 1 000 亿美元，其中 1990—1994 年间的国际技术贸易年平均增长率为 16.3%，1994 年的技术贸易额比 20 年前的 1974 年增长了 25 倍。1998 年世界技术贸易额达到了 1 600 亿美元，进入 21 世纪后，每年的世界技术贸易额进而又超过了 2 000 亿美元，技术贸易呈飞速发展的趋势。在国际技术贸易中，全球技术贸易的 85% 以上是在发达国家之间进行，其中，美国、英国、德国、法国和日本等 5 国就占据了发达国家技术贸易总额的 90% 以上。此外，技术贸易在国际贸易中所占的比重也不断提高，20 世纪 80 年代末达到了 1/3，20 世纪 90 年代则超过了 1/2。国际技术转让已成为当今国际贸易的主要内容。

四、国际技术贸易的特点

科学技术是生产力已被世界各国所普遍认识，他们竞相开展国际技术转让活动。随着国际技术市场竞争的日趋激烈，国际技术贸易出现了以下特点：

（一）少数发达国家在国际技术市场上占有统治地位

长期以来，国际技术转让活动主要集中在发达国家之间进行，发达国家的技术贸易额占全球技术贸易额的 80% 以上，而且主要集中在美、英、法、日、德等少数几个国家，这 5 国的技术贸易额就占发达国家技术贸易总额的 90% 以上，仅美国就占据了全球技术贸易总额的 1/3。这是因为它们既是技术的出口大国，也是技术的进口大国。近几年来，发展中国家的技术进出口无论在数量上还是在种类上都有了长足的发展，但他们在国际技术市场上的份额极为有限，一般不超过 10%，而且还局限在少数几个新兴工业化的国家。实际上发展中国家在国际技术市场上主要扮演的是接受者的角色，这主要与他们经济发展水平低和技术水平落后有关。

（二）软件技术在国际技术贸易中的比重日益提高

20 世纪 80 年代以前，国际技术贸易主要是通过引进和出口先进设备等硬件来进行的，以软件为交易对象的交易较少，进口国往往是以购买设备等硬件为目的兼买软件。进入 80 年代以后，这种状况发生了根本性的变化，以许可贸易形式进行的软件交易占据了主导地位，技术的进口国往往为了购买某项专利或专有技术而附带进口一些设备。尤其是发达国家间的技术贸易，软件技术的转让已占其技术贸易额的 80% 以上，其中美国的软件技术销售额每年递增达 30% 以上。近几年来，发展中国家开始注重技术引进的效益，减少硬件技术的引进，软件技术正逐渐成为其技术引进的主要标的。

（三）发达国家的跨国公司控制着国际技术贸易

国际技术贸易不仅集中在少数几个发达国家，而且被这些国家和跨国公司所控制。据统计，西方国家的跨国公司控制着发达国家技术贸易的 80%，而发展中国家技术贸易的 90% 也被控制在西方国家的跨国公司手中。这主要是与它们资金雄厚、技术力量强大，重视技术开发，并拥有众多的专利技术有关。正是因为跨国公司在技术贸易中的垄断地位，使它们在技术转让的谈判中处于有利地位，它们往往以垄断高价向发展中国家出售其技术，并附加一些诸如限制性采购等条件。跨国公司转让技术一般与资本输出和商品输出相结合，通过在东道国建立子公司或合资公司进行的。

（四）国际技术市场上的竞争日趋激烈

国际技术市场上的竞争主要表现为发达国家之间的竞争。美国的技术出口遍及全球，日本的技术市场主要是亚洲，法国多向非洲国家出口技术，东欧则是德国的技术市场。它们为了保持原有的技术市场或扩大其技术市场份额，都在不断地进行技术的开发。美国为保持其对尖端技术的垄断，严格控制本国先进技术的外流，并经常运用国家安全机密法和出口管制法来限制某些先进技术的出口。日本为保持自己在微电子技术等方面的领先地位，也加强了对技术出口的限制。与此同时，英、法、德三国也不甘寂寞，为了争取市场份额，它们经常联合开发与研究，如它们在 20 世纪 70 年代合作研制的空中客车飞机已对美国航空技术的垄断地位提出了挑战，近年来空客公司又推出了 500 座以上的 A 380 客机，打破了波音对大型客机的垄断地位。国际技术领域中的竞争正成为新一轮贸易战中的主要焦点。

第二节　国际技术贸易的内容

国际技术贸易的标的是无形的技术知识，它一般包括受法律保护的专利技术、商标，以及不受法律保护的专有技术。

一、专利

（一）专利的含义

专利（Patent）最早起源于中世纪的英国，当时英国国王为鼓励发展国内产业，对引进外国技术的个人发给一种专利证，授予其使用该技术的独占权，但专利权仍属于国王，这实际是现代专利制度的雏形。现代专利是指专利主管机关依照专利法的规定，根据发明人的申请，经审查并在符合法律规定的条件下，授予发明申请人在规定的时间内对其发明所享有的一种独占实施权。专利就其内容来说应包括三个方面：一是独占的实施权，即在一定期限内，发明人对其发明所享有的独占实施权；二是受法律保护的发明创造，它包括发明专利、实用新型专利和外观设计专利；三是专利文献，它包括说明书、权利要求等。

（二）专利的种类

1. 发明专利

发明（Invention）不同于发现，发明是指对产品、方法或其改进所提出的新的技术方案。而发现则是揭示自然界已存在的但尚未被人们所认识的事物。发明一般有三个特征：一是发明必须是一种技术方案，即用来解决某一具体问题的方案，如果不能在生产中被利用，则不能取得法律的保护；二是发明是对自然规律的利用，即它是在对自然规律认识的基础上的革新或创造；三是发明是具有最高水平的创造性技术方案，即比已有的技术先进。发明还有三种表现形态：一种表现为产品发明，它是指经过人们智力劳动创造出来的新产品，产品发明可以是一个独立的新产品，也可以是一个产品中的某一部件；第二种表现是方法发明，即制造某种物品或解决某一问题前所未有的方法；第三种表现是改进发明，即发明人对已有产品发明和方法发明所提出的具有实质性改革及创新的技术方案。

2. 实用新型专利

实用新型（Utility Model）是指对产品的形状、构造或二者的结合所提出的适用于实用的新的技术方案。实用新型也具有三个特点：一是它必须是一种产品，如仪器、设备、日用品等；二是实用新型是一种具有形状的物品，如气体、液体或粉状的物质；三是实用新型必须适用于实用。实用新型虽然是一种发明，但其技术价值较发明低，即对实用新型的创造性要求较低，其经济效益则不一定低于发明。实用新型亦被称为"小发明"。

3. 外观设计专利（Design）

外观设计是指对物的形状、图案、色彩或其结合所做出的富有美感并能应用于工业的新设计。形状是指平面或立体轮廓，即所占的空间形状，无固体形状的气体、液体及粉末状的固体不属于外观设计的范围。图案是指作为装饰而加于产品表现的花色图样、线条等。色彩是指产品表面的颜色。美感是指其形状、图案、色彩等所具有的特点，很多国家对外观设计不要求其具有美感。外观设计往往是外形、图案和色彩三者结合后所产生的富有美感的外表或形态，而不涉及产品的制造和设计技术。

（三）专利的特点

专利是一种无形的财产权，具有与其他财产权不同的特征，即专利具有专有性、地域性、时间性和实施性四个特征。

1. 专有性

专有性也称独占性或排他性。专有性是指同一发明在一定的地域范围内，其专利权只能授予一个发明者，做出同一发明的其他人不能获得同一发明内容的专利权。发明与物质生产不同，在物质产品的生产中，每生产一份新产品就能生产一份新的财产，而技术发明是一项能被普遍应用的解决某一问题的新的技术方案。重复研制不能产生新的使用价值和增加新的财富，重复以前的发明也不能被称之为发明。发明人被授予发明专利权后，其在一定的期限内享有独立制造、使用和销售权,其他人如欲使用,必须征得专利权人的同意,否则属于侵权行为。

2. 地域性

专利权是一种有地域范围限制的权利。除有些情况下依据保护知识产权的国际公约,以及个别国家承认另一国批准的专利权有效以外,技术发明在哪个国家申请专利,就由哪个国家授予专利权,而且只在专利授予国的范围内有效,对其他国家不具有法律约束力,即其他国家不承担任何保护义务,其他人可以在其他国家使用该发明。但是,同一发明可以同时在两个或两个以上的国家申请专利,获得批准后其发明便可在该国受到法律保护。

3. 时间性

专利权还是一种具有时间性的权利,专利权的有效保护期限结束以后,发明人所享有的专利权便自动丧失,一般不能续展,发明便成为社会公有的财富,其他人可以自由地使用该发明制造产品。目前,世界各国的专利法对专利的保护期限规定不一,一般为10~20年,中国的专利法对发明专利的保护期限规定为20年,对实用新型专利和外观设计专利的保护期限规定为10年。专利的保护期限是以专利权人履行交费义务为前提的,如果专利权人没按规定履行其交费义务,即使在法律规定的专利保护期限届满前,也丧失了其专利权。

4. 实施性

对发明者所得到的专利权,除美国等少数几个国家以外,大多数国家都要求专利权人在给予保护的国家内实施其专利,即利用专利技术制造产品或转让其专利。

(四)授予专利权的条件

1. 授予发明专利和实用新型专利的条件

根据世界各国专利法的规定,授予专利权的发明和实用新型必须具有新颖性、创造性和实用性。

(1)新颖性。新颖性是指在提出专利申请以前,尚未有过的发明或实用新型。判断发明和实用新型是否具有新颖性一般依据以下三个标准:

①时间标准。多数国家在时间标准上采用申请日原则，即发明和实用新型在申请日以前没有公开过，也就是说，没有其他人向专利的授予机构就相同内容的专利或实用新型提出过专利申请。也有少数国家以发明的时间为准，即专利权授予技术的最先发明者，而不是最先提出申请的人。

②地域标准。目前，世界各国所采用的地域标准有三种：一种是世界新颖，即发明或实用新型必须在全世界任何地方未被公开或未被使用过，英国、法国、德国等均采用世界新颖；第二种是国内新颖，即发明或实用新型在本国范围内未被公开和使用过，澳大利亚、新西兰和希腊等国则采用国内新颖；第三种是混合新颖，即发明或实用新型从未在国内外出版物上发表过，并从未在国内公开使用过。中国、美国、日本等采用混合新颖。

③公开的形式标准。世界各国专利法都规定，一项发明或实用新型必须是从未以任何形式为公众所知；否则，将失去新颖性。

（2）创造性。创造性是指申请专利的发明和实用新型，与已有的技术相比具有实质性特点和显著的进步。已有的技术在这里是指该专利申请日之前已公开的技术；实质性的特点是指该申请专利的发明和实用新型与已有的技术相比有本质性的突破；显著的进步则是指该发明或实用新型克服了已有技术的某些缺陷和不足，并取得了较大的进步，如降低了原材料的消耗和成本，提高了劳动生产率等。在实际操作中，创造性比新颖性更难评判，但判断发明的创造性和新颖性是有本质区别的，前者是对发明的技术质量进行判断，即发明比已有技术的先进程度和创造程度，而后者则是判断发明是否已包括在已有技术之中，只要没包括在已有技术之中，不管其创造程度或先进程度如何，均被认为具备新颖性。

（3）实用性。实用性是指发明或实用新型能够在产业上制造或使用，并且能产生积极的效果。这里的产业不仅包括工业、农业、矿业、林业、渔业和牧业，还包括运输和金融等服务性行业。在产业上能够制造和使用是指能在生产中制造和使用，并能多次和反复地进行制造和使用。能够产生积极的效果是指能提高劳动生产率，节省劳动力，改进产品的质量。否则，发明创造就没有任何价值。实际上，实用性既是发明创造的技术属性，也是发明创造的社会属性。

2. 授予外观设计专利的条件

授予外观设计专利的条件与授予发明和实用新型专利的条件有所不同，外观设计应在申请日以前，没在国内外出版物上公开发表过或没在国内公开使用过，即出版公开应以世界新颖为准，使用公开则以国内新颖为准。此外，外观设计也必须具备创造性和实用性，而且有些国家还要求外观设计富有美感。

3. 不授予专利的发明创造

为促进社会经济的发展，维护良好的社会秩序和公共道德，各国都对一些阻碍社会进步，有损社会公德的发明制造不授予专利。目前，世界上大多数国家都不对以下发明授予专利：

（1）科学发现，如不具有应用于工业的纯科学原理和理论。

（2）智力活动的规则与方法。

（3）疾病的诊断与治疗方法。

（4）化学物质。

（5）饮食品和药品。

（6）动植物品种。

（7）用原子核变换方法获得的物质。

二、商标权

（一）商标的概念及其作用

商标（Trade Mark）是指生产者或经营者用以标明自己所生产或经营的商品，与其他人生产或经营的同一商品有所区别的标记。商标可以用文字、图形、字母、线条、数字或颜色单独组成，也可以是由上述几种形式结合在一起组成。

商标是商品经济的产物，在当代经济生活中，它具有以下作用：

（1）区别商品的生产者、经营者、服务者、进货来源及档次。同一类商品往往有若干家生产者、经营者或若干个产地。消费者可以通过商标来辨别商品的产地、经营者或生产者，以便于消费者精心选购其心目中的名牌产品及有良好信誉的生产者或经营者的产品。此外，商标往往还能说明产品的档次，如汽车中的奔驰和宝马代表德国产的高档车，而丰田则代表日本产的中档车。

（2）代表商品质量和服务质量。消费者总是把商标和产品质量联系在一起，消费者心目中的著名商标是逐渐树立起来的，并以长期保持高质量和周全的售后服务赢得的。因此，商标一般是产品质量的象征和生产企业的商誉。在目前的国际贸易中，有很大比例的交易是凭商标进行买卖的。

（3）有助于商品和服务的广告宣传。一个好的商标设计，往往图形醒目，文字简练，便于消费者识别和记忆。用商标做广告，其效果远比冗长的文字说明要好，可使消费者对商品的质量、性能、用途、式样、耐用程度等有一个完整而又美好的印象，从而加深消费者对该商品的印象，增加消费者对该商品的购买欲望。

（二）商标的种类

随着科学技术的发展，产品品种的不断丰富，以及商标制造技术的日益进步，商标的种类也在增多。商标从不同的角度可划分为不同的类别。

1. 按商标的构成要素分，可分为文字商标、图形商标和组合商标

（1）文字商标。文字商标指的是由文字组成的商标。文字一般包括中文、外文、汉语拼音、字母或数字等。如太阳神口服液、万宝路香烟、可口可乐饮料和三五香烟等均属文字商标。

（2）图形商标。它是由几何图形、符号、记号、山川、建筑图案、日用品、动物图案等组成的商标。如北京蜂王精营养补剂的商标就有一只蜜蜂。

（3）组合商标。组合商标是由文字和图形两部分组合而成，如羊城牌围棋的商标上有"羊城"二字和一只山羊，并有一个围棋棋盘。

2. 按商标的使用者来分，可分为制造商标、商业商标和服务商标

（1）制造商标。制造商标是商品的制造者使用的商标，这类

商标代表着企业的商誉和产品的质量。商品上的商标多属这类商标，如索尼电器和北京的天坛家具等。

（2）商业商标。商业商标是商品的销售者使用的商标。这类商标往往是享有盛誉的商业企业使用，如中国外贸公司出口茶叶使用的"龙"商标，天津粮油进出口公司出口葡萄酒使用的"长城"商标，以及日本三越百货公司使用的"三越"商标。

（3）服务商标。服务商标是旅游、民航、运输、保险、金融、银行、建筑、维修等服务性企业使用的商标，如中国民航使用的"CAAC"和中国人民保险公司使用的"PICC"等。

3. 按商标的用途分，可分为营业商标、等级商标和证明商标

（1）营业商标。营业商标指的是以生产或经营企业名字作为商标，如"同仁堂"药店、"盛锡福"帽店、"六必居"酱菜园、"狗不理"包子铺等，这类商标有助于提高商标或企业的知名度。

（2）等级商标。等级商标是同一企业根据同一类商品的不同质量、规格等而使用的系列商标。这种商标在国外使用得相当普遍，如瑞士手表，"劳力士"为最高档次的手表，"浪琴"为二级表，"梅花"为三级表，"英纳格"则为四级表。

（3）证明商标。证明商标又称保证商标，它是指用于证明商品原料、制造方式、质量精密度或其特征的商标，如绿色食品标志、真皮标志、纯羊毛标志、电工标志等均属于证明商标。

（三）商标权及其内容

商标权是指一国的商标主管部门根据商标申请人的申请，经核准后，授予商标申请人的一种商标专用权。商标权是一个集合概念，它包含以下四方面内容：

（1）使用权。即只有商标的注册人才是该注册商标的合法使用者。

（2）禁止权。商标所有人有权向有关部门提请诉讼，请求停止他人的侵权行为，可要求侵权人赔偿其经济损失，并追究侵权人的刑事责任。

（3）转让权。商标所有人可以将商标的所有权有偿或无偿转让给他人，并放弃一切权利。

（4）许可使用权。商标所有人可以以有偿或无偿的方式许可他人使用自己注册的商标。

（四）商标权的特征

商标权也是一种受法律保护的无形资产，并属于知识产权的范畴。它一般具有以下特征：

（1）独占性。独占性是指商标是其所有人的财产，所有人对其享有排他的使用权，并受到法律保护，其他人不得使用。商标的独占性一般表现在两个方面：一是所有人享有在核定的产品上独家使用权，未经所有人的同意，其他人不得乱用或滥用；二是商标所有人享有禁止权，即其他人不得将与商标所有人的注册商标相同或近似的商标用于同一类或类似的商品上。商标权只能授予一次，其他人在一种或类似商品上再提出相同或近似商标的使用申请，则得不到国家主管机构的授权。

（2）时间性。商标权的保护有时间限制，一般为 10 ~ 15 年，中国为 10 年。但与专利权所不同的是，在商标保护期届满时，可以申请续展，而且对续展的次数不加以限制。只有在商标权所有人按期交纳费用并按期办理续展手续的前提下，方可永远保持商标的所有权。

（3）地域性。商标权的所有人，只有在授予该商标权的国家境内受到保护。如果商标权想要在其他国家得到同样的保护，商标的所有人必须依法在其他国家申请注册，才能得到当地法律的保护。

三、专有技术

（一）专有技术的概念

专有技术来自英语中的 Know-how，其意为"知道怎么干吗？"。该词在 20 世纪五六十年代首先出现于英国和美国，目前在世界上已被广泛承认和使用。至于对专有技术的理解，国际上还没形成统一的认识。世界知识产权组织在其 1972 年制定的《发展中国家保护发明示范法》中，对专有技术所下的定义是："所谓专有技术，是指有关使用和运用工业技术的制造方法和知识。"国际商会在拟定的《关于保护专有技术的标准条款的草案》中，把专有技术定义为："为实施某种为达到工业生产目的所必须具有的秘密性质的技术知识、经验或其积累。"专有技术一般包括知识、经验、数据、图纸、配方、技术资料等。它既涉及工艺、技能、制造和加工标准，也涉及制造、使用和维修的程序等。专有技术实际上是没有申请专利的知识产权，专有技术的所有人依靠自身的保密手段来维持其所有权，因而专有技术又被称为秘密技术。

第二次世界大战以后，尤其是 20 世纪六七十年代以来，随着技术贸易的迅速发展，专有技术的转让数量占国际技术贸易量的比例日益提高，甚至超过了专利技术的交易量。例如，在中国引进的技术中，90%以上都属于专有技术。专有技术虽然是不受法律保护的秘密技术，但却能用于工业生产和服务等行业，它对社会经济的发展有着重要的实用价值。

（二）专有技术的特征

专有技术不像专利技术和商标一样经过法律的认可而得到保护，它是一种非法定的权利，因此，它往往具有以下特征：

1. 保密性

专有技术是不公开的，没经法律授权的秘密技术。凡是以各种方式为公众所知的技术都不能称为专有技术，由于专有技术没经法律程序授权得到保护，因此，专有技术的所有者只能依靠自身的保护措施来维持其技术的专有权。如美国可口可乐公司研究出可口可乐的配方后，没去申请专利，而是将配方分为两部分，总经理和总工程师各持其中的一部分，以此为手段将可口可乐的配方从 1886 年保持至今。专有技术往往也会因保密措施不当而变为公开技术，从而丧失其商业价值。专有技术之所以没有取得专利权主要有两方面原因：一方面是它不具备取得专利权的条件；另一方面原因是，专有技术虽然具备取得专利权的条件，但专有技术的所有者愿意自行保密而没去申请专利。因此，专有技术的范围比专利技术更为广泛。

2. 经济性

专有技术也是人类智慧的结晶，但它也必须能应用于生产和服务等行业，当然也会产生经济效益。否则就称不上技术，也不会成为技术贸易的标的。专有技术的经济性在形态上，既可以是从产品的开发到最终制成制成品的总体系列技术，也可以是以一项或几项产品的配方、工艺或产品设计方案为主的单项技术。

3. 可传授性

专有技术作为一种技术必须能以言传身教或以图纸、配方、数据等形式传授给他人，而不是依附于个人的天赋条件而存在的技术。

4. 历史性

专有技术不是研究人员灵机一动而产生的，而是经过多年的经验积累总结出来的，这一过程往往需要很长时间。随着经济和科学技术的发展，专有技术的内容也会随之丰富和发展，但有些专有技术也会随着替代技术的问世而被淘汰。

（三）专有技术与专利的区别

专有技术与专利技术一样，都是无形资产和人类智慧的结晶，都能应用于工业生产和服务等行业，并且都具有一定的商业价值。但它们也有以下几个区别：

（1）法律地位不同。专利是经过法律程序得以授权，并受法律保护的技术，而专有技术是由于某种原因没申请专利或不能取得专利的技术，它因此不受法律保护而靠自身的保护来维持其所有权的技术。

（2）技术内容的范围不同。专有技术内容的范围比专利技术宽。世界各国都对授予专利的技术领域做了限定，不是所有的技术都能申请专利。此外，技术的所有者在提出专利申请时，必须用文字对技术作出详细的介绍，这就等于公开了其技术，并往往容易被他人窃用。为此，专利的申请者一般只将技术中容易被别人仿造的部分申请专利，而把技术的核心部分进行自我保密。总之，专有技术的内容不仅包括各种能授予专利权的生产和服务等行业的技术，而且还包括不能授予专利权的管理、经营等方面的技术。

（3）存在的时间不同。专利技术受法律保护的时间是有限的，一般最长为20年，而且不能续展。而专有技术不受时间的限制，即在技术不过时的情况下，只要保密工作做得好，可以永远作为技术而存在，如可口可乐的配方作为专有技术已保密100多年了。

第三节　国际技术贸易的方式

技术作为商品是无形的。因此，技术贸易的方式与有形商品贸易的方式相比有很大的不同，技术贸易虽然不经过租船、报验、报关、装运、投保及验收等有形商品贸易的履约程序，但往往要涉及有关国家的法规、国际公约及众多的技术人员，并常常伴随着设备及原材料等有形商品贸易。技术贸易从交易的开始到交易的结束一般需要很长一段时间，因为技术贸易的内容和方式极为广泛和复杂。目前，国际技术贸易的主要方式有许可证贸易、技术服务、合作生产与合资经营、工程承包、补偿贸易等。

一、许可证贸易

（一）许可证贸易的概念

许可证贸易（Licensing）亦称许可贸易。它是指技术的提供方与接受方之间签订的，允许接受方对提供方所拥有的技术，享有使用权及产品的制造权和销售权。许可证贸易的核心内容是转让技术的使用权，以及产品的制造权和销售权，而不是技术的所有权。许可证贸易都是有偿的。

许可证贸易是目前国际间进行技术转让的最主要的方式。随着科学技术的进步，新技术的不断涌现，以及技术在经济发展中的作用日益明显，各国都把引进技术作为当务之急。而技术的提供方为了获取高额利润，或绕过贸易壁垒，或开拓新的技术市场，不断以有偿许可的方式来出让技术的使用权，这就促使许可证贸易在全球范围内得以迅速发展。

（二）许可证贸易的种类

1. 按交易的标的分，可分为专利许可、专有技术许可、商标许可和综合许可

（1）专利许可。专利许可是指将在某些国家获准的专利使用权许可他人在一定的期限内使用。专利许可是许可证贸易的最主要

的方式。

（2）专有技术许可。专有技术许可是指专有技术的所有人在受让人承担技术保密义务的前提下，将专有技术有偿转让给他人使用。保密条款是专有技术许可合同的主要条款，双方应在该条款中就保密的范围与期限作出规定。在转让专有技术时，许可方有义务帮助受让人掌握受让的技术。

（3）商标许可。商标许可是指商标所有者授予受让人在一定的期限内使用其商标的权利。由于商标涉及企业的商誉，因此，许可方对受让人使用该商标的商品质量有严格的要求，并对使用该商标的商品质量有核准和监督权。

（4）综合许可。即技术的所有者把专利、专有技术和商标的使用权结合起来转让给他人使用。许可证贸易大多属于综合许可，单纯以专利、专有技术或商标为标的的许可交易则很少。

2. 按授权的范围分，可分为普通许可、排他许可、独占许可、分许可和交叉许可

（1）普通许可。普通许可是指许可方将技术和商标的使用权、专利产品的制造权和销售权，授予被许可人在一定的地域或期限内享用。许可方在该地区仍享有上述权利，及将上述权利转让给该地区第三者的权利。

（2）排他许可。排他许可是指许可方将技术和商标的使用权、专利产品的制造权和销售权，转让给被许可方在一定的地域或期限内享用。许可方虽然在该地域内仍享有上述权利，但不得将上述权利转让给该地区的第三者享用。排他许可也称全权许可。

（3）独占许可。独占许可是指许可方将技术和商标的使用权、专利产品的制造和销售权，转让给被许可方在一定的地域或期限内享用，许可方不仅不能在该地域内将上述权利转让给第三者，就连许可方自己在该地域内也丧失了上述权利。

（4）分许可。分许可亦称可转售许可。它是指许可方将其技术和商标的使用权、专利产品的制造和销售权转让给被许可人在一定的地域或期限内享用以后，被许可方还可以将所得到的上述权利转让给其他人使用。

（5）交叉许可。交叉许可又称互换许可。它是指许可贸易的双方将各自所拥有的技术和商标的使用权、专利产品的制造和销售权相互交换，互相许可对方享用其上述权利。交叉许可交易既可以是普通许可，也可以是排他许可或独占许可。

二、技术服务

技术服务是伴随着技术转让而进行的。目前，国际上出现了很多以提供信息、咨询、技术示范或指导为主的技术服务性行业。他们主要是通过咨询服务和人员培训来提供技术服务的。

咨询服务的范围很广，如帮助企业进行市场分析和制定行业发展规划，为项目投资进行投资前可行性研究，为项目施工选择施工机械，对企业购置的设备进行技术鉴定，为大型项目提供设计服务等。人员培训是指技术服务的提供者为生产企业所需的各类技术人员进行专业培训，培训的方法既可以让需要培训的人员到技术服务的提供国接受集中而又系统的培训，也可以由技术服务的提供方派专家到技术服务的接受方所在国进行讲学，或进行实际操作示范。技术服务与许可证贸易不同，它不涉及技术使用权与所有权的转让，而是技术的提供方用自己的技术和劳动技能为企业进行有偿服务。

三、合作生产与合资经营

合作生产指的是两个不同国家的企业之间根据协议，在某一项或某几项产品的生产和销售上采取联合行动并进行合作的过程。而合资经营则是两个或两个以上国家的企业所组成的共同出资、共同管理、共担风险的企业。合作生产与合资经营的区别在于，前者强调的是合作伙伴在某一领域合作中的相互关系，而后者主要强调企业的所有权及其利益的分享和亏损的分担问题。不管是合作生产还是合资经营，技术在合作生产或合资经营过程中实现了转让。在合资经营过程中，一方一般以技术为资本来换取效益和利益，而另一方无论以什么形式的资产为股本，却成为了技术的受让者。合作生产的内容比合资经营更为广泛，既可以是项目合作、开发合作、生产合作，也可以是销售合作。在生产合作的过程中，其中的一方实际上是以获取技术要素为宗旨，以提高其产品质量及增强企业实力为目的。利用合作生产或合资企业经营来引进国外先进技术，已成为世界各国的普遍做法。

四、国际工程承包

国际工程承包也是国际技术转让活动的一种形式。它是指通过国际间的招标、投标、议标、评标、定标等程序或其他途径，由具有法人地位的承包人与发包人之间，按一定的条件和价格签订承包合同，承包人提供技术、管理、材料，组织工程项目的实施，并按时、按质、按量完成工程项目的建设，经验收合格后交付给发包人的一项系统工程。工程承包方式适用于大型的建设项目，如机场、电站和各类生产线的新建或扩建等。这类项目不仅规模大，而且伴随着技术转让问题。在施工中，承包商将使用最新的工艺和技术，并采购一些国家的先进设备，有些项目还涉及操作人员的技术培训，生产运行中的技术指导，以及专利和专有技术的转让。由于目前的国际工程承包活动盛行交钥匙工程及建设—经营—转让（BOT）等方式，这就使国际工程承包中技术转让的内容十分广泛。现在许多国家都想通过国际工程承包活动来带动本国企业的技术改造。

五、补偿贸易

补偿贸易是指在信贷的基础上，一国企业先从国外厂商那里进口技术和设备，然后以回销产品或劳务所得的价款，分期偿还给外商提供的技术和设备的价款。补偿的具体方法大致可分为五种：一种是直接补偿，即以引进技术和设备所生产出的产品返销给对方，以返销所得的价款补偿；第二种是用其他产品补偿，即技术和设备的进口方不是以进口的技术和设备产出的产品，而是以双方约定的其他产品补偿；第三种是以进口的技术和设备产出的产品所获取的收入补偿；第四种是以提供劳务的形式补偿，即技术和设备的进口方以向出口方提供一定量的劳务来补偿其进口技术和设备的价款；

第五种是混合补偿，即技术和设备的进口方一部分以直接产品，一部分以其他产品或现汇或劳务来抵偿进口技术和设备的价款。补偿贸易也是发展中国家引进技术的一种途径。因为在补偿贸易方式下，技术和设备的出口方向进口方提供信贷，这正好解决了急需技术和设备的发展中国家资金短缺的问题。通过补偿贸易，一些老企业得以进行技术改造，填补了进口国的某些技术空白，增强了进口国的出口创汇能力，进而推动进口国技术的进步和经济的发展。

第四节　国际技术贸易的价格与支付

一、技术的价格及其决定因素

（一）技术价格的概念

技术是有价值的，技术的价格也是以技术的价值为依据的，但技术的价格与其价值并不相符。技术的价格实际上是技术的接受方向技术的提供方所支付的全部费用，同时也是双方对超额利润和新增利润的分成。

（二）技术价格的决定因素

不管是什么技术，其价格总是在不断变化的。技术价格的确定及波动幅度一般取决于以下几个因素：（1）技术的研究开发成本，当然研究开发成本高的技术，其价格便较高，否则则较低；（2）技术的市场需求，市场需求大的技术，其价格则较高，否则则较低；（3）技术的成熟程度，引进后便能使用的成熟技术，其价格便较高，引进后还须进一步开发试验才能使用的技术价格则应较低；（4）技术的生命周期，生命周期长的技术价格较高，很快会被淘汰的技术价格较低；（5）支付方式，是一次性支付还是分期付款都会影响价格的高低，前者的价格一般较低，后者的价格一般较高；（6）谈判的策略与技巧也直接影响着技术的价格。

二、技术价格的构成

技术的价格一般由以下三个部分构成：

（1）技术的研究开发成本。这部分成本主要包括研究开发技术时所消耗的物化劳动和活劳动，它大约要占技术价格的 60%～70%。

（2）增值成本。即技术的提供方为转让技术而支付的各种费用，如派出谈判人员、提供资料和样品、培训人员、签订合同、提供技术指导及管理等费用。

（3）利润补偿费，即由于技术的转让使技术的提供方在技术的受让国市场或第三国市场，失去该技术产品的市场份额而蒙受利润损失所应得到的补偿。

三、技术转让费的支付

技术贸易的支付方式与商品贸易有所不同，目前国际上通行的技术转让费的支付方式大致有以下三种：

（一）总付

总付是指双方在签订技术转让合同时，确定一个总价格，然后由受让方一次性或分期支付。这种支付方法虽然价格明确，但由于利润与收益无关，使技术的买方难以得到卖方的技术帮助，从而使技术难以发挥最大的效益。同时也使卖方丧失了因利润增加而获取额外利润的机会。

（二）提成支付

提成支付是双方签订技术转让协议时，不确定技术的总价格，而是规定根据所转让的技术投产后的实际经济效益，在一定的偿付期限内按一定的比例提取技术转让费的一种方式。提成支付可按销售额、利润或产量提成。

（三）入门费加提成费

入门加提成费是总付和提成支付两者相结合的支付方式。它是在双方签订了技术转让协议之后，技术的受让方按协议规定，先向技术的提供方支付一笔款项，即入门费，然后在转让的技术投产以后，按销售额、利润或产量提成支付。入门费加提成费支付是目前国际技术转让中使用最多的一种支付方式。

第五节 知识产权的国际保护

一、保护专利的国际公约

(一)《巴黎公约》

《巴黎公约》是《保护工业产权的巴黎公约》的简称,它 1883 年签订于法国的巴黎,1884 年生效,先后经 6 次修订,最后一次修订是 1967 年的斯德哥尔摩文本。中国于 1985 年 3 月 19 日成为该公约第 95 个成员国。截至 2004 年 7 月,成员国已达 168 个。迄今为止,《巴黎公约》是世界上参加国最多和影响最大的一个保护知识产权的国际公约。它为世界各国在工业产权保护方面提供了一个基本准则。其中保护专利的内容主要体现在以下四大原则中。

(1) 国民待遇原则。国民待遇原则指的是各成员国在保护工业产权方面必须给予其他成员国的国民,平等地享受该国国民能够获得的保护;即使是非成员国,只要他们在公约某一成员国内有住所,或有真实有效的工商营业所,亦应给予相同于本国国民的待遇。

(2) 优先权原则。即缔约国的国民向一个缔约国第一次提出专利和商标权申请后,又在一定的期限内就同一发明和商标向另一缔约国提出申请时,其第二次申请日应视同第一次申请日。发明和实用新型的优先权期限为 12 个月,而商标和外观设计仅为 6 个月。优先权原则的意义在于保护世界上最先提出申请的人。

(3) 专利权独立原则。即一个缔约国对一项发明授予了发明专利,而其他缔约国没有义务必须对同一发明授予专利。此外,任何一个缔约国不能以同一发明在其他缔约国被驳回或宣告无效,而将此发明驳回或宣告无效。这实际上要求各国的专利法彼此独立,互不影响。

(4) 强制许可原则。即自专利申请日起满 4 年或从专利批准日起满 3 年,取得专利权的发明创造,如无其正当理由而没实施或没充分实施,缔约国的专利主管当局有权根据要求,颁发实施该项专利的强制许可,取得强制许可者,在给予专利权人合理的报酬之后，便可以实施该项专利。

（二）《专利合作条约》

《专利合作条约》1970 年签订于华盛顿，1978 年生效，1979年和 1984 年分别进行了两次修改。其成员必须是《巴黎公约》的成员，到 2004 年 12 月 31 日，共有 124 个成员国。中国于 1994 年1 月 1 日正式加入该条约。该条约的主要内容是，在申请人自愿的基础上，一个发明要想在部分或所有缔约国取得保护，通过一次国际申请，便可在部分或所有缔约国获得专利权。这样的国际申请与分别向每一个缔约国提出的保护申请具有同等的效力。

（三）《海牙协定》

《海牙协定》是《工业品外观国际备案海牙协定》的简称。《海牙协定》签订于 1925 年，分别于 1934 年和 1969 年进行过两次修订，其成员必须是《巴黎公约》的成员，截至 2004 年 12 月 31日，已有成员 40 个。该协定的主要内容是，缔约国的任何国民、居民或在其成员国有实际营业所的人，如果想在不同的缔约国取得工业品的外观设计专利，可以直接或按照缔约国的法律通过该国的工业产权局向世界知识产权组织国际局提出外观设计备案。这里讲的备案与注册的含义相同。中国目前还不是该协定的成员国。

（四）《欧洲专利公约》

《欧洲专利公约》签订于 1973 年，1977 年 10 月 7 日生效，其成员到 2005 年 4 月止共有 30 个。该公约规定："一切个人、法人、依法成立的相当于法人的一切团体均能申请欧洲专利。"授予欧洲专利权，并不是一种在一切缔约国统一发生效力的专利权，而是在申请人所指定的一个或几个缔约国发生效力的专利权。根据《欧洲专利公约》建立的欧洲专利局总局设在慕尼黑，在海牙和柏林分别设了两个分局。分局负责欧洲专利申请的初审，而总局则负责实质性审查和专利权的授予。该公约实际上是地区性的跨国"专利授予"公约。

二、保护商标权的国际公约

（一）《巴黎公约》

《巴黎公约》不仅涉及专利权的保护，也涉及商标权的保护，它为世界各国包括专利权和商标权在内的整个工业产权制度的建立奠定了基础。《巴黎公约》涉及商标权保护的主要内容有：

1. 国民待遇原则。见本章本节保护专利权的国际公约中的《巴黎公约》。

2. 优先权原则。见本章本节保护专利权的国际公约中的《巴黎公约》。

3. 共同规则。共同规则是指缔约国必须遵守的规则。涉及商标保护方面的内容主要包括：

（1）缔约国办理商标注册，均按国内法律规定，各自独立。

（2）商标的转让，如按照一个缔约国的法律规定，只有连同该商标所属的厂商或牌号同时转让方可生效。那只有将厂商或牌号在该国的部分连同在该国制造和销售带有被转让的商标的商品专用权一起转让给受让人，才能认为其有效。

（3）对于服务商标也必须给予保护。

（4）禁止在商标上使用缔约国的国旗、国徽、纹章、官方检验印记及政府间国际组织的旗帜、证章、缩写和名称。

（5）对于仿造、模仿或翻译在缔约国已经驰名的商标，则拒绝或撤销注册并禁止使用。

（二）《商标国际注册马德里协定》及《商标国际注册马德里协定有关议定书》

《商标国际注册马德里协定》简称《马德里协定》。它是以《巴黎公约》为基础，在世界知识产权组织的管理下专司国际注册问题的实质性协定。《马德里协定》签订于 1891 年 7 月 14 日，并经过 7 次修改，最后一次修订是 1979 年。这个协定是一个多边的国际条约。该协定的宗旨是在协定成员国间建立商标国际注册的体系，简称为马德里国际注册体系。《巴黎公约》的成员才有资格参加该协定，中国于 1989 年 10 月 4 日成为《马德里协定》的成员国。截至 2005 年 5 月 1 日，《马德里协定》缔约国为 77 个。此外，《马德里协定》的成员国的一些成员国与一些非成员国还于 1989 年 6 月 27 日在西班牙马德里通过了《商标国际注册马德里协定有关议定书》（简称《马德里议定书》），并于 1995 年 12 月 1 日生效，由此组成了马德里联盟。截至 2005 年 5 月 1 日马德里联盟的成员国共有 77 个，其中马德里协定的成员国为 56 个，议定书成员国为 77 个。按《马德里协定》的规定，任何一个缔约国的自然人和法人在所属国办理了某一商标的注册后，如果又要求在其他缔约国得到法律保护，则可向设在日内瓦的国际局申请注册。国际局收到申请即予以公告，并通知申请人要求给予保护的缔约国。被要求保护的缔约国收到通知后在一年内作出是否给予保护的决定。如果在一年内未向国际局提出驳回声明，则该商标被视为已在该国核准注册并予以法律保护。实际上各缔约国只需办理一次注册手续，付一次费用，以法文填写统一的表格，就可取得在两个或两个以上国家的商标注册。

（三）《尼斯协定》

《尼斯协定》是《商标注册用商品与服务国际分类尼斯协定》的简称。该协定于 1957 年 6 月 15 日在法国的尼斯签订，1961 年 4 月 8 日生效，后经 4 次修订，最后一次修订是 1983 年。截至 2004 年 7 月，已有 72 个成员国，参加该协定的成员国必须是《巴黎公约》的成员。《尼斯协定》的主要内容是对商标注册用商品和服务的国际分类做了专门的规定，其中把商品分为 34 类，服务项目分为 8 类。此外，该协定又把各类中的具体商品和服务项目分为 1 万项。《尼斯协定》规定各成员国应当使用该商品和服务国际分类方法，但没强调缔约国必须把它作为唯一的商品和服务的分类方法。《尼斯协定》为商标国际注册提供了一个系统的国际分类表，使商标注册和检索更加方便，同时也有利于对商标的管理。中国曾于 1988 年 11 月 1 日就开始采用国际分类，并于 1994 年 8 月 9 日正式成为《尼斯协定》的成员国。

（四）《维也纳协定》

《维也纳协定》是《商标图形国际分类维也纳协定》的简称。《维也纳协定》虽然签订于 1973 年 6 月 12 日，但由于该协定规定其成员国必须达到 5 个才能生效，所以该协定于 1985 年才生效。《维也纳协定》的签字国虽然有 19 个，但截至 1998 年 9 月 10 日，《维也纳协定》成员国只有古巴、法国、几内亚、吉尔吉斯斯坦、卢森堡、荷兰、波兰、摩尔多瓦共和国、罗马尼亚、瑞典、特立尼达和多巴哥、突尼斯、土耳其等 13 个国家。《维也纳协定》的主要内容是，在《尼斯协定》的基础上，把含有图形的商标进行了分类。其中分为 29 个大类，144 个小类和 1 569 个细目。对图形进行国际统一分类，有利于相同或近似的图形商标进行检索，避免了商标所有人之间的权利冲突。中国虽然未加入《维也纳协定》，但中国在 1988 年采用商品和服务国际分类的同时，已开始采用商标图形的国际分类。

第六章　中国对外技术贸易管理

科学技术的不断进步推动了国际技术贸易的迅速发展。国际技术贸易本身不同于货物贸易的特殊性质，决定了国际技术贸易管理的复杂性，只用一般的货物贸易政策原则来管理技术贸易是不够的。为了更好地管理和规范国际技术贸易，我们有必要制定切实有效的国际技术贸易政策，以促进我国对外贸易的健康发展。本章简要介绍了我国的国际技术贸易政策，在此基础上进一步详述我国的技术进出口管理制度和实践，最后介绍了我国参与知识产权有关的国际组织和条约。通过本章学习，可以了解我国的国际技术贸易政策，重点掌握我国参与知识产权有关的国际组织和条约。

第一节　中国对外技术贸易政策

一、国际技术贸易政策简介

（一）国际技术贸易政策的概念和特点

国际技术贸易政策是指一个国家的政府对技术的输出和输入所作的宏观的、原则性的规定。它反映出一国在一定时期内对国际技术贸易的鼓励、限制和禁止的内容，并对此制定一系列进出口法令、条例和规章等。它具有一般国际货物贸易政策的性质，即处理国与国之间各种生产要素的合理分配关系，又有其自身特点，主要体现在以下方面：

（1）国际技术贸易政策既处理国家间的技术活动，又与其他社会活动相关联；既要符合科学技术本身的发展规律，又要受经济、法律的约束；既受生产力水平的影响，又受生产关系性质的制约。

（2）国际技术贸易政策中，"国家意志"因素的影响不可忽视。目前，国际上绝大多数的先进和尖端高新技术被少数发达国家所掌握，这些国家根据国家安全原则并出于经济长远利益的考虑，因此使得"国家意志"在国际技术贸易政策中具有举足轻重的作用，尤其表现在对尖端军事技术和高新技术的政策中。

（3）高新技术及其产品贸易政策在国际技术贸易政策中日趋处于主导和核心地位。经济全球化条件下，随着科学技术的迅猛发展，新材料、新能源的开发和应用，传统的国际贸易结构正在发生巨大改变。各国之间的竞争越来越多地表现为技术，尤其是高新技术的竞争。20世纪50年代，日本在经合组织国家高技术产品的出口中的比重仅为1.85%，而到2000年，这一比重已增加到21.3%。高新技术产业的快速增长，大大推动了高新技术产品对外贸易的发展，全球高新技术产品市场无论是从广度上还是从深度上都产生了飞跃，高新技术产业贸易日益蓬勃发展，即使在20世纪90年代全球经济衰退时期，高新技术及产品出口也呈加速发展之势。据统计，20世纪90年代以来，世界高新技术产业出口年增长率在10%以上，比中低技术和低技术产业出口年增长速度高5～6个百分点。同时，世界制造业出口结构也由此产生重大变化，高新技术产业在制造业出口总额中的份额呈加速增长趋势，到2002年约占制造业出口总额的1/4。这表明高新技术及其产品贸易已经成为国际技术贸易新的增长点，其贸易政策在整个国际技术贸易政策体系中日趋处于主导和核心地位。

（4）国际技术贸易政策将随着国家经济发展总方针、国家科学技术发展情况以及国外环境的变化而调整，因为只有这样才能保持技术贸易政策的稳定性和连续性，才能保证实现国家发展战略目标。

（二）国际技术贸易政策的作用

第二次世界大战以后，随着科学技术的蓬勃发展，生产力水平不断提高，国际贸易已不仅仅限于一般的货物贸易，国际技术贸易也迅速发展起来。由于国际技术贸易本身不同于货物贸易的特殊性质，如贸易标的的复杂性、贸易双方当事人的微妙关系等，决定了技术贸易管理的复杂性，只用一般的货物贸易政策原则来管理技术贸易是不够的，因此，为了更好地管理和规范国际技术贸易，有必要制定切实有效的国际技术贸易政策，以促进对外贸易的健康发展。概括起来，国际技术贸易政策的主要作用有以下三个方面：

（1）鼓励先进技术的引进，从而降低技术开发费用，培养本国技术人才，缩短与技术先进国家的技术水平差距。技术落后的发展中国家可以凭借后发优势，通过吸收、转化世界先进科学技术，追赶发达国家技术前进的脚步，并实现本国的产业结构升级和优化。如在中美技术贸易中，美国航空工业技术与计算机技术的转让，加速了我国航空制造领域和计算机领域的产业化过程。又如日本，据统计，成功的技术引进使日本节约了 2/3 的研究开发时间和 90% 的研究开发费用。

（2）根据国家和地区的经济发展目标，合理分配资源，针对不同的发展时期采取不同的技术贸易政策。以韩国为例，20 世纪 60 年代，韩国的工业基础十分薄弱，然而到 90 年代却一跃成为亚洲"四小龙"之一，与其国家重视先进技术的引进政策是密不可分的。30 年间，韩国根据本国经济发展战略，大致经历了三个阶段的技术引进：20 世纪 60 年代，发展和完善基础设施，主要适应和修改引进技术；到 70 年代，技术引进进入成熟阶段，开始转向模仿国外先进技术以逐渐替代引进技术；到 80 年代，发展知识密集型产业，开始同外国进行双边技术交流与合作，拥有了自身的技术开发与研究能力。经历了上述三阶段的技术引进，韩国与先进技术国家的技术差距不断缩短，直至研究应用本国先进技术，最终实现了经济的腾飞。

（3）国家通过制定国际技术贸易政策，限制甚至禁止重要技术的出口。如美国通过制定《出口管理法》等相关法令，对高新技术的出口设置种种障碍，以达到其限制先进技术向国外转移的目的。

（三）国际技术贸易政策的类型

从世界各国的政策实践来看，通常采用的国际技术贸易政策有如下三类：

（1）国际技术贸易鼓励政策。随着国际技术贸易的不断发展，虽然不同国家的技术水平差异很大，但无论是技术先进国家还是技术落后国家，都采取了一定的鼓励性对外技术贸易措施，以鼓励本国经济个体参与国际技术贸易。所不同的是，技术领先的发达国家偏重于通过税收、财政和信贷等优惠政策方式鼓励国内的成熟技术出口，而技术相对落后的发展中国家则努力通过改善投资环境等方式，鼓励先进技术的引进和国内的消化吸收。

（2）国际技术贸易限制政策。对技术贸易的限制政策包括对技术引进的限制和对技术出口的限制。因为发达国家多是技术出口，所以一般侧重于技术出口限制。对技术出口国来说，虽然技术贸易本身可以给技术转让方带来一定的经济效益，但同时也给技术转让方培养了潜在的竞争对手，所以，为了保持自身的技术优势，发达国家常常制定一些限制性国际技术贸易政策。对发展中国家而言，为了有选择地引进和高效的利用所需技术，也会制定某些限制性国际技术贸易政策来规范技术的引进。

（3）国际技术贸易禁止政策。国际技术贸易禁止政策主要是针对有关军事等尖端技术的出口，一般国家出于国家安全等方面的考虑都会严格控制此类尖端技术的出口。

二、中国的对外技术贸易政策

改革开放以来，我国在对外贸易领域，国际技术贸易发展较为迅速，国家鼓励有利于我国产业结构调整和升级的技术的引进，促进了我国经济的发展。随着市场经济的建立，规范市场的法律法规不断建立健全，为了促进我国对外技术贸易的健康发展，自 1979年以来，我国制定了一系列技术引进和技术出口方面的贸易政策，这些政策注意吸收消化先进技术，并扶植和建立具有出口竞争能力的工业项目。概括起来，我国技术贸易政策的主要原则包括：

1. 在平等互利的基础上，积极开展并不断扩大与世界各国的经济合作

在国际技术贸易中，我国一直遵守国际规范和国际惯例，依法保护知识产权，以维护合作各方的合法权益。具体地说，我国引进并学习别国的先进技术与经验，推动本国经济的发展；积极鼓励开

拓技术出口市场，参与国际经济合作。例如，我国与多个国家签署了与国际技术贸易有关的条约，以促进双边和多边技术贸易。如：1992年1月17日，中美两国政府代表在华盛顿签署了《中华人民共和国政府与美利坚合众国政府关于保护知识产权的谅解备忘录》，以协调中美两国间技术贸易中存在的知识产权问题。

2. 采用技术贸易多元化策略，多渠道筹集资金，并以多种灵活的方式开展对外技术贸易

（1）通过多渠道筹集外汇，支持对外技术贸易的发展。在技术引进方面，积极利用外国政府贷款、混合贷款、出口信贷、国际金融组织贷款及商业贷款，保证国家经济发展急需的重点项目的技术引进，搞好现有国有大中型企业的技术改造，完善已引进技术的配套项目，国家为其优先安排资金并实行优惠利率。在技术出口方面，国家实行国际上通行的扶持技术出口的信贷政策，并制定有关的配套政策，建立技术出口信贷和风险基金。

（2）采用灵活多样的方式开展技术贸易。在技术引进方面，采用许可贸易、合作生产、技术服务和咨询等方式，不断开拓技术引进的新领域和新方式，实现由利用外汇和国外贷款引进的单一模式向包括技术合作、科技交流、利用外资、对外融资的等在内的复合型模式的转变；除了传统的工业技术许可和转让方式外，还应有选择地对一些基础设施项目采取国际BOT等新的引进方式，采用特许专营等新方式引进国外先进的管理方法和经验。在技术出口方面，鼓励成套设备出口和到国外投资办厂并摸索国际BOT方式等。

（3）引进方面要拓宽引进技术国别，防止过分依赖某些单一渠道，导致少数国家的技术垄断和苛刻的转让条件；在出口方面要以亚太国家和发展中国家为重点，积极开拓新的国际市场。

3. 不断扩大技术贸易的规模

在技术引进上，要加大引进力度，扩大引进规模，优化引进结构，不断提高产品设计、工艺、制造和管理等软件技术的比重，加强对引进技术的消化吸收，实现技术引进增长的集约化，用有限的外汇换回尽可能多的先进技术和设备；要由全面引进转向开放式引进，根据具体情况确定是引进整机装配技术、部件技术，还是零配

222

件和元器件技术，以直接参与国际分工为基点，逐步使我国技术密集型产业成为国际产业技术链条的重要一环，避免"引进—国产化—落后—再引进"的恶性循环；同时应以技术密集战略产业的技术为引进重点，实施向战略产业倾斜的技术引进战略。在技术出口方面，要大力发展高新技术出口，走"贸工技银"结合的集约化经营的道路；要把外贸公司拥有的国际市场商品信息优势、科研部门拥有的科技成果优势和生产厂家把成果转化为产品的生产优势有机结合起来，建立贸工技联合体，参与国际竞争，扩大技术出口。

4. 以法律、经济手段加强宏观管理和协调

继续扩大企业引进和出口技术的经营自主权，国家主要以法律、经济手段实行宏观调控，规定鼓励允许、限制和禁止的技术贸易项目；做好对重大技术项目的管理协调工作，采取有效措施防止进出口问题的出现；加强信息引导和信息服务，及时掌握国际技术贸易信息。

5. 利用税收、财政等优惠政策来促进对外技术贸易的发展

在技术引进方面，对开展技术贸易的企业，实行税收优惠政策，实行与技术成分挂钩的政策，根据技术引进合同中技术的含量，确定减征、免征合同中设备进口关税的幅度；对我国重点、优先发展领域的技术引进给予减征或免征所得税的待遇。在技术出口方面，为发展技术、成套设备和高新技术产品需进口的原材料、零部件，按来料加工的有关规定享受优惠待遇。

6. 注重引进吸收，以引进推动国内技术的开发和利用

引进重点是以软件技术为主，而不再是成套设备的引进，从而提高我国技术能力和技术水平以避免过分依赖进口；更多地强调引进适用技术，即引进与我国需要，包括资源状况，基础设施及技术水平相适应的技术，加强原有企业的设备改造，同时优先发展能扩大出口创汇能力的项目，增强出口竞争力；同时强调引进技术的"兼容能力"，即要考虑引进技术与原有设备的配套使用，更好发挥潜在能力，以此带动一个地区或一个工业部门的兴起和发展。

国际技术贸易在我国是一项新兴而又重要的贸易方式，我国将根据国家经济发展及技术贸易发展的总体规划及战略目标，并借鉴

国外成功经验，进一步完善对国际技术贸易的扶植政策和措施，以促进我国对外技术贸易健康快速的发展。

第二节　中国国际技术贸易管理

国际技术贸易涉及我国政治、经济、生产、金融、技术、法律及国家发展战略和政策等多个方面，所以，为了保证对外技术贸易的健康发展，维护技术进出口的经营秩序，规范技术进出口的经营行为，我国制定了一系列有关技术进出口的法令法规，对我国国际技术贸易进行管理。

一、中国技术进出口管理制度

1950 年我国技术贸易开始起步，20 世纪 60 年代初，国家通过对外经济技术援助和国际科技合作向一些发展中国家出口技术，并从发达国家引进先进技术。20 世纪 80 年代以后，我国通过技术贸易途径出口的技术越来越多，为规范技术进出口行为，国家先后制定了有关的技术进出口管理制度，并随形势的不断发展对其中某些规定做了新的修订。1985 年 5 月 24 日，国务院发布了《中华人民共和国技术引进合同管理条例》；1988 年 1 月 20 日，外经贸部发布了《中华人民共和国技术引进合同管理条例实施细则》；1996 年3 月 22 日发布了《中华人民共和国技术引进和设备进口贸易工作管理暂行办法》（以下简称《暂行办法》）。

中国加入世界贸易组织（WTO）以后，为履行作为 WTO 成员的义务，国务院于 2001 年 10 月 30 日通过了《中华人民共和国进出口管理条例》（以下简称《进出口管理条例》）；2001 年 12 月30 日，外经贸部与国家经贸委（现合并为商务部）又发布了《中华人民共和国禁止进口限制进口技术管理办法》和《中华人民共和国技术进出口合同登记管理办法》，外经贸部与科学技术部发布了《中华人民共和国禁止出口限制出口技术管理办法》，上述法规均从 2002 年 1 月 1 日起施行。与此同时，过去的技术进出口管理条例及实施细则全部废止。

224

除上述专门法规外，其他涉及国际技术贸易管理的主要法规还有：

1.《中华人民共和国对外贸易法》（以下简称《对外贸易法》）第三章和第五章都对技术进出口作了规定

2004年，为了履行我国入世有关承诺，充分运用世贸组织规则促进我国对外贸易健康发展，对原《对外贸易法》进行了最新修订。新的《对外贸易法》中与国际技术贸易有关的修改内容主要包括：

第一，自然人首次获得对外贸易经营权。原外贸法有关"对外贸易经营者"的规定存在缺陷。

其一，规定了外贸经营许可制度，使多数大中型的生产和流通企业被排除在国际贸易和商业竞争之外；

其二，对内、外资企业制定了两套独立的规定，使得内、外资企业处在不平等的竞争地位；

其三，限定外贸经营者只能是"从事外贸经营活动的法人和其他组织"，将自然人排除在外。

根据我国入世承诺的国民待遇原则，既然外国的自然人能在中国从事外贸活动，中国自然人也应该同样可以在本国从事外贸活动。特别是在国际技术贸易中，我国自然人从事对外贸易经营活动的现象已经大量存在。因此，新外贸法规定，从2004年7月1日起，除了法人和其他组织外，个人也可以从事对外贸易经营活动。

第二，新外贸法开放了技术贸易的外贸经营权，将授权审批制改为依法登记制，放开了国内企业的进入门槛，消除了外商投资企业权限获得上的"超国民待遇"。修订前的外贸法规定，从事技术进出口的对外贸易经营，必须具备相应条件，并经国务院对外经济贸易主管部门许可。新外贸法将这一款修改为：对外贸易经营者经依法登记后可以从事技术进出口贸易。此规定不仅符合我国加入世贸组织后3年内取消对外贸易权的审批、放开技术贸易的外贸经营权的承诺，而且减少了限制，简化了审批手续。

第三，加强了与对外贸易有关的知识产权保护。与贸易有关的知识产权是世贸组织三大支柱之一，越来越多地成为各主要贸易国家维护国家利益的重要手段，而原外贸法中并没有对知识产权保护做出明确的规定。在关税壁垒基本消除后，知识产权壁垒和技术性壁垒、绿色壁垒等一起，已经构成西方发达国家限制对外贸易的重要而有效的手段。目前在对外技术贸易中涉及知识产权的纠纷越来越突出，为此新外贸法中增加了"与贸易有关的知识产权保护"一章，通过实施贸易措施，防止侵权产品进口和知识产权权利人滥用权利，并在知识产权对等保护问题上引进了贸易调查措施。

2. 海关关于知识产权的立法：《中华人民共和国知识产权海关保护条例》

据统计，自 1994 年 9 月 6 日深圳皇岗海关查获第一起侵犯知识产权案件起至 2004 年年底，全国海关在进出境环节查获侵犯知识产权案件约 4 300 起，平均每天 1 起。据海关统计，在加入 WTO 后的 2001 年至 2004 年的 4 年时间内，中国海关查获侵犯商标权的案件数分别为 235、557、741、1 009 起，几乎以年均 50% 的幅度增长。

因此，为了实施知识产权海关保护，促进对外经济贸易和科技文化交往，维护公共利益，根据《中华人民共和国海关法》，在 1995 年制定的法律基础上，国家于 2003 年 11 月 26 日制定了新的《中华人民共和国知识产权海关保护条例》（以下简称《知识产权海关保护条例》），2004 年 3 月 1 日开始执行。新的《条例》强化了海关调查的权利和责任，减少了对知识产权权利人申请海关保护的限制，权利人要求海关扣留侵权嫌疑货物的，可以不需事先向海关总署办理知识产权海关保护备案，并放宽了对担保的要求，权利人提供担保的方式不再局限于担保金，允许扩大到银行保函等其他担保方式。

新条例对知识产权的保护规定有：

第一，国家依照有关知识产权的法律、行政法规，保护与对外贸易有关的知识产权。

第二，进口货物侵犯知识产权，并危害对外贸易秩序的，国务院对外贸易主管部门可以采取在一定期限内禁止侵权人生产、销售的有关货物进口等措施。

第三，知识产权权利人有阻止被许可人对许可合同中的知识产权的有效性提出质疑、进行强制性一揽子许可、在许可合同中规定排他性返授条件等行为之一，并危害对外贸易公平竞争秩序的，国务院对外贸易主管部门可以采取必要的措施消除危害。

第四，其他国家或者地区在知识产权保护方面未给予中华人民共和国的法人、其他组织或者个人国民待遇，或者不能对来源于中华人民共和国的货物、技术或者服务提供充分有效的知识产权保护的，国务院对外贸易主管部门可以依照本法和其他有关法律、行政法规的规定，并根据中华人民共和国缔结或者参加的国际条约、协定，对与该国家或者该地区的贸易采取必要的措施。

第五，知识产权权利人可以依照本条例的规定，将其知识产权向海关总署申请备案。

申请备案的，应当提交申请书。申请书应当包括下列内容：知识产权权利人的名称或者姓名、注册地或者国籍等；知识产权的名称、内容及其相关信息；知识产权许可行使状况；知识产权权利人合法行使知识产权的货物的名称、产地、进出境地海关、进出口商、主要特征、价格等；已知的侵犯知识产权货物的制造商、进出口商、进出境地海关、主要特征、价格等。如果规定的申请书内容有证明文件的，知识产权权利人应当附送证明文件。海关总署应当自收到全部申请文件之日起 30 个工作日内做出是否准予备案的决定，并书面通知申请人；不予备案的，应当说明理由。

有下列情形之一的，海关总署不予备案：申请文件不齐全或者无效的；申请人不是知识产权权利人的；知识产权不再受法律、行政法规保护的。

海关发现知识产权权利人申请知识产权备案未如实提供有关情况或者文件的，海关总署可以撤销其备案。

知识产权海关保护备案自海关总署准予备案之日起生效，有效期为 10 年。

知识产权有效的，知识产权权利人可以在知识产权海关保护备案有效期届满前 6 个月内，向海关总署申请续展备案。每次续展备案的有效期为 10 年。

知识产权海关保护备案有效期届满而不申请续展或者知识产权不再受法律、行政法规保护的，知识产权海关保护备案随即失效。

备案知识产权的情况发生改变的，知识产权权利人应当自发生改变之日起 30 个工作日内，向海关总署办理备案变更或者注销手续。

3. 其他与知识产权具体内容管理有关的法律

如《中华人民共和国专利法》（以下简称《专利法》）《中华人民共和国商标法》（以下简称《商标法》）《中华人民共和国著作权法》（以下简称《著作权法》）等。

二、当前中国技术贸易管理实践

（一）我国技术贸易的管理部门

根据《技术进出口管理条例》规定，商务部依照《对外贸易法》和该条例的规定，负责全国的技术进出口管理工作。省、自治区、直辖市人民政府外经贸主管部门根据商务部授权，负责本行政区域内的技术进出口管理工作。国务院有关部门按照国务院规定，履行技术进出口项目的有关管理职责。

（1）依照《对外贸易法》，商务部在进出口管理方面履行以下职责：

①拟订和执行对外技术贸易的政策、管理规章和鼓励技术出口政策；

②拟订高新技术产品出口目录和国家禁止、限制进出口技术目录；

③管理技术和高新技术产品的出口，管理技术引进和国际招标；

④拟订和执行国家技术出口管制政策，颁发与技术防扩散出口相关的出口许可证；

⑤组织多边和双边工业技术合作；

⑥负责外经贸科技发展、技术进步等事务。

（2）省、自治区、直辖市人民政府外经贸主管部门根据商务部的授权，负责本行政区域内的技术进出口管理工作。由于国家实行统一的对外贸易制度，所以省一级的地方政府对技术进出口的管理，仅能根据商务部的授权，并仅能在授权的职责范围内进行管理，而且只能在本行政区域内从事管理工作。省一级的地方政府经商务部授权后，可以独立地负责技术进出口管理工作，以自己的名义行使行政权力并承担行政责任。

（3）其他技术进出口管理部门。除商务部以外，对技术进出口具有部分管理职责的部门还有国家计委、科技部、外交部等。

（二）我国对技术进出口管理的基本原则

根据《对外贸易法》和《技术进出口管理条例》的规定，我国对技术进出口管理的基本原则是：

（1）国家统一管理原则。国家对技术进出口实行统一管理，依法维护公平、自由的技术进出口秩序。

（2）符合国家政策原则。技术进出口应当符合国家的产业政策、科技政策和社会发展政策，有利于促进我国科技进步和对外经济技术合作的发展。

（3）自由进出口原则。国家准许技术自由进出口，但是法律、行政法规另有规定的除外。

（三）我国对技术进出口的管理

1. 我国对技术引进的管理

我国对技术引进的管理主要是通过将其纳入国家经济技术发展的统一规划，并根据国家的政策所制定的有关法令法规，对技术引进项目及其合同实行管理。

（1）现阶段，我国技术引进的基本原则和政策

①技术引进必须从我国的国情、国力、特点和条件出发，结合国民经济各产业部门的技术结构、发展特点来选择引进技术的基础和方式，这是技术引进的一项基本原则。

②技术引进首先要保证建立在国家经济发展急需的基础上，同时又结合经济体制改革，以利于搞活大中型企业。

③注重对引进技术的消化吸收和推广创新，并使之国产化。

④进一步完善技术引进的市场战略，坚持多方位引进技术。提倡以多种形式引进技术，特别是要注重以技术许可贸易、技术服

务、顾问咨询、合作生产、合作设计以及关键设备的引进等方式开展工作，增加引进项目中技术软件的比重，控制成套设备的进口。

⑤在引进技术的同时引进先进的管理方法。

⑥利用多渠道筹集外汇资金，引进先进和适用技术。

⑦利用税收杠杆，对有些项目的技术引进实行税收优惠政策。

（2）我国技术引进的程序

第一阶段：技术进口交易的准备。

这一阶段的工作包括引进技术项目的立项和可行性研究，其主要内容包括：

①技术引进企业制订进口技术的计划，报有关政府主管部门审查批准；

②进口技术的计划获得批准后，技术引进企业编制进口技术项目建议书，报有关政府主管部门审查批准；

③项目建议书获得批准后，技术引进企业编制可行性研究报告，报有关政府主管部门审查批准；

④可行性研究报告获得批准后，技术引进企业便可以进行正式的技术询价和谈判，若企业无进出口经营权，则需办理委托有经营权的外贸公司代理办理进口有关技术。

第二阶段：对外谈判并签订合同。

这一阶段主要包括以下主要工作：

①正式对外询价，对技术和价格等有关因素进行综合分析；

②技术谈判，进一步了解技术的内容和技术供方的意图；

③商务谈判，在技术谈判的基础上进行有关商业内容的谈判；

④商签合同，在按照有关法律的规定向审批机关办理审批手续后，进出口双方按照谈判的结果签订合同。

第三阶段：履行合同。

技术引进合同批准后，受方应统筹安排，加强与供方协调，按照合同的规定，按时按质履行合同。在这一过程中，需要完成以下工作：

①供方交付技术资料，受方支付入门费；

②受方派技术人员赴供方培训；

③供方交付机器设备、生产线，货到后受方提货及报验；

④供方派技术人员，协助受方安装技术设备，帮助受方掌握技术；

⑤投料试生产，供方和受方按照合同规定的技术标准验收，并签署验收报告；

⑥受方支付合同价款；

⑦争议的解决、索赔等。

以上三个阶段中，为维护我方利益，根据我国实践经验并参考一些国家的立法，我国规定，引进合同中不得含有下列不合理的限制性条款：

①要求受方接受同技术引进无关的附带条件，包括购买不需要的技术、技术服务、原材料、设备或产品；

②限制受方自由选择从不同来源购买原材料、零部件或设备；

③限制受方发展和改进所引进的技术；

④限制受方从其他来源获得类似技术或与供方竞争的同类技术；

⑤双方交换改进技术的条件不对等；

⑥限制受方利用引进的技术生产产品的数量、品种或销售价格；

⑦不合理地限制受方的销售渠道或出口市场；

⑧禁止受方在合同期满后，继续使用引进的技术；

⑨要求受方为不使用的或失效的专利支付报酬或承担义务。

同时，对外商投资企业，外方以技术作为投资的，该技术的进口应按照外商投资企业设立审批的程序进行审查或者办理登记。

另外，在技术引进合同的履约过程中涉及税收和用汇问题，分别统一由国家税务总局（涉及关税的由海关总署）和国家外汇管理局负责解决和管理。

（3）我国对进口的技术的管理分类

我国对技术引进分三类管理：

第一类：鼓励进口的技术，也称自由进出口的技术。

依照《技术进出口管理条例》第七条规定："国家鼓励先进、

适用的技术进口。"这一鼓励技术进口的规定，有以下三方面内容：

①我国鼓励先进、适用的技术进口，是为了促进工农业科学技术水平的提高。引进国外先进、适用的技术，是一个国家推动科技创新、发展高科技的捷径，有利于推动国内企业在较高水平上实现技术跨越，企业可以直接利用国外先进的技术、工艺、生产模式和经营管理方式，提高产品质量，开发生产新产品，提供新服务，增强市场竞争力；有利于把自主研究开发与引进、消化吸收国外先进、适用的技术，促进技术集成、融合、升级和提高，形成更多的自主知识产权，推动国家整体技术水平的飞跃。

②关于先进、适用的技术并没有明确的定义，根据我国多年的技术贸易管理实践，形成了一定的判断标准：有利于发展高新技术，生产先进产品；有利于提高产品质量和性能，降低生产成本，节约能耗；有利于改善经营管理，提高科学管理水平；有利于产业结构优化升级；有利于充分利用本国资源、保护生态环境和人民健康；有利于扩大产品出口、增加外汇收入。技术贸易主管部门规定的先进、适用技术必须符合上述一项以上标准。

1997年7月4日国家科委、国家工商行政管理局联合发布的《关于以高新技术成果出资入股若干问题的规定》将高新技术界定在下列范围之内：

微电子科学和电子信息技术；

空间科学和航空航天技术；

光电科学和光机电一体化技术；

生命科学和生物工程技术；

材料科学和新材料技术；

能源科学和新能源、高效节能技术；

生态科学和环境保护技术；

地球科学和海洋工程技术；

基本物质科学和辐射技术；

医药科学和生物医学技术；

另外，还包括其他在传统产业基础上应用的新工艺、新技术。

③鼓励措施

第一，对于技术进口经营者免征关税和进口环节增值税。根据《国务院关于调整进口设备税政策的通知》，对符合《外商投资产业指导目录》鼓励类和限制乙类，并转让技术的外商投资项目，除《外商投资项目不予免税的进口商品目录》所列商品外，按照合同随所需进口的自用设备而进口的技术，免征关税和进口环节增值税；对符合《当前国家重点鼓励发展的产业、产品和技术目录》的国内投资项目，除《国内投资项目不予免税的进口商品目录》所列商品外，按照合同随所需进口的自用设备而进口的技术，免征关税和进口环节增值税。

第二，对于外国技术转让人减征、免征预提所得税。依照《中华人民共和国外商投资企业和外国企业所得税法》规定，外国企业取得的来源于中国境内特许权使用费，应当缴纳20%的所得税，由支付人预提代缴。但是，为科学研究、开发能源、发展交通事业、农林牧业生产以及开发重要技术提供专有技术所取得的特许权使用费，经国务院税务主管部门批准，可以减按10%的税率征收所得税，其中技术先进或者条件优惠的，可以免征所得税。

同时，根据有关规定，进口属于自由进出口的技术，应当向国务院对外贸易主管部门或者其委托的机构办理合同备案登记。我国对自由进出口技术合同实行网上在线登记管理，自由进出口技术合同自依法成立时生效。对重大项目的技术引进，商务部进行登记管理。所谓重大项目是指项目资金来源中含有国家财政预算内资金、外国政府贷款、国际金融贷款的项目以及国务院立项批准的项目。技术进口经营者在合同生效后，在中国国际电子商务网上进行登记，并持有关文件到商务部履行登记手续。商务部在收到上述文件起3个工作日内，对合同登记的内容进行核对，并向技术进口经营者颁发《技术进口合同登记证》。各省、自治区、直辖市和计划单列市外经贸主管部门对重大项目以外的自由进出口技术合同进行登记管理。

第二类：限制进口的技术，采用进出口许可证制度的管理。

《技术进出口管理条例》第十条规定："属于限制进口的技术，实行许可证管理；未经许可，不得进口。"我国对限制进口的技术，实行许可证管理。

《对外贸易法》规定：属于下列情形之一的技术，国家可以限制进口：

①为维护国家安全、社会公共利益或者公共道德，需要限制进口的；

②为保护人的健康或者安全，保护动物、植物的生命或者健康，保护环境，需要限制进口的；

③为建立或者加快建立国内特定产业，需要限制进口的；

④对任何形式的农业、牧业、渔业产品有必要限制进口的；

⑤为保障国家国际金融地位和国际收支平衡，需要限制进口的；

⑥依照法律、行政法规的规定，其他需要限制或者禁止进口的；

⑦根据我国缔结或者参加的国际条约、协定的规定，其他需要限制进口的。

第三类：禁止进口或出口的技术，国家严禁进口或出口。

《对外贸易法》规定，下列技术，国家禁止进口：

①为保护人的健康或者安全，保护动物、植物的生命或者健康，保护环境，其他需要禁止进口的；

②依照法律、行政法规的规定，其他需要禁止进口的；

③根据我国缔结或者参加的国际条约、协定的规定，其他需要禁止进口的。

同时，《对外贸易法》还规定，国家对与裂变、聚变物质或者衍生此类物质的物质有关的货物、技术出口，以及与武器、弹药或者其他军用物资有关的出口，可以采取任何必要的措施，维护国家安全。

（4）我国在技术引进中应该注意的问题

①引进技术的消化、吸收不够，创新能力不强。近几年来，我国的技术贸易政策为技术贸易的发展提供了较为完善和宽松的环境，在引进先进技术方面也投入了大量的人力、物力和财力。但实践中出现了很多问题。如一些技术引进项目的负责人只注重"引

234

进"，而对于引进技术的组织计划，以及使其发挥最大效用方面重视不足，导致了许多项目吸收缓慢，国产化程度低，发挥不了预期的作用，造成巨大的浪费。

②宏观调控力度不够，重复引进现象严重。由于我国在制定引进政策中，宏观调控不力，审批把关不严，缺乏权威性的引进规划和综合性、全面性分析论证，加之体制上条块分割以及长官意志作梗等原因，导致一些技术设备盲目进口和重复引进，不仅花费了大量外汇，加剧了国家建设资金的紧张，更为严重的是使国内的机器制造能力闲置，技术水平得不到提高，限制了民族工业及制造科技的发展。

③有些限制政策实施不力。许多单位对技术贸易政策研究不够，不懂国际惯例，不了解国家技术市场，引进技术费用偏高，有时甚至引进已经过时的技术，造成资源的浪费。

④增设科技咨询及技术教育政策。发展中国家在制定技术贸易政策时普遍侧重"引进技术"，而发达国家却不仅重"引进"，而且还重视科技咨询及技术教育。

2. 我国对技术出口的管理

（1）现阶段，我国技术出口的基本原则和方针

①技术出口要严格遵守国家的法律，符合国家安全的需要和外交政策、不得危害国家安全和公共利益。

②积极鼓励开拓技术出口。

③走"贸工技银"结合的科技兴贸道路。

④国家主要运用法律、经济手段对技术出口贸易进行宏观调控，制定禁止、限制、鼓励技术出口项目的不同类别，实行不同的管理措施。

⑤遵守国际规范的惯例，保护知识产权，严禁承担不出口义务的引进技术的再出口。

⑥技术出口要符合我国外贸和科技政策、有利于我对外贸易和国际经济合作的发展，推动科学技术的进步。

（2）我国技术出口的程序

国际技术出口程序大致可分为三个阶段：

第一阶段：技术出口项目的立项批准，主要包括技术出口项目的可行性研究和报主管部门批准。

按照规定，我国实行技术自由进出口的原则，但对某些技术实行限制或禁止进口或出口；国务院对外经济贸易主管部门或者其会同国务院有关部门，根据相关法律规定，制订、调整并公布限制或者禁止进出口技术目录，对限制进出口的技术实行许可证管理。

第二阶段：谈判与签约，其内容主要包括技术询价和报价，技术谈判和商务谈判，以及接受与签订合同。

第三阶段：合同的履行，其内容主要包括技术资料的准备与交付，对受方人员的技术培训，派技术人员赴受方进行技术指导和技术项目验收，合同有关的机器设备及其他物料的准备和交付，合同价款的收汇等。

（3）我国对技术出口的分类管理

我国对技术出口分三类管理：

第一类，鼓励出口的技术，即自由出口的技术。

《技术进出口管理条例》第30条规定："国家鼓励成熟的产业化技术出口。"对属于自由出口的技术，实行合同登记管理，合同自依法成立时生效，不以登记为合同生效的条件。

进入21世纪，随着经济、贸易全球化深入发展和我国加入WTO，我国对外贸易发展事业步入新阶段，迫切需要进一步增加成熟的产业化技术出口，并以此带动高技术含量、高附加值的机电产品和成套设备出口的比重，以适应国际竞争的新形势，使我国对外技术贸易获得更好发展。目前，我国已拥有大量成熟的技术，其中不少已经达到世界先进水平。鼓励成熟的产业化技术出口，不仅可以进一步促进技术开发，还可以通过转让技术带动我国生产线、成套设备的出口，扩大技术出口规模。因此，国家鼓励成熟的产业化技术出口，并采取了一定的鼓励措施：

①税收优惠政策。我国鼓励成熟的产业化技术及相关设备、高新技术产品的出口，在税收方面的优惠政策主要是出口退税。

②政策性金融手段。国家利用符合国际惯例的政策性金融手段，主要成立中国进出口银行，通过开展出口卖方信贷、出口信用

保险等业务，为成熟的产业化技术及其相关设备、高新技术产品的出口提供充足的所需资金和政策性贷款，支持成熟的产业化技术及以大型成套设备为龙头的机电产品和高新技术产品的出口。此外，依照我国《对外贸易法》的规定，国家根据对外贸易发展的需要，逐步建立和完善为对外贸易服务的金融机构，设立对外贸易发展基金、风险基金，以促进成熟的产业化技术出口。

例如，为了促进软件出口，国家已明确规定：

①注册资金在100万元人民币以上（含100万元人民币）的软件企业，可享有软件自营出口权。并向商务部申请设立境外分支机构。

②软件出口企业可向外经贸主管部门申请中小企业和国际市场开拓资金，以扩大软件出口和开拓国际市场。

③鼓励软件出口型企业通过GB/T19001-2000质量管理体系认证和专门针对软件行业的CMM（能力成熟度模型）认证，并可申请相应的认证费用资助。

④软件出口企业将在信贷，出口信用保险，税收和结汇等方面获得相应的政策优惠。

⑤在软件出口管理方面，将由中国电子商务中心的Moftec网站上设立的《软件出口合同在线登记管理中心》，实现软件出口合同的在线登记管理，并由中国机电产品进出口商会和中国软件行业协会共同负责协调和维护软件出口的秩序。

第二类，我国限制出口的技术。

《对外贸易法》规定，属于下列情形之一的技术，国家可以限制出口：

①为维护国家安全、社会公共利益或者公共道德，需要限制出口的；

②为保护人的健康或者安全，保护动物、植物的生命或者健康，保护环境，需要限制出口的；

③为实施与黄金或者白银进出口有关的措施，需要限制出口的；

④国内供应短缺或者为有效保护可能用竭的自然资源，需要限制出口的；

⑤输往国家或者地区的市场容量有限，需要限制出口的；

⑥出口经营秩序出现严重混乱，需要限制出口的；

⑦依照法律、行政法规的规定，其他需要限制出口的；

⑧根据我国缔结或者参加的国际条约、协定的规定，其他需要限制出口的。

国家对与裂变、聚变物质或者衍生此类物质的物质有关的货物、技术出口，以及与武器、弹药或者其他军用物资有关的出口，可以采取任何必要的措施，维护国家安全。

第三类，我国禁止出口的技术。

《对外贸易法》规定，属于下列情形之一的技术，国家禁止出口：

①为保护人的健康或者安全，保护动物、植物的生命或者健康，保护环境，其他需要禁止出口的；

②依照法律、行政法规的规定，其他需要禁止出口的；

③根据我国缔结或者参加的国际条约、协定的规定，其他需要禁止出口的。

同时，《对外贸易法》还规定，国家对与裂变、聚变物质或者衍生此类物质的物质有关的货物、技术出口，以及与武器、弹药或者其他军用物资有关的出口，可以采取任何必要的措施，维护国家安全。

（4）技术出口中应该注意的问题

①提高对技术出口战略意义的认识

长期以来，我国对外贸易都是以货物贸易为主，近年来，国际技术贸易有了一定发展，但在发展的最初阶段，技术贸易在对外贸易中占的比重仍然较小。在当今经济全球化和科技高速发展的时代，各国都在试图通过技术，尤其是高新技术竞争来获取高额利润。因此，为实现我国从贸易大国向贸易强国的转变，并在国际技术贸易市场上立于不败之地，我国必须提高对技术出口战略意义的认识，采取有效措施，扩大出口。

②认真选择可供出口的技术

根据我国技术出口法规的规定，技术出口不得损害国家的政治、经济和其他重要权益，不得损害或削弱我国现有的某些处于世界领先地位的技术水平，也不应对我国出口商品市场有较大影响。引进技术（包括改进后的技术），不得违反原技术引进合同的规定和责任。要根据平等互利、协商一致的原则签订出口合同，并根据出口技术的经济价值，取得合理的报酬。

③有效地利用技术，选择合适的技术出口时机

有效地利用技术，是指企业开发一项新技术以后，应该清楚技术处于哪个周期应为自己所用，处于哪个周期出口最有利。一般，企业应该选择出口进入成熟期的工业化技术，这样既能保证必要的技术储备，又能保证技术出口后获得较大收益。

④选择适当的技术出口方式

技术出口，应该选择风险小、费用高的方式。要做到这一点，就必须对技术引进国的情况有较全面的了解，包括了解对方的相关技术水平，国家的对外技术贸易政策，以及相关的法律保护政策等。

⑤在技术出口中，加强知识产权的国外保护

既要出口技术，又不能丧失技术的知识产权，关键是实行有效的知识产权保护。做好这一点，对技术贸易双方都有益。

加强知识产权的国外保护，一般有如下两种途径：

第一，在国外寻求专利保护。此时，要考虑：拟出口技术是否在受方国家具备获得专利的条件；在国外技术市场的潜力与寻求专利保护的成本之间的关系；选择好申请专利保护所在的国家和地区以及应该遵循的国际有关知识产权保护的公约和条例。

第二，通过技术进出口合同对技术进行保护。向没有专利制度的国家出口技术，或者出口不属于专利保护范围的技术，或者出口不值得或不必要在国外获得专利保护的技术，应在技术出口合同中订明保密条款，明确规定泄露秘密所要采取的补偿办法。

（四）我国国际技术贸易管理的范围

根据《暂行办法》第 2 条规定，在我国境内的法人（包括中外合资、合作、外商独资企业）、自然人及其他组织通过贸易及合作的方式，从中华人民共和国境外的法人、自然人及其他组织获得

的技术和设备，包括：专利、专有技术的许可或转让；计算机软件的进口；含专利或专有技术的许可或转让的商标许可或转让；技术咨询；技术服务；合作设计、研究、开发、生产；成套设备及生产线进口；关键设备进口等合同，都必须按规定办理政府审批手续。而中外合资合作、外商独资企业成立时作为资本入股的技术和设备进口按《中华人民共和国中外合资经营企业法》及其《实施细则》的规定办理。

1. 我国对国际技术贸易中知识产权的国际保护

（1）对专利权的法律保护

①对在中国境内没有经常居住地或营业所的外国人或法人在中国申请专利的，需依照与中国签订的协议或共同参加的条约或依互惠原则办理，即有条件的国民待遇原则。

②外国人在中国申请专利，必须委托国务院指定机构办理。目前我国指定的专利代理机构有：中国国际贸易促进会（即国际商会）、上海专利事务所和中国专利代理有限公司。

③中国主体到国外申请专利，应先向中国专利局申请，并经国务院有关部门批准及委托指定专利代理机构办理。

（2）对商标的法律保护

①申请条件：按条约或对等原则办理；

②申请手续：应委托中国国际商会代理；

③我国主体需在国外申请注册商标，应先在国内申请后委托中国国际商会代理。

（3）版权的法律保护

我国是《伯尔尼公约》成员国，适用《伯尔尼公约》的有关规定。

（4）专有技术的法律保护

通常是援引《反不正当竞争法》《合同法》等的相关规定来保护。

2. 我国对国内外技术贸易双方知识产权的保护

（1）在技术出口中对我方知识产权的保护规定

第一，对我方出口专利技术的保护。鉴于专利技术的保护具有明显的地域特征，因此，我国的专利技术要在技术引进国得到法律保护的前提条件是必须向该国专利管理部门提出专利申请，并取得该国的专利权。

第二，对我方出口商标的保护。从某种角度来说，我国技术出口企业对商标注册的重视程度，往往不及对申请专利技术的关注。根据商标注册的国际惯例，不同的国家采取的商标注册原则不同。我国采用的是注册在先原则，但有些国家采用使用在先原则，还有的国家采用混合原则，即两种方式同时采用。所以，如果我方的商标没有在对方国家注册，或者迟于抢注者申请注册，则由我方出口技术生产的产品在该技术引进国就得不到相应的商标保护。因此我国出口企业出口含有专利技术的成套设备或关键设备之前，应将专利权和商标权有机地结合起来，在向有意引进我国技术的国家申请专利时，应当同时考虑用该项技术和设备所生产的产品商标注册问题。

第三，对我方出口专有技术的保护。资料表明，我国技术出口贸易中的专利技术出口没有超过 10%，其余大都为专有技术的出口。因此，对专有技术的出口保护问题就显得尤为突出。虽然事实上各国对专有技术的保护制度不够完善，但通常仍可援引专有技术引进国的《反不正当竞争法》《合同法》以及其他相关法规对我国出口的专有技术予以保护。

第四，对我方出口计算机软件的保护。对于由我国出口的计算机软件，无论是源程序还是目标程序，都应按《保护文学艺术作品的伯尔尼公约》的规定作为版权予以保护，其保护期限为 50 年。具体可以考虑如下保护措施：

①向技术引进国版权管理机构办理登记手续，以获取日后万一发生纠纷时，可用来提交行政处理或诉讼使用的初步证据。

②我方软件所有人在掌握了确凿的盗版侵犯证据后，可通过受方国家相应的行政和法律机关对其盗版软件，不论其是进口还是出口，申请海关予以扣留或销毁。

③为了防止我国出口计算机软件被任意扩散使用，首先我方应在软件许可合同中争取受方同意对软件的使用范围和地区给以合理

的限制。其次，应对软件权利的归属，对最终用户的授权以及诸如不得进行销售、转租、转让，不得进行反向工程等限制，权利人所要尽的义务与免责条件等在合同中做出明确规定。

（2）在技术引进中对外方知识产权的保护

第一，对外方专利技术的保护。在国际技术贸易过程中，除了严格按照我国《专利法》的规定向外国专利提供保护外，还应特别采取如下措施，以保护供、受双方的利益不受损害。

①为防止外国不法商人把剽窃或仿冒他人的专利技术转让给我国，我方企业在引进技术，签订合同时，必须坚持以下原则：确保外商专利人有效拥有该项专利技术，否则，不论其条件如何优惠也不应签约。以免日后被莫名其妙地卷入专利诉讼纠纷之中。

②为保护外方的专利技术不至于在引进后被无限制地扩散使用，我方在与外方签订专利技术引进合同时，应就该项专利技术引进后的合作范围和使用期限的问题订立明确的条款。

③为切实维护外方专利技术持有人的正当权益，供、受方在合同中通过授权条款，明确专利许可的形式，以及受方可以把利用该项技术生产的产品销售到哪些国家或地区。

④对技术引进合同期满而外方专利并未超出有效保护期的情况，应该按照专利制度的规定，与外方协商确定我方如何继续使用该项专利技术的问题。

第二，对专有技术的保护。除了通过《反不正当竞争法》《民法通则》《刑法》等行政法规保护外方的专有技术外，还应在技术引进过程中采取如下保护措施：

①在达成技术引进合同之前，先与供方签订有关供方专有技术的保密协议，承担必要的保密义务，并支付相应的保密费用。

②应在合同中明确同意我方在技术引进合同期满后，继续承担一定期限内的保密义务。

③应允许供方对我方接触专有技术人员进行必要的限制。

④应允许供方对我方使用其专有技术生产的产品销售区域进行合理的限制。

第三，对技术引进中涉及的外国商标的保护：

①为维护外方商标的信誉，我方使用外方商标的产品质量，必须与原商标产品质量相符合。

②外方应有权对我方使用其商标的产品的生产或销售，进行必需的监督与指导。

③经过努力之后，我方使用外方商标的产品质量如仍不能符合原商品产品的质量时，外方应有权中止我方继续使用其商标。

④技术引进合同期满后，外方有权停止我方继续使用其商标，除非双方另签协议。

第四，对计算机软件的保护：

①外方可在中国计算机软件登记管理中心登记其软件，其软件登记凭证将作为日后软件版权争议诉讼的证据。

②计算机软件许可进口合同在进行合同登记后，合同中规定的进口数量，即可作为国内市场防止假冒和非法拷贝的管理基础。

③为了防止外国软件被任意扩散使用，我方应在软件许可合同中同意外方对其软件使用范围和地区加以必要的限制。

三、中国对技术贸易中管制限制性商业惯例的做法

（一）我国关于限制性商业惯例的法律规定

我国调整限制性商业惯例工作进入成熟阶段的标志是 2002 年开始实施的《技术引进合同管理条例》，此条例列举了技术合同中不得含有的下列不合理的限制性条款：

（1）要求受让人接受并非技术进口必不可少的附带条件，包括购买非必需的技术、原材料、产品、设备或者服务；

（2）要求受让人为专利权有效期限届满或者专利权被宣布无效的技术支付使用费或者承担相关义务；

（3）限制受让人改进让与人提供的技术或者限制受让人使用所改进的技术；

（4）限制受让人从其他来源获得与让与人提供的技术类似的技术或者与其竞争的技术；

（5）不合理的限制受让人购买原材料、零部件、产品或者设备的渠道或者来源；

（6）不合理的限制受让人产品的生产数量、品种或者销售价格；

（7）不合理的限制受让人利用进口的技术生产产品的出口渠道。

上述规定使得国内技术引进部门在抵制国外技术许可方提出的限制性要求中有了法律依据。

（二）我国在国际技术贸易实践中应采取的对策

在我国进行对外技术贸易过程中，对待国外技术许可方提出的限制性要求，一方面要遵守我国相关规定，对某些不合理条款予以拒绝，另一方面，也要根据实际情况，灵活处理，即：

（1）签订技术进出口时，必须遵守我国的法律，凡法律规定合同中不得含有的限制性商业条款，未经特别批准，不得订入合同。

（2）对我国法律未作明确规定的限制性条款，可以根据交易的具体情况、我方之所需和利弊关系，灵活掌握。原则是从我方的技术引进目的和总体利益出发，对我方有利或条件对等。有时为了我方引进必要技术的长远利益考虑，也需要做出一定的、合理的让步。

第三节　中国参与的与知识产权有关的国际组织和条约

为了更好地对国际技术贸易中的有关知识产权进行保护，我国除了制定本国的知识产权保护法规之外，还参与了一些国际性的多边公约。在多边公约中，目前影响力最大，涵盖范围最广的是1994年签订的《与贸易有关的知识产权协议》（TRIPs）。另外，在TRIPs签订之前，还有一些影响力很大，至今仍在发挥作用的与知识产权保护有关的国际公约，如1883年签订的《保护工业产权巴黎公约》、1891年签订的《商标注册马德里协定》、1886年签订的《保护文学艺术作品伯尔尼公约》、1952年签订的《世界版权日内瓦公约》、1989年签订的《关于集成电路知识产权条约》、1991

年签订的《专利合作条约》，它们大多涉及以专利、商标和计算机软件、专有技术和高新技术产品为客体的技术贸易。

我国于 1980 年 3 月正式加入世界知识产权组织（WIPO），并于 1984 年 12 月向 WIPO 递交了加入《保护工业产权巴黎公约》的申请，1985 年 3 月 19 日成为该公约的成员国。1987 年我国加入《商标国际注册马德里协定》。1989 年我国签署了《关于集成电路知识产权条约》。1992 年下半年我国又先后加入《伯尔尼公约》和《世界版权公约》。1991 年 6 月我国政府派代表参加了世界知识产权组织召开的缔结《保护工业产权巴黎公约》有关专利部分补充条约的外交会议，并于 1994 年 1 月正式参加了《专利合作条约》。1994 年 4 月我国代表参加乌拉圭回合《与贸易有关的知识产权协议》的谈判，并签署了最后文件。此外，我国还与一些国家缔结了保护知识产权协议。例如，1992 年 1 月 17 日，我国与美国签订了《中华人民共和国政府与美利坚合众国政府关于保护知识产权的谅解备忘录》，相互承诺按照各自的法律和适当参考国际做法，对对方自然人、法人的商标、版权予以保护。我国还与欧盟、瑞士、日本签署了保护知识产权备忘录。中国目前在知识产权的国际保护方面扮演着重要角色。

第七章　国际服务贸易

国际服务贸易是在国际货物贸易发展的基础上产生的，是当今国际贸易中成长最为迅速的领域。随着国际服务贸易的快速发展及其在国际贸易中的比重日益上升，世界各国纷纷加强了对国际服务贸易的研究。本章首先阐述了国际服务贸易的定义、特点及分类，对与国际服务贸易相近似的概念进行了辨析；叙述了国际服务贸易的产生和发展以及当代国际服务贸易的发展特点和成因；在简要回顾国际服务贸易理论研究状况的基础上，系统介绍了国际服务贸易的主要理论；最后重点介绍《服务贸易总协定》的产生、内容及其作用。通过本章学习，可以了解国际服务贸易的重要性和国际服务贸易的自由化趋势，需要重点掌握《服务贸易总协定》的相关内容。

第一节　国际服务贸易概述

一、国际服务贸易的定义

迄今为止，国际上还没有一个精确的国际服务贸易定义。现有的一些定义都是对国际服务贸易描述性的语言表达，只是角度不同而已。

（一）从进出口角度描述的传统定义

当一国（地区）的劳动力向另一国（地区）的消费者（法人或自然人）提供服务时，并相应获得外汇收入的全过程，构成服务的出口；与此相对应，一国（地区）消费者购买他国（地区）劳动力提供服务的过程，形成服务的进口。各国服务进出口活动的

246

总和，便构成国际服务贸易。

这一定义是从传统的进出口角度来界定的，我们称之为"传统定义"。该定义涉及国籍、国界、居民、非居民等问题，即人员的移动与否、服务的过境与否和异国国民之间的服务交换等问题。在理解上述定义时需要注意以下几点：

（1）这里的劳动力有广泛的含义，它可以单个形式或集体形式提供服务。

（2）对"劳动力"与"消费者"的不同国（地区）籍问题要作广义地理解。如跨国公司在境外设立分支机构，雇佣当地居民并向当地消费者提供服务时，这时的"劳动力"或称"服务提供者"，应理解为该外商机构的股权持有人（可能是单个的私人，也可能是一个法人集体）。单个的本地劳动力以"集体"形式向本地消费者提供服务时，"代表"的是该外商机构在提供服务。

（3）劳动力在提供服务时，一般要借助一定的工具设备和手段。

（4）这里的服务进出口是相对过境，未必发生真正的过境。因为服务贸易一般涉及人员、资本及技术信息的移动，比如，电讯服务只需要服务过境，而无须国民移动。所以只要有一要素发生移动，往往都构成国际服务贸易。

（5）劳动力的智力成果，如技术、知识产权类的产品贸易也应被视作劳动力提供服务。

（二）《美国和加拿大自由贸易协定》（FTA）对国际服务贸易的定义

《美国和加拿大自由贸易协定》是世界上第一个在国家间贸易协议上正式提出服务贸易定义的法律文件。其定义如下：

服务贸易指由代表其他缔约方的一个人，在其境内或进入一缔约方提供所指定的一项服务。

这个"指定的一项服务"包括：（1）生产、分配、销售、营销及传递一项所指定的服务及其进行的采购活动；（2）进入或使用国内的分销系统；（3）以商业存在（Commercial Presence）（并非一项投资）形式为分销、营销、传递或促进一项指定的服务；

（4）遵照投资规定，任何为提供指定服务的投资，及任何为提供指定服务的相关活动。

这里提供服务的"相关活动"包括：公司、分公司、代理机构、代表处和其他商业经营机构的组织、管理、保养和转让活动；各类财产的接受、使用、保护及转让，以及资金的借贷。

进入一缔约方提供服务包括过境提供服务。缔约方的"一个人"指法人或自然人。

服务贸易活动的复杂性在该说明性的、非规范性的定义中得到充分体现。

（三）《服务贸易总协定》（GATS）对服务贸易的定义

《服务贸易总协定》承袭了《美加自由贸易协定》中对服务贸易的描述性定义方式，以服务贸易的四种提供方式即跨境交付、境外消费、商业存在、自然人流动对服务贸易做出了全面的定义（以下称GATS定义），这个定义已成为国际服务贸易的权威定义。

（1）跨境交付（Cross Border Supply）。指服务提供者从一成员的境内向另一成员境内的消费者提供服务。这种服务贸易方式强调服务提供者和消费者在地理上的界限，跨越国境和边界的只是服务本身，服务提供者和消费者都不移动。它与一般的货物贸易方式非常相似。如在美国的律师为在中国的客户提供法律咨询服务。

（2）境外消费（Consumption Abroad）。指服务的提供者在一成员境内向来自另一成员的消费者提供服务，即服务消费者移动到提供者境内享用服务。如中国公民到美国旅游或求学。

（3）商业存在（Commercial Presence）。指一成员的服务提供者在另一成员境内设立商业机构，为其境内的消费者提供服务，商业机构包括法人和非法人的分支机构或代表处。商业存在实际上就是一国服务提供者到东道国去设立外商投资企业，进行就地生产就地销售服务。商业存在可以由东道国人员组成，也可由外国人参与，但这些外国人应以自然人流动方式提供服务。例如，一成员的银行或保险公司到另一成员境内开设分行或保险公司，提供金融、保险服务。

（4）自然人流动（Presence of Natural Persons）。指一成员的

248

服务提供者以自然人身份进入另一成员境内提供服务。与商业存在不同的是，它不涉及投资行为，如境外劳务服务等。

应该指出，无论是跨境交付、境外消费、商业存在以及自然人流动，上述定义都是宽泛的，有些内涵甚至有交叉，这是因为谈判委员会在一些发达国家的要求下，尽可能多地把服务贸易纳入谈判内容。

GATS 定义有其产生的客观原因。在传统的货物贸易中，一国既可以通过跨境贸易向其他国家提供货物，也可以通过在其他国家建立商业存在向该国提供货物，货物的跨境贸易与直接投资可以互为替代，因此，在 WTO 协议中并未对货物贸易的商业存在做出特殊的规定。而服务是一种特殊的产品，由于它具有无形性、生产与消费的同一性以及不可储存性，因而它不可能都采取传统的货物贸易的形式。一些服务贸易不需要服务提供者和消费者的移动即可实现跨境提供（如跨境交付），另一些则要求服务供求双方同时同地出现，此时，或是服务的消费者进入提供者境内（如境外消费）或是服务提供者进入消费者境内（如商业存在和自然人流动）。所以，就某些服务而言，其跨境贸易与直接投资无法相互替代，商业存在是实现贸易的必要条件。

此外，GATS 定义还有其产生的特殊背景。在经历 1979—1982 年经济危机后，美国经济增长缓慢，其货物贸易的赤字与日俱增。但美国在服务贸易领域却占据明显优势，连年保持顺差，以 1984 年为例，美国的商品贸易有 1 140 亿美元的逆差，而服务贸易却有 140 亿美元的顺差。因此，1986 年"乌拉圭回合"发起之时，以美国为代表的发达国家强烈提议将服务贸易纳入新一轮的多边贸易谈判。在服务贸易谈判中，各国围绕服务贸易的定义和范围展开了激烈的争论。作为世界最大的服务贸易出口国，美国急切地希望打开其他国家的服务贸易市场，通过大量的服务贸易出口来弥补贸易逆差，推动其经济增长，而各国对服务贸易投资的不同程度的限制，成为美国推行全球服务贸易自由化的最大障碍。因此，美国要求把以商业存在形式提供的服务纳入服务贸易定义，其实质是将服务贸易投资问题纳入了多边贸易体系。对此，许多发展中国家并不同意，但最终的结果是美国基本上实现了其意图，在最终达成的《服务贸易总协定》中，服务贸易的定义除包括跨境交付和境外消费这两种传统形式外，还包括了商业存在，并且各成员国都就在其境内设立商业存在做出了具体承诺。

二、国际服务贸易的特点及分类

（一）国际服务贸易的特点

与国际货物贸易相比较，国际服务贸易的特点可以归纳如下：

1. 国际服务贸易标的一般具有无形性

服务贸易的标的是服务，服务的空间形态基本上是不固定、不直接可视和无形的。

2. 国际服务贸易主体地位的多重性

服务的卖方往往就是服务的生产者，并作为服务消费过程中的物质要素直接加入服务的消费过程；服务的买方则往往就是服务的消费者，并作为服务生产者的劳动对象直接参与服务产品的生产过程。

3. 国际服务贸易市场具有高度垄断性

由于国际服务贸易在发达国家和发展中国家的发展严重不平衡，加上开放服务市场涉及一些诸如跨国银行、航空运输、教育、自然人跨国界流动等直接关系到输入国主权、安全、伦理道德等极其敏感的领域和问题。因此，国际服务贸易市场的垄断性很强。这一方面表现在少数发达国家在国际服务贸易中的垄断优势上，另一方面表现为全球服务贸易壁垒森严，多种贸易障碍林立。据世界贸易组织统计，全球服务贸易壁垒多达 2000 多种，远远超过了商品贸易壁垒。国际服务贸易市场的这种高度垄断性不可能在短期内消失，因为，相对于商品贸易自由化而言，服务贸易自由化过程不仅起步晚，而且遇到的阻力更大。

4. 国际服务贸易保护方式更具有刚性和隐蔽性

由于服务贸易标的的特点，各国政府无法采取关税壁垒的形式保护本国服务业，而通常只能采取在市场准入方面予以限制或进入市场后不给予国民待遇等非关税壁垒的形式，这种保护常以国内立法的形式加以施行。国际服务贸易保护的发展态势也不同于国际货物贸易，各国对服务贸易的保护往往不是以地区性贸易保护和"奖出"式的进攻型保护为主，而是以行业性贸易保护和"限入"式的防御型保护为主，这使得服务贸易受到的限制更具刚性和隐蔽性。

5. 国际服务贸易的惯例、约束具有相对的灵活性

作为世界贸易组织处理服务贸易的多边原则和规则的框架性文件，GATS 具有较大的灵活性。其条款中规定的义务有一般性义务和具体承诺义务两种。一般性义务适用于缔约国所有服务部门，不论缔约国是否开放这些部门，都同样具有约束力。一般性义务包括最惠国待遇、透明度等。具体承诺义务是指必须经过双边或多边谈判达成协议之后才承担的义务，且只适用于缔约方承诺开放的服务部门。GATS 的约束是有一定弹性的，尤其是对发展中国家，不仅做出了一些保护和例外，还在国民待遇、最惠国待遇、透明度、市场准入以及对发展中国家服务业发展援助等方面赋予了一定的灵活性。

6. 国际服务贸易统计复杂

由于服务产业本身复杂多样，定义起来比较困难，从而使国际服务贸易统计错综复杂。目前，反映国家（地区）之间交易的国际经济统计主要有三种。一种是以记录跨境货物交易为特征的国际商品贸易统计，一种是以记录跨境服务交易为特征的跨境服务贸易统计，还有一种是与国际投资活动有关，具有非跨期交易特征外国附属机构贸易（Foreign Affiliates Trade，FAT）的统计，三者互为补充，从不同角度记录国际经济交易状况。广义的服务贸易统计必须将贸易统计与投资统计紧密结合，因为对某些服务贸易而言，投资不再是补充手段，而是贸易的必要条件。所以，必须在记录投资活动的同时，对其经营活动和经营本职进行反映，这一点可以通过FAT 统计来解决。当然，FAT 统计在操作中会遇到一些难处，会给服务贸易统计带来麻烦。如何进行服务贸易统计成为各国十分棘手的问题。目前，国际服务统计体系尚未确立，国际服务贸易统计难以准确。

7. 国际服务营销管理具有更大的难度和复杂性

国际服务营销管理无论在国家宏观管理方面，还是在企业的微观经营方面，都比货物的营销管理具有更大的难度和复杂性。从宏观上讲，国家对服务进出口的管理，不仅仅是对服务自身的物的管理，还必须涉及服务提供者和消费者的人的管理。某些服务贸易如金融、保险、通讯、运输以及文化教育等，还直接关系到输入国的国家主权与安全、文化与价值观念等极其敏感的问题。另外，国家主要采用制定法规的办法对服务贸易进行调控和管理。法律的制定与修订均需一定时间，法规管理往往较现实滞后。此外，法规管理的实际效果在相当程度上不是取决于国家立法而是取决于各服务部门的执法，因而，容易出现宏观调控的实际效果与预期目标相背离的情况。在微观上，由于服务本身的固有特性，也使得企业营销管理过程中的不确定性因素增多，调控难度增大。突出表现在对服务的质量控制和供需调节这两个企业营销管理中最为重要的问题上。服务具有异质性，使得服务的质量标准具有不确定性。服务也难以通过货物贸易中保退、保换等办法挽回质量问题所造成的损失，从而增大了服务质量管理的难度。

（二）《国际服务贸易总协定》对服务贸易的分类

GATS 参照《联合国中心产品分类系统》将服务贸易划分为 12 个部门，并在此基础上又进一步细分出 150 多个分部门或独立的服务活动。这 12 个大的服务贸易部门分别是：

（1）商业服务，包括专门服务和计算机服务（business, including professional and computer services）

（2）通信服务（communication services）

（3）建筑和相关工程服务（construction and engineering services）

（4）分销服务（distribution services）

（5）教育服务（educational services）

（6）环境服务（environmental services）

（7）金融服务，包括银行和保险服务（financial, including insurance and banking services）

（8）医疗保健服务（health services）

252

（9）观光旅游服务（tourism and travel services）

（10）娱乐、文化和体育服务（recreational，cultural and sporting services）

（11）运输服务（transport services）

（12）其他未包括的服务（other services not included elsewhere）

三、国际服务贸易与近似概念的辨析

由于服务业的复杂性，作为服务交换的国际服务贸易，与无形贸易、货物贸易和国际服务交换等概念既有着密切联系，也存在一定区别。

（一）服务贸易与无形贸易

服务贸易与无形贸易大致可以等同，但严格来说，无形贸易比服务贸易范围更广，除包括服务贸易中的所有项目外，国际直接投资收支、捐赠、侨汇和赔款等都包括在无形贸易中。直接投资项目在整个无形贸易中所占比重最大。从统计口径上看，服务贸易与无形贸易是存在差异的，不能完全等同。

（二）服务贸易与货物贸易

服务贸易与货物贸易的区别有：首先，服务贸易和货物贸易的贸易标的不同。服务贸易的贸易标的是服务，货物贸易的标的是货物。服务是无形的，难以储存并具有异质性；而货物却是有形的，易于储存且容易统一标准。其次，服务贸易可以不跨越国境实现，但货物贸易一般要跨越国境才能实现。最后，服务贸易的完成往往只需各生产要素中的一项移动即可实现，而货物贸易则需要其生产要素综合后生成的产品移动才能实现。二者的联系是：部分服务贸易伴随着货物贸易的发生而实现，这就是通常称作"国际追加服务贸易（additional service trade）"，如运输服务、售后服务等。

（三）国际服务贸易与国际服务交流

国际上服务人员的流动大致可以分为三类：第一类是政府间为了政治、经济、文化交流的需要，互派人员提供各种免费服务，如教育培训、联合科研和合作医疗等。由于不发生商业性的收益，因此不构成服务贸易。第二类是指一国的服务人员为境外雇主所雇

佣，到另一国工作获得工资，并只在当地消费。由于未发生支付的过境流动，因此也不属于国际服务贸易。第三类是指一国的法人或自然人对外提供服务，并获取服务收入，有收支的跨境流动，从而构成国际服务贸易。概括起来，前两种我们称之为国际服务交流，后一种为国际服务贸易，当然其并不构成国际服务贸易的全部。

四、国际服务贸易的产生与发展

服务业随着商业的出现而产生，起源于人类社会的第三次大分工。随着生产国际化和国际分工协作的发展，各国经济活动相互依赖性加强，从而强化了彼此利益的渗透，服务便随其他生产要素一道被国际化。不过真正意义上的国际服务贸易是从中世纪开始的。西方国家具有规模的国际服务交换始于15世纪，伴随着哥伦布1492年发现新大陆，资本主义殖民性质的大规模移民得到进一步发展。17世纪，欧洲殖民统治者加紧对亚洲和非洲的商业掠夺，同时加强了对美洲的开拓。由于殖民开发需要大量廉价的劳动力，大规模、远距离的劳动力进行迁移，使得劳务输出和输入的服务贸易大大发展。当然，当时的服务贸易打上了强烈的殖民主义烙印。18世纪产业革命后，世界市场出现雏形，服务贸易迅猛发展。

19世纪，资本主义进入自由竞争时期，世界市场进一步扩大，国际服务贸易的范围也随之拓宽。科技革命的出现，特别是电话和电报的发明，彻底改变了传统服务业的内容，使得国际服务交换真正成为全球性的活动。自由竞争的资本主义到19世纪末20世纪初进入垄断阶段，此时世界市场最终形成。在国际分工的基础上，资本主义借助于国际交通和通信工具，将经济关系网铺到地球的各个角落，国际服务贸易借此良机成为世界市场的一个重要角色。

第一次世界大战和第二次世界大战期间，战争服务成为早期服务贸易向现代服务贸易的转折。战争服务迫使人员离开国土到一国从事公路、桥梁及工事的修筑，进行军需生产和运输等服务，使得以往那种分散、从事农业种植业和矿业为主的移民服务过渡到有组织的、从事以建筑业为主的多行业的临时服务流动。因此，两次世界大战成为服务移民向现代意义上的国际服务贸易发展的重要转折。

第二次世界大战以前，无论是发展速度、规模还是在世界经济中的地位和作用，国际服务贸易与国际货物贸易相比都相形见绌。第二次世界大战以后的半个多世纪中，特别是 20 世纪 60 年代以来，由于国际分工的深化，产业结构不断调整，科技革命加剧以及跨国公司的崛起，促使国际服务贸易以高于国际货物贸易增长的速度迅速发展。1985~1995 年更是国际服务贸易快速增长的时期，服务贸易的增长从一个侧面反映了世界经济重心向服务业倾斜的趋势。国际服务贸易当今已经进入了一个腾飞时期。

五、当代国际服务贸易发展的主要特征

当今国际服务贸易的发展有以下几个鲜明的特点：

（一）国际服务贸易发展速度快，地位高

20 世纪 60 年代以来，世界经济结构的重心开始转向服务业，服务业已成为经济增长的主要推动力，同时也是增加国民收入和提高就业率的重要手段。服务业的发展必然推动国际服务贸易的增长。服务贸易总额在 1970 年为 700 多亿美元，1980 年为 6 500 亿美元，1990 年为 7 804 亿美元，2004 年则上升到 21 000 亿美元，年平均增长速度为 6.4%，超过了同期货物贸易 5.9% 的增长速度。国际服务贸易日渐成为世界各国获取外汇收入，改善本国国际收支状况的重要手段，在很大程度上决定了一国国际贸易的发展状况和在国际市场上的竞争能力。

（二）发达国家在国际服务贸易中占据主导地位

无论从地理位置看，还是从国家角度划分，国际服务贸易在世界范围内发展都不平衡，发达国家在国际服务贸易中占有绝对优势，其所占比重达到 70% 以上。国际服务贸易呈现以欧美为主的格局，美国在国际服务贸易中占最大比重。2004 年，全球十大服务贸易出口国（地区）依次是：美国、英国、德国、法国、日本、意大利、西班牙、荷兰、中国、中国香港；十大服务贸易进口国（地区）依次是：美国、德国、英国、日本、法国、意大利、荷兰、中国、爱尔兰、加拿大。发达国家之间的经济组织如欧洲经济共同

体、北美自由贸易协定等纷纷成立导致其区域内市场扩大,从而使贸易趋势增强,贸易规模扩大,国际服务贸易也得到迅速发展。

(三) 发展中国家和地区在世界服务贸易中的地位趋于上升

发展中国家虽然在资本、技术密集型服务行业较发达国家明显滞后,但在资源、劳动密集型服务领域中则具有一定的优势,因此发展中国家的服务贸易也得到迅速发展,在世界服务贸易中的地位趋于上升。2002年发展中国家在国际服务贸易中的比重约为9%。2002年服务贸易出口额前30名的国家和地区中,中国、印度、泰国、土耳其、马来西亚、墨西哥、波兰分别占国际服务贸易出口额的2.4%、1.3%、1%、0.9%、0.9%、0.8%、0.6%;在进口贸易中,中国、墨西哥、泰国、印度尼西亚、马来西亚、印度、巴西分别占国际服务贸易进口额的2.9%、1.1%、1.1%、1%、1%、1%、0.9%。然而,与发达国家相比,发展中国家的服务业和服务贸易的规模仍较小,大部分发展中国家和地区服务业不发达,尤其是现代服务项目不具有竞争优势,各国发展不平衡,其中新兴工业化国家和地区发展最为强劲。

(四) 技术、知识密集化趋势明显加强

当代国际服务贸易内部结构已发生变化,知识型服务贸易占主导地位。所谓知识型服务业是指那些使用高技能的人员、知识、技术,并对社会经济增长趋势与轨迹有着重要影响的“高附加值”服务业。近年来服务贸易的迅速发展主要是建立在迅速增长的以高新技术为载体的知识型服务产业基础之上的。世界贸易组织千年回合谈判将知识型服务业的开放列为两个主要议题之一,这表明了各国特别是发达国家对这种趋势的认同和把握。知识型服务产品之所以能够成为主要的贸易对象,一是信息技术给国际贸易带来的“时空压缩效应”,大大增强了知识型服务产品的可流通性,使知识型服务产品变得相对地可储存、定价及易地易时交易。知识存在形式的数字化、编码化、知识活动方式的计算机化和网络化,刷新了知识与产业及经济的关系。现在,低成本、高宽带的通信设备,数字化网络与先进的集成软件系统等,正在使原来难以或不能进行的服务成为可交换的对象。二是知识型服务业的报酬递增性增强了各国在这一领域的投入和竞争。著名的国际咨询企业麦肯锡公司的一项研究认为，到21世纪初，美国所有工作中80%以上将属于用知识来服务的工作。

六、国际服务贸易快速发展的原因探析

国际服务贸易的迅猛发展是新技术革命引起的国际分工深化和产业结构调整的必然结果，具体而言，原因是多方面的。

（一）世界产业结构升级促进了国际服务贸易的发展

按照发展经济学的经济增长阶段论，随着国家经济能力的增长，该国的产业结构将逐步由农业经济过渡到工业经济，再由工业经济发展到服务经济。对于开放经济而言，这种产业的提升自然离不开对外贸易的助动。20世纪60年代初，主要西方国家都已完成本国工业化进程，开始步入后工业化的发展阶段，即国内经济重心开始向服务业偏移。由各国经济能力增长所带动的产业升级使得世界产业结构发生大规模调整，传统制造业比重下降，服务业迅速发展。现在，发达国家的产业结构中，服务业产值已占到60%以上，发展中国家一般也在30%以上，服务业对国民经济的贡献大大提高，服务产业的质量也越来越高。今后各国产业高级化的内在要求仍将是推动国际服务贸易快速发展的主要动力。

（二）国际货物贸易的增长也带动了国际服务贸易的增长

国际货物贸易流量不断扩大，以世界货物贸易出口总值为例，战后半个多世纪以来增长了近60倍，远远超过了同期世界工业生产和国民生产总值的增长速度。国际服务贸易首先是伴随着国际货物贸易的发展而发展起来的，在货物贸易高速增长的带动下，同货物进出口直接关联的传统服务项目，如国际运输服务、国际货物保险、国际结算服务等，都相应地在规模上、数量上成倍增长，今后这一发展趋势仍将持续。

（三）科技进步大大推动了国际服务贸易的发展

科技进步极大地提高了交通、通讯和信息处理能力，为信息、咨询和以技术服务为核心的各类专业服务贸易提供了可能，从而使国际服务贸易的种类增加，范围扩大。信息和通信技术的发展还促

使银行、保险、商品零售等得以在全球范围内开展业务，为跨国服务创造了条件。科技革命加快了劳动力和科技人员的国际流动，特别是促进了专业科技人员和高级管理人才的跨国流动，推动国际服务贸易流量的扩大。在科技革命的推动下，发达国家的产业结构逐渐向资本密集和技术密集的高科技产业转移，而把劳动密集型产业转移到新兴工业化国家或部分发展中国家，使这些国家和地区能够利用本地丰富廉价的劳动力资源，赚取外汇服务收入，形成大规模的境内服务输出。今后，以信息服务为代表的高技术服务在各国服务业发展乃至整个经济发展中的作用会进一步增强。世界服务贸易的核心是技术贸易，这与国际间的技术、产品和产业梯度扩散紧密相关。新技术不仅为追加服务提供了新的贸易机会，而且使核心服务贸易特别是高新技术服务贸易得到更快的发展。

（四）跨国公司成为国际服务贸易的主体

跨国公司是金融信息和专业服务的重要供应者，信息技术的进步更使得跨国公司进一步扩大其全球服务业务。之所以出现这种趋势，原因在于：一是少数跨国公司供应世界市场各种服务的能力提高，它们有能力向几个市场提供各种服务，或者将商品与服务合二为一；二是跨越国境数据资料的流动和世界信息网的建立，使跨国公司跨越其传统部门提供各种服务成为可能，例如银行提供非银行服务。三是跨国公司需要扩大其活动以继续提供各种服务，保险业和银行业的表现尤为显著。跨国银行网迅速扩大以适应国际贸易运行的需要，扩大国际金融市场的活动。

（五）世界经济全球化和社会生活国际化的促进

经济全球化的发展和各国人民生活水平的不断提高，使现代人的生活越来越国际化，出国旅游、接受跨国教育以及聘请高级专门人才等将来会更加普遍，即使对于发展中国家的人民来说也不再是可望而不可即了，在过去 40 年间，旅游业成为国际上发展最快的行业之一。未来随着各国居民收入水平的不断提高，同社会生活国际化相关的服务贸易将会得到更为长足的发展。

第二节　国际服务贸易理论与政策

一、国际服务贸易理论研究概述

国际服务贸易的研究始于对服务业的研究，最初的研究只是把服务活动作为商品贸易的补充，并且习惯将服务局限于纯粹的经济范畴来分析，对整个服务产业缺乏应有的重视，更谈不上对因产业发展而形成的诸多问题进行系统研究。

传统上一直存在着对服务的偏见，这种偏见与古典经济学派理论有着某种联系。亚当·斯密认为，工业和商业才是生产性产业，服务不能使价值有所增加。马尔萨斯认为，服务只有导致物质产品的生产时才具有生产性价值。总之，我们可以在以往的古典经济学理论中找到不少类似的"服务不创造价值，是非生产性活动"的观点。在这种传统观念的影响下，以往的经济学家在研究中始终不能正确处理服务与商品之间的本质联系，导致了对服务的长期价值歧视。这种歧视可以归结为两点：一是认为服务和货物一样，都适用货物贸易理论，这样就排除了服务贸易理论独立存在的可能性；二是认为服务是不可贸易的，并且与国际贸易不发生直接的联系。这在很大程度上妨碍了人们对服务贸易理论的认识和探讨，相关的研究不够深入。在相当长的时期内，服务部门的许多活动对国际贸易的影响不大，服务产业在国民经济中的地位始终没有得到真正确立，其理论研究相对滞后就不足为奇了。

最早提出服务业地位问题的是在 20 世纪 30 年代。英国经济学家费希尔在他所著的《安全与进步的冲突》（伦敦 1935 年版）一书中，首次提出了著名的三次产业划分理论。费希尔三次产业划分理论新颖、实用，很快被澳大利亚、新西兰两国的经济学界和政府部门所接受，他们开始正式使用第三产业的分类方法来整理各自的统计资料。20 世纪 40 年代，在澳大利亚政府部门担任过多种高级职务的英国统计学家克拉克发表了《经济进步的条件》一书，该书在费希尔三次产业划分论的基础上，按距离自然资源的远近，对三次产业理论作了进一步的阐述，明确区分了国民经济的三次产业构成，第一次把第三产业称作现代意义上的"服务业"。但是，由于当时第三产业在国民经济中的比重仍然与第一、第二产业相去甚远，许多经济学家还是把研究重点放在传统的农业和制造业上。不过，在克拉克的理论之后，国际上逐渐采用了能明确划分国民经济三大产业构成的新分类方法和统计方法，这为发展经济学和服务业的进一步研究奠定了基础。

由此可见，对服务业的系统研究始于20世纪40年代，而大规模的理论研究则始于20世纪70年代中期。这一时期，美国为配合其贸易代表在"乌拉圭回合"服务贸易谈判中的立场，由政府部门和研究机构牵头，组织专家学者研讨服务贸易的各种问题，所发表的研究成果大多是一些政策性的探讨和建议以及实证研究等。由于服务贸易涉及的部门较多，而且海关统计又无法获得符合其自身特点的统计数据，这就为服务贸易的实证研究设置了许多障碍。正如豪克曼在1990年所指出的那样："服务贸易资料是非常不可靠的，往往导致贸易量低估的偏见。"但许多学者仍热衷于开展实证研究，如美国的法尔维和格默尔所做的实证分析，通过建立国家间服务贸易价格差异的计量模型，来分析和解释服务贸易产生的原因，他们的研究工作对于理解服务贸易基本理论问题具有重要意义。20世纪80年代后期出版的许多学术著作，其撰稿人大多是一些世界知名学者和商界权威人士，他们的研究触角延伸到服务贸易的主要行业，如金融、电信、工程建筑设计、海洋运输、空中运输、影视服务等领域，为乌拉圭回合服务贸易谈判和全球服务贸易自由化做出了有益的贡献。

长期以来，服务贸易问题在美国与各国政府进行的贸易谈判中并未占据主要地位，但1984年美国国会通过立法，要求政府当局在与国外进行贸易谈判时，必须把服务贸易问题摆在与货物贸易同等重要的地位上。美国政府这一态度的转变，很大程度上影响了以美国为中心的服务贸易理论研究的进展。此外，美国在《1974年贸易法》第301条款中，首次使用世界服务贸易的概念，并在1984年关税与贸易法中，使世界服务贸易的概念更为深化，有力地配合了乌拉圭回合服务贸易谈判。

为了配合多边服务贸易谈判，一些国际经济组织也不失时机地组织各国专家学者进行研讨。其中联合国贸易与发展会议在 1988 年出版了《世界经济中的服务贸易》，将服务贸易作为当年《贸易与发展》报告中的重要内容作介绍，以引起各国对服务贸易问题的关注。该机构拥有一个 350 人的研究班子，从世界各国聘请专家学者为乌拉圭回合服务贸易谈判的成功献计献策。1989 年出版的《服务贸易：部门问题》，收录了荷兰、英国、法国、加拿大、秘鲁以及联合国贸易与发展会议机构的有关专家就服务部门自由化所撰写的研究文章，为包括发展中国家在内的世界各国在服务贸易谈判中根据各自立场和争取最大利益提供了有价值的意见。

我国对服务贸易研究的关注始于 20 世纪 90 年代初，最初只限于对西方理论研究成果的介绍性研究上。GATS 的签署和中国服务业市场的逐步开放，极大推动了服务贸易理论在中国的研究进程。但总体上，我国服务贸易研究还处于开端，焦点集中在 GATS 与中国服务市场开放和服务贸易战略选择上。

综上所述，我们不难发现服务贸易至今还没有形成一套较为完整的理论体系，现有服务贸易研究多为贸易谈判服务，实证研究与理论研究不能形成互相呼应、彼此合作补充的作用。各国对服务业、服务贸易理论上的概括和实际的项目分类及其具体的统计数据未能形成共识。对一些新型的服务贸易领域，如网上服务等，法律真空问题还未解决，部门研究还有许多领域有待深化。

二、国际服务贸易的主要理论

（一）传统比较优势理论对服务贸易的适用性的争论

在 20 世纪 80 年代中期以前，服务贸易的理论研究重点在于比较优势理论在服务贸易领域的适用性问题。对这一问题理论界存在着截然不同的两派。

1. 比较优势理论不适用于服务贸易

赫尔曼（Herman）、郝思特（Van Holst）、桑普森（G. Sampaon）、穆勒（Henric Schaumburg-Muller）和菲克特库蒂（G.Feketekuty）等经

济学家认为，因为"服务与商品相比具有许多不同的特点"，所以比较优势理论不足以用来分析与服务贸易相关的问题。他们的观点可以归纳如下：

（1）由于服务的不可移动以及不可储存的特征，商品贸易理论无法应用于服务贸易。

（2）一个给定的服务并不具有统一的价值和价格。首先，同一个服务所需的生产要素可以不同，不同的服务提供者可以采用不同的要素组合；其次，服务由于服务对象的不同而具有不同的价格，所以，服务的要素生产率是一个无法测量的概念。

（3）服务统计数据的缺乏以及概念的模糊都是建立服务贸易理论的局限条件。

（4）由于服务贸易通常要求服务提供者和接受者直接接触，所以要放弃"国家间生产要素不能流动"这一基本假定。

（5）现有的商品贸易理论对商品贸易本身的适用性尚存在很大争议，国际间生产成本的差异对国际竞争力的解释作用也很牵强，因此对服务贸易来说，比较优势理论的应用前景就更值得怀疑。也许对一些服务，比如海上运输服务来说，生产要素的投入和服务的价格联系很紧密，但对大多数服务而言，它们的价格和实际投入之间的联系很小，很大程度上依赖于顾客的主观评价和判断，因此商品贸易里经常用到的价格竞争在服务贸易领域里面的适用度很小。

2. 比较优势理论适用于服务贸易

另一派学者则认为，比较优势理论作为一个简单的思想是普适的，就算服务贸易和商品贸易存在一些差别，但该差别并未大到足以推翻该理论的地步。持这一观点的代表人物有麦尔文（James R. Melvin）、斯皮尔（Andre Sapir）、卢茨（Ernst Lutz）、辛德利（Brian Hindley）、舒尔茨（Schultz）等人。

麦尔文在 1989 年的文章《生产服务贸易：赫克谢尔-俄林方法》中，运用传统的 H-O 理论模型，成功地解释了要素贸易也可以达到与商品贸易相同的贸易结果，从而得出服务贸易必然服从传统比较优势理论的结论。但我们应该看到，要素服务贸易指提供劳动、资本及土地等生产要素的服务，它只是服务贸易的一个部分，大量的服务贸易是非要素贸易，并不涉及生产要素的转移。

斯皮尔（Andre Sapir）和卢茨（Ernst Lutz）在世界银行的一份经验分析报告中指出，一个国家的要素配置对其在国际服务贸易中的地位有重要影响。他们构造了一个回归模型来检验传统 H-O 模型对服务贸易的适用性。他们选择货物运输服务、旅客运输服务和保险服务三个行业，运用 1977 年 52 个国家（其中 35 个发展中国家，17 个发达国家）的数据进行回归分析，得出的结论是：传统贸易理论可以用于解释服务贸易模式，尽管有一些贸易保护措施影响了服务贸易的自由性，但资金及人力资本依然是服务贸易的决定因素。也许是巧合，也许是有意，他们所选择的这三个行业恰巧是属于标准化程度较高的服务，成本差异成为国际价格差异进而贸易利益的来源，得出资金、人力等要素对贸易价格有决定性因素的结论也不足为奇。

辛德利（Brian Hindley）和史密斯（A. Smith）经过研究在 1984 年指出：将标准的比较成本理论用于服务贸易或投资的任何潜在困难都不足以对该理论的适用性产生怀疑。

舒尔茨（Schultz）则坚持，即使服务的确和商品有差别，而且有一些服务的确存在很大程度上的国家控制（如银行业、保险业和电信业等）或者根本无法进行国际贸易（如法律服务和一些医疗服务），但这丝毫不影响比较成本论的国际适用性，比较优势原理是普适的。

（二）对服务贸易比较学说的修正

在探讨比较优势理论是否适用于服务贸易领域时，我们要注意以下一些问题：

首先，传统 H-O 模型及多数由此演变的商品贸易模型主要从供给的角度分析国际贸易，最终的贸易流动源于一国富足生产要素禀赋的成本竞争性出口。但服务由于其自身特有的无形性、无法标准化和不确定性的特征，在贸易时需要更多地考虑需求因素而不是生产成本。需求因素导致的成本增量、消费者选择、运输成本、信息成本、消费者收入、消费偏好和消费环境等因素都构成服务的贸易条件。

其次，专业服务之间存在着很大的差别而且往往是无可替代的，它们的投入要素也是特殊的投入要素，与传统服务贸易假定生产投入要素是同质的相矛盾。同时，技术已经成为服务贸易发展的一个内生性变量，知识密集型服务日益改变着国际竞争优势的静态特征，许多国家可以具有后发动态的优势，而传统的比较优势理论则将技术作为一个静态固定外部条件对待。

最后，商品贸易假定生产要素在国际间无法流动，而服务贸易的定义本身就将过境交付、商业存在、跨国消费等涉及劳动力、资本或信息流动的服务划入服务贸易的范畴，所有这些特点都对传统比较优势理论在服务贸易领域的适用性问题提出了质疑和挑战。

应当承认，比较优势学说的合理内核适用于服务贸易。但由于服务自身客观存在的特性，使得传统商品贸易理论对服务贸易的解释力不足，不能完全套用，于是就相继出现了对比较优势说进行的若干修正。

（1）迪尔道夫（A. Deardorff）从比较优势说用于服务贸易的局限性入手，借助标准的"2×2×2" H-O 模型（两个国家、两种要素、一种商品和一种服务），通过放松其中的个别约束条件，率先成功地分析了服务贸易是如何遵循比较优势原则的。他指出服务贸易不存在贸易前价格，许多服务贸易涉及要素流动的特点不会影响到比较优势的解释力，而某些服务要素可以由国外提供的特性则会使比较优势原则不成立。

（2）塔克（K. Tucker）和森德伯格（M. Sundberg）主张，国际贸易理论、厂商理论和消费者理论均适用于对服务贸易的分析，但存在许多局限性，诸如当可贸易服务的生产函数与主要的要素投入相结合时，国际贸易将依赖于需求而不是生产成本；许多服务通常是作为中间投入出现在贸易与非贸易品的生产过程中，因而在生产中会出现服务生产函数和使用服务投入的商品生产函数两个阶段的函数等。他们认为，由于存在上述缺陷，传统的比较优势理论不能圆满地解释服务贸易，但是通过分析与服务贸易相关的市场结构和需求特征，可能可以适当地解释服务贸易比较优势。

（3）伯格斯（D. Burgess）则将服务和技术差异因素引入传统

模型，用于分析国际服务贸易，以主流贸易理论中的 H-O-S 模型为基础，进行了简单的修正，得到诠释服务贸易的一般模型。

（三）服务贸易比较优势的决定因素

传统比较优势理论是否适用于服务贸易，以及在多大程度上适用的理论研究和争论似乎已经明了，人们开始注重从不同角度讨论服务贸易比较优势的决定因素。目前，关于服务贸易比较优势决定因素的理论分析较为零散。这些因素主要有政府管理体制、自然禀赋、文化传统、服务基础设施、人力资本等。然而，服务贸易部门繁多，所以不同部门比较优势的决定因素往往相去甚远。

在这一方面，克莱维斯（I. Kravis）、巴格瓦蒂（J. Bhagwati）、法尔维（R. Falvey）和格默尔（N. Gemmell）等人相继提出并进行深入研究的服务价格国际差异模型是具有奠基性的。因为价格差异是国际贸易发生的基础，服务贸易亦不例外。所不同的是，克莱维斯和巴格瓦蒂借助传统贸易理论，主要是萨尔特的依附经济模型来解释服务价格与实际人均收入的相关性，并认为，发达国家在金融、工程咨询、信息处理等资本、技术密集型服务上相对价格较低，具有比较优势，而某些发展中国家在工程承包等劳动密集型服务上具有比较优势。法尔维和格默尔则运用计量分析方法解释国际服务价格水平的差异，得出的结论与克莱维斯和巴格瓦蒂的解释不谋而合。另外，探讨这一问题的还有瑞德尔（D. Riddle）、萨格瑞（S. Sagari）、瑞安（C. Ryan）等。

（四）规模报酬递增和不完全竞争条件下的服务贸易理论

传统贸易理论有两个关键假设，即"完全竞争"和"规模报酬不变"，而规模经济往往要求并导致一个不完全竞争的市场结构。正是在这两个全新的假设上产生了规模经济贸易理论。规模经济和与国际市场不完全竞争相联系的产品差异，可以更好地解释增长迅速的产业内贸易，这种状况在服务贸易领域表现得更为明显。关于规模经济和不完全竞争条件下的服务贸易的代表性理论有：

（1）琼斯（R. Jones）和基尔考斯基（H. Kierzkowski）的生产段和服务链理论。该理论指出科技进步引致服务价格下降，服务生产日益分散化和生产组合方式多样化，进而导致对服务链的强烈需求，国际服务贸易由此发生。

（2）马库森（J. Markusen）的服务部门内部专业化（内部积聚）理论。他发现由于服务贸易，尤其是生产者服务贸易规模报酬递增显著，许多中间产品又具有差异化或与国内要素互补的特性，因此生产者服务贸易优于单纯的最终产品的贸易，这实际上分析了服务部门的内部专业化问题。

（3）弗兰克斯（J. Francois）的外部专业化理论。该理论建立了一个具有张伯伦垄断竞争特征的产品差异模型，讨论了生产者服务与由于专业化而实现的报酬递增之间的关系，以及生产者服务贸易对货物生产的影响，强调了服务在协调和联结各专业化中间生产过程中的外部积聚作用。

马库森和弗兰克斯的理论是对琼斯和基尔考斯基理论的进一步论证和充实。由于商品贸易规模经济和不完全竞争理论仍处于发展之中，所以，服务贸易的相关研究也是如此。

三、国际服务贸易政策

随着服务贸易在对外经济交往中地位的上升，世界各国越来越重视本国对外服务贸易政策的取向，服务贸易政策成为各国对外经济政策的重要组成部分。同国际商品贸易一样，国际服务贸易领域也存在着自由主义和保护主义两种不同的观点，这两种观点反映在政策层面上就表现为自由贸易政策与保护贸易政策。

（一）自由贸易政策

服务贸易自由化本应囊括所有服务贸易形式，但以美国为首的发达国家最关心的，则是国际服务贸易中增长最快的领域——生产者服务贸易的自由化，如银行、保险、咨询、电讯、会计、计算机软件和数据处理等，以及其他专业性服务的贸易自由化。这种关心不仅反映在乌拉圭回合多边服务贸易谈判中，也体现在理论研究的重点上。可以这样说，各国专注于服务贸易自由化的领域就是其认为具有较强竞争实力的行业。在世界经济一体化的背景下，各国都不愿意将其比较劣势或较为虚弱的服务行业暴露于动荡不安的国际市场上。因而，在国际服务贸易领域就形成了这样的一种局面，

266

即：各国都对其强势服务部门实行自由化政策，对弱势服务部门则实施保护政策。由于各国服务业的发展水平不一，各国的政策偏好相左，所以很难找到一个服务贸易自由化的交集，使之同时满足于发达国家和发展中国家，于是一场旷日持久的有关服务贸易自由化的谈判就不可避免了。在乌拉圭回合多边服务贸易谈判中，服务贸易自由化问题被作为主要议题单独列出，但各国利益不同，对自由化的内涵、适用原则和期待的理解分歧较大。特别是与货物贸易相比，各国服务贸易政策措施所涉及的面要广得多，也更为错综复杂，争论也就更为激烈。争论的焦点主要围绕市场准入和国民待遇问题这两方面展开。有趣的是，至今还没有人能够从理论上证明服务贸易自由化绝对是双赢的，如果该证明能够成立，这恐怕可以成为各国尤其是发展中国家强调保护国内市场重要性的理论依据之一。

1. 服务贸易自由化的政策选择

服务贸易自由化政策的不同选择，在很大程度上会给贸易国带来不同的福利收益和成本。服务贸易自由化既与一些敏感性问题，如国家安全，特别是经济安全和文化安全密切相关，又对国家经济竞争力的提高发挥着越来越强烈和广泛的影响。无论对发达国家还是发展中国家，服务贸易都是一把双刃剑，它既可能危及国家安全和主权，也可能因为能够提高国家竞争力而又最终维护国家安全和主权。正因为如此，目前还没有一个国家愿意完全开放本国服务市场，也没有一个国家倾向于执行严格的服务进口替代政策。

2. 发达国家服务贸易自由化的政策取向

发达国家对发展中国家开放本国服务市场的条件是以服务换商品，即发展中国家以开放本国服务市场为交换条件，要求发达国家对其开放商品市场，对于同等发达国家或地区，则需要相互开放本国服务市场，这就是所谓的"服务贸易补偿论"。通常发达国家还以维护国家安全和竞争优势为借口，强调有必要对本国服务出口采取管制政策。特别需要明确的是，发达国家强迫其他国家开放服务市场，以及限制本国涉及敏感性问题的服务出口，都是以它们自身的利益为出发点。

3. 发展中国家服务贸易自由化的政策取向

在服务贸易自由化大趋势下，发展中国家能否从中获利，在很大程度上取决于自身的政策取向。发展中国家为保护国家经济安全和主权，对外国服务进出口采取种种限制乃至完全禁止的政策是可以理解的。在现阶段完全开放本国服务市场，特别是金融服务市场，对于发展中国家的经济安全来说是危险的。然而，如果完全封闭本国服务市场，这不仅难以有效做到，还会带来一些保护成本。因此，发展中国家既难以选择传统的保护战略，特别是像工业那样选择传统的进口替代战略，又不能选择一步到位的完全自由化战略，于是，混合型、逐步自由化的服务贸易发展战略就成为发展中国家的可选方案。发展中国家在服务贸易自由化进程中，应注意两点：一是开放的基本步骤和顺序；二是每个基本步骤和顺序中涉及哪些服务部门，它们对于开放服务市场的影响如何。

（二）保护贸易政策

对服务贸易的保护随着服务贸易在全球贸易中地位的日益突出而越来越为各国政府所重视。对商品贸易的保护，人们很容易用关税和非关税壁垒来加以概括，但对服务贸易的保护却不那么直观、简单，无论在形式上还是在内容上，都远比货物贸易复杂、严厉。《服务贸易总协定》的签署，标志着服务贸易将成为今后 WTO 多边贸易谈判的重点。那么，如何正确认识各国的服务贸易保护，通过谈判逐步开放各国的服务贸易市场，实现服务贸易自由化，就成为迫切需要解决的问题。

1. 服务贸易壁垒产生的原因

（1）经济独立性的考虑。服务贸易保护政策的存在部分是处于经济上的考虑，这和货物贸易的保护动机有相同之处。根据国际贸易的实践，保护贸易是许多发展中国家在进入国际市场初期所采取的主要市场模式。由于许多服务部门在经济中具有举足轻重的地位，且其本身发展形态又具有多样性和复杂性的特点，像交通运输业、通讯、电子、金融、保险等服务行业都属于一国经济的关键部门，控制了这些部门，实际上就掌握了这个国家的经济命脉，从而威胁到本国经济的独立性。如果一国的经济为外国所控制，则其经济结构的设置完全取决于外国经济的需要，就会导致所谓"依附经济"的产生。在这种经济中，一国经济及对外贸易的发展对本国人民的实际利益是十分有限甚至是有害的，从而出现所谓的"贫困化的经济增长"，或者"没有经济发展"的经济增长。

（2）政治、文化上的考虑。这是服务贸易保护不同于货物贸易保护的一个很重要的地方。教育、新闻、娱乐、影视和音像制品等服务部门虽非国家经济命脉，但却属于意识形态领域，任何国家的政府都希望保持本国政治、文化上的独立性，反对外国文化的大量渗透。因此不希望这些部门被外国所控制。

2. 国际服务贸易壁垒及其种类

国际服务贸易壁垒即一国政府制定并采取的阻碍国际服务贸易进行的措施，即包括政策措施，也包括法律措施。由于服务贸易在跨国界移动时是以人员、资本、服务产品、信息等的流动表现出来，一般不进行海关登记，所以利用关税和配额等措施保护本国服务业不受外来冲击未必有效。相反，限制外国服务者的法律、法规和行政措施，往往变成了主要的保护手段，并成为国际服务贸易发展的障碍。

据统计，目前国际服务贸易壁垒多达 2 000 多种。与货物贸易相似，服务贸易壁垒也大体分为关税壁垒与非关税壁垒两大类。与货物贸易不同的是，非关税壁垒在服务贸易中占有更重要的位置。由于国际服务贸易壁垒种类繁多，形式各异，很难作精确的分类，因此通常从阻碍服务贸易的要素，即人员、资本、服务产品和信息在国际市场上流动的角度将其划分为人员移动、资本移动、产品移动和商业存在壁垒四种形式（见表7-1）。

（1）人员移动壁垒。作为生产要素的劳动力的跨国移动是国际服务贸易的主要途径之一，也自然构成各国政府限制服务提供者进入本国或进入本国后从事经营的主要手段之一。种种移民限制和出入境烦琐手续，以及由此造成的长时间等待等，都构成人员移动的壁垒形式。

（2）资本移动壁垒。主要形式有外汇管制、浮动汇率和投资收益汇出的限制等。外汇管制主要是指政府对外汇在本国境内的持

表 7-1　　　　　　　　　　　　**国际服务贸易壁垒简表**

壁垒形式 \ 服务部门	运输(空运)	运输(水运)	电信	数据处理	银行	保险	工程建筑	广告	影视	会计	法律	软件	旅馆
数量/质量限制	△					△		△	△	△			
补贴	△		△	△			△		△				
政府采购	△	△				△	△						
技术标准	△		△				△						
进口许可			△	△	△				△	△			
海关估价			△	△								△	
货币控制及交易限制			△		△	△		△					
特殊就业权限制						△				△	△		△
开业权限制					△					△			
歧视性税收				△	△		△						△
股权限制				△	△			△	△				△

注："△"表示该项壁垒存在于该行业中。

资料来源：戴超平：《国际服务贸易概论》，中国金融出版社，1997 年版。

有、流通和兑换，以及外汇的出入境所采取的各种控制措施。外汇管制将影响到除外汇收入贸易外的几乎所有外向型经济领域，不利的汇率将严重削弱服务竞争优势，它不仅增加厂商经营成本，而且会削弱消费者的购买力。对投资者投资收益汇回母国，或限制外国资本抽调回国，或限制汇回利润的额度等措施，也在相当程度上限制了服务贸易的发展。这类措施大量存在于建筑业、计算机服务业和娱乐业中。

（3）产品移动壁垒。产品移动壁垒主要涉及市场准入的限制，即东道国允许外国服务者进入本国市场的程序。这类限制常常规定服务供给的最高额度，当外国服务者提供的服务超过额度时，完全阻止外国服务产品进入国内市场，只使用本国服务。产品移动壁垒通常包括数量限制、当地成分或本地要求、补贴、政府采购、歧视性技术标准和税收制度，以及落后的知识产权保护体系等。

（4）商业存在壁垒。商业存在壁垒又称开业权壁垒。这是通过对外国服务实体在本国的活动权限进行规定，以限制其经营范围、经营方式等，甚至干预其具体的经营决策。值得注意的是，随着服务贸易自由化的逐步推进，以开业权限制等为表现形式的绝对的进入壁垒正面临越来越大的国际压力，而对具体经营权限的限制则既体现了适度的对外开放，又往往能有的放矢地削弱外国服务经营者在本国的竞争力和获利能力。因此，这将成为国际服务贸易的一种十分重要的壁垒形式。并且，这还是一种"可调性"较强的壁垒，各种经营限制的内容及限制的程度、方式等均可依本国社会经济及产业发展的要求和国际服务贸易自由化推进的要求而不断做出相应的变化和调整。

第三节　服务贸易总协定

一、《服务贸易总协定》的产生

美国是服务贸易谈判最积极的倡导者。自 1972 年美国出现商品贸易逆差以来，其服务贸易却出现了越来越多的顺差。美国在制造业比较优势逐步丧失的同时，服务业发展领先的优势日益突出，所以美国政府积极倡导服务贸易谈判，希望国际服务贸易也有一个类似关贸总协定（以下简称 GATT）的多边协定，实行国际服务贸易的自由化，以保证和扩大美国在服务贸易上的经济利益。

1982 年美国首先提出服务贸易自由化问题。在蒙特利尔的

GATT 部长级会议召开之际，美国提出该会的首要议题是在 GATT 中确定一项关于服务贸易的工作计划，以便为这一领域的多边谈判做好技术准备。美国的提议遭到发展中国家和少数发达国家的反对。但此次会议最终达成了一项妥协决议，对服务贸易感兴趣的缔约方可以就服务贸易问题，包括是否有必要就此进行谈判问题进行研究，可以通过像 GATT 这样的国际组织交换信息。最后，几乎所有发达国家都提交了相应的研究报告，对美国关于进行服务贸易谈判的动议表示支持。

尽管谈判各方对服务贸易的谈判方式和程序多有争议，但在美国的极力策动下，1986 年 9 月，埃斯特角部长宣言将服务贸易作为三项新议题之一列入"乌拉圭回合"多边贸易谈判程序，从此拉开了服务贸易多边谈判的序幕。在谈判中，美国提出了实现服务贸易全面自由化的具体意见。美国主张将 GATT 的原则直接用于服务贸易，提出将货物贸易和服务贸易结合在一起搞所谓的"一揽子"谈判，还提出"整体贸易互惠案"，图谋以美国等发达国家在商品贸易某些项目谈判中的让步，来换取发展中国家在服务贸易自由化问题上的让步。

美国的上述主张遭到了发展中国家的反对。因为广大发展中国家的服务行业，特别是那些资本、知识、技术密集型的服务行业还很落后，缺乏国际竞争力，维持着各种壁垒进行保护，做到服务贸易自由化困难重重。但是随着谈判的进行，发展中国家为获取美国等发达国家在货物贸易上的让步，便在服务贸易谈判中做出了一定程度的妥协，使服务贸易在如何纳入 GATT 多边贸易体系问题上有了突破性进展，即采用"双轨制"的谈判方式将服务贸易作为与货物贸易并列的议题，由各国就旅游、建筑、金融、保险、电讯、专业人员服务等展开具体谈判，逐步实现服务贸易的自由化，以求为本国服务业争取一个发展、成熟的时间。

"乌拉圭回合"服务贸易谈判大体经历了三个阶段。

第一阶段从 1986 年 10 月 27 日至 1988 年 1 月。谈判的重点是关于服务贸易的定义、范围，与服务贸易有关的国际规则或协议等问题。这一阶段各方分歧很大，发展中国家要求对国家服务贸易做比较狭窄的定义，即"居民与非居民进行的跨国境的服务购销活动"。这一定义旨在排除很难监控的服务跨境交易、跨国公司的内部服务交易和发达国家的一些优势项目，如金融、保险、咨询和法律事务等可以通过入境提供的境内交易项目，同时强调发展中国家的某些优势项目，如劳动密集型的工程承包等。美国等发达国家则坚持较为宽泛的定义，以图把尽可能多的服务项目纳入国际谈判，使美国等发达国家拥有绝对优势的服务部门在全球范围实现国际贸易的自由化。欧共体提出的折中意见主张不预先确定谈判范围，而是根据谈判需要对国际服务贸易采取不同的定义。多边谈判在采纳欧共体意见的基础上继续进行。

第二阶段为 1988 年 12 月至 1990 年 6 月。在 1988 年 12 月加拿大蒙特利尔举行的中期评审会谈中，各国在一定程度上摆脱了对服务贸易定义的纠缠以加速谈判，谈判重点集中在透明度、逐步自由化、国民待遇、最惠国待遇、市场准入、发展中国家的更多参与、例外和保障条款以及国家规章等原则在服务部门的运用方面。1989 年 4 月，服务贸易工作组决定对电讯、建筑、运输、旅游、金融和专业服务等部门进行审查，这样就进入了"部门测试"过程。与此同时，各国代表同意采纳一套服务贸易的准则，以消除服务贸易谈判中的诸多障碍。各国分别提出自己的方案，阐述了自己的立场和观点。其中中国、印度、喀麦隆、埃及、肯尼亚、尼日利亚和坦桑尼亚 7 个亚非国家在 1990 年 5 月 4 日向服务贸易谈判组联合提交了"服务贸易多边框架原则与规则"提案，对最惠国待遇、透明度、发展中国家的更多参与等一般义务与市场准入、国民待遇等特定义务作了区分。后来《服务贸易总协定》的文本结构采纳了"亚非提案"的主张，并承认成员方发展水平的差异，对发展中国家做出了很多保留和例外，这在相当大的程度上反映了发展中国家的利益和要求。

第三阶段从 1990 年 7 月至 12 月。1990 年 7 月，各方代表对于国民待遇、最惠国待遇等原则在服务贸易领域的使用已达成共识，但在各国开放和不开放服务部门的列举方式上出现了"肯定列表"和"否定列表"之争。美、加等发达国家提出"否定列表"方式，要求各国将目前无法实施自由化原则的部门清单列在框架协议的附录中作为保留，部门清单一经提出，便不能增加，并应承诺在一定期限内逐步减少不予开放的部门。发展中国家则提出"肯定列表"方式，即各国列出能够开放的部门清单，之后可随时增加开放的部门数量。这对于服务业相对落后的国家较为灵活。因为服务贸易范围广泛且不断扩大，发展中国家难以预先将本国不能开放的部门列举齐全，使用"否定列表"方式将带来不可预见的后果。后来《服务贸易总协定》的文本结构采纳了发展中国家的主张，对市场准入和国民待遇等特定义务按"肯定列表"方式加以确定，从而使发展中国家的利益有了一定程度的保障。

1990 年 12 月，在布鲁塞尔召开的 GATT 部长级会议上将修订后的《服务贸易多边框架协议草案》改名为《服务贸易总协定》（*General Agreement on Trade in Services*，GATS）。按原计划，此次会议应该签署文本。但由于美、欧在农产品补贴问题上的立场格格不入，阻碍了其他议题的进展，导致会议的失败。直到 1994 年 4 月 15日，谈判各方才正式签订了《服务贸易总协定》。该协定作为"乌拉圭回合"一揽子协议的一大组成部分和世界贸易组织对国际贸易秩序的管辖依据之一，于 1995 年 1 月与世界贸易组织同时生效。

二、《服务贸易总协定》的总体结构和主要内容

（一）《服务贸易总协定》的总体结构

《服务贸易总协定》由序言和 6 个部分构成，共 35 个条款。其中前 34 个条款是框架协议，规定服务贸易自由化的原则和纪律。第 35 条是附录，共由 8 个附录组成（见表 7-2）。

（二）《服务贸易总协定》的主要内容

1. 序言

序言部分首先提出了 GATS 的目标和原则，即认识到服务贸易对世界经济增长和发展日益增长的重要性，希望在透明度和逐步自由化的条件下，建立一个具有各项准则和规定的服务贸易多边框架，以扩大此类贸易，并作为一种有利于促进所有贸易伙伴的经济增长手段。同时适当考虑各成员方的国内政策，在互利基础上谋求

274

表 7-2　　　　　　　　　　《服务贸易总协定》的结构

序　言	
第一部分　范围与定义	
第 1 条　范围与定义	

第二部分　一般责任与纪律	
第 2 条　最惠国待遇	第 9 条　商业惯例
第 3 条　透明度	第 10 条　紧急保障措施
第 3 条　附则　机密资料的公布	第 11 条　支付与转移
第 4 条　发展中国家更多的参与	第 12 条　对保障国际收支平衡实施的限制
第 5 条　经济一体化	第 13 条　政府采购
第 6 条　国内规定	第 14 条　一般例外
第 7 条　承认	第 14 条　附则　安全例外
第 8 条　垄断服务与专营服务提供者	第 15 条　补贴

第三部分　具体承担义务	
第 16 条　市场准入	
第 17 条　国民待遇	
第 18 条　附加承担义务	

第四部分　逐步自由化	
第 19 条　承担义务的谈判	
第 20 条　承担义务的计划安排	
第 21 条　计划安排的修改	

第五部分　制度性条款	
第 22 条　协商	
第 23 条　争端的解决和执行	
第 24 条　联合行动	
第 25 条　理事会	
第 26 条　技术合作	
第 27 条　与其他国际组织的关系	

第六部分　最后条款	
第 28 条　接受与加入	第 35 条　附录
第 29 条　协定的生效	（1）免除第二条义务的附录
第 30 条　不适用本协定	（2）根据本协定自然人提供服务活动的附录
第 31 条　利益的否定	（3）航空运输服务附录
第 32 条　修订	（4）金融服务附录
第 33 条　退出	（5）金融服务承担义务的谅解协议
第 34 条　术语定义	（6）海运谈判附录
	（7）电讯服务附录
	（8）基础电讯谈判附录

权利和义务的平衡。各成员方有权在其境内对服务的提供制订和采用新规则。发展中国家可根据其特殊的需要，制订更多的规章，并更多地参与世界服务贸易。有关成员方应帮助其扩大服务贸易出口，同时提高他们的国内服务能力、效率与竞争力。对于最不发达国家特殊的经济地位、发展水平及贸易和财政上的需要，予以特殊考虑。

《服务贸易总协定》作为世界贸易组织的独立协定，是因为它具有特殊性，并允许各国按照其自己的国内政策目标，在互利和权利义务平衡的原则下，分别就各服务行业进行谈判。因此，研究序言，体会序言的基本精神具有重要意义。

2. 第一部分——范围和定义

GATS 对服务贸易的定义在本书的前面部分已涉及，这里就不一一详述。

乌拉圭回合谈判的重要成就之一就是对服务贸易下了一个定义，即通过跨境提供、境外消费、商业存在和自然人流动四种方式提供服务，该定义超出了通常采用的居民与非居民之间的交易统计观念。在框架协定的谈判中"服务贸易"的定义是一个关键性问题，它对确定服务贸易规则的准确适用范围和在拓展服务贸易中可能形成的总体优势平衡，具有非常重要的意义。

GATS 具有普遍的作用范围，适用于各成员国所采取的影响服务贸易的各种措施。但是，关于 GATS 范围的准确界定，目前仍有一些问题存在争议。如：（1）社会保障，包括避免向社会保障体制双重征税，或从社会保障双重获利；（2）根据双边投资保护协定的争端解决；（3）季节性民工进入和临时停留、休假计划、校际交流和教师互访、文化交流协议等构成的自然人进入和临时停留等。这些措施的计划安排和最惠国义务免除问题有很大关系。目前这些问题正由服务贸易小组委员会讨论。

3. 第二部分——一般责任与纪律

这一部分是 GATS 的核心部分，主要提出了国际服务贸易所适用的法律原则和纪律要求，各成员国对其服务部门，不论该部门是否开放，均应统一加以实施。

主要包括以下几方面：

（1）最惠国待遇

GATS 实行无条件的最惠国待遇原则，要求每一成员方给予任何其他成员方的服务或服务提供者的待遇，应立即无条件地以不低于前述待遇给予其他任何成员方相同的服务或服务提供者。GATS 同时也列出了各成员方给予最惠国待遇的例外：①"附录（1）免除第二条义务的附件"所规定的措施。成员方可按该附录所指明的条件列出其不愿承担最惠国待遇的措施清单，允许成员方在不超过 10 年的时间内享受免除义务，不过要求 5 年后进行一次审查。②成员方与其邻国为方便边境服务交换而彼此提供的优惠。③经济一体化组织内部成员国彼此给予的优惠待遇。④政府采购，即政府机构出于政治目的而非商业目的的采购服务。

（2）透明度

每一成员方必须把影响本协定实施的有关法律、法规、行政命令及其他决定、规则和习惯做法，无论是由中央或地方政府做出的，还是由非政府有权制订规章的机构做出的，都应最迟在它们生效前予以公布。每一成员方应在世界贸易组织生效后两年内，即 1996 年底以前建立有关的咨询机构，以便提供其他成员方要求的服务贸易相关资料，以及向服务贸易理事会提供报告。透明度的一个例外原则是，对于任一成员方，那些一旦公布就会妨碍其法律实施，或对公共利益不利，或将损害具体企业的正当商业利益的机密资料，可以不予公布。

（3）发展中国家更多地参与

发展中国家与发达国家在服务贸易领域发展不平衡，因此 GATS 要求发达国家在谈判承诺具体义务时给予考虑，鼓励它们更多地参与国际服务贸易，以帮助发展中国家提高国内服务业的效率和竞争力。鼓励发展中国家更多地参与国际服务贸易主要通过：①帮助其国内服务业发展，加强其效率，提高竞争力，特别是在获得商业性技术方面。②促进销售渠道和信息网络的改善。③提高有利于发展中国家服务出口的市场准入制度。

发达国家在 GATS 生效的两年内必须建立联系点，以便发展中国家及时有效地获得①有关提供商业和技术方面，②有关登记、认可和获得服务专业资格方面和③有关获得服务技术的可能性方面的各种服务市场准入资料。所有这些规定使发展中国家获得对其服务业发展现状不平衡的承认，并获得发达国家对其义务的承诺，即发达国家将采取措施加强发展中国家的国内服务部门，发展中国家自身将通过向外国服务提供者附加条件以换取市场准入。

（4）经济一体化

GATS 允许成员方参与双边或多边服务贸易自由化协议，但这类协议必须符合两个条件：①从服务部门的数量、涉及的贸易总量及服务提供方式方面衡量，协议必须适用于众多的服务部门，有较大的贸易量，并不得事先规定排除某一服务提供方式。②协议必须实质性地取消现有服务部门的歧视性措施，禁止出现新的歧视性措施。

另外，经济一体化组织的成员国不应对经济一体化组织外的任何成员方提高在组建经济一体化之前已实施的服务贸易壁垒水平，经济一体化协议的参加方对其他成员方从此项协议中可能获得的贸易利益不得谋求补偿。

经济一体化协议的修改、补充应及时通知服务贸易理事会，并定期向服务贸易理事会报告其实施情况，服务贸易理事会有权对此类协议及其实施的有关事项进行审查。

GATS 还允许成员方参加劳动力市场一体化协议，但该成员方须免除对一体化协议其他参加方的公民有关居留权和工作许可要求，并应通知服务贸易理事会。

（5）国内规定

任何成员方应在合理、公正、客观的基础上实施有关影响服务贸易的国内规定。在不违背一国宪法结构和法律制度的前提下，每一成员方应尽快坚持使用或制订切实可行的司法、仲裁、行政手段或程序，对有关提供服务的行政决定做出迅速的审查并给予公正的判定。如果一成员方在已承诺开放某服务部门，对于外国服务商的申请就应该在合理的期限内，按照国内法律和规定全面考虑，并及时把考虑的结果通知申请人。在申请人的要求下，成员方有管理权的当局应毫不迟延地向其提供有关申请方面的资料。

各成员方有关的资格审查条件和程序、技术标准和许可证等，不能造成不必要的贸易壁垒，在成员方全体监督与检查下，资格与服务能力的审查应该客观而透明，在确保服务质量时不能给服务提供者不必要的负担，在实施许可程序方面不能给服务提供者过多限制。

（6）对服务者任职资格的承认

服务贸易涉及的领域非常广泛，服务的质量往往取决于服务提供者的学历、职称和从事服务职业的经验、技术水平和语言水平等。各国都很重视这些任职条件，对其附加限制，结果构成服务贸易自由化的障碍。因此，GATS 要求各成员方相互承认对方的各种任职条件，并最终按国际统一准则加以合作。

（7）垄断与专营服务

GATS 并不反对创建和维护垄断服务，但要求任一成员方在提供垄断服务时，其行为不能损害其他成员方的服务提供者在协定中所享有的权利。如果违背，贸易对方可向成员方全体提出请求，要求给予制裁。

（8）保障措施

GATS 规定在协定生效 3 年后，在非歧视原则的基础上完成保障措施的谈判并加以实施。实际上服务部门众多，很难制订具体的保障措施，只能在实施过程中逐步充实。如果某一成员方国际收支严重失衡，可以在已承担义务的服务贸易中实施限制措施，包括有关服务交易的支付和转移的限制。但各国在实施国际收支平衡的保障条款时应该坚持非歧视性原则，并要求与国际货币基金组织协商一致。随着国际收支状况的改善，保障措施要逐步取消，应避免对任何其他成员方的贸易、经济和财政方面的利益造成不必要的损害。

（9）政府采购

本协定所规范的国民待遇、最惠国待遇及市场准入条款只适用于以商业销售为目的的商业再售或提供服务的行为，而不适用于约束政府机构采购服务的法律、法规及要求。

（10）一般例外条款

成员方可以出于以下原因对服务贸易采取必要限制措施：

①保护公共道德或维护公共秩序；

②保护人类、动植物的生命和健康；

③防止诈骗或处理服务合同的违约情事；

④保护个人隐私、个人记录和个人账户；

⑤保护国家安全；

⑥根据联合国宪章维护国际和平与安全；

⑦为确保公正、有效地对其他成员方的服务和服务提供者征收直接税而实施差别待遇不作为违反国民待遇；

⑧一成员方因避免双重征税而实施差别待遇不作为违反最惠国待遇。

（11）补贴

补贴往往是形成贸易扭曲的重要原因，但 GATS 目前还缺乏一个完整的多边纪律框架来禁止对服务贸易的各种补贴，目前只是提出一些思路：通过谈判加速制定一套完整的关于服务贸易的补贴与反补贴规则；对是否造成服务贸易扭曲的补贴，要研究区别对待；要对发展中国家的补贴给予有差别的灵活的考虑；要适当解决因补贴而受损的成员方要求。

4. 第三部分——具体承担义务

GATS 的第一、二部分是总则，适用于所有成员方，第三部分是各成员方根据自己服务业的发展情况所做出的具体承诺。虽然承诺承担的义务有所不同，但在承担某项义务时应有共同遵守的原则。这些原则主要有：

（1）市场准入

每一成员国应按其一览表中所具体规定的限制和条件，给予其他成员方不低于表中所列的优惠待遇，若某一国的一览表规定有通过一种以上方式的市场准入，其他成员国的服务提供者可自由选择其喜欢的供应方式。

（2）国民待遇

根据 GATS 的其他有关规定和根据某一成员方在其一览表中所

规定的条件，该成员方在影响服务提供者的所有措施方面，给予其他成员方的服务和服务提供者的优惠待遇，不应低于给予本国相同的服务和服务提供者。

5. 第四部分——逐步自由化

在服务贸易领域逐步实现自由化是非常务实的，这一点对于发展中国家和地区尤为重要。GATS 第 19 条第 2 款体现了第 4 条发展中国家的更多参与的精神。根据该条款，发展中国家不应该被要求承担与其发展目标和技术目标不一致的自由化方式，而且其逐步自由化应根据它们的市场竞争力和服务出口的实际水平来掌握，而不应由假想的市场机会来评价。

6. 第五部分——制度性条款

该部分主要阐述争端解决问题，与货物贸易总协定的争端解决程序规定有相似之处。GATS 规定的争端解决方式主要包括磋商、仲裁和申述三种。

磋商可由当事双方直接进行，也可经有关机构进行。当一成员方就有关服务贸易的问题向另一成员方提出请求时，被请求方应给予同情的考虑并提供适当的机会进行磋商。如磋商未能取得圆满解决结果，一成员方可请求服务贸易理事会和争端解决机构参与磋商。

仲裁方式主要用于解决有关避免双重征税国际协定范围内服务贸易争议。仲裁方式在从前的关贸总协定体制下未曾出现过，经过乌拉圭回合谈判才被确认采用，具有一裁终局的特点，裁决对双方都有约束力，这对于关贸总协定体制下争端解决过程耗费时日、裁决执行不力的现象不啻是一种改进。

申诉方式主要是专家小组的评审。一成员方如果认为另一成员方未能履行其在 GATS 下的责任和特定义务，即可向争端解决机构申述。争端解决机构则设立一个单一的专家小组来审核投诉。如果争端解决机构认为情况严重到确应采取行动时，可批准一个或几个成员方对其他成员方所承担的责任和特定义务暂停实施。

7. 第六部分——最后条款

GATS 的第六部分主要规定了加入和接受规则，并指出了协定的不适用状况及利益的否定和协定的退出。参加协定谈判的国家或地区政府应把自己承担的义务的计划表列入协定附录。今后所有加入协定的国家须通过谈判，经所有成员方同意，方能成为正式成员。总协定生效后，任何参加方随时都可以退出。

三、《服务贸易总协定》的重要作用

GATS 的签署是自关贸总协定成立以来在推动世界贸易自由化发展问题上的一个重大突破，它将服务贸易纳入多边体制，标志着多边贸易体制日趋完善。GATS 的实施已经并将对世界经济和贸易的发展起到巨大的推动作用，这一作用可以概括如下：

1. 促进服务贸易自由化，并推动国际服务贸易的全面增长

尽管服务贸易中不存在关税壁垒，但各国在服务贸易中都会根据自己的情况采取一系列"限入奖出"政策，保护自己的服务市场，因此，名目繁多的服务贸易非关税壁垒对国际服务贸易自由化的发展形成重大障碍。而服务贸易总协定的基本宗旨是采取种种措施，鼓励发展中国家更多地参与，以逐步实现服务贸易自由化。服务贸易总协定在促进服务自由化的同时也必将推动国际服务贸易的增长。

2. 对不同国家或地区、不同类型的服务贸易产生不同的推动作用

各国经济发展阶段和水平不同，各国服务业的发展也存在较大差距，因此服务贸易总协定的签署和实施会使不同国家、不同类型的服务贸易产生不均衡性增长。发达国家占据国际服务业的主导地位，其优势重点在竞争力强的高新技术服务贸易，因此 GATS 必将对其产生巨大的推动作用，并迅速加快高技术服务贸易的增长速度。这就使发达国家在服务贸易的利益分配中居于绝对有利的地位，成为 GATS 的最大受益者。对于发展中国家来说，GATS 虽然会促进其有一定优势的服务领域，如海运、劳务输出、工程承包等的增长，但就发展速度而言会低于发达国家高新技术服务贸易的发展。

3. 在推动国际服务贸易发展的同时，促进国际货物贸易的发展

服务贸易自由化在促进服务贸易发展的同时，会推动与服务贸易有关的货物贸易的发展，特别是资本、技术密集型服务的贸易，往往伴随着相应的硬件设备的货物贸易（如数据处理服务、远程通信服务等）的发展而扩大，反过来又促进货物贸易的发展，形成良性的互动。同时，由于发达国家在大多数服务项目上具有比较优势和竞争优势，因此在未来的多边谈判中，有可能在发展中国家服务市场逐步开放的同时，发达国家在货物贸易方面向发展中国家做出更多的让步，从而促进货物贸易的发展，形成国际分工的新格局。

4. 增加各成员国的外汇收入，平衡国际收支

过去，大部分国家的外汇收入主要来源于货物贸易的出口，而当今国际服务贸易出口已成为一国赚取外汇的主要手段。随着GATS的实施，发达国家依靠其服务贸易中的竞争优势，必然会获得更多的外汇收入。对于发展中国家而言，除了可以利用GATS中的有关条款保护国内相对幼稚的服务业外，还可以利用最惠国待遇等有关条款发展其有一定优势的运输业、旅游业和劳务出口，为国家赢得外汇收入，以平衡国际收支。

5. 加剧发达国家与发展中国家服务业、服务贸易发展的不平衡

正如GATT的产生使各国有形商品贸易发展的不平衡一样，GATS也将使竞争力不同的各国服务业、服务贸易发展速度存在不同。由于发达国家具有高新的技术、全新的服务业，因此随着服务贸易总协定的全面落实，发达国家必然以其先进的技术、高素质的人力资本、富有经验的管理和良好的形象占据国外市场，使本国的服务出口大幅度增长。而对于发展中国家来说，服务贸易总协定的实施会促进其传统服务业的发展，但对于尚未成长起来的高新技术服务部门会带来一定的消极作用，并由此而影响服务贸易的全面发展。

6. 对发展中国家服务贸易的发展有促进也有阻碍

首先，GATS对发展中国家做了许多保留和例外，并对发展中国家经济技术援助方面予以很大优惠。所以发展中国家可以充分利

用这些机会扩大本国具有优势的服务业的出口。其次，GATS允许发展中国家在特定条件下采取适当的措施保护其落后的服务业，可以在适度开放的过程中学习到发达国家在服务业方面的先进技术和管理方式，并可以在开放过程中引入竞争，促进国内服务业的发展。

当然，GATS的实施也会对发展中国家服务业的发展造成许多不利。由于经济全球化的发展，比较优势和竞争优势在服务业的进一步发挥，会形成发展中国家对发达国家服务业的依赖，进而形成不利于发展中国家的国内产业结构和国际分工格局。大量的服务进口势必引起发展中国家相关商品的进口增加，从而造成对国内同类产品的需求下降，危及发展中国家本来就不太乐观的国际收支状况。如何利用GATS兴利除弊发展服务业，是每一个发展中国家都必须认真面对的课题。

第八章 中国对外服务贸易管理

近二十年来，随着经济全球化的推进与我国经济实力的增强，我国服务业的发展取得了令世人瞩目的成绩。与此同时，我国的服务贸易也积极地参与到经济全球化的进程中，扬长避短，抓住机遇，利用大好的国际经济环境，发展自身实力。2003 年，我国服务贸易规模已跃居发展中国家首位，我国将在国际服务贸易舞台上发挥更加重要的作用。此时，对我国服务贸易发展的历史、现状以及未来趋势进行研究与判断，于其进一步发展有着极其重要的现实意义。本章重点对我国主要服务贸易行业的发展、开放现状进行评述，以使读者对我国服务贸易的发展有更明确的认识与把握。

第一节 中国国内服务贸易发展概述

一、我国服务业的发展状况

新中国是在一个带有显著封建性、买办性和官僚性的社会的基础上建立起来的，物质技术基础极其薄弱。1949 年我国的社会总产值为 557 亿元，工农业总产值 466 亿元，人均国民收入只有 66 元，从总量上看国民经济十分弱小。从产业结构来看，第一产业约占 58.5%，第二产业为 25.9%，第三产业是 26.4%。农业的比重过大，农业在经济中占据主导地位，工业及服务业发展相当落后。

国民经济经过了三年的恢复时期，社会总需求和总供给的矛盾得到了缓解，国民经济的总量有了较大的增长。在此期间，我国农业总产值的年增长率达到 14.1%，远远高于历史上的各个时期；而同期工业总产值的年增长率，则超过了农业，高达 34.8%。一些主要的工农业产品产量，也都达到了历史的最高水平。国民经济的恢复和经济总量的增加，为我国服务业的发展打下了良好的基础。这一阶段中服务业各行业中，主要是交通运输业和商业得到了较快的发展。如，按可比价格计算，1950 年我国的社会商品零售总额仅为 170.6 亿元，而到了 1952 年，就发展到 276.3 亿元，增长幅度达 62.3%。

"一五"计划时期，服务业所占国民生产总值比重由 1952 年的 28.6% 上升到 1957 年的 30.1%。之后，1963—1965 年三年间服务业发展速度达到历史最高水平，平均每年以 11.8% 的速度增长，总值净增加 122.3 亿元。商品生产和商品流通得到有效调整，城乡物资交流十分活跃，服务业的作用得到有效的发挥。但在此后的十余年间，我国服务业一直没有取得更大的发展。其原因在于，一方面，囿于当时的国情与经济发展政策，国家投资的重点放在了农业与制造业上；另一方面，服务贸易领域的部门，如金融、运输、电信、对外贸易等部门长期由国有企业实行垄断性经营，部分中介服务如会计、律师、咨询、公证等或者处于空白，或者发展相当落后，远不能满足国家经济建设发展的需要。十年"文化大革命"以及其后所采取的一些不符合当时国情的经济发展政策，使国民经济遭到了严重的破坏，而且使服务业与工业、农业发展严重脱节。到 1978 年，国内生产总值 3 588.1 亿元，其中，服务业所占比重仅为 23%，比新中国成立初期的 1952 年还低 5.6 个百分点，服务业的从业人数达到 4 869 万人，占当年社会劳动者总数的 12.1%。

1979 年改革开放以后，伴随着利用外资、引进国外先进技术和货物贸易的发展，服务贸易也有了长足的发展，各行各业都取得了实质性的突破，发展的领域也日渐拓宽，在国内生产总值中的比重大幅上升。1987 年，服务业生产总值为 4 172.4 亿元，到 1992 年，这一数字为 10 553.6 亿元，增长了 1.5 倍，服务业占国内生产总值的比重上升到了 39.6%，服务业从业人员增加到 11 742 万人，占当年社会劳动者总数的比重提高到 19.8%。截至 2000 年止，服务业每年以平均 10.9% 的速度增长，超过同期国内生产总值年均增长 8.9% 的速度，服务业生产总值达到 35 792.6 亿美元，占国内生产总值的 40.6%，从业人数达到 19 566 万人，占当年社会劳动总数的 27.5%。

2001 年我国成功地加入了世界贸易组织，这一事件成为我国对外贸易发展史上的分水岭。加入世贸组织对促进我国社会主义市场经济的发育和成熟，加速国内产业结构调整和技术进步，在更深、更高层次上参与经济全球化进程，具有极其深远的意义。我国的服务业在积极应对日益激烈的国际竞争的同时，抓住机遇，也求得了自身的全面、快速的发展。2002 年，我国服务业生产总值达到 42 137.6 亿元，占整个国内生产总值的 40.2%。从业人数达到 21 090 万人，占当年社会劳动总数的 28.6%。个别发达地区，如北京这一比例达到 60.7%，上海达到 47.5%。

二、我国服务贸易的发展现状

在全球贸易快速发展的大环境中，在我国货物贸易强劲增长的支持与服务业的蓬勃发展的推动下，我国服务贸易规模在近十几年中快速增长。从我国服务贸易进出口额的数据（见表 8-1）可以看出，从 1992 年到 2000 年，服务贸易总额以年均超过 15% 的速度平稳增长，出口额与进口额年均分别增长 15% 和 17%，分别高出同期全球服务贸易 7 和 9 个百分点，发展速度令世界瞩目。从差额来看，除 1994 年为 5.6 亿美元顺差外，其余各年均为逆差，而且逆差不断加大。

表 8-1　　**1992—2003 年我国服务贸易进出口额与差额**　　单位：亿美元

年份/项目	出口额	进口额	总额	差额
1992	90.5	91.9	182.4	-1.4
1993	109.5	115.4	224.9	-5.9
1994	162.4	156.4	318.8	5.6
1995	184.3	246.4	430.7	-62.1
1996	205.7	223.7	429.4	-18

年份/项目	出口额	进口额	总额	差额
1997	245.3	300.6	545.9	−55.4
1998	240.4	287.8	528.2	−47.4
1999	237.8	312.9	550.7	−75.1
2000	304.3	360.3	664.6	−56.0
2001	333.4	392.7	726.1	−59.3
2002	397.4	465.3	862.7	−67.9
2003	467.3	553.1	1020.4	−85.8

数据来源：各年《中国统计年鉴》中的国际收支平衡表。

2001 年我国加入世界贸易组织为我国服务贸易的发展提供了更为广阔的平台。当年我国服务贸易进出口总额为 726.1 亿美元，比 2000 年增长 9.3%。其中，出口额 333.4 亿美元，比上年增长 9.6%；进口额 392.7 亿美元，比上年增长 9%，贸易逆差 59.3 亿美元，比上年增长 5.9%。从行业来看，运输、旅游、咨询等项目发展平稳；通讯、计算机和信息服务、广告宣传和其他商业服务各项顺差规模明显扩大；但是建筑、金融、保险、专有权利使用和特许费以及电影音像项目继续保持逆差。

2002 年我国对外服务贸易收支规模快速增长，逆差规模进一步扩大，而且逆差扩大的速度显现出加快的趋势。2002 年，服务贸易进出口总额为 862.72 亿美元，同比增长 18.8%；出口 397.44 亿美元，增长 19.2%；进口 465.28 亿美元，增长 18.5%。服务项下逆差达到 67.84 亿美元，同比扩大 14.4%。从行业来看，运输和旅游依然是我国国际服务贸易的主要项目，以上两项收支规模占我国服务贸易总量的 63.9%，同比下降 1.7 个百分点。主要逆差项目为运输、保险、专有权使用和特许以及咨询服务，主要顺差项目包括旅游、其他商业服务和建筑服务。与 2001 年相比，通讯、建筑、咨询、计算机和信息服务出口增长速度较快；计算机和信息、电影音像、政府服务、咨询、广告宣传等项目进口发展较快，增速均超过 50%。

2003 年我国服务贸易进出口总额首次突破 1 000 亿美元大关，达到 1 020 亿美元，成为全球第九大服务贸易国，首次进入世界前 10 位。其中，服务贸易出口 467 亿美元，同比增长 18%，占全球服务贸易出口的 2.7%，成为服务贸易出口最大的发展中国家，列全球服务贸易出口国第 9 位；服务贸易进口 553 亿美元，同比增长 19%，占全球服务贸易进口的 3.2%，是服务贸易进口最大的发展中国家，列世界服务贸易进口国第 8 位。

三、我国服务贸易发展的特征

伴随着发展与成绩，我国的服务业与服务贸易所有的一些特征与问题也不容忽视，主要表现在以下几个方面：

（一）服务业与服务贸易发展速度较快，但总体水平不高，在国内生产总值及国际贸易总额中的比重偏低

改革开放以来，我国国民经济保持快速增长，综合国力大大增强，社会生产力水平明显提高。1978～2004 年 GDP 增长了 11.2 倍，年均增速达到 9.4%。在此期间，服务业得到了快速发展，其在国民经济中的重要性日益加强。服务业增加值从 1980 年的 966.4 亿元增长到 2003 年的 38 885 亿元，按可比价格计算，23 年间增长了 9.5 倍，年均增长 10.3%，高于同期 GDP 增速。服务业的比重不断上升，由 1980 年的 21.4% 增长到 2003 年的 33.2%，同时已成为吸纳全社会新增劳动力和劳动力在产业间转移的主要渠道。但我国服务业发展仍然相对滞后，尽管速度很快，相对于其他产业，增长速度也并没有很大差距。近年来服务业增加值占国内生产总值的比重一直徘徊在 33% 左右，不仅远低于世界平均 64% 的水平，而且低于低收入国家 45% 的水平。服务贸易在此期间发展也很快，尤其是从 1983 年到 1996 年这 13 年中，我国的服务贸易年增长率为 15.4%，远高于世界服务贸易同期的增长水平。但是从服务贸易额与货物贸易额的对比度这一指标来看，当前国际上两者的对比度大约为 1∶4，而我国 2000 年的对比度为 1∶7。这说明我国的服务贸易发展相对于货物贸易还是相当落后，发展空间巨大。

（二）我国服务贸易内部结构不协调，各部门、各地区发展很不平衡

首先是区域发展差异巨大，主要表现在东西差距明显。在直辖市中，人均服务业增加值最高的是东部的上海市（16 959元），是西部重庆市的6倍多。在各个省份中，东部浙江省的人均增加值最高（6 714元），是西部贵州（增加值最低的省份）的6倍。从东部看，北京和上海服务业水平明显高于其他地区，河北与其他地区的差距较为明显；在中部地区，黑龙江的增加值高于其他地区，而安徽的增加值最低；在西部地区，新疆和西藏的增加值高于其他地区，贵州的增加值最低。其次，从结构上看，主要是结构层次落后，缺乏明确的主导产业带动。虽然近几年服务业内部结构有所改善，新兴产业有一定的升级取向，但还没有成为产业增长的主体，传统部门和一般产业仍是带动服务业增长的主要力量，传统的批发零售贸易餐饮业与交通运输仓储邮电通信业仍然占服务业的42%左右，与发达国家服务业产业结构差距较大。同时，与现代产业相联系的资金和技术密集型的金融保险、信息咨询、市场调查、专业服务发展不足，服务业与制造业的相互渗透和相互关联程度较低。

（三）服务贸易管理水平低，难以满足行业发展需要

服务业是由许多相关行业组成的产业群，国际服务贸易涉及的行业范围极广，国际社会要求一国对其国内的服务业进行整体协调和管理。目前，我国对外服务贸易管理体制存在许多缺陷，如中央与地方在服务业对外贸易政策和规章方面还存在着一定的差别，服务业多头管理、政出多门甚至相互掣肘的问题还没有完全解决，服务业的统计也不规范，在行业划分标准、服务标准等方面有许多不符合国际惯例。

（四）我国服务贸易发展总体水平低，参与经济全球化水平不高，结构不合理，国际竞争力弱

第一，我国服务业参与经济全球化的程度明显低于制造业。过去20年间我国制造业的效率和技术水平提高很快，某些部门的技术水平已经达到世界先进水平，特别是我国的出口依存度高和外资对制造业的参与程度显著高于服务业这两个因素，提升了制造业在

整体经济中的比重,相对降低了服务业的比重,降低了服务业的国际竞争力,使之在经济全球化的浪潮中,目前只能处于被动的地位。

第二,我国的服务贸易出口结构不合理(见表8-2)。在我国服务贸易出口的行业中,占据前三位的依次是旅游、其他商业服务和运输,这与国际服务贸易的出口格局是一致的。但从详细的统计数据可以看出,我国的服务贸易出口过分地依赖于旅游,旅游在其中占到了一半左右的比重,同比国际上的这一数字为1/3左右。而与此相反,我国运输业的贸易额却远低于国际水平,比重为10%左右,而同比国际上这一数字为1/3,显示出我国运输业方面的落后。另外,由于上述两项已经占到贸易总额的60%强,因此,别

表8-2　　　　中国服务贸易出口的行业结构 (%)

项目	2002 年		2003 年		2004 年	
	进口	出口	进口	出口	进口	出口
1. 运输	29.26	14.39	32.97	16.92	245.44	120.67
2. 旅游	33.09	51.29	27.46	37.25	191.49	257.39
3. 通信服务	1.01	1.38	0.77	1.37	4.72	4.40
4. 建筑服务	2.07	3.14	2.14	2.76	13.39	14.67
5. 保险服务	6.98	0.53	8.25	0.67	61.24	3.81
6. 金融服务	0.19	0.13	0.42	0.33	1.38	0.94
7. 计算机和信息服务	2.43	1.61	1.87	2.36	12.53	16.37
8. 专有权利使用费和特许费	6.69	0.33	6.42	0.23	44.97	2.36
9. 咨询	5.65	3.23	6.24	4.03	47.34	31.53
10. 广告、宣传	0.85	0.94	0.83	1.04	6.98	8.49
11. 电影、音像	0.21	0.07	0.13	0.07	1.76	0.41
12. 其他商业服务	10.60	22.04	11.69	32.22	84.78	159.51
13. 别处未提及的政府服务	0.96	0.91	0.82	0.77	5.31	3.78

数据来源:2002 年、2003 年、2004 年中国国际收支平衡表。

的行业的贸易额就相对要低很多。如金融保险服务、计算机信息服务、专利服务等。从进出口总体结构的对比来看，我国主要出口劳动密集、低附加值的服务，主要进口知识、技术、资本密集型的服务。第三，我国服务贸易缺乏比较优势，国际竞争力弱。从比较优势指数分析来看（见表 8-3），2002 年和 2003 年我国服务贸易比较优势指数分别为 -0.0786 和 -0.0840，均呈现出负数状态，表明这两年中，我国对外服务贸易在整体上处于比较劣势，服务贸易的国际竞争力较弱。从行业上看，两年中比较优势指数均大于零的只有旅游和其他商业服务，而一向被认为属于劳动密集型的运输和建筑服务的比较优势指数也呈负数状态。

表 8-3　　　　　　　　我国服务贸易比较优势指数

项目	2002 年	2003 年
1. 运输	-0.0786	-0.0840
2. 旅游	-0.4082	-0.3951
3. 通信服务	0.1394	0.0681
4. 建筑服务	0.0781	0.1980
5. 保险服务	0.1278	0.0430
6. 金融服务	-0.8790	-0.8717
7. 计算机和信息服务	-0.2757	-0.2095
8. 专有权利使用费和特许费	-0.2793	0.0310
9. 咨询	-0.9182	-0.9415
10. 广告、宣传	-0.3437	-0.2933
11. 电影、音像	-0.0282	0.0301
12. 其他商业服务	-0.5279	-0.3505
13. 别处未提及的政府服务	0.2796	0.3993

数据来源：2002 年、2003 年中国国际收支平衡表。

第二节 中国服务贸易各行业发展现状

世界贸易组织将服务贸易分为十二个大类,下面将从我国服务贸易主要行业的具体状况入手,分析我国的服务业总体的发展态势,我国在相关行业所做的入世承诺以及我国的应对措施等。

一、运输服务贸易

运输服务贸易是指以运输服务为交易对象的贸易活动,即贸易的一方为另一方提供运输服务,以实现货物或人在空间上的位移。世界贸易组织将运输服务主要分为海洋运输、内水运输、空中运输服务、铁路运输服务、公路运输服务、管道运输、所有运输方式的辅助服务以及其他运输服务。其中,海洋运输包括客运、货运、船舶与船员租赁、船舶的保养与修理、推船和拖船服务、货物装卸服务、仓储服务等。

(一) 海洋运输服务

1. 行业发展现状

海洋运输是国际大宗货物长距离运输最重要的运输方式,是我国的运输服务贸易的主要部分,我国 88%左右的外贸货物由海运实现。

我国是海运大国之一,但自 1994 年中国海运步入结构调整以来,我国国际海运船队没有明显的增长。截至 2000 年底,我国国际海运船队达 2 525 艘,占世界商船队总量的 5.3%,货运量达 3 700 多万载重吨,集装箱位占世界总量的 5.0%,船队总运力在世界商船队中居第五位。与 1999 年相比,2000 年船队总运力仅微幅增长 0.93%,但船型结构有所变化。其中,多用途船与集装箱船队增长幅度较大,分别为 4.0%和 3.7%,杂货船下降 1.25%,其他船型变化较小。同期世界商船队的变化情况为:商船队总量较上年增长 1.4%,其中集装箱船队和液化气船队增长最快,分别上涨 7.4%、7.0%,客船下降幅度最大,较上年同期下降 24.9%,兼用船队下降 6.5%。

从船舶投资主体来看，仍以国有为主，近年来多种投资主体投资国际海运有上升趋势。从规模来看，中国远洋运输集团、中国海运集团、中国外运股份有限公司这三个集团规模最大，三家公司运力所占比重超过60%。从船型结构来看，散货船队比重最大，占我国国际海运船队（包括挂方便旗船）总载重吨的55.9%，油船次之，占15.1%，集装箱船占13.0%，杂货船占7.1%，多用途船占6.2%，其他船型所占比重较小。从吨位结构看，船队平均吨位为1.47万吨，其中散货船队平均吨位4.25万吨，原油船平均吨位8.10万吨，成品油轮平均吨位5 016吨，集装箱船平均箱位886TEU，杂货船平均吨位6 676吨。从船龄结构看，2000年中国国际海运船队平均船龄为15.7年，较往年有所增长。其中，原油船、集装箱船船龄较小，分别为12.2、13.5年，多用途船、散货船、成品油船船龄在15～17年之间，而客船、冷藏船、液化石油气船、杂货船船龄较大，平均在19～23年之间。

截至2001年底止，我国从事大陆沿海运输的船公司有1 300多家，从事内河运输的船公司有5 700多家，从事国际海运的船公司有310多家。民用船舶已发展到36万艘，5 000多万吨载重吨。其中从事沿海运输船队规模为6 820艘，918万载重吨。2002年我国水上运输船舶载重量继续增长。

2. 行业入世承诺及开放现状

（1）在海洋运输方面，我国作为发展中国家的开放程度已相当高。2002年1月1日正式施行的《中华人民共和国国际海运条例》和2003年实施的《海运条例实施细则》，为外国航运公司进入我国海运市场开启了一扇"大窗户"。

①货载市场准入。货载保留是政府通过为本国承运人提供稳定的货载以提高本国承运人市场份额的单边措施。自1988年起，我国不再通过行政手段来规定国内承运人对国货的承运比例，鼓励承运人和托运人按照通常的商业做法直接商定运输合同。我国货运市场准入的开放程度，已经较其他国家包括世界上最发达国家更具开放性。

②国际海运和班轮运输。我国对国际海运和班轮运输的准入，从以往的严格审批制改为目前的审核、许可或登记制，即审核许可

294

制。对班轮运输的市场准入则实行审核、登记制度。

③税收与补贴。我国的外商投资企业在税收方面不但享有国民待遇，而且还常常享有优惠待遇。在补贴方面，一般分为营运补贴和造船补贴。此外，政府采购也是一种间接的补贴措施。我国目前虽已颁布《政府采购法》，但其中尚未就"政府货物"的运输明定条款，所有货物由承托双方按商业原则组织承运。这符合 GATS 非歧视性国民待遇原则，而且实施的程度已超过了包括发达国家在内的绝大多数国家。

（2）港口服务。

①港口准入。我国现行的政策法规等对外商无歧视性规定。《关于深化改革、扩大开放、加快交通发展的若干意见》鼓励中外合资建设并经营公用码头泊位；外商可独资建设货主专用码头和专用航道等一系列开放措施。2002 年 2 月公布的《外商投资指导目录》，再次对外商建设和经营码头不能控股和独资的规定进行调整，表明在港口服务的商业存在方面，我国已完全符合 GATS 市场准入的基本原则，达到世界发达国家的开放水平。目前境外航运公司分别占有 48%的近洋航班和 70%的远洋航班份额；我国对外开放港口已达到 140 多个，外国的不定期商船可以自由进出我国对外轮开放的港口，我国尚未开放沿海和内河运输。

②港口服务。外国籍船舶在中国对外开放港口所需的全部服务，包括码头设施的利用、燃油及淡水供应，完全享受国民待遇。《航行国际航线船舶及国外进出口货物港口收费规则》规定自 1992 年 4 月 1 日起，对航行国际航线的中外籍船舶，统一征收由国家规定的港口装卸费和船舶港口收费。中国海上安全监督机构按照联合国国际海事组织的规则，对外国籍船舶实施的"港口国监控"完全符合国际惯例。

（3）海运辅助服务领域。

①国际船舶代理。1992 年我国已提出允许外商在华开办船舶代理合营企业。在加入 WTO 的海运谈判中，我国承诺允许外商以合营形式建立商业存在，经营船舶代理服务。2002 年实施的《中华人民共和国国际海运条例》明确规定了经营国际船舶代理业务应具

备的条件,中外企业只要申请材料真实、齐备,并经审核无误的,在收到申请的 15 日内即可予以登记。但是外商出资比例不得超过 49%。

②货运代理。2002 年颁布的《外商投资国际货运代理业管理办法》,允许外商在我国设立合资或合作国际货代企业,但中国合营者的出资比例不应低于 25%;外商投资合营国际货代企业注册最低资本为 100 万美元;外商投资货代业不满第二年,不得投资设立第二家货代企业。

③国际船舶管理。《中华人民共和国国际海运条例》规定,外商可以投资设立合资或合作的国际船舶管理企业,外商的出资比例不得超过 49%。但目前对外国航商设立独资子公司在设立地域和经营范围上有所限制。

④国际海运货物仓储。外商可以以合资、合作或独资形式设立商业存在,经营国际海运货物仓储业务。另据我国在"入世"谈判中对外承诺,中国加入后 1 年内,允许外资控股;加入后 3 年内取消限制,允许设立外资独资企业,经营货物仓储服务。其开放程度完全符合 GATS 市场准入与国民待遇的基本原则。

⑤国际海运集装箱场站与堆场。《中华人民共和国国际海运条例》规定,外商可以合资或合营方式,投资经营集装箱场站和堆场业务。同时,在实际操作中,我国已据 GATS 最惠国待遇豁免的规定,通过双边谈判,按对等原则批准了美国、欧盟、日本等 6 家船公司在华设立独资公司,开展相关的集装箱场站与堆场服务。

⑥报关服务。在报关服务方面,据我国《中华人民共和国国际海运条例》等对船代、货代等业务范围的规定,报关业务也包括在内。另在"入世"谈判的对外承诺表中,也允许外商以合营方式介入报关服务,并允许外商控股。这符合 GATS 市场准入据承诺兑现的基本原则。

3. 行业发展存在的问题及应对策略

我国的海运业迄今为止已取得了巨大的成就,但我国海运业在管理技术、服务质量及设备方面落后于国际先进水平。货物运输的安全性、准确性和及时性日益成为运输企业在国际市场竞争中获胜的重要因素。我国海运企业在这方面与国际先进水平尚存在一定的差距。此外，我国海运业在信息技术利用上水平还比较低，我国虽然有不少海运企业已建立自己的电子商务及信息系统，但这些信息只限于在企业内部共享，而未加入大型网络，无法实现资源、信息全面共享。

在充分认识我国海运业的发展状况之后，我们必须趋利避害，利用加入世贸组织的契机，研究新的形势，采取新的策略。一要加强宏观管理，加快运输法规建设，制订与《海商法》相配套的《港口法》《水运法》《船舶法》《船员法》等，形成一个完整的航运法律法规体系。二要逐步取消对外资企业的优惠政策，并适当采取对本国海运企业采取适当扶持的政策，如营运价差额补贴、贷款保障等，合理保护国内海运企业。三要积极引导大型企业集团跨国经营和跨行业经营，以推动企业组织机构的调整，促进科技进步，实现规模经营，提高在国际运输市场上的竞争力。四要多渠道筹集海运设施建设资金，提高运输设施的现代化水平，引进或研发先进技术、提高人员素质、整体管理和服务水平，改善我国海运业的企业素质和服务质量，以灵活的价格和营销手段参与市场竞争。

（二）航空运输服务

1. 行业发展概况

我国航空运输业发展经历了三个时期。1950~1978 年为第一时期，中国航空运输业缓慢地发展。到 1978 年时，仅有航线 162 条，载运旅客 231 万人，运输总周转量 3 亿吨公里。1979~2002 年为第二时期，是中国航空运输业迅猛发展的时期。到 2002 年时，我国航空运输业定期航班航线总数达 1 176 条，航线里程 163.8 万公里，国内航线 1 015 条，通航 132 个城市，国际航线 161 条，通航32 个国家和地区的 67 个城市；运输总周转量、旅客运输量和货邮运输量分别达到 165 亿吨公里、8 594 万人次和 202 万吨，分别比1978 年增长 54 倍、36 倍和 31 倍，年均增长率分别为 18.2%、16.3%和 15.5%，其中运输总周转量的增长速度是同期世界民航增长速度的 3 倍以上。2002 年，中国航空运输在国际民航组织缔约国中的排位，按总周转量计（不含我国香港、澳门和台湾的统计数字——下同），已由 1978 年的第 37 位上升为第 5 位；按旅客周转量计，由第 37 位上升为第 4 位。从 2003 年开始，中国民航进入深化体制改革阶段，全面实施民航体制改革方案，实现由航空大国向航空强国的跨越。

2. 行业开放现状

随着我国加入 WTO，对外贸易持续增长，航空货运市场迅速扩大。国内各经济主体积极地利用有利政策与条件，积极地参与国际货运事业。如江苏省 2002 年与欧洲国家的进出口航空货运量达 6.2 万吨，与北美国家的达 5.1 万吨，与韩国、日本和东南亚国家的达 27 万吨；厦门地区随着地方经济的发展，预计航空货运量将有大的增长，2003 年前往美洲航线货运量达 1 万多吨，平均每周约 200 吨，前往欧洲航线货运量达近 8 千吨，平均每周约 150 吨。西部地区进出口航空货运量也增长较快，例如，云南省每周就有约 200 吨的花卉需要运往阿姆斯特丹。当前，我国航空货运需求不断扩大，但航空运力却投入不足，是一对突出的矛盾。为解决这一问题，一方面需要采取扶持政策，壮大我国航空运输企业，增加投入运力；另一方面，则需要进一步开放航空运输市场，引入竞争机制，刺激航空运输业的发展。

对于航空自由化，我国采取的是积极而稳妥的方针。我国将顺应自由化的潮流，根据中国经济建设和民航业发展的需要，积极、渐进、有序、有保障地推进航空运输自由化进程。在航空运输的管理中，我国根据实际情况加大了开放航空运输市场的力度。

2003 年，我国对新加坡开放了厦门第五货运航权，并将海南作为试点，开放航权，通过市场竞争的办法促进行业的发展，并为国家的总体经济发展提供服务和支持。同时，我国还根据外国航空公司的申请，陆续增多开放通航中国的地点，进一步放宽了对外商投资民用航空业的规定，以便投资民用航空业的主体多元化和建立公司治理结构。

二、旅游服务贸易

（一）行业发展现状

近年来，国家经济和地方经济的发展，国家财力和物力的不断增强，为我国国内旅游发展形成了有力支撑。进而成为我国旅游需求和旅游供给的强有力的经济基础。同时就业规模的扩大，城镇居民收入的继续稳步增长和农村居民收入的部分增长，支持了居民国内旅游需求的进一步实现。居民集中假日制度照常实施，"黄金周"继续发挥推动出行的良性功能。以交流为目的的现代旅游活动已经引起更广泛的注目。政府对旅游业发展的推力依旧强劲。对于地方旅游业的发展，各级政府不仅在编制旅游发展规划、大力推动旅游开发、培育旅游产品、完善旅游设施，以及在鼓励投资、鼓励居民旅游消费方面继续保持强力支持的态度外，并在加大国内旅游促销和市场秩序规范方面投入了大量的人力和财力，从而较好地推动了近年国内旅游的有序发展，较好地保障了国内旅游市场的活跃。旅游业发展的前景对民间投资者的引力不断显现，加之各级政府在旅游基础设施投入上的示范和拉动，从而对加大和改善旅游供给起到了较好的作用。

2004 年全国国内旅游人数已达 11.02 亿人次，比 2003 年增长 26.7%。2002 年全国国内旅游收入 878.36 亿元人民币，比 2001 年增长 10.1%，全国国内旅游出游人均花费 441.8 元，比 2001 年降低 1.7%（见表 8-4）。在春节、"五一""十一"三个"黄金周"中，全国共接待国内旅游者 2.19 亿人次，实现旅游收入 865 亿元，分别比 2001 年增长 19.7% 和 17.5%。

表 8-4　　**2000—2002 年全国国内旅游基本情况比较（全国合计）**

年份	全国合计年份总人次数（亿人次）	出游率（%）	总花费（亿元）	人均花费（元）
2000	7.44	59.13	175.54	426.6
2001	7.84	62.23	522.37	449.5
2002	8.78	69.23	878.36	441.8
2003	8.7	—	—	—
2004	11.02	—	—	—

数据来源：《2003 年中国统计年鉴》。

从近年行业的相关统计来看，我国的国内旅游持续发展。就全国而言，2002 年，我国居民国内旅游的出游人数，比 2001 年增长了 9 400 万人次，近几年来出游人数增幅较大的一年，其增加量约为 2001 年增加量的 2 倍；国内旅游的出游率几乎达到全国人口总数的 7 成（为 69.2%），比 2001 年增加了 7 个百分点，其增加量也大约为 2002 年增加量的 2 倍；居民国内旅游的总花费，比 2001 年增加了 355.99 亿元人民币（增幅为 10.10%），但是，其增加量却大约与 2001 年持平；但 2002 年，我国国内旅游的平均花费却比 2001 年有所降低（降低了 7.7 元人民币）。2004 年，我国内地旅游出游人数达到 11.02 亿人次，首次突破 10 亿人次大关。

在全国国内旅游的发展中，西部的旅游发展已经出现了可喜的态势，而且其发展的增幅也是相当显著的，但是无论是接待人数还是旅游收入，西部旅游在全国旅游业中所占的比重，却仍旧处在不断的减少之中。

2003 年，我国经济发展出现了难得的强劲增势，以 2003 年春节黄金周为例，全国共接待 5 947 万人次，旅游收入达 258 亿元，同比增长分别为 15% 和 13%，足以显示出其发展的良好势头。经历了"非典"的冲击，"十一"黄金周时，我国的旅游业已完全恢复。

（二）行业入世承诺

旅游服务贸易是指一国旅游从业人员向其他国家的旅游服务消费者提供旅游服务并获得报酬的活动。既包括本国旅游者的出境旅游，也包括外国旅游者的入境旅游。

我国对"跨境交付""境外消费"两种交易方式，市场准入和国民待遇方面，没有限制。

对"商业存在"的交易方式，在市场准入方面的限制条件是：满足下列条件的外国服务提供者可以自加入时起以合资旅行社和旅游经营者的形式在中国政府指定的旅游度假区和北京、上海、广州和西安提供服务：（1）旅行社和旅游经营者主要从事旅游业务；（2）年收入超过 4 000 万美元。合资旅行社/旅游经营者的注册资本不得少于 400 万元人民币。中国加入后 3 年内，注册资本不得少于 250 万元人民币。加入后 3 年内，将允许外资拥有多数股权。加入后 6 年内，将允许设立外资独资子公司，将取消地域限制。

旅行社/旅游经营者的业务范围是：（1）向外国旅游者提供可由在中国的交通和饭店经营者直接完成的旅行和饭店住宿服务；（2）向国内旅游者提供可由在中国的交通和饭店经营者直接完成的旅行和饭店住宿服务；（3）在中国境内为中外旅游者提供导游。（4）在中国境内的旅行支票兑现业务。

加入后 6 年内，将取消对合资旅行社/旅游经营者设立分支机构的限制，且对于外资旅行社/旅游经营者的注册资本要求将与国内旅行社/旅游经营者的要求相同。在国民待遇方面，限定"合资或独资旅行社和旅游经营者不允许从事中国公民出境及赴中国香港、中国澳门和中国台北的旅游业务，除此之外没有限制"。对"自然人的流动"的交易方式，在市场准入和国民待遇方面，都规定"除水平承诺的内容外，不作承诺"。

（三）旅游服务贸易发展现状与问题

近 20 年来，我国旅游业在接待人数（见图 8-1）、外汇收入、旅游基础设施建设、旅游资源的开发与保护、旅游业人员素质建设等方面都取得了突出的成绩。2001 年，我国国际旅游方面的外汇收入达到 17.792 亿美元，2002 年，外汇收入比 2001 年增长了 14.6%，达到 20.385 亿美元，2004 年旅游外汇收入更是达到 257.39 亿美元，旅游业收入在国民收入中的比重日益增加，已成为我国的重要产业之一。

入境旅游人数近几年平稳、快速增长。1995 年入境旅游人数为 588.67 万人次，到 2002 年，这一数字为 1 343.95 万人次，年均增长率达到 32.6%。2004 年入境旅游人数达到 10 904 万人次，首次突破 1 亿人次大关。旅行社职工人数由 1998 年的 10.05 万人发展到 2003 年的 24.98 万人。其中，国际旅行社职工人数为 10.07 万，占全体职工的 40.3%。在人数增加的同时，职工的素质也同步提高，专业素质大大增强，不但懂得理论知识，并且服务技能高，外语水平高，懂得现代旅游业发展规律与特点，熟悉国际旅游，善于旅游宣传促销，有力地推动了我国国际旅游业的发展。

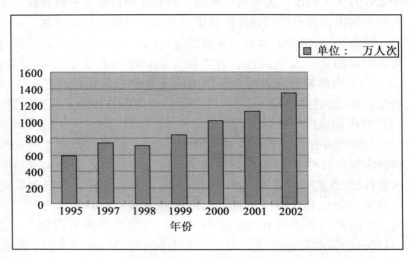

图 8-1　我国入境旅游人数

数据来源:《2003 年中国统计年鉴》。

在旅行社的开办权方面，美国、日本、欧洲等地排名前 10 位的旅行社早在 2002 年就开始进入中国，在我国开办合资旅行社。2003 年 7 月 18 日，原国家旅游局批准日航国际旅行社（中国）有限公司作为第一家外商独资旅行社进入中国市场；2003 年 12 月 1 日，我国首家外资控股旅行社——中旅途易旅游有限公司，由欧洲最大的旅游集团 TUI 与中旅总社、MB 中国投资有限公司共同组建，外方持股比例为 75%，中方为 25%。中旅总社在中国有近 300 家地方中旅的销售网络，其中在国内的重点旅游城市已改制控股了 15 家中旅社。

截止到 2003 年，外商投资旅行社共 12 家：外商独资旅行社 1 家、外商合资控股旅行社 1 家、中方控股合资旅行社 10 家。

2004 年初，上海第一家外资控股旅行社上海锦江国际 BTI 商务旅行有限公司就正式挂牌开业，是由英国 BTI 商务旅游有限公司与上海锦江国际集团共同组建的，外方持股比例为 51%，中方为 49%。

网络型外资旅行社或外资控股旅行社的成立，是旅行社行业一个重要的事件，其更深层次的意义在于国际先进的旅行社管理方式对国内的冲击。国际大旅行社成熟的经营管理经验，将迫使国内经营者认真反思既有的经营思路和策略。以此为转折点，这种变化将会在新的一年里不断深入和扩展，并成为推动整个行业上层次上水平的一支重要力量。

（四）我国旅游服务贸易发展的潜力与对策

据国际旅游组织预测，未来十年中，亚太地区旅游业的发展速度会高出世界平均水平的1倍左右，而在这一区域内，我国的发展又最具特色。一方面，我国客源充足，旅游资源丰富，旅游业发展潜力巨大。另一方面，我国加速发展国际旅游服务贸易的条件已经成熟。经过了十多年的高速发展，我国的旅游业已经有了一定的规模与相当的人才储备。而且，相关行业，如酒店、航空事业的发展也为旅游业发展提供了良好的先行条件。同时，发展旅游业也符合我国进一步挖掘发展经济潜力的国情，旅游业产业关联度高的特性，可以带动创造大量的就业机会，且成本相对低廉。总而言之，我国的旅游服务业有着巨大的发展空间，在我国的国民经济中会发挥越来越重要的作用。

然而，目前来看，我国的服务业还远未发展到成熟阶段，地区间发展还不平衡，旅游产业本身存在缺陷，行业管理中还有很多薄弱环节，我国在旅游方面的优势开发力度还比较低。目前，我们应当扩大旅游开放，更加积极有效地利用外资，大力开发新产品，优化产品结构，提高产品档次，提高国际旅游服务的技术含量。同时主动出击，开拓海外市场，提高知名度，增加贸易机会。在行业发展策略方面，可以鼓励各旅行社以建立共同市场为目标，以资产重组为向导，组建跨地区、跨国界的大型旅行社，形成管理优势和人才优势，创造旅游品牌，为我国旅游业的进一步发展打下夯实的基础。

三、建筑工程服务贸易

（一）建筑业发展概况

改革开放二十多年来，我国建筑业始终走在改革的前沿，取得了可喜的成绩，有了长足的发展。我国进入国际承包市场开展商务经营以来，从最初的责任承包到现在的现代企业制度改造，建筑体制改革历经了项目经理负责制、推行项目法施工、明确企业经营自主权、现代企业制度试点等几个主要阶段，这不仅使建筑业本身逐步构建出现代企业的框架，如一大批大中型建筑企业走上了集团化发展道路，初步形成了工程总承包、施工总承包、专业和劳务分包企业三个层次协同发展的结构等，同时建筑业本身的改革也给其他行业改革提供了有益的经验。国家对建筑市场全面推行了工程报建制、招标投标制、施工许可制、资质管理制、项目建设监理制等宏观市场管理措施，并在工程质量、安全管理方面建立健全了严格的行业控制工作体系；这些措施对规范行业管理，提高我国建筑业发展水平，促进我国建筑业与国际惯例接轨发挥了积极作用。

2003 年，全国建筑业企业生产快速、平稳增长。其中，全国建筑业企业完成建筑业总产值 21 865 亿元，比上年增长 23%，占国内生产总值的比重为 7%，是新中国成立以来的最高比重；建筑业企业按建筑业总产值计算的劳动生产率为 83 245 元/人，比上年增长 9.3%，其中：国有及国有控股企业为 109 053 元/人，比上年增长 17.5%。2003 年全国建筑业企业房屋施工面积与全国建筑业企业单位工程施工个数也都有了较大增长。

2004 年上半年，随着国家宏观调控各项政策措施的逐步见效，全国建筑业企业生产规模扩张趋势有所减缓，总产值增长速度略有回落，企业经营效益总体情况良好，国有及国有控股建筑业企业整体上实现了扭亏为盈，实现利润总额为 10 亿元。

在我国建筑业迅速发展的同时，我国建筑业的管理体制等也还存在不少弊端，还远没有与国际惯例接轨，远不能适应建立社会主义市场经济体制的要求。

一是我国还没有实行完全意义的业主负责制和项目法人制。我国大部分建设单位从事项目管理的人员总体上经常处在流动变化之中，很多项目管理班子是一次性的，很难提高专业管理水平。

二是建筑业体制改革明显滞后。我国目前经济市场化程度已达 65%，在生产环节和流通环节的市场化程度已高达 80%左右，而我国建筑业内部的市场机制还不健全,市场化程度远远低于其他行业。

三是我国设计单位不能适应建筑业国际化发展的需要。一方面我国现有的大型综合性设计单位不能适应以设计为龙头的总承包体制,另一方面又缺乏中小型的专业化的设计师事务所。同时监理市场不规范,缺乏高素质的专业人才。

四是未按国际惯例建立以工程咨询"专业人士"为核心的建筑业管理体制,倾向于孤立、片面地引入国际建筑业管理的概念和机制而不赋予其真正的国际惯例内涵,未能结合我国实际建立健全建筑业的有关法规。

五是政府职能定位不明确,企业负担加重,企业经营自主权落实不够,社会职能的分离条件不成熟,社会保险等配套体系不完善,市场竞争的不平等、地方保护、行业保护愈演愈烈等问题依然存在。

因此,改革现行建筑业管理体制,加速与国际惯例接轨,加紧构造适应国际建筑市场发展需要的、符合社会主义市场经济要求的新的管理体制和管理模式是摆在我国建筑界的重要课题。

(二) 建筑业加入 WTO 的有关承诺及国际惯例

在加入 WTO 有关建筑业的谈判中,从我国是发展中国家这一基本点出发,我方坚持的基本原则是:互惠互利、争取双赢,既承诺我方应当履行的义务,同时又最大限度地保护我国建筑业的发展。我国建筑业实行了逐步的、有限制的开放承诺。

1. 关于勘察设计咨询业的承诺

市场准入方面,对于除方案设计之外的跨境交付,要求与中国专业设计机构合作的方式进行。允许设立合营企业,允许外资拥有多数股权。中国加入 WTO 后 5 年内,允许设立外商独资企业。在国民待遇的限制方面,外国服务提供者必须是在本国从事建筑设计、工程、城市规划服务的注册建筑师、工程师或企业。

2. 关于建筑施工的承诺

关于市场准入的限制仅限于合资企业形式,允许外资拥有多数股权。中国加入 WTO 后 3 年内,允许设立外商独资企业。外商独资企业只能承揽全部由外国投资、赠款或外国投资和赠款的、由国际金融机构贷款并采取国际招标的、外资等于或超过 50% 的中外联合建设项目，外资少于 50%，但因技术困难而不能由中国建筑企业独立实施的中外联合的，国内投资、但中国建筑企业难以独立实施的建设项目，经省级政府批准，可由中外建筑企业联合承揽等四类型的建筑项目。关于国民待遇的限制对现行合资建筑企业注册资本要求与国内企业的要求略有不同。中国加入 WTO 后 3 年内，取消以上限制。

除以上两方面承诺内容外，我国同日本代表团在《关于中国加入世界贸易组织双边谈判纪要》中的承诺同样适用于所有 WTO 成员方。但根据 WTO《服务贸易总协定》第 14 条安全例外的规定，即涉及国家安全的行业，即使是服务贸易所包含的行业，也可以不对外予以开发。我国在勘察业、城市规划服务业中的城市总体规划等领域没有做出任何开放的承诺。

（三）我国建筑服务贸易发展现状

与服务贸易的其他领域相比，建筑工程服务是我国所有服务贸易项目中国际竞争力最强，开展的时间最久的部门，其国际收支一直处于顺差，在我国对外服务贸易中的作用举足轻重，是我国服务贸易出口的主要行业。我国工程技术门类齐全，已能承揽包括航空、航天和和平利用原子能等高新科技领域的种类工程设计和建设项目。2001 年我国对外承包工程、设计咨询、建筑劳务出口总额达到 98 亿美元，占到当年服务贸易出口总额的 30%。近年来，我国每年建筑服务出口的总额已占到国内建筑服务市场总额的 5% 左右，带动了相关领域的发展，刺激了相应生产设备、材料的出口（截至 2002 年，约为 60 亿美元），提供了大量的就业机会。到 2002 年，我国已有 30 家对外工程承包公司进入全球最大的 225 家国际承包商行列。

在加快建筑服务业"走出去"的同时，我国建筑业市场也在逐步对外开放。为履行我国加入 WTO 在建筑业方面的全面承诺，建设部、对外贸易经济合作部在 2003 年全面实施了《外商投资建筑业企业管理规定》《外商投资建设工程设计企业管理规定》和

《外商投资城市规划服务企业管理规定》等项规定。为了更好地贯彻实施新规定，建设部还制订了《关于外商投资建筑业企业管理规定中有关资质管理的实施办法》。新规定的出台施行标志着我国政府已全面履行了加入 WTO 有关建筑业方面的承诺，标志着我国建筑业对外开放的法律、法规与制度的进一步健全和完善。

随着我国建筑业开放程度的日益提高，日益激烈的市场竞争对我国建筑企业也提出了越来越高的要求。为了使外资能够更充分地为我国的建筑业发展服务，我国的建筑企业在今后的发展中要完善自身，需要借鉴国际惯例，组建项目管理承包公司，努力提高项目管理水平。完善建设监理制，发育建设监理市场，提高建设项目监理水平。引进新的承包模式，建立专业分包和劳务分包的管理体制，制订分包合同条件，规范分包市场。转变政府职能，政企分开，建立规范的市场机制。同时改革造价体系，引入市场机制，降低项目建设成本。

总之，随着世界建筑市场全球化进程的加快，我国建筑业面临着严峻的挑战，我们只有抓住机遇，迎接挑战，加速与国际惯例接轨的步伐，才能在 21 世纪的世界建筑市场中占有一席之地。

四、电信服务贸易

根据世界贸易组织的规定，电信服务是指任何接收和发送电磁信号的服务，主要分为基础电信服务与增值电信服务。基础电信是以电话、电报、电传和电子传真为主的服务，它们为信息流通提供基本的传播能力和设施，由此衍生的服务种类有线路交换数字传输服务，包括交换数字传输服务、私人租赁线路服务、模拟和数字移动电话服务、寻呼和个人通信服务、电视信号传输服务、长途无线电系统服务、海底电缆服务、移动和固定卫星通信服务、电话会议等。增值电信服务是电信网络上除基础电信服务以外的任何服务提供，目前主要是以计算机网络为主要的电信服务，包括电子和语音邮件、电子商务和其他在线计算机服务。

（一）行业发展概况

改革开放以来，我国电信业迅猛发展，尤其近十年的发展使我国的电信业取得了举世瞩目的成绩，在发展上取得了质的突破。从1995年开始，电信市场打破垄断，扩大市场准入，引入了竞争机制，加强了电信市场管制。中国联通公司和吉通公司相继成立，改变了中国电信是中国唯一的电信运营商的历史。1998年3月，原邮电部与电子部合并成立了信息产业部，代表政府行使对全国电信市场的管理，独立成为政府的管制机构。同时，中国电信脱离了原邮电部，成立了中国电信集团公司，实现了政企分开。

继1999年中国电信一分为四之后，2002年底以中国电信的再次拆分和电信业的重组方案的公布为标志新的电信市场形成。中国电信拆分与重组完成以后，中国电信集团公司、中国网络通信集团公司、中国移动与中国联通形成"四足并立"的局势，并在有关业务领域内展开全面竞争。到2003年底，我国各大基础电信运营企业所占业务收入的市场份额为：中国电信30.7%、中国网通16.2%、中国移动37%、中国联通14.5%、中国卫星和铁通公司为1.6%。

目前，我国固定和移动通信网容量及用户数已居世界第一位，市场的规模与潜力令业界瞩目（见图8-2）。

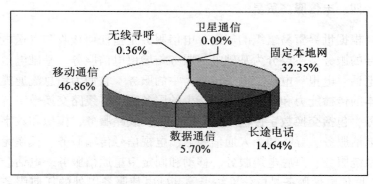

图8-2　2003年我国电信行业业务收入构成表

尽管我国的电信业拥有世界第一的营运规模，但电信整体发展水平还比较低。如果仅以收入指标来衡量，我国的电信业务收入水平并不是很高。2002 年，我国四大电信运营商的总收入为 4 516.4 亿元（约合 546.78 亿美元）。不及美国 Verizon 一家的收入（676.25 亿美元）。我国电信业目前还存在一些急需解决的问题，如电信基础设施建设有待完善，业务创新需要紧扣市场的需求，多样化发展。电信网络和信息安全管理有待进一步加强。相关法律法规与应急体系都有待完善。电信市场公平、有效、有序竞争还远未形成，各方利益关系亟待调整与平衡。同时还要考虑到全国各个地区的均衡发展，目前农村固定电话普及率仅为城市水平的三分之一；东、中、西部的电话普及率差异较大；电信行业资金的投向和人才流向的地区不平衡等问题。

（二）行业入世承诺

1. 基础电信服务

寻呼服务方面，中国加入 WTO 后 2 年内，取消地域限制，外资比例不超过 50%。

移动语音和数据服务，包括模拟/数据和蜂窝以及个人通信服务，中国加入后 5 年内，取消地域限制，外资比例不超过 49%。

国内业务方面，包括语音服务、分组交换数据传输业务、电路交换数据传输业务、传真服务和国内专线电路租用服务，以及包括语音服务、分组交换数据传输业务、电路交换数据传输业务、传真业务和国际闭合用户群语音和数据服务（允许使用专线电路租用服务）的国际业务方面，中国加入后 6 年内，取消地域限制，外资比例不超过 49%。

2. 增值电信服务

增值电信服务包括电子邮件、语音邮件、在线信息和数据检索、电子数据交换、增值传真服务（包括储存和传送、储存与调用）、编码和规程转换、在线信息及数据处理（包括交易处理）。中国加入后 2 年内，取消地域限制，外资比例不超过 50%。

关于基础和增值电信服务的自然人流动，规定如下：WTO 成员方的公司在中国已设立了涉及电信业方面代表处、分公司和子公司的，其经理、高级行政管理人员和专家作为公司内人员临时调动，与来自 WTO 成员方公司的经理人员、高级行政管理人员和专家作为高级雇员在被中国境内的外国电信业投资企业雇用时，允许入境，服务销售人员允许入境，时间不超过90天。

（三）入世后我国电信服务贸易须承担的义务及发展策略

我国加入世贸组织后，首先必须履行 GATS 电信附件规定的基本义务，允许外国各部门的服务业提供者（包括自然人和法人）进入和使用我国公共电信网及所提供的服务，不得在安装服务设施配备、收费等方面违反国民待遇和最惠国待遇。GATS 电信附件被形容为电信市场准入的"总保单"，是各成员应遵守和最低限度的电信市场准入标准，适用于各成员影响进入和使用公共电信传输网络和服务的所有措施，不适用于影响有线或无线电广播或电视节目传播的措施。

其次，我国必须履行与主要 WTO 成员达成的关于电信业市场准入，国民待遇方面具体承诺的义务，遵守《GATS 第四议定书》中规定的电信业管理的指导原则，允许外国与中国电信企业合资经营，最高可持股 50%。我国还承诺遵守《GATS 第四议定书》中的《参照文件》，具体内容包括防止交叉补贴，防止不正当地使用获得的其他电信经营者信息等不正当竞争行为；以透明的非歧视的条件保证外国电信经营者进入本国公共电信网，与其他经营者互联；公开许可授予标准，许可被拒绝的理由；按照透明的非歧视原则合理分配电信号码、无线电频率、频段等稀缺资源；公开国际会计结算费率等。

第三，我国还要承担《服务贸易总协定》规定的一般义务，主要是最惠国待遇（MFN）和透明度要求。根据最惠国要求，我国应立即无条件地将其在基础电信国家承诺表中做出的具体承诺非歧视地适用于所有其他成员，应给予每一成员的服务及服务提供者不低于具体承诺表规定的待遇标准。并且在未做出具体承诺的电信领域，我国也必须给予另一成员的服务和服务提供者不低于给予其他国家（包括 WTO 成员和非成员）类似的服务和服务提供者的待遇。我国还必须符合 GATS 及电信附件规定的保持与电信服务有关的法律、行政措施的透明度要求，公布影响外国电信服务提供者所提供服务市场准入的法规、标准和行政措施；公布影响其他成员服务提供者进入和使用我国公共电信网及服务的法规、标准和行政措施。

我国电信服务对外开放的目的不是让出市场，而是借以发展我国相对落后的服务贸易，增强电信服务的国际竞争力。首先我们要拓宽电信服务业筹资融资的渠道。可以通过电信服务业股票上市，大量吸引外资等方式，解决电信业的资金问题。其次要引进国外先进技术，提高我国电信业的技术水平，缩短电信业务发展周期，使电信业走上集约化经营的道路。同时，要积极拓展新业务，尤其要加快增值电信服务业务的发展。加紧制定《电信法》，使电信服务业竞争有法可依，维护行业竞争秩序、促进公平竞争。

五、信息咨询服务

信息咨询业是以数据和信息作为生产、处理、传递和服务媒体的服务性、智力型、知识密集型行业。

（一）我国信息咨询业的现状及存在的问题

我国的信息咨询业起步较晚，是随着改革开放发展起来的，是社会发展和科技进步的必然产物。信息咨询业的发展对实现决策的科学化、民主化，促进政府职能和企业经营机制的转变，保障深化改革和扩大开放的顺利进行，提高我国国民经济的整体效益和企业的国际竞争力，具有十分重要的意义。近年来，我国信息咨询业发展迅速，已经成为服务业中最具活力和前途的产业之一。目前全国约有 10 万家信息咨询机构，从数量上看虽已粗具规模，但在服务技术等方面还比较落后，专业人才相对匮乏，其产值仅占国民生产总值的 0.2%左右，与世界先进水平（约20%）相差甚远。

具体说来，我国信息咨询业的发展主要有以下几方面的不足。

1. 我国目前还缺少总体结构设计和产业化发展的运行机制，产业政策研究薄弱，组织协调机构不健全，归口管理部门不明确。同发达国家相比，我国尚缺乏切合实际的、可操作的信息咨询产业鼓励政策与措施。

2. 信息咨询市场开拓力度不足，封闭的发展模式仍未突破。成熟、完善的信息咨询理论的缺乏成为我国咨询业进一步的发展的瓶颈。由于认识的局限性，实际业务操作中的盲目与封闭就不可避免，降低了行业发展的效率。

3. 信息咨询业缺乏业务规范。到目前为止，我国的信息咨询业还没有一个规范化的管理机制，缺乏宏观调控和管理，信息咨询程序不规范，咨询收费与报酬的标准不明确。在从业人员的资格认定上缺乏必要的行业标准，信息咨询的管理体制尚未建立，并且缺乏对信息系统管理的高度重视。

4. 信息资源来源不畅，管理体制亟待改善准确、及时、快捷的信息资源是信息咨询业赖以生存的根基。我国的信息咨询市场目前还带有行政色彩的垄断性：政府拥有的信息资源远没有开放，严重制约了国内信息咨询市场的发育。

5. 信息咨询整体水平不高，进而影响咨询质量。真正懂得咨询理论、方法和操作的人才十分匮乏，很难满足客户在时间和质量上的要求，使得我国的信息咨询服务总体上处于浅层次的活动。

(二) 入世对我国信息咨询业的影响

我国在入世谈判中承诺开放包括信息咨询业，并允许外国公司通过特许经营形式进行有偿服务。国际上著名的信息咨询公司均已进入中国并活跃于中国的信息咨询市场，如安达信、麦肯锡、毕马威、兰德等，它们的介入对国内信息咨询业造成极大冲击。

同时，入世之后，我国信息咨询业的全方位对外开放，也能为信息咨询业的发展创造更好的环境，有利于我国的信息咨询业走向世界。政府部门垄断信息资源的状态必将被打破，在借鉴和吸收国外服务行业管理的有益经验和做法的同时，可以提高社会成员对市场规律管理措施的认识程度和适应能力，在行业管理上逐步按国际规则办事，从而推进现代信息咨询行业管理制度的建立，提高信息咨询服务的质量和效益，建立健全专业人才培养机制，促进行业的整体发展。

我国企业必须增强市场竞争意识，解放思想，更新观念，不仅要从本国本地经济和社会发展需要的角度来考虑信息咨询业的发展，而且要从国际服务贸易市场份额分配的角度来考虑信息咨询业的发展。要增强策划意识，强化竞争意识，扬长避短，充分发挥本土优势，敢于竞争，善于竞争。同时积极争取国家政策的扶持，优化产业政策，制定发展规划。政府也应当加快立法步伐，建立健全信息咨询管理体系和制度完善及规范信息咨询服务行为，清理信息咨询机构，整顿信息咨询市场，保证信息咨询业规范、健康、高速地发展。

第三节 我国有关服务贸易的法律规定

一、我国服务贸易法律体系

与我国改革开放后逐步发展起来的服务贸易相适应，从 20 世纪 80 年代后期开始，我国即着手制定和逐步健全有关服务贸易对外开放的国内立法。到目前为止，我国已经基本构架起了服务贸易法律框架，它以《中华人民共和国对外贸易法》为基本指导，以《商业银行法》《国际海运条例》等服务行业性法律为主体，以《外资金融机构管理条例》行业性行政法规、规章和地方性法规为补充，依托《反不正当竞争法》等跨行业的有关法律、行政法规支撑，共同构筑而成。具体地说位于最高层次的是《中华人民共和国对外贸易法》；其次是我国服务贸易的主体框架，也就是用于具体的指导各服务行业的基本法律，如《商业银行法》《保险法》《证券法》《国际海运条例》《注册会计师法》《律师法》《外商投资民用航空业规定》《广告法》《建筑法》等；再次是作为行业基本法律重要补充的行政法规、规章和地方性法规等，如《外资金融机构管理条例》《保险经纪人管理规定（试行）》《海运条例实施细则》等；与服务行业有关的法律、行政法规等是构建服务行业法律框架的不可或缺的组成部分，主要有《公司法》《合伙企业法》《独资企业法》《反不正当竞争法》《消费者权益保护法》《合同法》《价格法》等。

（一）我国有关服务贸易的基本法律

1994 年 5 月 12 日通过实施的《中华人民共和国对外贸易法》是我国有关对外贸易的基本法，该法将服务贸易与货物贸易、技术贸易并列为该法所调整的对象，将国际服务贸易列入外贸法，便于国家统一规划，依法管理，促进国际服务贸易健康有序地逐步发展。

该法第 22 条根据我国基本国情，规定将逐步发展、逐步开放作为我国开展国际服务贸易的基本方针，这也符合乌拉圭回合贸易谈判《服务贸易总协定》中允许发展中国家逐步开放服务贸易的原则。

第 23 条规定："中华人民共和国在国际服务贸易方面根据所缔结或者参加的国际条约、协定中所作的承诺，给予其他缔约方、参加方市场准入和国民待遇。"在乌拉圭回合服务贸易谈判中，各谈判方提出其本国服务贸易开放的报价，一旦达成服务贸易协议，缔约方将按其承诺的行业和开放程度允许其他缔约方进入其服务贸易市场并给予国民待遇。

第 24 条和 25 条规定了限制或禁止的国际服务贸易项目。我国是发展中国家，一些服务业正处于起步阶段，尚无国际竞争能力。因此，根据国力目前尚不对外开放的行业通过法律法规公布。例如：我国《外资企业法实施条例》规定：广播、电视、新闻出版、国内商业、对外贸易、保险、邮电通信等不允许设立外资企业。

由于国际服务涉及范围较广，包括银行、保险、会计、律师、咨询、旅游等十几个行业，包括跨国界的服务、金融流转和商业存在（设立服务机构）等经营形式，其管理部门涉及外经贸部、人民银行、财政部、司法部等。因此第 26 条规定："国务院对外经济贸易主管部门和国务院有关部门依照本法和其他有关法律、行政法规，对国际服务贸易进行管理。"

2004 年 4 月 2 日全国人大对外贸法进行了修订。此次修订既紧密结合我国对外贸易自身发展的实际，又自觉适应世贸组织规则的要求，同时还注重借鉴各国外贸立法的先进经验，与 1994 年外贸法相比，修订法比较全面系统。该法既体现了现阶段我国对外贸易管理的基本理念，也反映出了下一步对外贸易改革发展的方向和制度保障，并履行了我国加入世贸组织的有关承诺。

（二）调整特定行业的基本法律

服务贸易涉及面广，种类繁多，各部门之间又存在较大差异，除了调整整个服务行业的基本法之外，各个行业也都有相应的立法，以适应特定的需要。其形式包括法律、行政法规、地方性法规和行政规章等。如：

1. 商业零售批发业

《外商投资商业领域管理办法》是于 2004 年 6 月 1 日起正式实施，用于调整我国商业零售批发业的法律。它的实施意味着内地进行了 12 年的商业利用外资工作由试点转为正常开放。据《办法》规定，内地将逐步放开对外资投资商业的限制，并规定自 2004 年 12 月 11 日起，取消对外商投资商业企业在地域、股权和数量等方面的限制，允许设立外资独资商业企业。

2. 旅游业

目前由 1996 年颁布实施的《旅行社管理条例》来规范、调整我国国内旅游业的发展。为了进一步扩大旅游业的对外开放，促进旅游业的发展，根据《中华人民共和国中外合资经营企业法》和《旅行社管理条例》及有关法律、法规，1998 年 1 月由原国家旅游局与对外经济贸易合作部颁布施行《中外合资旅行社试点暂行办法》。该办法规定了成立合资旅行社的资格要求、审批程序、业务范围等。

3. 海洋运输服务业

2002 年颁布的《中华人民共和国国际海运条例》和《海运条例实施细则》是规范我国海洋运输服务业发展的主要法律。我国现行的《海商法》也适用于外资海运服务业。此外，相关法律还有《国际班轮运输规定》《国际船舶代理管理规定》《海上国际集装箱运输管理规定》《国际货物运输代理业管理规定》等。

4. 航空业

2002 年 8 月开始实施的《外商投资民用航空业规定》，取代了原有的《民用航空法》《中国民航旅客、行李国内运输法则》与《民用航空安全保卫条例》。与原有政策相比，新法扩大了外商投资范围，除涉及国家机密的项目外，其他通用航空领域外商均可投

315

资，拓展了外商投资方式，放宽了外商投资比例，增加了对外商管理的力度。对外商投资的民航企业董事长、总经理是否由中方或外方人选担任，没有限制条件，按《公司法》等法律法规办理。

5. 建筑工程服务业

《建筑法》和建设部、外经贸部发布的《在我国承包工程的外国企业的资质管理办法》及实施细则、《关于设立外商投资建筑企业的若干规定》及实施意见等规章对外商投资建筑企业的设立、资质等级等核定以及承包工程的范围、资金等问题以及相应的监督管理作出了一系列的规定。

6. 电信业

2000 年颁布的《中华人民共和国电信条例》是调整我国电信业发展的基本法律。它为我国的电信管制提供了重要的法律依据，对于加速电信市场健康有序的发展，依法维护电信业务经营者和电信用户的合法权益，指导电信运营企业规范有序的竞争，具有深远的历史意义。

二、我国服务贸易法律体系的缺陷

由于服务贸易是一个产业群，涉及行业广泛，我国服务贸易发展时间也较短，很多具体行业的发展状况相对于其他行业而言是非常薄弱的，甚至在相当一部分领域，我国还处于空白状态。与此相对应，我国服务贸易法律框架也处于雏形阶段，其结构远未定型，存在的问题也相对较多。具体地说，主要有以下几个方面：

第一，缺乏一部规范整个服务贸易的基本法律。我国的服务贸易大致分为国内和涉外两大部分。目前调整国内服务贸易的法律主要是行业性法律，以及跨行业的调整企业组织和交易行为的法律，缺乏具有统领全局的基本法。调整涉外服务贸易的基本法律是《对外贸易法》，但该法不是一部专门规范我国国际服务贸易基本的法律。该法关于国际服务贸易的专章内容仅为 5 条，尚不足以作为完整意义上的基本法律。

第二，一些服务行业不仅缺乏基本的行业性法律，现行法律涵盖范围也相当有限。如 2004 年，我国旅游业国际国内总收入约为

6 840 亿元，但还没有一部《旅游法》，而且很多省市也未制定旅游方面的地方性法规，致使旅游行业旅客投诉较多。又如我国目前在电信服务领域中，问题层出不穷，但缺乏一部行业的基本法（即《电信法》）规范行业的行为。而且，无论是有关法律还是行政法规，基本上是针对"商业存在"这一服务提供方式而规定的，对 GATS 规定的"自然人流动""跨境服务""境外消费"三种服务方式规定得很少，有的基本是空白。

第三，现行服务行业法律法规数量众多，却零乱庞杂，深浅不一，不成体系。具体的问题有以下几个方面。（1）在有限的服务法律、法规中，对在华外国服务机构、服务提供者的权利义务和平等竞争的条款规定十分模糊甚至欠缺，容易遭致非歧视贸易、市场准入和透明度原则的质疑和投诉。（2）有相当一部分服务贸易领域的规范主要表现为各职能部门的规章、批复和内部规范性文件，有的甚至是为应付需要而赶制，不仅立法层次较低，而且影响到法律的稳定性、统一性、严肃性、透明度以及法律效力。（3）有一部分服务贸易领域缺乏有针对性的法律规范，而简单地采用合同法、民法通则等法律规范。（4）现行的服务贸易领域法律规范中一些条款过于原则，在实践中难以操作。如《电信条例》第 38 条规定中的"未经批准，电信业务经营者不得擅自中断接入服务"，批准的主管单位、报批手续及要求都没有明确说明，给实际操作带来困难。我国的服务行业立法都或多或少地存在着法律规定的盲区，如没有相应的实施细则作补充，就会影响法律应有的可预见性、可资规范性的基本要求。究其原因是多方面的，其中经济体制改革的过渡期、中国国情特点、立法与实践几乎同步进行因而缺乏成熟的立法经验和技巧等，都是造成立法难度的重要因素。

第四，整个服务业的法规建设和保护有待加强。在我国整个法律体系中，服务业和服务贸易方面的法律、行政法规相对于商品和货物贸易，处于滞后状态，远不如后者的立法完善、准确，操作性强。这与我国货物贸易和服务贸易的发展有关。货物贸易在长期的发展实践中，形成了一系列较成熟、完善的法律法规。而服务贸易的产生与发展最初都是以服务于货物贸易为基础。譬如，在目前的涉外贸易法中所出现的调整服务贸易关系的法律规范，主要有涉外货物运输法、涉外货物运输保险法、涉外货物买卖支付结算法等，他们大多是围绕着货物贸易关系而产生并为之服务的，即只涉及狭义上的国际服务贸易，而很少涉及与货物贸易无关的其他服务贸易。服务贸易法是作为涉外货物买卖法的一个附属部分存在，并为涉外货物买卖而服务，这就使得服务贸易的立法总是落后于货物贸易。同时，由于服务的特殊性，立法也存在着相当的难度，没有货物贸易立法直接，操作性强。例如，在商品和货物贸易方面，有《产品质量法》，而服务业至今没有一部统一的服务质量法。《标准化法》也主要规定产品的标准。又如，《反不正当竞争法》第 5 条就明显侧重规定与商品有关的不正当竞争；1983 年 3 月 1 日实施的《商标法》也只规定了商品商标，直到 1993 年 2 月 22 日修订后，才规定服务商标。针对这种情况，在保护整个服务业和服务贸易方面，无论是行政还是刑事方面法律都有待进一步加强之必要。

第五，我国现行法律与 GATS 存在相当数量的互相矛盾的规定。现行的外商投资企业法大都是 20 世纪 90 年代以前制订的，这些法律、行政法规主要调整从事工业及其基础设施的外商企业，对服务性外商企业则采取禁止或者限制政策。随着我国逐步开放服务业，逐步取消有关禁止或者限制设立外商企业的规定已提到议事日程。又如在规范透明度方面，GATS 透明度原则要求国内服务贸易有关的法律、法规和行政命令以及其他的决定、规则和习惯做法，必须最迟在生效之前公布。而我国长期习惯于内部文件或者政策代替规范、公开、明示的法律、行政法规，客观上影响了从事服务贸易者（尤其外国当事人）对有关规定的知情权。

此外，我国现行法律与法律之间衔接问题，法律、行政法规、规章之间的矛盾与冲突问题，以及法律、行政法规、规章与党和政府政策之间关系等都有待于进一步的理顺和完善。

三、我国服务贸易法律体系发展思路

为了适应并能积极地引导我国的服务贸易健康、快速地可持续发展，构建我国服务贸易法律框架的总体思路可以归结为以下

318

几点。

（一）要构建以调整服务业为主的我国服务贸易法律框架

首先必须立足于我国的国情、现行的法律制度和服务贸易法律原则。一是应立足于国情和现行法律制度，依照宪法原则，构建我国服务贸易法律框架；二是应立足于服务业和服务贸易并举，并以国内的服务业为主，构建我国服务贸易法律框架，以本国的各具体服务行业为主体，服务业和服务贸易并举，以前瞻性、全球性视角，全方位地规划构建既具有本国特色又符合发展趋势的服务贸易法律框架。

（二）我国的服务贸易法律要与国际接轨

主要是与 GATS 规范接轨，还包括与我国政府承诺的有关服务贸易方面的国际公约、国际条约，如亚太经合组织规范接轨。GATS 是一个十分庞大的法律体系，我国作为世界贸易组织成员方要受其制约与规范。国内法律与其接轨，其形式有：一是将有关的GATS 规范，以国内法的形式加以制定和颁布；二是将有关的GATS 规范，以法令的形式加以确定；三是只需有权批准机关（如全国人民代表大会常务委员会）依法批准，即自行生效。此外，还应加强废除与有关的 GATS 规范相抵触的法律规范的工作。在构建我国服务贸易法律框架时，必须将我国承认或者认可的有关服务贸易的国际规范，一并纳入我国服务贸易法律框架之中。换言之，我国服务贸易法律框架应体现：我国有关服务贸易法律规范在相当程度上与国际服务贸易规范接轨，并且这些国际规范已相当程度上反映在我国有关服务贸易法律规范之中。

（三）服务贸易法律框架需要在未来不断的发展中形成一个独立的体系，成为一个新的法律学科

目前，服务贸易法律不是一个独立的法律部门，但是基于服务贸易法有自己特定的调整对象，即服务贸易；有特定的规范对象，即服务提供者；以及存在相对完善的国际和国内服务贸易法律原则和规范，服务贸易最终需要成为一门独立的法律部门来规范与管理。关于服务贸易法中相关法律规范的多样性和复杂性的研究和总结，对其他法学分支的发展也有极大的推动意义。法学体系的各个

319

组成部分相互之间存在着一定的依存关系，而不是此消彼长的冲突关系。将服务贸易法作为独立的法学分支进行专门研究，一方面会促进其自身的良性发展，另一方面也会推动与服务贸易法相关的法律学科的发展和完善，特别是会对传统商法、对以货物贸易管制为主的外贸管制法产生极其深远的影响。

第九章 国 际 金 融

  国际金融学是研究货币资本在国际间周转与流通的规律、渠道和方式的一门理论与实务相结合的学科。在当今国际经济活动中，国际金融已成为不可或缺的重要部分，涉外经贸以及经济管理等工作都离不开国际金融问题，一个对外经贸工作者必须具有国际金融知识才能做好工作。本章将在以下几节分别对国际收支、汇率、国际储备以及国际金融市场进行介绍，使读者对国际金融的基础知识有一个基本的了解。

第一节 国际金融概述

一、国际金融的含义及内容

  金融是指货币流通和信用活动以及与之相关的经济活动的总称。金融的内容包括货币的发行与回笼，存款的吸收与支付，贷款的发放与收回，外汇的买卖，股票债券的发行与流通转让，保险、信托和货币结算等。

  金融活动跨越国界就产生了国际金融。在不同主权国家的居民和企业之间发生的经济活动（主要指贸易和金融）不可避免地要求国际间的货币资金周转和运动。国际金融研究的就是不同国家和地区之间由于经济、政治、社会、文化的交往和联系而产生的跨国界货币资金周转和运动。它包括国际货币体系、国际收支、外汇汇率与外汇市场、各种汇率制度、外汇储备、国际资本活动、国际金融市场以及国际结算等。

  国际金融的产生过程可以按时间顺序简单概括为：先有了商品

交换，继而产生了货币以促进交换，然后进一步发展出货币的存储、流通、借贷等一系列信用活动，即金融活动。而当这些经济活动跨越国界，并使用不同的货币进行时，就产生了国际金融。当然，这只是对实际国际金融活动的一个简化而已，在实际中，这些活动是不分先后、错综复杂地交织在一起的。

二、早期国际金融学说概览

国际金融发展的前提需要相对稳定的国际环境和频繁的国际经济交往。作为文明古国的中国，群雄争霸曾一度成为其历史的主调，相比之下，有关各国之间经济往来和金融活动的纪录就比较少了。虽然一些中国思想家对国际经济、贸易、金融等有过许多有见地的论述，但从整体上来说，没有形成系统的理论。国际金融首先是在欧洲发展起来的。"早期的国际金融学说是西欧封建主义解体和资本主义兴起时期内，为适应国际经济往来的日益发展而形成的资产阶级国际金融学说。"（陈岱孙，厉以宁，1991）

早期的国际金融学主要讨论货币兑换、融资、利息的问题。14世纪法国学者尼科尔·奥雷斯姆在《论货币的最初发明》一文中严厉批评了当时封建君主为了谋取利益，不断改铸货币，使货币成色恶化的现象。他认为这是一种比放高利贷还恶劣的行为，因为高利贷是经过借贷双方同意的，而改铸货币是对老百姓的欺骗。相应地，哪个国家的君主降低自己国家的货币成色，外国商人就会减少自己商品对该国的出口。这说明当时奥雷斯姆已经认识到降低货币质量对国际贸易和金融活动的干扰。

融资和借贷是金融领域的重要内容，要融资就会有借贷关系，进而有利息发生。在早期的西欧对如何看待利息就有过一番争论。根据基督教的教义，放贷取息是被禁止的。中世纪西欧哲学家托马斯·阿奎那在《神学大全》中写道："贷出金钱以收取高利，本身就是不公正的。支付高利的商人并不是出于自愿，而是被迫的。"后来法国法学家卡罗律斯·莫利诺斯在《论契约与高利贷》一文中指出，不能一概认为放贷收息与《圣经》相抵触。因为在借贷双方出于自愿的前提下，借款人有力量还本付息，并能保留一部分收益，借贷双方都能得到好处。因此，放款收息是公平交易，不是欺诈行为。

英国著名的哲学家和经济学家大卫·休谟是把货币数量论应用到国际收支分析的先驱者。休谟提出的"价格—现金流动机制"至今仍对国际收支分析有指导意义。他认为，一国对外贸易的货币收支之盈余或不足将自动进行调节，使各国的贵金属量与商品总量之比均衡分配。休谟关于国际收支的分析建立了外汇理论与一般经济理论之间的联系，揭示了价格、汇率与国际收支的联动机制。

国际金融的发展与历史上出现的国际金融重大问题是密不可分的。1797年，英格兰银行停止银行券兑换黄金，紧接着，在英国围绕着通货、汇率和物价展开了一场范围很广、时间持续几十年的论战，这就是经济学说史上有名的"金块论战"。争论的一方是金块主义者（以李嘉图为代表），另一方是反金块主义者（以博赞克为代表）。反金块主义者站在政府与英格兰银行一边，竭力否认当时存在的纸币发行过多、纸币已经贬值的事实，他们的理论依据主要是"汇价取决于一国国际收支状况"的论点。而金块主义者则主要从黄金市价高过金币官价的事实出发，认为衡量通货是否贬值的尺度始终是黄金，汇率也是由通货的含金量所决定的。英国通货在外汇市场上贬值，归根结底是由于纸币与黄金相比贬了值。金块论战在1809—1811年和1819—1823年两段时间达到高潮。

19世纪大部分时间和20世纪初，由于金本位制的实行，加上各国当时国际收支差额不大，国际间的资金运动、借贷和支付主要是以黄金作为清算手段。这个时期可谓是国际贸易、国际金融的"黄金时代"。一是实行金本位制，规定各国货币的含金量、黄金自由兑换和流动。二是这个时期基本上实现了休谟描述的"价格—现金流动机制"，各国的汇率在黄金输送点的制约下，能够自动地调节国际收支。这一相对稳定的自动调节状态一直保持了将近100年，直到第一次世界大战以前。

英国著名经济学家马歇尔是现代经济学边际分析的大师，他对国际金融理论的发展做出了重要的贡献。马歇尔最早提出国际收支调节弹性理论，用弹性分析的方法对价格变化、贸易条件与进出口量之间的关系做出了精辟的论述。当然他的分析也有一定的局限性，即在其分析中仅强调了贸易收支，而对资本和劳务的国际流动考虑甚微。尽管如此，这在其所处的金本位时期，在国际收支不平衡问题还不十分突出的情况下，他的理论还是对国际金融学说的发展有着巨大贡献，至今仍被看做是经典之作。

第一次世界大战结束后，金本位制的地位已经发生了动摇。各国市场上都有不可兑现的纸币，一些国家甚至还出现了恶性通货膨胀。瑞典经济学家古斯塔夫·卡塞尔的购买力平价理论就是在当时通货膨胀的条件下研究汇率决定问题时所产生的汇率理论。购买力平价理论包括绝对购买力平价理论和相对购买力平价理论。绝对购买力平价理论认为，两种货币之间的汇率应该等于两国物价指数之比。由绝对购买力平价可以推出相对购买力平价：即汇率变化之百分比应该等于两国通货膨胀之差。购买力平价理论提供了理想状态下汇率与各国物价的绝对水平和通货膨胀之间的关系。

英国在世界经济格局中的地位在第一次世界大战之后发生了动摇。为了恢复英镑的稳定地位，英国于 1925 年恢复了金本位制。1929 年在美国出现的经济危机迅速发展成为世界性经济大萧条。英国不得不于 1931 年 9 月 2 日停止兑换黄金，宣布结束金本位制。英国著名经济学家凯恩斯就是在这样的背景下出版了其代表作《就业、利息和货币通论》，并以此建立了其金融理论的基础。他认为如果国内价格水平的稳定与汇率的稳定发生矛盾，一般来说应该牺牲后者保证前者。凯恩斯解释了金本位制与纸币本位制下物价水平与汇率之间的关系。他把实现充分就业和保持价格稳定作为宏观经济的主要目标，为此主张实行独立的货币政策，放弃金本位制。凯恩斯认为，如果外贸差额不能通过黄金流动来弥补，就必须使用汇率手段进行调节，而利率对一国维持对外均衡只是一个次要的工具。

从以上的讨论可以看出，国际金融学说的每一步发展都与历史上重大的国际经济问题密切相关，国际金融理论的发展就是由世界经济的变化与发展所引导和推动的。一部国际金融学说史的背后就是一部国际金融经济史。

第二节　国际收支

一、国际收支的概念

国际收支（Balance of Payments）的概念有广义和狭义之分。狭义的国际收支概念是建立在收支基础上的，起源于17世纪初期的重商主义晚期。当时重商主义者认为增加一国的财富主要通过对外贸易的顺差来实现，因此这一时期的国际收支只是简单地解释为一个国家的对外贸易差额，即进口与出口的差额。在以后较长一段时期内，随着资本主义经济的发展，国际经济交易的内容和范围不断扩大，国际收支的含义从原来的外贸收支扩展为一国的外汇收支，即凡是在经济交往中一国在一定时期内涉及有外汇收支的国际经济交易，都属于国际收支的范畴。这就是狭义的国际收支，主要适用于第二次世界大战以前。

广义的国际收支概念是在第二次世界大战以后开始使用的。它不仅包括有外汇收支的国际经济交易，还包括不涉及外汇收支的国际经济交易，如政府的无偿援助、私人赠与、协定贸易、补偿贸易、易货贸易等。另外，侨汇等无偿性质的资金转移也属于广义的国际收支范畴。广义的国际收支概念以交易为基础，适用于第二次世界大战以后，至今被世界各国普遍采用。

国际货币基金组织（International Monetary Fund，IMF）也对国际收支的概念进行了界定，即：在一定时期内，一国居民与非居民之间经济交易的系统纪录。要正确掌握国际收支的概念，还需把握以下几个方面：

第一，国际收支是一个流量的概念，即一国在一定时期内（**通常为一年**）发生的所有对外经济交易的总和。国际收支不同于**国际投资头寸**（International Investment Position），后者是一个存量概念，是指一国或地区在一定时点上的对外资产与对外负债的总和。

第二，国际收支交易的主体是居民与非居民。只有居民与非居民的经济交易才属于国际收支的范畴。居民与居民的交易属国内经济交易，非居民与非居民的交易属离岸经济交易，它们不包括在任何一国的国际收支里。按照国际货币基金组织的说明，居民是指在某个国家或地区居住期限达一年以上者，否则即为非居民。但一国的外交使节、驻外军事人员除外，尽管他们在另一国居住一年以上，仍为居住国的非居民，即受雇在本国驻外使领馆工作的外交人员属他们本国的居民，而是驻在国的非居民，相反，受雇在外国使领馆工作的雇员，则属本国居民。居民与非居民都包括政府、个人、非营利团体和企业四类。联合国、国际货币基金组织等国际机构及其代表处，对任何国家来说，都是非居民。

第三，国际收支所包括的国际经济交易的内容广泛，可分为两大类：（1）交换，即交易双方互换货币价值相等的商品、劳务或金融资产。具体来讲，交换又包括以下三种类型：①商品、劳务与商品、劳务间的交换，即易货贸易；②金融资产与商品、劳务的交换，即商品、劳务的买卖；③金融资产与金融资产的交换，即资本借贷。（2）转移，即交易一方向另一方单方向提供了经济价值，而并未得到对方的补偿与回报。具体又包括：①商品、劳务由一方向另一方的无偿转移；②金融资产由一方向另一方的无偿转移。以上这些内容，既是对应第二次世界大战以后的广义国际收支概念，这里的国际收支，不再以收支为基础，而是以交易为基础。

二、国际收支平衡表

一国的国际收支状况以国际收支平衡表来反映。国际收支平衡表（Balance of Payment Statement）是指根据经济分析的需要，将国际收支按照现代会计学的复式记账原理，通过设置账户（Account）或项目（Item）而编制出来的一种统计报表。

"有借必有贷，借贷必相等"是复式记账法的基本原理。每一笔国际经济交易的账户都分为借方和贷方，每笔交易都会同时产生金额相等的一项借方记录和一项贷方记录。借方（Debit）记录资产的增加和负债的减少，贷方（Credit）记录资产的减少和负债的增加。国际收支平衡表的记账法则为：货物和服务的出口、收益收入、接受的货物和资金的无偿援助、金融负债的增加和金融资产的减少记入贷方项目；货物和服务的进口、收益支出、对外提供的货物和资金的无偿援助、金融资产的增加和金融负债的减少记入借方项目。

由于国际货币基金组织各成员国要定期提交本国的国际收支平衡表，为便于各国之间进行比较，IMF 出版了《国际收支手册》（Balance of Payment Handbook），对涉及编制国际收支平衡表所采用的概念、定义、准则、分类以及标准组成等都作了规定和说明。至 1993 年，《国际收支手册》已出至第五版。按照 IMF 的规定，登记国际收支平衡表时，应以商品、劳务和金融资产所有权变更的日期为准。一笔国际经济交易如在报告期已实现外汇收支，自然应登录在国际收支平衡表中；如在报告期已发生所有权的转移，而并未实现外汇收支，也应登录在国际收支平衡表中。

IMF《国际收支手册》第五版的国际收支平衡表的标准组成包括两大账户：经常账户、资本和金融账户。各国可以根据本国具体情况进行必要的调整。下面对各账户的具体含义进行介绍：

（一）经常账户或经常项目（Current Account）

经常账户记录的是实际资源的流动，是国际收支平衡表中最基本、最重要的账户。经常账户是以借贷方的总额来记录的，它包括货物、服务、收入和经常转移四个子账户。

1. 货物（Goods）

货物项下记录货物的出口和进口，即有形贸易商品的出口和进口。不仅包括一般货物，还包括用于加工的货物、货物修理、各种运输工具在港口购买的货物和非货币黄金等。商品的出口构成一国的贸易收入，记入贷方；商品的进口构成贸易支出，记入借方。两者之间的差额称为贸易差额，又称有形贸易差额。如果出口大于进口即为贸易顺差，出口小于进口即为贸易逆差。根据国际货币基金组织的建议，商品的进口和出口以各国的海关统计为准，按 FOB 价格计算。如果有些国家的进口商品以 CIF 价格计价，那么这些国家在编制国际收支平衡表时应从进口商品价格中减去运费、保险费，而将这两项从属费用记入服务项下。

2. 服务（Service）

服务项下记录服务的出口和进口，即无形贸易商品的出口和进口。随着服务贸易的不断发展，服务项下的内容也越来越广泛，包括运输服务、保险服务、金融服务、电子信息服务、通信服务、旅游服务、建筑服务、专有权利的使用费和特许费，文化和娱乐服务等。在此项下，贷方记录服务的输出，借方记录服务的输入。

3. 收入或收益（Income）

收入项下记录的是因生产要素在国际上的流动而引起的要素报酬收支。生产要素包括劳动力与资本，这两项要素的国际流动所产生的报酬收支即构成了收入项下的主要内容，即职工报酬和投资收入。职工报酬是指本国居民在国外工作一年以下而得到并汇回的收入以及支付在本国工作一年以下的外籍员工的工资福利。投资收入包括直接投资项下的利润利息收支和再投资收益、证券投资收益（股息、红利等）和其他投资收益。

4. 经常转移（Current Transfers）

经常转移项下记录的是商品劳务或金融资产在居民与非居民间的单方面转移，这是一种无对等的交易，资产国际转移后不产生归还与偿还问题，因此又称为无偿转移。该项下主要包括各级政府的无偿转移（如战争赔款，政府间的经援、军援和捐赠，政府与国际组织间定期交纳的费用，以及国际组织作为一项政策向各国政府定期提供的转移等）和私人的无偿转移（如侨汇、捐赠、继承赠养费以及资助性汇款等）。

（二）资本和金融账户或资本和金融项目（Capital and Financial Account）

资本和金融账户记录的是资本在国际上的流动。与经常账户不同，资本和金融账户的各个项目不是以借方总额和贷方总额来记录的，而是以借贷之间的净差额记入借方或贷方。该账户分为资本账户和金融账户两个子账户。

1. 资本账户（Capital Account）

资本账户反映资产在居民与非居民之间的转移。债权或资产的净减少，以及负债的净增加，记入贷方；资产或债权的净增加，以及负债的净减少，记入借方。资本账户包括资本转移和非生产、非金融资产的交易。

（1）资本转移，是指涉及固定资产所有权的变更及债权债务的减免等导致交易一方或双方资产存量发生变化的转移项目，主要包括固定资产转移、债务减免以及投资捐赠等。资本转移不同于经常账户下的经常转移，这是因为：经常转移会直接影响捐助者与受援者的可支配收入和消费；而资本转移不直接影响双方当事人的可支配收入和消费。

（2）非生产、非金融资产的交易，是指不是由生产创造出来的有形资产（土地和地下资源）和无形资产（专利、版权、商标和经销权等）的所有权转移。值得注意的是，经常账户的服务项下记录的是无形资产的使用所引起的收支，而资本账户项下记录的是无形资产所有权的买卖所引起的收支。

2. 金融账户（Financial Account）

金融账户反映居民与非居民之间投资与借贷的增减变化。居民对非居民的投资和提供的信贷的净增加记入借方，反之则记入贷方。金融账户包括直接投资、证券投资、其他投资以及储备资产。

（1）直接投资（Direct Investment）

是指以控制国（境）外企业的经营管理权为核心的对外投资。根据国际货币基金组织的解释，这种控制权是指投资者拥有一定数量的股份，因而能行使表决权并在企业的经营决策和管理中享有发言权。

（2）证券投资（Portfolio Investment）

是指一国投资者以赚取股息、红利、债息为主要目的而进行的跨越国界的投资行为，包括股本证券（如股票）和债务证券（如中长期债券、货币市场工具和派生金融工具）的投资。中长期债券是指期限在一年以上或无限期的政府或私人债券。货币市场工具是指期限在一年或一年以下的短期金融工具，如短期国库券、商业票据、银行承兑汇票、可转让的大额存单等。派生金融工具是指从货币、外汇等传统金融工具衍生出来的新型金融工具，如期权、期货等。

（3）其他投资（Other Investment）

是指除直接投资和证券投资以外的金融交易，包括贸易信贷、贷款、货币和存款（指居民持有外币和非居民持有本币）以及其他资产和负债等。

（4）储备资产（Reserve Assets）

是指一国货币当局所拥有的用来平衡国际收支或在某些情况下满足其他需要的各类对外资产，包括货币、黄金、外汇、特别提款权和在国际货币基金组织的储备头寸。在国际货币基金组织的储备头寸包括在国际货币基金份额中用黄金、外汇缴纳的部分（现在改为用外汇和特别提款权缴纳）和本币份额中被国际货币基金动用的部分。

需要指出的是，通常所说的资本项目下可兑换的资本项目，实际上是指金融账户中的各个项目。因为在以前的国际收支账户分类中，资本账户相当于现在的金融账户，由于习惯，资本项目这种叫法一直沿用下来。

上面介绍了经常账户以及资本和金融账户的内容，除此之外，国际收支平衡表中还设置了净误差与遗漏（Net Errors and Omissions）一项。国际收支平衡表是运用复式记账原理编制的，按此原理，经常账户与资本和金融账户的借方总额和贷方总额应相等，即借贷相抵之后净值为零。但在实际中，由于统计资料不完整、统计数字的重复计算和漏算以及有的统计数字为估算等人为和客观原因，一国国际收支平衡表总是不可避免地出现净的借方余额或净的贷方余额。基于会计上的需求，即使国际收支平衡表的借方总额等于贷方总额，编表人员也要人为地设置一个账户来加以平衡。净误差与遗漏就是为了这一目的而设置的。若以上所有项目加总后得出的是净借方余额，则净误差与遗漏账户就将这一差额列入贷方；反之，若以上所有项目加总后得出的是净贷方余额，则净误差与遗漏账户就将这一差额列入借方。

我国国际收支平衡表是在国际货币基金组织《国际收支手册》（第五版）基础上编制而成的。需要注意的是，我国的国际收支平衡表将储备资产单独列为一项，因此该表共包括四大项，即经常账

330

户、资本与金融账户、储备资产、净误差与遗漏。表 9-1 列出了我国 2003 年度的国际收支平衡表。

表 9-1 　　　　　**2004 年度中国国际收支平衡表**　　　单位：千美元

项　　目	差　　额	贷　方	借　方
一、经常项目	68 659 162	700 697 007	632 037 845
A. 货物和服务	49 283 643	655 826 577	606 542 934
a. 货物	58 982 275	593 392 511	534 410 236
b. 服务	−9 698 632	62 434 066	72 132 698
1. 运输	−12 476 266	12 067 493	24 543 759
2. 旅游	6 589 704	25 739 000	19 149 296
3. 通信服务	−31 735	440 463	472 199
4. 建筑服务	128 662	1 467 489	1 338 826
5. 保险服务	−5 742 792	380 783	6 123 574
6. 金融服务	−44 151	93 945	138 096
7. 计算机和信息服务	384 401	1 637 148	1 252 747
8. 专有权利使用费和特许费	−4 260 246	236 359	4 496 605
9. 咨询	−1 581 794	3 152 515	4 734 309
10. 广告、宣传	150 293	848 628	698 335
11. 电影、音像	−134 838	40 993	175 831
12. 其他商业服务	7 472 617	15 950 753	8 478 135
13. 别处未提及的政府服务	−152 487	378 498	530 986
B. 收益	−3 522 669	20 544 095	24 066 764
1. 职工报酬	632 191	2 014 359	1 382 168
2. 投资收益	−4 154 861	18 529 736	22 684 596
C. 经常转移	22 898 189	24 326 335	1 428 146
1. 各级政府	−89 056	97 536	186 592

331

项 目	差 额	贷 方	借 方
2. 其他部门	22 987 245	24 228 799	1 241 554
二、资本和金融项目	110 659 756	343 350 151	232 690 395
A. 资本项目	-69 345	0	69 345
B. 金融项目	110 729 101	343 350 151	232 621 050
1. 直接投资	53 131 430	60 905 778	7 774 348
1.1 我国在外直接投资	-1 805 053	275 778	2 080 831
1.2 外国在华直接投资	54 936 483	60 630 000	5 693 517
2. 证券投资	19 689 873	20 262 117	572 244
2.1 资产	6 486 438	6 567 007	80 569
2.1.1 股本证券	0	0	0
2.1.2 债务证券	6 486 438	6 567 007	80 569
2.1.2.1（中）长期债券	6 486 438	6 567 007	80 569
2.1.2.2 货币市场工具	0	0	0
2.2 负债	13 203 436	13 695 110	491 675
2.2.1 股本证券	10 923 200	10 923 200	0
2.2.2 债务证券	2 280 236	2 771 910	491 675
2.2.2.1（中）长期债券	2 283 474	2 764 319	480 845
2.2.2.2 货币市场工具	-3 238	7 592	10 830
3. 其他投资	37 907 798	262 182 256	224 274 458
3.1 资产	1 979 656	51 236 020	49 256 364
3.1.1 贸易信贷	-15 897 000	0	15 897 000
长期	-1 336 000	0	1 336 000
短期	-14 561 000	0	14 561 000
3.1.2 贷款	-9 657 939	101 615	9 759 554

项　目	差　额	贷　方	借　方
长期	-1 057 000	0	1 057 000
短期	-8 600 939	101 615	8 702 554
3.1.3 货币和存款	20 206 679	21 241 391	1 034 712
3.1.4 其他资产	7 327 915	29 893 013	22 565 098
长期	0	0	0
短期	7 327 915	29 893 013	22 565 098
3.2 负债	35 928 142	210 946 236	175 018 094
3.2.1 贸易信贷	18 595 000	18 595 000	0
长期	2 862 000	2 862 000	0
短期	15 733 000	15 733 000	0
3.2.2 贷款	13 752 887	174 532 616	160 779 729
长期	4 814 964	18 590 561	13 775 597
短期	8 937 924	155 942 055	147 004 131
3.2.3 货币和存款	1 561 021	14 538 936	12 977 915
3.2.4 其他负债	2 019 234	3 279 684	1 260 451
长期	32 463	153 318	120 855
短期	1 986 771	3 126 367	1 139 596
三、储备资产	-206 364 000	478 000	206 842 000
3.1 货币黄金	0	0	0
3.2 特别提款权	-161 000	0	161 000
3.3 在基金组织的储备头寸	478 000	478 000	0
3.4 外汇	-206 681 000	0	206 681 000
3.5 其他债权	0	0	0
四、净误差与遗漏	27 045 082	27 045 082	0

资料来源：国家外汇管理局网站。

三、国际收支不平衡的原因与影响

（一）国际收支不平衡的判断

如前所述，由于净误差与遗漏账户的存在，国际收支平衡表的借方总额总是等于贷方总额。但是，这种平衡只不过是出于会计上的需要而人为形成的账面上的平衡，并非真实的平衡。

要判断一国的国际收支是否真正平衡，通常的方法是将国际收支平衡表上各个项目分为两种不同的交易类型，即自主性交易和调节性交易。自主性交易（Autonomous Transaction）是指纯粹出于某种经济上的动机而进行的交易，又称事前交易，如货物和服务的进出口、侨汇、政府和私人的援助、直接投资、证券投资等。调节性交易（Accommodating Transaction）是指为弥补自主性交易产生的差额而进行的交易，因此又称事后交易，如为平衡国际收支而引起的官方储备的变动、官方的短期资金融通等。在一国的国际收支当中，当自主性交易的收支相等时，则该国的国际收支就是平衡的。相反，当自主性交易的收支不相等时，该国的国际收支就是不平衡的。若收入大于支出，则国际收支为顺差；若收入小于支出，则国际收支为逆差。

（二）国际收支不平衡的原因与类型

导致一国国际收支不平衡的因素很多，按照产生的原因来划分，国际收支不平衡可分为以下几种类型：

1. 周期性不平衡（Cyclical Disequilibrium）

这是由于各国在经济发展过程中所处经济周期的不同阶段而引起的国际收支不平衡。在每一个周期中，经济都会呈现危机、萧条、复苏和高涨的周期性变化，周期的各个阶段都会给国际收支带来不同的影响。如一国经济相对繁荣，则国民收入相对增加，导致出口下降，进口上升，从而引起国际收支出现逆差；反之，如果一国经济相对衰退，则会引起国际收支出现顺差。

2. 结构性不平衡（Structural Disequilibrium）

结构性不平衡是指国内经济、产业结构不能适应世界市场的变化而发生的国际收支失衡。一般来讲，一国的国际收支状况往往取决于其贸易收支状况。当世界市场的需求发生变化时，一国输出商品的结构如果能够随之进行调整，该国的贸易收支将不会受到影响；相反，如果该国不能按照世界市场需求的变化来调整自己输出商品的结构，该国的贸易收支和国际收支就将产生不平衡。

3. 货币性不平衡（Monetary Disequilibrium）

一国商品的货币成本和物价水平发生变化时，也会引起国际收支不平衡。例如：在一定的汇率水平下，一国由于通货膨胀因素造成物价普遍上涨，从而使其商品成本和物价水平相对高于其他国家，则该国的出口受到抑制，进口受到鼓励，结果使贸易收支和国际收支产生逆差。反之，在通货紧缩的情况下，国际收支会产生顺差。这种由货币价值的高低所引起的国际收支不平衡，称为货币性不平衡。

4. 收入性不平衡（Income Disequilibrium）

收入性不平衡是指各国经济增长速度不同从而国民收入变动而引起的国际收支不平衡。例如：一国国民收入相对快速增长，会导致进口需求的增长超过出口需求的增长，从而使该国国际收支出现逆差；反之，如果国民收入减少，则国内需求减少，物价下跌，会有利于出口而进口受到抑制，使国际收支出现顺差。但是，如果一国国民收入的增长主要是由于社会劳动生产率提高引起的，则该国商品的国际竞争力会增强，出口随之迅速增长，这时也可能导致国际收支出现顺差。

5. 偶发性不平衡（Occasional Disequilibrium）

偶发性不平衡是指由于政局动荡和自然灾害等偶发性因素而导致贸易收支不平衡和巨额资本的国际移动，进而造成的国际收支不平衡。

（三）国际收支不平衡的影响

一国的国际收支不平衡，无论出现顺差还是逆差，都会对一国经济产生影响，尤其是持续巨额的顺差或逆差，会给一国的经济发展带来不利影响。

1. 国际收支逆差的影响

一国国际收支出现逆差，则外汇短缺，一般会引起外汇汇率上升，本币汇率下降。如果是持续性的巨额逆差，则会使本币过度贬值，本国货币在国际上的地位将大大削弱。货币当局为了改善这种状况，就要对外汇市场进行干预，即中央银行在外汇市场上抛售外币买进本币，这种行为的结果一方面会消耗外汇储备，严重时还会造成外汇储备的枯竭；另一方面使得国内本币供给量减少，从而引起物价下降，利率上升，使产量和就业下降，影响本国经济的增长。

如果国际收支逆差来自贸易账户或经常账户，即贸易进口大于出口，将会导致国内失业的增加；如果逆差来自资本和金融账户，即资本流出大于资本流入，则会造成国内资金的紧张，使投资和消费下降，从而影响经济增长。

2. 国际收支顺差的影响

一国国际收支出现顺差，则造成大量的外汇供给和对本币的需求，使本币汇率上升，这样会影响本国出口贸易的发展，从而使国内失业问题加重。若中央银行通过抛售本币买进外币进行干预，则一方面国际储备有较大增加，另一方面使本币供给量增加，从而引起物价上升，利率下降，导致通货膨胀。一国顺差意味着他国逆差，所以国际收支顺差还会加剧国际摩擦，影响国际关系。

如果国际收支顺差来自贸易账户或经常账户，则因出口过多而使国内资源减少，不利于本国经济发展；如果顺差来自资本和金融账户，则会因外债规模过大而造成还债压力过大。

简单来讲，国际收支逆差导致本币贬值，国内通货紧缩，产量和就业下降，国际储备枯竭；国际收支顺差导致本币升值和国内通货膨胀。一般说来，一国的国际收支越是不平衡，持续时间越长，其不利影响也就越大，因此要采取措施对国际收支进行调节。

四、国际收支的调节

调节国际收支的政策措施主要包括：外汇缓冲政策、财政政策、货币政策、汇率政策以及直接管制。下面分别对这几种调节措施进行介绍。

（一）外汇缓冲政策（Foreign Exchange Cushion Policy）

外汇缓冲政策是指一国政府为对付国际收支不平衡，将持有的一定数量的黄金外汇储备作为外汇平准基金（Exchange Stabilization Fund），通过中央银行在外汇市场上买卖外汇，来抵消国际收支不平衡所形成的外汇供求缺口，从而使收支不平衡所产生的影响仅限于外汇储备的增减。利用外汇平准基金来平衡一次性或季节性的国际收支逆差，是一种简便有益的做法，它有利于避免汇率的暂时波动。但此法不宜用来对付长期巨额逆差，因为一国的外汇储备规模是有限的，过度依赖外汇缓冲政策，将会导致外汇储备枯竭。

（二）财政政策（Financial Policy）

财政政策是指政府通过调整财政收入，抑制或扩大公共支出和私人支出，控制改变总需求和物价水平，从而调节国际收支。在国际收支出现逆差时，一国政府可以实行紧缩性的财政政策，即减少公共支出和私人支出，增加税收，从而抑制消费需求和投资需求，迫使物价水平下降，这样就会有利于出口而进口受到抑制，使贸易收支和国际收支逆差状况得到改善。反之，在国际收支出现顺差时，一国政府可以采用扩张性的财政政策，即增加公共支出和私人支出，减少税收，以扩大总需求，从而使出口减少，进口增加，这就有利于消除贸易收支和国际收支的顺差。需要说明的是，一国实行什么样的财政政策，一般主要取决于国内经济的需要。

（三）货币政策（Monetary Policy）

货币政策又称金融政策，是指货币当局通过调整再贴现率，改变法定存款准备金比率等手段来控制国内货币供应量，从而实现对国际收支的调节。这是西方国家普遍、频繁采用的间接调节国际收支的政策措施。

1. 贴现政策

是指中央银行通过改变其对商业银行等金融机构持有的未到期票据进行再贴现时所收取的利息计算的比率，即再贴现率（Rediscount Rate），借以影响金融市场利息率的政策。当一国国际收支出现逆差时，该国中央银行就调高再贴现率，从而使市场利率提高，这一方面会吸引外国资本的流入，减少本国资本的流出，另一方面利率的提高还意味着市场上本国货币资金供应的紧缩，这会使投资与生产规模缩小，失业增加，国民收入减少，从而在一定程度上降低国际收支逆差。当一国国际收支出现顺差时，中央银行调低再贴现率，从而起到与上述情况相反的作用，以降低国际收支顺差。

2. 改变存款准备金比率政策

存款准备金比率（Rate of Reserve Requirement）是由国家货币当局规定的，商业银行等金融机构按其将吸收存款的一定比例缴存中央银行，以保证存户提现和中央银行控制货币量。存款准备金比率的高低直接涉及商业银行的流动资金和资金供应。通过这一比率的调整可以达到影响商业银行放贷规模的效果，从而进一步影响总需求和国际收支。在 20 世纪 60 年代末 70 年代初，日本和原联邦德国就曾实行过差别性存款准备金比率政策，即商业银行等金融机构对非居民存款准备金率的规定远远高于居民存款准备金率，以此抑制国际游资的流入，从而减少和避免美元危机对本国经济的冲击。

（四）汇率政策（Exchange Rate Policy）

汇率政策是指一国通过调整汇率来实现国际收支平衡的政策。在固定汇率制下，通过实行货币法定贬值来改善国际收支严重逆差的状况；在他国压力下，通过实行货币法定升值来减缓国际收支出现的巨额顺差。在浮动汇率制下，各发达国家积极进行市场干预，使汇率符合自己的期望值，以图通过汇率的高估或低估来调节国际收支。

（五）直接管制（Direct Control）

直接管制是指政府通过发布行政命令而对国际经济交易进行行政干预，以求国际收支平衡。直接管制包括外汇管制和贸易管制。贸易管制是指一国政府以行政干预方式，直接鼓励或限制本国商品的输出和外国商品的输入。直接管制通常能够迅速改善国际收支，能够按照本国的不同需求，对进出口贸易和资本流动区别对待。但是它并不能真正解决国际收支平衡问题，只是将显性国际收支赤字变为隐性国际收支赤字，一旦管制取消，国际收支赤字又会重新出现。另外，实行管制政策，既为国际经济组织所反对，又会引起其他国家的反抗和报复。

　　以上介绍了调节国际收支的政策措施，它们在一定程度上有助于扭转国际收支不平衡，但也都存在着一定的局限性。外汇缓冲政策中建立外汇平准基金的措施，要求中央银行拨出一笔相当数额的外汇，对于陷入国际收支困境的国家来说，有限的外汇平准基金很难达到调节巨额国际收支逆差的效果。通过财政和货币政策来调整国际收支不平衡，又往往以牺牲国内经济目标为代价。如为消除国际收支赤字而实行紧缩性财政货币政策，会导致经济增长放慢甚至出现负增长，并会引起失业率上升；为消除国际收支盈余而实行扩张性财政货币政策，又会促进通货膨胀的发展和物价上涨加快。实行管制政策，既为国际经济组织所反对，又会引起他国的抵制和报复。

　　因此，在对付国际收支不平衡时，应根据具体情况有针对性地采取相应的政策措施，可以通过不同政策组合搭配的方式调节国际收支，在政策选择上尽量不与国内经济发生冲突，尽量减少来自他国的压力，以免影响国际间正常的经济关系。另外，还可以根据失衡的具体原因来灵活选择调节政策，比如，若国际收支不平衡是由季节性变化等暂时性原因形成的，可运用外汇缓冲政策；若国际收支不平衡是由于国内通货膨胀加重而形成的货币性不平衡，可以运用本币贬值的汇率政策；若国际收支不平衡是由国内总需求大于总供给而形成的收入性不平衡，可运用紧缩性的财政货币政策；若国际收支不平衡由经济结构性原因引起，则可进行经济结构调整并采取直接管制措施。

第三节　汇　　率

一、外汇与汇率的概念

（一）外汇（Foreign Exchange）

　　外汇的概念具有双重含义，即有动态和静态之分。动态的外汇是指把一个国家的货币兑换成另外一个国家的货币，借以清偿国际间债权、债务关系的一种专门性的经营活动。它是国际间汇兑的简称。从这个意义上说，外汇等同于国际结算。

静态的外汇是指以外国货币表示的可用于国际之间结算的支付手段。国际货币基金组织（IMF）对外汇的解释为："外汇是货币行政当局（中央银行、货币管理机构、外汇平准基金组织和财政部）以银行存款、财政部国库券、长短期政府债券等形式持有的在国际收支逆差时可以使用的债权。"

按照我国政府颁布的《外汇管理条例》的规定，外汇是指以外币表示的可以用作国际清偿的支付手段和资产，它包括：

1. 外国货币，包括纸币、铸币；
2. 外币支付凭证，包括票据、银行存款凭证、邮政储蓄凭证等；
3. 外币有价证券，包括政府债券、公司债券、股票等；
4. 特别提款权、欧洲货币单位；
5. 其他外汇资产。

显然，无论是国际货币基金组织还是我国政府对外汇的规定都是偏重于从静态角度而定义的。人们通常所说的外汇，一般都是就其静态意义而言的。

（二）汇率（Exchange Rate）

汇率又称汇价，是指用一个国家的货币折算成另一个国家的货币的比率，或者是用一国货币表示的另一国货币的价格。简单地讲，汇率就是两种货币之间的比价。

二、汇率的标价方法

要折算两种货币的比率，首先需要确定以哪一种货币为标准。由于确定的标准不同，存在着两种不同的标价方法，即直接标价法和间接标价法。

（一）直接标价法（Direct Quotation）

直接标价法是指用 1 个单位或 100 个单位的外国货币作为标准，折算成一定数量的本国货币。在直接标价法下，外国货币的数额固定不变，本国货币的数额则随着外国货币或本国货币币值的变

340

化而改变。如果汇率上升，则说明一定数额的外国货币比以前换得较多的本国货币，即本币贬值，外币升值；反之，如果汇率下降，则说明一定数额的外国货币比以前换得较少的本国货币，即本币升值，外币贬值。因此以直接标价法表示的汇率升降与外币币值的变动成正比，与本币币值的变动成反比。所以直接标价法的汇率又称为外汇汇率。目前，绝大多数国家都采用直接标价法，我国也采用直接标价法。

例如：2005 年 3 月 1 日国家外汇管理局公布的人民币基准汇价为：

人民币基准汇价：2005-03-01	
100 美元	827.65
100 欧元	1097.58
100 日元	7.9049
100 港币	106.08

（二）间接标价法（Indirect Quotation）

间接标价法是指用 1 个单位或 100 个单位的本国货币作为标准，折算为一定数量的外国货币。在间接标价法下，本国货币的数额固定不变，外国货币的数额则随着本国货币或外国货币币值的变化而改变。如果汇率上升，则说明一定数额的本国货币比以前换得较多的外国货币，即本币升值，外币贬值；反之，如果汇率下降，则说明一定数额的本国货币比以前换得较少的外国货币，即本币贬值，外币升值。因此以间接标价法表示的汇率升降与本币币值的变动成正比，与外币币值的变动成反比。所以间接标价法的汇率又称为本币汇率。目前，采用间接标价法的货币主要有美元、英镑、澳大利亚元、新西兰元、欧元等少数货币。

例如：2005 年 1 月 24 日，纽约外汇市场收市时欧元对美元比价为 1：1.3056；美元对日元比价为 1：102.62；美元对瑞士法郎比价为 1：1.1831；英镑对美元比价为 1：1.8804。

在外汇交易中，人们把各种标价法（直接标价法或间接标价法）下数量固定不变的货币叫作基本货币或基准货币（Base Currency），把数量不断变化的货币叫作标价货币或报价货币（Quoted Currency）。无论采用直接标价法，还是间接标价法，都是以标价货币来表示基本货币的价格。那么，从上例 2005 年 1 月 24 日纽约外汇市场的行情信息可以看出，欧元和英镑都以美元作为报价货币，而日元和瑞士法郎都以美元作为基本货币。实际上，除英镑、欧元、澳大利亚元、新西兰元等少数采用间接标价法的货币的报价是以美元作为报价货币以外，其他货币的报价大都是以美元作为基本货币的。美元是采用间接标价法的货币。

三、不同货币制度下的汇率决定

（一）金本位制度下的外汇汇率

金本位制度（Gold Standard System）是以黄金为本位货币的货币制度。在历史上，国际金本位制经历了金币本位制、金块本位制和金汇兑本位制等不同阶段。金币本位制是典型的金本位制。

1. 金币本位制下的外汇汇率

（1）铸币平价是汇率决定的基础

在第一次世界大战以前，西方国家实行典型的金本位制度，即金币本位制度（Gold Coin Standard System）。在金币本位制度下，金币是用一定数量和成色的黄金铸造的，金币所含有的一定重量和成色的黄金叫作含金量。黄金作为世界货币，在国际结算过程中，如果输出输入金币，就按照它们的含金量计算，因为含金量是金币所具有的价值。两个实行金本位制度国家货币单位的含金量之比，叫作铸币平价（Mint Par or Specie Par）。两种金币的含金量是决定它们汇率的物质基础，铸币平价则是它们汇率的标准。例如，1 英镑金币的重量为 123.27447 格令，成色为 22 开金（24 开为纯金），则 1 英镑金币的含金量为 123.27447×22/24 = 113.0016 格令（等于7.32238 克）；1 美元金币的重量为 25.8 格令，成色为 900‰，则 1 美元金币的含金量为 25.8×900‰ = 23.22 格令（等于 1.50463 克）。因此，英镑与美元的铸币平价为 113.0016/23.22 = 4.8665，即英镑对美元的汇率为 1 英镑＝4.8665 美元。可见，英镑与美元的铸币平价决定了它们的汇率。

(2) 黄金输送点是汇率波动的界限

在金币本位制度下，铸币平价虽然是汇率决定的基础，但它不是外汇市场的实际汇率。实际汇率受外汇供求关系的影响，围绕着铸币平价上下波动。汇率的波动幅度不会太大，大致以黄金输送点为其界限。这是因为，金币本位制度下黄金可以自由输出输入。当汇率对它有利时，它就利用外汇办理国际结算；当汇率对它不利时，它就可以不利用外汇，改而采用输出输入黄金的方法。可见，黄金输送点是金本位下汇率波动的上下界限。

在两国间输出输入黄金，要支付包装费、运费、保险费和检验费等费用；在运输过程中，还有利息问题。第一次世界大战以前，在英国和美国之间运送黄金的各项费用和利息，约为所运送黄金价值的 5‰~7‰计算，按平均数 6‰计算，在英国和美国之间运送 1 英镑黄金的费用及其他费用约为 0.03 美元。铸币平价 $4.8665± $0.03 就是英镑和美元两种货币的黄金输送点，在原则上，这就是英镑美元汇率波动的界限。例如，在美国外汇市场，英镑外汇的价格受供求关系的影响，逐步上涨，但英镑汇价上涨的最高界限为 1 英镑＝4.8965 美元（即英镑与美元的铸币平价 4.8665 美元加上英国和美国之间运送 1 英镑黄金的费用 0.03 美元），即黄金输出点。如果英镑的汇价超过 4.8965 美元，则需购买英镑外汇的商人可直接运送黄金，偿付对外负债，这样的话也只不过花费成本 4.8965 美元。如果在美国外汇市场英镑汇价下跌，则其下跌的最低界限为 1 英镑＝4.8365 美元（即英镑与美元的铸币平价 4.8665 美元减去英国和美国之间运送 1 英镑黄金的费用 0.03 美元），即黄金输入点。如英镑汇价低于 4.8365 美元，则具有英镑外汇收入的商人，就不在外汇市场出卖，可直接将 1 英镑所包含的黄金 113.0016 格令运回国内，根据铸币平价扣除 0.03 美元的运费、保险费等，它仍可得到 4.8365 美元。

在国际间运送黄金的费用，特别是利息，并不是固定不变的。但是，它们占所运送黄金价值的比重很小。因此，相对地说，在金币本位制度下，金币汇率的波动幅度小，基本上是固定的。

2. 金块本位和金汇兑本位制度下的外汇汇率

第一次世界大战爆发后，交战国家的金币本位制度陷于崩溃。战后，它们分别实行了金块本位制度（Gold Bullion Standard System）和金汇兑本位制度（Gold Exchange Standard System）。在这两种货币制度下，银行券代替金币在国内流通，汇率由两国货币（银行券）所代表的含金量之比即黄金平价（Gold Parity）决定。实际汇率受供求关系影响围绕黄金平价上下波动。但是，黄金的自由输出入受到了限制，黄金输送点已不存在，汇率的波动幅度由政府来规定和维护。政府通过设立平准基金来维护汇率的稳定。当外汇汇率上升时，便出售外汇；当外汇汇率下降时，便买进外汇，以此使汇率的波动局限在允许的范围内。

在这两种货币体系下，各国银行券时常过量发行，不能稳定地代表一定的含金量。因此，与金币本位制相比，金块本位制和金汇兑本位制下汇率的稳定程度已大大降低。在 1929～1933 年资本主义世界经济危机期间，金本位制度彻底瓦解了。

（二）纸币制度下的外汇汇率

纸币是作为金属货币的代表而出现的。由于纸币所代表的金属货币具有价值，所以纸币被称为价值符号。在实行纸币制度时，各国货币已与黄金脱钩，各国政府都参照过去流通的金属货币的含金量用法令规定纸币的金平价（Par Value），两国纸币的金平价是汇率决定的依据。

在纸币制度下，实行纸币流通的国家普遍存在着纸币贬值的现象，纸币的法定金平价与其实际所代表的金量严重脱节。在这种情况下，纸币的汇率不应由纸币的黄金平价来决定，而应以贬值了的纸币实际所代表的金量为依据。但是，第二次世界大战以后，西方国家的政府利用外汇管制等手段，人为地维持不符合纸币贬值程度的汇率，不根据其实际代表金量减少的情况而相应的调整汇率，因而使纸币的对内价值（物价）和对外价值（汇率）长期严重地脱节，这已成为一个普遍现象。1971 年和 1973 年的美元危机，造成美元两次法定贬值，显示了客观经济规律不以人的意志为转移的作用。

344

在纸币流通制度下，纸币汇率的波动已没有金本位制度下黄金输送点的界限，外汇汇率有时上涨得非常高。汇率变化的规律受通货膨胀的严重影响与国际收支状况的制约，这一点将在下一个问题中作详细的阐述。

四、汇率的变动及其对经济的影响

（一）影响汇率变动的因素

1973 年春，主要发达国家先后放弃了固定汇率制度，而实行浮动汇率制度。在当今世界上大部分国家都采取浮动汇率制度的情况下，汇率的波动由市场决定。影响汇率变动的因素是多种多样的，下面分别进行简要的分析。

1. 通货膨胀因素

一国的经济状况发展良好，财政收支较以前改善，国内通货膨胀率低，则该国货币对外币就会升值，表现为外汇汇率下跌；如一国的经济状况较以前恶化，财政上收不抵支，国内通货膨胀率又居高不下，则该国货币代表的价值量就会减少，该国货币对外币就贬值，表现为外汇汇率上涨。

2. 国际收支状况

国际收支状况是影响汇率变化最直接的因素。当一国国际收支出现逆差时，表现为进口大于出口或资本流出大于资本流入，说明本国外汇支出大于外汇收入，即外汇的需求大于外汇的供给，导致外汇汇率上升，本币汇率下降；反之，当一国国际收支出现顺差时，表现为出口大于进口或资本流入大于资本流出，说明本国外汇收入大于外汇支出，即外汇的供给大于外汇的需求，导致外汇汇率下降，本币汇率上升。

3. 利息率因素

各国的利息率差异也是影响汇率变动的一个十分重要的因素。目前，国际金融市场上存在着大量游资，如果一国利息率较以前提高，游资持有者就会将其持有的大量资金投向该国，以追求较高的利息收入，从而该国外汇收入增加，外币供大于求，促使该国货币较以前升值；如果利息率降低，则该国货币贬值。20 世纪 80 年代，美国里根总统在任期间长期采用的高利率政策，就在很大程度上起到了支撑美元坚挺的作用。

4. 宏观经济政策

一国的宏观经济政策主要有财政政策、货币政策和汇率政策。财政政策和货币政策对汇率的影响是间接的，汇率政策对汇率的影响是直接的。实行扩张性的财政政策会引起收入的增加和物价的上涨，从而导致进口增加，出口减少，外汇需求大于外汇供给，使本币汇率趋于下降。实行扩张性的货币政策会引起利率下降，从而引起资本流出增加，资本流入减少，外汇供给小于外汇需求，使本币汇率趋于下降。由此可见，扩张性的财政和货币政策都容易引起本币贬值。反之，实行紧缩性的财政和货币政策会减少财政支出，引起利率上升，而使本国货币趋于升值。汇率政策包括本币贬值和本币升值政策。本币贬值政策直接使本币汇率下降，而本币升值政策直接使本币汇率上升。因此，汇率政策对汇率的影响非常直接。

5. 中央银行干预

中央银行通常通过设立专门的基金来干预外汇市场。当中央银行认为目前的汇率水平对该国的经济、贸易等不利或妨碍了某一政策目标时，就可以动用外汇平准基金，在外汇市场上买进或卖出外汇以改变外汇供求关系，从而影响汇率水平。如外汇汇率下跌，中央银行则大量买进外汇，增加对外汇的需求，在供给不变的前提下，外汇必然升值。同理，如外汇汇率上涨，中央银行则大量抛售外汇以增加外汇供给量，在需求不变的前提下，外汇汇率必然下跌。

6. 市场心理预期

市场心理预期对汇率的变化有相当大的影响。如果人们预期某国的通货膨胀率将比别的国家高，实际利率将比别的国家低，对外收支的经常项目将有逆差，以及其他因素对该国经济将发生不利影响，那么该国的货币就会在市场上被抛售，其汇率就会下跌，反之汇率就会上升。

以上影响汇率变动的因素错综复杂，相互交叉，它们的作用有时相互抵消，有时又相互促进。但在一定时期内，国际收支是决定

346

汇率基本走势的直接因素；通货膨胀、利率水平、汇率政策、市场预期等起着助长或削弱国际收支所起的作用；而从长期来看，一国的经济增长率和经济实力决定着汇率的长期走势。

（二）汇率变动对经济的影响

汇率的变动有升值和贬值两个方面，其影响作用正好相反。下面就以本币贬值为例来说明汇率变动的影响，对于本币升值的影响则可以反向得出。

1. 贬值对一国国内经济的影响

（1）贬值对国民收入与就业的影响

本币贬值后，有利于出口而不利于进口，将会使闲置资源向出口商品生产部门转移，并促使进口替代品生产部门的发展。这将会使生产扩大、国民收入和就业增加。当然，这一影响是以该国有闲置资源为前提的。

（2）贬值对物价的影响

贬值不仅直接影响进出口商品的相对价格，往往还会带动一般物价水平的提高。首先，贬值后，进口商品以本币表示的价格上升，带动国内同类商品价格某种程度的上涨；其次，进口原材料、半成品及机器设备等的价格上升，必然造成国内以这些进口品为投入的商品的生产成本提高，推动这类商品的价格上升；再次，进口消费品价格上升，国内同类商品也会相应跟着提价，导致人们的生活费用上涨，人们会要求更高的名义工资，工资水平的增加会使生产成本进一步提高，物价又进一步上涨。

（3）贬值对资源配置的影响

本币贬值后，一方面，出口商品需求上升，导致出口商品本币价格随之上升；另一方面，进口商品本币价格上升将带动进口替代品价格的上升，从而整个贸易品部门的价格相对于非贸易品部门的价格就会上升，引起生产资源从非贸易品部门转移到贸易品部门，这样一来，本国贸易品部门的比重就会扩大，从而提高本国的对外开放程度。

2. 贬值对世界经济的影响

（1）本币贬值导致本国贸易顺差，则其贸易伙伴国为贸易逆差，这样就容易引起各国的贸易战和汇率战，影响国际贸易的正常发展。

（2）本币贬值如果是持续的或是不稳定的，则会对国际储备体系和国际金融体系产生较大的影响。各国中央银行会减少本币的储备持有，增加其他硬货币的储备，由此改变国际储备体系和国际金融体系的结构。目前的国际储备货币多元化正是由于英镑、美元的不断贬值而形成的，使日元、德国马克（现为欧元）、瑞士法郎等货币的国际地位不断增强，并与美元、英镑共同担当国际储备货币、计价和支付等手段。

（3）本币的贬值或升值，即汇率的不稳定，还会促进外汇投机的发展，造成国际金融市场的动荡与混乱。与此同时，汇率不稳与动荡不定，加剧了国际贸易与金融的汇率风险，进一步促进期权、货币互换和欧洲债券等业务的发展，使国际金融业务形式与市场机制不断创新。

五、汇率制度

汇率制度（Exchange Rate System），又称汇率安排（Exchange Rate Arrangement），是指一国货币当局对本国货币汇率变动的基本方式所作的一系列安排或规定。如规定本国货币对外价值、规定汇率的波动幅度、规定本国货币与其他货币的汇率关系、规定影响和干预汇率变动的方式等。传统上，汇率制度分为固定汇率制和浮动汇率制两类；1973 年以后，汇率制度日益多样化，国际货币基金组织重新将汇率制度分为钉住汇率制和弹性汇率制两种。下面主要介绍一下固定汇率制和浮动汇率制。

（一）固定汇率制度

固定汇率制度是指两国货币比价基本固定，或把两国货币汇率的波动界限规定在一定幅度之内。国际金本位制下的汇率制度以及第二次世界大战后至 70 年代初布雷顿森林体系下的汇率制度都属于固定汇率制度。

在国际金本位制度下，各国货币具有的含金量决定了汇率的基础，汇率的波动幅度受黄金输送点的限制，具有客观性，因而是一种没有人为干预的市场机制。而布雷顿森林体系下的固定汇率制具有主观性，是一种有人为干预的市场机制，它成立于1944年。当时，在美国布雷顿森林召开的联合国货币金融会议决定建立以美元为中心的国际货币体系，并实行固定汇率制度。这一制度或体系后来被称为布雷顿森林体系。与会各国确认1934年1月美国规定的1美元含纯金0.888671克的含金量，即35美元1盎司的黄金官价。美国则承诺对黄金的可兑换性，即参与这一固定汇率制度的国家的中央银行可用美元向美国兑换黄金。各国可为本国货币规定一个含金量，用作与美元的汇率的基准。各国也可不规定本国货币的含金量，而只规定与美元的比价，称作中心汇率。同时，还规定，各国货币对美元的汇率，一般只能在黄金平价或中心汇率上下各1%（1971年12月扩大为2.25%）的幅度内波动，各国的中央银行有义务在外汇市场上进行干预，以便保持外汇行市的稳定，使它不至于偏离规定的波动幅度。若一国的国际收支出现根本性不平衡，则可在10%的限度内调整其含金量或兑换美元的中心汇率。10%以上的调整幅度，须报经基金组织批准。

在布雷顿森林体系的固定汇率制度下，各国中央银行有义务对汇率进行干预，维持汇率波动上下不超过1%，从1971年12月起波动范围又扩大为2.25%。汇率在如此小的范围内波动，有利于经营进出口贸易的经济主体进行成本和利润核算，使它们面临汇率波动的风险损失降到可预见的范围内，从而有利于国际贸易和投资的发展。但是，在固定汇率制度下，一国容易受到国际游资的冲击，为使汇率波动的幅度维持在一定范围内，政府货币当局须持有大量的国际储备。另外，固定汇率制度还不利于发挥汇率对国际收支的自动调节作用。

（二）浮动汇率制度

第二次世界大战以后的固定汇率制度于1973年春季破产，之后主要西方国家开始普遍实行浮动汇率制度。在浮动汇率制度下，一国货币不再规定金平价，各国货币之间不再规定中心汇率，政府对汇率不加以固定，也不规定上下波动的界限，一国货币对另一国货币的汇率由外汇市场根据外汇的供求状况自行确定。

浮动汇率制度可以按不同的标准进行分类。按政府是否进行干预，浮动汇率制度可分为自由浮动（Free Floating）和管理浮动（Managed Floating）两种。

自由浮动又称清洁浮动（Clean Floating），是指一国货币当局不进行干预，完全听任外汇市场供求来决定本国货币的汇率。

管理浮动又称肮脏浮动（Dirty Floating），是指一国货币当局按照本国经济利益的需要随时进行干预，以使本国货币汇率符合自己的期望值。

一般而言，完全的自由浮动是不存在的，目前各国实行的浮动汇率制度实质上都是管理浮动汇率制，只是各国管理的程度不同而已。

按照浮动的形式，浮动汇率制度又可分为单独浮动（Independently Floating）和联合浮动（Joint Floating）。

单独浮动是指一国货币不同任何外国货币有固定比价关系，其汇率只根据外汇市场供求状况和政府干预的程度自行浮动。

联合浮动是指几国组成货币集团，集团内各自货币之间保持固定比价关系，而对集团外国家货币共同浮动。

与固定汇率制度相比，浮动汇率制度有助于发挥汇率对国际收支的自动调节作用，可以防止国际游资的冲击，减少国际储备的需求。但是，由于各国政府不负责维持其货币汇率浮动的幅度，汇率波动频繁，致使进出口贸易难以核算成本，风险增加，不利于国际贸易和投资的发展；另外，频繁波动的汇率还会助长国际金融市场的投机活动，继而进一步影响世界经济的发展。

第四节　国际储备

一、国际储备的概念

国际储备（International Reserve）是一国货币当局持有的，用于弥补国际收支逆差、维持本币汇率稳定和作为对外偿债保证的各种形式资产的总和。作为国际储备的资产应具有可得性、流动性、普遍接受性和稳定性的特征。

在现实中，人们往往将国际储备与国际清偿能力相等同，实际上这两个概念是有区别的。国际清偿能力是各国中央银行或金融当局持有的、国际间普遍接受的、能支付国际收支逆差或偿付外债的能力。一国的国际清偿能力，除包括国际储备外，还包括该国在国外筹措资金的能力，即向外国政府或中央银行、国际金融组织和商业银行等借款的能力。因此，国际清偿能力的内容要广于国际储备，国际储备仅是一国具有的、现实的对外清偿能力，而国际清偿能力还包括潜在的对外清偿能力。

二、国际储备的构成

国际储备的资产构成是随历史发展而不断发展的。在第二次世界大战以前，黄金与可兑换为黄金的货币构成了各国的储备资产。后来，凡是国际货币基金组织的成员国，其国际储备中还包括了在基金组织中的储备头寸和特别提款权等无形化的资产。目前，国际储备的形式包括黄金储备、外汇储备、在基金组织的储备头寸和特别提款权。

（一）黄金储备（Gold Reserves）

黄金储备是指一国货币当局持有的作为金融资产的货币性黄金。在国际金本位制度下，资本主义国家一直把黄金作为官方储备，黄金是当时最重要的国际储备形式。第二次世界大战结束以后，随着布雷顿森林体系的建立，黄金作为国际储备的基础再一次被肯定，黄金仍是很重要的国际储备形式，但随着布雷顿森林体系的瓦解，黄金由直接弥补国际收支逆差的手段变为备用的二级储备，即通过将黄金变卖为外汇才能用来弥补国际收支逆差，因而黄金在国际储备中的比重呈现不断下降的趋势。1976 年，国际货币基金组织的《牙买加协议》规定，黄金和各国货币脱钩，也不准用于各国政府间的国际收支差额的清算。各国货币当局在动用国际储备时，不能再直接以黄金对外支付，而只能在黄金市场上出售黄金，换成可兑换的货币再进行对外支付。黄金的非货币化实际上已使黄金不再是真正的国际储备，但由于黄金的贵金属特性易于被人们接受，且世界上发达的黄金市场使得各国货币当局可以方便地通过出售黄金来换取外汇，因此，目前世界上没有任何国家完全放弃和废除其黄金储备，国际货币基金组织在统计和公布各成员国的国际储备时，也仍然把黄金储备列入其中。

（二）外汇储备（Foreign Exchange Reserves）

外汇储备是一国货币当局持有的对外流动性资产，其主要形式为国外银行存款和外国政府债券。IMF 对外汇储备的解释为：它是货币行政当局以银行存款、财政部库存、长短期政府债券等形式所保有的，在国际收支逆差时可以使用的债权。外汇储备是一国最重要和流动性最强的储备资产，是当今国际储备的主体。

在金本位制下，外汇储备处于极其次要的地位。在第二次世界大战后初期布雷顿森林体系创立之后，外汇储备的地位有所提高，但同黄金储备相比，仍处于次要地位。后来随着布雷顿森林体系的瓦解，外汇储备在国际储备总额中的比重迅速提高，1970 年起超过黄金储备的比重而占首要地位。目前，世界各国的外汇储备，除了在总额上超过所有其他类型的储备外，在实际操作中，外汇储备的使用频率最高，规模也最大。

（三）在基金组织的储备头寸（Reserve Position in the Fund）

在基金组织的储备头寸也称为普通提款权（General Drawing Rights），是指会员国在 IMF 的普通资金账户中可自由提取和使用的资产。一国在 IMF 的储备头寸包括：

（1）会员国向 IMF 认缴份额中 25% 的黄金或可兑换货币部分，按照 IMF 的规定，会员国可自由提用这部分资金而无需经特殊批准。

（2）IMF 为满足会员国借款需要而使用的本国货币。按照 IMF 的规定，会员国认缴份额的 75% 可用本国货币缴纳。IMF 向其他会员国提供本国货币的贷款，会产生该会员国对 IMF 的债权。一国对 IMF 的债权，该国可无条件地提取并用于支付国际收支逆差。

（3）IMF 向该国借款的净额，也构成为该会员国对 IMF 的债权。

普通提款权在 IMF 会员国国际储备资产总额中所占比重较小。它是国际货币基金组织最基本的一项贷款，主要用于解决会员国的国际收支不平衡，但不能用于成员国贸易和非贸易的经常项目支付。

（四）特别提款权（Special Drawing Rights，SDRs）

特别提款权是国际货币基金组织创造的储备资产，用于会员国和基金组织间，以及会员国之间的支付。这种无形货币只能用于 IMF 会员国政府之间的结算，可同黄金、外汇一起作为国际储备，并可用于会员国向其他会员国换取可兑换货币外汇，支付国际收支差额，偿还 IMF 的贷款，但不能直接用于贸易与非贸易支付。

特别提款权作为一种储备资产，与其他储备资产相比具有以下特点：第一，特别提款权是基金组织人为创造的、纯粹账面上的资产，因而不具有内在价值，不能直接兑换成黄金，也不能直接用于贸易或非贸易的支付和结算；第二，特别提款权不像黄金和外汇那样通过贸易或非贸易交往取得，也不像储备头寸那样以所缴纳的份额作为基础，而是由基金组织按份额比例无偿分配给各成员国；第三，特别提款权只能在基金组织、国际清算银行以及基金组织各成员国政府之间使用，任何非官方机构不得持有和使用。因此，它还不是一种完全的世界货币。

三、国际储备的作用

（一）弥补国际收支逆差

当一国发生短期性的、轻微的国际收支逆差时，可以通过动用国际储备予以弥补，而不必采取影响国内经济的财政货币政策来调节。当一国发生长期的、巨额的或根本性的国际收支逆差时，一定规模的调整政策是必不可少的，这时，国际储备便发挥了调节国际收支"缓冲器"的作用，使政府有时间渐进地推进其财政货币调节政策，避免因猛烈的调节措施可能带来的国内经济震荡。

（二）维持本币汇率稳定

当本国货币汇率在外汇市场上发生剧烈动荡时，该国政府就可动用国际储备来缓和汇率的波动，或改变其变动的方向。各国用来干预外汇市场的储备基金，称为外汇平准基金，它由黄金、外汇和本国货币构成。当外汇汇率上升，超出政府限定的目标区间时，就可通过在市场上抛出储备购入本币来缓和外币升值；反之，当本币升值过快时，就可通过在市场上购入储备放出本币的方式来增加本币供给，抑制本币升值。但是，国际储备作为干预资产的职能，要以充分发达的外汇市场和本国货币的完全自由兑换为其前提条件，而且外汇干预只能对汇率产生短期影响，无法从根本上改变决定汇率的基本因素。

（三）作为对外偿债的信用保证

国际储备作为对外偿债的信用保证，一是指国际储备可以用来支持对本国货币价值稳定性的信心，二是指国际储备可以作为政府向外借款的信用保证。一国拥有充足的国际储备，表明该国的债信和偿债能力较强，对外借款就比较容易。因此，一国国际储备的多寡，成为衡量一国对外资信的一个重要指标。

第五节　国际金融市场

一、国际金融市场的概念

国际金融市场（International Financial Market）的概念有广义和狭义之分。

广义的国际金融市场是指进行各种国际金融交易的场所。这些金融交易包括长短期资金的借贷、外汇、黄金与衍生工具的买卖等。因此，广义的国际金融市场包括国际货币市场、国际资本市场、国际外汇市场、国际黄金市场和金融衍生工具市场，这几类国际金融市场不是截然分开的，而是相互联系的。例如，长短期资金的借贷往往离不开外汇的买卖，外汇的买卖又会引起资金的借贷；黄金的买卖也离不开外汇的买卖，并引起资金的借贷。

狭义的国际金融市场是指在国际间从事资金借贷和融通的市场，包括国际货币市场和国际资本市场。同国际商品市场相比较，狭义的国际金融市场具有两个特点：一是其经营的对象是单一形态的货币；二是交易双方不是买卖关系，而是借贷关系，即借款人只有资金的使用权而无所有权，到期后必须向贷款人归还本金并附带利息。

本节是从狭义的概念出发来讲述国际金融市场的。

二、国际金融市场的构成

（一）国际货币市场

国际货币市场也称短期资金市场，是指资金的借贷期限在 1 年和 1 年以内的资金市场。一般说来，国际货币市场的参与者主要包括商业银行、中央银行、政府、跨国公司以及证券公司、贴现公司和票据承兑公司等非银行金融机构。按照业务活动的不同，货币市场可分为以下三种类型的市场：

1. 银行短期信贷市场

银行短期信贷是指期限不超过 1 年的资金借贷活动。按照短期信贷市场的当事人不同来划分，银行短期信贷市场主要包括银行同业间拆放市场和银行对非银行客户的短期信贷市场。

银行同业间拆放市场即银行与银行之间的短期信贷市场在整个短期信贷市场中占据着主导地位，同业拆放主要用来满足银行平衡一定时间的资金头寸，调节其资金余缺的需要。银行同业间拆放无需提供抵押品，主要凭信用进行交易，手续也非常简便，因此，借款人的资信状况对贷款金额、期限及利率等信贷条件有很大影响。一般每笔拆放金额最低为 25 万英镑，多者甚至高达几百万英镑。同业间拆放的期限也是长短不一，有日拆、1 星期、1 个月、3 个月、半年或 1 年等期限。在银行同业间拆放市场的利率中，伦敦银行同业间拆放利率（London Inter Bank Offered Rate，LIBOR）已成为制定国际贷款利率的基础。伦敦银行同业间拆放利率分为贷款利率（Offered Rate）和存款利率（Bid Rate）两种，存款利率小于贷款利率，其差额就是银行的收益。从伦敦银行同业拆放利率 LIBOR变化出来的还有新加坡同业拆放利率 SIBOR、纽约同业拆放利率NIBOR 和香港同业拆放利率 HIBOR 等。

银行对非银行客户的短期信贷，即银行对外国工商企业所提供的短期信贷，在短期信贷市场不占主要地位，这部分信贷主要是解决企业临时性或季节性资金周转的需要。银行对工商企业提供贷款时，要注意了解企业的财务状况，并掌握其借款用途，避免资金移作他用，确保按时收回贷款。

2. 贴现市场

贴现市场是指办理贴现业务的短期资金融通市场。所谓贴现，是指持票人将其持有的未到期票据按照贴现率，并扣除自贴现日起至票据到期日的利息，向银行或贴现公司换取现金的一种方式。持票人将未到期的票据向贴现公司进行贴现，实际上等于贴现公司向持票人提供了一笔贷款。

3. 短期票据市场

短期票据市场是进行短期信用票据交易的市场，在这一市场上进行交易的短期信用票据主要有国库券、大额银行定期存单、商业票据和银行承兑票据等。国库券是西方各国财政部发行的短期政府债券，与其他一些短期证券相比，国库券是信用最好、流动性最强的交易手段。大额银行定期存单是商业银行和金融公司吸收大额定期存款而发给存款者的存款单，这种存款单不记名，具有转让性质。投资于存款单，即获定期存款利息，又可随时转让变为现金，很受投资者欢迎。商业票据是一些大工商企业和银行控股公司为筹措短期资金，凭信用发行的、有固定到期日的短期借款票据。银行承兑票据主要指经过银行承兑的保证到期付款的商业汇票，汇票经过银行承兑后，持票人即可将汇票在市场上进行贴现，由于有银行信用的担保，银行承兑汇票在市场上很易流通。

（二）国际资本市场

国际资本市场又称为中长期资金市场，是指资金借贷期限在1年以上的资金市场。按照融资方式的不同，国际资本市场可分为银行中长期贷款市场和证券市场。

1. 银行中长期贷款市场

银行中长期贷款市场是国际银行提供中长期资金的场所。贷款期限为1~5年的称为中期贷款，5年以上的称为长期贷款。银行中长期贷款一般包括双边贷款和银团贷款两种方式。双边贷款是指一家银行对另一家银行、一国政府或工商企业提供的贷款，这是一种比较简单的贷款形式。银团贷款，又称辛迪加贷款，是指一家或几家银行牵头，多家商业银行联合向借款人提供资金的一种贷款方式。银团贷款是银行中长期贷款的典型方式。

2. 证券市场

证券市场是以政府债券、公司债券和公司股票等证券为经营和交易对象的市场，是证券发行和流通的场所。按照证券交易方式的不同，证券市场分为证券发行市场和证券流通市场。

（1）证券发行市场。证券发行市场是向社会公众招募或发售新证券的场所或渠道。由于发行市场卖出的是新印发的第一次出售的证券，所以称为"初级市场"或"第一市场"。证券发行市场由发行人、购买者和中间人组成。证券市场上的发行人一般是资本的使用者，即政府、银行或企业等；证券的购买者多为投资公司、保险公司、储蓄机构、各种基金会和个人等；中间人主要包括证券公司和证券商等。证券发行市场一般有固定的场所，证券既可在投资公司、信托投资公司和证券公司发行，也可在市场上公开出售。证券发行的具体方式有两种：一种是在证券公司等金融机构的协助下由筹资企业自行发行；另一种是由投资银行等承购商承购，然后由承购商通过各种渠道再分销给社会各阶层的销售者进行销售。当新证券发行完毕后，该新证券的发行市场也就自行消失。

（2）证券流通市场。证券流通市场是指那些转让和买卖已由投资者认购了的证券的市场，因此又称为"次级市场"或"第二市场"。证券发行市场是制造证券的市场，是流通市场产生的基础，而流通市场为投资者提供了转让和买卖证券的机会，满足了投资者渴求资本短期收益的欲望，从而起到了引导投资导向和变现的作用。证券流通市场包括证券交易所和场外交易市场。证券交易所是属于有组织的规范化的证券流通市场。这里的投资者必须通过经纪人按法定的程序从事证券交易活动，交易所内买卖的证券也必须是经有关部门核准上市的证券。场外交易市场是指在证券交易所之外进行证券交易的场所，其交易对象主要是尚未上市的各种证券。场外交易市场上的证券买卖通常在证券公司之间或证券公司与客户之间进行。

三、欧洲货币市场

（一）欧洲货币市场的概念与特点

欧洲货币市场是指经营非居民境外货币存贷的国际金融市场，它最早发端于欧洲，后来随着其业务活动的不断扩大，这个市场实际上早已突破"欧洲"的概念，而泛指世界各地的离岸国际金融市场。但欧洲货币市场并不是一个地理概念，而是一个业务概念。欧洲货币市场与离岸金融中心同为经营境外货币的市场，前者是指境外货币市场的总称，后者则是具体经营境外货币业务的一定地理区域，如世界上著名的离岸金融中心有伦敦、香港、纽约、新加坡、开曼、巴哈马以及巴林等。

欧洲货币市场是第二次世界大战后在传统的国际金融市场基础上形成的，属于新型的国际金融市场。同传统的国际金融市场相比，欧洲货币市场具有以下特点：第一，欧洲货币市场的经营对象是除市场所在国货币以外的任何主要西方国家的货币，这就为借款人选择借取的货币提供了便利条件；第二，在欧洲货币市场中，外国贷款人与外国借款人都不受国籍的限制；第三，借贷活动不受任何国家政府政策与法令的管辖。欧洲货币市场的形成不以所在国强大的经济实力和巨额的资金积累为基础，只要市场所在国家或地区政治稳定、地理方便、通信发达、服务周到、条件优越，并实行较为突出的优惠政策，就有可能发展成为新型的国际金融市场。总之，同业务活动上具有国际性却又受本国金融当局控制与金融法规约束的传统国际金融市场相比，欧洲货币市场是真正意义的国际金融市场。

（二）欧洲货币市场业务

欧洲货币市场按其业务性质的不同，可以分为欧洲货币短期信贷市场、欧洲货币中长期信贷市场和欧洲债券市场三种类型。

1. 欧洲货币短期信贷市场

欧洲货币短期信贷市场主要进行期限在 1 年以内的短期资金借贷业务，它是欧洲货币市场形成最早、规模最大的业务，其余两个市场都是在短期资金借贷市场的基础上衍生形成的。

欧洲货币短期信贷的资金来源主要有：各国商业银行的多余资金；跨国公司为业务需要或出于投机目的存入的资金；各国中央银行或政府机构的外汇储备和闲置资金；产油国的巨额石油收入等。

欧洲货币短期信贷资金的贷放去向主要有：跨国公司和大型工商企业是短期资金的最终使用人；银行同业拆放；各国政府机构和地方政府机构借款；国际金融机构借款等。

欧洲货币短期信贷市场具有期限短、起点高、条件灵活、存贷利差小以及交易方式简单等特点。在这一市场上，资金存贷期限最长不超过1年，一般为1天、7天、30天、90天等；每笔短期借贷金额的起点为25万美元和50万美元，但一般为100万美元，借贷金额高达1 000万甚至1亿美元；由于该市场资金充足，借贷双方可以对借款期限、币种、金额和交割地点等通过协商确定，灵活方便，双方均有较大的选择余地；存款利率一般略高于国内市场，而贷款利率一般略低于国内市场，因而存贷利差较小，两者一般相差0.25%~0.5%；短期信贷无需签订书面贷款协议，一般通过电话、电传等电讯手段进行交易，可以简单快捷地完成一笔借贷业务。

2. 欧洲货币中长期信贷市场

欧洲货币中长期信贷市场是进行1年期以上，最长可达10年以上的资金借贷市场。在传统上，1年以上至5年期的贷款为中期贷款，5年以上的贷款为长期贷款。欧洲货币市场业务最初都是短期信贷，20世纪70年代以后，在短期信贷市场发展的同时，欧洲中长期信贷市场也急剧发展壮大。

欧洲货币中长期信贷市场的资金来源主要有：吸收短期欧洲货币存款；发行欧洲票据筹集资金；发行金额不等、期限不同的大额银行存单等。

欧洲货币中长期信贷市场的资金贷放去向有：欧美各国的跨国公司和工商企业；各国政府和中央银行；大型工程项目的资金筹措者等。

由于中长期贷款的期限长，金额大，潜在风险高，因此，欧洲货币中长期贷款具有以下特点：首先，借贷双方须签订贷款协议，协议中规定利率与主要费用（如管理费、代理费、杂费及承担费等）负担、贷款期限（包括宽限期与偿还期）、贷款偿还办法等具体内容，有的甚至还需要有借款国的官方机构或政府方面提供担保；银团贷款是其主要的贷款形式，即由数家甚至数十家银行联合起来组成银团，共同向某借款人或某个大型项目提供贷款；中长期贷款的利率灵活，多采用浮动利率，一般是在贷款期内每3个月或半年根据市场利率的实际情况进行相应的调整。

3. 欧洲债券市场

各国大工商企业、地方政府、团体以及一些国际组织，为了筹措中长期资金，在欧洲货币市场上发行的以市场所在国家以外的货币所标示的债券称为欧洲债券。进行欧洲债券交易的场所即为欧洲债券市场。欧洲债券市场包括发行市场和流通市场两部分，前者负责欧洲债券的发行和认购，后者负责欧洲债券的上市和买卖。在欧洲债券市场上发行和流通的主要有：欧洲美元债券、欧洲日元债券、欧洲英镑债券和欧元债券等。

欧洲债券市场的主要特点是管制较松，审查不严。如发行债券毋须官方批准、债券不记名等。此外，欧洲债券市场发行费用低、债券发行不缴注册费、债券持有人不缴利息税等特点，也促进了欧洲债券市场的飞速发展。

欧洲债券的种类很多，主要有固定利率债券、浮动利率债券和可转换债券三种。固定利率债券有固定的利息和到期日，其优点在于可以预先确定投资者的未来收益，适合于在市场利率相对稳定的时期发行。浮动利率债券的利率随着国际市场利率的变化而调整，一般是根据短期存款利率的变化，每6个月调整一次，利率的基准通常参照伦敦银行同业拆放利率LIBOR，并略微提高一些。可转换债券是一种可以根据投资者的意愿，将债券转换成公司股票的债券，利率一般较低，但投资者拥有一种权利，即有权按债券票面额，将债券转换为等值的公司股票。

欧洲债券的发行方法主要有公募和私募两种。公募发行是指将债券向社会公众公开出售，公募债券可以在证券市场上流通和买卖。私募发行是指借款人只向限定数量的投资者发行，这种债券不公开出售，也不能上市买卖，通常由少数金融机构认购。

近年来，利用欧洲债券这种形式在国际资本市场上筹措长期资金已经越来越普遍，我国也把发行欧洲债券作为利用外资的一种重要手段。在过去的几年里，我国金融机构已多次在境外成功地发行了各种欧洲债券，为国内经济建设提供了大量所需资金。

四、国际金融市场的金融创新

金融创新起源于 20 世纪 60 年代，发展于 70 年代，到了 80 年代，金融创新已经风靡全世界各主要国际金融市场。金融创新浪潮是 70 年代以来国际金融市场发展的一个重要特征。

总的来看，国际金融创新主要包括金融市场的创新、金融制度的创新和金融工具的创新三个方面。

（一）金融市场的创新

金融市场创新首先是指新型国际金融市场的产生和发展，如前已述及的欧洲货币市场的出现，就是 20 世纪 80 年代以来最引人注目的金融市场创新。另外，新型金融工具市场的产生和发展，也是金融市场创新的一个方面，如涉及期货、期权等新型交易的芝加哥国际货币市场、伦敦国际金融期货交易所、悉尼期货交易所、法国国际金融期货交易所等。交易市场的发展，是金融市场创新的第三个方面，如股票交易在柜台交易市场之外，又衍生出第三市场和第四市场。第三市场是指非交易所会员从事大量上市股票买卖的市场，也就是说，交易的证券已经上市，但却在交易所以外进行交易。第四市场指的是各种机构或个人不通过经纪人，直接进行证券买卖交易的市场。

（二）金融制度的创新

金融制度创新是指在金融组织或金融机构方面所进行的制度性变革或安排。它既指各国金融当局调整金融政策、放松金融管制所导致的金融创新活动，如建立新的组织机构，实行新的管理方法来维持金融体系的稳定等，也包括金融组织在金融机构制度方面所做的重大改革。

（三）金融工具的创新

20 世纪 70 年代以来，国际金融市场上金融工具的创新层出不穷。由于金融工具创新是在市场上原有金融工具的基础上创造出来的，因此这些新的金融工具又被称为金融衍生工具（Financial Derivatives）或派生金融工具。下面对几种主要的金融衍生工具进行简要介绍：

1. 金融期货（Financial Futures）

金融期货是指在期货交易所集中买卖金融期货合约的交易。期货交易是与现货交易相对的一种交易方式，最早出现在商品交易中。其实质就是交易双方对一个统一的标准合同（期货合约）进行买卖，期货合同的买方同意按照期货合约的规定，在将来的某一时间以一定价格购买一定数量的某种商品，而合约的卖方则同意在将来的某一时间以约定的价格提供这种商品。将商品期货交易的方法运用于金融商品，也是金融创新的一种。金融期货主要运用于货币、证券及股票指数等，相应的金融期货方式分别称为外汇期货、利率期货及股票指数期货。

外汇期货是指以汇率为标的物的期货合约。外汇期货是适应各国从事对外贸易和金融业务的需要而产生的，目的是借此规避汇率风险。1972 年美国芝加哥商品交易所的国际货币市场推出第一张外汇期货合约并获得成功。其后，英国、澳大利亚等国相继建立货币期货的交易市场，货币期货交易成为一种世界性的交易品种。

利率期货是指以利率为标的物的期货合约。世界上最先进的利率期货是于 1975 年由美国芝加哥商品交易所推出的美国国民抵押协会的抵押证期货。利率期货主要包括以长期国债为标的物的长期利率期货和以短期存款利率为标的物的短期利率期货。

股票指数期货是指以股票指数为标的物的期货合约。股票指数期货是目前金融期货市场最热门和发展最快的期货交易。股票指数期货不涉及股票本身的交割，其价格根据股票指数计算，合约以现金清算形式进行交割。

2. 金融期权（Financial Options）

金融期权是以金融商品或金融期货合约为标的的期权交易方

式。期权交易是买卖权利的交易，期权合约规定了期权的买方有权在约定的时间或时期内，以约定的价格买进或卖出某一特定种类、数量和质量的资产的权利，但不负有必须买进或卖出的义务。

按期权的性质来划分，期权可分为看涨期权、看跌期权和双向期权三种类型。看涨期权又称买入期权，指期权的买方具有在约定期限内按约定价格买入一定数量金融资产的权利。看跌期权又称卖出期权，指期权的买方具有在约定期限内按约定价格卖出一定数量金融资产的权利。双向期权是指期权的买方既享有在规定的有效期限内按某一具体的约定价格买进某一特定数量的相关商品、期货合约的权利，又享有在约定的期限内按同一约定价格卖出某一特定数量的相关商品、期货合约的权利。

3. 金融互换交易（Swap Transaction）

金融互换交易是当事双方同意在预先约定的时间内交换一连串付款义务的金融交易，包括货币互换和利率互换两类。货币互换是指交易双方同意在未来一段时间内，按照约定的条件互换币种不同、期限相同、计息方式相同或不同的货币，并负责对方到期应付的借款本金和利息的外汇交易。利率互换是指交易双方同意在未来的一段时间内，按照约定的条件互换币种一致、名义本金相同、期限相同的不同计息方式，并负责对方到期应付的借款利息的金融交易。

4. 票据发行便利（Note Issuance Facilities，NIF）

票据发行便利又称票据发行融资安排，是 1981 年在欧洲货币市场上基于传统的欧洲银行信贷风险分散的要求而产生的一种金融创新工具。它是指有关银行与借款人签订协议，约定在未来的一段时间内，借款人根据具有法律约束力的融资承诺，由银行购买其连续发行的一系列短期票据并以最高利率成本在二级市场上全部出售，否则由包销银行提供等额贷款以满足借款人筹措中期资金的一种融资创新活动。

第十章　中国对外金融管理

金融是经济的命脉，世界经济一体化的一个重要表现就是要求各国打开国门，放宽对金融部门的种种管制，实现汇率自由浮动，货币完全可兑换，取消对外资金融机构的经营限制，保证金融资源在世界范围内自由的流动，得到最合理的配置。然而，正是由于金融在一国经济中的重要性，金融管理更要慎之又慎。不考虑国情的盲目跟风只能置一国经济于非常危险的境地。中国目前的金融市场还处在培育、发展阶段，金融市场还很不健全，金融监管水平不高，国内金融机构竞争力有限，因而我国对外汇和金融总体上还是采取非常严格的管理。但是，外汇管制的放松和金融市场的开放是大趋势，尤其是在加入 WTO 之后，我们在努力发展国内金融产业的同时，要积极进行外汇和金融管理的改革，使我国的对外金融管理体制更好地适应经济发展和对外开放的要求。

第一节　中国外汇管理

据中国人民银行 2005 年 1 月 13 日发布的最新数据显示，2004年 12 月末，国家外汇储备余额为 6 099 亿美元，同比增长 51.3%，增幅比上年末提高 10.5 个百分点。2004 年全年外汇储备比上年增加 2 067 亿美元，同比多增 899 亿美元。2004 年末，人民币汇率为1 美元兑 8.2765 元人民币，与上年末基本持平，人民币汇率保持稳定。中国外汇储备量的猛增又一次引发了关于中国汇率制度和中国外汇管理的热烈讨论。有人认为中国的外汇储备量已经远远超过了国际通用的储备标准，是资源的极大浪费而且会导致国内货币政策失效，主张逐步改变目前的钉住美元的汇率制度，实现汇率市场化。也有人认为中国的外汇储备是否过量不能简单套用国际标准，考虑到中国的特殊国情，保有相当数量的外汇储备是必须的，中国的外汇储备并不过量。外汇管理除了外汇储备和汇率制度的建设，还包括外汇市场管理、国际收支管理和金融机构外汇业务管理等。

自改革开放以来，我国的外汇管理经过了 20 多年的改革，取得了很大的进步。尤其是 1994 年我国开始实行有管理的浮动汇率制度以及 1996 年底我国实现了经常项目可兑换以来，我国的外汇管理水平不断提高，外汇管理限制越来越少，但是总体看来，我国的外汇市场化程度还很低，外汇市场不健全，外汇管理制度也还有很多需要改进的地方。

一、中国外汇管理制度改革历程

（一）1978 年改革开放前我国的外汇管理体制

自新中国成立到改革开放前，我国实行高度集中、计划控制的外汇垄断制。外汇支出实行指令性计划管理，一切外汇收入必须售给国家，需用外汇按国家计划分配。国际收支采取"以收定支，以出定进"的政策，依靠指令性计划和行政办法保持外汇收支平衡。实行独立自主、自力更生的方针，不借外债，不接受外国来华投资。

在当时的计划经济体制下，对外贸易由国营对外贸易公司专营，外汇业务也只由中国银行专营。各单位的外汇收支均须通过外汇账户，按照国家规定的外汇汇率结售给国家；各单位用汇，也要由国家规定的汇率统一分配。

在这一时期，没有可以进行自由交易的公开外汇市场，只有按官方汇率进行外汇资金分配与结售的官方市场，因而也就不存在外汇市场汇率。官方汇率实行钉住美元的固定汇率政策，人民币长期对外高估。人民币汇价丧失了调节经济的杠杆作用，仅作为记账结算的工具。在官方外汇市场中，由于创汇单位的外汇收入要全部结售给国家，用汇根本没有自主权，因而，外汇市场中只有纵向的往来，没有横向的资金联系。

（二）经济转轨时期我国的外汇管理体制

我国实行改革开放政策后，至 1994 年，我国外汇管理体制改革最重要的尝试就是建立外汇留成制和外汇调剂市场。

为了调动各企事业单位的创汇积极性，我国从 1979 年开始实行外汇留成制。所谓外汇留成制，即凡创汇单位，国家均给予它们一定的外汇使用权限，可以按照规定的使用方向，用于进口。

随着外汇留成办法的实施，有的单位保有外汇留成，但本身暂不需要；有的单位急需外汇却求汇无门，外汇额度的借贷和实施外汇调剂的必要性凸现出来。1980 年 10 月，中国银行开办了外汇调剂市场，允许留成单位将闲置的外汇按照国家规定的价格卖给或借给需要外汇的单位，实行余缺调剂。

之后，外汇调剂市场不断壮大，市场参与对象和业务范围都不断扩大。外汇调剂市场与我国的官方市场并存，形成了两个市场、两个汇价的局面，并且外汇调剂市场所起的作用日益扩大。到 1998 年底，外汇调剂市场的成交额占我国进出口外汇成交额的 80%。外汇调剂市场在当时特定的历史条件下，发挥了重要的作用，弥补了官方外汇市场的不足，外汇资金在各个市场参与者之间的调剂使供求双方各取所需，调节了创汇企业和用汇企业的经济利益，同时，外汇调剂市场也是探索人民币均衡汇率，建立有管理的浮动汇率制度的有益尝试。

在外汇留成制度实施和外汇调剂市场发展的过程中，其自身存在的弊端和缺陷也凸现出来，随着时间的推移，外汇留成的有关规定越来越复杂。各种规定，界限不清，不科学，不规范，而且手续烦琐。另外，由于我国的外汇留成是额度留成，是外汇使用的权限，而不是现汇留成，容易造成外汇储备的超额使用，不利于国家的宏观调控。

外汇市场方面，外汇调剂市场与官方外汇市场并存，不能形成公开统一的外汇市场，还导致了两个汇率并存，不符合国际贸易基金组织的有关规定，不利于我国恢复关贸总协定缔约国的地位，不利于扩大国际经济合作。

（三）1994 年以来，我国的外汇管理体制改革

1994 年初，中国加大了外汇管理体制改革的力度，实施了"银行结售汇制、汇率并轨、建立银行间外汇交易市场"等一系列重大改革举措，并于 1996 年底取得阶段性改革成果——顺利实现了人民币经常项目可兑换，中国成为国际货币基金组织协定第八条款接受国。这一时期的具体措施包括：

第一，实现汇率并轨，建立有管理的浮动汇率制度。

将外汇调剂市场和官方外汇市场的汇价合二为一，以外汇调剂市场的汇价为基础，重新确立了人民币对美元的汇价。人民币汇价由原来的 1 美元＝5.8 元人民币调整为 1 美元＝8.70 元人民币。

建立了银行间外汇市场，改进汇率形成机制。外汇指定银行是外汇交易市场的主体，国家对外汇指定银行的结算周转外汇实行限额管理，若银行持有的结算周转外汇超过其最高限额，必须售出给其他外汇指定银行或中国人民银行；若银行持有的结算周转外汇低于下限，则必须在外汇市场上购进。

中国人民银行以银行间外汇市场的汇价为参照，确定人民币对美元的汇价，各外汇指定银行以此为依据，在中国人民银行规定的幅度范围内自行挂牌，对客户买卖外汇。

第二，取消外汇留成制，实行银行结汇售汇制。

为集中外汇以保证外汇的供给，境内机构经常项目的外汇收入，除国家规定准许保留的外汇可以在外汇指定银行的外汇账户外，都必须及时调回境内，按照市场汇率卖给外汇指定银行。

除实行进口配额管理、特定产品进口管理的货物和实行自动登记制的货物，须凭许可证进口证明或进口登记表、相应的进口合同和与支付方式相应的有效商业票据到外汇指定银行购买外汇外，其他符合国家进口管理规定的货物用汇、贸易从属费用、非贸易经营性对外支付用汇，凭合同、协议、发票、境外机构支付通知书到外汇指定银行办理兑付。

第三，禁止在境内进行外币计价、结算和流通。

自 1994 年 1 月 1 日起，取消任何形式的境内外币计价结算；境内禁止外币流通和指定金融机构以外的外汇买卖；停止发行外汇

券，已发行流通的外汇券逐步收回。

第四，对外商投资企业的管理政策暂且保持不变，仍允许其保留外汇，外汇买卖通过外汇调剂中心办理。

1998 年 12 月 1 日，中国外汇管理当局宣布取消外汇调剂业务，并相应关闭各地外汇调剂中心，全部境内机构的外汇买卖包括外商投资企业的外汇买卖均纳入银行结售汇体系中，使银行间外汇市场更加统一规范，进一步发挥对外汇资源配置的基础性作用。

第五，对资本项目的外汇收支仍继续实行计划管理和审批制度。

通过以上各项改革，1994 年中国顺利实现了人民币经常项目有条件可兑换。

1996 年，国家进一步取消经常项目下尚存的其他汇兑限制，并于当年 12 月 1 日宣布正式接受国际货币基金组织第八条款，实现人民币经常项目可兑换。

二、我国现行的外汇管理体制框架简述

（一）中国现行外汇制度内容简介

1. 人民币经常项目可兑换

（1）经常项目外汇收入实行银行结汇制度。境内机构经常项目下的外汇收入，除国家规定准许保留的外汇可以在外汇指定银行开立外汇账户外，都须及时调回境内，按市场汇率卖给外汇指定银行。凡经有权管理部门核准或备案具有涉外经营权或有经常项目外汇收入的境内机构（含外商投资企业），经注册所在地国家外汇管理局及其分支局批准均可开立经常项目外汇账户，在核定的最高金额内保留经常项目外汇收入。

（2）取消经常项目外汇支付限制。境内机构经常项目用汇，可以按照市场汇率凭相应的有效凭证用人民币向外汇指定银行购汇或从其外汇账户上对外支付。佣金等超过一定比例或数额，经外汇局进行真实性审核后，可以在银行办理兑付。个人因私用汇，标准以内的可以凭有效凭证直接到银行办理，超过标准的可以持有效凭证到外汇管理局进行真实性审核后到银行购汇。

368

（3）实行进出口收付汇核销制度。1991 年 1 月 1 日，中国开始实行出口收汇核销制度；1994 年 8 月 1 日始，又实行了进口付汇核销制度。出口收汇核销是指货物出口后，由外汇局对相应的出口收汇进行核销；进口付汇核销是指，进口货款支付后，由外汇局对相应的到货进行核销。出口收汇核销和进口付汇核销制度，成为监督进出口外汇资金流动，进行经常项目下银行结售汇真实性审核，防范外汇资源流失和违规资本流动冲击的重要手段。1999 年 5 月 1 日起实行出口收汇考核办法，以出口收汇率为主要考核指标，对出口企业收汇情况分等级进行评定，并对不同等级的企业采取相应的奖惩措施，扶优限劣，支持出口，并督促企业足额、及时收汇。

（4）通过进出口报关单联网核查系统进行贸易真实性审核。1999 年 1 月 1 日，海关、外汇指定银行和外汇局之间的进出口报关单联网核查系统正式启动，大大便利了企业进出口项下结、售、付汇的真实性审核，提高了工作效率。

2. 资本项目外汇严格管理

根据外汇体制改革的总体部署和长远目标，中国资本项目外汇收支管理的基本原则是，在取消经常项目汇兑限制的同时，完善资本项目外汇管理，逐步创造条件，有序地推进人民币在资本项目下可兑换。在上述总原则下，目前中国对于资本项目外汇还进行严格管理并执行三个共同原则：一是除国务院另有规定外，资本项目外汇收入均需调回境内；二是境内机构（包括外商投资企业）的资本项目下外汇收入均应在银行开立外汇专用账户，外商投资项下外汇资本金结汇可持相应材料直接到外汇局授权的外汇指定银行办理，其他资本项下外汇收入经外汇管理部门批准后才能卖给外汇指定银行；三是除外汇指定银行部分项目外，资本项目下的购汇和对外支付，均需经过外汇管理部门的核准，持核准件方可在银行办理售付汇。现阶段，中国国际收支资本项目中主要是对外借债、外商来华直接投资和对境外直接投资三种形式。

（1）对外债和对外担保的管理

中国对外债实行计划管理，中资金融机构和中资企业借用 1 年期以上的中长期外债需纳入国家利用外资计划。1 年期以内（含 1 年）的短期外债由国家外汇管理局管理，国家外汇管理局分别给有关省市金融机构或企业下达余额控制指标。有短贷指标的机构可以在余额范围内借用短期国际商业贷款，期限不超过一年，可以在余额范围内周转使用。外商投资企业借用国际商业贷款不需事先批准。

所有的境内机构（包括外商投资企业）借用外债后，均需及时到外汇管理局定期或者逐笔办理外债登记。实行逐笔登记的外债，其还本付息都需经外汇局核准（银行除外）。境内机构（财政部代表国家在境外发行债券除外）在境外发行中长期债券经国家发展和改革委员会审核并会签国家外汇管理局后报国务院审批。在境外发行短期债券由国家外汇管理局经审批，其中设定滚动发行的，由国家外汇管理局会同国家发展和改革委员会审核。地方政府不得对外举债。境内机构发行商业票据由国家外汇管理局审批，并占用其短贷指标。已上市的外资股公司对外发行可转换债券，按境内机构对外发债的审批程序办理。

对外担保属于或有债务，其管理参照外债管理，仅限于经批准有权经营对外担保业务的金融机构（不含外资金融机构）和具有代位清偿债务能力的非金融企业法人可以提供。除经国务院批准为使用外国政府贷款或者国际金融组织贷款进行转贷外，国家机关和事业单位不得对外出具担保。除财政部出具担保和外汇指定银行出具非融资项下对外担保外，境内机构出具对外担保需经外汇管理局逐笔审批。对外担保也须向外汇管理局登记，对外担保履约时需经外汇局核准。

（2）对外商直接投资的管理

为鼓励外商直接投资，中国对外商投资企业资本项目下的外汇收支活动采取以下的管理办法：（1）外商投资企业外方投资资本金可以开立外汇账户保留外汇，为筹建外商投资企业外方投资资本金可以开立外汇账户保留外汇，外资非法人合作企业（合作项目）可开立投资专项账户保留外汇，外商投资项下外汇资本金结汇可持相应材料直接到外汇局授权的外汇指定银行办理，其他资本项下外汇收入经外汇局批准后可以结汇；（2）外商投资企业可以直接向境内外银行借款，自借自还，事先不需报批，事后须向外汇管理局登记，但中长期对外借款余额不得超过外商投资企业总投资与注册资本的差额；（3）中外合作经营企业外方先行收回投资、外商投资企业依法停业清算、减资、股权转让等所得资金，经批准后可以从其外汇账户中汇出或者购汇汇出；（4）允许外商投资企业用人民币利润、企业清算、股权转让、先行回收投资、减资等所得货币资金进行再投资，享受外汇出资待遇；（5）为进行监督和管理，对外商投资企业实行外汇登记和年检制度。

（3）对境外投资的管理

中国对资本输出进行严格管理。目前负责境外投资项目审批的主管部门是国家计委和外经贸部及其授权部门，国家外汇管理局是境外投资的外汇管理机关，核心内容包括：（1）境内机构进行境外投资，需购汇及汇出外汇的，须事先报所辖地外汇分局（外汇管理部）进行投资外汇资金来源审查；全部以实物投资的项目、援外项目和经国务院批准的战略性投资项目免除该项审查；（2）境外投资项目获得国家境外投资主管部门批准后，境内投资者应到外汇管理部门办理境外投资外汇登记和投资外汇资金购汇汇出核准手续；（3）境内投资者应按时将境外投资企业有关情况（含境外企业的财务报表）报外汇局备案；（4）境外投资企业重大资本变更（如增资、再投资、中方转让股权、中方收购外方股权等）的审查或核准；（5）国家对境外投资实行联合年检制度，境内投资者应按时参加境外投资联合年检。

3. 外汇管理环境逐步宽松

随着我国外汇体制改革的不断推进，外汇管理不断放松，国内居民个人、企业还是外汇指定银行在用汇方面的限制不断减少和放宽：

（1）1997年1月1日起，开始进行远期银行结售汇试点，为企业提供规避汇率风险、降低交易成本的保值手段；截至目前，国家外汇管理局已经批准了包括中国银行、中国建设银行、中国农业银行、中国工商银行、中国交通银行和中信实业银行在内的6家银行，经营 365 天以内的远期结售汇业务。

（2）1997 年 10 月 15 日，允许符合一定条件的中资企业开立外汇账户，保留一定限额经常项目外汇收入。2004 年 4 月，根据境内机构经常项目外汇收支的实际情况，将经常项目外汇账户可保留外汇的比例由上年度经常项目外汇收入的 20% 提高到 30% 或50%。2005 年 2 月，将境内机构超限额结汇期限由现行的 10 个工作日延长为 90 日，同时还扩大了按实际外汇收入 100% 核定经常项目外汇账户限额的企业范围。

（3）在个人因私用汇方面，也在真实性需求的基础上逐步向便捷宽松的方向发展。1994 年个人出境旅游只能换购 60 美元，目前，进出境人员如有特殊需要，在办理了各种手续之后可以携带10 000 美元以上的现钞出境。2001 年初，国家允许中国境内居民从事 B 股投资，为国内持有外汇的居民提供了新的投资渠道。

4. 市场不断完善

1994 年 4 月 4 日，我国在上海设立了全国统一的外汇市场——中国外汇交易中心，从此中国外汇市场由带有计划经济色彩的外汇调剂市场发展到符合市场经济要求的银行间外汇市场的新阶段。中国外汇交易中心以卫星和地面通信网络为媒体，通过计算机网络形成覆盖全国 37 个分中心的外汇交易联网系统。各交易中心主体是银行，各银行的交易员每天通过网络进行结售汇头寸交易，为银行提供交易、清算服务，保证结售汇制度下外汇资金在全国范围内的合理流动。为了进一步完善外汇市场建设，1996 年 12 月 2日，国家颁布了《银行间外汇市场管理暂行规定》，就银行间外汇市场组织机构、会员管理和交易行为等做出规定。1997 年 2 月 12日，中国又决定中国外汇交易中心与全国银行间同业拆借中心为一套机构、两块牌子。

5. 不断改进的人民币汇率形成机制

1994 年 1 月 1 日汇率并轨后，中国开始实行以市场供求为基础的、单一的、有管理的浮动汇率制。中国人民银行按照前一营业日银行间外汇市场形成的加权平均汇率，公布人民币对美元、欧元、港元、日元四种货币的市场交易中间价。银行间外汇市场人民币对美元买卖价可以在中国人民银行公布的市场交易中间价上下0.3%的幅度内浮动，对港元和日元的买卖可以在中国人民银行公布的市场交易中间价上下1%的幅度内浮动，对欧元的买卖可以在中国人民银行公布的市场交易中间价上下10%的幅度内浮动。外汇指定银行在规定的浮动范围内确定挂牌汇率，对客户买卖外汇。各银行挂牌的美元现汇买卖价不得超过中国人民银行公布的市场交易中间价上下0.17%，欧元、港元、日元现汇买卖价不得超过中国人民银行公布的市场交易中间价的1%。四种货币以外的其他外币汇率，则按美元市场交易中间价，参照国际市场外汇行市套算中间汇率，买卖汇率之间的差价不得超过中间汇率的0.5%。对超过100万美元的交易银行与客户可以在规定的幅度内议价成交。各银行挂牌的美元、港币现钞买入价不得超过其现汇买卖中间价的0.75%，欧元、日元现钞买入价不得超过其现汇买卖中间价的1%，所有货币的现钞卖出价与现汇卖出价相同。中国人民银行对人民币汇率进行宏观调控和必要的市场干预，以保持汇率的合理和稳定。

6. 不断完善的国际收支宏观管理体系

国际收支是一国对外经济活动的综合反映，国际收支平衡表是对一定时期内一国国际收支活动的综合记录，是宏观经济决策的重要依据。中国从1980年开始试编国际收支平衡表，1982年开始对外公布国际收支平衡表，1996年开始实行新的《国际收支统计申报办法》。在1996年推出通过金融机构进行国际收支间接申报的基础上，1997年又推出了直接投资、证券投资、金融机构对外资产负债及损益、汇兑等四项申报工作。国际收支统计申报和分析预测在中国宏观经济调控体系中发挥了重要的作用。

7. 加强对金融机构外汇业务的监督和管理

建立银行间外汇市场和实现经常项目可兑换后，经常项目的外汇收支基本上直接到外汇指定银行办理；资本项目的外汇收支经外汇管理部门批准或核准后，也在外汇指定银行办理。银行在办理结售汇业务中，必须严格按照规定审核有关凭证，防止资本项目下的外汇收支混入经常项目结售汇，防止不法分子通过结售汇渠道骗购外汇。1994年以来，加强了对金融机构外汇业务经营中执行外汇管理政策的监管、检查和处罚，并建立了相应的管理制度和办法。

8. 逐步建立适应社会主义市场经济的外汇管理法规体系

1980年12月，中国颁布了《中华人民共和国外汇管理暂行条例》，此后又公布了一系列外汇管理法规及办法。1994年改革后，对《暂行条例》进行了修改，1996年2月颁布了《中华人民共和国外汇管理条例》（以下简称"《条例》"）；1996年底实现人民币经常项目下可兑换后，又对该《条例》进行了修订。《条例》是中国外汇管理法规体系中的一个极为重要的基本法规。近年来，又对1949年以来的各项外汇管理法规进行了全面清理和修订，重新制定和公布。这些法规体现了1994年以来外汇体制改革的成果。总之，根据中国国情和外汇管理工作实践，不断充实、完善外汇管理法规，逐步建立健全"科学、合理、有效"的外汇管理法规体系，对于保证经常项目外汇自由兑换和对资本项目外汇进行有效控制，对于加强国际收支宏观调控和维护外汇市场正常运行起着重要的法制保障作用。

（二）中国外汇管理体制改革的成效和积极意义

1. 从实际出发对资本项目的管制，使中国经受住了亚洲金融危机的冲击和影响

1997年7月，亚洲金融危机爆发。从泰国开始，金融危机很快席卷马来西亚、印尼、菲律宾、韩国等国家和地区，沉重打击了这些国家和地区的经济，使这些国家和地区的经济金融陷入了一片混乱之中。考察这次亚洲金融危机的成因，不难发现这与泰国等国家和地区过早开放资本项目不无关系。泰国等国家和地区为加快经济发展和吸引外资，在条件不成熟的情况下，放弃对资本项目的管理，造成国际短期投机性资本长驱直入，以证券资本、投资于房地产等形式，流进流出，投机造势，套汇套利。当国际形势出现动荡时，这种短期投机性资本便大量抽逃，与这些国家和地区不景气的出口形势、大量银行呆、坏账及居高不下的外债等不利因素，共同作祟，终使这些国家和地区多年的经济发展成果毁于一旦。反观中国，在这场突如其来的亚洲金融危机中，受到的影响很小。这固然

与中国良好的经济金融形势有关，但最重要的一点是中国未雨绸缪，确立了对资本项目进行管理的外汇工作方针，将国际短期投机性资本挡在国门之外，使其无隙可乘。同时，中国工农业发展势头良好，进出口形势基本稳定，外汇储备充足，外债规模适中、结构合理，使人民币汇率一直保持稳定。

2. 用汇环境的宽松提高了企业出口创汇和外商投资以及个人用汇的积极性

近几年，中国外汇管理当局不断采取措施，为中、外资企业和个人营造宽松的外汇环境，对经济的发展产生了积极的推动作用。

由于采取了规避汇率风险的远期银行结售汇试点、允许符合一定条件的中资企业保留一定数额的经常项目外汇收入、增加外汇管理透明度及提高服务水平等措施，大大地提高了中、外资企业出口创汇的积极性，使近几年中国出口创汇形势基本良好，并呈逐年上升的态势。外商投资也保持了稳定高速的发展。另外中国外汇管理当局不断扩大个人购买外汇数额，使得近几年中国居民出境旅游、留学、探亲成倍增长。

3. 实现了人民币汇率的彻底统一

1998 年底我国取消了各地外汇调剂中心，将外商投资企业纳入银行结售汇体系中后，彻底统一了人民币汇率。汇价的统一不仅有利于中、外企业的经营和进一步利用外资，同时也使中国在汇率方面比较符合国际规范。外汇市场的彻底统一，有利于中央银行宏观调控。使外汇领域形成了较为完善的宏观调控机制。中央银行可以在外汇市场进行公开市场操作，平抑汇价，保持人民币汇率的稳定，为国民经济稳定健康发展奠定基础。

4. 国际收支申报制度监测、预警中国经济安全发挥了重要作用

中国外汇管理当局于 1996 年起建立的国际收支申报体系，进一步讲，从国际收支申报体系的产品框架看，它不仅能编制国际收支平衡表，而且为日后编制国际投资头寸表创造了条件；它不仅能编制按部门、行业、企业属性、交易国别、币种等分类进行划分的补充表格，而且能为现有的结售汇统计、出口收汇和进口付汇、外

债统计等提供重要的核对及必要的信息。中国国际收支申报体系的完善，其监测、预警国家经济安全的重要作用日渐显现。它为监测、预警中国经济安全发挥了重要作用。

5. 一系列外汇管理法规的出台保证了外汇管理向法制化、规范化方向发展

近几年，中国出台的关于加强资本项目管理、打击逃汇、骗汇、非法买卖外汇及鼓励出口、利用外资的一系列外汇管理法规，不仅进一步完善了外汇管理法规体系，同时也为外汇管理工作正常、有序开展奠定了法律基础，保证了外汇管理向法制化、规范化方向发展。以 1998 年中国外汇管理当局会同其他部委制定出台的《关于骗购外汇、非法套汇、逃汇、非法买卖外汇等违反外汇管理规定行为的行政处分暂行规定》为例，就起到了打击非法外汇资金流动、保证中国经济金融稳定的巨大作用。

三、中国外汇管理体制现存的问题

（一）人民币汇率形成机制市场化程度低，人民币汇率制度实际上已经逐步演变为钉住美元的固定汇率制度

根据人民币现行外汇体制，中央银行对各外汇指定银行的结售汇周转外汇余额实行限额管理，这就使人民币汇率的形成机制产生了极大的非市场因素的影响。国家对各外汇指定银行的结算周转外汇余额规定上下限。外汇指定银行持有的外汇余额超过其最高限部分必须在银行间外汇市场上卖出；当持有的结算周转外汇降到最低限以下时，则应从银行间外汇市场购入补足。各外汇指定银行根据上述规定产生的对外汇的需求和供给，并不能使市场达到出清的态度。国际收支顺差时，银行结汇持续高于售汇，结售汇周转余额超出上限，不得不在银行间外汇市场上大量抛售。在这种情况下，中央银行若不干预，则会导致本币大幅升值，中央银行为了稳定人民币汇率往往介入市场干预，购进外汇，平抑汇价，出清市场。同样，国际收支逆差时，各外汇指定银行纷纷在外汇市场上购进外汇，人民币面临贬值危险。中央银行为了稳定汇价也被迫介入市场，抛出外汇，出清市场这就使得中央银行成为外汇市场上最大的

买家（或卖家），左右着市场的汇价，因而这种外汇体制下的人民币汇率只能代表中央银行对目标汇率的看法，并不能完全反映真正的市场供求。

因而，虽然我们声称人民币实行有管理的浮动汇率制度，但实际上已经演变成为单一钉住美元的固定汇率制度。自 1994 年外汇制度改革以来，人民币对美元的汇价由 1 美元 = 8.7 元人民币调整为 1 美元 = 约 8.27 元人民币，年均变动幅度不足 0.5%，尤其是 1998 年之后人民币对美元的比率始终徘徊在 1∶8.27~8.28 之间。人民币汇率稳定固然有助于我国吸引外资，便利国际结算，控制通货膨胀，促进我国对外贸易和国民经济的增长，也对我国经济社会的稳定，和东南亚危机的尽快结束发挥了重要的作用，受到了国际社会的高度评价。但是随着我国经济对外开放程度不断提高，面临的国际竞争压力不断加大，这种固定汇率制度的弊端不断显现。

（二）我国现行的固定汇率制度会削弱我国货币政策的效力

根据蒙代尔——弗莱明模型，货币政策的独立性、资本自由流动和汇率稳定这三个政策目标不可能同时实现。按照 M—F 模型，在我国目前实行资本有限流动和固定汇率制度下，货币政策的宏观调控效应是相当弱的，随着我国经济逐步走向国际化，资本的流入流出的加强，货币政策的有效性会进一步弱化。

为了维护人民币汇率稳定，中央银行在外汇市场上大量购入、抛出外汇，势必影响人民币的投放量，往往造成中央银行的汇率稳定措施与国内货币政策相冲突。例如，在国际收支逆差时，央行大量购入外汇，增加了人民币在市场上的投放量，而此时国内正值通货膨胀，则央行在外汇市场上的动作，无疑对国内通货膨胀的局面是火上浇油。同样，若国际收支逆差时，央行为了防止人民币贬值大量抛售外汇，收回人民币，会使国内通货紧缩的局面雪上加霜。为了调和这种冲突，央行往往一边在外汇市场上大量购入外汇（抛出外汇），维持汇率稳定，一边又通过公开市场业务，售出（买入）债券，实现对人民币投放量的控制。但公开市场业务的使用也是有限的，受债券数量的限制，央行不可能无限制的使用这种方法来平衡汇率政策实施和国内货币政策需求之间的矛盾。

（三）我国现行的固定汇率制度淡化了我国企业的汇率风险意识

中央银行入市干预，充当做市商，也就成为了最大的外汇风险承担者，各外汇指定银行由于买卖外汇自主权受到限制，银行汇率风险防范意识差，很难适应金融开放形式下的竞争趋势。

（四）人民币汇率过于稳定存在很大的外汇投机风险

由于我国外汇汇率稳定的基础在于中央银行的入世干预，而非外汇市场供求的自发作用，汇率远远没有实现市场化，虽然表面上看汇率稳定但是潜在的投机获利的可能性却在不断积累。一旦某些客观原因导致目前的钉住汇率难以维持，基于获利目的的国际游资的冲击将给我国带来难以想象的后果。

（五）外汇市场发展不规范，不健全

按照国际上通行的做法，完善的外汇市场组织体系由中央银行、外汇银行、外汇经纪人和外汇最后需求者和供给者组成，四者相互配合，相互制约，保证了外汇市场交易活动合理有序地进行。中国的外汇交易市场目前只有中央银行和外汇指定银行两个交易主体，企业尚无权入场交易，外汇经纪人则根本不存在。并且，中国的银行间外汇市场只能办理人民币对美元、港元和日元和欧元的买卖，其他外汇对人民币的汇率只能通过这几种货币折算出来，缺乏准确性。在外汇交易方式上，现在只有即期外汇交易，远期外汇交易尚处于起步阶段，外汇期权、掉期等尚未开展，市场产品过于单一，市场不健全、不完善的问题还相当突出。

（六）银行结售汇制度缺乏弹性

在强制结售汇制度下，企业无条件结汇、售汇又有限制，企业不能按自己意愿持有外汇，损害了企业创汇的积极性。同时，企业不能根据资产组合的需要和自身对汇率走势的判断持有外汇，也不能根据自身的需要储备外汇。

四、中国外汇管理体制改革方向

（一）逐步推进资本项目可兑换

中国外汇管理体制改革的长远目标是实现人民币完全可兑换。

目前，中国的宏观调控机制有待于进一步加强，对金融机构的监管体系尚不够健全。银行体制也正处于转型过程中，因而资本项目下的可兑换将是一个长期的过程。近年来，国际上频发的金融危机也警示我们，条件不成熟时过早开放资本项目，会给一国的金融安全带来严重威胁。因而，中国应该采取谨慎务实的态度，逐步推进资本项目的可兑换。可以按照以下的顺序进行：（1）在长期资本流动方面，可先放松直接投资的汇兑限制（包括外商来华投资和国内企业的对外投资），然后逐步放松对证券投资和银行贷款的汇兑限制。其中股票交易的限制可以先行放宽，而带有衍生产品性质的交易应当最后解除限制。（2）在短期资本流动方面，对贸易融资可以较早地解除限制，对于短期资本交易应最后解除限制。（3）针对不同的交易主体（如自然人、企业和金融机构），考虑到自然人和企业的资本交易流量相对有限，可以先放松对他们的汇兑限制，最后解除对银行、投资基金用于贷款和投资的汇兑限制。

为了实现资本项目可兑换这一目标，其他配套改革必须加紧进行，如加快人民币汇率机制建设，形成合理汇率；积极推进人民币利率市场化，发挥利率调节资本流动的作用；增强中央银行监管和调控能力，维护中国金融稳定和抑制资本流动风险；加快中国工农业改革，保持良好的国民经济运行氛围等。

（二）实现人民币汇率市场化

在人民币汇率形成机制方面，我们应该看到，人民币汇率形成机制中的市场基础还相当薄弱。就结汇制而言，外贸企业向银行结汇具有强制性，其外汇需求通过银行收汇来满足，居民和企业不能根据自己的意愿持有外汇。就银行间汇市而言，参加市场的主体——外汇银行实行会员制，而会员资格须经过中央银行或外管局审批，所以银行间的汇市是封闭的，而不是开放的。此外，中央银行对外汇市场中的汇率具有较大的管制权，可以说汇率是在中央银行的管制下生成的。这种机制限制了央行的政策机制和政策空间，并会带来汇率失调的隐患。从总体上看，不利于我国经济的外部均衡。因此，从中长期来看，我国应该进一步改革汇率制度，改变汇率缺乏灵活性的现状，扩大人民币汇率的浮动区间，扩大人民币汇率的浮动幅度。央行应改变过去频繁入市干预的做法,允许人民币汇率在一定范围内浮动。随着人民币汇率的波动区间增大,人民币汇率对国际收支的调节能力将不断增强,中央银行被动托市的局面将大为改观。要实行更加积极,更加有应变能力的汇率政策,走出被动应付的僵局。

（三）推行比例结汇形式的意愿结汇制

人民币汇率机制中存在的问题根源于外汇管理体制,强制结汇和资本项目管制使得人民币汇率不可能真正全面反映市场供求。中国目前实行的是较为严格的银行结汇制,即绝大部分国内企业经常项目下的外汇收入必须按官方汇价全部卖给国家;外商投资企业的经常项目收汇则保留一定的限额不结汇。此种银行结汇机制显然不利于进一步构建宽松的外汇环境,不利于真实反映人民币汇率水平和国内外汇供求关系,不利于中国企业增强汇率风险防范意识,不利于中外合资企业平等竞争,也不利于调动中、外企业创汇积极性。从长期看,要改强制结汇为意愿结汇,允许银行、企业、个人保留部分或全部外汇收入。但实行意愿结汇后,对于资本项下的售汇限制仍将在一定时期内维持,企业、个人还不能出于保值、增值的目的而以人民币购买外汇,人民币汇率也就不能反映这部分"资产组合的要求"。

目前中国可以选择比例结汇的意愿结售汇制改革方式。其具体做法可以包括三个层次:第一层次国家可以根据不同时期宏观政策和经济发展的需要确定一个结汇比例。此比例可以依据外汇储备量的增减进行调节,结汇比例越低,则意愿结汇程度越高。第二层次,外汇银行根据国家公布的结汇比例,对国内企业的每一笔贸易、非贸易外汇收入进行按比例结汇。第三层次,批准所有企业开立现汇账户保留现汇,账户内外汇可以用于进口支付、临时结汇、进入外汇市场,或进行外汇远期买卖、期权交易等规避汇率风险操作。

（四）建立符合国际规范的外汇市场

中国外汇市场经过近 20 年的改革和建设,到目前为止已初步形成统一的全国性的外汇市场,这是一个很大的进步和发展。但客观地看,目前中国外汇市场应该说还处于初级阶段,与国际外汇市场相比，还存在较大差距，主要表现在 5 个方面：

一是从交易性质上看，中国外汇市场还只是一个与现行外贸外汇体制相适应的本外币头寸转换市场，并非具有现代市场形态的金融性外汇市场；二是从市场公平上看，现行外汇市场是一个不完全竞争的、供求关系扭曲的市场（这主要是指强制性的银行结汇制）；三是从交易内容和品种上看，单一偏少；四是从市场形式上看，只是交易所形成的有形市场，而非现代无形市场形态；五是从对外交流上看，与国际外汇市场基本隔离。由于现阶段中国外汇市场存在上述种种不足，结果导致许多负面问题，如难以形成合理、均衡的人民币汇率，中央银行经常被动进行干预、敞口收购溢出外汇，不利于提高中外企业的创汇积极性等。

所以，建立符合国际规范的外汇市场已成为当前中国外汇市场改革的主攻方向。

（五）进一步完善国际收支申报体系

目前中国已经实现了国际收支数据采集处理的电子化和全国范围内的联网，国际收支数据正在发挥对宏观经济决策的基础信息作用。展望未来，进一步将国际收支申报体系与银行和交易主体的交易过程有机结合在一起是国际收支申报体系未来发展的主要方向。中国国际收支申报体系应在以下几个方面进行深入改革：

一是加强国际收支的分析预警功能，逐步实现国际收支系统由以结售汇为主向以国际收支和结售汇相结合的模式过渡，进一步提高和发挥其预警功能；二是实现国际收支与汇率合理水平的分析，努力探索将国际收支信息用于模型分析以确定合理汇率水平的新路子，促进汇率理论与实践的结合；三是实现国际收支与相关统计间的有机联系，使各项外汇统计相互印证核对，确保经济信息的准确无误，提高中国宏观经济决策水平；四是实现国际收支信息的规范披露。

国际上已对信息披露制定了一套完整的标准，中国应当按照国际标准，逐步规范信息披露，提高信息披露的频率、质量及客观性，逐步适应市场经济和对外开放对信息的要求，保证中国宏观决策和微观经济主体的决策有可靠的信息基础。

（六）进一步完善外汇管理法规体系

近几年出台的一系列外汇管理法规有效地保证了中国外汇管理的顺利进行和国家经济安全以及国民经济的健康发展。随着中国加入 WTO，我们要按照 WTO 和国际货币基金组织的要求，对以往所有的外汇管理法规进行一次彻底、全面的清理，对于一些不适用的法规坚决废除，对于需要重新修订的法规抓紧时间修订。在此基础上，进一步完善外汇管理法规体系，如制订出台《中华人民共和国外汇管理法》《中国外汇市场管理法》《外资金融机构管理法》等，使中国外汇管理法规体系真正体现平等互惠、相互合作的原则，符合国际规范，与国际外汇管理法规体系接轨。同时加大依法管理和严格执法的力度，促进中国外汇管理沿着法制化、规范化的方向发展，为中国经济更大发展创造良好的外汇环境。

第二节　人民币完全可兑换

所谓货币"可自由兑换"是指取消对货币交易的限制，货币持有者可以自由的按照市场汇率把该货币兑换成一种主要的国际储备货币。一国货币的可自由兑换程度主要取决于该国的经济实力，由该国的货币当局做出选择。通常一国货币的可自由兑换程度可以分为：不可兑换、经常项目可兑换和完全可兑换。不可兑换是指实行严格的外汇管制；经常项目可兑换是指对国际收支中经常发生的交易项目如货物贸易收支、服务贸易收支、侨汇、捐赠等经常性转移不进行汇兑限制，我国已于 1996 年底实现了人民币经常项目可兑换；完全可兑换，是指不仅实现了货币经常项目可兑换，还实现了货币资本项目可兑换，即资本可以自由流出、流入，而不受限制。

资本项目可兑换常常被认为是中国进行市场化经济改革的最后一个环节。然而，由于经济全球化的压力，特别是加入 WTO 以后，我国的资本项目可兑换进程必然会加快。

一、资本项目可兑换的含义

货币自由兑换可理解为：一种货币持有者可以为任何目的而将

所持有的货币按市场汇率兑换另一种货币的权利。在货币自由兑换的情况下，即使在国际收支出现逆差的时候，货币发行当局也保证持有任何国家货币的任何人享有无限制的货币兑换权。

资本项目可兑换指的是"消除对国际收支资本和金融账户下各项交易的外汇管制，如数量限制、课税及补贴"。资本项目可兑换的基本要求，就是对资本项目交易的资金转移支付不得加以限制和拖延。具体表现为：（1）不得对因收购海外资产而要求购买外汇实行审批制度或施加专门限制。（2）不得限制到国外投资所需转移外汇的数量。（3）不得对资本返还或外债偿还汇出实行审批或限制。（4）不得因实行与资本交易有关的外汇购买或上缴制度而造成多重货币汇率。如果人民币实现了自由兑换，则人民币对外币的兑换、人民币和外汇资金的对外支付和转移将不受限制，人民币汇率将由国内外汇市场的供求状况决定；居民可以自由选择和持有货币资产；各种货币资产的国际国内转移将不受限制。

二、现行国际收支中资本项目的管理

通常所说的资本项目外汇管理是指对国际收支平衡表中资本和金融账户及其相关的项目所进行的外汇管理。根据 IMF 国际收支手册第五版的分类，所谓资本和金融项目交易，指的是资本项目项下的资本转移、非生产/非金融资产交易以及其他所有引起一经济体对外资产和负债发生变化的金融项目。这里，资本转移是指涉及固定资产所有权的变更及债权债务的减免等导致交易一方或双方资产存量发生变化的转移项目，主要包括固定资产转移、债务减免、移民转移和投资捐赠等。非生产/非金融资产交易是指非生产性有形资产（土地和地下资产）和无形资产（专利、版权、商标和经销权等）的收买与放弃。资本及金融账户（即我们通常简称的资本项目）分成 44 个项目。按照管制项目的多少排序，IMF 182 个成员国中，中国排在第 8 位，处于严格管制阶段。

中国资本项目外汇管理主要采取两种形式：一是对跨境资本交易行为本身进行管制，主要由国家计划部门（如计委）和行业主管部门（如人民银行、证监会、商务部）负责实施。二是在汇兑环节对跨境资本交易进行管制，由国家外汇管理局负责实施。

（一）资本项目交易环节

对金融市场准入的限制：允许外国投资者在境内购买 B 股和中国境内机构在境外上市的证券；限制居民到境外出售、发行、购买资本和货币市场工具；不允许境外外国投资者在境内出售、发行股票、证券及货币市场工具；不允许外国投资者购买 A 股和其他人民币债券以及货币市场工具。

在对外借贷款（包括对外担保）的限制：允许外商投资企业自行筹借长短期外债；境内其他机构对外借款有限制，如首先要取得借款主体资格，然后要有借款指标，并要经外汇管理部门的金融条件审批；境内金融机构经批准后才可以遵照外汇资产负债比例管理规定对外放贷；一般情况下，境内工商企业不可以对外放贷，但可以经批准提供对外担保。

对直接投资（包括不动产投资）的限制：对外商在华直接投资限制不多，主要是产业政策上的指导；境内机构对外直接投资有一定限制，如国有企业对外直接投资要经有关部门审批等。

（二）资本项目汇兑环节

允许境内机构开立外汇账户保留资本项目下的外汇收入，国家不强制要求其结汇。如外商投资企业可以申请开立外汇账户，用于其资本金的收支。

对于境内机构在境内进行资本项目下本外币转换，目前我国实行实需交易原则，境内机构只要提供真实的交易背景或需求，汇兑基本没有限制，可以申请结汇，也可以申请购汇。例如，境内机构借用外债后需要转换为人民币使用，只要其提供真实交易背景，其结汇是允许的。境内机构偿还外债需要购汇，我国的法规同样允许其购汇。当然，借用外债后要进行登记，这是外债还本付息的前提条件。

尽管整体上我国属于资本项目严格管制国家，但也应看到，我国已有相当部分的资本项目事实上已经不存在管制（见表 10-1）。我国资本项目的自由兑换涉及 40 多个项目，其中 20 多个项目已经开放，没有开放的主要有两个方面：一是中国企业直接向外举债

表 10-1 　　　　　　　　我国资本项目管理概览

资本项目内容	管理现状
直接投资	外国及港澳台在大陆的直接投资：资本金及协议借入投资额经外汇局审批后予以结汇。外方利润可兑换汇出。
	大陆在境外的直接投资：由外汇管理机关审查其投资风险及外汇来源，投资收益必须调回国内。
间接投资	境外发行股票：发行所得外汇均要调回境内，结汇要凭材料到外汇局申请。
	境外发行债券：发行必须列入国家利用外资计划，所得外汇必须调回境内，偿还债务凭《外债登记证》或《外汇贷款登记证》申请，经批准方可汇兑。
其他资本项目	外国政府贷款：向商务部申请并由其审批，由其授权金融机构办理转贷管理事务。外汇管理部门批准方可结汇。
	国际金融组织贷款 国务院审批，相应国际金融机构评估，由国务院正式批准，外汇管理部门批准方可结汇。
	国外银行及其他金融机构中长期贷款 只有经过批准的金融机构和一些大企业有直接向外筹资的权力，中长期（一年以上）国际商业贷款必须列入国家利用外资计划，由国家下达外债指标。
	国外银行及其他金融机构短期贷款 短期国际商业贷款（一年以下）实行余额管理，由国家外汇管理局每年下达短期外债余额控制指标，限额负债。
	偿还外债本金 凭外债登记证经国家外汇管理局审批后方可汇兑。
	存放国外存款 个人家庭不得在境外开立私人账户，境内机构在境外开立外汇账户要经外汇管理部门审批。
	对国外贷款和投资 经外汇管理局审批。

　　资料来源：《中华人民共和国外汇管理条例》，《结汇、售汇及付汇管理暂行规定》以及《中国人民银行关于进一步改革外汇管理体制的公告》（1993 年 12 月 28 日）。

和把人民币兑换成外汇进行对外投资；二是外币投向中国本币证券市场。可以预计，随着中国加入 WTO，资本项目的管制将逐步放松。

三、人民币资本项目可兑换的收益与风险

对于资本项目可兑换，各国无一例外地都慎之又慎。中国经济要走向开放型经济，人民币可兑换是不可或缺的内容之一。但是，理论和实践表明，资本项目可兑换对于发展中国家的风险极大。因此，我国在推进资本项目可兑换的进程中，应综合考虑正反两方面因素的影响，尽量趋利避害。

（一）收益分析

1. 降低交易成本

一是减少了烦琐的审批手续。目前，我国资本项目实行逐笔审批制。这种事前审核和经常项目事后核销的工作量极大。企业要做成一笔出口业务，正常情况下至少要到外汇局三次（领取出口收汇核销单，出口备案，收汇核销），无疑加大了企业的经营成本。二是企业汇兑费用直接得到减轻。现行结售汇制使银行获得了固定的两笔交易手续费，企业的成本则同比例上升了。三是压缩了寻租空间。只要政府对许可证的发放不是完全规范化和公开化，寻租者就会以各种方式影响政府官员的决策。存在经济租金就必然存在着一定程度的腐败行为。

2. 推动金融市场的完善和深化

一是促进外汇市场的发展，表现为：外汇市场的资金来源和范围扩大，更多的外汇进入市场；外汇交易方式更新，逐步将有形市场转为推行远程柜台交易；涌现多样化的外汇市场工具；交易币种增多。

二是推动资本市场的规范化和国际化。境外投资者对中国资本市场的深入参与，将带来新的市场规则、工具、技术和资金；还会直接促进境内区域性国际金融中心的形成。国际金融中心的形成不在于金融机构数量的多寡，而在于交易规模的扩大及交易品种的多

样化，开放资本项目是必不可少的先决条件之一。

3. 便利国企重组及其跨境资本运营

中国急需境外资本收购、兼并和改组一部分大企业，外商也看好具有厚实的客户基础和庞大的经营网络等优势的中资机构，有意愿利用其雄厚的资金实力实施大手笔的跨国并购。资本市场的逐步开放，为外资参与国内企业的跨国兼并、重组提供良好的制度环境，促进外资以多种形式投资国有企业改革与改造。同时，同样重要的是，资本项目可兑换后，中国的企业、银行可以更方便地去海外上市，进行跨国资本运营。

4. 提高金融调控和监管的有效性

资本项目可兑换后，中央银行原则上无须频繁出没于外汇市场，也无须被动供给外汇或人民币。这样，其货币政策的制定和实施，将不再受到外汇市场状况的僵硬影响。资本项目可兑换后，部分过去非法流动的外汇资本也会回归金融体系，接受监管当局的监管。

（二）人民币资本项目可兑换的风险分析

1. 人民币汇率风险上升

国内金融市场深度开放后，金融活动所引发的纯金融性资金交易所导致的本外币间的转换将增多，市场供求中资本项目性质的外汇比重将增加，决定人民币汇率的因素将逐步由现在的经常项目收支为主转变为经常项目和资本项目综合收支状况。加入 WTO 后，人民币汇率将在更大程度上受国际金融市场不确定因素的影响，国际游资也能通过外资金融机构更轻易地进入中国市场。中国的部分金融资产也将为境外投资者持有，外汇市场的波动将更加频繁。

2. 加重中国资本外逃的潜在风险

资本项目可兑换对于中国的最大风险在于货币替代和资产替代广泛发生后的资本外逃。货币替代和资产替代"一边倒"的趋势引起的资本外逃，一方面直接减少了国内的资本形成，另一方面中央银行为制止这种趋势将被迫提高利率以吸引资本流入，高利率的结果同样压抑了国内的投资热情。可见，资本项目可兑换引起国内投资缩减是很有可能的，而中国作为人口众多的发展中大国，投资无疑是最紧要的事。

四、中国经济深度开放形势下的资本项目可兑换

（一）WTO 以及相关国际组织的推动

WTO 并不直接对外汇制度作出安排，但它将外汇管制视为非关税壁垒之一。GATS 第十一条已对外汇资本流动和汇兑便利作出了进一步规定和要求，敦促成员国重新审视并放松那些可能实质性阻碍外资金融机构有效进入市场的资本管制。目前，WTO 规则正日益向推动资本流动自由化方向发展。

20 世纪 90 年代中期以后，IMF 开始改变其立场，转而积极推动资本账户的自由化。1995 年 10 月，IMF 的一份正式研究报告指出："由于工业化国家早已完成了经常账户的可兑换，而且多数发展中国家也已接受了《IMF 组织协定》第八条款的内容，因此，IMF 今后将把各国的资本账户作为其主要的监管对象。"在 1997 年的世界银行和 IMF 第 50 届年会上，IMF 执行主席正式向与会各国提出了修改基金组织章程的设想，其主旨就是将资本账户自由化列入修改后的章程。此后，IMF 还专门成立了一个临时委员会，以探讨将资本账户自由化写入新章程的问题。

（二）开放型经济大发展的内在需要

一是外商直接投资对中国经济的全面渗透，以及跨国公司在其财务计划与风险管理中需要的一系列复杂而又崭新的金融交易的扩展，将对中国现有的汇率与资本管制提出严峻的挑战。二是中国对外贸易呈现从传统进出口方式向以投资和承包工程带动方式的转变趋势，与贸易流动相伴随的国际资本流动会不断增加，微观层面的企业对投资自由化及资本流动自由化的呼声也会越来越高。

（三）资本管制的有效性受到越来越大的挑战

资本项目管制的有效性将进一步下降。首先，经常项目可兑换后，为实施资本项目管制，必须对经常项目和资本项目进行区分。然而，从国际收支角度看，国际收支大部分交易同时具备了经常项目和资本项目交易的特性，因此，客观上造成难以对经常项目和资本项目进行有效区分，部分资本项目资金混入经常项目逃避管制。

其次，我国部分资本项目实际已经放开，由于资本本身具有可替代性，对一种工具进行控制而对另一工具不进行控制就会导致资金流向未受控制的工具，容易出现资本项目监管真空或漏洞，导致资本管制有效性降低。

值得关注的是，银行市场全方位开放后，将对资本项目管制展开深层次冲击。通过本外币相互质押贷款渠道、通过外资银行联行往来渠道、通过咨询公司渠道，以及通过对外贷款渠道等，我们的资本项目事实上基本上无法守住。换言之，外资银行全方位进入中国市场以后，可以有多种途径绕开资本项目管制，致使现有的管制措施失效。

（四）难以承受的管制成本

与管制的复杂性相对应，资本项目管制成本也急剧攀升。在管制日益无效的情况下，管制成本的上升需要认真考虑。

五、谨慎推进资本项目可兑换进程

前已述及，推动人民币资本项目可兑换，既有内在动力，也有外在压力。这当然意味着我们必须积极推动人民币资本项目可兑换的进程，但是，这也并不意味着我国推行资本项目可兑换就应"快"字当头。从制度变迁的意义上说，推动我国资本项目可兑换，重要的是要分析我国的经济条件。市场机制发育成熟、经济基础健康、宏观调控技术娴熟以及金融体系稳健等，通常被列为一国进行资本项目可兑换的必备条件。显然，在近期内，我国尚不完全具备这些条件。在条件不成熟时强行推动自由兑换，必然会推高其风险的一面。

不过，也应看到，中国独具的某些条件使得资本项目可兑换可能产生的风险没有那么大。一是长期以来的经常项目和资本项目双顺差。在国际上，发展中国家普遍是经常项目逆差，资本项目顺差。而我国1982~2000年，资本项目顺差累计高达1 905亿美元，经常项目累计顺差则为985亿美元。二是WTO效应所促进的大量且长期的资本流入，对于资本项目可兑换也将产生积极的正面效应。

总之，对于资本项目可兑换我们应采取积极的态度，必须稳妥推动资本项目可兑换的进程。具体而言，在一个相当长时期中，我们对于资本项目可以实行分类开放的战略。

（一）尽快放开类

尽快统一对不同交易主体的资本项目管理标准。例如，对国内金融机构面向外资企业的信贷存在很多限制，而发达国家却是鼓励。又如现行法规规定境外法人或自然人作为投资汇入的外汇未经外汇局批准不得结汇。对于外商直接投资，由外汇局审批其资本金结汇已无太大的实际意义，应取消对外汇资本金兑换人民币的限制，允许外资资本金直接办理银行结汇。

目前我国实行的资本项目管理上，法人和自然人、国有企业和私营企业往往存在区别管理等。外汇市场的交易主体资格需要放宽，由指定银行扩展到大企业，再到非居民，但限制交易品种。

意愿结售汇制需尽快实现。可考虑改即时结汇为灵活的"限期结汇"，将在限期内结售的外汇在银行开立专户存储。在从强制结汇发展为意愿结汇的过程中，可能会经历将限额结汇制度推广到所有中资企业的过渡阶段，然后随着最高限额不断提高而逐步过渡到意愿结汇。考虑参加WTO后外资流入增加的情况，可以适当扩大企业和居民购汇需求。

（二）逐步放宽类

金融机构海外融资。我国金融机构在海外融资已有十多年历史，银团贷款、海外借款和发债等一些融资方式都已采用。其间因取消双重汇率制度、日元升值等原因，发生过汇率风险。但最大的问题还是金融机构本身经营不规范所引起的风险。总体上，应给予合格金融机构更大的海外融资自主权。但对一般企业的海外融资还需要严格的控制。

外商投资企业在 A 股上市融资。中国企业已走出国门进行融资，对外国企业开放本国证券市场也势在必行。

（三）偏严掌握类

国内企业对外直接投资。虽然我国是一个对外投资的小国，我国的境外投资项目审批手续烦琐，涉及部门多，对外投资存在严格的外汇管制，但至少现在看来这些管理仍然十分必要。在国有企业未转换机制，又未从多数竞争性行业退出的情况下，放开境内企业境外投资的汇兑限制，无疑给国有资产流失打开了大门，也增加了境内资本外逃的机会。

外资投资中国证券市场。完善合格境外机构投资者（QFII，Qualified Foreign Institutional Investors）市场准入制度，通过合格金融机构将外汇资金投资于以人民币标价的证券产品。中外合资基金可先行一步。企业债券和金融债、国债先放开，股票市场后开，且要求非居民必须申报购股数量，并严格执行申报制。在管理上，采取日本、韩国在资本市场开放过渡时期曾经长期使用的"原则上禁止，个案例外审批"方式，允许经过批准的外商按照规定的产业领域和持股限制比例入市交易。

（四）严格控制类

国内资本投资境外证券市场。目前我国除允许属外汇储备保值增值的部分外汇储备资金购买外国政府债券外，基本上未开放这方面的交易。证券市场本身是一个高风险的市场，从防范风险的要求考虑，应比开放海外直接投资更为谨慎。因此，除了加强投资主体的自律外，也需要加强对证券机构的监管。在此基础上，再放松限制，直至完全放开。

第三节　WTO 与中国金融开放

在世界经济日益全球化和自由化的背景下，金融开放已经成为一种必然趋势，也是各国面临的不可避免的问题。根据中国加入WTO 的协议，中国对外金融开放的步伐也在加大。金融开放是市场经济的必然要求也是中国经济更好地融入国际社会和参与国际竞争的要求。金融开放可以提高我国的金融市场效率，促进市场发展，甚至成为整个社会经济发展的动力，金融开放是我国金融市场发展的必由之路。但是我国当前的金融发展阶段下，金融开放决不能一蹴而就，只能根据我国金融发展状况循序渐进，逐步开放金融市场。

金融开放的实质是放松金融管制，实现金融制度的开放和市场化，以及金融机制的同化。主要包括：减少外汇管制，实现本币在经常项目和资本项目下的自由兑换；增加汇率的灵活性；实现利率的市场化，放宽或取消对银行支付存款利率的限制；减少或取消对银行贷款总规模的直接控制；放宽对各类金融机构经营范围的限制；允许更多的新的金融市场的设立和金融工具的使用；放宽对外国金融机构在本国境内进行经营活动的限制以及本国金融机构进入国际市场的限制等。

一、中国金融开放概述

（一）中国金融开放的历程回顾及未来展望

金融开放对于中国来说，不仅是中国金融市场向外国金融机构开放，也是中国金融机构走向国际金融市场的过程。金融开放是实现中国金融市场与国际金融市场接轨的过程。实际上金融开放是将中国金融市场与国际金融市场融为一体，保证国内外金融资源自由流动。

从改革开放之初至今，我国的金融开放与金融改革的过程一起经历了20多年的发展，不断深入，循序渐进。中国金融开放，在地域分布上，基本上是沿着先经济特区，再到沿海开放城市，然后逐步向内地省会城市和经济中心城市辐射的路径行进的；在外资金融机构类型的引进上，基本上是按照先银行，后保险和证券的顺序有序开放的；在外资金融机构业务内容和范围的开放上，是按照先外汇业务，后允许部分外资金融机构试点经营人民币业务的顺序进行的。

1979年到1982年间，共有31家外国金融机构在中国正式设立代表处，拉开了中国金融开放的序幕。1982~1990年，中国政府先后批准多家外国金融机构在深圳等经济特区从事外汇经营业务，中国银行业的开放进入试点阶段。特别是，中国政府在1985年颁布的《中华人民共和国经济特区外资银行、中外合资银行管理条例》标志着中国金融开放开始向规范化发展。1990年9月，国务院批准上海引进营业性外资金融机构。之后，允许外资金融机构经营的地域限制不断放宽，直至 1999 年，中国人民银行取消了对外资银行经营地域的限制，允许其在所有中心城市设立分支机构。1996 年，外资银行经营人民币业务的试点首先在上海进行，中国金融的开放又迈出了重要的步伐。截至 2004 年 10 月末，已有 105 家外资银行机构获准经营人民币业务，其中 61 家获准经营中资企业人民币业务。

2001 年 12 月 11 日，中国正式加入 WTO。中国加入 WTO 议定书对我国的金融服务贸易规定了明确的开放时间表，中国金融业全方位开放的时代已经开始。

（二）我国金融开放面临的机遇、挑战及对策

金融开放有助于加快资金流动，可以更好地满足经济发展对资金的需要，而且有助于一国的经济制度的建设，对经济的发展有着巨大的正面作用。通过金融开放实现与国际金融市场的全面接轨，消除市场扭曲，建立合理的金融机制，为国内经济增长融资。例如，取消资本管制，实现资本项目下的可自由兑换，国外竞争者的加入会迫使国内金融服务业创新，增强其活力，提高服务效率。金融开放还可以推动居民在全球范围内实现资产的多样化，降低风险，提高收益，降低收入和财富受国内金融市场冲击的可能性，有助于国内企业自由进入国际金融市场，降低借款成本等。

但是我们必须看到，上述正面作用并不总是能够发挥出来。如果在实现金融开放之后，金融活动脱离了为经济发展服务，在相当程度上成为自身的游戏，资金短期化和证券化倾向突出，那么金融开放和金融自由化的效果可能就截然不同了。因此，与金融开放所能带来的利益相伴的是其蕴含的巨大风险。这些风险主要包括：

1. 迄今，国际上对很多金融投机和金融交易尚不具备有效的监管能力。为了获利他们往往不择手段，资本尤其是大量短期资本的快速流出或流入，往往会导致一国金融机构的严重亏损和破产，甚至有可能引发金融危机。因而，在自由经济理论的支持下，投机行为的空间大大拓展，由此产生了巨大的开放风险。

2. 国际金融的发展对发展中国家的金融发展和改革以及制度的转变提出了越来越高的要求，一旦实现金融开放，发展中国家就

会面临业务更新、制度转轨的要求。当前的国际金融体制在很大程度上是由发达国家控制和支配的，国际金融市场的制度和规则也是由发达国家制定的，这在某种意义上是在建立统一的世界金融帝国，发展中国家在金融开放后与这些金融集团的较量中，面临被控制和左右的危险。

3. 金融市场的开放使得国际金融市场的波动和危机很容易传导到国内，而在金融开放的环境下，使用外汇储备来稳定汇率的作用将大大缩小，一国接受国际金融动荡的风险可能增加。另外，国际金融体系存在制度性的缺陷，各国金融制度的具体差异以及利率、汇率差异和制度转轨过程中的漏洞都可能成为国际金融危机的重要根源。

可见，实现金融开放虽然具有促进竞争、提高效率、促进金融市场发展等诸多好处，但是，对广大发展中国家也存在消极影响。例如，按照WTO的要求实行国民待遇，国内金融机构将面临来自国外金融集团的激烈竞争，若开放过早、过快，甚至可能导致国内金融机构全部出局；在国内金融机构资产质量低，经营方式落后的情况下盲目参与金融自由化和全球化，可能会导致银行和非银行机构的大量破产，致使失业增加，金融和生产企业不景气；外资企业在外资金融机构的支持下更容易形成市场垄断和产业垄断；外资金融机构的经营失误可能造成国内金融市场的严重动荡等。

总之，金融开放是一把双刃剑，机遇和挑战并存，既有利益，也要付出代价，关键是如何以最小的代价获得最多的利益。在实行金融开放时，必须注意以下几点：

1. 必须充分考虑国内金融发展程度与国际金融市场自由化程度之间的差距

金融开放和自由化作为一种国际趋势，反映了世界经济发展的客观要求，但对开放国来说，是一种被动的接受过程，不一定符合本国经济的发展水平。自由化和开放的规则不是由开放国自己制定的，甚至开放和自由化的进程都要接受国际的要求。韩国在加入OECD时，就不得不实现金融自由化，开放金融市场，让韩国企业自由到国际市场上去借款。东南亚金融危机之后，IMF在贷款给韩国、泰国时，也要求他们开放金融市场，提前实现金融自由化，取消对外国股权的限制。显然，金融开放和金融自由化已经成为一种利益交换的要求。发展中国家由于实力弱小，往往处于被动地位。发达国家往往鼓吹金融开放的利益而对金融开放的风险很少提及，若发展中国家对此准备不足，往往会遭受损失。

2. 要充分认识到金融开放的实质是金融制度的开放和市场化，以及金融机制的同化

金融开放首先是金融制度的开放或市场化。推动金融开放和自由化的力量不仅来自国内，更多的是来自于国际力量的要求。因此政府有可能失去对金融局势的控制能力。其次，金融开放后，必须遵循通行的国际准则，原来的国内规则被迫停止。再次，金融开放后，本国的货币有可能成为被国际投资资本攻击的对象，因此，金融和经济稳定的风险增加。虽然从理论上讲，上述问题可以通过各个国家之间的合作得到解决，但是由于国家利益不同，认识不同，对同样的事情和问题有不同的看法，目前对金融自由化并没有形成一个共同的国际监督、管理机制。

3. 深入对金融透明度的认识，金融透明度要符合本国的适应能力和竞争能力

发达国家提出增加金融市场的透明度，要求提供更详细的金融情报和信息，以便为资本流动提供更好的分析背景。但是银行的资产负债表所披露的信息是非常有限的，很多国际金融机构的活动本身就不够透明。投机资本正是依仗富可敌国的实力，基于对某一发展中国家的国际收支，以及金融、经济情况的充分了解，才能投机成功。因此，在当前强弱分明的国际金融竞争环境中，过分强调金融透明度对发展中国家是非常危险的。金融透明度要符合本国的适应能力和竞争能力。

4. 有待建设一个合理、有效的全球金融监管机制

经济全球化以及金融的自由化，客观上要求加强全球金融监管。但是，各国在如何建立和建立一个怎样的全球金融监管机制上还存在很多分歧。事实上，监管的本质是要建立一个既符合发展中国家利益，也符合发达国家乃至金融投机资本利益的全球监管体

制。这就需要建立一个承认发展阶段差别、制度差别、尊重各国具体情况而作自主选择的规则。

二、中国金融对外开放的改革发展方向

中国金融业对外开放必须采取审慎的方针不断深化改革促进开放，一方面完善金融服务基础设施，包括清理和完善金融法律体系、提高金融政策的透明度、确立审慎金融监管体制、推进支付清算体系的现代化、培育社会信用文化等；另一方面要谨慎设计开放策略，包括掌握金融开放的主动权和寻求必要的合理保护。

（一）清理和完善金融法律体系

从本质上说，WTO 是一整套规范经济运行的制度系统框架，其中，法律制度显然居于核心地位。因此，加入 WTO 之后，为了使我国金融机构迅速适应国际规则，必须清理和完善我国金融法律体系。

规范我国金融业运行的规章体系由三个层次构成：第一是由立法当局制定的金融法律；第二是由国家行政当局颁行的金融行政法规；第三是由金融监管当局颁行的金融规章。在中国，真正的金融立法是从 1995 年开始的。此前，通行的主要是各种规章。由于制定者不同，考虑问题的角度也存在很大差异，因此，这些法律、法规和规章之间经常出现不一致，而且，法律、法规的权威性、稳定性和透明度，均存在较大的缺陷。因此，清理和完善现行的金融法律法规，便成为我们面对 WTO 挑战的首要工作。清理和完善金融法律体系的标准，是使它们符合 WTO 关于金融开放的基本规则和我国的具体承诺。

1. 赋予外资金融机构国民待遇

所谓向外资金融机构提供国民待遇，首先要按承诺表的要求解决外资金融机构的"低国民待遇"。一是按承诺要求进度取消现存的对外资银行的业务范围和业务对象限制。同时，明确外资银行经营人民币业务的条件和从事汽车消费信贷业务的外资银行资格。二是确立外资银行获取公共机构提供的金融服务、使用公共支付和清算系统、获得官方基金和再融资便利的权利，及其相应条件、程

序，并保证其享有国民待遇。

其次，还应当消除外资金融机构的"超国民待遇"。主要是将外资银行纳入我国现有一套审慎监管体系（如 9 大资产负债比例指标限制），以及限制中资银行自主权的金融管理体系。外资银行在外汇利率的制定和管理费、承诺费的收取，人民币同业拆借期限，呆账准备金制度，不良资产认定及停计息政策，以及税收负担等领域享有的"超国民待遇"就应被取消。

2. 保障金融市场化改革

所谓保障金融市场化改革，一是要修改现行金融法律制度中不适应市场发展需要的部分，也就是说，诸如利率市场化、放松管制等金融市场化改革的举措，都应以法律形式确定下来。二是填补现行金融法律中的空白点，如金融机构市场退出的法律制度、金融机构并购法、存款保险法、金融电子商务法等。

3. 清理和完善金融法律体系的组织和程序

按照 WTO 基本原则及 GATS 的规定，全面清理现行金融法规、规章，是最基础的一步。与 WTO 有关的法规清理应根据"谁制定，谁清理"的原则进行，即金融法律由全国人大负责清理，行政法规由国务院负责清理，金融规章由人民银行负责清理。但是，人民银行可以向国务院提出修改金融法律或行政法规的建议。每次清理结束后，按照废止、失效、有效三个层次，向国内外公布清理结果。总的原则是废止一批、修改一批、新立一批。

4. 对国内现有创新金融产品和服务给予法律保护

创新金融产品的法律保护已成为一种世界各国的普遍做法。这种国内保护在 WTO 的基本原则支持下很自然地会走向国际保护。在外资金融机构对其产品和服务采取了法律保护措施之后，中资金融机构面临着侵权的巨大风险。中资金融机构经营多年，创造数以万计的金融产品、应用程序、财务文件以及商标，足可以申请法律保护。金融法律制度需要为此做出恰当的安排，使之有法可依。

（二）提高金融政策的透明度

透明度是 GATs 条款要求的基本原则。中国金融服务业运行的特点，也使得增强透明度工作非常必要。中国的金融运行机制与西方国家有很大的不同。长期以来，中国金融机构的工作大都根据上级命令来进行，这些命令可以是上级金融部门的，也可以是上级政府的，而且方针、政策变化较快，外界对此不易了解。中国金融机构的运作还具有很强的封闭性，习惯于把涉及金融工作的各种规定、要求以及业务做法等都纳入保密范围。而根据 GATs 关于透明度的要求，中国有关金融服务的数据、法规、条例、决定以及实施细则应该予以公开。信息不透明，除了容易滋生腐败外，还严重阻碍了世界各国了解中国金融服务业的情况，造成种种误解。

（三）确立审慎的金融监管体制

中国的金融体制改革，最重要的是还权于市场，确立审慎的金融监管体制。审慎的监管与金融管制之间的根本区别在于，前者对银行的要求是一种规范性的品质管理，以防范金融风险和促进竞争为目的，银行具有充分的业务自决权；后者则是银行的大部分具体决定直接由政府机构作出。在金融自由化程度很高的国家，监管当局对利率水平和结构、汇率水平和波动、资本流进和流出、金融机构的业务范围、金融机构总量及投向等，都仍然有一定的限制或控制，但限制和控制的方式和程度已大不相同，它建立在对尊重金融机构自主权的基础之上，强调市场约束和自我负责原则。2000 年 9月，巴塞尔委员会发表了对未来银行业监管展望的报告，进一步确认了审慎监管是大趋势。

1. 转变金融监管政策的基础和方式

（1）金融监管政策非行政化。在审慎监管的框架下，除了业务合规性等无法量化的规定外，在日常监管中基本取消行政命令式的监管办法。只在金融市场失灵时，政府直接干预方可走上前台。一般情况下，金融监管手段必须是以法律为基础的间接手段，通过严密的法规约束当局的金融监管行为。为此，需要强调保持监管者与监管对象之间的距离。管理部门应该与它们所监管的服务提供商分离，并且不对它们负责。

（2）监管重点由合规性监管转向经营性风险监管。这需要建立一种风险集中（Risk-focused）和过程导向（Process-oriented）的新型监管框架。所谓风险集中，是指监管资源要更多地用于关注银行机构及其资本所将承担的最大风险。目前最重要的，是要按规定标准补充资本金，按五级分类划分贷款质量。所谓过程导向，是指检查和稽核要重点检查银行机构对某种风险的管理过程和管理方法是否充分和有效。对那些没有建立合适的风险控制架构和有效管理过程的机构，施以更多地现场检查。在目前的过渡阶段，对于促进商业银行法人治理结构建设，也要重点监管。如促进董事长、总经理、监事长分设，引进独立董事等。

（3）执行符合国际标准的审慎会计制度。一是改进收入核算办法，确保商业银行经营成果的真实性。二是改进和统一应付利息的计提方法。三是落实呆账准备金由商业银行自主计提的新政策，扩大银行核定呆账的自主权。四是监管当局通过独立的会计师事务所对商业银行审慎会计制度执行情况进行审查。

（4）建立包括短期债务比率、贸易差额、汇率波动、外汇储备、通货膨胀率、股票指数、利率水平、M2/GDP 比率、资本流动易动性、银行资本充足率、不良资产率、偿债率等监控指标在内的金融风险预警系统，及时预报和防范金融风险。

2. 逐步给予金融机构自由定价权和业务创新自由权

随着市场机制作用的增大，特别是在非国有企业、股份制银行和外资银行的兴起以及国有商业银行及部分国有企业经营机制的转变之后，利率管制的弊端愈显突出。由于利率管制，商业银行不能通过利率差别来区别风险不同的贷款人，高风险贷款缺乏高利息补偿，银行处于风险收益不对称状态。多年来，屡禁不止的"储蓄大战"和账外账经营就是利率管制扭曲的反映，我国金融机构的大量不良资产正成因于此。利率管制还人为强化了金融工具之间的非市场差别，制约了公平竞争。

中国利率市场化改革的目标是要建立以市场资金供求为基础，以中央银行基准利率为调控核心，由市场资金供求决定各种利率水平和结构的利率体制。利率管理体制改革的顺序是先贷后存，先大后小，先外后内，先农村后城市，先市场后信贷。总的思路是通过提高贷款利率浮动幅度、规定存款利率上限和贷款利率下限等过渡方式，稳步推进利率市场化改革。当前，利率市场化改革的重点在于：一是放开国内企业债券发行利率，由市场决定；二是放开农村信用社存贷款利率，由农村信用社根据农村资金供求和贷款风险程度自行确定利率水平；三是逐步扩大城市金融机构贷款利率浮动幅度和范围，对一般存款利率仍实行管制，对大额存款利率实行有弹性的管理。

保护业务创新自由权的关键是要区分违规经营和金融创新的政策界限。考虑到二者界限的模糊性，在政策实践上，主导思路是尽量减少业务品种的行政审批。当前，颇为紧迫的任务是允许银行、证券和保险之间的合作，逐步迈向有限混业经营。

3. 监管主体之间的协调

金融自由化和金融创新，已经而且必将进一步冲破原先设在不同种类的金融活动之间的障碍。这使得各种形式的监管合作成为必然。中国人民银行、中国证监会、原中国保监会已建立三方监管联席会议制度，研究银行、证券、保险监管中的有关重大问题，及时解决分业监管中的政策协调问题，协调银行、证券、保险对外开放及监管政策以及交流有关监管信息等。这一定期磋商制度需要继续完善，最终将协同监管制度化。

另外，信息技术的发展以及中国金融对外深层次开放，使得国内外金融监管机构之间的协调成为必须。利用互联网时，银行可以超越国界开展业务。现在银行在一国获得银行牌照，在另一地方进行数据处理（后线操作），而目标客户在第三国。在华外资银行的总行注册地在境外，很有可能由于其总行或设在其他国家的分支行的经营失误而负连带清偿责任。在这种环境下，没有全球的监管合作，就不能对之实施有效的监管。目前，发达国家正在使其国家金融监管更具有区域乃至全球监管的功能，并试图通过国家立法来赋予其金融监管法律以治外法权的功能。中国的金融监管也应向区域和国际监管延伸，甚至建立起隐含治外法权的金融监管体系。

（四）培育信用文化

由于多年计划经济的影响，我国的社会信用观念和法制意识均十分淡薄，某些司法部门又偏袒地方利益，使得商业银行依法行使放贷和收贷的权利大打折扣。在一个信用文化不够健全的环境里，

400

经营信用，以维持信用为己任的银行业是不可能获得健康发展的。

信用文化的内涵，包括债务人的偿债意愿、偿债意识、偿债行为、偿债记录等，也包括对违约债务人的惩罚等。信用文化的实质是债务人与债权人之间存在着的一种默契，或者说是一种思维方式，即彼此均对对方负有责任和义务。这种责任和义务是以一整套连贯一致的法律、监管和司法实践为基础的。所以，良好信用文化的形成，需要依赖于建立一套符合市场经济发展要求的金融法律框架，并严格执行。债务人若按期还债有困难，符合条件的，经债权银行同意，可以延期还债，可以进行债务重组，也可以依法破产，但不能赖债。凡对债权人提出的偿债要求置之不理，躲避债权人，应属欺诈犯罪。我们应当清醒地认识到，若无一个良好的信用文化，在同外资金融机构竞争中，我们将处于劣势。

三、中国金融服务各行业的对外开放

（一）中国银行业的对外开放

1. 中国银行业的开放进程与现状

外资金融机构进入中国始于1851年。1949年，在华外资银行已达49家。中华人民共和国成立后，取消了外资银行在华的经营特权。直至改革开放以前，中国对外资金融机构总体上采取排斥态度，中国金融处于封闭状态。

1978年中国实行改革开放政策，金融开放也拉开了序幕。1979年，日本输出入银行率先在北京设立第一家代表处。1979～1982年又有一批外资银行在开放城市设立非营业性的代表处。1982～1989年，中国政府开始允许外国银行在经济特区设立营业性分支机构。这些在华金融机构主要办理出口方面的信用证、押汇、托收、保险、提供外汇贷款业务，进行租赁、票据贴现、外汇信托投资、代办外币和外汇票据贴现、办理国际结算、外汇担保、保管业务等。1990～1992年，中国对外资银行的开放扩大至特区外的沿海开放城市，1993年中国开始实施《外资金融机构管理条例》，更多的沿海开放城市被获准设立营业性外资银行。截至1997年6月底，在华设立的外资金融机构代表处540家，营业性外资金融机构

162家。东南亚金融危机爆发后，中国政府多次重申，中国将继续坚持金融开放。1999年3月，中国人民银行取消了对外资银行的地域限制，允许在中国境内所有中心城市设立分支机构。1996年，外资银行经营人民币业务的试点首先在上海进行，中国金融的开放又迈出了重要的步伐。截至2004年10月末，已有105家外资银行机构获准经营人民币业务，其中61家获准经营中资企业人民币业务。

2. 加入WTO议定书的银行服务业开放承诺

根据中国加入WTO议定书，在金融服务业之中，银行业的开放承诺最为彻底：

（1）审慎性发放营业许可证。即在营业许可上没有经济需求测试或数量限制。加入WTO 5年内，取消所有现存的对所有权、经营方式、外资金融机构企业设立形式以及对分支机构许可发放方面的非审慎措施。也即当外资银行申请设立分支机构时，人民银行除了遵循审慎性标准外，不得有其他方面的限制。外资银行在同城设立营业网点，审批条件与中资银行相同。

（2）外汇业务及时开放。中国在加入WTO之时即向外资金融机构全面放开外汇业务，取消地域和服务对象限制。也就是说，一入世，中国将允许外资银行对所有客户（包括中资企业和中国居民）经营所有外汇业务（包括公司业务和零售业务）。

（3）人民币业务分阶段开放。对于外资银行的人民币业务，中国将在四年内分五批放开20个城市的地域限制，五年后取消所有地域限制。在服务对象上，加入后2年内，允许外资银行可在12个城市向中国企业办理人民币业务；加入后5年内，允许外资银行向所有中国客户提供服务。

（4）金融咨询类业务及时开放。自入世之日起，外资机构即可获得在中国从事有关存贷款业务、金融租赁业务、所有支付及汇划服务、担保及承兑、公司并购、证券投资的咨询、中介和其他附属服务。

简单地讲，在加入WTO 5年之后，即2006年底，外资金融机构在服务地域和服务对象上将与中资金融机构没什么两样。中国在贸易自由化、开放国内市场、遵循国际惯例等方面做出的重要承诺，其影响之深刻、之广泛超出了人们的一般预期。

3. 中国银行业开放后的压力

由于中国银行业正处于改革攻坚过程之中，诸如国企改革尚未完成、政府不当干预、较多的不良资产、资本金严重不足、银行经营机制尚待改变、金融监管行为扭曲、法制精神与信用文化的缺失等制约银行业有效发展的因素，均不可能在短期内改变，因此，在一个较长时期内，外资银行在竞争力上将比中资银行具有明显的优势。这些优势主要体现在：具有外币经营优势；熟悉国际市场和具有丰富的作业经验；跨国公司客户业务遵从习惯，使其在竞争外资客户方面具有相当优势；资本实力雄厚，具有国际网络优势；具有良好的经营能力、管理经验和风险控制能力；有相对吸引力的薪酬体制和激励机制；具有先进的 IT 技术以扩展其在华网络。

中国的银行服务市场不会立即全部开放，外资银行也不会在短期内作好抢滩的全部准备，因此，现实的威胁是，外资银行将在某些重点领域和重点区域与中资银行展开激烈竞争。从国际经验和已进入中国的外资银行的实践来看，下述五个方面将是中、外资银行竞争的焦点：（1）优质客户，特别是跨国企业、三资企业、中国的外向型企业、大型工贸企业集团以及高新科技企业；（2）高附加值和高收益的中间业务，特别是新兴的零售业务；（3）外币存贷款业务；（4）中心城市的金融业务；（5）高素质的金融人才。

全球的外资银行发展趋势也证明了外资银行对于像中国这样的新兴经济体以及薄弱的金融基础极具渗透力。统计表明，外资银行资产占银行体系总资产比率，低收入国家、中低收入国家、中高收入国家和高收入国家分别为 18%、23%、29% 和 16%。在发达国家，由于本土银行的强大竞争力，外资银行所占比例并不高，而一些新兴经济体国家中均占有较高的比例。

（二）中国银行业未来的改革措施

当前国有独资商业银行存在六大难题，即法人治理结构问题，精简机构和人员问题，降低不良贷款比率问题，降低和消除因会计制度变化、不良贷款和其他不良资产造成的巨额潜亏问题，补充资本金问题和人事分配制度改革问题。针对这六大难题，中央银行提出国有银行应进行综合改革：一是按照现代企业制度的要求，从产权制度上分步对国有独资商业银行进行综合改革；二是要通过多种渠道，如通过金融企业自我积累、财政增资、发行长期金融债券以及上市募集、增资扩股等方式，增加国有独资商业银行资本金；三是实行审慎会计制度，提高资产质量；四是鼓励商业银行金融业务创新，以适应日益发展的经济需要；五是实施《商业银行考核评价办法》，从资产质量、盈利及减亏能力、流动性和资本充足率四个方面，对国有独资商业银行的经营业绩进行动态评估；六是加强信息披露，提高金融体系透明度。这六个方面的改革，概括起来分为两大方面：一是形成多元化的产权制度，二是建立良好的公司治理机制。

关于国有银行的产权改革，人民银行已经明确，将分三步，即公司化改造—股份制改造—上市，来达到这一目标。目前的障碍主要来自于技术性原因，最大的难题是不良资产比率过高。

公司治理的内容相对庞杂。国有银行的改革进行了 20 年，成效不够显著，表现在我们对企业的理解过于表面化。国有银行的各种管理制度可以说是浩如烟海，但常常流于形式。很重要的原因在于国有银行的治理框架有问题。国有银行公司治理改革的终极目标就是设计一套约束-激励机制，使国有银行的决策层和行政层更有效地为国有银行的整体利益而工作。

一是确立清晰的战略目标，并使之阶段性量化。公司战略，就是公司的长期竞争定位，规定着公司的发展方向。其意义在于为公司的投资者树立市场信心和便于对公司上下进行目标管理。

二是重组业务流程，形成矩阵组织结构。业务流程是一组共同为顾客创造价值而又相互关联的活动。业务流程重组的目的就在于发现哪些业务项增值最大，发现最有效率的业务归属和传递程序，实现银行部门之间、员工个人之间的职责分明。业务流程必然要打破原有的组织机构格局。新的组织机构以"矩阵式"为模式，实现银行各项活动的双线监控，员工个人也可以实现"双线进步"。

三是建立量化的核算体系。国际化银行有着四重核算体系——

404

总账、分部门、分产品、分客户核算体系，我们只有总账核算体系。当务之急是要建立分部门核算体系，以量化各部门对银行的贡献或给各部门"定价"。目前的难点在于资金转移价格以及后线单位成本分摊制度不易确立。

四是开发和培育人力资源。主要是解决任免机制问题，必须确保高级管理层具备适当的资格，促进控制体系由"管人"向"管理系统和流程"转变。同时，中层管理人员的提升要保持透明性。

五是强化风险管理和内控制度，主要是将目前纵向式的集体评审制变为横向式的集体评审制，最终发展到个人负责制。

六是建立多样化、高透明的激励机制。薪酬的制定权逐渐由董事会薪酬委员会（需要政府的放权）负责，薪酬标准由现在的以职位和工龄为基础过渡到以技能和竞争力为基础。并且薪酬必须与明确的、可衡量的业务目标挂钩——只有在这种体系下，敏锐的商业头脑方能被发现和奖励。

七是实现充分的信息披露。目标是按照两套标准（财政部有关股份有限公司会计制度和人民银行的五级分类标准）披露资产质量，并且所披露的财务信息要分别由国内外两大会计师事务所按国内外两套审计准则进行真实性审计。

八是建立健康负责的董事会。这需要优化董事会的结构，主要是引进外部非执行（独立）董事。但从中国的实际看，独立董事将受到供给源、社会声誉机制缺乏的制约，难以充分发挥作用。

（三）中国证券业的对外开放

1. 中国证券业对外开放的进程与现状

自加入 WTO 以来，我国证券业的对外开放的步伐不断加大。最初外国证券类机构在华只能设立代表处，现在按照 WTO 协议，外国金融机构已经可以在中国设立合资证券公司，从事 A 股承销、B 股和 H 股以及政府和公司债券的承销和交易。2002 年我国启动了 QFII（合格的境外机构投资者）制度，外资可以进入中国的证券市场投资。

2. 加入 WTO 议定书的证券业开放承诺

根据中国加入 WTO 议定书，证券业的开放承诺如下：（1）外国证券机构可以不通过中方中介，在深沪证券交易所设立特别席位直接从事 B 股交易。（2）外国证券机构设立的驻华代表处，可以成为中国所有证券交易所的特别会员。（3）允许设立中外合资的基金管理公司，从事国内证券投资基金管理业务，外资比例在加入后 3 年内不超过 33%，加入 3 年后可增至 49%。（4）加入后 3 年内，允许设立中外合资证券公司，从事 A 股承销、B 股和 H 股以及政府和公司债券的承销和交易，外资比例不超过 33%；加入 3 年后可增至 49%。（5）外国证券类经营机构可以从事财务顾问、投资咨询等金融咨询类业务。此外，通常还将鼓励更多的中国优质企业到境外发行上市、允许外商投资企业在 A 股上市也归入证券市场对外开放的内容。

3. 中国证券业因循 WTO 规则开放后的压力

证券市场对外开放的压力体现在两个方面：一为证券市场的压力。如我国证券市场规模狭小，运作不够规范，监管水平较低等，经不起国际资本的冲击。二是证券业的压力。证券类公司作为一个行业不敌外国证券类公司。由于市场的压力，实际上与国际资本自由流动、人民币自由兑换密切相关。我们这里仅分析证券类公司所面临的压力。

中外证券类公司的竞争力差距更为悬殊。一是资产及资本规模差距。目前我国所有证券公司资产总规模可能还比不上一家跨国投资银行的资产总额。二是产品及利润结构差距。我国证券公司利润结构单一，主要收益来自经纪佣金、自营和承销业务。经纪佣金多少直接取决于佣金费率和二级市场繁荣程度。自营利润也是如此。承销业务则受限于"跑道"限制。2001 年股市暴跌，国内一些证券公司迅即出现严重亏损，原因即在于此。至于证券公司的其他新型业务，如购并重组、基金管理、研究及咨询以及国际业务等在我国市场上尚属于起步阶段，发展缓慢。利润结构单一，不仅减弱公司的抗风险能力，还促使公司之间的恶性竞争。三是专业人员及技术缺乏。高素质的人才，特别是那种思维敏捷、富有挑战精神、有丰富的行业经验并有强烈成功欲望的投资银行经营者和管理者，是投资银行成功的关键。而我国尽管从业人员不少，但真正精通投资银行业务的专业人员和管理人员较少。四是品牌及声誉不高。伴随着证券市场上的欺诈盛行，我国证券类公司普遍缺乏好的声誉。挪用客户资金、做庄、虚假陈述等十分普遍。

4. 中国证券业应对加入 WTO 的改革对策

加入 WTO 后，外在经营环境的变化，使得过去国内证券公司发展业务的竞争手段不再有效，依靠强实力、高质量和优服务来发展壮大自身的全新时代即将到来。国内证券公司应审时度势，积极调整经营思路，加快内部改革。

（1）经营战略的调整

长期以来，我国证券公司的粗放经营和关系经营特征明显。粗放经营，体现为追求营业部的数量，旨在扩大经纪业务。随着信息技术的进步、交易方式的无形化和网络化，证券营业部传统经营方式的优势正在不断减少。关系经营，体现为追求与政府、主管部门、企业拉关系，旨在争取承销业务。依靠关系经营，过去很有效。上市公司基本上为国有企业，与当地政府存在较强的依存关系；而且在审批制发行方式下，证券公司不存在发行风险。但这种局面将不得不改变：上市制度从审核制转变到核准制，证券公司承担上市公司的质量保证责任；股票发行价格市场化，证券公司的定价和营销压力加大；国有企业的改革空间扩大，政府国企管理体制、股权结构及治理结构等愈加接近市场惯例；非国有企业上市的力度逐渐加大，政府的干预影响力较弱。这些对做一级市场承销业务的证券公司提出了更高的要求，上市公司与承销商之间建立的是长期合作关系而不是短期的"买卖"关系。承销业务不再主要靠固有的关系网或政府的行政指令方式取得，而是依赖于证券公司自身的实力与服务水平。因此，证券公司必须将自己的经营战略调整到追求综合竞争实力上来。综合实力的提高，依靠良好的管理体制、先进的营销战略、优秀的人才、特色的品牌及较强的研发能力。

（2）加强证券公司的治理

一是调整组织结构，减少营业部数量，加强产品开发专职部门和国际业务部门。二是加强内部控制体系，主要是建立风险控制委员会，其成员可以由公司高层、部门领导和有关专家组成，负责制定有关风险的控制政策、执行程序，以及评价与监控各种风险。三是开发人力资源，重点应放在投资银行业务人员与研究开发人员上。一流的研究队伍是证券公司最重要的核心竞争力，是开展其他业务的基础。

（3）扩充资本，实现规模优势

发达国家投资银行的发展就是一部行业集中史。为数不多的现代化大型投资银行占主导地位，成为行业龙头与支柱，是投资银行业成熟的重要标志。资本市场上的单笔并购规模和交易规模十分巨大的，证券公司需有雄厚的资本金与总资产实力方能参与。解决我国证券公司规模过小的途径有：（1）证券公司行业内部的并购重组。（2）增资扩股。（3）重组上市。（4）发行长期债券。（5）资产抵押融资。

（4）拓展盈利增长点

除传统的证券承销、经纪和自营业务以外，投资银行还应深入到并购重组、资产管理、投资咨询、项目融资、风险投资和金融衍生工具等诸多领域。加入 WTO 后，境内企业境外上市的机会必然增多，外国企业也会到中国上市，这些都为国内投资银行提供了市场机遇。

（四）中国保险业的对外开放

1. 我国保险服务业外资进入状况及影响

20 世纪 80 年代初起，外国保险公司开始在中国设立代表处。1992 年下半年，中国人民银行批准了第一家外资保险公司-美国友邦保险公司进入上海保险市场。到目前为止，已有 34 家外资保险经营机构获准在中国营业，其中，中外合资公司 19 家，外资公司分公司 13 家，外资中介机构 2 家。此外，还有 19 个国家和地区的 112 家外资保险公司在中国的 14 个城市设立 199 个代表处，开放地域不断扩大。业务规模迅速扩大，2001 年，外资和中外合资保险公司的保费收入达 33.29 亿元，已占我国市场份额 1.58%。

根据我国加入世贸组织的承诺减让表，我国允许外国非寿险公司设立分公司或合资企业，外资可占 51%；2 年内可设独资子公司。允许外国寿险公司设立合资企业，持股不超过 50%。3 年内将逐步取消外资保险公司（包括寿险、财险等）在中国经营的地区限制。

在加入 WTO 之后，原中国保监会已经批准了两批外资保险营业机构。第一批获准进入中国市场筹建保险营业机构的是德国慕尼黑再保险公司、瑞士再保险公司和美国信诺保险公司 3 家公司。2002 年 11 月原中国保监会又批准英国标准人寿保险公司、美国利宝互助保险公司和日本财产保险公司在华筹建营业性机构。

目前已进入或即将进入中国保险市场的外国保险公司中不乏世界重量级的金融机构，他们的资金实力和经营管理水平明显高于我国的保险企业。他们进入中国市场，必然给我国的保险业带来很大的压力，但同时，也会对中国保险业的发展产生积极的影响。

首先，为中国保险业市场带来新的竞争主体，有利于形成充分的竞争，从而提高保险业的效率，对扩大保险市场规模、提高保险深度和保险密度起积极的促进作用。

其次，外资保险公司带来崭新的业务品种、有效的营销体制、先进的经营管理理念以及优质的服务，对中国保险业产生了良好的示范和启迪作用。

再次，有利于提升中国人的保险意识，传播保险知识，扩大保险需求。外国保险公司依靠其丰富的经验和雄厚的资金实力，大力宣传先进的保险观念和保险知识，弥补了国内保险知识传播体系的不足。此外，促进了保险中介市场的发展。

最后，外资保险公司的进入有利于促进中国保险人才的培养。

2. 加入 WTO 议定书对保险业开放的承诺

根据议定书，保险业的开放承诺为：

（1）企业设立形式方面：①加入时，允许外国非寿险公司在华设立分公司或合资公司，合资公司外资比例可以达到 51%。加入 2 年后，允许外国非寿险公司设立独资子公司，即没有企业设立形式限制。②加入时，允许外国寿险公司在华设立合资公司，外资比例不超过 50%，外方可以自由选择合资伙伴。合资企业投资方可在减让表所承诺范围内，自由订立合资条款。③合资保险经纪公司在加入时的外资股比例可达到 50%，加入后 3 年内，外资股比例不超过51%，加入后5年内，允许设立全资外资子公司。④允许外资保险公司按地域限制放开的时间表设立国内分支机构，内设分支机构不再适用首次设立的资格条件。外资保险公司进入中国市场，按照审慎监管的原则审批市场准入。

（2）经营地域方面：①加入时，允许外国寿险公司和非寿险公司在上海、广州、大连、深圳和佛山提供服务。加入后2年内，允许外国寿险和非寿险公司在以下城市提供服务：北京、成都、重庆、福州、苏州、厦门、宁波、沈阳、武汉和天津。②加入后3年内，取消地域限制。

（3）业务范围方面：①加入时，允许外国非寿险公司向在华外商投资企业提供财产险及与之相关的责任险和信用险服务；加入后4年内，允许外国非寿险公司向外国和中国客户提供所有商业和个人非寿险服务。②加入时，允许外国保险公司向外国公民和中国公民提供个人（非团体）寿险服务。加入后4年内，允许外国保险公司向中国公民和外国公民提供健康险服务。加入后5年内，允许外国保险公司向外国公民和中国公民提供团体险和养老金/年金险服务。

（4）营业许可：加入时，营业许可的发放不设经济需求测试（数量限制）。申请设立外资保险机构的条件是：投资者应为在WTO成员方有超过30年经营历史的外国保险公司；必须在中国设立代表处连续2年；在提出申请前一年年末总资产不低于50亿美元。

同证券业一样，保险市场也是发达国家（特别是欧盟）急待进入的市场。经过激烈的讨价还价，我国守住了一些关口：一是外资进入寿险领域只能设立中外合资寿险公司，而且，外方股份不得超过50%，外方不能拥有管理控制权；二是不承诺保险经纪公司进入中国市场；三是拒绝了外方要求的每年必须开放若干家外资保险公司，只承诺按审慎原则审批准入。尽管如此，中国保险市场的开放起点还是高于其他新兴市场国家。如泰国，从允许外资准入到外资在合资企业中拥有49%的股权的时间跨度为11年（1993—2003年），拥有50%的股权则需要15年（1993—2007年）。

3. 我国保险服务业国际竞争力比较

我国保险业与发达国家相比，无论是在企业规模、经营理念、管理手段，还是风险控制、资金运用等方面都存在很大的差距。

我国保险业的险种单一，产品雷同，不能满足投保人多方面、多层次的保险需求。经营成本过高。保险基金投资收益低。专业人才奇缺，严重影响了保险业的竞争力。尽管如此，我国保险业仍具有自身独特的相对优势。

一是中国保险业具有本土文化优势。

二是许多中资企业都已具有相对发达的营销网络和相当的经营规模。

三是中国保险业具有后发优势。

尽管我国保险业尚处于幼稚阶段，但有竞争便有交流，通过交流可以学习对方成熟的专业技术和管理经验，加速自身的成熟和发展。

4. 保险服务业面临的新形势及其对策

我国加入 WTO 承诺为保险业的对外开放设置了一个缓冲期，保险业企业应抓住有利时机，深化改革，努力提高自身的竞争力。

在对外开放的同时加大对内开放的力度。我国的保险市场处于发展初级阶段，潜在的需求巨大，相对而言，市场的供给主体数量偏少。现在应按照市场经济原则，根据市场的需要发展市场供给主体。应允许国内跨行业、跨所有制的投资者包括民营投资者进入，在竞争中促成国内大型保险企业的出现，使更多的国内企业可以向外资企业同台竞争。要优先发展国内人寿保险机构。我国有 13 亿人口，寿险市场潜力巨大。承诺减让表对外资寿险机构的进入施加了较严格的限制，我们应抓住有利时机，加速培育本国寿险公司。

实现保险资金投资多元化。为提高保险公司的竞争力，应积极探索保险资金的运用形式，拓宽资金运用渠道，优化投资结构。1999 年 11 月底，中国证监会宣布保险资金可通过证券投资基金间接进入股市。在此基础上进一步研究保险资金进入股市或投资于不动产的可能性和可行性，应允许保险资金在适当的时候进入海外投资领域，以求取得良好的收益。

解决保险公司的融资渠道。我国保险公司资本金与外国公司相比偏小，直接影响了企业的竞争力。尽快补充中资保险公司的资本金，成为增强其竞争力的当务之急。应积极促成中资保险公司通过发行债券和上市等方式解决融资问题。

加强保险公司内部管理。要按照市场要求完善内部管理体系，包括独立的审核机制，严格的财会制度，明确的岗位责任制等等。

第十一章　中国利用外资管理

目前中国已经是世界上利用外资最多的国家，每年都有数以百亿美元计的外资以各种形式流入中国，对弥补我国建设资金不足，吸引国外先进管理经验，促进产业结构调整以及发展市场经济产生了不可替代的重要作用。我国利用外资既有直接融资方式，也有以贷款和债券融资为主的间接融资，其中外商直接投资是我国利用外资的最主要方式，外商直接投资额占我国历年利用外资额的绝大部分。一直以来，我国为了吸引外资制定了各种优惠政策和管理规定，加入 WTO 对我国的外资政策和管理措施提出了更高的要求。

第一节　中国利用外资的概况

一、中国利用外资的历史回顾

从历史的角度看，中国利用外资大体上经历了两个发展时期，即建国初期和改革开放以后。

（一）中华人民共和国成立初期至 1977 年

新中国成立初期，为了尽快恢复和发展国民经济，我国确立了积极争取外援的战略思想，利用外资有了一定的发展。但是，由于当时历史条件的制约，利用外资的规模和数量都十分有限。这一时期我国利用外资可以简单地分为两个阶段：

1950 年至 1965 年为第一阶段，主要是利用了苏联及其他欧洲社会主义国家的经济援助。1950 年和 1951 年，为了吸收外国的资金、先进技术和管理经验，中国与苏联、波兰共同投资创办了 5 家合营企业，这也是新中国成立后建立的第一批中外合资经营企业。

随后，中国政府与苏联政府签订协议，从苏联取得总额为 74 亿旧卢布（约 15 亿美元）、年利率为 2.5% 的长期贷款。同时，又从苏联进口 156 项设备，用于国内建设项目，为中国社会主义工业化打下初步的基础。

1966 年至 1977 年为第二阶段，主要是利用西方国家商业资金。20 世纪 60 年代末，由于与苏联的关系僵化，中国转向利用西方的商业资金，主要形式为出口信贷和吸收外汇存款。截至 1977 年，实际签订利用外资协议 200 余项，协议金额 35 亿美元。这些资金用于国内数十个大型基础工业项目的设备引进，以增强中国的经济实力。在引进的这些大型项目中，多数后来发展成为我国骨干企业，如上海石化和辽阳石化等大型石化企业、泸州及大庆等化肥厂、上海宝钢、燕山乙烯工程、仪征化纤等。这些项目填补了我国的技术空白，对我国一些部门进行了技术改造，为我国工业进一步发展创造了条件。

（二）改革开放以后至今

1978 年党的十一届三中全会以后，中国实行改革开放，提出要在自力更生的基础上，积极发展同世界各国平等互利的经济合作，要利用两种资源，打开两个市场，这为中国对外经济贸易事业的发展指明了方向。从此，中国利用外资进入了一个全新的历史发展时期。

自 1979 年以来，我国利用外资大体上可分为三个阶段：

1979—1986 年为起步阶段。1979—1980 年，中央先后批准广东、福建两省在对外经济活动中实行特殊政策和灵活措施，并在深圳、珠海、汕头、厦门四地试办经济特区，在特区内对外资实行一系列优惠政策。1984 年和 1985 年，我国又开放了 14 个沿海城市及 3 个三角洲。1980 年至 1986 年，全国外商投资协议金额为191.8 亿美元，年平均 27.4 亿美元，实际使用外资 65.9 亿美元，年平均 9.4 亿美元。这一阶段，我国利用的外资主要来自港澳地区，大部分集中在广东、福建及其他沿海城市，同时，内地利用外资开始起步。

1987—1991 年为持续发展阶段。1987 年，国务院制定了吸收

414

外商投资的有关规定；1988 年，中央将沿海经济开放区扩展到北方沿海的辽东半岛、山东半岛及其他沿海地区的一些市、县，设立海南经济特区。1990 年，开发上海浦东新区。这些措施使外商投资有了进一步的发展。1987—1991 年，全国外商投资协议金额为331.6 亿美元，年平均为 33.4 亿美元，比 1980—1986 年的平均数分别增长 142% 和 225.3%。这一阶段，我国利用外资的结构有了较大的改善，外商投资的区域和行业有所扩大。

1992 年以来为高速发展阶段。1992 年初，邓小平南方谈话之后，对外开放出现新的局面。国务院批准进一步开放 6 个沿江港口城市，13 个内陆边境城市和 18 个内陆省市城市，在全国范围内进一步推动对外开放。1992 年至 1994 年，三年累计外商投资协议金额和实际使用金额分别为前 13 年总和的 4.8 倍和 3.1 倍。自 1993 年以来，我国利用外资的实际金额已居发展中国家第一位，世界第二位。由于受东南亚金融危机的影响，1999 年我国利用外资的金额有所下降，但仍保持相当的规模，达到 404 亿美元，位居全球吸引外资第三位，仅次于美国和英国。2001 年，我国实际利用外商直接资金额又重新达到 468.78 亿美元。2003 年在遭受非典疫情影响的情况下，我国吸收外商直接投资（FDI）仍实现了小幅增长，实际使用外资金额仍继续名列全球前茅。2004 年外商投资新设立企业 43 664 家，合同外资金额 1 534.79 亿美元，实际利用外商直接投资金额 606.30 亿美元，分别比 2003 年增长 6.2%、33.4% 和13.3%。2005 年 5 月，全国累计批准设立外商投资企业 525 378 家，合同外资金额 11 615 亿美元，实际使用外商直接投资金额 5 844 亿美元，创造了 1996 年以来同期利用外商直接投资额的历史最高纪录，这也意味着我国利用外资进入一个新的增长时期。其主要原因是在全球经济普遍增长缓慢的情况下，我国经济仍保持了较高的增长速度，使得各类外资纷纷涌入我国。此外，2001 年我国正式加入世贸组织后，更拓宽了外商投资的领域。2002 年 4 月 1 日，我国实施了新修订的《指导外商投资方向规定》和《外商投资产业指导目录》。在新的产业政策和目录中，鼓励外商投资的项目由原来的 186 条增加到 262 条，而限制类项目则由 112 条减少到

75 条，放宽了外商投资的股本限制，原来禁止外商投资的电信、燃料、热力、供排水等首次对外开放，进一步扩大开放银行、保险业等，这些政策措施是促进外商对华投资增加的重要因素（见表11-1）。

表 11-1　　　　　　　　　中国利用外资统计数据　　　　　　　　单位：亿美元

年份	总计	对外借款	外商直接投资	外商其他投资
1979~1983	144.38	117.55	18.02	8.81
1984	27.05	12.86	12.58	1.61
1985	46.47	26.88	16.61	2.98
1986	72.58	50.14	18.74	3.70
1987	84.52	58.05	23.14	3.33
1988	102.26	64.87	31.94	5.45
1989	100.59	62.86	33.92	3.81
1990	102.89	65.34	34.87	2.68
1991	115.54	68.88	43.66	3.00
1992	192.02	79.11	110.07	2.84
1993	389.60	111.89	275.15	2.56
1994	432.13	92.67	337.67	1.79
1995	481.33	103.27	375.21	2.85
1996	548.04	126.69	417.25	4.10
1997	644.08	120.21	452.57	71.30
1998	585.57	110.00	454.63	20.94
1999	526.59	102.12	403.19	21.28
2000	593.56	100.00	407.15	86.41
2001	--	108.30	468.78	--
2002	--	104.59	827.68	--
2003	684.18	122.78	535.05	26.35
2004	---	---	606.3	34.43

资料来源：中国商务部网站统计资料和《中国统计年鉴》（2004）。

416

二、外资对我国经济发展的作用

改革开放 20 多年来，中国利用外资从无到有，从小到大，从单一到多元，已经形成了全方位、多层次、宽领域的格局。从 1979 年到 2004 年，中国共利用各种外资 6 234.18 亿美元，可以说外资对中国经济社会发展产生了深远而重大的影响。中国国家信息中心的分析资料表明，从 1980 年到 2004 年的二十五年间，中国 GDP 年均 9.7% 的增长速度中，大约有 2.7% 来自利用外资的直接和间接贡献。

（一）弥补了我国建设资金的不足，促进了国民经济的高速发展

我国是一个发展中国家，资金短缺是制约我国经济发展的一个重要因素。长期以来，由于资金所限，我国许多亟待发展的行业、项目和地区得不到应有的投入，像交通、通信、能源、基础设施一直是因为缺少投入而成为制约国民经济发展的"瓶颈"部门。通过利用外资，增加急需的投入，缓解了"瓶颈"制约。更为重要的是，由于外资的参与，分担了投资风险，不仅国内银行，甚至国际银行都愿意贷款而且无需担保，因而外资企业参与我国的经济建设，客观上对我国经济的腾飞发挥了一定的作用。

（二）有利于引进先进的技术和管理经验，加快企业的技术改造

通过建立外商投资企业，中国引进了一大批外国的先进技术，填补了一些行业和产业的技术空白。特别是在光纤光缆、通信设备、自动化仪表、彩色电视机、电梯、大规模集成电路、微型电机、轿车、新型建材、药品等行业，外资带来的外国先进技术使中国实现的技术进步非常明显。它使中国这些行业的生产技术在很短的时间内上了一个新台阶，缩小了同国外先进技术的差距，增强了它们的国际市场竞争能力。许多行业通过引进外国先进技术，在消化吸收的基础上，开始进入国际市场。

另外，外资不仅带来了外国先进的生产技术，还带来了外国先进的管理经验。借鉴外商投资企业的质量、财务、劳动人事、市场

营销、产品技术开发等方面的管理制度和管理经验，促进了中国企业管理水平的提高。同时，外资企业雇用我国的劳动力，实际上也是对我国劳动力的一种技术培训，为我国培养出一批技术工人和高级管理人员。特别是20世纪80年代以来，许多大型外资企业实行"本土化"战略，即技术开发、人才开发和经营管理都采用东道国的人力和智力，从而更有利于我们学习国外的先进技术和管理经验。

（三）促进了我国产业结构的调整

20世纪80年代末90年代初，外商在我国重点投资的是服务、鞋类、玩具、电子元器件、塑料制品等技术含量低的劳动密集型加工企业。但随着世界范围内产业结构的调整和升级，跨国公司在全球的战略也随之改变。20世纪90年代初期以来，外商对我国的投资大多进入了我国产业结构升级过程中正在大力发展的产业，如汽车制造业、通信设备业、仪器仪表业等资本和技术密集型的行业，有力地推动了中国产业结构的升级和优化。

（四）促进了我国对外贸易的发展

随着中国吸收利用外资规模的不断扩大，尤其是外商直接投资企业的发展，带动了我国进出口贸易的快速增长，已成为我国外贸行业的重要力量。外商投资企业由于拥有产品质量、国际市场信息、国际销售渠道等方面的优势，从而便于发展对外贸易。2004年外商投资企业进出口总额占全国进出口总额的比重为57.43%，而1986年只有4.04%，其中，外商投资企业的出口总额占全国出口总额的比重由1986年的1.88%增长到2004年的57.07%；外商投资企业的进口总额占全国进口总额的比重，从1986年的5.6%增长到2004年的57.81%。外商投资企业已成为中国近几年对外贸易的主要增长点。

（五）扩大了社会就业，缓解了就业压力

吸收和利用外资对就业的影响分为直接影响和间接影响。直接影响就是外商投资企业提供的直接的就业机会，间接影响指的是外商投资企业提供的配套产品企业和提供服务部门创造的就业机会。经济学家认为，间接影响创造的就业机会比外商投资企业直接雇用的人数要高 2~3 倍。截至 2004 年底止，在现存注册经营的 29 万家外商投资企业中就业的人员超过 2 400 万人，约占全国城镇劳动就业人口的 11%。以此推算，外商投资对就业产生的间接影响可达 5 000 万人左右，对缓解我国社会的就业压力起到了重要的作用。

（六）促进了社会主义市场经济体制的建立和完善

利用外资对我国经济体制的转轨过程有明显的促进作用。外商投资企业的发展促进了中国经济结构的多元化进程和传统所有制结构的变革，加快了企业产权的流动和重组，对形成以国有经济为主导，多种所有制经济成分共同发展的经济格局起到了积极的作用。外商投资企业以市场为导向，完全按照市场机制来经营，采用国际上通行的企业组织形式和先进的内部管理机制，这对于中国传统企业制度的改革和现代企业制度的建立具有借鉴作用。外商投资带来的市场竞争机制以及与此相应的理念，有利于打破垄断，推动国内各种要素市场的形成和发育，加快中国宏观经济管理体制的改革和政府职能转变的步伐，对于建立和完善市场经济体制起到了积极的促进作用。

（七）提高了中国资产存量与新增资产的质量

通过与外商合资合作，可以把中国一部分企业原有的低质量的存量资产变成高质量的存量资产。中国的一些亏损企业通过合资合作，经营管理、技术开发和市场营销能力明显改善，企业经营状况好转。这是因为在外资进入的同时，人员、技术、管理、观念和市场营销网络等都会随之进入企业，实现各种生产要素的一揽子转移。如果没有其他生产要素的引入，国内企业即使投入大量资金，也可能难以改善其盈利状况和长期发展能力。外商投资企业设立新企业，还可以形成新的高质量的增量资产。

（八）缩小了中国与发达国家之间经济发展水平的差距

发展中国家要想缩小与发达国家之间经济发展水平的差距，首先要缩小技术差距和知识差距。缩小这些差距的主要途径有三个：一是引进外国直接投资；二是扩大国际贸易；三是获得技术转让和技术许可证。改革开放 20 多年来，中国与发达国家间的差距有了明显的缩小，应当说作为经济增长发动机的外商直接投资在其中起到了重要的作用。

第二节 中国利用外资的方式

目前，我国利用外资的方式总的来说主要包括三大类：一是外商直接投资（FDI）；二是对外借款；三是对外证券融资。下面分别进行简要的介绍。

一、外商直接投资

党的十一届三中全会把改革开放确立为我国的基本国策，而利用外资则是改革开放的一个重要内容。从 20 世纪 70 年代末开始，我国在吸收、利用外国直接投资方面经历了从无到有、从小到大的成长过程，迄今为止成为世界上吸收、利用外国直接投资最多的国家（见表 11-2）。

表 11-2 **1979~2004 年中国利用外国直接投资情况表** 单位：亿美元

年份	实际金额（亿美元）	同比增长（%）
1979~1982	17. 7	/
1983	9. 2	/
1984	14. 2	54. 9
1985	19. 6	37. 8
1986	42. 4	14. 7
1987	23. 1	3. 1
1988	31. 9	38. 0
1989	33. 9	6. 2
1990	34. 9	2. 8
1991	43. 7	25. 2

年份	实际金额（亿美元）	同比增长（%）
1992	110.1	152.1
1993	275.2	150.0
1994	337.7	22.7
1995	375.2	11.1
1996	417.3	11.2
1997	452.6	8.5
1998	454.6	0.5
1999	403.2	−11.3
2000	407.2	1.0
2001	468.8	15.1
2002	527.4	12.5
2003	535.05	1.5
2004	606.3	13.3

资料来源：（摘自商务部有关资料）。

我国利用外商直接投资主要有三种方式，即合资经营、合作经营和独资经营。20世纪80年代前期，我国利用外商直接投资的基本格局是合作经营占优势，合资经营次之，独资经营逐渐起步，所占比例很小。1986年以后，合资经营一度成为外商直接投资的主要方式。进入20世纪90年代以后，我国利用外商直接投资的方式向多元化方向发展，独资经营的比例不断提高，与合资经营一起成为利用外商直接投资的主要形式。此外，我国还利用其他一些灵活多样的投资方式，如BOT方式等。

（一）中外合资经营企业

中外合资经营企业即股权式的合营企业，是指由外国公司、企业和其他经济组织和个人同中国的公司、企业或其他经济组织按照中国的有关法律，经中国政府批准，在中国境内设立的合营企业。中外合资经营企业的组织形式为有限责任公司，具有中国法人地位。中外合资经营企业是目前我国利用外商直接投资的一种主要形式，具有以下几个主要特点：

（1）中外双方共同投资（外方投资不得低于25%），其投入的股本可以采用现金投资、实物投资（包括厂房、设备、机器、物料等）、无形资产投资（包括工业产权、专有技术和场地使用权等）三种方式。中外合资经营企业的投资者中必须有一方是外国的公司、企业或其他经济组织和个人。凡是由中国法人经营和中国法人合营的都不构成中外合资经营企业。但在实践中，对于香港、澳门、台湾和海外华侨来华投资的企业，也按有关外商投资企业的各项规定和政策进行管理。

（2）合营各方共同组成董事会共同经营。董事会是合营企业的最高权力机构，决定合营企业的一切重大事宜。合营企业实行董事会领导下的总经理负责制。

（3）合营双方共负盈亏。即双方共同承担合营企业的经营风险，并根据各自的投资比例承担亏损，分享利润。

（4）有限责任。公司以其全部资产为限对外承担债务责任，合营双方对合营承担的责任以各自投入的注册资本为限。目前中外合资经营企业大多数不发行股票，未采取直接的股份表现形式，因此，合资经营者的投资以合资经营企业出具的投资证明书为凭证。

举办中外合资经营企业有利于引进先进的设备、技术和科学管理知识，有利于培训人才，能够带进一些通过一般的技术引进方式难以获得的先进技术，甚至取得动态技术。与外资企业相比，合资企业有利于中国大量老企业的技术改造，并且可以借助对方的销售网络，扩大产品出口。

（二）中外合作经营企业

中外合作经营企业是指中国企业和其他经济组织与外国投资者依照合同在我国设立的联合经营企业。主要法律特征是双方的利润分配、风险及表决权等权利义务由合同规定，而不得由投资的比例决定。举办中外合作经营企业一般由外国合作者提供全部或大部分资金、技术和关键设备等，中方通常负责提供土地使用权、现有厂房设施或部分资金等。

合作经营企业可以组成法人资格的实体，即有限责任公司，也可以组成非法人的经济实体，即合作各方共同出资或提供合作条件，按照合作企业合同的约定经营管理企业，合作各方对企业的债务承担无限连带责任，企业不具有法人资格。非法人合作企业合作各方提供的合作条件或投资可由合作各方分别所有，也可以共有，由合作企业统一管理和使用，任何一方不得擅自处理。具有法人资格的合作企业设立董事会及经营管理机构，董事会是最高权力机构，决定企业的一切重大问题。不具有法人资格的合作企业设立联合管理委员会，由合作各方派代表组成，代表合作各方共同管理企业。

中外合作经营企业是"契约式合营企业"，而中外合资企业是"股权式合营企业"。企业设立的法律依据不同，这两类企业具体的区别主要有以下几点：

1. 投资方式不同

中外合资经营企业合资双方的投资方式是认缴合资企业的注册资本，认缴的注册资本一般以人民币表示，也可以用合资各方约定的外币表示；外国投资者的投资比例一般不低于合资企业注册资本的25%。中外合作经营企业合作各方的投资方式可以是认缴合作企业的注册资本，也可以是提供合作条件。在举办合作企业的实践中，一般是外国合作者提供资金、设备和技术，中方合作者提供场地使用权、现有厂房、劳务等基础条件。

2. 管理方式不同

合资企业实行董事会领导下的总经理负责制。董事会是企业的最高权力机构。董事会任命总经理、副总经理等负责企业的日常经营管理。合作经营企业则由中外合作各方在合同中约定。合作企业可以设立董事会或联合管理机构决定合作企业的重大问题。

3. 收益的分配和亏损分担的方式不同

合资企业各方按注册资本的比例分享利润和分担风险及亏损。而合作企业收益分配和亏损按合同规定执行。在实践中，合作企业的收益分配方式包括：产品分成；保证合作各方利润收益达到一个固定比值；按注册资本比例进行利润分成等。合作方的亏损分担方式包括：按利润分成比例分担；按注册资本比例分担；按合同约定比例分担等。

4. 企业终止时财产归属方式不同

合资经营企业的出资是永久性投资，合资各方只能转让其出资，而不能在经营终止前先行收回其出资。因此，当合资经营企业终止时，其清偿债务后的剩余财产按照合资各方比例进行分配。《中外合作经营企业法》第 22 条第 2 款规定："中外合作者在合作企业中约定合作期满时合作企业的全部固定资产归中国合作者所有的，可以在合作企业合同中约定外国合作者在合作期限内先行收回投资的办法。"由此可见，法律允许外国合作者在合作期限内先行收回投资。在实践中，外国合作者先行收回投资的合作企业，往往在合作合同中约定资本回收期。

在资本回收期内，外国合作者以多分利润的方式，或者以提取折旧的方式先行收回投资，因此，合作期满时企业的全部固定资产归中方合作者所有。

（三）外商独资企业

外商独资企业是指经中国政府批准，向中国工商行政管理部门注册登记的，在中国境内从事独立经营的外国公司、企业和其他经济组织和个人。这些营业机构具有法人地位，受中国法律的管辖和保护，按照外国企业所得税缴纳所得税。其主要特征是：

1. 外商独资企业是经中国政府批准注册的外资股份为 100% 的外资股份的经济实体，但不包括外国的企业、公司或其他经济组织在中国境内的分支机构。外资企业不同于外国企业。外国企业是指在国外依照外国法律设立的，然后经中国法律许可在中国境内从事经营的企业；而外资企业是依中国法律在中国境内设立的具有中国法人资格的企业。

2. 外商独资企业的财产全部归外国投资者所有，经营管理权为外国投资者所掌握，外国投资者享有企业全部利润并独自承担经营风险和亏损。外国投资者在中国境内的投资、获得的利润和其他合法权益受中国法律保护。

3. 外商独资企业的组织形式为有限责任公司，经批准也可以为其他责任形式。外国投资者对企业的责任适用于中国的法律和法规的规定。

4. 外商独资企业的经营期限根据不同行业和企业的具体情况，由外国投资者在设立外资企业的申请书中拟定，经审批机关批准。外资企业需要延长经营期限的，应在距离经营期满 180 天前向审批机关提出延长期限的申请，审批机关在接到申请之日起 30 天内决定批准或不批准。经批准的，向工商行政管理机关办理变更登记手续。

外商独资企业的优点是：（1）无须本国的资金和外汇。（2）利用我国一些闲置的或机会成本较低的经济资源。（3）通过所得税可分享外国企业近一半的所得收入。（4）中方不承担任何风险。（5）通过其先进的经营管理的示范效应，以及其录用与培训中国员工，引进先进的经营管理技术。

（四）外商投资股份有限公司

外商投资股份有限公司是指依《关于设立外商投资股份有限公司若干问题的有关规定》设立的，全部资本由等额股份构成，股东以其所认购的股份对公司承担责任，公司以全部资产对公司债务承担责任，中外股东共同持有公司股份，外国股东购买并持有的股份占公司注册资本 25% 以上的企业法人。

允许设立外商投资股份有限公司是我国进一步吸引外资的有效途径，这是由外商投资股份有限公司的特点决定的：

第一，外商投资股份有限公司可以向社会公开募集资本。这类公司的全部资本划分为等额资本，公司发起人在购买认购的股份之后，可向社会公开发行股票，以筹集资金。任何愿意出资者，只要其有闲置资金，即可购买股票成为股东，而没有任何资格限制。这样，外商通过在境内发行人民币特种股票（B 股）和在境外发行境外上市外资股（包括但不限于 H 股和 N 股）等形式，吸引境内外民间闲置外资，拓宽了外资来源。

第二，外商投资股份有限公司的股份转让具有任意性，公司财产具有相对独立性。由于这类公司的股份在保证外国股东购买并持有的股份不低于公司注册资本的25%的前提下，可以通过股票买卖或赠与，自由转让他人，这就使得股票持有人具有更多的选择权和积极性。公司股东个人财产独立于公司财产，股东仅以其出资额为限来承担公司债务。此外，股东不参与公司的日常经营管理事务，仅参加股东大会，分享红利。

外商投资股份有限公司的以上优点促使境外投资者，尤其是那些仅有少量资金的投资者乐于向股份有限公司投资。因此，设立外商投资股份有限公司既有利于吸收大额外资项目，也有利于吸收小额投资，甚至包括游资。

（五）投资性公司

投资性公司是指外国投资者在中国境内以独资或与中国投资者合资的形式设立的从事直接投资的公司，其形式为有限责任公司。2004年2月12日，中华人民共和国商务部在第二次部务会议上通过了《关于外商投资举办投资性公司的规定》，对申请设立投资性公司应符合的条件做出明确的规定：

1. 外国投资者资信良好，拥有举办投资性公司所必需的经济实力，申请前一年该投资者的资产总额不低于4亿美元，且该投资者在中国境内已设立了外商投资企业，其实际缴付的注册资本的出资额超过1000万美元，并有3个以上拟投资项目，或者该投资者在中国境内已设立了10个以上外商投资企业，其实际缴付的注册资本的出资额超过3000万美元；

2. 以合资方式设立投资性公司的，中国投资者应为资信良好，拥有举办投资性公司所必需的经济实力，申请前一年该投资者的资产总额不低于1亿元人民币；

3. 投资性公司的注册资本不低于3000万美元。

经中国政府批准设立的投资性公司被赋予较一般外商投资企业更为广泛的经营范围，以鼓励跨国公司开展系列投资活动。目前，投资性公司可在国家鼓励和允许外商投资的工业、农业、基础设施、能源等领域进行投资。

（六）中外合作开发企业

中外合作开发是指外国公司依据《中华人民共和国对外合作开发海洋石油资源条例》和《中华人民共和国对外合作开采陆上石油资源条例》，同中国公司合作进行石油资源的勘探开发。合作开发是国际上在自然资源开采领域最为广泛采用的一种经济合作方式，其特点表现为高投入、高风险、高回报。截至 2004 年底止，我国已与外国公司签订石油合作勘探开发合同 200 多个，改进外资 93 亿美元。

1982 年颁布的《中华人民共和国对外合作开采海洋石油资源条例》和 1993 年颁布的《中华人民共和国对外合作开采陆上石油资源条例》明确规定在维护国家主权和保障我国经济利益的前提下，允许外国公司参与合作开采我国的石油资源。中外合作开发一般都采用国际招标的方式，外国公司也可以单独组成集团参与投标。中标方与中方签订石油合作勘探开发合同，确定双方的权利和义务，合同期限一般在 30 年以内。合作开发合同经外经贸主管部门批准后方可生效，整个开发周期一般包括勘探、开发和生产三个阶段。勘探阶段由外方承担全部费用和风险，在勘探期内，如果在合同确定的区域范围内没有发现有开发价值的油气田，合同即告终止，中方不承担任何损失和补偿责任。如果在合同规定的区域范围内发现有开采价值的油气田，则进入开发阶段，中方可以通过参股的方式（一般不超过 51%）与外商共同开发，按双方合同商定的出资比例共同出资。油田在进入正式生产阶段后，按法律规定缴纳有关税收和矿区使用费，双方按合同规定的分油比例以实物方式收回投资与分配利润。亏损时，双方按合同规定承担责任。

在中外合作开采海洋石油资源时，按照我国法律规定，我国政府享有对自然资源的永久主权。国家授权中国海洋石油总公司统一负责我国海洋石油资源对外合作开发业务。中外合作双方一般采取非法人式的契约合营，并不组成一个真正意义上的企业，而是在平等互利的基础上签订石油合同，按照石油合同所规定的权利和义务进行合作，中外双方仍是两个独立的法人，双方之间仅为合同关系。

目前，我国陆上石油资源的对外合作开发业务由中国石油天然气集团公司和中国石油化工集团公司统一负责。中外合作开发陆上石油资源一般由国务院授权的部门或单位负责在国务院批准的合作区域内划分合作范围，确定合作方式，组织制定有关规则和政策，并由中国石油天然气集团公司或中国石油化工集团公司通过招标或谈判的方式与外国公司签订合作开发陆上石油资源合同，报商务部批准后方能生效。

（七）BOT 投资方式

BOT 的英文全称为 Build Operate Transfer，它是指私营机构参与设施项目的开发经营。BOT 是 20 世纪 80 年代出现的在国际工程承包市场上出现的一种带资承包方式。80 年代以后，由于一些发达国家和发展中国家对基础设施的需求不断增长，但长期的经济不景气导致了资金不足，从而，一些国家政府逐步使公共部门与私营企业合作，为基础建设提供资金，于是产生了 BOT 投资合作方式。BOT 的实质是一种债务与股权混合的产权，它是项目构成的有关单位（承包商、经营商及用户）组成财团成立的一个股份组织。对项目的设计、咨询、供货和施工实行一揽子总承包，且在项目竣工后在特许权期限规定的时间内进行经营，向用户收取费用，以回收投资、偿还债务、赚取利润，到达特许权期限后，财团无偿将项目交给政府。运用 BOT 方式建设的工程一般都是大型资本技术密集型项目，主要集中在一些市政、道路、交通、电力、通讯、环保等方面。BOT 的演化方式还有 BOO，即 Build Operate Open，即建设、经营、拥有；BOOT 即 Build －Operate－Own－Transfer，即建设—经营—拥有—转让，其内容与 BOT 大同小异。

在 BOT 中，Build 是建设，其含义应纳入直接投资的范畴。在通常情况下，投资者根据东道国的法律、法规，按照一定的出资比例，出资与东道国共同建造或构建公司或企业等，这种公司或企业即为双方成立的合资经营公司。运用 BOT 方式，在投资方面具有形式多样，选择灵活的特点，具体表现是：

（1）允许投资者出资兴办新企业，也可通过购买产权等方式在旧企业占有股份，达到成立合资经营公司的目的。

（2）可以成立股权式的合营公司，也可以成立非股权式（即契约式）的经济组织，还可以成立股权加契约式的实体等。

（3）成立公司，可以构成一个独立的实体，具备法人资格，也可以不构成独立的实体。而成为一种不具备法人地位，各自独立的经济组织。

（4）投资比例根据东道国的起点要求，由投资者自主决定，可以独资，也可以合资或合作经营。

在 BOT 中，Operate 是经营，其意义是成立公司或企业后的运转、操作和管理。经营方式包括以下几种：

（1）独立经营，即由外商独立经营，自负盈亏。这种方式有利于东道国学习先进技术和提高管理水平。同时，对于东道国来说，仅仅利用税收及使用费和提供材料供应来增加收入，而不承担任何经济风险。

（2）参与经营。按照国际惯例，参与经营即由投资国和东道国共同成立股权式的合营企业。合营企业成立董事会，依照合同章程的规定，决定重大问题，并决定任命或聘任总经理负责日常的经营管理工作。

（3）不参与经营。即经合营或合作双方商定，委托所在国一方或聘请第三方进行管理工作，而投资方则不参与经营，但采取这种方式一般都是有固定的收益保障作为前提条件的。

在 BOT 中，Transfer 是转移。这是采用 BOT 投资方式与其他投资方式相区别的关键所在。采用 BOT 投资方式，可以合资经营、合作经营、独资经营，但在经营期满以后，都会遇到投资方如何将财产转移给东道国的问题。在通常情况下，合作经营（契约式或包括契约加股权式的合营企业），投资方大都远在经营期满以前，通过固定资产折旧及分利方式收回了投资，故此，大部分契约中都规定合营期满，全部财产无条件地归东道国所有，不再另行清算。这里的转移是无条件的转移。合资经营（股权式）的特征是投资双方按照投资比例（股份）共同经营、共享利润、共担风险。在合营期内，即使出现亏损也不允许一方收回其投资本金。合营期满后，如双方不再继续投资合营，则以财产、债权、债务进行清算后分得剩余财产。对原有企业的处理是转售、有价出让或拍卖，东道国要获得企业，可以用自己应得的部分剩余财产去折抵，或追加投资进行购买，BOT 方式认为这是一种买卖行为。在合资经营的 BOT 方式中，经营期满后，原有企业转移给东道国，但这种转移是一种有条件的转移，条件如何，由双方在合资前期谈判中商定。外商独资经营的转移也可采用这种有条件转移。

BOT 投资方式正是由于这一特点使它逐渐成为领导当今世界投资方式的一种流行趋势。BOT 投资方式是一个系统方式，它跨越独资、合资与合作之间的界限，可以组成各种各样的投资方法，而其最大的特点是可以以物引资，这特别适合我国的国情。迄今为止，我国采用 BOT 方式建成的项目主要有：深圳沙角 B 电厂、广西来宾电厂、湖南长沙电厂等电厂项目，以及广州轻轨铁路、武汉城市铁路以及一些大型污水处理项目，如上海达成水处理厂等项目。

二、对外借款

（一）政府借款

政府借款是指一国政府利用财政或国库资金向另一国政府提供的具有援助性质的优惠性贷款。按照国际惯例，通常，优惠性贷款必须包含 25%、30% 或者 35% 以上的赠与成分。政府贷款的利率通常大大低于市场贷款利率，一般情况下不超过 3%，期限可长达 20～30 年，但政府借款数额有限，而且一般附有其他条件或者指定贷款用途。1997 年之后，我国政府陆续与日本、意大利等国签订了使用该国政府贷款的协定。利用这些贷款，我国开发了大量能源、交通、原材料和通信设施等建设项目，同时，加强了基础工业薄弱环节的建设，对于加快我国经济快速发展起到了主要的作用。

我国在利用外国政府贷款时，始终坚持独立自主、自力更生的基本原则，在不损害国家主权、不附加任何政治条件、平等互利、友好合作的条件下，与外国政府充分协商，共同确定贷款的规模和条件。

目前，我国使用的外国政府贷款的主要种类有：

（1）项目贷款。项目贷款一般是指外国政府承诺对我国确定的建设项目所需一定金额的贷款。它是按照政府贷款的用途划分的。

（2）无息贷款和计息贷款。无息贷款是指借款国无需向贷款国支付利息仅按借款合同如期偿还本金的贷款。计息贷款是指借款国按借款协议规定的利息和费率计算借款利息，到期向贷款国还本付息的贷款。通常，政府借款的利率低于市场利率。

（3）混合贷款。这是指在使用外国政府贷款的同时，使用贷款国一定比例的出口信贷，这两种贷款作为一个整体使用时成为混合贷款。

（二）国际金融组织贷款

国际金融组织贷款主要是指国际货币基金组织（IMF）、世界银行及其附属机构、国际开发协会（IDA）、国际金融公司（IFC）的多边投资担保机构（MIGA）、联合国国际农业发展基金以及地区性的多边开发银行机构如亚洲开发银行提供的贷款。

1. 国际货币基金组织贷款

国际货币基金组织（IMF）的宗旨是促进国际货币合作，便利国际贸易的扩大和平衡发展，稳定国际汇兑，它一般为其成员国提供 3~5 年的中期贷款，用以解决成员国国际收支调整的困难，利率大约在 4%~7%，随贷款年限的增加而递增。因此，国际货币基金组织的贷款，主要用于成员国出现收支不平衡时，向该成员国提供短期援助性贷款。我国在 1980 年恢复在 IMF 的代表权，在 1981 年和 1986 年出现较大贸易逆差时借用了 IMF 的贷款。虽然 IMF 的贷款不能用于建设项目，却能缓解国际收支逆差时的压力。目前，中国人民银行负责管理 IMF 的贷款。

2. 世界银行贷款

世界银行贷款的宗旨是向发展中国家和地区提供长期生产性贷款，以促进发展中国家经济发展和提高劳动生产率。最初世界银行的贷款是以基础设施方面的项目为重点，贷款必须用于一定的工程项目，重点为基础工程项目，如交通（公路、铁路、港口和航空）和公用事业（电力、邮电及通信等）以及教育建设和事业项目等。近年来，世界银行贷款中逐渐增加了一些与政府经济结构调整和改革相关的内容，包括管理体制改革、价格研究、成本研究、产品销售与市场等方面的问题。世界银行提供的都是长期贷款，期限在20~25年，最长可达30年，借款人一般为会员国政府，国营企业或私营企业在政府担保下也可取得世界银行的贷款；贷款的利率随金融市场利率变化做出调整。我国于1980年恢复了在世界银行的合法地位，已争取到了许多能源、交通、电讯等基础产业项目贷款。目前，财政部负责管理世界银行贷款。

3. 联合国国际农业发展基金会贷款

联合国国际农业发展基金会成立于1977年12月，从1978年1月1日起开始其业务活动，现已发展成为联合国粮食与农业的三大机构之一。其宗旨是"筹集资金，以优惠条件提供给发展中的成员国，用于发展粮食生产，改善人民的食物营养，逐步消除农村贫困现象"。

在增加粮食生产方面，有短期项目、长期项目和政策支持项目：①短期项目主要是通过改良土地、改进排灌、改良品种、改进农作制度和管理水平来提高作物产量。②长期项目主要是通过兴修水利、垦荒和移民等手段改善和提高农民的生产和生活条件。③政策支持项目主要是协助政府解决在土地、物价、信贷、市场、补贴等农业政策投资方面的资金需求。在消除贫困方面，农发基金主要强调贷款项目要直接用于经济条件差的个体农户和乡村妇女，而不能用于国营企业或为私人资本赢利。

农发基金现有162个成员国，这些国家共分为三个类别，即Ⅰ类国家——经济合作与发展组织成员国，共21个；Ⅱ类国家——石油输出国组织成员国，共12个国家；Ⅲ类国家——发展中国家，共129个国家。

农发基金的资金来源包括：①创始基金；②成员国补充捐款；③非成员国和来自其他方面的特别捐款；④农发基金的投资收益。农发基金资金的筹措由三个类别的国家协商提出认捐总额。Ⅰ、Ⅱ类成员国是农发基金的主要捐助国；Ⅲ类成员国是农发基金的主要受援对象，但也根据自愿的原则捐助部分资金。农发基金每3~5年进行一次资金补充，到目前为止，共进行了五次补充资金认捐，累计总额达 41 亿个特别提款权（包括创始基金）。

联合国国际农业发展基金会的贷款分为三类，即：

①高度优惠贷款，每年收取 0.75% 的服务费（1994 年以前收取 1%），贷款期 40 年（1994 年以前为 50 年），含宽限期 10 年。凡人均国民生产总值不超过 805 美元的国家均可使用此类贷款；

②中度优惠贷款，年利率相当于其他国际金融机构浮动利率的 50%（现为 3.54%），贷款期 20 年，含宽限期 5 年，人均国民生产总值在 806~1 305 美元之间的国家适用此类贷款；

③普通贷款，年利率相当于其他国际金融机构浮动利率的 100%（现为 7.07%），贷款期 15~18 年，含宽限期 3 年，适用于人均国民生产总值 1 306 美元以上的发展中国家。

贷款项目涉及农业开发、乡村发展、信贷、灌溉、畜牧、渔业、移民定居、农产品储存、加工和销售、科研推广培训等 10 个领域，近来又强调对农村贫困妇女进行扶持。

1979 年 7 月，中国代表团利用在罗马参加《世界农村改革和乡村发展大会》的机会，与农发基金官员进行接触，开始了双方的合作往来。1979 年冬季，中国代表团在参加粮农组织大会的同时，与农发基金官员协商入会事宜，后于 1980 年正式加入农发基金，并承诺认捐。1980 年下半年，中国提出"北方草原与畜牧发展项目"的申请，与农发基金开始了实质性的合作。我国自 1980 年加入农发基金以来，已累计向农发基金认捐 3 033.85 万美元，其中：初始认捐 60 万美元和 60 万元人民币；第一期补充资金认捐 130 万美元；第二期补充资金认捐 180 万美元；第三期补充资金认捐 800 万美元；第四期补充资金认捐 850 万美元；第五期补充资金认捐 1 000 万美元。作为第Ⅲ类成员国，中国在与农发基金合作早期时间内曾交替使用过高度优惠贷款和中度优惠贷款。自 1987 年以后，农发基金一直向中国提供高度优惠贷款。截至 2004 年止，农发基金共向我国提供了 16 笔优惠贷款，协议贷款额 4 亿多美元。农发基金贷款项目覆盖了我国的 17 个省（市、自治区）的 150 个贫困县（市），约有 900 万贫困农民直接受益。

4. 亚洲开发银行贷款

亚洲开发银行（简称"亚行"，Asian Development Bank，ADB）是亚洲、太平洋地区的区域性政府间国际金融机构。它不是联合国下属机构，但它是联合国亚洲及太平洋经济社会委员会（联合国亚太经社会）赞助建立的机构，同联合国及其区域和专门机构有密切的联系。根据 1963 年 12 月在马尼拉由联合国亚太经社会主持召开的第一届亚洲经济合作部长级会议的决议，1965 年 11 月至 12 月在马尼拉召开的第二届会议通过了亚洲开发银行章程。章程于 1966 年 8 月 22 日生效，11 月在东京召开首届理事会，宣告该行正式成立。同年 12 月 19 日正式营业，总部设在马尼拉。建立亚行的宗旨是促进亚洲和太平洋地区的经济发展和合作，特别是协助本地区发展中成员以共同的或个别的方式加速经济发展。亚行对发展中成员的援助主要采取四种形式：贷款、股本投资、技术援助和联合融资相担保。

1986 年 2 月 17 日，亚行理事会通过决议，接纳中国为亚行成员国。同年 3 月 10 日中国正式为亚行成员，台湾以"中国台北"名义继续保留席位。中国是亚行第三大认股国，认股额为 16 亿美元，拥有 6.096% 的投票权。在 1987 年 4 月举行的理事会第 20 届年会董事会改选中，中国当选为董事国并获得在董事会中单独的董事席位。同年 7 月 1 日，亚行中国董事办公室正式成立。1986 年，中国政府指定中国人民银行为中国对亚行的官方联系机构和亚行在中国的保管银行，负责中国与亚行的联系及保管亚行所持有的人民币和在中国的其他资产。2000 年 6 月 16 日，亚行驻中国代表处在北京成立。截至 2004 年 12 月 31 日止，中国共使用亚行硬贷款约 148 亿美元，涉及多个领域和行业，其中，排名前三位的分别是交通和通讯（占 49.3%）、能源（占 17.4%）和社会基础设施（占 7.5%）。此外，截至 2004 年底止，亚行对中国技术援助赠款承诺额共 2.4 亿美元。

（三）国际商业贷款

国际商业贷款是指在国际金融市场上以商业条件筹得资金。

1. 出口信贷

出口信贷是世界各国为支持和扩大本国大型设备的出口，加强

434

国际竞争能力，由该国的出口信贷机构通过直接向本国出口商或外国进口商（或其银行）提供利率较低的贷款，或者是通过担保、保险或是给予其满足国外进口商对本国出口商支付贷款需要的一种融资方式。这种由国家组建的出口信贷机构（Export Credit Agencies，ECAs）鼓励本国金融机构对本国出口商或外国进口商或外国进口商的银行提供优惠贷款，或者直接提供贷款就叫官方支持的出口信贷（Officially-Supported Export Credits，OSECs），通常简称为出口信贷。出口信贷属于中长期信贷，贷款期限一般为 5 ~ 8 年，最长不超过 10 年。

出口信贷的主要形式有两种。第一种是出口卖方信贷。它是指外贸银行或商业银行对出口商提供的中长期贷款，以支持出口商开拓与争夺销售市场，它在出口信贷发展的初期占据主要地位。第二种形式是出口买方信贷。它是指外贸银行和商业银行直接向进口商或进口商所在国的银行或政府部门发放贷款，使得进口商可以用这笔贷款通过支付现汇的方式从贷款国进口商品，它在出口信贷发展成熟时期占据主要地位。在具体做法上又分为两种形式：一是由出口国银行向进口国银行提供贷款，再由进口国银行向进口商转贷，然后进口商用该笔贷款向出口商进行现汇支付。这种出口买方信贷的做法是出口商与进口商签订商务合同，出口国银行与认可的进口国银行签订贷款协议，二者可以同时签署，也可以不同时签署。二是由出口国银行直接向进口商提供贷款，进口商用之购买出口商的商品，而进口商与出口商之间以现汇进行结算。在这种形式的贷款中，出口商与进口商签订即期付款的商务合同，出口国银行将贷款直接贷给进口商，因此由出口国银行与进口商直接签订贷款协议，但一般都要求有认可的进口国银行提供还款担保。如果到期进口商不能还本付息，该银行将出面替进口商偿还贷款的本息。

2. 国外商业银行及其他金融机构贷款

国外商业银行及其他金融机构贷款是指我国的借款人向境外的商业银行和其他金融机构按市场利率支付利息取得的贷款。境外商业银行贷款具有以下几个特点：

第一，一般境外商业银行贷款为双边贷款。通常，由一家银行牵头，多家外国银行参加，联合向某一借款人提供较大金额的长期国际银团贷款。金额在 1 亿~10 亿美元之间，这也是目前国际上筹集大量中长期商业贷款的主要途径。

第二，贷款利率有固定利率和浮动利率两种，国际市场上浮动利率使用得较为普遍。浮动利率由基准利率（LIBOR）加上一个加息率组成。此外，每笔贷款还必须按照一定的费率支付承诺费、管理费、代理费和杂费等。

第三，短期贷款期限一般在一年以内，主要用于解决银行及金融机构资金流动的不足；中长期贷款一般在一年以上，最长可达 15 年，它一般作为项目资金，用于解决长期资金的不足。

3. 国际融资租赁

国际融资租赁（International Financial Lease）是指一国出租人根据另一国承租人的请求及要求的规格，与第三方订立一项供货合同，根据合同，出租人按照承租人在与其利益有关的范围内所同意的条款取得设备，并且，出租人与承租人订立一项租赁合同，以承租人支付租金为条件授予承租人使用设备的权利。国际融资租赁是国际经济合作中的一种新形式，是商品信贷和金融信贷同时进行资金筹措的一种特殊形式。国际融资租赁具有以下几个特点：

第一，一项国际融资租赁交易至少同时涉及三方当事人——出租人、承租人和供货商，至少由两个合同——国际贸易合同和国际租赁合同将三方当事人有机地联系在一起。

第二，租赁的设备由承租人自行选定，出租人只负责按照承租人的要求购买设备，这是融资租赁的法律特征之一。出租人不承担设备缺陷、延迟交货的责任和设备维护的义务；承租人不能以此为由拖欠或拒付租金。

第三，出租人在租期内只能将设备出租给一个特定的承租人，出租人从该用户收取的租金应等于该项租赁交易的全部投资和利润，或者根据出租人所在国关于融资租赁的标准，等于投资总额的一定比例，如 80%。总之，出租人在一次交易中就能收回其全部投资或该项投资的大部分资金。

第四，通常，在租期内租赁双方无权中止合同。对承租人来

436

讲，租赁的设备是承租人根据其自身需要自行选定的，因此，承租人不能以退还设备为由提前中止合同。出租人也不能以市场涨价为由在租期内提高租金。

第五，设备的所有权和使用权相分离。设备的所有权在法律上属于出租人，设备的使用权在经济上属于承租人。

值得注意的是，我国在积极借用外资发展经济的同时，必须加强对外债的管理。近几年来不断发生的国际债务危机给债务国经济发展造成了极大的打击，也为我们敲响了警钟。目前，我国也进入了偿债的高峰期，加强对外债规模与结构、效益与偿还的管理已经成为我国借债能力和债务清偿能力的制约条件，这对于我国经济持续健康发展也具有重要的意义。

（1）外债规模管理。外债规模管理是指一国将其外债规模确定并维持在一个适度的合理的水平上，它是对外借款管理的中心环节。对外借款规模必须保持适度性，否则，在一定时期，如果借款增长过快，规模过大，超过该国对外偿还和国内消化吸收贷款的能力时，将可能出现债务危机，从而影响到其对外信誉和再融资的能力。相反，若贷款规模过小，则意味着经济增长的潜力没有充分发挥，因此，加强借款规模管理是十分必要的。我国对借款管理的基本要求是统一领导、分工负责、加强管理、严格控制。借款管理的总目标为：适度控制外债规模，合理安排债务结构，确保外债清偿能力，有效经营运用外债资金，取得最大的社会经济效益，促进我国经济的发展。

国际上公认的最常用的判断一国外债规模是否合理的指标是债务率、偿还率和负债率。

偿还率 =（当年偿还外债本息÷当年贸易与非贸易外汇收入）×100%

这是衡量一国还款能力的指标。国际公认的警戒线为 20%，我国的偿还率一直处于警戒线以下。

负债率 =（当年外债余额÷当年国民生产总值）×100%

这是衡量一国经济对外资依赖程度或总值债务风险的指标，国际公认的警戒线是 30%，我国一直处于警戒线以下。

债务率＝（当年外债余额÷当年贸易与非贸易外汇收入）×100%

这是衡量一国负债能力和风险的指标，国际公认的警戒线为100%，我国一直处在警戒线以下。

（2）外债结构管理。包括：

第一，外债期限结构管理。期限结构管理是指一年期以上的中长期外债和一年期以内的短期外债的比重。确定合理的外债结构有利于保持对外负债的均衡性，避免还债高峰的出现，有利于国民经济持续稳定地发展。国际上衡量一国外债期限结构是否合理安全的指标是短期外债占当年外债余额的比重不低于 25%。

第二，外债的利率结构管理。利率结构是指外债余额中使用固定利率和浮动利率的比例。要合理安排，适时调整，根据整体利率水平选择固定利率和浮动利率，确保最低风险和最大收益。

第三，外债币种结构管理。应注意保持币种多样化和合理搭配币种结构的比例。合理的币种结构要达到两个目标：一是选择费用最低的外币贷款以达到筹集资金成本最小化；二是最大程度上减少汇率波动所带来的风险。同时，应注意使进出口贸易用汇与借款币种紧密结合，降低货币兑换的成本和风险。

第四，外债借款市场和国别管理。借款市场和国别结构应多元化。不同的市场有不同的资金来源和筹集方式，而且每个国家对资金管理的法律不尽相同，政治气氛也处于时刻变化之中，要使国家外债来源稳定，必须保持外债市场和国家的多元化，极力避免将外债集中在一个或几个国家中，以免受到政治波动的制约，使资金稳定流入，适应国内建设的需要。

三、对外证券融资

（一）对外发行证券

境外发行证券是指一国政府、金融机构、企业等在国际债券市场上，以外国货币或境外货币为面值发行的债券。自 1982 年以来，我国已通过中国银行、中国国际信托投资公司等金融机构在国际资本市场发行以外币标明面值的债券，包括欧洲债券和外国债券，筹集了大量的中长期外汇资金。债券筹资主要用于建设一些大型项目，如能源、交通等基础设施以及轻工业等行业的技术改造。

对外发行债券必须经过国外信用评级机构的评级，选择承购商，确定债券的利率、偿还期限和发行价格，在适当的时间、地点以最佳的方式出售债券。采用这种方式筹措外汇资金，虽然存在利率较高和发行手续繁多的缺点，但却有所筹资金额大、期限长和可自由运用的优点。

（二）通过上市筹集资金

我国企业通过股票市场利用外资的具体方式包括：中国企业在境外直接上市筹集资金、中国企业在境外间接上市筹集资金。下面对这两种方式简要做以介绍。

1. 中国企业在境外直接上市筹集资金

中国企业在境外直接上市是指中国境内注册成立的股份有限公司或境内法人直接申请在境外证券交易所上市交易。海外上市是中国企业走向世界的一个重要途径，也是中国企业筹集外汇资金的一个重要方式。进入 20 世纪 90 年代以后，随着中国证券市场的对外开放，中国企业也开始了海外发行股票并直接上市的历程。目前，我国企业主要是通过在香港发行 H 股和在美国发行美国存托凭证（ADR）在海外直接上市融资的。

H 股是在中国内地注册的股份有限公司在香港发行股票的简称。1992 年，中国证券监督管理委员会确定了首批 9 家大型国有企业作为试点单位，在香港发行 H 股并上市交易。1993 年，中国证券监督管理委员会、香港证券及期货事务监察委员会、香港联合交易所、上海证券交易所和深圳证券交易所在北京联合签署了《中港证券监督合作备忘录》，这为内地企业在香港上市交易奠定了法律基础。1993 年 6 月，第一家国有企业—青岛啤酒股份有限公司在香港上市成功，开创了国有企业境外直接上市的先河。截至 2003 年 9 月 30 日，中国内地企业已有 56 家完成了在香港上市的工作。内地企业在香港上市，不仅为国内企业筹集了大量的发展资金，而且还促进了中国企业股份制改革和中国股票市场的发展。

美国存托凭证，简称 ADR（American Depositary Receipt），是

指由美国存托银行发行的一种类似股票证书的可转让票据，代表美国投资者对非美国公司、政府或美国公司的海外子公司发行所有权凭证，也就是在美国发行股票的外国公司将其股票由承销商交给本国银行或外国银行在本国的分支机构保管，并以此为担保通知美国的存托银行发行股票存托凭证，投资者可将存托凭证上市转让或凭以领取股息。如果股票存托凭证是向全球投资者发行的，则称为全球股票存托凭证。ADR 的发行避开了美国法律对外国公司股票在注册手续、财务报表、会计准则、信息披露等方面严格的管辖，并为美国投资者购买和转让非美国公司的股票提供了便利。早在 1994 年，国内的华能国际电力、华能发电开发、东方航空、南方航空和天津钢管 5 家公司就通过发行 ADR 在美国市场上市融资。1994 年 4 月 28 日，中国证券监督管理委员会和美国证券交易委员会签订了《中美合作监管备忘录》，从而开始了两国在股票投资领域的合作。

我国企业境外上市具有很多有利的因素：

（1）我国经济在全球经济普遍不景气的大背景下仍保持很高的增长率，这对境外投资者具有极大的吸引力，境外投资者对我国企业上市保持较高的热情，有利于我国企业筹集发展资金。

（2）境外上市公司的行为受到上市证券市场所在国法律的约束，境外证券市场法律法规完备规范，要求上市公司按照国际惯例制定财务会计标准并及时披露财务信息，这有利于上市公司转换经营机制，更快地与国际市场接轨，树立良好的国际形象。

（3）海外市场规模大、资金流动性强，我国企业上市可以大规模地筹集发展所需的资金，同时成熟的二级市场有利于稳定股票价格，维持上市公司在境外证券市场的良好信誉。

2. 中国企业境外间接上市

中国企业海外间接上市主要有两种方式，即买壳上市和造壳上市。

（1）买壳上市是指中国企业通过购买另一家已在境外证券市场挂牌上市公司全部或部分股份取得公司实际的控制权，然后再注入我国国内的资产和业务。1984 年，中国企业开始通过买壳上市融资。1992年，首钢公司收购了香港上市公司东荣钢材51%的股份，从而取得该公司的控制权，达到了在香港股市间接上市融资的目的。买壳上市可以避免国外证券市场严格的上市标准和上市程序要求，使境内企业在短期内达到上市融资的目的，降低了企业融资的成本。买壳上市的不足之处在于很难找到适合的壳公司，而且收购存在一定的成本和风险，甚至由于收购失败带来严重的损失。

（2）造壳上市有两种具体的做法：一是在海外注册一家控股公司，对国内公司进行控股，以控股公司的名义到海外申请上市，将所筹集的资金用于国内企业，达到国内企业间接上市融资的目的。1992年沈阳金杯汽车有限公司的华晨控股在美国纽约上市交易。华晨控股为沈阳金杯在百慕大注册的控股公司，通过控股公司便捷的取得了海外大量的资金。二是国内企业与已上市的外国知名企业合并，通过增发新股或换股上市，这也是中外合资企业海外上市时通常所采用的方法。

我国对有资格申请境外上市的企业有着明确的规定，即必须满足以下六个条件：

第一，符合我国有关境外上市的法律、法规和规则。

第二，筹资用途符合国家产业政策、利用外资政策及国家有关固定资产投资立项的规定。

第三，净资产不少于4亿元人民币，过去一年税后利润不少于6 000万元人民币，并有增长潜力，按合理预期市盈率计算，筹资额不少于5 000万美元。

第四，具有规范的法人治理机构及较完善的内部管理制度，有较稳定的高级管理层及较高的管理水平。

第五，上市后分红派息有可靠的外汇来源，符合国家外汇管理的有关规定。

第六，符合证监会规定的其他条件。

四、其他方式

（一）补偿贸易

它是指我国企业或组织从国外引进某种生产技术和设备，以其产品或中外双方同意的其他产品来偿还的贸易方式。在补偿贸易下，技术设备是经过作价出售的，并发生了所有权的转移，因而它是一种贸易方式，另外，补偿贸易也是国际间一种资金融通的方式。这是因为，设备技术的引进方是利用出口方提供的商品信贷或银行资金信贷进口技术设备来开办企业和进行生产活动的，引进方的生产性投资活动是建立在出口方提供信贷的基础上的。但它又不同于出口信贷。因为在补偿贸易下。中方一般不是用外汇而是以实物产品来偿还信贷的。对于引进方来说，补偿贸易是一种利用外资的方式，而对于出口方来说，它则是一种资本输出的方式。

（二）对外加工装配

这种方式不是一般意义上的利用外资，而是类似我国向国外提供劳务，通过利用外国的设备、专利、市场信息等实现利用外资的目的。

我国的经验表明，合理地利用外资，是加速经济发展的一个有效手段。我国有很多大型的工业骨干企业都是在利用外资、引进国外先进的技术和设备的基础上发展起来的。实践证明，合理地利用外资，是实现我国经济高速增长的需要，也是加快现代化建设的迫切需要。

第三节　入世与我国利用外资的政策措施

一、中国有关利用外资的优惠政策及评价

（一）中国有关利用外资的优惠政策

我国利用外资的优惠政策分为两个阶段：第一阶段是 1979 年至 1993 年，主要是通过扩大对外开发的经济领域和地区范围给予外商各种投资优惠；第二阶段是 1994 年至今，重点是合理引导外资的投向，注重提高利用外资的质量和效益。

为了吸引外资，我国先后制定和颁布了《中外合资经营企业法》《中外合作经营企业法》和《外资企业法》等，并与 60 多个国家签订了投资保护协定，与 20 多个国家签订了避免双重征税协

定。此外，我国还采取了一系列的优惠措施来吸引外商投资，主要有以下四个方面：

1. 税收优惠

税收优惠是我国吸引外商投资的主要政策，在具体形式上表现为按照相应税法规定的既定税率，在一定期限内对外商投资企业实行减税、免税和退税。

（1）企业所得税优惠

1991年4月9日颁布的《中华人民共和国外商投资企业和外国企业所得税法》规定，我国境内企业的所得税税率为30%，地方所得税税率为3%，合计总税率为33%。这一税率，大大低于国有、集体企业的总体税负。税制改革后，虽然实行了内外资企业相同的所得税名义税率（均为33%），但政府实行税赋返还政策，从而降低了税制改革对外商投资企业的影响。有关资料表明，内资企业实际负担所得税率大约为22%，外资企业实际负担所得税率平均为12%左右。这样使外商投资企业的税负明显轻于内资企业，根据国家对外开放的总体布局和产业政策，我国还规定了多层次的税收优惠政策：

①对设在经济特区的外商投资企业、经济技术开发区的生产性外商投资企业，按15%的税率征收企业所得税；

②对设在沿海经济开发区、经济技术开发区所在城市老市区的生产性外商投资企业，按24%的税率征收企业所得税；但如果该投资项目属于技术、知识密集型且投资额在3 000万美元以上，或者投资回收时间长的能源、交通、港口码头等国家鼓励投资项目，按15%税率征税；

③对生产性外商投资企业，经营期在10年以上的，从开始获利的年度起，前两年免征企业所得税，第3～5年减半征收。

④产品出口企业在法定减免所得税期满后，凡当年企业出口产品产值达到当年总产值70%以上的，可按现行税率减半缴纳企业所得税。先进技术企业在法定减免企业所得税期满后，可以延长3年减半缴纳企业所得税。

⑤从事农业、林业、牧业的外商投资企业和设在经济不发达地

区的外商投资企业，按照税法规定享受免税待遇。减免税待遇期满后，经企业申请、国务院税务主管部门批准后，在以后 10 年可以继续按纳税额减征 15%~30% 的企业所得税。

企业所得税的各项优惠主要体现在国家对于特殊行业、国家鼓励发展的行业及特殊地区投资的优惠。

（2）再投资的优惠

再投资是指外国投资者将其在中国境内的投资所得的一部分或全部重新在中国境内投资，举办新企业或扩建现有企业，加大企业的注册资本。外国投资者再投资可享受如下优惠政策：

①外国投资者将所获利润投资于一般企业（非出口型和非先进技术型），投资经营期不低于 5 年的，可退回再投资部分已缴纳所得税税款的 40%。

②外国投资者将企业利润在中国境内再投资，举办、扩建产品出口企业或先进技术企业，经营期不低于 5 年的，经税务机关批准，全部退还其再投资部分已缴纳的企业所得税。

（3）关税方面的优惠

按照我国法律规定，外商投资企业作为投资进口、为生产出口产品而进口的原材料、元器件、包装材料等，免征进口所得税。1995 年 12 月，国务院改革和调整进口税政策，其中包括降低进口税总体水平，取消绝大部分进口税减免政策，其中包括 1996 年 4 月 1 日后成立的外商投资企业进口设备和原材料一律照章纳税。对 1996 年 3 月 31 日前成立的外商投资企业在投资总额内进口设备和原材料给予 1~2 年的免税期；其中 3 000 万美元以下的项目，在 1996 年 12 月 31 日前进口的设备和原材料，仍可按原规定免征进口关税和增值税。进口设备免税政策取消后，在一定程度上影响了现有企业规模的扩大和设备更新，使新建投资项目有所下降。为了扩大利用外资的规模，引进先进的技术设备，国务院决定自 1998 年 1 月 1 日起，对国家鼓励和发展的外商投资项目，进口设备免征关税和进口增值税；为了支持加工贸易的发展，外商提供的不作价进口设备，免征关税和进口环节增值税。

2. 外商投资企业经营管理方面优惠政策

我国在投资行业、资本形式、企业所有权、合营期限、进出口经营权、员工来源、企业领导人员的安排等方面，实行了灵活的优惠政策。

3. 信贷优惠

对于投资规模较大、技术比较先进的项目，在生产和流通过程中需要借贷的短期周转资金，以及其他必需的信贷资金，运用国家信贷功能，给予重点扶持，优先放贷。目前，在中国银行开户的外商投资企业已超过 5 万家。中国银行已成为外商投资企业累计提供了上千亿元人民币和上百亿美元贷款。除中行外，工商行、建行、农行、交行等，也都为外商投资提供了有力的信贷资金支持。

4. 外汇管理办法的优惠

为了保证外商投资者的合法利益，促进外商投资企业的水利发展，我国实行了灵活的外汇变通办法：

（1）外商投资企业实行现汇管理，不结汇，自收自支，自行平衡。汇率并轨后，为了对外商投资企业逐步实行国民待遇，国务院已批准外商投资企业实行银行售汇试点。

（2）外商投资企业在国内市场上销售的一些产品，可以按有关规定收取外汇。

（3）国内银行可以向外商投资企业发放外汇贷款和外汇抵押人民币贷款。

（4）外商投资者依法取得的利润及外国职工的合法外汇收入，可以汇往境外；合法的人民币收入也可以调剂后汇往境外。

（二）对中国利用外资优惠政策的评价

我国对外资企业实行广泛的优惠政策，对促进外资数量的快速增长起到了积极的作用。不仅如此，外资优惠政策的作用更主要地体现在矫正市场失效，弥补由政府干预而给投资者带来的损失，以及辅助产业政策引导外商投资方向和区位选择等方面。但另一方面，优惠政策本身存在不足，随着我国经济水平和引进外资层次的不断提高，这种以优惠为主的鼓励政策的弊端已经逐渐显露出来，主要表现在以下几个方面：

1. 在优惠政策与地区政策结合方面，中国和其他发展中国家相比，做得不够理想。在地区政策上有两点显著不同：

（1）东南亚国家对投资者的地区倾斜政策适用于所有的投资者，内外资一视同仁；而中国实行内外有别的政策，外国投资者所能拥有的投资优惠高于国内投资者。

（2）东南亚国家的地区优惠政策明显倾向于边远落后地区；而中国则倾向于经济特区、开发区，这种地区优惠政策的倾斜造成我国利用外资的"逆地区倾斜"分布模式，使得外商投资大多集中在东部沿海地区。

2. 优惠政策尤其是税收优惠政策与我国产业政策目标相矛盾。我国目前采用的降低税率、减免税期、再投资退税、亏损结转等优惠政策手段存在偏向性，只对企业利润进行实质性的照顾，主要有利于盈利企业。只有那些投资规模小、经营周期短、见效快的劳动密集型企业，在短期内获利的企业才能享受到优惠，而对那些投资规模大、经营周期长、见效慢的资本密集型企业或技术密集型企业而言，则是难以在短期内实现获利并享受到税收优惠利益的，这就使投资难以按产业政策导向流动。

3. 对港澳台外商投资企业的特殊优惠，使我国吸收的外资中，港澳台资本占相当大的比重，造成外资来源结构的不合理和外商投资企业规模偏小、技术水平低等问题。

4. 优惠政策的制定忽视了优惠成本与效益的关系。我国外资政策中的优惠待遇是"身份赋予"性质的，毫无选择地对外资企业给予特殊优惠，从而造成许多问题，如降低了外资进入条件，加剧了产业结构矛盾，部分外资企业效益低下、假合资等。

5. 实践中的外资政策不统一，中央与地方优惠政策不统一，各地之间不统一，也削弱了对国内市场的保护。地方政府进行优惠政策拍卖，使外商从中渔利，缺乏有力的政策规范地方政府行为，使产业政策得不到规范。

6. 优惠政策造成了不公平的市场竞争。我国外资政策中，对外商投资企业优惠过多，形成内外资企业不平等和对外商投资企业的超国民待遇，这是造成我国内资企业与外商投资企业不公平竞争的原因。从开始引进外资开始，我国一直执行着一种内外有别的投资政策。这种区别主要表现在税收政策、外汇政策、定价等一系列的法规上。另外，内资企业通常要比外资企业承受较多的社会负担，这都造成了内外资企业的不公平竞争。

我国外资政策除了上述问题外，还有如对外商投资企业的次国民待遇等。随着我国改革开放及经济建设经验的丰富，我国政府业已逐步调整外资政策，从而使我国外资政策逐步规范。

二、世贸组织有关投资的协议

中国加入 WTO，意味着中国更深入地参与世界经济全球化。中国入世在参与全球经济分工与合作中，将分享贸易投资自由化带来的利益，与此同时，中国也为世界各国提供更大的市场机遇，入世后，世贸组织的基本原则也将更多地在中国利用外资的政策法规中体现出来，同时我国将全面实施世贸组织涉及投资方面的协议，加快投资自由化的进程。加入 WTO 对中国利用外资产生重大影响。根据 WTO 的基本原则和有关规定修改或调整有关外商投资法律法规和政策，使外商投资的进入及其生产经营按市场规律和国际惯例进行；市场开放承诺扩大了市场准入，拓宽了外商投资领域；关税壁垒及非关税壁垒的大幅度取消会降低外商投资成本，便利投资品、中间投入品和最终产品的进出口；WTO 有关规定对中国管理外商投资提出了新的要求，客观上有助于稳定企业投资及生产经营环境，减少不可预期的人为风险。而所有这一切，都会为外商直接投资提供更加良好的外部环境。

（一）世贸组织与投资有关的一些主要的基本原则

1. 非歧视贸易原则

非歧视贸易原则又称无差别待遇原则，是针对歧视待遇的一项缔约原则，它要求缔约双方在实施某种优惠和限制措施时，不要对缔约对方实施歧视待遇。根据非歧视待遇原则，世贸组织一成员方对另一成员方不能采用任何其他成员方所同样不适用的优惠和限制措施。非歧视的进行贸易是世贸组织的基石，是各国平等地进行贸易的重要保证，也是避免贸易歧视和贸易摩擦的重要基础。在世贸组织中，非歧视原则由最惠国待遇和国民待遇条款体现出来。

（1）最惠国待遇原则

最惠国待遇是指一成员方将在货物贸易、服务贸易和知识产权领域给予任何其他国家（无论是否为世贸组织成员）的优惠待遇，立即和无条件地给予其他成员方。最惠国待遇的形式有无条件最惠国待遇和有条件最惠国待遇。在国际贸易中，最惠国待遇的实质是保证市场竞争机会均等，它具有以下几个要点：①自动性。这是最惠国待遇的内在机制，体现在"立即和无条件"的要求上。当一成员给予其他国家的优惠超过其他成员享有的优惠时，根据这一原则，其他成员便自动地享有了这一优惠。②同一性。当一成员给予其他国家的某种优惠，自动转给其他成员方时，受惠标的必须相同。③相互性。任何一成员既是给惠方，又是受惠方，即承担最惠国待遇义务的同时，也享有最惠国待遇的权利。④普遍性。最惠国待遇适用于全部进出口商品、服务贸易的各个部门和所有种类的知识产权所有者和持有者。

（2）国民待遇原则

国民待遇原则是指对其他成员方的产品、服务或服务的提供及知识产权的所有者和持有者所提供的待遇，不低于本国同类产品、服务或服务提供者及知识产权所有者和持有者所享有的待遇。国民待遇原则具有以下几个特点：①国民待遇原则适用的对象为产品、服务或服务提供者及知识产权所有者和持有者，但是因为产品、服务和知识产权领域受惠对象的不同，国民待遇条款的适用范围、具体规则和重要性也有所不同。②国民待遇原则中的"不低于"是指其他成员方享有不低于本国产品及国民享有的待遇，若进口成员方给予前者更高的待遇，并不违背国民待遇原则。

2. 贸易自由化原则

在世界贸易组织框架下，贸易自由化原则是指通过多边贸易谈判，实质性削减关税和减少其他贸易壁垒，扩大成员方之间的货物和服务贸易。世贸组织倡导并致力于推动贸易自由化，要求成员方尽可能地取消不必要的贸易障碍，开放市场，为货物和服务的国际流动提供便利。世贸组织所管辖的一系列协议或协定如《1994 关贸总协定》和其他相关的贸易协定都要求各成员方分阶段逐步实行贸易自由化，开放市场，以此扩大市场准入水平，促进市场的合理竞争与适度保护。贸易自由化主要体现在以下几个方面：

（1）削减关税

关税的高低对进出口商品的价格有着直接的影响，特别是高关税，是制约商品在国际间自由流动的重要壁垒。因此，世贸组织在允许其成员方使用关税的同时，要求成员方逐渐下调关税水平并加以约束，以不断推动贸易自由化的进程。

（2）减少非关税贸易壁垒

非关税贸易壁垒是指除关税以外的各种限制贸易的措施。非关税贸易壁垒具有形式多变、隐蔽性强的特点，越来越成为国际贸易发展的主要障碍。世贸组织制定了专门的协议，规范成员方的相关行为，减少非关税贸易壁垒。

（3）服务贸易的市场准入

随着国际贸易的发展，客观上要求各国相互开放其服务领域，然而，各国为了自身利益，对服务业的开放制定了很多的限制政策。这些限制严重地阻碍了服务业的公平竞争，为此，世贸组织制定的《服务贸易总协定》要求，成员方有义务为其他成员方的服务产品和服务提供者提供更多的投资和经营机会，分阶段、逐步开放其国内服务市场。

3. 促进公平竞争

这一原则是指各成员的出口贸易经营者不得采取不公正的贸易手段进行和扭曲国际贸易竞争，尤其不能采取倾销和补贴的方式在他国销售产品。以倾销或补贴方式出口和销售本国产品给进口方国内工业造成实质性侵害，或有实质性损害威胁时，该进口方可以根据受损的国内工业的指控，在查证落实并裁决后，采取征收反倾销税和反补贴税的措施。同时，世贸组织强调，受损害的进口国征收的反倾销税或反补贴税的税额不得高于倾销或补贴的程度。

4. 透明度原则

透明度原则是世贸组织的一项重要原则。它贯穿于世贸组织主要的协议和协定之中，对实现公平贸易和竞争起着重要的作用。根据透明度原则，要求各成员迅速公布有效实施的、现行的有关管理对外贸易的政策法规，以使其他成员国政府和贸易经营者熟悉相关的法规。有关的政策法规包括：有关进出口管理的法规和行政规章；有关进出口商品国内税收和检验检疫的法规和规定；海关法规；有关进出口货物外汇支付方面的法规；有关利用外资、服务贸易和知识产权保护方面的法规等。

5. 允许例外和实施保障措施

世贸组织关于允许例外和实施保障措施是指在一定时期、一定范围和一定程度上背离世贸组织的原则，不承担和不履行已承诺的义务时，对进口采取紧急的保障措施，如提高关税和实施数量限制等。这样可以兼顾不同发展水平成员国的利益，也可以减少经济发展中出现的突发和不稳定因素的破坏作用。《1994 年关贸总协定》的第 19、20、21 条以及世贸组织的其他相关协议中，对例外的条件、商品与国家和实施保障措施的约束条件都作了规定。采取紧急保障措施应只限于受损害的产品，实施时应是非歧视的，应以书面形式向其他成员方通报，确保透明度，并且必须严格限制使用这些措施的范围、程度和时间。

6. 鼓励经济发展，尤其是发展中国家的经济发展和经济改革

世贸组织的成员国超过 3/4 的国家是发展中国家以及正处于对非市场经济体制进行经济改革进程中的国家，因此，世贸组织继承和保留了关贸总协定中有关对于发展中国家缔约方给予照顾的原则，给予发展中国家一些优惠待遇，允许其在履行义务时享有一定的灵活性和特殊待遇，如《与贸易有关的投资措施协议》规定，发展中国家成员方履行该协议所规定的义务即取消与贸易有关的投资措施的过渡期为 5 年，其中最不发达国家为 7 年，发达国家为 2年等。

世贸组织的上述主要原则在我国利用外资的实践和相关的政策法规中已经逐步得以体现。这些规则与国际资本的流动有着直接的关系，也对我国利用外资产生了重要的影响。目前，与利用外资有关的政策和法规，我国政府都及时予以公布，提高外商投资政策的透明度和稳定性，使外国投资者能及时、全面地了解相关的信息，以利于他们更好地开展投资和生产经营活动。

（二）《与贸易有关的投资措施协议》（TRIMs）与中国利用外资

《与贸易有关的投资措施协议》（*Agreement on Trade-Related In-vestment Measures*）是乌拉圭回合多边贸易谈判的三个新议题之一，也是有关投资最重要的协议之一。《与贸易有关的投资措施协议》列举了影响国际贸易自由进行的投资方面的措施，要求成员国在一定时期内逐步将其消除。这一协议已经成为国际经济贸易的通行规则和惯例。2001 年，我国已正式成为世贸组织的成员，因此，我国有关投资方面的政策和法规也必须与之相适应，做出相应的修改和调整。

1. TRIMs 的含义

在了解 TRIMs 的含义之前，先简要地了解一下投资措施的含义。通俗地讲，针对投资行为所采取的措施统称为投资措施。这类措施通常是资本输入国针对外国直接投资所实施的。另外，投资措施还包括资本输出国为了保护本国海外投资者的利益而采取的海外投资保险措施。WTO 有关投资的措施只限于前者。TRIMs 协议所涉及的措施仅限于资本输入国所实施的投资措施，而不包括投资企业本身所实施的措施。

与贸易有关的投资措施是指由东道国政府通过政策法令直接或间接实施的与货物贸易有关的对贸易产生限制和扭曲作用的投资措施。TRIMs 仅与货物贸易有关，不包括服务贸易，而且它并不是东道国政府对外商投资所采取的一切投资措施，它仅是其中的一部分；TRIMs 是指对贸易产生限制和扭曲作用的投资措施，不包括对贸易产生积极作用的投资措施。

2. TRIMs 正文部分的内容

TRIMs 正文部分的主要内容有：

（1） TRIMs 的使用范围和鉴别与国际贸易有关的投资措施的原则。规定 TRIMs 仅适用于与货物贸易有关的投资措施。关于鉴别原则，规定在不影响《GATT 1994》其他权利和义务的情况下，所有世贸组织成员国都不能使用与《GATT 1994》第 3 条国民待遇原则和第十一条有关取消数量限制原则不一致的与贸易有关的投资措施。

（2）例外条款和发展中国家成员国。《GATT 1994》中所有的例外都可以视具体情况适用于该协议；发展中国家成员国可以享受特殊优惠待遇。考虑到发展中国家在贸易和投资方面的实际情况和特殊要求，它们可以暂时自由地背离国民待遇和取消数量限制原则，但这种自由的背离必须符合《GATT 1994》第 18 条的规定，即主要目的是为了平衡外汇收支和扶持国内幼稚产业的发展等。

（3）通知和过渡安排。世贸组织成员国应在《建立世界贸易组织协议》生效后 90 天内向该组织的货物贸易理事会通告他们正在实施的与该协议不相符的所有与货物贸易有关的投资措施，不仅包括其基本特征，还包括其一般的和具体实施的情况。上述措施要限期取消，这个过渡期一般为：发达国家 2 年，发展中国家 5 年，最不发达国家 7 年。货物贸易理事会应发展中成员国的要求，可以适当延长其过渡期，但要求其必须证明在执行协议时的特殊困难。在《建立世界贸易组织协议》生效前 180 天内开始实施且与 TRIMs 不符的投资措施不享受过渡期，应该立即加以取消。在过渡期内，为了不对已建立的外商投资企业造成不利的影响，成员国可以在两种情况下将那些已用于这些已建企业的具体投资措施用于新建的外商投资企业。这两种情况是指：第一，新建企业生产的产品与已建企业生产的产品相同；第二，有必要避免新建企业与已建企业间造成扭曲的竞争条件。在以上这两种情况下采用的投资措施，应当向货物贸易理事会通报，并且要同对已建企业实施的投资措施一起取消。

（4）透明度要求。除必须遵守《GATT 1994》第 10 条"贸易条例的公布和实施"以及分别于 1979 年通过的《关于通知、磋商、争端解决与监督》和《关于通知程序的部长决定》以外，每个成员国都应向世界贸易组织秘书处通告可以找到与贸易有关投资措施的出版物，包括中央和地方各级政府所使用的相关出版物。但成员国可以不公开有碍法律实施对公共利益及特定企业的合法商业利益造成损害的信息。

（5）磋商和争端解决。《GATT 1994》第 22 条、第 23 条争端解决的程序与规则适用于本协议项下的协商与争议解决。

452

（6）建立 TRIMs 委员会。该委员会向所有的成员国开放。委员会应选举主席和副主席，每年至少召开一次会议。应任何缔约方的请求，可随时开会。该委员会的职责是：执行货物理事会分配的任务，并向成员国提供与 TRIMs 的运行和执行有关问题的咨询服务；同时，还负责监督 TRIMs 的运行和执行情况，并每年向货物贸易委员会报告这方面的情况，接受货物贸易委员会的检查。

3. TRIMs 附件部分的内容

TRIMs 附件部分的内容包括以下几个方面：

（1）不符合《GATT 1994》第 3 条国民待遇原则的投资措施，包括那些国内法律或行政条例规定的强制性实施的投资措施，或者为了获得一项利益必须与之相符合的投资措施。具体指以下两项：第一，当地成分的要求。要求外商投资企业生产的最终产品中必须有一定比例的零部件是在东道国当地购买或者当地生产的，不论这种要求以何种方式表达出来。第二，贸易与外汇平衡要求。规定外商投资企业为进口而支出的外汇不得超过该企业出口额的一定比例。

（2）不符合《GATT 1994》第 11 条关于取消进口数量限制的投资措施，包括国内法律或行政条例规定的强制性执行的投资措施，或者为了获得一项利益必须与之相符合的投资措施，具体包括三个方面：①贸易外汇平衡要求。对外商投资企业的进口作一般的限定，或者规定不得超过该企业出口量或出口值的一定比例。②进口外汇限制。规定外商投资企业用于生产所需进口额应限制在该企业所占有的外汇的一定比例。③国内销售要求。规定外商投资企业要有一定数量的产品在东道国销售。

TRIMs 是目前在国际范围内第一个正式实施的有关国际投资方面的多边协议，它扩大了多边贸易体系的管辖范围，将与贸易有关的投资措施纳入到了多边贸易体系之中，它必将对国际投资的发展起到推动作用。

就 TRIMs 附件提出的 4 项与贸易有关的投资措施，我国的具体情况是：

第一，关于当地成分要求问题。我国现行外资法规中既没有强制性的措施，也没有具体产品和标准要求，因而总的来说不存在当地成分要求问题。但在一些政策法规上存在文字表述上的问题，容易被人误解。例如，我国的《外资企业法》第 15 条规定："外资企业在批准的经营范围内需要的原材料、燃料等物资，可以在中国购买也可以在国际市场购买；在同等条件下，应当优先在中国购买。"另外，我国一些地方或部门在其指定的地方法规中含有一些当地成分要求的诱导性的规定，即对满足当地成分要求的外商企业给予一定的优惠。

第二，关于贸易外汇平衡问题和国内销售问题。我国的外资法规中对这两方面没有强制性的规定，也没有具体的数量要求，所以我国基本上不存在这两方面的问题。

三、入世对我国利用外资的影响

1. 加入 WTO 有利于增强外国公司对华投资的信心

加入 WTO 表明了我国坚定不移地坚持改革开放的决心和信心，也表明了中国政府按照国际规则和惯例开展国际经济活动的立场，使外商相信中国会按规则办事，完善投资环境，使竞争更加透明有序，在客观上有助于消除外商在华投资的障碍和降低经营成本，大大增强外商来华投资的信心。

2. 贸易自由化

研究表明，投资于我国的大部分外资企业都是看重了中国的区位优势：对于港澳台地区投资的企业来讲，主要看重的是廉价优质的劳动力以及国家给予的各种优惠条件；对于欧美等发达国家的大型跨国公司而言，它们主要看重的是巨大的中国国内市场。到目前为止，全世界 500 家大型跨国公司中已经有 400 家在华投资。可见，在中国投资的大部分外资企业是为了其全球战略的需要而在中国本土进行"内部化"经营。到 2005 年，中国的平均关税水平将降低到 10% 左右，中国更加开放的市场定会吸引更多的外资流入，对于出口加工型企业来讲，进口中间产品和出口最终产品的成本将更低，从而更有利可图。

3. 投资自由化

入世协议中规定了许多投资自由化条款，与降低关税相比，开放投资领域对外国资本更有吸引力。对外开放领域进一步拓宽。在一个有约束的框架内，金融、保险、电信、航空、旅游、医疗、教育等服务业领域将分阶段向外商开放，服务业成为吸引外商投资的新热点。2002 年，我国政府发布了新的《外商投资产业指导目录》及附件，体现了扩大开放、积极鼓励外商来华投资的战略：一方面，力图放宽外商投资的股比限制；另一方面，适应中国入世承诺，按照承诺的地域、数量、经营范围、股比要求和时间表，进一步开放服务贸易领域（包括银行业、保险业、电信业、证券业、旅游业等）；再有，就是继续鼓励外商投资西部地区、放宽外商投资西部地区的股比和行业限制（在 2~3 年内，对跨国公司投资股权比例的限制将放宽；在 5~6 年内，业务种类或地域限制将取消）。投资中国某些行业是大部分外国资本的夙愿，比如金融、电信等服务行业一直是外商钟情的领域。因此，一旦我国按照入世承诺放开相应的投资领域，外国资本定会大量涌入。

4. 加入 WTO 进一步加大我国改善投资环境的力度

加入 WTO 之后，中国必须遵循世界贸易组织非歧视原则、透明度原则、公平竞争原则等普遍原则，履行《GATT 1994》《与贸易有关的投资措施协议（TRIMs）》《与贸易有关的知识产权协定（TRIPs）》等世界贸易组织的一揽子协议，重新构建中国的涉外法律体系，这些原则和协议的贯彻与落实将使外商在华投资的整体环境得到根本改观。

首先，加入 WTO 将提高外商投资政策的透明度和稳定性。外商反映最为强烈的问题之一是中国的外资政策缺乏透明度和稳定性，为适应加入 WTO 的需要，中国将对现有的法律法规进行修改和补充完善，对 FDI 的管理原则和方法也将逐步与国际惯例接轨。其次，加入 WTO 之后，外商在华投资时所享受的低国民待遇将逐步消除。目前，中国在对外资企业给予"超国民待遇"的同时，也附加了种种限制，并在一些方面实行歧视性的"低国民待遇"。中国加入 WTO 之后将接受 TRIMs 的规定，承诺不采取各种"与贸易有关的投资措施"，并在其他方面逐步取消低国民待遇。再次，加入 WTO 之后，跨国公司在华投资的知识产权保护可望得到加强。在 TRIPs 强有力的多边保护机制下，跨国公司的技术优势能够得到充分发挥，强化了跨国公司的所有权优势，为跨国公司在华投资创造了一个更有保障的外部环境，将有利于技术密集型跨国公司在华投资的发展。

5. 加入 WTO 后，外商投资的地区分布会有所调整，推动西部向外资开放

我国利用外资大部分集中于东部沿海经济发达地区。根据《中国对外经济贸易年鉴》(2004 年)，2003 年东部实际利用外资 85.61%，而中西部仅占 14.30%。这种明显的利用外资地区分布失衡，使得东西部地区在资金投入和综合实力的差距上进一步拉大。众所周知，我国中西部地区投资的软、硬环境都不尽如人意，吸引外商投资既受到我国沿海发达地区的挤压，又面临印度、泰国、巴西、墨西哥等条件相当甚至更好的亚洲、美洲国家的竞争。入世以后，受我国西部大开发战略实施的影响，中西部地区吸引外资的速度已在加快，在全国利用外资总量中的比重已有较大上升。一是西部大开发战略的启动和实施，有望使中西部地区的经济增长速度超过东部地区，这将吸引到大量外商投资；二是在西部大开发战略的推动下，中西部地区将加快改革开放步伐，加强基础设施、生态环境建设，大力发展科技教育，投资环境将有较大改善；三是中西部地区自然资源丰富，加上低廉的劳动力，将对国际资本产生强大的吸引力；四是东部地区外资流入相对饱和，而中西部地区可投资的产业极为广泛。而且中西部地区尤其是西部地区有些投资领域的外资准入条件比东部更为宽松，政策也更为优惠，这些都将有利于吸引外商到中西部地区投资。

第十二章　中国对外投资管理

2004年以来，我国对外直接投资进入了高速增长阶段，对外投资的增长有利于我们利用两种资源发展我国经济，扩大出口，促进贸易增长。随着我国经济的发展，对外投资的规模会越来越大，为贯彻实施企业"走出去"战略，政府要完善管理措施，加强对企业的合理引导，使我国企业真正在对外投资中获益。

第一节　中国对外投资概况

一、中国对外投资的发展概况

改革开放27年来，我国经济在保持平稳增长的同时，对外贸易和海外投资一直处于大幅增长的态势。随着我国加入世界贸易组织，我国资本对外输出开始成为一种新的潮流。

我国的对外投资开始于改革初期。1979年11月，北京市友谊商业服务公司与日本东京丸一商事株式会社合资在东京开办"京和股份有限公司"，这是我国改革开放后在海外开办的第一家合资经营公司。以此为开端，我国对外投资伴随着改革开放的步伐迅速发展起来。纵观我国对外投资的历程，大致上经历了四个发展阶段：

第一阶段：1979—1983年，是我国对外投资的起步阶段。

在这一阶段，只有部委级的大公司在海外投资。国务院正式批准的境外投资企业共有61家，中方总投资额为4 573万美元，分布在23个国家或地区。投资领域最先是在承包工程、餐馆、金融保险、咨询服务等行业，后来逐步发展到资源开发、生产、交通运输、医疗卫生、旅游等行业。

第二阶段：1984—1988年，我国海外投资进入发展阶段。

随着我国对外开放的深入，我国先后有许多条件较好、有一定技术基础的大型企业参与国际竞争，在海外进行规模较大的投资，使海外投资企业的发展出现重大突破。到1988年，我国境外投资企业总数增加到450家，对外投资总额达到6.65亿美元。对外投资领域也扩大到诸如铁矿开采、林业开发、远洋渔业和加工生产装配等资源开发领域。

第三阶段：1989—1993年，是我国对外投资的转型阶段。

这一阶段，我国在海外投资的企业共增加了1 132家，对外投资额累计达到12.32亿美元。参与海外投资的国内企业类型增加，不仅外经贸企业而且工业企业、商贸物资企业、科技企业及金融保险企业等也参与到了海外投资中；海外投资的领域进一步拓宽，在服务业、工农业生产加工、资源开发等几大产业内的若干行业中都有海外企业设立；海外投资的总体规模和项目规模扩大，投资规模超过百万的项目增多，其中有些项目中方投资超过1亿美元，如首钢秘鲁铁矿项目中方投资达到1.2亿美元；海外投资分布的国家和地区更加广泛，到1992年底，我国企业已经在世界上120多个国家和地区设立了海外企业。

第四阶段：1994年至今，我国对外投资进入高速发展阶段。

从1994年开始，我国对外投资进入了一个新的发展阶段。到1997年底，经我国政府批准的境外投资企业已达5 356家，投资金额达60.67亿美元，分布于140个国家和地区。1999年后，为了推动出口贸易的发展，加快产业结构的调整，向海外转移国内成熟的技术和产业，我国政府提出鼓励有实力的国内企业到海外投资，通过开展境外加工装配、就地生产就地销售或向周边国家销售，带动国产设备、技术、材料和半成品的出口，扩大对外贸易。上述的政策措施被系统地概括为"走出去"战略。为了加快实施"走出去"战略，商务部先后向200多家企业颁发了"境外加工贸易企业批准证书"。由境外加工贸易而引发的海外投资将成为今后中国海外投资的新亮点。2001年，我国加入WTO后，在外国企业和产品大举进入中国市场的同时，我国企业也大步走向国外，充分抓住入世后的机遇和充分利用其缔约方给予我们的权利。我国企业海外投资行为更趋合理，盲目投资减少，以市场为导向，以贸易为先导，以效益为中心，逐步成为我国企业海外投资遵循的基本准则。根据商务部公布的数据，截至 2003 年底，我国批准设立的境外投资企业总数为 470 家（金融企业除外），中方协议投资金额为 114.3 亿美元；这些境外企业分布在 160 多个国家和地区，既有贸易性的也有非贸易性的，其中包含有境外加工贸易企业 489 家，中方协议投资额为 13.07 亿美元；2004 年 1～4 月，经商务部批准和备案设立的境外非金融类中资企业 197 家，中方协议投资额 6.51 亿美元，同比增长 47% 和 22.8%。其中，境外加工贸易企业 31 家，中方协议投资额 5 229.8 万美元。

二、中国对外投资的特点

当前我国对外投资呈现以下几个特点：

第一，起步虽晚，但发展速度较快。平均投资规模逐步扩大。自我国实行改革开放政策以来，仅仅 21 年时间，我国海外投资就在原来较低的基础上获得了迅速的发展，并已形成一定的规模，海外投资企业的数量和海外直接投资金额的年均增长率都比较高。我国对外投资年增长率不仅远远超过我国出口贸易和国内生产总值的年增长率，而且远远超过了其他发展中国家的对外投资年增长率。

第二，投资区域多元化，但偏重于发达国家和港澳地区。我国对外投资遍布世界五大洲 160 个国家和地区。从非贸易类企业绝对个数来看，我国对外投资主要分布地区依次为中国港澳地区、亚洲、欧洲、北美洲、非洲、南美洲和大洋洲。从具体的国家和地区来看，除港澳地区外，日本、泰国、新加坡、阿联酋、美国、澳大利亚、德国、俄罗斯、巴西等国家和地区的中国海外企业分布较多。总体来看，中国海外投资企业的区域分布呈现多元化的趋势。

第三，投资方向以中小型项目为主，逐步向扩大国家急需的资源开发等大中型重点项目方向发展。我国海外企业平均规模较小，平均投资额约为 287 万美元，只有少数项目投资水平达到上亿美元，但驻港企业向大型化、集团化方向发展。

第四，投资行业以贸易为主，逐步向非贸易领域扩展。投资初期，出于开辟国外贸易窗口的目的，投资领域几乎都在贸易行业。随着对外投资的发展，目前已拓展到贸易、资源开发、工业制造、交通运输、餐饮旅馆、咨询服务、科研开发、农业、房地产业等领域，其中以贸易、资源开发、工业加工制造是三大重点领域。

第五，出资方式多样化，海外企业以合资居多。我国企业海外直接投资的出资方式越来越多样化，有的以现汇出资，有的以从国外获得的贷款出资，有的以国内机械设备等实物出资，还有的以国内的技术专利或专有技术出资。从我国海外企业所有权结构来看，海外独资企业占 20% 左右，与东道国或第三国共同举办的合资企业与合作企业约占 80%，合营伙伴多为当地华侨。这些海外投资企业分别采用较传统的新建方式的约占 4/5，而采用目前国际上较为流行的收购与兼并方式的仅为 20% 左右。

第六，投资主体以外贸企业为主，逐步向多元化方向发展。根据企业经营性质，目前我国对外投资的主体主要有四大类：（1）外贸专业公司和大型贸易集团，以中化、华润、五矿等专业外贸公司为代表，是中国跨国公司的先锋和主力。（2）生产性企业或企业集团，以首钢、中冶、二汽、赛格、四通、联想等大型工业企业为代表。凭借其在资金、技术、人才、市场、管理等方面的优势对外投资。虽然起步较晚，但正以较快的发展速度向海外扩张。（3）大型金融保险、多功能服务公司，以中国银行、中信公司等为代表。这些公司资金雄厚，提供专业化服务，有良好的信誉，经营规模较大。（4）中小型企业，主要是乡镇企业、民营企业等。这些企业数量多，项目散，投资规模小，经营品种单一。

三、中国对外投资的必要性

我国发展对外投资会对国内企业和国内经济发展起到积极的推动作用。概括地讲，主要表现在以下几个方面：

（一）利用国外资源弥补我国资源短缺

中国虽然是一个幅员辽阔、自然资源相对丰富的大国，但是由于人口数目庞大，人均自然资源占有量远远低于国际平均水平，而且有些种类的自然资源国内储量和产量都较少，因而导致国内资源供需的总量和结构矛盾随经济发展日益突出。要保持国民经济持续稳定增长，国内现有资源无论从质上还是从量上都难以满足经济增长的需要。而资源产品通过一般贸易进口，不仅市场供应不稳定，而且价格易受国际市场的冲击出现波动。所以，要通过对外投资，建立稳定的国外资源供应渠道，开发国外资源为我所用，利用国外资源弥补国内资源短缺。我国在国外开办的林业开发、矿产开采和海洋渔业等对外投资企业，对满足国内这方面的资源需求发挥了很大的作用。

（二）带动中国经济增长

适度对外投资对我国经济增长的带动作用有以下几个方面：①通过对外投资获得经济增长所需部分国内稀缺资源，促进资源结构型约束下的经济增长。②通过适度对外投资，特别是比较先进技术部门投资获取先进技术和掌握先进技术的人才，这些技术和人才向国内扩散，使产业结构得以调整，促使产业结构升级，带动国内经济的增长。③通过适度对外投资，利用国际融资渠道筹措建设资金，也可以反过来投资国内，这些资本回笼，也可以促进经济增长。

（三）扩大出口，推动中国对外贸易的发展

对外投资企业的建立，很重要的一个目的就是要巩固、扩大和开拓海外投资市场。创办海外投资企业，绕过关税和非关税壁垒，变国内生产国外销售为国外生产国外销售，可以扩大出口；在国外创办零件供应与产品维修服务企业，可以扩大机电仪表产品出口，巩固和扩大原有的市场；那些生产和消费必须在同一地点同一时间进行的有形产品和无形产品的出口，也可以通过海外投资来实现；海外投资还可以带动国内机械设备、原材料出口。

（四）有助于实施市场多元化战略

改变我国出口市场过分集中的状况，开辟新的市场，实现出口市场多元化，是保证中国对外经济贸易持续稳定发展的重要条件之一。为此，就需要通过海外投资在新的出口市场所在地建立一些贸易企业和零部件组装和加工企业，扩大我国产品在该区域国家内的销售。

（五）深化对外开放，在全球范围内进行资本最优配置

一国的资本能否实现全球性的最优配置，是一国经济发展成熟与否的标志。资本的国际流动和一般资本流动规律一样，受利润最大化的驱使。在全球范围内，各国投资环境有很大的区别，一般贸易越来越受到关税、非关税壁垒和日趋强大的经济区域化、集团化的挑战，这是资本国际流动和全球配置的强大驱动力。我国企业同样受这种驱动力的驱使，必然要参与到资源的全球配置中去。

除此以外，对外投资还可以使我国企业充分利用入世后的机遇和权利，巩固和扩大我国对外经济援助的成果，及时了解和把握国际经贸信息与动态，有助于培养跨国经营所需人才等。

四、中国对外投资的可行性

我国开展对外投资不仅是必要的，也是可行的。其可行性具体体现在以下几个方面：

（一）我国已经具备对外投资的物质技术基础

在改革开放20多年的时间里，我国的综合国力不断跃上新台阶，国民生产总值列世界前列。截至2004年，国家已投入数万亿美元引进国外新技术和新设备，同时经过自身的研制、吸收、创新，已经开发出了许多接近甚至超过世界先进水平的新技术、新产品。尽管从总体上讲，我国的技术水平还大大落后于发达国家，但我国也拥有技术上的相对优势，有些还达到甚至超过世界先进水平，具有较强的竞争力。主要表现在以下几个方面：第一，我国拥有大量符合发展中国家需要的应用技术，可以向发展中国家大力开展这些方面的对外直接投资。第二，我国的古典园林、中医中药、传统食品等行业具有独特技术，可向发达国家进行对外直接投资；第三，我国的航空航天技术、计算机软件开发等高技术领域上已处于世界先进水平，可向发达国家进行广泛的对外投资。我国已经形成了一批具有相当技术水平、管理水平和资本实力的大型企业集团，如海尔、联想、首钢、吉林化学工业公司等，这些企业集团，在国内市场已经具有很强的竞争力，经过多年的出口贸易，在国际

市场上也有良好的声誉，并形成了一定的营销网络。事实上，我国已有许多企业集团开始进行跨国经营，如首钢、吉林化学工业公司、海尔、康佳等。在金融服务业方面，中国银行和中国工商银行也先后跨出国门，在国外设立分行或办事机构，成为跨国银行。

（二）我国已具备一定的管理经验和销售经验

我国的管理技术和经验同西方国家相比，往往更适合于发展中东道国的要素条件和生产水平，具有一定的管理优势。一般来说，我国的管理、技术人员薪金较低；管理人员对传统社会及其心理特征比较了解，比西方管理人员对当地工人更为宽容，与雇员冲突也较少；海外子公司与母公司联系松散，自立性强，企业组织与管理灵活性大。经过改革开放二十余年"引进来、走出去"战略的实施，我国企业通过在国内、国外两个市场上实践和不断向国外同行的学习，已经积累了相当的管理经验和销售经验，并形成自己的管理风格、优势和销售网络，已经能够胜任大规模的对外投资。

我国对外投资企业与大多数发展中国家的跨国公司一样，主要生产中低档同质产品，价格弹性强，可以运用价格竞争销售策略。我们对需求格局相仿的其他发展中国家市场比较熟悉，并愿意设计和生产适合当地条件的产品，开拓西方跨国公司不屑一顾的市场缝隙。一般来说，出口贸易是对外直接投资的先行者。我国已在产品质量和品种、出口销售渠道、市场多元化等方面具有了相当的竞争能力。因而我国有条件把这种出口推销能力与对外直接投资有机地结合起来，发挥相对优势，以对外投资反过来带动出口贸易。

（三）我国开展对外投资具有自身独特的优势

我国拥有数千万散居在世界各地的华侨和华裔，他们是我国开展对外投资可以借助的雄厚力量。他们大多熟悉当地的情况，有许多还是优秀的企业家或者是优秀的科研工作者，他们可以参与咨询和管理，为我国创办跨国公司牵线搭桥，甚至可以与我国的企业集团进行合资或合作经营，还可以为我国建立和扩大海外的销售网络提供巨大的支持和帮助。

随着生产和资本的国际化，国际分工和协作越来越细，再加上国际贸易保护主义抬头和区域经济一体化、集团化的发展，都不可避免地导致资本在国际间的频繁流动。所以，通过在国家间有效地利用资本，给本国带来巨大的经济利益，已经成为世界经济发展的必然趋势。我国作为一个对外开放的国家，如果只是引进外资而没有本国资本的输出，长此以往，不仅会产生资本的对外依附性，而且会因为资金的长期单项运动而降低国内资金运动的能力。所以，只有一方面吸收外国投资，另一方面又积极开拓国际投资市场，改善我国经济建设的国际环境，才能真正加强同世界各国的经济联系与合作。

第二节　"走出去"战略与中国企业海外直接投资

一、"走出去"战略的含义

21 世纪，经济全球化已成为不可逆转的发展趋势。加入世界贸易组织后，中国将面临更广泛的国际竞争，同时，在经济全球化的大趋势下，中国对外开放已进入一个新阶段，中国国内生产总值、外汇储备、进出口总量等已达到一定的规模，中国企业在与外国跨国公司的合作与竞争中逐步具备国际化经营经验和对外投资能力。推动有比较优势的国内产业开拓国际市场，扩大利用国外资源，成为中国参与经济全球化的必然选择。

"走出去"战略有广义和狭义之分，广义的"走出去"战略是指使中国的产品、服务、资本、技术、劳动力、管理以及中国的企业本身走向国际市场，到国外开展竞争与合作；狭义的"走出去"战略是指中国企业到国外投资办厂、投资开店，从事对外直接投资活动，将各种生产要素输出国门，将生产能力向国外延伸。下面主要是从狭义的角度探讨"走出去"战略。"走出去"战略也成为国际化经营战略、海外经营战略或跨国经营战略，"走出去"战略是与"引进来"战略相互对应的，这两个方面共同构成了中国对外开发的完整格局。

"走出去"战略大体上分为三个层次：第一个层次是商品输出层次，是指货物、服务、技术、管理等商品和要素的输出，主要涉及货物贸易、服务贸易、技术贸易以及承包劳务等。第二个层次是资本输出层次，是指对外直接投资，主要涉及的是海外投资建厂和投资开店。如果一家企业的"走出去"战略发展到了第二个层次，特别是海外投资达到了一定的规模，那么这家企业也就变成了跨国企业。第三个层次是品牌输出。当一家企业拥有著名品牌以后，它不仅可以授权国外的企业使用该品牌，还可以利用品牌的影响力与国外开展合资合作，并且可以借助品牌的知名度扩大产品的销售，可以说该品牌是大跨国公司参与国际竞争的有力武器。

二、中国实施"走出去"的战略意义

当今，经济全球化已成为不可逆转的潮流。对于我国已初步具备国际竞争能力的优势企业来讲，"走出去"积极参与国际竞争、国际分工与合作，走国际化发展的道路，不断拓展自身的生存与发展空间，既是顺应当今世界经济发展趋势的战略选择，也是企业不断成长壮大，成为中国有实力的跨国公司的必由之路。

（一）实施"走出去"战略是适应经济全球化的必然要求

经济全球化作为世界经济发展的规律性趋势，是不以人们的意志为转移的，任何国家都无法回避，也不应该回避。把"引进来"与"走出去"相互结合，这对于我们适应经济全球化和加入 WTO 的新形势，在更大范围、更广领域和更高层次上参与国际竞争与合作，更好地利用"两个市场，两种资源"，具有重大而深远的战略意义。中国只有顺应全球化的潮流，突破国界的局限，把视野从国内扩展到全球，建立一个在全球化环境中同样能够成功的经济体系，才能确保中国现代化目标的实现和长期持续的发展。从长远看，中国对外投资的发展潜力更大，在制订未来的多边投资框架中，具有特殊的战略利益。

（二）实施"走出去"战略有利于经济结构调整和产业结构优化

要想在更广阔的空间里促进经济结构调整和产业结构优化，拓展新的经济发展空间和新的经济增长点，增强中国经济发展的动力和后劲，就需要实施"走出去"战略。随着中国经济的迅猛发展以及产业的不断提升，中国将出现"夕阳产业"。这些企业的大多数工业产品供过于求，在经济全球化和国际竞争加剧的外部环境下，其市场受到来自进口和外资双重竞争的压力，生产能力过剩的状况愈加严重。中国企业的发展空间缩小，市场进入更加困难，因而"走出去"，到其他发展中国家、到世界上寻找市场空隙就成为必然。

（三）实施"走出去"战略是充分开发利用国外资源的迫切需要

我国是当前世界经济发展最快的国家，但是国内资源供求矛盾突出，许多资源面临着日益增长的需求压力。从世界各国的经验和发达国家的战略意图可以看出，加强对世界上重要和有战略意义的资源的投资和控制，通过跨国投资形式开发利用并在一定程度上支配国际资源，是一国经济安全和国家安全的重要途径。为了更好地开发利用国外资源，我国实施"走出去"战略，鼓励企业到国外进行资源开发合作，使我们在利用国际资源上掌握了一定的主动权。

（四）实施"走出去"战略有利于促进我国对外贸易的发展

在全球一体化的今天，世界贸易与世界投资的关系日益密切。对外投资是促进一国经济发展的重要条件；对外投资的数量、规模与增长速度，在一定程度上也决定了一国国际贸易的数量、规模与增长速度。据世界银行预测，到 2020 年，中国将成为世界第二大贸易国，其出口预计将接近世界总量的 10%。贸易大国的地位需要以投资作为后盾，需要投资的支持。世界贸易已经变得越来越敏锐、越来越复杂，中国要想在未来的几十年里迅速扩大出口是很难的，因此，以投资支持贸易是很重要的有效进入市场的手段。

（五）缓解国内竞争压力，开拓经济发展空间的需要

目前，中国经济已进入了高速发展但内需相对不足的阶段。短缺经济的结束引发传统产业出现了普遍过剩，开拓国内外市场，调整经济结构，培育新的经济增长点，提高国民经济整体素质成为中国经济发展的关键。随着加入世贸组织，中国开放的大门进一步加快了开启的速度，国界对国际竞争的屏蔽作用越来越小，中国经济还没有真正走向世界时，世界经济都已经登陆中国；中国的产品还

没有占领世界，世界的产品都把中国当成了最大最具诱惑力的市场。由此来看，国内企业不仅面临着发展空间受到挤压的危险，还面临着丧失本土生存空间的可能。同时，就业的压力、资源保障以及生态环境的制约比以往更为严重地影响着中国经济的发展。因此，我们一方面要振兴中国的民族工业，在国内市场上与涌入的外商争雄；另一方面要以积极的姿态大步"走出去"，在国际市场上和国际大公司进行较量。如果不敢到国际市场上去主动竞争，只是在国内市场上被动防守，最终会在激烈的竞争中惨遭淘汰。

三、入世与"走出去"战略

入世是中国经济融入世界经济体系的重大步骤。入世后，中国既享受到自 1947 年关贸总协定签订以来八轮多边贸易谈判的成果，又能够参与新的国际经济贸易规则的制定，并充分运用世贸组织的规则，维护中国和发展中国家的利益，同时还促使中国的对外开放由单方为主的自我开放，转变为与世贸组织成员之间的相互开放。中国企业有权获得世贸组织其他成员方的完整的贸易政策和措施的资料。中国企业有权要求政府保护自己的知识产权免受世贸组织其他成员的侵犯。世贸组织为中国企业与外国企业纠纷提供了一个新的解决问题的渠道，并为中国企业走向世界，开展国际化经营提供了更广阔的空间和发展机遇。

（一）入世后国内经营环境的变化和市场竞争的加剧迫使中国企业必须走向国际市场

入世后，中国将进一步加大对外开放的力度，国界对国际竞争的屏障作用会越来越小，国内企业面临着发展空间受到挤压的危险。首先，入世后，由于贸易壁垒的大量减少和国民待遇的实施，外国商品和服务将更容易地进入国内市场。随着国内商品和服务数量的增加，国内企业将面临更加困难的经营局面。其次，由于入世后国内服务市场取消了对外资准入的限制，外国服务企业尤其是服务业跨国公司将大举进入中国的金融、保险、电信、旅游、商业、外贸和专业服务等行业，因而，国内市场在这些领域的竞争也将空前激烈，企业也将遇到前所未有的挑战。再次，入世后，中国将根据世贸组织的原则对已经批准设立的 30 多万家外商投资企业逐步实行国民待遇，主要是取消给予外商投资企业的低国民待遇。这将使内资企业以往获得的一定程度的产业保护消失，从而增加生产经营风险和困难。面对入世后更加激烈的市场竞争，国内企业要积极地迎接挑战。一方面，要发挥本土的作战优势，改进管理，勇于创新，努力提高竞争力；另一方面，就是要实施"走出去"战略，走向广阔的国际市场，寻找新的企业生存和发展空间。

（二）入世后国际市场经营环境的变化，为中国企业"走出去"提供了良好的条件

入世后，中国既有应履行的义务也有应享受的权利。中国在入世后应享受的权利主要有：享有多边的、无条件的和稳定的最惠国待遇与国民待遇；享有"普惠制"待遇及其他给予发展中国家的特殊照顾；享有充分利用世界贸易组织的争端解决机制解决贸易争端的权利；享有在多边贸易体制中制定规则的权利。中国所享有的这些权利表明，入世使中国的出口产品在最大程度上获得市场进入机会并享受到有利的竞争条件，并且使中国企业获得开展跨国经营的良好环境。

第三节　中国对外投资的方式和战略

一、中国对外投资的方式

我国对外投资主要利用了对外直接投资、对外间接投资和对外提供贷款三种方式。

（一）对外直接投资

对外直接投资是指为了取得国外企业经营控制权而产生的生产要素一揽子资源的国际间移动。它有两个特点：一是投资的目的是参与经营并取得国外企业经营控制权；二是直接投资不单是资本流动，而且包括资本、劳动力、技术、管理、信息知识等生产要素的国际间流动。对外直接投资方式包括非股权式合作、股权式合作、独资、跨国并购以及跨国战略联盟等。下面进行简要的介绍。

1. 股权投资

股权投资是我国企业进行境外投资的一种重要的组织形式。通过这种方式可以建立独资企业、合资企业，以满足企业不同的经营需要。由于股权参与的份额不同，母公司承担的责任是有区别的。

（1）独资企业。独资企业是由母公司提供全部资金，独立经营，获取全部利润同时承担全部的损失。独资企业对于母公司来说，所需投资资本量大，而且风险高。不过独资企业可以避免合资企业中与合资伙伴在经营管理理念、经营管理方法、市场目标、企业文化等方面的冲突和不协调现象，还可以避免合资企业方式可能带来的潜在竞争压力，即在合资企业中不可避免地出现的合资一方将先进技术和管理经验向合资伙伴转移的现象。所以，从保护自己竞争优势的全球经营战略出发，选择投资大且风险高的独资企业是部分海外企业的一种必然选择。

（2）合资企业。合资企业可分为股权式合资企业和契约式合资企业：

①股权式合资企业。股权式合资企业是指不同国家或地区两个以上的法人或自然人共同投资兴建的，并由各投资方共同经营、共担风险、共负盈亏的企业。这种合资企业在筹建和经营过程中，贯彻平等互利的经营原则，即合资方以各自的股权比例获取与之相应的收益或承担同比例的风险。

②契约式合资企业。契约式合资企业即合作经营企业，是指两个或两个以上的不同国家和地区的投资者，在选定的国家和地区（通常在其中一方投资者所在国或地区），以合同为基础建立的经济组织，合作各方权利、义务和责任，经过协商，以合同（契约）的方式加以确定。合作经营企业通常由东道国合作一方提供场地、厂房、劳动力等，而外国投资者则提供资金、技术、主要设备等。

合资企业的优势主要表现在两个方面：一是合资不仅可以使海外投资主体减少资金投入，而且可以充分利用东道国合伙人的优势，更好地占领东道国市场；二是合资可以改善海外投资主体与东道国之间的公共关系，规避东道国政府对外国投资者的歧视性待遇。

2. 非股权投资

非股权投资是指海外企业没有在东道国企业中参与股份，而是通过与东道国签订有关技术、管理、销售、工程承包等合约，取得对该东道国企业的某种控制权。非股权参与投资方式主要是许可证合同、管理合约、销售协议、技术援助或技术咨询合同、交钥匙合同等。

3. 跨国并购方式

跨国并购是指外国投资者通过一定的法律程序取得东道国某企业的全部或部分所有权的投资行为。并购当地企业的基本形式有两种：一是投资者通过股票市场参照股价购买当地企业的股票；二是投资者通过谈判购买国外原有企业的部分或全部资产。跨国并购兼有合资和独资的优点：可以大大缩短项目的建设周期或投资周期，能够迅速地进入目标市场；有利于利用适合当地市场的原有管理制度和管理人员，从而可以避免因对当地情况缺乏了解而造成的种种麻烦；可以获得被收购企业的市场份额，减少竞争；能获得企业发展所需要的技术、专利和商标等无形资产；能迅速拓宽经营领域，扩大企业产品种类；可以提高企业在海外的知名度和影响力，在公众中树立企业的良好形象，为企业开展跨国经营创造一个良好的外部环境。

目前我国在跨国并购方面已取得了一些成效，如首钢集团在 1985 年投入 340 万美元在美国购买了麦斯塔工程设计公司 70% 的股权；1992 年 11 月，首钢投资 1.2 亿美元收购秘鲁铁矿公司；1986 年 9 月中信公司与加拿大企业合资购买并经营塞尔加纸浆厂；1984 年中银集团与华润集团联手组建新琼企业有限公司，先后向香港康力投资有限公司注资 4.3 亿港元，获得 67% 的股权。2004 年，联想集团斥巨资收购 IBM 个人电脑的全球业务、TCL 集团并购法国阿尔卡特公司，中国企业的并购行动震惊中外。中国企业让世界刮目相看的同时，也发出了一个讯号：跨国并购逐渐成为中国企业拓展市场的重要方式之一。这些表明我国有一些企业已具备了开展跨国并购业务的条件。对于这些企业，除了通过自身实践摸索跨国并购投资的经验，提高兼并质量外，国家有必要尽快在体制环境和政策方面为这些企业提供更多的便利，积极鼓励和大力推动它们在这方面的发展，使它们进一步壮大自己的实力。

4. 跨国战略联盟

跨国战略联盟概念是美国 DEC 公司总裁简·霍普兰德和管理学家罗杰·奈格尔提出的，是指由两个或两个以上有着对等经营实力的企业（或特定事业和职能部门），为达到共同拥有市场、共同使用资源等战略目标，通过各种协议、契约而结成的优势互补、风险共担的一种合作伙伴关系。

跨国战略联盟作为一种全新的组织形式，其经营理念是：联盟中竞争与合作并行不悖，为竞争而合作，靠合作来竞争；跨国战略联盟作为一种动态的、开放型组织体系，在资源共享、优势相长、相互信任、相互独立的基础上，注重从战略的高度改善联合体内合作各方的长远经营环境和经营条件，改变了传统的以竞争对手消失为目标的"对抗性"竞争。其形成与发展主要有以下几点动因：

①降低高新技术产品研制和开发成本的需要。一般而言，大型跨国公司在参与国际市场竞争时，其产品往往具有技术和资金密集的特性，然而，随着技术的日益复杂化和外部环境的变化，新产品的生命周期明显缩短，使得新产品、新技术研究与开发风险加大，要求不断缩短研究与开发时间，降低研究开发成本，分散研究开发风险。世界主要跨国公司为了保持和扩大生存和发展的空间，纷纷组建了不同形式的跨国战略联盟，加强在高新技术研究中的合作与交流，从而推动了跨国公司的科研开发日益走向国际化。

②提高国际市场竞争力的需要。在技术日益分散化的今天，已经没有哪个企业能长期实行技术垄断，企业单纯依靠自己的能力已经无法掌握竞争的主动权。为此，跨国公司都尽量采用外部技术资源，与其他企业结成战略联盟，借助与联盟内企业科研人员的相互合作、相互传递技术，加快研究与开发的进程，并积极创造条件实现内外资源的优势互补。实践证明，跨国战略联盟更有利于开辟新市场或进入新行业，因而具有更强的国际市场竞争力。

③优化生产要素配置的需要。跨国公司为了适应世界市场的复杂性，降低新产品研制过程中的成本和风险，在生产国际化水平不

断提高的基础上，更加重视在全球范围内进行生产要素的优化配置。在这种情况下，企业自然要从技术自给转向技术合作，以避免单个企业在研究开发中的盲目性，或因孤军作战导致重复劳动和资源浪费，降低风险。

④企业组织战略性革新的需要。由于企业规模的扩大、管理层次的增加、协调成本上升，使得一些跨国公司向官僚式的低效率迈进。跨国战略联盟的经济性在于不涉及组织规模扩大和机构膨胀，避免带来企业组织的僵化，使企业保持灵活的经营机制和资源使用的高效率。战略联盟还是绕开关税和贸易保护主义的有效措施，以避开反垄断法对企业规模过大的制裁。

战略联盟有资产投资型和非资产投资型。如美国最大的两家航空公司波音和麦道的联盟就是资产投资型的。这种策略可以使弱者变强，使强者变成强中之强。而非资产投资型的特点是不用投资或少用投资，通过联盟发挥双方企业的优势，其具体做法有技术交换、营销协议、共同研究和开发、联合生产、信息共享、情报交换等。这种策略比较适合我国企业现有的海外直接投资状况。

现阶段，中国企业与外国跨国公司的联盟形式主要停留在合资这一低级阶段。外国跨国公司利用其在技术和营销技巧等方面的比较优势，以互补的形式达到进入中国市场的目的，这种以知识的单向流动为特征的联盟，是双方在经营能力上不均衡引发的必然结果。因此，中国企业在成功地与外国跨国公司迈出联合的第一步后，应着眼于从低级形态的合作向具有战略意义的高级形态的跨国战略联盟转变，即努力创造竞争优势，从单向的技术、资金的吸纳逐步转向双向、多向的水平式的知识、技术交流，从经营能力、经营资源的不均衡转向均衡的跨国战略联盟形式，这是中国企业提高自身竞争力、参与国际市场竞争的谋略之举。同时，还要进一步明确，只有组织学习才是战略联合的本质，才是获取企业核心竞争力的重要内容，以组织学习为中心建立的战略联盟不是被动地适应环境，而是主动去创造环境，因而具有显著的长远战略观。否则，中国企业在与外资合作中，很容易形成对外资的过分依赖，从而失去长远的竞争优势。

472

（二）对外证券投资

对外证券投资是指在国外债券市场上购买中长期债券（中长期外国债券和欧洲债券），或者在股票市场上购买上市买卖的外国企业股票等进行投资。证券投资与直接投资不同，证券投资只能获取债息、股息和红利，而对投资企业无管理控制权。虽然对外证券投资在我国对外投资中所占的比重还较小，但购买外国发行的债券及股票来实现国际投资愈来愈被企业所接受和采用。1986年，中国国际信托投资公司通过国际融资购买了澳大利亚兰大炼铝厂10%的股权，两年后盈利数千万美元。近年来，我国一些外贸公司如工矿、中化等，在美国和其他一些国家也作了一些尝试。但真正把证券投资作为国际投资战略的重要一环，并促使国际证券投资向直接投资转化。还有待以后的实践。

在我国发展对外投资的实践中，应有意识地利用证券投资的转化，这样做的好处有：一是可以部分解决我国对外投资的资金不足问题。通过购买股票而达到逐步渗透、控制企业的目的，使投资者充分利用其他投资者的资金。二是可以降低对外投资的风险。一旦投资企业无利可图，或者经过一段时间，投资者认为已经收到了应有的成效，可以通过证券市场撤回资金，免受损失。

二、中国企业对外投资的战略

对外投资战略是指一定时期内指导对外投资全局的总方针和总计划，而对外投资策略则是根据国内外形势的发展变化，为实现一定的战略任务而制定的具体发展步骤及方式，两者相辅相成。纵观我国海外投资实践，总的说来，仍存在着"规模小、处境艰难、经营风险和经营一体化水平低"等诸多问题，因此，进行海外投资的战略选择和调整是海外投资实践的要求。

（一）投资主体选择战略

大力培养多层次的投资主体。根据我国的情况，在投资主体的培植上，应强调"大中小并举，以大带小"的方针，既要重视和发展大型骨干企业的对外投资，又要鼓励和推进中小企业的跨国发展，以求配套协调发展。大型对外投资企业是一个国家对外投资水平由初级阶段走向高级阶段的重要标志，它不仅能够实现企业内部生产要素的优化组合和资源的有效配置与使用，而且能够增强企业竞争能力，优化产业结构和对外经济的生产力布局。因此，应有计划、有步骤地培植和发展我国大型对外投资企业，这类主体包括具有较强经营能力的外贸专业公司，具有实力的大型企业，资金雄厚的金融业等。这些国家级的企业代表，在国家政策和资源的强大支持下，开展跨国经营早，具有一定的规模和经验。但由于我国毕竟是发展中国家，对外投资资金和生产经营技术都有很大的局限性，所以还应发挥中小企业经营灵活的特点，充分利用相对技术优势，在纺织、服装、机电等低技术构成行业进行直接投资。这些企业虽然目前实力还不足，但在某些领域仍然具有优势，在现有进出口的框架内，有些企业可以相互联合，优势互补，进入跨国经营行列。

（二）投资部门和行业选择战略

根据我国的实际情况，考虑长短利益的有机结合，我国在对外投资行业上应采取多重战略组合。既要有市场指向型和资源指向型对外投资，也要有效率指向型和战略指向型的对外投资。以市场指向型投资带动我国出口贸易的成长，有效地绕开贸易壁垒，扩大国际市场的占有率，促进出口商品结构的优化。以资源导向型投资支持国内国民经济的增长，解决经济发展的资源短缺的问题。以效率指向型投资促进我国发展经营模式的转换，使跨国经营企业从粗放经营走向集约化经营之路。以战略指向型投资构筑我国参与未来国际竞争的立足点，为了迎接全球经济时代的到来，我国应及时跟踪世界上先进的科学技术，抢占未来国际经济竞争的战略制高点。

（三）投资区域选择战略

在投资区位上，我国应实现投资市场多元化。广大发展中国家与我国政治经济关系良好，经济发展水平相近，在这些国家投资有利于我国相对技术优势的发挥。因此，在投资区位上应当突出发展中国家，具体国家的选择上可考虑下列因素：一是比较两国间产业经济技术条件的高低；二是是否符合东道国规定的优先发展领域，能否享受优惠待遇；三是考虑利用当地资源和带动国内商品出口的程度；四是是否能做到投资多、见效快、共同受益；五是投资环境的优劣及考察项目的发展前途。据 2003 年世界投资活动风险排行榜显示，亚洲国家和地区仍是投资比较安全的场所。另外，投资风险大大减少的国家包括了南美洲的所有国家，南部非洲的大部分国家，此外还有埃及和越南。这些国家大都与我国具有相似的经营背景，它们的经济、技术水平与我国相当，是我国企业进行海外投资的理想场所。亚太地区现已是世界经济重心，经济增长居于世界前列，这一地区内产业档次差别较大，层次分明，有利于我国不同层次的企业对其投资。

对发达国家的投资应主要集中在高科技领域，特别是信息产业。这样不但可把我国现有的科技吸收消化能力、企业的技术改造及我国科研的近期和中长期规划与发达国家的部门行业及项目投资有机结合起来，加速我国科技进步和企业技术改造步伐，而且还可以充分地利用东道国的科研机构和人才资源及其他条件，并以此作为技术开发和引进的基地，实现技术反向"回流"和"输入"，以获取在国内难以引进的先进技术，从而促进我国的经济发展。

（四）全方位市场战略

海外投资是一国资本、技术、劳力等生产要素伴随着企业经营权的跨国流动，是将国内生产要素融入世界经济竞争的大市场，也是参与全球范围内资源配置和再配置的过程。正因为如此，我国政府和企业必须牢固树立全球一体化经营的观念。充分运用不同国家和地区的资源禀赋和市场因素的差异，实现全球范围内资源配置的最佳化。在实践中，必须做好两个方面的工作：一是政府的宏观支持。海外投资并不是纯粹的企业行为，它对国家经济的发展具有重要的战略意义。政府必须从宏观上加以对企业的引导、协调、监督、管理和扶持，加强本国海外投资的产业立法和信息服务工作，在税收、外汇等方面予以合理的支持等。二是企业内部自身的战略协调。从事海外投资企业应该自觉地将自身经营活动纳入国际化进程，协调好国家海外投资的战略利益与企业本身经济效益的关系，处理好企业内部与海外子公司或分公司与国内公司的利益关系，做到企业短期利益服从国家长远利益，企业局部利益服从企业整体利益，全面推进海外投资全球经营一体化战略。

（五）银行与企业密切联合的资金融通战略

金融资本与产业资本的融合和渗透是经济发展过程中的必然产物，也是海外投资走向成熟的标志。资金紧缺仍然是制约着中国海外投资进一步发展的瓶颈因素。因此，实施银企联合战略，推进金融业对海外投资企业的支持具有重要的战略意义。首先，应积极组建银企财团。财团是海外经营企业发展过程中的高级组织形式，它以银行等金融机构为核心，以工业为主体，以贸易为纽带，集多种功能为一体的综合性企业集团。这种巨型组织体综合实力强，可以采用投资组合分散投资风险，是中国跻身于国际市场的重要主体。其次，逐步完善海外投资的金融体系。要适当放宽对海外投资企业的金融控制和外汇管制，赋予其合理的内外融资权，允许其运用国际金融工具在国际金融市场筹集资金；充分发挥中国银行等国有商业银行海外分支机构的作用，为本国海外企业提供金融支持。

（六）跨国并购战略

20世纪末，世界经济出现了史无前例的并购浪潮。据美国证券数据公司统计，从1999年1月1日至12月30日，全世界已经宣布的企业收购和兼并案的交易总额达3.31万亿美元，创历史最高纪录。面对一浪高过一浪的跨国购并浪潮，应该说，对中国海外投资是机遇与挑战并存，它必然要求海外投资企业合理地调整海外投资方式，正确选择海外投资的产业与区位，主动确定并购对象，进行大胆的跨国并购。国家也应该主动地做出相应的政策调整，完善以财政支持和税收优惠为取向的财税法规，开展多种形式的海外投资风险承保业务等，努力支持和鼓励企业发展并购投资。其次，跨国并购之所以成为21世纪海外投资的主要方式，与其自身的所具有的独特优势是分不开的：第一，能够迅速地进入外国市场，获得海外生产和销售经营据点以及已有的市场份额。第二，可以直接享有被收购企业的专利、专有技术、商标等无形资产。可见，实施跨国兼并战略既是世界经济发展趋势的要求，也是各国海外投资主体自身利益的要求。

（七）中小企业发展战略

组建中国跨国经营集团与中小企业发展战略是并行不悖的。它既是我国现阶段基本国情和海外投资主体的广泛性与层次性所决定的，也适合国际分工愈加细化、国际市场日益多样化的特点。随着我国市场经济体制和现代企业制度的逐步成熟，除了一些如中信、中化、中银等大型跨国公司以外，将有一大批中小企业包括私营企业成为中国海外投资的主体。因此，制定和颁布《中小企业法》，在金融、税收、外汇及信息援助等方面提供必要支持，帮助广大中小企业找准区位、行业和市场，积极开展海外投资是完全必要的。美、日等发达资本主义国家都进行立法给予本国中小企业在海外投资调查、信息服务等方面的资助。1978 年，美国海外投资公司章程修正案规定了具体的办法，对不包括在《幸福》1 000 家大公司名单中的中小型企业的海外投资给予直接中长期贷款，只凭新的投资企业的资信，并不要求国内公司或东道国政府提供偿付的担保；并降低中小企业保险登记费，代为垫付保险费用，支助投资项目前期调查费用等。可见，实施中小企业发展战略是世界各国普遍的做法。

（八）"属地化"战略

属地化经营是指海外投资企业以东道国独立的企业法人身份，按照当地的法律规定和人文因素，以及国际上通行的企业管理惯例进行企业的经营和管理。它包括人才属地化、技术属地化和市场属地化三个方面。人才属地化是指在当地培养和吸引人才，让熟悉当地环境的人才来经营管理公司的业务；技术属地化是指一方面利用当地的技术资源，另一方面将投资母国国内的技术资源向东道国转移，在稳步前进中加入新的元素，进行技术创新和改造；市场属地化是在当地采购和销售，降低成本，提高效率。

中国企业在进入海外市场后，同样需要在技术、人才和市场方面力求实现与当地的融合。积极引进熟悉当地法律法规、社会背景的人才，广泛收集当地的技术和市场信息，在当地完成材料的采购和产品的销售。实行海外企业属地化战略的主要意义和作用在于：一方面，它可以解决海外企业现存的问题和改进海外企业的经营管理，使海外企业更贴近当地市场，树立当地企业形象，扩大市场份额，提高经济效益，保障海外投资目的的实现；另一方面，属地化是实现企业国际化的必由之路。只有真正雇佣当地劳工，使用当地资源，了解当地法律和文化，建立自主的生产、消费和研发中心，在东道国扎根生长，实现真正的本地化，才能真正走向国际，成为国际化的跨国企业。

第四节 中国对外投资管理

一、中国对外投资的宏观管理

对外投资的宏观管理主要是指国家政府各级主管部门依据中国的法律和现行的相关政策，通过行政、经济和法律等手段，对中国公司、企业和其他经济组织在境外投资设立的合资与合作企业的中方和独资企业进行的管理。上述政府各级主管部门包括：商务部、国家发展计划委员会、中国人民银行、财政部、劳动部、国家外汇管理局、海关总署等国务院直属职能部门，以及各省、市、自治区、计划单列市的外经贸管理部门等。宏观管理是多方面多层次的，主要有对海外投资的促进、扶持、审批、保护、奖励、限制、监督、检查、惩罚和撤销等。现阶段，对外投资的宏观管理分为综合性归口管理、专业性管理、地方政府的管理和中国驻外使领馆的管理四个方面。

（一）国务院综合性归口管理

商务部和国家发展和改革委员会是国务院授权的海外投资业务的归口管理部门，其主要的管理职能有：制定中国海外投资的有关管理办法、财务审计和统计制度，并监督实施；调查了解海外企业的业务经营状况；总结和交流海外企业的工作经验与教训；向国务院提出关于海外投资的综合报告；规划海外投资发展的重点领域和重点地区，并采用鼓励性扶持措施加以引导；对海外投资的市场、规模和项目加以协调；及时发现和研究解决带有普遍性的问题；对经营存在严重问题、连年亏损或违法经营造成不良影响的海外企业，商务部有权予以撤销。商务部的归口管理是宏观管理的一个重要方面。商务部及前身的外经贸部先后制定了一系列有关境外投资企业管理的规定和办法，如境外企业审批管理办法、清理整顿部分

478

境外企业的决定等。

（二）专业性管理

对境外投资的专业性管理包括外汇管理、国有资产管理和劳动工资管理。国家外汇管理局、中国人民银行、财政部、劳动部等是中国境外投资业务的协助管理部门，主要负责与境外投资有关的外汇汇出汇入、资金投放、劳动工资和境外国有资产管理等方面政策的制定、执行和监督。近年来，《境外投资外汇管理办法》《境外国有资产产权登记管理暂行办法》等专项法规的颁布实行，使这些方面的管理做到了有法可依，发挥了积极的作用。

（三）地方政府管理

各省、市、自治区、计划单列市政府和国务院有关部委依照国家的有关法规，对本地区和本部门的企业开展的海外投资业务管理也属于政策性的宏观管理和调控。地方政府和有关部委的职能主要是根据本地区、本行业的优势和特点，在国家统一规划的范围内，确定本地区、本行业的重点投资方向和领域，制定有关境外投资的各种具体管理办法和措施。

（四）中国驻外使馆的管理

中国驻外使馆经济商务参赞处也负责对设在所在国（地区）的中国海外投资企业进行指导和管理。这方面管理的具体内容包括：维护中国独资企业和合营企业中方的正当权益；监督检查中国在当地投资的独资和合资企业贯彻执行国家的方针和政策、遵守所在国或地区法律法规的情况；协调中国境内企业和当地政府的关系，使其生产经营活动有利于推动两国间的经济联系的健康发展。

总体而言，国家对海外投资宏观管理的目标主要有：一是对海外投资的规模和总量进行调控；二是调整和优化海外投资的地区、国别、行业、主体、方式结构；三是提高海外投资经营的经济与社会效益；四是确保海外国有资产的保值和增值；五是为海外投资活动和海外投资企业提供各方面的服务。

二、中国对外投资的法律法规和政策

加强中国海外投资立法既是海外投资实践的迫切需要，也是涉外经济立法完善的客观要求。综观海外投资立法现状，其主要问题表现在：立法体制不科学，立法思想和指导原则不能反映海外投资实践的自身特点和发展要求，跟不上世界经济一体化进程的步伐。这种立法状况的存在，直接导致中国海外投资宏观管理薄弱乏力；投资结构不尽合理；投资效益难尽人意，经营一体化水平低等。为此，加强中国海外投资立法的研究，特别是立法基本原则和立法体制的研究，对促进中国对外投资的发展有着重大的意义。

（一）中国对外投资的立法原则

1. 有利于中国经济发展原则

这是所有涉外经济立法都必须遵循的基本原则，也是海外投资实践的跨国性特征的内在要求。其实，世界各国都毫不例外地把有利于本国经济发展作为其海外投资和对外援助立法工作的出发点和根本目标。这是由于世界经济一体化和世界经济多极化竞争的格局导致各国经济发展具有一定共同利益的同时，又具有鲜明的利益差异的特点所决定的。例如，美国的海外投资公司仅对有利于本国经济发展而不影响本国国内就业、技术外流和本国产品的市场占有率的相关投资项目予以承保政治风险。但是，必须指出，是否有利于本国经济发展应该是一个动态的过程，不能用静止的观点来分析看待问题。既要立足本国的近期经济发展计划，也要远观本国长期的发展战略；既要考虑本国现阶段的产业结构与经济发展水平，也不能忽视世界产业分化和分工的趋势对本国经济发展的要求，要把一个国家现实的经济利益与潜在的经济实惠，有效地动态地结合起来，具体分析，从而制定出本国的海外投资立法，审批立法与援助立法，确定一定时期海外投资的产业和区位重点以及国家支助和发展的对象。

2. 国际化原则

世界经济一体化与国际多极竞争，使得国家经济发展战略的制定和经济立法更具有博弈性。"国际化应当成为各国特别是发展中国家的一种发展战略，而不是单纯地顺应这一时代潮流的盲从行为。"海外投资立法作为一国经济发展战略的重要组成部分也必须走国际化道路，并将国际化作为其主动迎接世界经济挑战与多极化

480

竞争的原则与策略。这就要求海外投资立法必须高起点，大视角，充分体现海外投资实践是以国际市场为舞台，以世界经济多极竞争为背景的综合性跨国投资经营活动的特点，克服过去海外投资管理和审批立法体制分散，目的单一的弊端，提升中国海外投资发展的战略地位和目标定位。

3. 国家经济安全原则

确立海外投资立法的国家经济安全原则，主要基于两个方面的考虑：一是海外投资实践本身具有国家风险性特征。本国资本技术、劳力及产品等各种生产要素的跨国流动或多或少地会给资本输出国带来某些不利的影响，特别是对于中国这样一个尚处于国内建设资金不足，市场经济体制和现代企业制度还不完善的发展中国家，这种负面影响应该是显而易见的。它可能会造成国内现阶段国际收支失衡，国有资产大量流失，海外利润难以汇回以及承担一些由投资者直接或间接转嫁而来的商业和政治风险，从而影响国内经济秩序和效益，构成对国家经济安全的威胁；二是以金融全球化为核心的世界经济一体化趋势加重了各国经济安全的压力，中国随着经济开放度的日益扩大，参与国际经济机制的步伐不断加快，国内经济对外的依赖性也必然随之加大，这就在客观上对中国的经济安全产生了一定的潜在威胁。正因为如此，海外投资的立法活动必须始终贯穿和渗透国家经济安全的观念和原则，以此为尺度，正确把握中国海外投资规模与国内经济承受能力和发展阶段的关系；慎重处理海外投资企业国际资本市场融资权，外汇贷款额和利润留成比例与国际收支平衡的关系；做好海外投资资金来源审查和海外利润的汇回监管工作。

4. 长期规划与短期计划相结合原则

海外投资面临着风云变幻的国际政治、经济环境，世界性的经济或金融危机的威胁时刻存在，地区范围内的政治和武装冲突也时有发生。这种动荡不定的海外投资环境决定了一国海外投资立法不可能奢望过多的稳定，长期规划与短期计划相结合或许是一项明智的选择。因此，中国海外投资立法，既是一项长期的任务，也是一个分阶段逐步推进的过程。

（二）中国对外投资的法律和法规

从我国目前的立法和实践看，我国关于对外直接投资的法律由国内法规范和国际法规范两个方面组成。

从国内法方面，为了对我国对外直接投资活动进行管理和保护，我国先后制定了一些调整海外直接投资的法规，具体如下：

1. 关于海外企业的审批和管理：

（1）1985 年 7 月，对外经济贸易部受国务院委托制定了《关于在国外设非贸易性合资企业的审批程序和管理办法（试行）》。该办法共 24 条，对建立海外合资经营企业的集体社保程序和管理办法作了较为明确的规定，并对我国设立合资经营企业的目的、前提条件作了原则性的规定。此外，涉及海外投资较多的经济特区和沿海开放城市，根据该法规的基本精神也颁布了一些地方行政规章，如《上海市举办海外企业的申请和审批办法（试行）》等。

（2）1990 年 6 月，对外经济贸易部颁发了《关于在苏联、蒙古、朝鲜开展工程承包、劳务合作及举办合营企业的审批程序和办法》，对在苏联、蒙古、朝鲜开展的工程承包、劳务合作及举办合营企业的立项审批、合同审批等作了具体的规定。

（3）1991 年 3 月，国务院批准发布了《国家关于加强海外投资项目管理的意见》，主要针对某些项目的投资出现亏损，预期效果不明显等问题。

（4）1990 年 4 月，中国人民银行发布了国务院批准的《境外金融机构管理办法》，对在境外投资设立或者收购境外境内金融机构的具体办法做了规定。

（5）1992 年对外贸易部制定了《关于进一步积极发展与原苏联各国经贸关系的规定》，对我国企业到苏联开办企业的审批及优惠措施作了具体规定。

（6）1992 年 3 月 23 日，对外经济贸易部颁布了《关于境外举办非贸易企业的审批和管理规定（试行）》，对我国企业、公司及其他经济组织到境外以投资、购买股权等方式设立合资经营、合作经营、独资经营或其他形式的各种企业、公司、子公司、分公司的审批和管理作了较为详细的规定。

（7）1993年3月6日，国家国有资产管理局、对外贸易经济合作部、海关总署联合发布了《关于用国有资产向境外投入开办企业的有关规定》，目的是为了加强对境外企业国有资产产权登记管理和审批工作。

国家审批海外贸易性企业的原则是：设立海外企业的目的是为了扩大出口，增加国家外汇收入；海外企业要大力开拓中国出口商品的销售市场和销售渠道，要采取灵活多样的贸易方式增加销售；对所在国（地区）及邻近国家市场开展深入全面的市场调查与研究，为国内出口企业提供咨询服务和信息反馈；为进口国外的技术、设备和原材料提供及时的服务，学习国外先进的企业经营管理经验，锻炼和培养跨国经营人才；海外贸易性企业的发展要有重点、有步骤、有秩序地进行，要坚持积极稳妥、逐步发展的战略。

国家审批海外非贸易性企业的原则主要有：通过建立合营或独资企业，可以引进从其他渠道难以得到的先进技术和设备；能够为国家长期提供价格具有竞争性、质量符合要求、国内需长期进口的原材料或产品；能为国家增加外汇收入；能扩大中国的对外工程承包和劳务合作业务，并能带动国产的技术、设备、原材料和其他产品的出口；能够推动中国与广大发展中国家之间经济技术合作的发展。

我国政府对海外投资实行分级审批管理制度。目前实行的是三级审批制度：第一级是国务院；第二级是国务院授权的商务部和国家纪委；第三级是各省、市、自治区、计划单列市政府和国务院各部委的外经贸管理部门。上述各级审批机关对海外投资的审批权限是不同的。目前，我国审批权限的划分是按照中方投资额的大小进行划分的，具体规定如下：

①以下几类项目由商务部同国家发展计划委员会与其他有关部门协商后审批：需向国家申请贷款或境外贷款需国内担保的项目；产品返销国内涉及国家进口计划安排或需要动用外汇收购其产品或需国家综合平衡的项目；某些特殊地区（如港澳地区）和领域尚未同我国建立正式外交关系的国家设立的项目；中方投资额在100万美元以上至3 000万美元的项目；

②凡是不属于上述第一点所列举的项目，由国内投资主体所在的省、市、自治区、计划单列市政府和国务院各部委的外经贸主管部门审批。这些项目有：中方投资额在100万美元以下的项目；已经批准开业的海外投资企业，在海外企业所在国或其他国家与地区设立其经营范围内的分支机构或子公司；

③中方投资额在3 000万美元以上的项目由商务部初审后报国务院直接审批；

④跨省、市、自治区、部门的投资项目、根据投资规模限额，由项目牵头单位报相关部门审批，并报商务部备案。

2. 关于海外投资企业外汇管理的有：

（1）1989年3月21日，国家外汇管理局发布了《境外投资外汇管理办法》，对我国海外直接投资企业的外汇管理的具体办法作了规定。1990年6月，又发布了《境外投资外汇管理办法实施细则》。

（2）1996年1月，国务院发布了《中华人民共和国外汇管理条例》及6月中国人民银行发布的《结汇、售汇及付汇管理规定》中的某些规定，也适用于我国海外投资的外汇管理。

3. 关于海外投资且财务管理的有：1996年7月1日，财政部发布了《境外投资财务管理暂行办法》，对我国境外投资企业的财务管理作了统一规定。

4. 关于海外投资企业税收管理的专门法规目前国内还没有，仅适用《中华人民共和国企业所得税暂行条例》《中华人民共和国外商投资企业所得税法》《中华人民共和国进出口关税条例》及《海关进出口税则》中的相关规定。

在国际法方面，我国对外直接投资的法律规范有：

（1）我国目前已与世界上100多个国家和地区签订了双边投资保护协定，它们是目前调整我国在缔约国的直接投资关系的主要法律依据。

（2）从1981年起，我国陆续与20多个国家和地区签订了中外避免双重征税和防止偷漏税协定，它们是协调我国与缔约国之间税收管辖权、消除双重征税和偷漏税的重要法律规范。

（3）我国政府与外国政府签订了涉及国际投资的一系列贸易协定、经济合作协定、技术转让协定等，它们从不同角度调整着我国的海外直接投资。

（4）我国还加入了两个多边投资公约：《多边投资担保机构公约》和《华盛顿公约》，为我国的海外投资提供了国际法律保护。

三、中国对外直接投资的鼓励与保护政策

国家鼓励能够发挥我国比较优势的对外投资，提倡有领导、有步骤地组织和支持一批有实力有优势的国有企业走出去到国外投资办厂，参与国际分工与合作，以更好地利用国内外两个市场和两种资源。为了推动和鼓励我国企业和其他经济组织到海外投资开办企业，为了扶持我国海外企业的发展，我国政府制定了一些具体的鼓励、支持和保护政策。

（一）资金扶持

举办海外资源开发或投资较多的生产性企业，国内投资者除自筹部分资金外，可向国家银行申请外汇或人民币优惠贷款作为中方投资。应发展中国家的要求，经我国政府同意的带外援性质的合资或合作项目，列入外援计划，所需资金从国家年度外援资金和外汇额度中统筹解决。

（二）税收减免和外汇留成

国内投资者从海外分得的利润或其他外汇收益（不论中国政府与海外企业所在国或地区是否签有避免双重征税协定），自该海外企业正式投产或投入经营之日起5年内全额留成，国家免征企业所得税，5年后按国家有关规定缴纳所得税，并上缴20%外汇额度。资源开发型海外投资项目的产品需返销国内，凡纳入国家进口计划的，可享受同类产品的进口关税待遇。中方从远洋渔业合营项目中捕捞运回国内的产品，国家长期免征进口关税。对于中方作为投资带动出口的机械设备、器材、原材料和半成品，中国海关凭外经贸部发给的海外投资项目批准证书和海外合营企业合同副本等文件予以放行，免征进口关税。

（三）海外企业产品进口

海外投资企业生产的产品，凡属国家需进口的，按同质同价的条件，可申请纳入国家进口计划，优先安排进口。对于不能纳入国家进口计划的产品，国家允许海外投资企业及其国内投资者在自负盈亏的前提下，在国内市场自行经销。对国内投资者以利润形式从海外企业分得的产品，允许运回国内和自行销售。

（四）机电产品出口企业海外投资优惠政策

为了推动我国机电出口企业积极开拓国际市场，提高我国机电产品在国际市场上的竞争能力，鼓励机电产品出口企业在海外投资设立维修服务网点和开办以扩大出口为目的的生产性企业。

（五）向海外投资者提供保护的政策

截至 2003 年底，我国已同 110 个国家签订了投资保护协定，其中生效的已达 80 个；同世界上 82 个国家签订了关于避免双重征税和防止偷漏税的协定，其中大部分已经生效。另外，1988 年 4 月 30 日我国政府批准《多边投资担保机构公约》，成为其创始成员国；1990 年 2 月 9 日我国政府在《关于解决东道国与其他国家国民之间投资争端公约》上签字，正式参加了该公约。同其他国家和地区签订双边投资保护协定与双边税收协定，以及参加一些主要的有关国际投资方面的国际公约，是保护本国海外投资者合法权益的一项重要措施，同时对本国企业的海外投资活动也会起到积极的推动作用。

四、中国企业在海外投资开办企业的程序

中国企业在海外投资开办企业的程序大体上分为以下几步：

1. 项目主办企业派人去海外进行实地考察和了解，如果是准备建立合资或者合作企业，还要与海外合作对象签订意向书。

2. 项目主办企业将意向书、项目建议书、初步可行性报告及外方资信证明报主管部门。主管部门初步审批后拟出请求立项的报告，附上上述材料报审批部门。审批部门审核后下达立项批复文件。

3. 项目主办企业在收到立项批复文件后可开始对外签约。签约后开始向主管部门报送项目可行性研究报告、合营企业的合同

（或投资协议、股东协议）和章程（若设立独资企业只需报章程）、国家外汇管理部门对项目所作的外汇来源和风险审查意见、国内参加该项目的企业间签订的内部协议（如果只是国内一家企业参加该项目则没有内部协议）等，主管部门审议后拟出申请领取批准证书的请示文件，附上上述材料报审批部门。

4. 审批部门在接到上述材料后，须在3个月内做出审批决定，批准或不予批准须正式向申报单位复文。在审批过程中，审批机构须向中国驻该项目所在国使馆经商处发出征询意见函，接到使馆同意的复函后，方可批准。

5. 项目主办企业领到批准证书后开始着手办理外汇和设备的调出手续，并到海外投资企业所在国的有关部门办理审批手续以及到当地的工商行政管理部门办理企业登记注册手续。

企业到海外投资开办企业时应申报的文件有：一是主办单位在申报项目立项时，需报送下列文件一式两份：①项目建议书，主要包括海外投资目的、经营范围、经营方式、投资金额、各方投资比例、投资方式、资金来源及落实情况、投资效益预测等；②合资、合作意向书；③外方合作伙伴的资信调查材料，包括有关银行或其他资源资信调查机构出具的资信证明等方面的材料。二是主办单位申报可行性研究报告、合同和章程时，须报送下列文件一式两份：①境外投资申请报告；②主办单位的国内营业执照（复印件）；③可行性研究报告；④经草签的海外投资企业合营合同和海外投资企业章程（中外文本）；⑤外汇管理部门关于资金来源和投资风险审查的意见；⑥其他文件或资料。三是主管部门向商务部申请批准证书时，须报送下列文件：①申请批准证书的报告；②驻外使（领）馆经商处的意见；③主办单位向主管部门申报的全部文件；④主管部门对项目的批复意见。

五、中国对外投资企业项目建议书、可行性报告、合同及章程的主要内容

（一）项目建议书的主要内容与要求

项目建议书由申请设立海外投资企业的中方主办单位编制，它是中方投资者向其主管部门和审批部门上报的文件之一，主要是从宏观上论述项目设立的必要性和可行性，为项目立项提供依据。项目建议书的主要内容和要求包括：①中方主办单位的基本情况，外方合作者的基本情况。②拟建项目的背景，投资的必要性和可能性。③产品的销售地区及市场分析。④项目投资总额与注册资本估算，中方投入资金金额及投入方式，资金来源、构成以及借贷资金的条件。⑤企业生产和经营的规模、范围、经营期限及企业的人员编制。⑥企业经济效益的初步分析及对投资回收期的估算。⑦企业的地址、周围环境、占地和建筑面积。⑧主要原料的供应和项目开工生产的条件。⑨拟采用的生产技术和主要设备。⑩主要附件，包括合作对象的资信情况、中国驻项目所在国或地区使（领）馆对拟建项目的审查意见、国内有关部门对投入资金的意向函件以及产品销售市场情况的初步调研和预测报告。

（二）可行性报告的主要内容与要求

可行性报告是中方投资者或中方投资者与外方合作伙伴对拟建项目在经济、技术、财务以及生产措施、管理机构、合资条件等方面进行研究论证的文件。可行性报告的内容必须实事求是，提供的数据资料要准确可靠，对项目的建设和企业的生产经营要进行风险分析。

编制可行性研究报告是海外投资过程中非常重要的一环，可行性研究报告编制的认真与否、科学与否直接影响着海外投资企业的审批，影响着海外投资企业的生产经营和海外投资企业的经营效益。关于海外投资项目可行性研究报告的内容和格式，目前国内的法规没有统一的规定，一般参考利用外资项目可行性报告的内容和要求并结合海外投资的具体情况来编写。海外投资项目可行性研究报告的主要内容和要求是：

1. 基本情况说明：

（1）拟建企业名称、法定地址，合作各方名称、注册国家（地区）、法定地址和法人代表姓名、职务、国籍；

（2）拟建项目总资本、注册资本、合资各方出资比例，中方股本额及自有资金额、出资方式、资金来源及构成；

（3）合作期限、合作各方利润分配和亏损应承担的责任；

（4）项目可行性研究的概况、结论、问题和建议。

2. 产品方案及市场需求情况，包括销售预测、销售方向、产品竞争能力、产品方案、建设规模和发展方向等；

3. 资源、原材料、能源、交通等配置情况。

4. 建厂条件及厂址选择方案。

5. 技术设备和工艺过程的选择及其依据，包括技术来源、生产方法、主要工艺技术和设备选型方案的比较、引进技术、设备的来源等。

6. 生产组织结构和经营管理方式。

7. 建设方式、建设进度及其依据。

8. 投资的估算及资金筹措，包括资金总额、资金来源与贷款的能力、方式及担保方等。

9. 项目经济分析与环境评价，包括财务分析、国民经济分析、不确定性分析以及政治、法律、环境评估。要采用动态法、敏感性分析法为主进行项目效益和收支情况的分析。

10. 主要附件：

（1）合作各方的资产负债表、损益表；

（2）外汇管理部门对投资外汇风险和外汇资金来源审查的意见；

（3）投资所在国（地区）有关投资的主要法律、法规等；

（4）国内有关部门对资金安排的意见（动用国家资金的，须附有财政部门的批准文件）；

（5）有关金融机构对海外贷款的承诺文件；

（6）产品返销国内的，要有国内有关部门对返销产品的安排意见；

（7）有关部门对以专有技术投资的项目中专有技术出口的审查意见；

（8）项目建议书的审批文件。

（三）海外合营企业合同的主要内容与要求

海外合营企业（包括海外合资企业和海外合作企业）是中国

海外直接投资的主要形式。经验表明，缔约双方的合同签订的好坏，直接关系到企业的成败，因而必须十分慎重。在某一国家或地区创办合营企业，首先要了解清楚该国或地区的法律和政策规定，并按照其法律要求，结合中国海外投资的有关法律和法规，草拟和制定合同。海外合营企业合同的主要内容和要求一般包括：①总则，写缔约各方当事人根据平等互利、友好协商的原则在所在国或地区成立合营企业。②合营各方的名称、法定地址、法人代表的姓名和国籍。③合营企业名称、法定地址、法人性质、经营目的、经营范围、经营规模。④合营企业的注册资本与各方的出资额、出资方式、比例、出资的缴付期限及对出资额欠缴 、转让的规定。⑤合营各方的利润分配和亏损分担的比例。⑥合营企业的期限、解散及清理程序和财产的处理。⑦合营企业董事会的组成，董事名额的分配，总经理、副总经理及其他高级管理人员的职责、权限和聘用办法。⑧合营各方当事人的责任与义务。⑨违约责任、损失赔偿。⑩纳税、财务、会计、审计的处理办法等。

第五节　中国对外投资管理中存在的
问题及应对措施

一、中国对外投资管理中存在的问题

尽管我国的对外投资已经取得了一定的成就，然而，从整体上看仍处于初期发展阶段，目前还存在很多问题，阻碍着我国对外投资的发展。发展我国的对外投资事业将是一个长期的、艰巨的任务，客观上要求我们必须切实加强我国的对外投资管理。加入WTO后，我国的对外投资只有走上一个新的台阶，才能使我国的经济更健康地融入世界经济之中，从经济全球化中获得更多的收益。

（一）对外投资规模偏小

从微观上看，我国单个海外投资项目的投资金额偏小。有关数据表明，目前我国非金融类海外企业平均投资额为 133 万美元，而

490

当今世界发展中国家的平均水平是 450 万美元，发达国家的平均水平是 600 万美元。显然，我国同世界发展中国家对外投资的水平相差甚远。海外企业规模偏小会使企业丧失许多市场机会，增大企业经营风险，减弱国际市场融资能力，难以与世界大型跨国公司相抗衡。从宏观上看，我国对外投资总量规模也与国民经济总量规模极不相称。我国对外投资规模远低于发展中国家的平均水平，这与我国的整体经济实力及在世界上的地位是不相称的。

（二）对外投资具有盲目性

对外投资最根本的是要明确投资目的，但我国很多企业对外投资的目的不太明确，通常受随意性、偶然性驱使，缺乏整体性，对合作伙伴和项目缺乏慎重选择，容易上当受骗；或者盲目地一哄而上，和国内的同行业缺乏必要的协调和沟通，最终导致投资项目重复交叉，给对外投资和经营带来不利的影响。

（三）对外投资结构不尽合理

我国对外投资结构不合理集中体现在产业结构、地区结构和投资的方式结构三个方面。在产业结构方面，我国对外投资过分集中于初级产品和劳动密集型产品之上，忽略了对高技术含量产业的投资，这不利于我国生产技术的进步及带动国内相关产业的发展。在地区结构方面，我国对外投资过分集中在港澳地区和发达国家，如在美国、加拿大、澳大利亚的投资占我国对外投资的 70% 以上。相反，在发展中国家投资兴办的企业较少，特别是在非洲和拉美国家则更少，仅占我国对外投资的 4.5% 和 3.5%。而恰恰在这些国家和地区可以发挥我国的优势，带动我国技术设备、零部件和知识产权的输出；加之发展中国家资源丰富，劳动成本较低廉，有利于增加我方投资比较收益。目前对外投资的地区分布显然并不符合国际经贸环境的变化和我国进一步实施市场多元化的战略。

（四）对外投资的宏观管理薄弱滞后

这主要表现在：一是缺乏宏观管理的规划和指导。国家对海外投资缺乏宏观管理的规划和指导，没有明确的产业发展方向，没有与我国外贸市场战略相适应的海外投资的国别政策。二是对外投资管理政出多门，缺乏统一高效的管理机构。目前管理对外投资的部门有财政部、商务部、国家外汇管理局及其他相应的中央各部委、各地方政府等。管理部门众多，又缺乏统一的协调和管理机构，结果导致政出多门，使海外投资企业无所适从，并且管理制度僵化，办事效率较低，影响了企业境外投资的积极性。投资兴办海外企业不仅审批程序繁杂、期限长、效率低，而且宏观管理薄弱，缺乏总体规划和指导，缺乏具体扶持和帮助。对海外投资的方向、发展战略、投资重点、行业导向、地区布局等没有明确的统筹安排，以致目前对海外企业存在着管理过死或放任自流的两种极端的倾向，导致企业对外直接投资既存在着一定的盲目性，又存在企业领导人满足现状、怕担风险、不思进取的保守现象。另外，由于受经营体制和管理模式的影响，我国海外企业普遍缺乏充分必要的海外筹资融资、对外投资立项、生产经营、国际市场营销及人事管理等方面的经营自主权，然而这些权力在外国跨国公司却都具备，这样就使我国海外企业在与外国跨国公司竞争中处于不利地位，而且还严重阻碍我国对外投资的发展。

（五）海外企业缺乏高素质人才，经营管理水平不高

在海外创办企业要求具有大批高级的管理人才、科技人才、金融财会人才和法律人才，这些人才要能用外语处理有关业务和纠纷。按照这样的要求，我国海外企业干部队伍的素质和水平还有很大的差距。有些外汇经营管理人员经常抱有临时观念，缺乏跨国经营管理人员应有的素质，这主要是由于很多单位将外派员工到海外投资企业工作作为一种待遇，然而，相当一部分管理人员不具备国际金融贸易知识，不懂当地法律，以致海外企业经营业务难以顺利开展，影响企业经营管理水平的提高。

（六）海外投资缺乏有效的风险防范制度和措施

我国海外企业在风云变化的国际市场开拓经营，除了商业风险之外，还可能遇到政治风险、战争风险、外汇风险等。我国企业的投资，特别是在一些发展中国家的投资就经常会受到东道国非商业风险的严重威胁而导致损失，而我国至今尚未建立和完善对抗海外投资政治风险等非商业风险的法律体系，这不利于企业扩大对外直接投资。

二、中国对外投资管理中应对问题的措施

我国业已成为世贸组织成员,积极扩大对外直接投资对于国民经济进一步发展具有重大意义。因此,为了在新世纪加速发展我国的海外投资业务,我国政府必须做好以下几方面的工作:

(一) 政府应加强对外投资的宏观管理和采取相应的扶持政策

对外投资的管理是一项错综复杂的系统工程,因此,我国政府必须建立统一、有力度的管理机构以改变目前对外投资多头管理的局面。政府在企业海外投资过程中应以制定政策为主,行政干预为辅。其内容应包括:

1. 建立专门管理机构,简化审批手续。目前,可以考虑建立专门的审批机构,从宏观上管理和协调我国企业的海外投资。

2. 制订相应法律,规范海外投资行为。应尽快出台《海外投资法》,以代替目前不完善的《关于在国外开设非贸易会员经营企业的审批程序和管理办法》及一些补充规定。

3. 加强国有资产管理,首先要做到海外企业产权明晰,对海外企业进行产权登记,要求海外企业定期报送会计报表及财务分析报告,使经营管理程序化、制度化。

(二) 投资前要认真做好项目可行性研究

投资前既要重视二手资料,又要重视一手资料,不能只是听合作伙伴的介绍,还要进行多种渠道的调查。如通过东道国官方渠道,当地商会和有关商业机构或研究机构及我国的驻外机构等,了解分析今后数年产品在市场上的需求、市场价格、竞争对手、配额和产地证、关税壁垒和社会政治等方面的发展趋势。既重视外部条件也要重视内部条件。"外部条件"是指东道国影响外来投资的硬环境和软环境,以及中方合伙者在生产要素方面的某些优势。"内部条件"是指我方企业在资本、技术、管理等生产要素方面的某些优势。

(三) 增强法律意识,保护我方合法权益

法律手段是保护我方合法权益的重要保证,跨国企业不仅要考虑自身的优势和经营目标,还应注意东道国的公司法,这也是投资

风险管理的一个方面。因此，我国跨国企业在进入东道国之时，就应该按照东道国的有关法律，健全有关法律手续，依法健全海外企业财会制度，不要另搞一套，可以聘请当地的会计师担任我方长期顾问，这样有利于帮助企业建立可靠的财务制度，有利于为企业争取合法避税和退税权，有利于使企业能按照当地的惯例灵活处理财务收支等。

（四）引导企业寻找有利区位投资

目前，我国投资企业过分集中，是由于国内长期处于条块分割状态，工业企业与外贸企业不能有效合作造成的。对此，国家在政策上应积极引导，充分发挥各类企业在跨国经营中的优势。从地区选择上看，应以发展中国家和地区为主，尤其要以东南亚地区的发展中国家为主，以欧美为辅；在产业结构战略上，应针对不同类型的国家和地区采取不同的产业结构投资战略，对东南亚和其他发展中国家和地区应以制造业为主、资源开发和服务为辅，对发达国家则以高科技产业为主。这样，能够形成多方位优势，可以避免对外投资过分集中，投资规模偏小的现象。

（五）积极建立对外投资保险制度

企业海外投资的风险除了同国内投资一样要承担经营风险以外，还会遇到政治风险等非商业性风险。为此，我国应加快金融市场发展，允许和鼓励金融机构开办外汇期权、外汇期货、货币互换等金融创新业务，以满足海外企业风险防范与转嫁外汇风险的需要。此外我国政府还应着手研究开办海外投资政治性非商业风险保险的可能性，并尽快制定具体实施措施，以保护和促进我国企业海外投资。

第十三章　国际工程承包与劳务合作

国际工程承包与劳务合作是一种综合性的并被世界各国广泛采用国际经济合作方式。20 世纪 70 年代以后，随着科学技术的进步、国际分工的深入、生产的国际化、各国经济的发展以及中东各产油国石油收入的大幅度增加，这种合作方式有了较大的发展。国际工程承包与劳务合作既可以输出技术，又可带动资金、设备和劳务的出口，其在世界经济贸易市场上的地位日益突出。目前，全世界每年有 3 万~4 万亿美元国际工程发包额。国际工程承包与劳务合作已成为国际技术交流和商务活动重要方式。

第一节　国际工程承包概述

一、国际工程承包的含义及其业务范围

国际工程承包（International Contracting for Construction）是指一国的承包商，以自己的资金、技术、劳务、设备、原材料和许可权等，承揽外国政府、国际组织或私人企业即业主的工程项目，并按承包商与业主签订的承包合同所规定的价格、支付方式收取各项成本费及应得利润的一种国际经济合作方式。国际工程承包涉及的当事人主要有工程项目的所有人(业主或称发包人)和承包商，业主主要负责提供工程建造所需的资金和酬金等，而承包商则负责工程项目的建造,工程所需设备和原材料的采购,以及提供技术等。

国际工程承包的业务范围极为广泛，几乎遍及国民经济的每个部门，甚至进入了军事和高科技领域，其业务内容随科学技术的进步也日益复杂，规模更加庞大，分工越来越细。国际工程承包就其

具体内容而言，大致包括以下几方面：（1）工程设计。工程设计包括基本设计和详细设计，基本设计一般在承包合同签订之前进行，其主要内容是对工程项目所要达到的规格、标准、生产能力等的初步设计，而详细设计一般在承包合同的签订之后进行，其中包括机械设计、电器设计、仪表仪器设计、配套工程设计及建筑物设计等，详细设计的内容往往根据工程项目的不同而有所区别。（2）技术转让。在国际工程承包中往往涉及工程所需的专利技术和专有技术的转让问题。（3）机械设备的供应与安装。工程项目所需的机械设备既可由业主提供，也可由承包商提供，还可由双方分别提供不同的设备，设备的安装主要涉及技术人员的派遣及安装要求等。（4）原材料和能源的供应。原材料和能源的供应与机械设备的供应一样，既可由业主供应，也可由承包商提供，还可由双方分别提供不同的部分。（5）施工。施工主要包括工程建造及施工人员的派遣等。（6）资金。资金应由业主提供，但业主往往要求承包商提供信贷。（7）验收。验收主要包括验收方法、验收时间和验收标准等。（8）人员培训。人员培训是指承包商对业主派出的人员进行有关项目操作技能的培训，以使他们在项目建成并投入运营后，充分掌握该技术。（9）技术指导。技术指导是指在工程项目建成并投入运营以后，承包商为使业主能维持对项目的运营继续对业主进行技术指导。（10）经营管理。有些承包合同是属于 BOT 合同，即要求承包商在项目建成投产并经营一段时间以后，再转让给业主，这就使经营管理也成为承包商的一项重要内容。上述广泛而又复杂的承包内容说明，作为承包商不仅要使其各类人员和施工设备配套成龙，还必须具有较高的组织管理水平和技术水平。

二、国际工程承包方式

（一）总包

总包是指从投标报价、谈判、签订合同到组织合同实施的全部过程，其中包括整个工程的对内和对外转包与分包，均由承包商对业主（发包人）负全部责任。采用这种承包方式签署的承包合同也叫总包合同。这是目前国际工程承包活动中使用最多的一种承包形式。

（二）单独承包

单独承包是指由一家承包商单独承揽某一工程项目。这种承包形式适用于规模较小，技术要求较低的工程项目。采用单独承包的承包商必须具有较雄厚的资金和技术实力。

（三）分包

分包是指业主把一个工程项目分成若干个子项或几个部分，分别发包给几个承包商，各分包商都对业主负责。在整个工程项目建设中，由业主或业主委托某个工程师，或业主委托某个分包商负责各分包工程的组织与协调工作。在分包条件下，业主分别与各承包商签订的承包合同叫分包合同或分项合同。

（四）二包

二包是指总包商或分包商将自己所包的工程的一部分转包给其他承包商。二包商不与业主发生关系，只对总包商或分包商负责，但总包商或分包商选择的二包商必须征得业主的同意。总包商或分包商与二包商签订的合同叫二包合同。一般说来，总包商或分包商愿意把适合自己专长、利润较高、风险较小的子项目留下来，而把利润低、施工难度较大而且自己又不擅长、风险较大的子项目转包出去。

（五）联合承包

联合承包是指由几个承包商共同承揽某一个工程项目，各承包商分别负责工程项目的某一部分，它们共同对业主负责的一种承包形式。联合承包一般适用于规模较大和技术性较强的工程项目。

（六）合作承包

合作承包是指两个或两个以上的承包商，事先达成合作承包的协议，各自参加某项工程项目的投标，不论哪家公司中标，都按协议共同完成工程项目的建设，对外则由中标的那家承包商与业主进行协调。

三、国际工程承包市场及其特点

（一）国际工程承包市场

随着科学技术的不断进步，各国经济的飞速发展，国际工程承包市场已遍及世界各地。就目前来看，国际上已形成了欧洲、亚太、中东、北美、拉美和非洲六大地区经济市场。

欧洲市场历来都是世界最大承包劳务市场之一，全球 225 家最大的承包商 2003 年在该地区的营业额为 466.593 亿美元，占它们在国际市场营业总额 1 396.99 亿美元的 33.4%。随着世界经济一体化大潮的推动，统一大市场的建成和经济的稳步增长，欧洲市场仍将保持原有的繁荣，除德国以外，俄罗斯、波兰、罗马尼亚、英国、意大利、法国、西班牙等在基础设施方面的投资额都有很大的增长。如西班牙 2002 年用于建筑业的投资就达 1 000 亿美元，英国未来 25 年将增加 600 亿~800 亿美元的投资，用于地铁和建筑的投资。但西欧市场历来是一个封闭的市场，进入该市场对很多承包商来说都是可望而不可即的。

亚太市场一般是指南亚、东南亚、东亚、西北亚及大洋洲的澳大利亚和新西兰，该市场于 80 年代中期之后出现兴旺，由于该地区国家大多采用了适宜外资的政策，以及国际金融机构和发达国家投资者对该地区投资的不断增加，亚太市场正在成为具有巨大发展潜力的市场，1996 年全球最大的 225 家承包商在这一市场的营业额为 424.53 亿美元，几乎占总营业额的 33.48%，成为世界第一大市场，但近些年来由于该地区多数国家受金融危机和经济不景气的影响，建筑业的投资额出现了大幅度下滑，2002 年全球 225 家最大的承包商在该地区的营业额为 226.84 亿美元，占它们在国际市场营业总额的 16.2%。但日本和中国建筑业的投资额仍保持强劲的增长势头；日本 2002 年在建筑业上的投资额就达 6 179 亿美元，仅次于美国处于世界第二，而中国也达到了 1 913 亿美元。越南、韩国和印度等国也将成为这一地区较为活跃的承包市场；越南在 2001—2005 年将投资 169 亿美元发展交通运输业，计划到 2010 年增减和扩建 62 家发电厂，使发电功率达到 13 220 兆瓦，印度准备投资 300 亿美元用于高速公路的建设，5 年内将拨款 84 亿美元发展电力，并制定了"2012 年人人有电计划"，10 年内要增加 1000 亿瓦的发电项目。此外，哈萨克斯坦、乌兹别克斯坦等西北亚国家也加大了对石油化工项目的开发，据有关资料显示，2004 年将是石油化工项目重振雄风的开始。

中东市场是20世纪70年代中期随该地区国家石油美元收入的不断增加而发展起来的一个承包市场，进入80年代后，随着中东各产油国石油美元收入的锐减，以及两伊、阿富汗和两次伊拉克战争的冲击，该承包市场出现明显萎缩，随着战争的结束，战后的重建及其他中东国家基础设施建设的加快进行，中东市场仍具有一定的发展潜力。中东市场也是一个受油价影响较大的市场，随着世界原油价格每桶创出了历史新高，超过50美元，中东工程承包市场会进一步活跃，目前令人担心的是这一地区日益紧张的以色列和巴勒斯坦问题及恐怖主义威胁。

北美市场由于是由美国和加拿大两个发达国家所组成，工程项目的技术含量一般较高，因此，该市场历来被来自美、英、法、日等发达国家的大公司所垄断，就发展中国家的承包公司目前的经济及技术实力而言，在未来10~20年内还很难涉足该市场，北美市场目前不仅是世界上最大的工程承包市场，也是目前世界上最规范的市场。

非洲经过了40年的政治动荡，其多数国家的政局开始进入稳定，其经济也已结束持续衰退而步入了稳定发展的时期，其各国每年的经济平均增长率保持在3%左右，进入到战后历史最好时期，因此也给该地区的工程承包市场带来了转机，该市场主要集中在北部的阿尔及利亚、摩洛哥、埃及和尼日利亚，以及南部的南非等国。该地区基础设施落后，对天然气、石油和电力的开采和开发有较大的需求，随着该地区国家政治体制的改革和私有化进程的不断加快，非洲市场是最有潜力的工程承包市场。目前我国公司的触角开始伸向南部非洲，到2003年底，我国已在南非、纳米比亚、津巴布韦和博茨瓦纳等26国承揽了建筑、雕塑、设计等工程项目。

拉美市场和非洲市场一样一直处于比较消沉的状态，这里虽然基础设施落后，但由于这里多数国家常年经济萧条，致使拉美国家在基础设施方面的投资数量极为有限，全球最大的225家承包商每年在这一市场上的营业额一般不会超过其总额的10%，巴西、墨西哥、阿根廷的工程承包额占据了该地区承包承包总额的一半以上，虽然这些地区各国都在采用能促进本国经济发展的政策，但由于该地区经济基础较差，资金不足，支付信誉不好，以及政治的动荡令很多承包商望而却步。随着近几年世界经济转暖，拉美各国政府采取一系列措施来吸引外资以及对基础设施投入的增加，该市场会有一个较大的转机。

21世纪已经到来，根据有关方面的预测，世界经济在今后3~5年内，世界经济将进入稳步增长时期，服务贸易将保持旺盛的发展势头，国际资本流动会更趋活跃，全球范围内的投资规模将会进一步加大。因此，国际工程承包市场将会有较大的发展。

（二）国际工程承包市场的特点

自20世纪80年代初至今，由于各国承包商数量的不断增加和各国因出现不同程度的经济困难所导致的发包数量的减少，以及各国对本国承包市场保护的加强，国际工程承包市场出现了以下特点：

1. 竞争激烈，利润下降

由于国际承包市场上承包商数量的不断增多，以及发包项目的减少，市场上形成了激烈的竞争态势。这就使承包价格越压越低，一些国家的承包商为了夺标，常常以低于成本价格投标，中标后靠带动原材料和设备的出口，或借机索赔来争取赢利。

2. 承包商对国内市场的依靠加强

由于国际工程承包竞争日趋激烈，难以获利，再加上国际金融市场动荡不定，汇率风险较大，许多承包商开始把注意力转向本国的承包市场，如20世纪90年代初世界排行前250名的承包商中有近90%是靠本国市场的承包业务盈利的。

3. 市场保护措施日益加强

在国际工程承包市场竞争日趋激烈的态势下，很多国家为扶植本国的建筑业，减少外汇支出，维护本国的经济利益，纷纷出台了一些保护主义措施，如限制外国承包商的承包范围，规定外国公司必须与当地公司联营或雇佣当地代理人才能取得承包资格，限定外国公司承揽本国的工程项目使用当地劳务的比例，给予本国公司各种优惠，以及通过设置各种障碍来限制外国承包商在本国的承包活动。

4. 带资投标、延期付款和实物支付的做法日益普遍

带资投标实际是一种投标与资金挂钩的做法，即投标人向发包人融资。就目前的国际承包市场而言，投标人向发包人融资已成为投标的先决条件，而且融资的优惠程度也成为除标价以外的另一个能否中标的决定因素。此外，延期付款和以实物支付的做法也日渐增多，如许多中东国家以石油或天然气来支付拖欠的工程项目的费用。

5. 承包项目由劳动密集型向技术密集型转化

随着科学技术的迅猛发展，出现了许多技术含量较高的新型产业，这就使项目建设从单纯的土建工程转向以技术工程为主的成套设施的建设，这类项目对承包商提出了更高的要求。

第二节　招标与投标

一、招标

（一）招标的概念

招标（Invitation to Tender）是指由发包人（业主）就拟建工程项目的内容、要求和预选投标人的资格等提出条件，通过公开或非公开的方式邀请投标人根据上述条件提出报价，施工方案和施工进度等，然后由发包人经比较择优选定承包商的过程。择优一般是指最佳技术、最佳质量、最低价格和最短工期。发包人要想在众多的投标者中选出在上述四个方面均具有优势的承包商是比较困难的，发包人应根据自己的资金能力、项目的具体要求、投标人的专长和所报的价格与条件来确定中标者。

（二）招标的方式

1. 公开招标

公开招标是属于竞争性招标，指的是招标人通过国内外各种有影响的报刊、电视、广播等宣传媒介刊登广告，发布招标信息，不限国籍地使全世界所有合格的承包商都有资格参加投标，招标人择

优选择中标人的整个过程。公开招标的特点是招标通知必须公开发出，不限投标人的数量，开标也必须有投标人在场时当众进行，但评标和定标却是秘密进行。一般来说，除非招标文件另有规定，公开招标的中标者应该是报价最低的投标者。公开招标是属于竞争性招标，采用这种招标方式有利于招标人降低成本，引进最先进的技术、设备及原材料，而且还可使所有的承包商都能得到公平的对待。世界银行认为，只有采用公开招标才能体现效率（Efficiency）、经济（Economy）和公平（Equity）的"三 E 原则"。

2. 国际限制性招标

国际限制性招标是指发包人不通过刊登广告，而是有选择地邀请若干家承包商参加投标的一种竞争性招标方式。限制性招标所限定的承包商主要有以下几种情况：一是为了保护本国的建筑市场，只允许本国的承包商参加投标或保留工程的某一部分给本国的承包商；二是为发包工程提供贷款的国家要求业主只邀请贷款国的承包商投标，必须把第三国甚至东道国的承包商排除在外；三是由于为工程提供贷款的机构是某一金融机构或基金组织，它们有时要求发包人在该金融机构或基金组织的成员国的承包商之间招标；四是有些项目较为特殊，对承包商在技术和经验上有较高的要求，国际上有能力建造该工程的承包商为数不多，所以只能邀请国际上有能力的承包商参加投标。在限制性招标的方式下，由于招标通知不使用广告的形式公之于众，所以只有被邀请并接受邀请的承包商才是合法的投标人，未接到邀请或通过其他途径得知招标信息的承包商，未经发包人的许可无权参加投标。这种招标方式的优点在于能够保证工程质量并能节省招标时间，但有时会漏掉有力的竞争者，从而错过了选择报价最低者的机会。

3. 两段招标

两段招标也是国际公开招标中的一种，但要把招标过程分为两个阶段，第一阶段采用公开招标，从合格的承包中选出三到五家承包商作为候选人，然后再让它们重新报价，并确定最终的中标者。两段招标不是两次招标，而是一次招标分为两个阶段，并只与承包商签署一个承包合同。

4. 谈判招标

谈判招标是属于非竞争性招标，目前有两种做法。一种是招标人根据自己的需要和所了解到的承包商的资信和技术状况，将符合要求的承包商排列出顺序，然后先与最符合要求的承包商进行谈判，若与之达不成协议，则按顺序继续与下一个进行谈判，直至达成协议为止，这种做法也叫议标；另一种是在开标以后，招标人分别与各投标人同时进行谈判，这就等于给了每个投标人多次报价的机会，最后与最符合要求的承包商签署承包协议，这种招标方式的优点在于由于给了每个投标人多次报价的机会，从而使招标人得益于投标人的价格竞争。谈判招标一般适用于专业技术较强，施工难度较大，多数承包商难以胜任的工程项目，在这种招标方式下，投标者能否中标的决定因素主要不是价格，而是承包商技术能力、施工质量和工期等条件。

（三）招标的程序

招标是以业主为主体从事的工作，整个招标过程所需要的时间，往往随招标方式和项目特点的不同而有所差异，少则一年，多则几年的时间。这些工作从成立招标机构开始到签订承包合同需要严格按照招标程序和要求进行，并要做大量繁杂而又细致的工作，其大致要经过以下具体程序：

1. 成立招标机构

业主在决定建造某一项目以后，便开始进行国际招标工作，国际招标工作的整个过程一般由一个专门设立的机构全权负责。招标机构可以自己设立，也可以委托国际上常设的招标机构或从事招标的咨询公司代为招标，招标机构的能力和工作效率直接影响着招标的成败。

2. 制订招标规则

招标规则主要包括以下内容：一是确定招标方式，即采用公开招标、限制性招标、两段招标，还是谈判招标；二是广告刊登的范围和文字表达方式；三是确定开标的时间和地点；四是评标的标准等。

3. 编制招标文件

招标文件是招标的法律依据，也是投标者投标和准备标书的依据。招标文件的具体内容应视项目的规模和复杂程度而定，其主要包括招标人须知、担保书、合同条件和技术规范等。因为招标人所要建造的工程项目和所要采购物资的具体内容与要求，以及评标的具体标准全部体现在招标文件中，所以招标文件一定要力求完整和准确。招标文件所用的语言应该是国际商业通用的英文、法文和西班牙文。

4. 发布招标公告

招标公告是招标机构利用广播、电视以及国内外知名度较高的报纸、期刊，向国内外所有合格的承包商发布的招标启示，即邀请所有合格的承包商投标。招标公告的主要内容包括发包人的名称、项目的名称与概况、项目的资金来源、招标的方式、投标的开始时间与截止日期、评标的地点与时间、招标文件的发售时间与办法等。

5. 进行资格预审

资格预审是招标机构发布招标公告以后承包商投标之前，对拟投标人是否有能力承揽其所要建设的工程项目而进行的一种资格审查。资格审查的内容包括承包商以往的业绩与信誉、设备与技术状况、人员的技术能力、管理水平和财务状况等。参加资格预审的承包商应向招标机构提供投标意向书、公司章程与条例、公司技术和行政管理机构的人员名单、公司现有的机械设备清单、公司现有的合同清单、公司过去五年来承揽类似合同的清单、公司资产负债表、业主或监理工程师对公司资信的证明和银行对公司资信的证明。资格预审的标准应在招标公告中注明，经资格预审所有符合标准的承包商都应准予投标。

6. 通知承包商参加投标

资格预审之后，招标机构以书信的方式向所有资格预审合格的承包商发出通知，让它们在规定的时间内和指定的地点购买标书，以参加投标。投标通知同时也在报纸上公布，但不公布获得投标资格的公司名称。

7. 收标

投标人按招标机构指定的地点投递标书，招标机构在投标地点设有由专人保管的投标箱，保管人员将收到的投标书放入投标箱，并将盖有日期的收据交给投标人，以证明其投标书是在投标截止日期之前收到的。投标截止日期一到，便立即封闭投标箱，此后收到的投标书均属无效。

8. 开标

开标一般有两种形式，即公开开标和秘密开标。公开开标是指招标人在规定的时间和地点按收到投标书的先后顺序，将所有的投标书当众启封，宣读每个投标人的姓名和标价。公开开标一般是在通知所有投标人的参加并在公证机构的监督下进行，开标时投标书对自动降低价格的说明以及是否附有投标保证书和保函也一并宣布，但投标书的详细内容不必也不可能全部宣读。所有的标价均应记录在案，由招标负责人签字。按世界银行的规定，在公开招标情况下，从发布招标文件到开标间隔时间的长短取决于工程的大小和复杂程度，一般工程不少于 45 天，较复杂的大型工程应在 90 天以上，以便投标人有足够的时间去进行现场考察等投标所必备的准备工作。秘密开标和公开开标大体一致，其唯一的区别在于秘密开标是在不通知投标人的参加下进行。

9. 评标

评标是招标机构的有关部门按一定的程序和要求，对每封投标书中的交易条件和技术条件进行综合评价，并选出中标候选人的过程。中标候选人一般为 2~3 人，并按综合条件排定名次，即最低标（第一中标人）、次低标（第二中标人）、第三低标（第三中标人），若无意外，最低标应是最终的中标者。交易条件主要是看标价，对业主来讲，标价越低越好；技术条件主要包括施工方案、施工所采用的技术、施工的组织与管理、工期，以及施工方案的合理性、可靠性和科学性。评标的标准必须与招标文件规定的条件相一致。

10. 定标

招标机构经过综合分析，写出评标报告并选择报价低、技术实力强、信誉好和工期短的承包商作为中标者叫定标。业主在定标前要分别与中标候选人就合同的条款和细节进行谈判，以达成共识，确定最后的中标者。招标机构在定标后应以电话、电报、电传等快捷的方式通知中标人，对未中标者也应及时发出评标结果。招标不一定都能选中中标人，即废标，也就是招标人拒绝全部投标。一般来说，招标人在出现了下列三种情况之一时，有权拒绝全部投标：（1）投标人太少，一般指少到不足三家；（2）最低标价大大超过国际市场平均价格或业主制定的标底；（3）所有的投标书均未按招标文件的要求编写；（4）所有得标候选人不愿意降价至标底线以下。废标后，可进行第二次招标。

11. 签订承包合同

中标人接到中标通知以后，应在规定的时间内与业主签订承包合同，并递交履约保证书，至此，招标工作全部结束，中标人便可着手准备工程的开工建设。但若中标人未按期签约或故意拖延，并未事先向招标机构提出可以接受的申请，那么中标人应被视为违约。

二、投标

（一）投标的概念

投标（Bid）是以承包商为主体从事的活动。它是指投标人根据招标文件的要求，在规定的时间并以规定的方式，投报其拟承包工程的实施方案及所需的全部费用，争取中标的过程。投标书中的标价是承包商能否中标的决定性条件。因此，报价要极为慎重，报价应既要有竞争力，又要有利可图。

（二）投标的特点

1. 投标的前提是必须承认全部招标条件，否则就失去了参加投标的机会。

2. 投标属于一次性标价，但主动权掌握在招标人手中，即业主在选定最后中标者的过程中，投标人一般没有讨价还价的权利。

3. 投标在法律上属于要约，投标人因此要极为慎重，标价一旦报出，不能随意撤销。为此，招标人一般要求投标人交纳投标保证金。

（三）投标的程序

投标本身也是一个过程，其主要经过投标前的准备、询价、制定标价、制作标书、竞标等程序。

1. 投标前的准备

投标前的准备工作十分重要，它直接影响中标率的大小，准备工作应从以下三方面入手：

（1）收集有关信息和资料。需要收集的资料主要包括两个方面：一是项目所在国的情况，如项目所在国政治的稳定性，与邻国的关系，经济的发展水平，基础设施状况，金融与保险业的发达程度，水、电、石油、天然气、原材料的供应状况，自然、社会、文化环境等；二是收集竞争对手的有关资料，其中主要是了解能够参与本行业投标的企业数目，这些企业的经营状况、生产能力、知名度，以及它们参加投标的次数和中标率等。如果竞争对手在各方面均优于本企业，而且本企业中标的机会很小，就应放弃该项目的投标，则应转向本企业中标机会较大的其他项目。

（2）研究国际招标法规。国际招标活动涉及的东道国法规有采购法、合同法、公司法、税法、劳动法、外汇管制法、保险法、海关法、代理法等。

（3）组成投标小组。投标小组的成员应是由从本企业各部门中选拔出来的具有各种专业技术的人员组成，他们的能力将是本企业能否中标和获利的关键。

2. 询价

询价是投标人在投标前必须做的一项工作，因为承包商在承包活动中，往往需要提供设备和原材料，询价的目的在于准确地核算工程成本，以作出既有竞争力又能获利的报价。此外，有时生活物资和劳务的价格也是询价的一个内容。

3. 制定标价

投标价格的制定工作可以分成以下两步来做：

（1）成本核算。成本主要包括直接成本和间接成本。直接成本主要包括工程成本、产品的生产成本、包装费、运输费、运输保险费、口岸费和工资等；间接成本主要包括投标费、捐税、施工保险费、经营管理费和贷款利息等。此外，一些不可预见的费用也应考虑进去，如设备、原材料和劳务价格的上涨费，货币贬值费及无法预料或难以避免的经济损失费等。

（2）制定标价。制定标价考虑的因素主要有以下三个：一是成本，原则上讲，承包商在成本的基础上加一定比例的利润便可形成最后的标价；二是竞争对手的情况，如果竞争对手较多并具有一定的经济和技术实力，标价应定得低一些，如果本公司从事该工程的建造有一定的优势，竞争对手较少或没有竞争对手，那么标价可以定得高些；三是企业投标的目的，若是想通过工程的建设获取利润，那么标价必须高于成本并有一定比例的利润，在目前承包市场竞争如此激烈的情况下，很多承包商不指望通过工程的建造来取得收益，而是想通过承包工程带动本国设备和原材料的出口，进而从设备和原材料的出口中获取利润，出于这种目的的承包商所制定的标价往往与工程项目的建造成本持平或低于成本。当然，标价定得越低，中标率则越高。

4. 制作标书

标书是投标书的简称，亦称投标文件。它的具体内容依据项目的不同而有所区别，编制标书是指填好投标书及附件、投标保证书、工程量清单和单价表、有关的技术文件等，投标人的报价、技术状况和施工工程质量全部体现在投标书中。在编制标书以前，预审合格的承包商根据业主的通知到指定的机构购买招标文件，并一定要仔细阅读招标文件，编制的标书一定要符合招标文件的要求，否则投标无效。

5. 投递标书

投标书编制完成以后，投标人应按招标人的要求装订密封，并在规定的时间内送达指定的招标机构。投递标书不宜过早，一般应在投标截止日期前几天为宜。

6. 竞标

开标后投标人为中标而与其他投标人的竞争叫竞标。投标人参加竞标的前提条件是成为中标的候选人，在一般情况下，招标机构在开标后先将投标人按报价的高低排出名次，经过初步审查选定

2~3个候选人，如果参加投标的人数较多并且实力接近，也可选择5~7名候选人，招标机构通过对候选人的综合评价，确定最后的中标者。有时候也会出现2~3个候选人条件相当，招标机构难定取舍，招标机构便会向候选人重发通知，再次竞标，投标人这时候将会采用各种手段竞标，以决雌雄。

第三节　国际工程承包合同与施工管理

一、合同的种类

国际工程承包合同从不同的角度，可以划分为不同的类型。

（一）按价格的构成和价格的确定方法来划分，合同可以分为总价合同、单价合同和成本加酬金合同

1. 总价合同

总价合同是指在承包合同中规定承包价格，业主按合同规定分期或一次性支付给承包商的一种合同形式。总价合同中所确定的价格是根据工程的图纸和承包的内容计算出来的，其价格一般是固定不变的。如果采用这种合同形式，投标人必须将一些可能发生的风险考虑进去，如原材料价格的上涨、工资的上涨、自然原因导致的误工、政治变动等风险，否则投标人将蒙受难以估量的损失。在有些情况下，总价合同中规定有价格调整条款，即在原材料或工资上涨幅度超过一定的比例时，合同的价格也作相应的调整，这就等于将一部分风险转移给了业主。

2. 单价合同

单价合同是一种按承包商实际完成的工作量和合同的单价来支付价款的一种合同形式。合同中所确定的单价，既可以固定不变，也可随机调整，其主要取决于合同的规定。固定总价和单价合同的区别在于前者按总价投标承包，而后者则按单价投标承包。在总价合同中，虽然也要求投标人报单价，但不要求详细；而在单价合同中，所列的单价必须详细，其所报的总价只是在评标时用于与其他投标人做比较。

3. 成本加酬金合同

成本加酬金合同是以工程实际发生的成本（施工费和材料费等），再加上双方商定的管理费和利润向承包商支付工程款的一种合同形式。在这种合同形式下，由于成本实报实销，所以承包商的风险很小，但这种合同的管理费和利润往往与工程的质量、成本、工期三项指标相联系，因此，承包商比较注重质量、成本和工期，业主便可从中得益。

（二）按承包的内容来划分，可以分为施工合同、设备的供应与安装合同、工程咨询合同、工程服务合同、交钥匙合同、交产品合同、BOT 合同。

1. 施工合同

施工合同是业主与承包商签订的工程项目的建造实施合同。在国际工程承包活动中，大多属于这类合同。

2. 设备的供应与安装合同

这种合同的形式依承包商责任的不同而有所不同，一种是单纯的设备供应合同，即设备的供应者只负责提供设备；二是单纯的设备安装合同，即承包商只负责设备的安装；三是设备的供应商既负责提供设备又负责设备的安装的设备的供应与安装合同；四是设备的供应商负责提供设备，并负责指导业主自行安装的合同。

3. 工程咨询合同

工程咨询合同实际上是一种专业技术服务合同，业主咨询的主要内容有投资前的可行性研究、图纸的合理性、实施方案的可行性等。

4. 工程服务合同

工程服务合同是业主与能够提供某些服务工作的公司签订的合同，其主要目的是为工程项目提供服务，这类合同只有在建造规模较大而且较复杂的工程项目中签署。

5. 交钥匙合同

交钥匙合同是指承包商从项目的可行性研究、规划设计、勘察选点、工程施工、原材料的购买、设备的供应与安装、技术培训、试生产等一系列工作承担全部责任的一种承包方式，即承包商将已

510

建成竣工的工程项目交给业主后即刻投入生产使用。在这种承包方式下，承包商的风险较大，但收益较高。

6. 交产品合同

交产品合同是指承包商不仅负责项目的可行性研究、规划设计、勘察选点、工程施工、原材料的购买、设备的供应与安装、技术培训、试生产等工作，还应负责指导业主生产出一定数量的合格产品，并在原材料及能耗达到设计要求之后才能正式移交给业主的一种承包方式。这种承包方式往往适合技术含量较高的大型项目。

7. BOT 合同

BOT 是英文 BUILD-OPERATE-TRANSFER 的缩写，意即建设—经营—转让。BOT 合同实际上是承包商将工程项目建成以后，承包商继续经营该项目一段时间才转让给业主的一种承包方式。业主在采用 BOT 方式发包时，往往要求承包商负责项目的筹资或提供贷款，从而集筹资、建造、运营、维修、转让于一体，承包商在协议期内拥有并经营该项目，从而达到回收投资并取得合法利润的目的。这种承包方式多用于政府与私营部门之间，而且适用的范围较广，尤其适合于那些资金需求量较大的公路、铁路、城市地铁、废水处理、发电厂等基础设施和公共设施项目。它的优点在于东道国不仅可以引进较先进的技术和管理经验，还可融通资金和减少风险；而承包商则可从中获取更多的利润。

(三) 按承包方式划分，可分为总包合同、分包合同和二包合同

这三种合同已在本章第一节承包方式中作了介绍，这里不再重复。

二、国际工程承包合同的内容

国际工程承包合同的内容虽依承建项目内容的不同而有所不同，但其主要条款大体一致，大多数国家也都为本国的承包活动制订了标准合同格式，目前，最广泛使用的合同格式是由国际顾问工程师联合会（Federation Internationale Des Ingenieurs-Conseils，FIDIC)拟定的《土木建筑工程（国际）施工合同条款》，亦称

FIDIC 条款。FIDIC 条款的第一版发行于 1957 年，1963 年、1977 年、1987 年和 1999 年又分别印发了第二、第三、第四和第五版。FIDIC 条款得到世界银行的推荐，成为目前国际上最具权威的从事国际工程承包活动的指导性文件。1999 年的 FIDIC 条款由《施工合同条件》（简称新红皮书）、《EPC/交钥匙工程合同条件》（简称银皮书）、《永久设备和设计—建造合同条件》（简称新黄皮书）和《合同简短格式》（简称绿皮书）四部分组成，即土木工程施工合同的一般条件、专用条款和合同格式三方面内容，其主要包括以下内容：

（一）承包合同的定义

这一部分主要是阐明合同的当事人，合同中所包含的文件及其规范，以及对合同中所出现的各种术语的解释。

（二）业主的责任与违约

业主主要负责清理并提供施工场地，协助承包商办理施工所需的机械设备、原材料、生活物资的出入境手续，支付工程建设款等。按 FIDIC 条款的规定，对于业主应支付各类工程款，其在接到承包商要求付款的请求后，应在 28 天内向承包商提供已作出了资金安排的证据，否则承包商可以暂停工作或降低工作速度；工程师在收到承包商的期中支付报表和证明文件后的 28 天内应向业主发出期中支付证书，业主在工程师收到承包商交来的期中支付报表和证明文件后的 56 天内向承包商支付期中工程款。业主收到工程师签发的收到最终支付证书后 56 天内向承包商支付工程款，如果业主未按合同规定的期限和数额支付，或因业主破产、停业，或由不可预见的原因导致其未履行义务，承包商有权解除合同，撤走设备和材料，业主应向承包商偿付由此而发生的损失和费用。

（三）承包商的义务与违约

承包商是指其投标书已被业主接受的人，其主要义务是工程施工，接受工程师的指令和监督，提供各种保函，为工程办理保险。其中承包商应在接到中标通知书 28 天内按合同的规定向业主提交履约保函。当承包商未经许可转包或分包，拖延工期，放弃合同或破产时，业主可以没收保证金并在发出通知 14 日后占领工地，赶走承包商，自行施工或另找承包商继续施工，由此而产生的费用由违约的承包商负担。若承包商的施工不符合设计要求，或使用了不合格的原材料，应将其拆除并重新施工。承包商应在达成索赔协议后 42 天内向业主支付索赔款，承包商还必须在业主提出修补缺陷的要求后 42 天内进行修补。

（四）工程师和工程师代表

工程师是由业主任命并代表业主执行合同规定的任务，如发出开工、停工或返工等指令，除非合同另有规定，工程师行使的任何权利都应被视为已征得业主的同意。工程师代表应由工程师任命并向工程师负责，其主要职责是代表工程师在现场监督、检查施工质量，处理实施合同中发生的问题，工程师代表也可任命一定数量的人员协助其工作。承包商必须执行工程师的书面或口头指令，对于口头指令，承包商应要求工程师以书面形式在 7 天之内予以确认，如工程师对承包商发出的要求确认呈请函自发布之日起 7 天内未予答复，该口头指令应被视为工程师的一项指令，其工程款的结算也以该指令为依据。

（五）转让与分包

承包商无业主的事先同意，不应将合同或其中的任何部分转让出去。在得到业主许可的情况下，可将工程的一部分包给其他承包商，但不能全部分包出去。

（六）开工与竣工

承包商应在收到工程师发给的开工通知后的合理的时间内从速开工，其工期以投标附录中规定的开工期限的最后一天起算，并应在标书附件规定的时间内完成。只有在额外增加工程的数量或性质，业主的延误、妨碍或阻碍，不可预见的意外情况等情况下，承包商才有权延迟全部或部分工程的竣工期限。

（七）检验与检查

工程师有权进出工地、车间检验和检查施工所使用的原材料、零部件、设备，以及生产过程和已完工的部分工程。承包商应为此提供便利，不得覆盖或掩饰而不外露。当工程的基础或工程的任何部分已准备就绪或即将准备好可供检查时，承包商应及时通知工程师进行检查，不得无故拖延。

（八）工程移交

当整个工程基本完工并通过合同规定的竣工检验时，承包商可向工程师发出通知及附带有在缺陷维修期间内完成任何未完工作的书面保证。此通知和保证应被视为承包商要求工程师发给接收证书的申请，工程师应在接到该通知后的 21 日以内，向承包商发出接收证书并注明承包商尚未完成的所有工作。承包商在完成所有工作和维修好所指出的缺陷时，并使工程师满意后的 21 天之内有权得到工程接收证书。另外，在某些特定的情况下，工程师也可对某一部分已竣工的工程进行接收。

（九）工程变更

工程师在认为有必要时，可以对工程或其任何部分的形式、质量或数量作出变更。如果变更后的工程量超过一定的幅度，其价格也应作相应的调整；如果工程的变更是由承包商引起的，变更的费用应由承包商负担。

（十）价格与支付

承包合同中的价格条款不仅应注明总价、单价或成本加酬金价，而且还应将计价货币、支付货币以及支付方式列入其中。在国际承包活动中，一般采用银行保函和信用证来办理支付，其支付的具体方法大都采用预付款、进度款和最终结算相结合的做法，即承包合同签订后和开工前，业主先向承包商支付一定比例的预付款，以用于购买工程所需的设备和原材料，预付款的比例应占合同总额的 10%~20%，然后承包商每月底将实际完成的工作量分项列表报给工程师，并经其确认后支付给承包商一定比例的进度款，业主待工程全部完工并经验收合格后，与承包商进行最后的结算，支付尚未支付的所有剩余款项。

（十一）特殊风险

在合同履行过程中，如果出现了签订合同时无法预见到的人力不可抗力的特殊风险，承包商将不承担责任。如果世界任何地方爆发了战争，无论是否已经宣战，无论对工程施工在经济和物质上有无影响，承包商应完成施工直至合同终止，但业主在战争爆发后的任何时候有权通知承包商终止合同。如果出现的特殊风险造成工程费用的增加，承包商应立即通知工程师，并经双方协商后，增加相应的承包费。

（十二）争议的解决

如果业主与承包商之间发生争议，其中的一方应书面通知工程师并告知另一方，工程师在收到本通知的 84 天内作出决定并通知业主和承包商，如果业主或承包商对工程师的决定不满意或工程师在 84 天内未能作出决定，不满方应在收到工程师决定的 7 天之内或在通知工程师决定而工程师又未作出决定的 84 天之后的 7 天内通知对方和工程师，再交由争端裁决委员会（DAB）进行解决。争端裁决委员会由业主和承包商合同双方各提名一名委员，以及双方再与上述二位委员协商确定第三位委员共同组成，委员的报酬由双方平均支付，该委员会必须在 84 天内拿出裁决意见，双方中的任何一方对裁决有异议，都可提交仲裁机构进行仲裁，仲裁机构的仲裁决议必须在通过双方友好协商解决争端的努力 56 天后作出。如果双方都未发出要求仲裁的通知，工程师的决定将作为最终有约束力的决定。

三、国际工程承包的施工管理

在国际工程承包活动中，工程的施工一般都在承包公司总部以外的国家进行，这涉及承包商在国外施工的管理问题，工程施工的国外管理一般分为总部管理和现场管理两个层次。

（一）总部管理

总部管理的大致内容是：（1）制定或审定项目的实施方案；（2）为项目筹资及开立银行保函；（3）制定统一的规章和报表，对现场提交的各种报告进行整理和分析，对重大问题进行决策；（4）监督项目资金的使用情况及审核财务会计报表；（5）选派现场各类管理和技术人员；（6）指导并帮助采购项目所需的设备和原材料。

（二）现场管理

现场管理一般分为项目总管理和现场施工管理两个层次：

1. 项目总管理

项目总管理是工程的全面性管理，它主要包括合同管理、计划管理、资金管理、财务管理、物资管理、组织工程的分包与转包、人事工资管理、工程的移交与结算、处理与业主的关系、处理与东道国政府及海关、税务、银行等部门的关系等工作。

2. 现场施工管理

现场施工管理的主要工作有制订具体的施工计划，协调各分包商的施工，做好设备和原材料的维护与保管，招聘和雇佣普通劳务，劳务人员工资的核定与发放，监督工程质量，做好工作记录，提交有关工程的报告等。

第四节　国际工程承包的银行保函

一、银行保函的含义

保函是承包合同当事人的一方为避免对方违约而遭受损失，要求对方提供的一种能保障自己权益的担保。银行保函是指银行应申请人的请求向受益人开出的，担保申请人正常履行合同所规定的某项义务的独立的书面保证文件。它实际上是以银行承诺文件面目出现的一种抵押金。银行保函是属于备用性的银行信用，它不是一般的履约担保文件，而是一种违约赔款保证书，即如果保函的申请人没有履行其担保文件中所担保的义务，银行则承担向受益人赔偿经济损失的责任。在国际工程承包活动中，银行保函目前已是最普遍、最常见和最容易被各方接受的信用担保形式。

二、银行保函的内容

银行保函是一种规范化的经济担保文件，为了保障受益人的合法权益，其内容十分具体和完整，因而世界各国银行开具的保函的内容基本一致。其具体内容大致如下：

（1）申请人，即承包商或被担保人，应注明申请人的全称和详细地址；

（2）受益人，即业主或总包商，应注明受益人的全称；

（3）担保人，即开具保函的银行，应写明担保行的全称和详细地址；

（4）担保金额，即担保所使用的货币与最高限额；

（5）担保责任，即在承包商如何违约的条件下承担索偿义务；

（6）索偿条件，即承包商违约时，业主凭何种证明进行索偿；

（7）有效期，即保函的起止时间及保函的生效和失效条件。

三、银行保函的种类

（一）投标保函

投标保函是银行根据投标人的请求开给业主的，用于保证投标人在投标有效期内不得撤回其标书，并在中标后与业主签订承包合同的保函。投标保函是随投保书一起递交给招标机构的，其担保金额一般为投保报价总额的 0.5%～3%，中小型项目一般为 3%～5%，有效期一般为 60 天、90 天、150 天、180 天不等，长的还有 270 天。对未中标者，业主应及时将保函退回。中标者在规定的时间内与业主签约并递交履约保函后，业主也应将投标保函退还给投标人。如果业主宣告废标，投标保函则自然失效。

（二）履约保函

履约保函是用于保证承包商严格按照承包合同要求的工期、质量、数量履约的保函。履约保函的担保金额一般为承包合同总额的 10%，其有效期一般不能短于合同规定的工期，如果工期延长，也应通知银行延长履约保函的有效期，如果承包商中途毁约或破产，业主有权要求银行支付保函的全部担保金额。投标保函只有在工程全面竣工并获得现场监理工程师签署验收合格证后才予以退还。

（三）预付款保函

预付款保函是银行开立的用于保证承包商按合同的规定偿还业主已支付的全部预付金额的担保文件，即如果由于承包商的责任，业主不能在规定的期限内从工程结算款中按比例扣还预付的款项，业主有权向银行索偿担保金额作为补偿。预付款保函的担保金额应与业主预付款的金额相等，一般为合同总金额的 10%～15%，其担保期限一般从承包商收到预付款之日起到扣还完毕止，由于预付款是逐笔扣还，所以预付款保函的担保额会随之减少。

（四）工程维修保函

工程维修保函是银行应承包商的请求开具的一种用于保证承包商对完工后的工程缺陷进行维修的经济担保文件。维修保函的担保金额一般为合同金额的 5%～10%，有效期为 1～2 年。维修期的开始时间应为工程竣工验收合格之日，在履约保函到期并退还之前，承包商必须开具维修保函。维修保函既可以重新开立，也可以以续展履约保函的形式来代替维修保函，维修保函一般在规定的期限内未发现需要维修的缺陷后退还。

（五）临时进口物资税收保函

临时进口物资税收保函是银行应按承包商的请求开给业主的一种担保承包商在工程竣工之后，将临时进口的用于工程施工的机械设备运出工程所在国，或在永久留下这些设备时照章纳税的一种经济担保文件。该保函的担保金额一般与临时进口的机械设备价值相等，担保的有效期一般比施工期限略长。承包商在将机械设备运出工程所在国并取得海关出示的证明之后便可索回保函。

（六）免税工程的进口物资税收保函

免税工程的进口物资税收保函是银行应承包商的要求，开给业主的一种担保承包商将进口的材料全部用于其承包的免税工程的经济担保文件。该保函的担保金额与进口的原材料的价值相等，其有效期与工期基本一致。在承包商向税务部门展示了业主颁发的，进口物资已全部用于免税工程的证明之后便可退回保函。

第五节　国际工程承包的施工索赔与保险

一、施工索赔

（一）施工索赔的含义

施工索赔是指由于业主或其他有关方面的过失与责任，即非承包商自身的原因，使承包商在施工中增加了额外的费用，承包商根据合同条款的有关规定，通过合法的途径和程序要求业主或其他有关方面，偿还其在施工中蒙受的损失。施工索赔的方式主要有两种，即要求延长工期和要求赔偿款项。索赔既是承包商的一种正当的权利要求，也是依据承包合同所应得到的合理补偿。

（二）施工索赔的原因

导致施工索赔的原因一般有以下几种：

1. 自然条件

承包商在施工中所遇到的自然条件或环境比合同中所描述得更为艰难或恶劣，如出现了经现场勘察也难以观测到的地质断层，地下水文条件与事先预测的不符，必须移动地下旧管线，地下有旧建筑物等，这将会增加施工难度和施工时间，进而增加施工费用，而上述情况和障碍并非是一个有经验的承包商在签订合同时所能预料到的。

2. 工程变更

在施工中，工程师要求承包商更改或增加额外工程量的情况是非常普遍的，承包合同一般都有业主有权临时增减工作量的规定。其变更主要在以下两个方面：一是工程量的变更，即工程师要求增减工程量，也就是说承包商所完成的实际工程量超过或少于业主提供的工程量表，如果削减的工程量未超过合同规定的幅度，一般不予索赔，如果由于某种原因业主将本属于承包商的工程量转给其他承包商去做，承包商可以获得工程准备费和管理费的索赔；二是工程质量变更，在施工中现场工程师不认可承包合同所要求的原材料的质量、设备的性能等，并对其提出更高的标准，或提出更高的做工质量和试验要求，或现场工程师为此故意拖延下达上述变更命令，承包商为此可以要求索赔。

3. 不可抗力风险

不可抗力风险是指在签合同时所无法预见的，而且是不可避免和不可预防的自然灾害或意外事件，如自然灾害造成的额外费用，战争、罢工、民族冲突、入侵、内战等导致工程出现各类的损失等应由业主承担。

4. 工程的暂停和中止

在施工中工程师可以下令暂停全部或部分工程的施工，只要暂停命令不是因为承包商的原因或其他风险造成的，承包商不仅可以延展工期，由此而付出的额外费用，包括额外增加的工资和管理费等，应由业主负担。工程的中止主要是指由于遇到了意外情况或双方任何一方的原因使工程无法继续进行下去，不得不中止合同，承包商应得到补偿。

5. 工期延误

承包商遇到了并非由于自身的原因和责任而影响工程进度的障碍，从而增加了额外的支出，承包商有权得到补偿。工程延误索赔主要是因为工程量的增加，业主未按时提供施工场地，工程师拖延对施工图纸、工序、材料的认可，业主未能按规定较好地协助承包商按时办好工程所需的境外技术和普通劳务人员的入境手续，业主未能按时提供合同规定的原材料和设备，现场工程师拖延发放工程付款证、验收合格证等证书，对于本来合格的施工和材料拆卸检查并重新修复，以及遇到人力不可抗力的自然灾害和意外事故而误工等。

6. 货币贬值

在金融市场动荡不定的今天，承包商为避免货币贬值给自己造成损失，往往在承包合同中订有货币贬值补偿条款。但多数补偿条款仅限于东道国政府或中央银行正式宣布的贬值，而市场上汇率的自由浮动则不在此列。

7. 物价上涨

凡订有物价上涨补贴条款的合同，在施工所需的原材料、燃料以及运输费和劳务费等的价格上涨时，可按规定的程序向业主提出差价索赔。索赔的数额应按双方事先定好的计算公式进行计算。

8. 工程进度款的延误支付

对于业主故意拖延向承包商支付其应按时支付的工程进度款而造成的延误工期或利息损失，应由业主承担。

（三）施工索赔的依据与费用

承包商向业主提出索赔的主要依据是合同以及招标文件、施工图纸等合同的附件，与此同时还应附带能证明确实增加了承包商支出的其他证明材料，如有关双方会谈内容的记录、与工程师往来的各种信件、工程师所下达的各种指令、施工进度表、施工设备和材料的使用记录、工程照片、工程质量的检查报告等施工材料，以及工资的支付、设备和材料的采购、材料和劳务价格的调整、汇率的变动、工程进度款的支付、会计账目等财务资料。

根据上述施工索赔的原因可以说明，承包商可以得到索赔的费用一般应包括以下几种：（1）由于工程量的增加、工资上涨和工程延误所导致的劳务费；（2）由于工程量的增加、使用材料质量要求的提高和物价上涨所产生的材料费；（3）由于工程量的增加、工期的拖延致使增加设备的使用数量和时间所引发的设备费；（4）由于业主的原因导致分包商向总包商的索赔而产生的分包费；（5）由于增加工程量和工期拖延必须加办保险所产生的保险费；（6）由于增加工程量和拖延工期所产生的管理费；（7）由于工程量的增加和工程的拖延致使保证金的延长所出现的保证金费；（8）由于业主延期支付工程进度款所导致的利息。

（四）索赔的程序

施工索赔大致要经过以下步骤：

1. 提出索赔要求

按 FIDIC 的规定，承包商应在索赔事件发生后的 28 天之内分别向监理工程师和业主发出索赔通知，通知的主要内容为要求索赔的原因和具体项目。

2. 提交索赔报告

承包商应在索赔通知发出后的 28 天之后，或在监理工程师同意的时间内，向工程师提交正式索赔报告，其主要内容为要求索赔的各项费用及总金额，并附有索赔所需的各种依据。索赔报告应简明扼要并富有逻辑性。

3. 索赔谈判

谈判是解决索赔问题的一种较好的途径，谈判前应组成一个精明强干的谈判班子，最好聘请国际上有名望的索赔专家参加，谈判应本着实事求是，有理、有利、有节的原则来说服对方。

4. 索赔的调解

在经过双方谈判，无法达成一致的情况下，可以由第三方进行调解，调解有两种方式，一种是非正式的，即通过有影响的人物或机构进行幕后调解，另一种是正式的，邀请一名双方都能接受的中间人进行调解。调解是在双方自愿的基础上进行的，若其中的任何一方对其工作不满意或双方无法达成协议，便可结束其调解工作。

5. 工程师的决定

承包商在调解无效之后，可以以书面的形式提请工程师对索赔问题作出处理决定，工程师应以公平合理的原则在收到申诉书的84天之内作出处理决定，并通知双方。若双方在收到处理决定的7天内均未提出仲裁或诉讼的意向，那么工程师的决定则成为对双方都有约束力的决定。

6. 仲裁或诉讼

如果双方中的任何一方对工程师的处理不满意或工程师在84天之内未作出处理决定，不满方应在收到工程师决定的7天内，或在提请工程师决定而工程师却未作出决定的84天之后，承包商可以提请仲裁或诉讼。如果提请诉讼，一般需要的时间较长；如果提请仲裁，仲裁机构应在收到仲裁通知后的56天之内作出裁决。不管是仲裁还是诉讼，其结果都是终局性的。

二、国际工程承包保险

(一) 国际工程承包活动的风险

国际工程承包是一项风险较大的经济活动，这主要是由于其所需时间长，牵涉内容广而且复杂，技术要求较高，资金投入大，并涉及国别政策、国家间的政治经济关系所致，任何风险的出现都会给双方造成不同程度的损失，了解国际工程承包风险则是防范风险的前提。国际工程承包风险一般有以下几类：

1. 政治风险

政治风险主要是指由于项目所在国政府的更迭，派别斗争，民族冲突，与邻国的冲突，以及经济政策的变化造成各种损失的可能性。

2. 经济风险

经济风险主要是指由于业主延期支付工程款，汇率的变动，通货膨胀，市场供求关系的变化，服务系统出现问题，施工现场及周围环境发生变化造成损失的可能性。

3. 自然风险

自然风险是指由于风暴、地震、洪水、雷雨等自然界的异常变化造成财产损失和人身伤亡的可能性。

4. 意外事故风险

意外事故风险是指在施工中由于外来的、突然的、非意料之中的事故，造成财产损失和人身伤亡的可能性，如火灾、爆炸、施工设备倾倒或在作业中断裂、设备或材料被盗、施工人员滑落等。

(二) 对国际工程承包保险的认识

保险实际上是保险机构广泛收集各类投保人的资金，来建立保险基金，在投保者遭遇保险范围内的损害而受损时，由保险机构予以经济补偿的一种防范风险的手段。保险具有分散风险，补偿损失的职能，即千家万户保一户。在国际工程承包活动中，无论是新建、扩建，还是进行技术改造；无论采用交钥匙工程、交产品工厂，还是 BOT 方式，都不可能回避风险，或做到准确预测和防范各种风险。任何风险的出现都会给投入了大量人力、物力和财力的双方带来不可估量的或者说是灾难性的损失，那么为工程项目办理保险则是防范国际工程承包活动风险的途径之一。国际工程承包保险一般是强制性的，因为它既保障了业主的利益，也有利于承包商，在国际工程承包中已列入成本，并成为工程预算的重要组成部分。

(三) 国际工程承包保险的险别

1. 工程一切险

工程一切险亦称全险，它是指在工程项目的施工期间，由于自然灾害、意外事故、施工人员的操作失误给在建工程、到达现场的材料、施工机械和物品、临时工程、现场的其他财产等造成的损失。工程一切险实际上是一种综合性的险别，但工程一切险却不承保所有的风险，如由于战争、罢工、政策的变化、违约等原因导致的损失则不在该险别承保的范围内。工程一切险一般按合同的总价投保，其保险期限应从开工之日或第一批施工材料运抵施工现场时起，到工程竣工之日或事先约定的竣工之后的某一时间止。

2. 第三方责任险

第三方责任险是指在施工中，由于任何事故给与工程无关的第三方造成的财产损失或人身伤亡，保险公司予以赔偿的一种险别。第三方责任险只对保险公司和被保险人以外的第三者的财产损失或人身伤亡，不包括被保险人财产损失或雇员的伤亡，而且只有在被保险人应依法承担赔偿责任时，保险公司才予以办理赔偿。

3. 人身意外险

人身意外险是指保险公司负责赔偿被保险人在施工中因意外事故致使人身伤亡损失的一种险别。承包合同一般都规定承包商必须为施工人员投保人身意外险，在投保人身意外险时，还可同时附加由意外事故致伤的医疗保险。人身意外险的保险金额应视施工所在国法律而定，有些国家允许承包商为外国雇员在国外保险公司投保，但本地雇员必须在本国保险公司投保。

4. 汽车险

汽车险是指施工运输车辆在工地以外发生事故，保险公司负责赔偿由此而造成的损失的一种险别。施工中运输车辆的风险分为工地内和工地外风险两类，汽车险仅负责在工地外发生事故造成的损失，而施工车辆在工地内发生事故导致的损失应属于工程一切险的责任范围。有些国家对施工车辆实行强制性保险，未投保汽车险的施工车辆不许在公路上行驶。

5. 货物运输险

货物运输险是指工程所需的机械设备、原材料、零部件等在运输期间遭受自然灾害和意外事故造成损失，保险公司负责赔偿的一种险别。在国际工程承包活动中，采购施工机械、设备、原材料和零配件的费用一般占整个工程费的 50%～80%，这些物资的运输大多通过海运，在海运风险如此之大的今天，为运输中的货物投保是非常必要的。货物运输险的险别很多，一般分为两大类，一类是可以单独投保的基本险，即平安险、水渍险和一切险；另一类是不能单独投保只能在投保了一个基本险之后加保的附加险，附加险本身也分成三种，即一般、特别和特殊附加险，而且每种附加险又有很多险别，至于投保哪一险别，应视货物的性质而定。货物运输险的保险金额一般可按 CIF 价格（成本加保险费和运费价）的 110% 投保。

6. 社会福利险

社会福利险是保险公司为工程所雇佣的本国和外籍雇员失业、退休、死亡提供救济或补偿的一种险别。有些国家对此采用强制性保险，而且必须在国家指定的保险公司投保，这种做法对外籍雇员极不合理，但外籍承包商在施工结束后外籍雇员离开时可以要求退还一定比例的保险费。

第六节　国际劳务合作

一、国际劳务合作的概念

劳务是劳动服务的简称，系指劳动力的所有者向需求该种劳动服务的单位或个人提供的活劳动。这种活劳动既可以是为工业、农业等行业提供的生产性劳动，也可以是为商业、旅游、金融、保险、运输、通讯、建筑、医疗、教育等行业提供的服务性劳动，这实际上是劳动力要素的合理配置。国际劳务合作也称劳务或劳动力输出，它是指一国的各类技术和普通劳务，到另一国为另一国的政府机构、企业或个人提供各种生产性或服务性劳动服务，并获取应得报酬的活动。国际劳务合作实际上是一种劳动力要素在国际间的重新组合配置。国际劳务合作与国际服务贸易还有一定的区别，因为劳务合作讲的是作为生产要素之一的劳动力要素在国际间的移动，只不过是内涵广泛的国际服务贸易的一部分。当代国际劳务合作也不同于过去那种简单的劳动力转移，在原始资本积累时期，劳动力的转移是一种强制性的奴隶贸易，即使是在两次世界大战之间，也是一种带有殖民色彩的移民活动，不同于今天的劳务合作。当代国际劳务合作产生于第二次世界大战之后，并经过多年的发展，形成了以国际工程承包、国际投资、技术服务、咨询服务等形式进行的一种劳动服务。这种劳动服务形式已成为当代国际经济合作的一种重要形式。

二、国际劳务合作的作用

国际劳务合作已成为国际经济合作的一种重要形式，它既对劳务的输出国和输入国有很大的促进作用，也对整个世界经济产生了巨大的影响。

（一）对劳务输出国的作用

国际劳务合作对劳务输出国的作用主要表现在五个方面：一是增加了外汇收入，很多国家通过劳务出口和工程承包获取了可观的外汇收入，尤其是一些人口密度较高的发展中国家，他们中的有些国家外汇收入的一半以上来自国际劳务合作；二是缓解了国内的就业压力，有些发展中国家人口密度大，而且工业落后，其国内根本无法安置过剩的劳动力，劳务输出便成为解决这一问题的出路之一；三是学到并掌握了国外的一些先进的技术和管理方法，外派的劳务人员在国外提供劳动服务的同时，也掌握并带回了国外先进的技术和管理方法，从而提高了外派劳务人员的素质；四是扩大了商品出口，劳务输出国在外派劳务提供各种服务的同时，也将本国的原材料、设备和技术等出售给了输入国；五是增加和提高了输出国劳动服务者个人的收入，劳务的提供者到国外从事劳动服务不仅获得了收入，而且其收入一般高于国内，进而又提高了其生活质量。劳务输出有时也会造成国内通货膨胀，技术人员外流，国家限制出口的技术泄露，新的传染病的流入等负面影响。

（二）对劳务输入国的作用

对劳务输入国的作用一般表现在以下三个方面：第一，弥补了国内劳动力不足或某些行业劳动力短缺的问题，有些国家工业较发达或发包项目较多但人力又不足，而有些国家虽不缺劳动力，但其本国人又不愿从事某些脏、累、有污染、收益低的工作，输入外籍劳动力便成为解决上述问题的最好途径；第二，解决技术难题，有些国家技术落后，劳动力素质较差，无法适应本国经济发展的需要，引进技术劳务可以帮助解决很多国内技术难题，进而还可起到引进国外先进技术，调整产业结构的作用；第三，降低产品成本、提高产品的竞争能力或获取高额利润，雇佣外籍劳务一般不受本国最低工资水平的限制，即工资可低于本国劳动力的工资，从而使产品成本下降，达到增强产品竞争能力或获取高额利润的目的。劳务输入也会导致民族纠纷，犯罪率上升，新的传染病的传入等不利影响。

（三）对整个世界经济的作用

劳务合作对世界经济的影响主要表现在以下三个方面：（1）促进了科学技术在世界范围内的普及，在劳动力的转移过程中，有相当部分的劳动力是具有某种专业技术知识的，他们将其所拥有的技术带到世界各地，使这些输入技术劳务的国家也能分享世界上最先进的技术所带来的效益；（2）加深了生产的国际化程度，源源不断的劳动力转移使世界形成了庞大的劳动力市场，使作为生产要素之一的劳动力要素在世界范围内进行配置，从而加深了生产的国际化程度，与此同时，技术劳务的转移有些是通过跨国公司的海外投资带动的，这不仅促进了劳务输入国的产业结构的调整，也加深了生产的国际化；（3）扩大了贸易的数量，技术劳务在国外提供各种技术服务时，往往要求技术的输入国使用其母国的设备和原材料，或推荐具有国际先进水平的其他国家的产品，从而增加了国际贸易的数量并扩大了贸易的范围。

三、劳务输出及其客观必然性

劳务输出实际上就是劳动力的输出，它是指拥有一定技能或符合国际劳动力市场需求的普通劳动者，为获得更多的各种形式的收益，出国从事各种形式的有偿服务。这在人口学上叫人口流动或有劳动能力的人口流动，劳动力的流动一般是以实现其自身的价值增值为动力，并伴随着国际市场需求而产生的。20世纪70年代以来，劳务输出事业得以迅速发展，劳务贸易的发展速度超过了商品贸易，其比重已占到世界贸易总额的25%，发达国家的劳务贸易已占到其对外贸易总额的30%~40%，劳动力要素已成为国际市场上最活跃的要素之一。劳务输出之所以在70年代以后得以迅速发展是有其客观必然性的，其主要表现在以下几个方面：

（一）世界经济发展的不平衡性

有些国家技术落后，资源有限，资金短缺，而人口却较多，由于其技术水平和产品销售市场所限，使其国内的企业数量和工业规模又十分有限，这就造成了就业压力。而有些国家技术先进，工业规模十分可观，因而劳动力的相对不足便显示出来，需要引进外籍劳务来弥补国内劳动力的短缺。世界经济发展的不平衡性是劳务输出的根本原因。

（二）经济生活的国际化

战后以来，和平的环境使科学技术得以飞速发展，随着科学技术的飞速发展，各国之间的经济关系也日益密切，谁都不能在封闭的状态下求得发展，各国为求得发展便开始了经济生活国际化的进程，因为即使最发达的国家也不可能做到在所有领域都是领先的，引进技术和技术劳务便成为其保持领先地位的一个重要途径。

（三）世界产业结构的调整和国际分工的深化

随着国际分工的深化和产业结构的调整，不仅促使资金、原材料、设备、技术在国际间的自由移动，发达国家往往还随输出大量过时技术的同时，带出了很多技术劳务和普通劳务，以缓解国内的就业压力。而且发展中国家引进技术发展经济的同时，由于国内劳动力的素质较低，需要外籍的技术劳动力进行技术指导，以发展国内的落后产业或创建国内的空白产业，这些都推动了劳务输出。

四、劳务的种类及劳务输出的方式

（一）劳务的种类

劳务划分的方法很多，从不同的角度可以划分为不同的种类：

1. 劳务按劳动力提供服务所在的部门不同可以划分为要素性劳务和非要素性劳务。要素性劳务主要是指在工业、采矿业、加工业和农业等生产部门就业的劳动力；而非要素性劳务是指在商业、金融、保险、运输、咨询、旅游、文教等服务性行业就业的劳动力。

2. 劳务按提供服务的目的来划分，则可分为五种，即从事工农业生产、资源开发和加工工业等物质生产的生产型劳务，从事公路、铁路、港口、机场、桥梁、水利、厂房建设等直接为工农业生产和资源开发提供服务的服务型劳务，从事商业、金融、保险、咨询、交通运输、计算机服务等间接为生产活动服务的服务型劳务，从事餐饮、旅游、民用航空、海陆空客运、医疗卫生、民用建筑、家庭服务等满足人们物质消费需要型的劳务，从事文化艺术、体育、教育等满足人们精神需要型劳务。

（二）劳务输出的方式

目前各国输出劳务主要采取以下几种形式：（1）通过对外承包工程。国际工程承包一般涉及考察、勘探、设计、施工、安装、调试、人员培训甚至经营等工作，这些工作需要派出一定数量的施工、技术和管理人员。（2）通过技术和设备的出口。技术的出口国在向技术的进口国出口技术时，技术的进口国往往要求出口国派出有关技术人员进行技术指导，或对进口国的有关技术人员进行培训，这种方式派出的劳务人员一般是技术劳务。（3）直接出口劳务。有些国家通过签署合同的方式，直接向需求劳务的国家出口各类劳务人员，如医生、护士、海员、厨师、教师、体育教练员等。（4）通过在海外投资设厂。一国的投资者在海外创办独资企业、合资企业和合作经营企业的同时，将会随之派出一些技术人员和管理人员，如果东道国允许，甚至还会派出一些普通工人。

五、国际劳务市场及其与商品贸易市场的区别

国际劳务市场是世界上从事劳务交易的场所。国际劳务市场是整个国际市场的重要组成部分，它对劳动力要素在国际间的流动起了非常重要的作用。国际劳务市场经过了 20 世纪 50、60 年代的孕育与发展，形成了西欧和北美两大劳务市场。随着 70 年代西方国家的经济陷入滞胀和 80 年代的缓慢增长，以及中东国家石油收入的剧增和亚洲"四小龙"的兴起，国际劳务市场已从只进行普通劳动力流动的西欧和北美两大市场，发展成为亚太、中东、西欧、北美、拉美和非洲并能提供多种劳动服务形式的多元化市场。进入 90 年代以后，由于世界经济增长缓慢，各国的贸易保护主义日益加强，使劳务市场上的竞争更趋激烈。目前，随着多数国家采用调

整与发展并重的政策，国际劳务市场呈现出对技术劳务需求增加的态势，而且国际劳务市场多元化的趋势还在进一步加强。

国际劳务市场与国际商品市场有很大的不同，其主要表现在以下两个方面：其一是交易的对象不同，商品交易市场交易的对象是有形的，即有形的实物，而劳务市场上交易的标的是无形的，即非物化的活劳动；其二是交易场所的设置不同，商品交换场所有很多都是固定的，如各类商品交易所以及定期举办的展销会和贸易洽谈会等，而劳务市场一般都没有固定的场所，经常是哪里有劳务需求，哪里就是劳务市场。

六、国际劳务合同的基本条款

国际劳务合同是确立国际间劳务输出与输入，或彼此之间雇佣关系的一种法律文件。国际劳务合同与其他的经贸合同有所不同，因为它要受当地的政治、法律、宗教、文化等因素的制约。目前各国所签署的国际劳务合同是以欧洲金属工业联络组织拟定的"向国外提供技术人员的条件"为蓝本，其主要包括以下内容：

（一）*雇主的义务*

雇主（一般被称为甲方）应负责外国劳务的入境手续，为他们提供基本的生活设施和工作条件，有责任对他们进行技术培训或指导，并尊重他们的人格。此外，雇主除应向劳务人员支付工资以外，还应支付从募集外籍劳务人员到外籍劳务人员抵达本国所产生的动员费、征募费、旅费、食宿费以及办理出入境手续所需的各种费用。

（二）*劳务输出方的义务*

劳务的输出方（一般被称为乙方）应按雇主的要求按时派出身体健康、能胜任工作的劳务人员，并保证他们尊重当地的法律、宗教和风俗习惯及项目结束后离开本国，而且应负责及时更换因身体不适或违反上述规定而必须离境的劳务人员。

（三）*劳务人员的工资待遇*

劳务人员的工资标准是按其技术职称和工种而定的，可按小时、日或月来计算，而且不得低于当地的最低工资标准。劳务工资既可用外币计价，也可用东道国货币计价，支付货币中可规定外币和东道国货币分别所占的比例，但外币不得少于工资总额的 50%。劳务人员工作满一年后，工资标准也应随东道国物价上涨的幅度而进行相应的调整。劳务人员工作满 11 个月后可以享受 1 个月的带薪休假，其往返旅费由雇主负担。若劳务人员放弃回国休假并继续为雇主工作，雇主除支付正常工资以外，还应按规定支付加班费。

（四）劳务人员的生活待遇

劳务人员的伙食、住宿和交通应在合同中作出明确规定，在一般情况下，雇主根据劳务人员的级别与职务来安排他们的食宿，按国际惯例，领队和工程师等一般每人一间，其面积不小于 $10m^2$；医生、翻译、会计、厨师以及各类技术和管理人员两人一间，每人平均面积不得小于 $8m^2$；普通工人几人一间不定，但每人不得低于 $4m^2$。而劳务人员的伙食既可由雇主直接提供，也可提供伙食费，由劳务人员自行解决。雇主一般负责提供班车接送劳务人员上下班，但往返时间不得超过一小时，超过的时间算上班。

（五）劳动与社会保障

雇主应提供为保证劳务人员在工作中的安全所需的一切劳保用品，而且还应为劳务人员办理人身和医疗等保险。按国际惯例，雇主应以 1∶150 的比例为劳务人员配备医生，如果劳务人员需要住院治疗时，其住院费和各种治疗费由雇主负担。如果当地无法治疗，必须送往外地、邻国或回国就医时，也应由雇主支付路费。如果由于雇主的原因致使劳务人员伤亡时，雇主应赔偿一切损失，如果是由于劳务输出方的过失，则由劳务输出方承担损失。

（六）仲裁条款

劳务合同应定有仲裁条款，其目的在于发生了不能通过友好协商解决的争议时，得到及时的解决。仲裁机构是由双方选定的，但一般应选择东道国的仲裁机构作为劳务合同的仲裁机构，仲裁机构在收到争议双方签署的申请之后，根据国际惯例和当地的法律进行裁决，裁决的结果对双方都有法律约束力。

第七节　中国对外承包工程与劳务合作

一、中国对外承包工程与劳务合作概述

中国对外从事承包工程与劳务合作始于 1979 年，虽然在此之前中国企业曾在一些非洲国家和周边友好国家承建过体育场馆、公路、铁路、桥梁、工厂、医院等工程项目，并派遣过医生、护士、教师、体育和杂技教练、科技人员、工程师、建筑工人等劳务人员，但都是通过经济援助项目进行的，并没有真正进入国际工程承包与劳务市场。从 1978 年党的十一届三中全会至 1979 年 4 月，中国先后批准组建了中国建筑工程总公司、中国公路桥梁建设总公司和中国土木建筑工程公司，加上原有的中国成套设备进出口集团公司共四家公司从事对外承包工程和劳务输出业务。近 20 年来中国的对外工程承包与劳务输出事业有了飞速的发展，中国的对外经济合作业务遍及世界五大洲的 188 个国家和地区。到 1999 年底为止，中国批准的有资格从事该项业务的公司已近千家，其中有中国建筑工程总公司、中国公路桥梁建设总公司、中国海外工程总公司、中国冶金建设集团公司等由国务院有关部委组建的中央专业公司，中国福建国际经济技术合作公司、中国江苏国际经济技术合作公司、中国上海对外经济技术合作公司等由省、自治区、直辖市组建的地方性专业公司，中国机械设备进出口总公司和中国化工国际工程贸易公司等由大型外贸公司开办的专门从事工程承包业务的公司，北京城建集团总公司和齐鲁建设集团公司等由工业企业开设的从事工程承包业务的公司，以及北京市政工程设计院、交通部第一规划设计院等由专业技术和资金力量都很雄厚的专业设计院开办的工程承包公司。

中国公司从事的业务范围也十分广泛，其中涉及公路、桥梁、港口、水电站、水坝、房屋建筑、园林建筑、天然气管道、地质勘探、航天等，派出的劳务人员也从原先的建筑工人、医务人员、工程师等，发展到海员、司机、律师等。中国公司广泛开展对外工程

承包业务和劳务输出,不仅扩大了中国在国际上的影响,带动了产品、原材料和技术的出口,还锻炼了一大批技术和管理人员,并为国家和个人增加了外汇收入。中国公司从事国际工程承包和劳务输出业务至今已有 19 个年头,19 年来中国公司的经济和技术实力在不断壮大,其影响也在不断扩大。例如,继 1994 年和 1995 年中国有 23 家公司跻身美国《工程新闻记录》(ENR)杂志评选的世界 225 家最大承包商行列之后,1996 年增加到 27 家,1998 年又有 30 家榜上有名。其中,中国建筑工程总公司、中国石油工程建设(集团)公司、中国港湾建设(集团)公司、中国土木工程集团公司、中国路桥(集团)总公司和四川东方电力集团公司等六家公司进入了前 100 名,它们分别列第 24、59、62、77、88 和 100 位,特别值得一提的是中国建筑工程总公司从 1997 年的 42 位跃升到第 24 位。1996 年中国公司的对外承包劳务总额还实现了新签合同额超过 100 亿美元的重大突破,达到了 102.73 亿美元。1998 年中国公司新签合同 2.5955 万份,合同总金额达 117.73 亿美元,比 1997 年的 113.56 亿美元又增长了 3.7%。实际完成营业额为 101.34 亿美元,首次突破 100 亿美元大关。

进入 20 世纪 90 年代以来,中国对外承包市场多元化战略初见成效,从事对外承包工程业务的公司在实业化、国际化、集团化和多元化方面也取得了长足的发展,整体实力不断增强,其影响也在不断扩大。2004 年的新签合同额已达到 238.4 亿美元,完成营业额 174.7 亿美元,继 1994 年和 1995 年中国有 23 家公司跻身美国《工程新闻记录》(ENR)杂志评选的世界 225 家最大承包商行列之后,入选美国《工程新闻记录》(ENR)杂志评选的世界 225 家最大承包商行列的中国公司呈逐年上升趋势,1996 年为 27 家,2000 年为 34 家,2001 年为 39 家,2002 年增加到了 43 家,2004 年又增加到 47 家,而且一些颇具实力的中国国际承包工程公司在世界 225 家最大承包商评选中的排名逐渐上升,如中国建筑工程总公司从 1997 年的第 42 位跃升到 1998 年的第 24 位,2000 年又升至第 19 位,截至 2004 年,中建总公司在世界最大的 225 家国际承包商中已经排到第 17 名。每年派出的劳务人员数量与 20 世纪 70 年代末刚起步时相比有了飞速发展，从 1979 年的仅 2 000 人左右发展到 2002 年的 41.04 万人。截至 2004 年底，我国对外劳务合作累计完成营业额 308.2 亿美元，合同金额 361.1 亿美元，累计派出劳务人员达 139.3 万人之多。可见，中国公司正在成为国际工程承包和劳务市场上一支不可忽视的力量。

但是，资金短缺、规模小、市场范围窄、管理水平低仍然是困扰中国公司发展的主要障碍。中国的对外承包工程与劳务合作市场的 2/3 以上在亚洲，如在 1996 年的新签合同额中，亚洲就占了 74.5%，非洲和欧洲分别仅占 14.7% 和 5.6%，美洲和大洋洲一共才占 5.2%，1997 年在亚洲新签合同 83.67 亿美元，还是占了同期新签合同总额的 73.68%，市场范围的狭小限制了中国对外承包工程与劳务合作的开展。我国近千家从事对外承包工程与劳务合作的公司中，仅有 42 家公司在 1997 年签订过价值超过 5 000 万美元的合同，比 1996 年的 44 家还少了两家，而且它们 1997 年新签的合同额占同期中国各公司新签合同总额的 69%。在目前跻身世界 225 家最大承包公司中的 30 家中国公司海外总营业额大约仅相当于美国贝克特尔集团的一个下属公司的海外营业额。1998 年中国近千家公司的总营业额在世界承包市场的占有率仅为 1.4%，在外劳务人员不足全球劳务输出总额的 1%。1997 年下半年的东南亚金融危机，又使 2/3 以上的海外承包劳务市场在亚洲的中国公司雪上加霜。中国公司应该正视现实，拓宽融资渠道，改善管理水平，更广泛的开拓国际市场，使自己在竞争中求得发展。随着《服务贸易总协定》的签订和我国加入世界贸易组织，以及我国政府与外国政府有关国际组织根据《服务贸易总协定》的规定，通过多双边谈判和协商，就我国的对外承包劳务企业和人员、国民待遇和专业技术人员资格认可等原则作出互惠性安排，我国将面临开拓国际承包劳务市场的新机遇。

二、中国开展对外承包工程与劳务输出的指导思想与管理体制

（一）中国开展对外承包工程与劳务输出的指导思想

中国政府为使中国公司更好地开展对外工程承包与劳务输出业

534

务，1982 年 5 月提出了"守约、保质、薄利、重义"的指导思想。守约就是要求中国公司讲求信誉，遵守合同；保质则是要求中国公司注重施工质量并提供合格的设备和原材料；薄利是指要讲求效益，随行就市，但不能漫天要价；重义是要求中国公司重视与友好国家的友谊，不能见利忘义。

（二）中国开展对外承包工程与劳务输出的管理体制

中国政府为推动中国对外承包工程与劳务输出的发展，十分重视对开展对外承包工程和劳务输出的中国公司的管理，并为此作出了如下规定：

1. 国务院授权对外贸易经济合作部（以下简称经贸部）归口管理中国公司对外承包工程和劳务事宜。经贸部的具体职责是：具体制定有关对外承包工程与劳务输出的法规和政策；审核和批准主营或兼营对外承包工程和劳务输出业务公司的经营资格；发放外派劳务的许可证；监督和检查各公司执行国家有关法规的情况；协助各公司疏通资金来源以及设备和原材料的供应渠道；协调各公司间的业务活动；组织各公司的人才培训及信息与技术交流；对工程承包与劳务输出的价格进行指导。

2. 基层管理工作国内是通过各省、自治区、直辖市、计划单列市的经贸厅、委和国务院各部委的国际合作司或外事局，国外则通过经贸部派出的驻外机构即中国驻外使馆商务参赞处来实施。上述各基层机构主要职责是制订符合本地区特点的对外承包工程与劳务输出的长期发展战略；按规定向经贸部报送各公司的统计和财务资料；对申请对外承包和劳务输出经营权的企业或提出变更对外经贸业务的公司进行初审，并向经贸部申报；负责实施经贸部的具体培训计划，经验的交流，业务活动的指导和总结评价；解决企业开展对外承包工程与劳务输出业务中遇到的问题，特别是协调好与海关、税务、公安、劳动人事部门的沟通及所需设备、原材料和劳务的供应工作。

3. 外派劳务人员必须经过审核批准方可出国。其审批程序为经派人单位、所属专业公司、省市专业局、省市国际经济技术合作公司、省市经贸委、省市政府办公厅、经贸部等层层报批。

4. 对特殊行业和特殊地区的劳务输出实行特殊的管理政策。如对输出到独联体国家及港澳地区的海员和渔民等，设专门的协调机构负责。

三、中国经营对外承包和劳务输出业务的公司应具备的条件

按中国政府的有关规定，申请成立主营对外承包工程和劳务输出业务的公司必须具备以下条件：

（1）必须是政企责任分开、独立经营、独立核算、自负盈亏的经济实体；

（2）有自己的名称、法人代表、地址以及完整的组建条例或章程；

（3）有明确的经营范围及与开展业务活动相适应的组织机构；

（4）拥有与经营业务规模相适应的资金、营业场所和设施，以及组织实施业务的其他物质和技术实力；

（5）具有一定的业务渠道，并有同已经营对外承包工程与劳务业务的公司合作，或以其名义在国外承包工程和提供劳务业务的业绩和信誉。

第十四章　国际发展援助

国际发展援助是国际经济合作的一种重要方式，第二次世界大战以后得以迅速发展。目前，世界上有 40 多个国家和数百个多双边机构从事国际发展援助，国际发展援助已成为发达国家开展外交活动，改善经济环境，带动技术、设备和产品出口的重要手段，而发展中国家也把国际发展援助作为提高技术水平、加快经济发展、缩小与发达国家之间差距的主要途径。国际发展援助对当今世界政治经济正产生着日益重要的影响。

第一节　国际发展援助概述

一、国际发展援助的概念

国际发展援助（International Development Assistance）是国际经济合作的主要方式之一。它是指发达国家或高收入的发展中国家及其所属机构、国际有关组织、社会团体以提供资金、物资、设备、技术或资料等方式，帮助发展中国家发展经济和提高社会福利的具体活动。国际发展援助分有偿和无偿两种，其形式有赠与、中长期无息或低息贷款，以及促进受援国经济和技术发展的具体措施。它的目标是促进发展中国家的经济发展和社会福利的提高，缩小发达国家与发展中国家之间的贫富差距。国际发展援助属于资本运动的范畴，它是以资本运动为主导，并伴随有资源、技术和生产力等生产要素在国际间的移动，它所采用的各种方式和方法均为资本运动的派生形式。

二、国际发展援助的方式

国际发展援助方式，按其援款的流通渠道可分为双边援助和多边援助；按其援助的方式可分为财政援助和技术援助；按其援款的使用方向可分为项目援助和方案援助。

（一）双边援助

双边援助（Bilateral Aid）是指两个国家或地区之间通过签订发展援助协议或经济技术合作协定，由一国（援助国）以直接提供无偿或有偿款项、技术、设备、物资等方式，帮助另一国（受援国）发展经济或渡过暂时的困难而进行的援助活动。双边援助与多边援助并行，是国际发展援助的主要渠道。近些年来，虽然世界各国通过多边渠道提供的援助数额有所增加，但通过双边渠道进行的援助活动仍占它们对外援助的主导地位。

在双边援助中，根据援助提供的形式来分，可把援助分为财政援助和技术援助，其中财政援助占有较大的比重，技术援助所占的比重近年来有所上升。根据援助的有偿和无偿性来分，可分为双边赠与和双边直接贷款。双边赠与指的是援助国向受援国提供不要求受援国承担还款义务的赠款。赠款可以采取技术援助、粮食援助、债务减免和紧急援助等形式来进行。双边直接贷款是指援助国政府向受援国提供的优惠性贷款，它一般多用于开发建设、粮食援助、债务调整等方面。

（二）多边援助

多边援助（Multilateral Aid）是指多边机构利用成员国的捐款、认缴的股本、优惠贷款及在国际资金市场借款或业务收益等，按照它们制定的援助计划向发展中国家或地区提供的援助。在多边援助中，联合国发展系统主要以赠款的方式向发展中国家提供无偿的技术援助，而国际金融机构及其他多边机构多以优惠贷款的方式提供财政援助。在特殊情况下，多边机构还提供紧急援助和救灾援助等。

多边援助是第二次世界大战以后才出现的一种援助方式，西方发达国家一直是多边机构援助资金的主要提供者。其中，美国、日本、德国、法国、英国向多边机构提供的援助资金在多边机构援助资金总额中占有较大比重。由于多边机构援助资金由多边机构统一管理和分配，不受资金提供国的任何限制和约束，所以多边援助的附加条件较少。

（三）财政援助

财政援助（Financial Assistance）是指援助国或多边机构为满足受援国经济和社会发展的需要，以及为解决其财政困难，而向受援国提供的资金或物资援助。财政援助分赠款和贷款两种。贷款又分为无息贷款和有息贷款，有息贷款的利率一般低于国际金融市场利率，贷款的期限也较长，一般在 10 年以上，而且还有较长的宽限期。

财政援助在资金方式上可分为官方发展援助（Official Development-ment Assistance）、其他官方资金（Other Official Flow）和民间资金（Private Flow）三种。官方发展援助是发达国家或高收入的发展中国家的官方机构为促进发展中国家的经济和社会发展，向发展中国家或多边机构提供的赠款或赠与成分不低于 25% 的优惠贷款。赠与成分是根据贷款利率、偿还期、宽限期、收益率等计算出来的一种衡量贷款优惠程度的综合性指标。衡量援助是否属于官方发展援助一般有三个标准：一是援助是由援助国政府机构实施的；二是援助是以促进发展中国家的经济发展为宗旨，不得含有任何形式的军事援助及各种间援形式的援助；三是援助的条件必须是宽松的，即每笔贷款的条件必须是减让性的，其中的赠与成分必须在 25% 以上。其他官方资金指的是由援助国政府指定的专门银行或基金会向受援国银行、进口商或本国的出口商提供的，以促进援助国的商品和劳务出口为目的的资金援助。其援助主要是通过出口信贷来实施的。其他官方资金也属于政府性质的资金，也以促进发展中国家的经济发展和改善其福利为援助的宗旨，贷款的赠与成分也必须在25% 以上，它与官方资金的区别在于不是以政府的名义实施的援助。民间资金是指由非营利的团体、教会组织、学术机构等提供的援助，它主要是以出口信贷和直接投资的形式来实施的。

（四）技术援助

技术援助（Technical Assistance）是技术先进的国家和多边机构向技术落后的国家在智力、技能、咨询、资料、工艺和培训等方面提供资助的各项活动。技术援助分有偿和无偿两种。有偿的技术援助是指技术的提供方以优惠贷款的形式向技术的引进方提供各种技术服务；而无偿的技术援助则是指技术的提供方免费向受援国提供各种技术服务。

技术援助采用的主要形式有：援助国派遣专家或技术人员到受援国进行技术服务；培训受援国的技术人员，接受留学生和研究生，并为他们提供奖学金；承担考察、勘探、可行性研究、设计等投资前服务活动；提供技术资料和文献；提供物资和设备；帮助受援国建立科研机构、学校、医院、职业培训中心和技术推广站；兴建厂矿企业、水利工程、港口、码头各种示范性项目等。20 世纪 60 年代以来，随着科学技术的迅速发展，技术援助的规模和形式都有了较大的发展。在 60~70 年代，发达国家每年向发展中国家提供的技术援助资金数量只占其对外援助总额的 10% 左右，到 80~90 年代，这一比例已提高到 30% 左右，有些发达国家甚至达到了 60%。技术援助已成为加强发达国家与发展中国家之间经济合作的重要手段。

（五）项目援助

项目援助（Project Assistance）是援助国政府或多边机构将援助资金直接用于受援国某一具体建设目标的援助。由于每一个具体的援助目标都是一个具体的建设项目，故称项目援助。项目援助的资金主要用于资助受援国开发动力资源和矿藏，建设工业、农业、水利、道路、港口、电讯工程以及文化、教育、卫生设施等。

项目援助既可以通过双边渠道，也可以通过多边渠道进行。其资金主要来源于各发达国家或高收入发展中国家的官方援助及世界银行等多边机构在国际资金市场上的借款。由于项目援助均以某一具体的工程项目为目标，并往往与技术援助相结合，所以援款不易被挪用，从而有助于提高受援国的技术水平。目前，由于许多发达国家将扩大本国商品的出口和保证短缺物资的进口来源作为提供项目援助的先决条件，因此，项目援助对援助国也甚为有利。

（六）方案援助

方案援助（Programme Assistance）又称非项目援助。它是指援助国政府或多边机构根据一定的计划，而不是按照某个具体的工程项目向受援国提供的援助。项目援助一般用于进口拨款、预算补贴、国际收支津贴、偿还债务、区域发展和规划等方面。

一个援助方案含有数个或更多的项目，并且往往要经历数年或数十年的建设周期。一个援助方案虽然含有若干个项目，但援助方案本身一般不与具体项目相联系。在多数情况下，方案援助的资金往往附带有严格的使用规定，特别是近些年来，援助国或多边机构往往要求对方按援助的执行情况进行严格的监督与检查。方案援助也是发达国家目前经常采用的一种援助方式。进入 20 世纪 80 年代以后，经济合作与发展组织的发展援助委员会 17 个成员国以方案援助形式提供的援助额已占到双边援助协议额的 1/3 以上。在美国国际开发计划署目前提供的援助额中，方案援助一般占 50% 以上。

三、国际发展援助的特点

近些年来，国际发展援助已成为当今世界一种十分引人注目的国际经济合作活动。随着当今世界各国政治和经济实力对比的不断变化，国际发展援助出现了以下几个新特点：

（一）政治色彩日益浓厚

在 20 世纪 80 年代之前的国际发展援助中，援助国只注重受援国的政治倾向，即援助国只给予本政治集团内的国家或在政治上与援助国立场一致的国家经济援助。进入 80 年代以后，随着一些社会主义国家改革大潮的涌起和东欧国家的剧变，西方发达国家开始将"民主、多党制、私有制"等作为向发展中国家提供发展援助的先决条件，它们往往以经济援助为条件，要求受援国必须按西方国家的意图进行政治和经济改革，如一些西方发达国家将受援国国内的政治、经济和社会状况以及受援国的人权纪录和民主进程作为援助的重要指标和根据。援助国的政治条件使一些发展中国家得到发展援助的数额日益减少。

（二） 附加条件日益增多

近些年来，越来越多的援助国将援助与采购援助国商品和使用援助国的劳务联在一起，而且限制性采购占援款的比例不断提高。目前，发展援助委员会成员国提供的双边援助，有一半以上要求受援国购买援助国的商品和使用援助国的劳务。这种带有限制性采购的援助往往迫使受援国进口一些质量差、价格高的商品和劳务，以及一些不适用的、过时的技术，这不仅减弱了发展援助的作用，同时还加大了受援国的债务负担。这便是许多发展中国家经济发展速度减慢，债务增加速度加快的重要原因之一。

（三） 援助规模停滞不前

以经济合作与发展组织成员国为例，该组织成员国的官方发展援助额虽然从 1970 年的 69.86 亿美元增加到 1993 年的 544.53 亿美元，但增长幅度却不断下降。在 1970—1980 年的 10 年间，该组织成员国的援助额从 69.86 亿美元增加到 272.96 亿美元，增长幅度为 290.72%；而 1980~1990 年的援助额虽然从 272.96 亿美元上升到 533.56 亿美元，但增长幅度却下降到 95.47%；20 世纪 90 年代以后，援助规模进入停滞状态，1993 年的援助额仅比 1990 年增加 10.97 亿美元，增长幅度仅为 2.06%。援助规模的增长幅度虽在大幅度下降，但要求紧急援助的最不发达国家却从 20 世纪 70 年代的 25 个增加到 1998 年的 48 个，符合国际开发协会援助条件的年人均国民生产总值在 865 美元（以 1994 年美元计算）以下的非常贫困的国家，也从 1990 年的 42 个增加到 2004 年的 70 多个。目前，国际发展援助规模的停滞不前与要求援助的贫困国家不断增加的矛盾日益突出。

（四） 大部分援助国没有达到联合国规定的援助标准

根据联合国 1970 年通过的《联合国第二个 10 年国际发展战略》的规定，发达国家对发展中国家提供的官方发展援助净交付额应占其国民生产总值的 0.7%。而提供发展援助较多的经济合作与发展组织成员国的平均援助水平，不仅没有达到这个标准，反而离这一标准越来越远。经济合作与发展组织提供的官方发展援助净交付额平均占国民生产总值的比例从 1980 年的 0.35% 下降到 1993

年的 0.3%。只有年官方发展援助额在 30 亿美元以下的瑞典、荷兰、挪威、丹麦等援助小国达到了援助额占国民生产总值 0.7% 的标准，援助大国中只有法国近 10 年来一直保持在 0.6%~0.63% 之间，接近联合国要求的 0.7% 的标准，其中世界上两个最大的援助国美国和日本 1993 年分别只有 0.15% 和 0.26%。石油输出国组织成员国每年提供的援助额占各国国民生产总值的平均比重也由 1976 年的 2.32% 下降到 1993 年的 0.46%。

（五）援助格局发生了变化

国际发展援助格局的变化主要表现在三个方面：一是日本、挪威、加拿大、瑞典、芬兰、法国、意大利和丹麦地位的上升，美国、英国、德国、荷兰、澳大利亚、新西兰、比利时、爱尔兰地位的下降。1988 年以前，美国每年提供发展援助的数额一直居世界第一位，其中 1988 年达 101.41 亿美元，但 1989 年只有 76.76 亿美元，下降了约 25%，仅比法国多 2.26 亿美元，居第 2 位，而日本 1989 年以 89.49 亿美元跃居世界第一位，从 1980—1993 年，美国提供的援助额占发达国家援助总额的比重从 26.2% 下降到 17.85%，而日本从 12.18% 上升到 20.68%，日本、法国、意大利的援助额分别从 1980 年的 33.53 亿美元、41.62 亿美元、6.83 亿美元上升到 1993 年的 112.59 亿美元、79.15 亿美元、30.43 亿美元，日本的官方发展援助额自 1991 年以后一直保持在 100 亿美元以上，而美国 1993 年仅为 97.21 亿美元。二是石油输出国组织成员国的援助数量普遍减少。从 1975—1989 年，石油输出国组织成员国的援助额平均减少了 61%，其中占该组织成员国援助额 70% 以上的沙特阿拉伯，1989 年的援助额竟然比其提供援助最多的 1980 年减少了约 80%。1980 年曾提供过 2.77 亿美元援助的卡塔尔，在 1989 年和 1990 年竟然分别接受了 3 亿和 2 亿美元的援助。三是苏联已经解体，解体后的苏联各共和国由援助国变成了受援国。

由此看出，双边发展援助已从原先的以美国、日本、西欧、中东地区产油国和苏联为主的世界双边发展援助体系，变为以日本、西欧和美国为主要援助国的世界双边发展援助的新体系。

（六）援助的形式发生了变化

援助形式的变化主要体现在项目援助的比重下降，而方案援助和债务减免的比重上升。1990年生产性项目援助占国际发展援助总额的比重从1976年的21.8%下降到12.2%，债务减免的比重却达到了23.3%。其中美国1990年的债务减免数额占美国当年官方发展援助总额的57.1%。从1998年至2004年，美国每年的债务减免数额占美国当年官方发展援助总额的比重均保持在50%以上。

（七）双边发展援助的地理分布相对稳定

美国发展援助的重点在拉美和中东地区，法国集中在非洲讲法语的国家，英国将南亚和非洲的英联邦国家视为援助的主要对象，日本则将大部分援助给予了东南亚各国，而石油输出国组织的成员国将援款的80%以上给予了阿拉伯国家。近些年来，主要援助国都加强了对撒哈拉以南地区非洲国家的援助，减少了对南亚国家的援助，从20世纪80年代初到90年代中，流向撒哈拉以南非洲国家的双边援助额占双边援助总额的比重由28.5%上升到31.3%，而流向南亚国家的却从18.7%下降到10%。

（八）援助的赠与成分不断提高

从1989年以后，发展援助委员会成员国向发展中国家提供发展援助的赠与成分平均超过了90%，超过了发展援助委员会规定的86%的标准。从1995年至2004年，发达国家向48个最不发达国家或地区提供发展援助的赠与成分平均高达98%以上，其中有15个国家达到了100%的无偿援助。

（九）授助国加强了对援助项目的管理和评估

20世纪80年代以前，双边援助的管理与评估工作远远不如多边援助。进入80年代以后，援助国加强了同受援国就有关援建项目某些具体问题的联系与合作，并注重项目评估，有时甚至参与项目管理，以此来提高援助的效益。

（十）发达国家往往是收益最多者

发达国家每年拿出数千亿美元的援款或物资，但这种援助最大的受益者却是发达国家自己。美国国际开发署的网页直言不讳地说，"美国对外援助计划的受益者始终是美国，美国国际开发署近

80%的合同和赠款直接落进了美国公司的腰包，从而为美国产品创造了市场，为美国人创造了成千上万个就业机会"。据美国《华盛顿邮报》2003年5月26日报道，美国国际开发署的对外援助在首都华盛顿地区造就了一项庞大的"援助生意"，这个地区聚集了数十家争夺美国国际开发署合同的"开发公司"。其中大多数公司员工是美国国际开发署的退休人员。美国民主党议员吉姆·麦克德莫特所做的一项研究表明，美国花在对付非洲艾滋病危机上的每1美元中，有53个美分留在了华盛顿地区。

第二节　联合国发展系统的援助

一、联合国发展系统

联合国发展系统（United Nations Development System）是联合国向发展中国家提供发展援助的机构体系，亦称联合国援助系统（United Nations Assistance System）。该系统是一个非常庞大而又复杂的体系，它拥有30多个组织和机构。这些组织和机构在世界各国或地区设有众多的办事机构或代表处。目前，直属联合国发展系统的主要组织和机构有经济及社会理事会（含5个区域委员会）、开发计划署、人口活动基金会、儿童基金会、技术合作促进发展部、贸易与发展会议、环境规划署、粮食计划署等。其中开发计划署、人口活动基金会和儿童基金会是联合国发展系统中最主要的筹资机构。联合国发展系统的主要任务是向发展中国家提供无偿技术援助。

联合国发展系统还包括许多专门机构，它们是由各国政府通过协议成立的各种国际专业性组织。这些专业性组织是一种具有自己的预算和各种机构的独立的国际组织，但由于它们通过联合国经济及社会理事会的协调同联合国发展系统进行合作，并以执行机构的身份参加联合国的发展援助活动，故称联合国发展系统的专门机构。目前，联合国有16个专门机构，它们是：国际劳工组织、联合国粮农组织、联合国教科文组织、世界卫生组织、国际货币基金组织、国际复兴开发银行、国际开发协会、国际金融公司、国际民用航空组织、万国邮政联盟、国际电信联盟、世界气象组织、国际海事组织、世界知识产权组织、国际农发基金、联合国工发组织。各专门机构根据自己的专业范围，承担执行联合国发展系统相应部门的发展援助项目。

二、联合国发展系统的三大筹资机构

联合国发展系统内的三大筹资机构是指联合国开发计划署、联合国人口活动基金会和联合国儿童基金会。联合国发展系统的援款大部分是通过这三个机构发放的。

（一）联合国开发计划署

联合国开发计划署（United Nations Development Programme, UNDP）是联合国发展系统从事多边经济技术合作的主要协调机构和最大的筹资机构。它是根据 1965 年 1 月联大通过的第 2029 号决议，将技术援助扩大方案和经济发展特别基金合并而成，总部设在美国的纽约。其宗旨和任务是：向发展中国家提供经济和社会方面的发展援助；派遣专家进行考察，担任技术指导或顾问，对受援国有关人员进行培训；帮助发展中国家建立应用现代科学技术方法的机构；协助发展中国家制定国民经济发展计划及提高他们战胜自然灾害的能力。开发计划署的领导机构是理事会。理事会由 48 个国家的代表组成。开发计划署的援助资金主要来源于会员国的自愿捐款，发达国家是主要的捐款国。其援款主要是根据由会员国的捐款总额、受援国的人口总数和受援国人均国民生产总值所确定的指标数（Indicative Planning Figure）进行分配。1972 年以后，开发计划署开始实行发展周期制度，即每 5 年为一周期，进行一次援款分配。到目前为止，开发计划署已进行了 4 个周期，前 2 个周期将援款的 2/3 分配给了人均国民生产总值不足 300 美元的国家，从第 3 个周期开始将援款的 80% 在人均国民生产总值低于 500 美元的国家之间进行分配，其中人均国民生产总值低于 250 美元的国家还得到了特别照顾。开发计划署提供援助的方式主要是无偿的技术援助。其无偿技术援助活动的范围主要包括发展战略、政策和计划的研究与开发，自然资源、农业、林业、渔业、工业、运输、通讯、贸易和金融等方面的考察与开发，人口、住房、卫生、就业、文化和科技等方面的培训与现代技术的应用等。开发计划署已向世界上140多个发展中国家或地区提供过发展援助，并在100多个国家或地区设立了代表处。

（二）联合国人口活动基金会

联合国人口活动基金会（United Nations Fund for Population Activities，UNFPA）也是联合国发展系统主要的筹资机构。它成立于1967年，原名为人口活动信托基金，1969年改为现名，总部在美国的纽约。其宗旨和任务是：提高世界各国人口活动的能力和知识水平；促进国际社会了解人口问题对经济、社会和环境方面的影响，促使各国根据各自的情况寻求解决这些问题的有效途径；对有关人口计划诸如计划生育、人口统计资料的收集和整理，人口动态研究，人口培训及机构的设立，人口政策及规划的制定、评估、实施等方面问题给予协调和援助。人口活动基金会的资金主要来自各国政府和各民间机构的捐赠。该基金的援款主要用于人口较为稠密的亚洲和太平洋地区国家，它们得到的援款占该基金会援款总额的35％以上。根据联合国对各国人均国民收入和人口的统计，目前最需要得到人口基金会援款的国家已达35个。人口活动基金会以无偿技术援助的形式提供的项目援助的内容主要有：学校内外的人口教育，计划生育的宣传教育及规划管理和节育手术，进行人口普查，统计手册的编制，人口方面基本数据的收集，关于人口学数据、人口变动、人口发展和社会经济因素对人口影响等方面的分析，制定人口政策和方案并对这些政策和方案进行评价，实施人口政策和方案，为妇女、儿童、青年、老年、赤贫者、残疾者提供特别的援助方案，为人口会议、培训机构、情报交换所和文件中心的建立提供援助。

（三）联合国儿童基金会

联合国儿童基金会（United Nations Children's Fund）是联合国国际儿童应急基金会（UN International Children's Emergency Fund）的简称。1946年12月，为向当时遭受第二次世界大战破坏

地区的儿童提供紧急救济而设立，期限仅为 3 年。1953 年 10 月，联大正式通过决议将其永久化，总部设在纽约。目前，它已发展成为联合国发展系统的主要筹资机构之一。儿童基金会的宗旨和任务是：根据 1959 年 11 月联合国《儿童权利宣言》的要求，帮助各国政府实现保护儿童利益和改善儿童境遇的计划，使全世界的儿童不受任何歧视地得到应享的权益。儿童基金会的援助资金主要来自各成员国政府、国际组织和私人的自愿捐赠，有时也通过出售贺年卡等方式进行筹资活动。该基金会将资金的 2/3 用于对儿童的营养、卫生和教育提供援助；1/3 用于对受援国或地区从事有关儿童工作的人员进行职业培训。儿童基金会在与发展中国家的合作中，主要采用三种形式：一是对规划和设计儿童服务项目方面提供技术援助；二是为上述服务项目提供用品和设备；三是为援助项目中培训从事儿童工作的有关人员提供资金。儿童基金会在发放援款时，不论儿童的种族、信仰、性别或其父母政见如何，一律公平对待。接受儿童基金会援助的国家大致可分为三类：一类是需要特别援助的国家，这类国家主要包括人均国民生产总值在 410 美元以下的最不发达国家，儿童不足 50 万而又确实需要特别照顾的小国和暂时需要额外援助的国家等；第二类是人均收入在 410 美元以上的发展中国家；第三类是已经达到较高经济发展水平，但由于缺乏专门人才，仍然需要特殊援助的国家。目前已有近 120 个发展中国家和约 14 亿儿童接受儿童基金会的援助。该基金会已援助的项目涉及儿童基础服务设施，母幼卫生永久服务设施，儿童常见疾病防治，家庭计划，饮用水及环境卫生，教育培训，灾难救济等。1965 年儿童基金会曾获得诺贝尔和平奖。

三、联合国发展系统援助的实施程序

联合国发展系统所采用的主要援助方式是提供无偿的技术援助。联合国发展系统提供无偿技术援助的整个程序主要包括国别方案和国家间方案的制定、项目文件的编制、项目的实施、项目的评价及项目的后续活动等。这一程序又称项目的援助周期。到目前为止，某些程序在联合国发展系统内的各个组织或机构中尚未完全得

到统一，现行的有关程序均是以 1970 年联合国大会通过的第 2688 号决议为主要依据，并在此基础上根据项目实施的需要加以引申和发展而成的。

（一）制定国别方案和国家间方案

国别方案（Country Programme）是授助国政府在联合国发展系统的有关组织或机构的协助下，编制的有关受援国政府与联合国发展系统的有关出资机构在一定时期和一定范围内开展经济技术合作的具体方案。国别方案的具体内容主要有：（1）受援国的国民经济发展规划；（2）需要联合国提供援助的具体部门和具体项目；（3）援助所要实现的经济和社会发展目标；（4）需要联合国对项目所作的投入。每一个接受联合国发展系统机构援助的国家都必须编制国别方案，但国别方案必须经联合国有关出资机构理事会的批准，经批准的国别方案成为受援国与联合国发展系统有关机构进行经济技术合作的依据。在联合国发展系统的多边援助中，国别方案所占有的援助资金的比重最大。国家间方案（Inter-Country Programme）亦称区域方案（Regional Programme）或全球方案（Global Programme）。它是联合国在分区域、区域、区域间或全球的基础上对各国家集团提供技术援助的具体方案。国家间方案的内容与国别方案的内容基本相同，但必须同各参加国优先发展的次序相吻合，并根据各国的实际需要来制定。国家间方案也须由联合国有关出资机构理事会的批准方能生效。根据规定，国家间方案至少应由两个以上的国家提出申请，联合国才考虑予以资助。国别方案和国家间方案均是一种含有许多项目的一揽子方案，其中的每一个具体方案须逐个履行审批手续。根据联合国的现行规定，40 万美元以上的项目须由出资机构的负责人批准；40 万美元以下的项目只需由出资机构负责人授权其派驻受援国的代表批准即可。

（二）编制项目文件

项目文件（Project Document）是受援国和联合国发展系统的有关机构为实施援助项目而编制的文件。项目文件的主要内容应该包括封面及项目文件的法律依据，项目及与此有关的具体情况，项目的监督、审评和报告，项目的预算四部分。项目文件封面主要包括项目的名称、编号、期限、主要作用和次要作用、部门和分部门、实施机构、政府执行机构、预计开始时间、政府的投入、项目的简要说明等。项目文件内容的第一部分是项目文件的法律依据，即编制项目文件所依据的有关法律条文或条款。该法律条文或条款通常包括受援国与联合国发展系统的有关机构之间签署的各种协议。第二部分主要是说明项目及与此有关的具体情况，这一部分是项目文件的核心内容。它主要包括：项目的发展目标、项目的近期目标、其他目标、项目的活动、项目的产出、项目的风险、事前义务、后续援助等内容。项目文件是受援国政府、联合国发展系统的出资机构和执行机构执行或监督项目的依据。

（三）项目的实施

项目的实施指的是执行项目文件各项目内容的全部过程。这一过程主要包括以下几项工作：（1）任命项目主任。项目主任是直接负责实施援助项目的组织者和责任者，项目主任一般由授助国政府主管业务的部门任命，并经政府协调部门和联合国发展系统有关机构的协商和认可。在通常情况下，国别方案下的项目主任由受援国当地人担任，国家间方案下的项目主任由国际人员担任。（2）征聘专家和顾问。项目专家和顾问的征聘一般由授助国政府决定，但受援国政府必须在项目实施开始前的 4 个月提出征聘请求，并与联合国发展系统的有关机构协商和编写拟聘专家和顾问的报告。（3）选派出国培训人员。为实施援助项目而需要出国培训的有关技术人员，主要以进修和考察两种形式进行选派，出国进修和考察的具体人选均由受援国家政府推荐、经联合国发展系统的有关执行机构对其业务和外语水平审查批准后方可成行。（4）购置实施项目所需要的设备。根据联合国的规定，联合国发展系统出资机构提供的援助资金只能用于购买在受援国采购不到的设备或需用国际可兑换货币付款的设备，价格在 2 万美元以上的设备应通过国际竞争性招标采购，价格在 2 万美元以下或某些特殊的设备可以直接采购，购置实施项目所需要设备的种类和规格需经联合国发展系统出资机构的审核批准。

550

（四）项目的评价

项目的评价是指对正在进行中的或已完成的项目的实施、结果、实际的或可能的功效等，作出客观和实事求是的评价。项目评价的目的在于尽可能客观地对项目的实施和功效作出论证。项目的评价工作主要包括对项目准备的审查，对项目申请的评估，对各项业务活动的监督和对项目各项成果的评价。其中对各项业务活动的监督和对项目各项成果的评价最为重要。对各项业务活动的监督又称进行中的评价，它主要是通过两种方式进行：一种是三方审评，即由受援国政府、联合国发展系统的出资机构和执行机构三方，每隔半年或一年举行一次审评会议，审评项目的执行情况、财务情况、项目的近期目标和活动计划，三方审评的目的是找出项目实施中的问题，研究解决方法，调整和制定下一阶段的工作计划，三方审评会议一般在项目的施工现场举行；另一种是年度审评，它是在三方审评的基础上，由授助国政府同联合国发展系统的出资机构对项目总的执行情况所进行的一年一度的审评。

（五）项目的后续活动

项目的后续活动（Follow-up Action of Project）亦称项目的后续援助（Follow-up As-sistance of Project）。它是指联合国发展系统的技术援助项目按照原订的实施计划完成了各项近期目标之后，由联合国发展系统的有关机构、受援国政府、其他国家政府或其他多边机构继续对项目采取的援助活动。项目的后续活动一般可分为三种类型：（1）在联合国发展系统的有关机构提供的技术援助项目实现了近期目标之后，为了达到远期发展目标，由联合国发展系统的有关机构对该项目继续提供的技术援助，这种形式的后续活动被联合国称为第二期或第三期援助；（2）在联合国发展系统对某一项目提供的技术援助结束之后，由其他国家政府或其他多边机构对该项目或与该项目有直接关系的项目，以投资、信贷或合资等形式提供的援助，这种形式的后续援助大多属于资本援助；（3）在联合国发展系统对某一项目提供的技术援助结束之后，由受援国政府根据项目的实际需要，继续对该项目或与该项目有直接关系的项目进行投资，以扩充项目的规模，增加项目的效用。项目的后续活动实际上是巩固援助项目成果的一种手段。

第三节　世界银行贷款

一、世界银行概述

世界银行是世界银行集团的简称，它共包括 5 个机构，即 1945 年设立的国际复兴开发银行、1956 年设立的国际金融公司、1960 年设立的国际开发协会、1965 年设立的解决投资争端国际中心和 1988 年设立的多边投资担保机构。其中国际复兴开发银行、国际开发协会和国际金融公司属于援助性的国际金融机构。世界银行的宗旨是通过向成员国中的发展中国家提供资金和技术援助，来帮助发展中国家提高生产力，以促进发展中国家的经济发展和社会进步。国际复兴开发银行的主要任务是以低于国际金融市场利率向发展中国家提供中长期贷款，国际开发协会专门从事向低收入的发展中国家提供长期的无息贷款，国际金融公司则负责向发展中国家的私营部门提供贷款或直接参股投资。1996 年度，国际复兴开发银行和国际开发协会向发展中国家提供的贷款总承诺额共达215.20 亿美元，批准的项目共 256 个，世界银行目前已发展成为世界上最大的开发性和援助性国际金融机构。

二、世界银行贷款的特点

世界银行是具有开发援助性的国际金融机构，其主要目的是向成员国中的发展中国家提供资金和技术援助。因此，世界银行向发展中国家提供的开发援助性贷款具有以下特点：

（一）贷款期限较长

国际复兴开发银行的贷款期限一般为 20 年，其中含 5 年的宽限期；国际开发协会的贷款期限长达 30 年，其中含 10 年的宽限期。

（二）贷款实行浮动利率

贷款利率每半年调整一次，利息按已支付未偿还的贷款余额计收，对贷款协议签订 60 天后还未支收的已承诺的贷款余额收取年率为 0.75% 的承诺费。国际开发协会贷款虽免收利息，但须征收年率为 0.75% 的手续费，手续费按已拨付未偿还的贷款余额计收。

（三）贷款的还本付息实行"货币总库制"

从 1980 年开始，世界银行对国际复兴开发银行的贷款还本付息实行"货币总库制"。"货币总库"由各国已支付未偿还贷款余额组成，并用几十种货币折算成美元进行混合计算。其中日元、德国马克、法国法郎、英镑、瑞士法郎等占 70% 以上，美元只占 10%，如果其指数受美元大幅度贬值的影响而急剧上升，借款国还本付息的数额也随之大幅度上升，也就是说，汇兑风险要在所有借款国之间分摊。

（四）申请世行贷款需用的时间较长

从贷款项目的选定、准备、评估到贷款协议的正式签订一般需要 1 年半或更长的时间。这也说明使用世界银行贷款的手续十分烦琐。

三、世界银行的贷款条件

世界银行贷款虽然具有援助开发性质，但世界银行不是慈善机构，它的资金很大一部分来自国际金融市场的筹措，这就使贷款必须有足够的偿还保证，世界银行为了达到其贷款宗旨，特别强调贷款的使用效率。因此，世界银行要求贷款的使用者必须具备下列条件：

（1）贷款只贷放给会员国政府或由会员国政府、会员国中央银行担保的公私机构。

（2）贷款一般用于世界银行批准的特定项目。这些经批准的特定项目，都是世界银行确认在技术上和经济上是可行的，并在借款国的经济发展中应优先考虑的。但世界银行一般只提供该贷款项目所需资金总额的 30%~50%，其余部分由借款国自己准备。

（3）贷款项目建设单位的确定，必须按照世界银行的采购指南，实行公开竞争性招标、公正评标并报经世界银行审查。

（4）贷款项目的执行必须接受世界银行的监督和检查。

（5）只贷给那些确实不能以合理的条件从其他途径得到资金的会员国。

（6）只贷给有偿还能力的会员国。因为世界银行不是一个救济机构，它的贷款资金主要来自会员国认缴的股份和市场融资，为了银行业务的正常运转，它必然要求借款国有足够的偿还能力。贷款到期后必须足额偿还，不得延期。

四、世界银行贷款的种类

世界银行贷款形式很多，但大致可以分为以下五类：

（一）具体投资贷款

具体投资贷款又称项目贷款。这类贷款的发放必须与具体的建设项目相联系，如世界银行向农业和农村发展、教育、能源、工业、交通、城市发展及给水和排水等项目发放的贷款均属于这一类。发放这种贷款的目的是提高发展中国家的生产能力和增加现有投资的产出。这类贷款在世行成立之初曾占有绝对大的比例，随着世界经济空前的发展及世界银行政策的调整，这类贷款在世行贷款业务中的比重已有所下降，但目前仍占40%左右。在世行向我国提供的贷款中，具体投资贷款占了80%以上。

（二）部门贷款

部门贷款大致可分为三种，即部门投资贷款、中间金融机构贷款和结构调整贷款。

（1）部门投资贷款。部门投资贷款的重点在于改善部门政策和投资计划，帮助发展中国家有关机构制定和执行部门投资计划。这类贷款对贷款国的组织机构要求较高，借款国要按与世行商定的标准对每个具体项目进行评估和监督。到目前为止，中等发展中国家使用这种贷款较为普遍，并且这类贷款多用于运输部门的项目。

（2）中间金融机构贷款。中间金融机构贷款主要是指世行通过受援国的中间金融机构再转贷给具体的项目。承揽这项贷款业务的中间金融机构一般是开发金融公司和农业信贷机构。这类贷款项目的选择、评估和监督由借款机构负责，但项目选择和评估的标准及贷款利率由承办机构和世行商定。目前我国承办这类贷款的银行是中国投资银行和中国农业银行等。

（3）部门调整贷款。当借款国执行能力有限，总的经济管理和政策改革水平或国民经济的规模不允许进行结构调整时，世行将考虑提供部门调整贷款。这种贷款的目的在于帮助借款国某一具体部门进行全国的政策调整和体制改革。中国曾向世行借过一笔3亿美元的该种贷款，用于在农村开发方面的改革。

（三）结构调整贷款

使用结构调整贷款的条件较为严格，借款国必须按规定的程序和条件使用这类贷款，其中任何一笔贷款未按条件执行，下一笔贷款便停止支付。该类贷款旨在帮助借款国在宏观经济、部门经济和机构体制方面进行全面的调整和改革，以克服其经济困难，特别是国际收支不平衡。结构调整贷款比部门调整贷款涉及的范围要广。近些年来，随着苏联的解体和东欧国家体制的变化，这类贷款占世行贷款的比重有所增加，以帮助这些国家进行经济转轨。

（四）技术援助贷款

世行在向发展中国家提供技术援助贷款时，不仅要求贷款的一部分用于项目的硬件建设，还要求将其中的一部分资金用于人员培训和组织机构的改革等软件建设。该种贷款的目的不仅是为某一具体项目的建设，同时也是为发展中国家制定国民经济规划、改革国营企业和改善机构的经营管理提供帮助。

（五）紧急复兴贷款

紧急复兴贷款是世界银行向由于自然或社会原因所造成损失的发展中国家提供的贷款。世界银行曾因大兴安岭火灾为我国提供过这类贷款。

五、世界银行贷款的发放程序

世界银行贷款的发放需要经过项目的选定、项目的准备、项目的评估、项目的谈判、项目的执行和项目的总结评价六个程序。这六个程序也被称为项目周期。

（一）项目的选定

项目的选定是指由借款国选定一些符合本国经济和社会发展需

要并符合世界银行贷款政策的项目，提供给世界银行进行筛选。借款国选定项目以后，编制"项目的选定简报"，然后将"项目的选定简报"送交世界银行进行筛选。经世界银行筛选后的项目，将被列入世界银行的贷款计划，成为拟议中的项目。

（二）项目的准备

项目准备工作的主要内容是借款国对经世界银行筛选过的项目进行可行性研究。项目的可行性研究一般由借款国独立完成，但世界银行对借款国所进行的项目可行性研究等项目准备工作提供资金和技术援助。项目准备工作时间的长短取决于项目的性质和借款国有关人员的工作经验和能力，一般需要 1~2 年。

（三）项目的评估

项目评估就是由世界银行对筛选过的项目进行详细审查、分析、论证和决策的整个过程。它实际上是对项目可行性研究报告的各种论据进行再分析、再评价、再论证，并作出最后决策。如果世界银行认为申请贷款的项目符合世界银行的贷款条件，就提出两份报告书，其中先提出一份项目可行性研究的"绿皮报告书"，随后再提出一份同意为该项目提供贷款的通知书，即"灰皮报告书"。

（四）项目的谈判

世界银行在经过项目评估并提出上述两份报告之后，便邀请借款国派代表团到其总部就签署贷款协议问题进行谈判。项目谈判的内容主要包括项目的贷款金额、期限、偿还方式，以及为保证项目的顺利执行所应采取的具体措施。项目的谈判大约需要 10~14 天，在双方共同签署了贷款协议之后，再由借款国的财政部代表借款国政府与世行签署担保协议。在贷款协议和担保协议报经世界银行执行董事会批准，并报送联合国登记注册后，项目便可进入执行阶段。

（五）项目的执行

项目的执行一般由借款国负责，但世界银行要对项目的执行情况进行监督，项目执行必须是在贷款项目完成了法定的批准手续之后进行。项目执行主要包括两方面内容：一方面是配备技术和管理等方面的专家，并制定项目的实施技术和时间表；另一方面是组织

556

项目建设的招标工作，按世界银行的规定，投标者除瑞士之外，必须是国际复兴开发银行和国际开发办会的会员国，如果投标者是来自借款国的企业，还可以给予10%~15%的优惠。

（六）项目的总结评价

项目的总结评价是世界银行对其提供贷款项目所要达到的目标、效益和存在的问题所进行的全面总结。对项目的总结评价一般在世界银行对项目贷款全部发放完毕后一年左右进行。在对项目进行总结评价之前，一般先由项目的银行主管人员准备一份项目的完成报告，然后再由世界银行的业务评议局根据项目的完成报告对项目的成果进行全面的总结评价。

第四节　政　府　贷　款

政府贷款是各类贷款中优惠程度最高的一种，具体体现为无息或低息，以及贷款期和宽限期均较长。以发展援助委员会成员国提供的政府贷款条件为例，贷款的平均期限为30年左右，宽限期平均为10年，利息率均在3%以下，其赠与成分平均高达80%以上。这确实是发展中国家寻求发展资金的一种较好途径。

一、政府贷款的概念及其种类

政府贷款亦称外国政府贷款或双边政府贷款。它是指一国政府利用其财政资金，向另一国政府提供的具有开发援助性质的、期限较长、利率较低的优惠性贷款。政府贷款的偿还期一般在20~30年之间，最长的可达50年，其中含有5~10年的宽限期，贷款的年利率一般为2%~3%。有的国家在发放政府贷款时免收利息。政府贷款的资金主要来自各国的财政拨款，并通过列入国家财政预算支出的资金进行收付，所以政府贷款一般是由各国的中央政府经过完备的立法手续加以批准后才能提供。政府贷款按贷款的条件可分为四类：一类是软贷款或称政府财政性贷款，这种贷款有无息和低息两种，而且还款期和宽限期均较长，它一般贷放给那些非营利性的开发项目；第二类是混合性贷款，它是将政府财政性贷款和一般商业性贷款混合在一起的一种贷款，其优惠程度低于财政性贷款而远远高于一般商业性贷款；第三类是将一定比例的赠款与出口信贷结合而成的一种贷款；第四类是政府财政性贷款与出口信贷结合而成的一种贷款。由于政府贷款是一种无息或低息、偿还期限较长并有一定的宽限期的优惠性贷款，因此政府贷款含有一定的赠与成分。按国际惯例，政府贷款属于官方发展援助，其赠与成分必须在25%以上。

二、各国提供政府贷款的一般条件

政府贷款的提供者是发达国家或有能力提供贷款国家的政府，这些国家政府往往根据本国的政治和经济需要，制定了不同的贷款条件。但大致可归纳为以下几种条件：

（1）接受政府贷款的项目单位不管是国营的或私营的，必须以政府的名义接受，即需要经过双方国家的政府照会，并通过法定的批准程序和辅之以一系列的外交函件。

（2）借款国必须按贷款国的要求购买项目建设所需的物资和设备，即限制性采购。从目前来看，大多数贷款国都要求借款国将贷款的全部或一部分用于购买贷款国生产的物资和设备。即使贷款国没采用限制性采购条款，但也要求借款国必须以国际公开招标的方式，或在包括经合组织成员在内的，或在发展援助委员会所规定的发展中国家或地区的"合格货源国"采购设备和物资。

（3）有些国家在发放政府贷款时，将贷款的一定比例与出口信贷相结合。其目的在于带动贷款国的商品出口，以扩大贷款国商品输出的规模。

（4）也有少数国家在发放政府贷款时，要求借款国在政治倾向、人权等方面作出承诺。因此，政府贷款的发放必须以两国良好的政治关系为前提。

三、政府贷款的发放程序

政府贷款一般由援助国政府主管财政的部门或通过该部门由政府设立的专门机构负责提供。政府贷款对援助国和受援国来说都是一种涉外业务，但它与国内业务又是密不可分的，其中的很多工作往往是同时或交叉进行的。由于提供政府贷款的援助国较多，所以它们发放贷款的程序也不相同，但大都需要经过以下几个程序：

（1）由受援国选定贷款项目，并与援助国进行非正式的会谈。在受援国向援助国提出项目贷款的请求以前，先由受援国申请项目贷款的单位向受援国的有关主管部门提交贷款申请，然后由受援国主管部门选定需要贷款的备选项目。在准备申请贷款的备选项目确定之后，由受援国政府的有关主管部门以政府的名义与贷款国政府的有关主管部门进行非正式的会谈，并将申请贷款的备选项目提供给贷款国进行研究。双方经过仔细地研究和磋商，开始对双方共同感兴趣的项目进行调查、评估和筛选。

（2）编制贷款项目可行性研究报告。贷款项目的可行性研究报告一般由借款国的项目单位负责。如果项目单位确有困难，可以聘请外国的咨询机构帮助编制。项目可行性研究报告实际上是贷款国确定是否给该项目提供贷款的依据。在项目可行性研究报告得到正式批准以后，便可签订各种商务合同。

（3）援助国对双方共同感兴趣的项目进行调查和评估。对备选的贷款项目进行调查和评估是援助国选定贷款项目的基础。援助国为确保受援国所借款项到期能够还本付息，并使援助性贷款用于受援国急需建设或能够促进受援国经济和社会发展的项目，就必须对借款国的经济状况和未来的发展前景进行调查，并在调查的基础上进行评估，以了解项目在技术上和经济上的可行性。调查一般可采用两种方式：一种是援助国对受援国提交的贷款项目可行性研究报告和项目建设的具体实施计划进行调查和研究；另一种方式是援助国派调查组到借款国进行实地调查。实地调查的内容主要包括受援国的工农业生产、资源、工业基础设施（包括能源、交通运输、电讯等）、管理水平、进出口状况、国际收支、偿债能力、经济政策、有关法规、近期规划和长远发展目标等。援助国在调查的基础上开始对备选项目进行评估，评估的内容主要包括从确定项目到提出项目贷款的全部过程，以及项目形成的背景和特点；项目是否符合受援国国民经济发展计划的目标；项目的工程总体规划在技术上的可行性；项目的实施计划是否切实可行（包括资金来源、执行机构、施工方式、计划与进度、原材料的采购方法等）；项目的预算（包括土地、设备、原材料、动力与燃料、人工以及其他费用）；项目的贷款计划和支付时间表；项目在财务上的可行性；项目的经济和社会效益；项目对环境的影响等。

（4）援助国与受援国举行正式会谈，并由援助国通过外交途径对项目贷款进行正式承诺。在调查和评估的基础上，援助国与受援国开始举行正式会谈，以确定双方共同感兴趣的合作领域或项目、贷款金额和贷款的各项具体条件等。在经过双方正式会谈并确定了贷款项目和各项具体条件之后，援助国则通过外交途径向受援国正式作出提供项目贷款的承诺，即援助国向受援国承诺提供贷款的项目、贷款金额和贷款期限等。

（5）商谈贷款条件、签署贷款协议。在援助国和受援国政府间的正式会谈中所谈的贷款条件往往是总体的或是原则性的，而不是具体的。有关项目贷款的各项具体的财政条件和实施细则有时在政府间的会谈中确定，有时由两国政府委托各自的中央银行或其他有关银行来商谈确定。在援助国正式作出贷款承诺并确定了具体条件以后，两国政府应正式签署贷款协议。

（6）项目的实施、总结评价和还本付息。贷款协议签署后，借款单位根据协议做好接货、商检、调试、投产工作，并按协议规定提取贷款。项目建成并进行试运转后，双方对贷款项目进行总结评价，受援国还应按时还本付息及支付各项应付的费用。

第五节　主要发达国家的对外发展援助

一、美国的对外发展援助

美国是世界当今世界经济势力最强的国家，也是历史上提供发展援助最早和数量最多的国家。从 1980—1999 年，相当于同期发展援助委员会其他成员国提供的官方发展援助总额的约 1/5。早在第二次世界大战初期，美国就曾利用其在第二次世界大战中取得的政治、经济和军事上的优势，谋求通过双边援助来发展同其他国家的政治经济关系。1945 年 12 月，美国就与英国签署了财政协定，美国以英国支持布雷顿森林协定和建立国际货币基金为条件，给英国 37.5 亿美元的低息贷款。从 1947—1952 年期间，美国又通过马歇尔计划向西欧提供了 131.5 亿美元的援助。1949 年以后，美国通过"第四点计划"将援助的范围扩大到亚洲和非洲的发展中国家。

战后以来，美国一直是世界上头号的援助大国，尤其是 70 年代之前，美国每年提供的发展援助数量比发展援助委员会其他成员国提供的援助数量的总和还要多。1989 年美国提供的官方发展援助额首次居日本之后降为第二位，1990 年加上对发展中国家的债务减免才恢复到第一位。从 1991—1999 年，美国多数年份的官方发展援助额处于第二的位置。美国的对外发展援助数量的增加与其经济实力的增长是极不相称的，尤其是 60 年代以来，发展援助与经济实力相比有负增长的趋势，1965 年美国提供的官方发展援助净交付额占其国民生产总值的 0.58%，到 1970 年、1975 年、1980 年、1985 年却分别降至 0.32%、0.27%、0.24% 和 0.24%，1989 年降至最低点 0.15%，从 1990—2004 年一直保持在 0.22% ~ 0.25% 之间。这不仅低于联合国规定的 0.7% 的标准，而且是发展援助委员会成员国中，提供官方发展援助净交付额占国民生产总值比例最低的国家。

美国的对外发展援助政策是与它的政治经济利益紧密联系在一起的，它的援助政策取决于它的政治经济的需要，并经常根据其政治经济的需要加以调整。美国的对外援助分为安全援助和发展援助，安全援助是指为外交政策服务的军事援助。20 世纪 80 年代中期以前，军事援助占有相当的比重，从 1946—1985 年，美国共向 170 多个国家和多边机构提供过 4 070 亿美元的援助，其中发展援助为 2940 亿美元，军事援助为 1 130 亿美元，分别占援助总额的 74% 和 27%。80 年代中期以后，美国对发展援助政策进行了调整，开始强调利用援助来促进发展中国家有关货币、私人投资和农产品价格等方面经济政策的改革；增加对私人部门的援助，以推动受援国市场经济的发展；加强技术援助，以培训受援国当地居民接受和应用技术的能力；帮助受援国建立学校、技术推广站、研究中心、培训中心和卫生保健系统。

国际开发署是美国负责实施发展援助的政府机构，美国的发展援助方案也是由国际开发署制定的。美国提供的发展援助一般采取赠款和贷款两种形式，但一半以上的援助采取限制性采购或半限制性采购，而且贷款的偿还必须以美元支付，并常常附有改善人权和民主状况，实行市场经济等条件。此外，美国还设立了主要用于援助与美国有特殊政治和安全有利害关系的经济支撑基金，目前有40多个国家享受该基金的援助。美国发放贷款的优惠程度取决于受援国的经济状况，对取得国际开发协会贷款资格的发展中国家，贷款期限为40年，宽限期为10年，偿还期为30年，宽限期内的贷款利率为2%，偿还期内的贷款利率为3%；对人均收入较高但又低于1 300美元的发展中国家提供贷款的期限为25年，宽限期为10年，宽限期前5年的贷款利率为2%，后5年为3%，偿还期内的贷款利率为5%；对人均收入高于1 300美元的发展中国家，贷款期限为20年，宽限期为10年，宽限期前5年的贷款利率是3%，后5年是5%，偿还期内的贷款利率是6%。

美国对外发展援助的主要地区是中东，美国每年向中东地区提供的发展援助额约占其援助总额的60%，其次是拉美和非洲，分别占20%和15%。以色列和埃及是接受美国援助最多的国家，大约占美国向中东地区提供援助总额的2/3。近些年来，美国加强了对非洲国家的援助，尤其是加强了对撒哈拉以南的尼日利亚、苏丹、索马里、利比里亚和塞内加尔的援助。美国提供援助的主要部门是粮食与营养、人口与卫生、教育与人力资源等。

二、日本的对外发展援助

日本虽然是第二次世界大战中的战败国，从经济起飞到跨入发达国家的行列也只有20多年，其国民生产总值1966年超过法国，1967年超过英国，1968年超过原联邦德国，目前已是世界第二经济大国。日本的对外援助额也随其经济的发展不断增加。日本从

562

20 世纪 60 年代开始对外提供援助，1965 年日本的对外发展援助总额仅为 2.44 亿美元，在美国、法国、英国和原联邦德国之后居第 5 位，1975 年为 11.48 亿美元，超过英国位居第 4，1985 年为 37.97 亿美元，超过原联邦德国跃居第 3 位，1986 年为 56.34 亿美元，进而成为世界第二援助大国，1989 年以 84.94 亿美元首次超过美国成为世界第一援助大国。从此以后，除个别年份外，日本的对外发展援助数量基本上位居世界之首。1991—2004 年，日本的对外官方发展援助净交付额虽然都在 100 亿美元左右，但其占国民生产总值的比例仍然没有达到联合国所规定的 0.7% 的标准，一直徘徊在 0.29%~0.32%，低于发展援助委员会成员国的平均水平。

日本从事对外援助的主要机构是 1961 年设立的海外经济协力基金，它直属经济企划厅领导，负责具体实施日本的对外发展援助。日本对外发展援助的方向和规模由经济企划厅、外务省、大藏省、通产省等共同协商。国际协力事业团和日本输出入银行也是负责日本对外发展援助的执行机构，前者主要负责技术援助，后者主要负责发放优惠性贷款。

日本对外提供发展援助的主要形式有赠款、贷款和技术援助。赠款只向最不发达的发展中国家提供，一般用于帮助它们提高农业生产能力的粮食援助和它们难以得到资金的开发性项目，日本政府也对发展中国家的教育、渔业和救灾等提供赠款。贷款分两类，一类是由日本政府向发展中国家政府提供直接贷款；另一类是由日本企业提供资金用于这些企业在发展中国家的合作项目。其中直接贷款又分为用于购买项目所需设备、材料和劳务的项目贷款，开发项目购置设备的设备贷款，通过受援国开发金融机构向受援国某项目提供资金的两步贷款，为项目设计、标书编写、咨询服务提供的工程服务贷款，支持项目当地费用的当地费用贷款，为项目建设的超支部分或维修已建成项目提供补充资金的补充资金贷款。日本提供的技术援助主要包括接受培训受援国的技术人员、派遣专家和技术人员到受援国进行技术指导及科研合作，向受援国提供设备和仪器等。

日本政府贷款的期限一般为 15~30 年，宽限期为 5~10 年，贷款的利率一般在 2.5% 以下，贷款的赠与成分平均在 70% 左右。日本发放政府贷款的限制性采购部分目前为 25% 左右，而且在发放政府贷款时，要求受援国必须通过国际竞争性招标方式向所有合格货源国的合格供货厂商或承包商购买商品和劳务，对于有些非限制性采购贷款，日本政府要求受援国在经济合作与发展组织成员国范围内购买商品和劳务。

亚洲是日本主要的援助对象，日本每年大约将 2/3 以上的援款用于援助亚洲国家，尤其是东南亚地区国家。日本从 1966 年开始向非洲国家提供援助并几乎遍布所有非洲国家。近些年来，日本增加了对撒哈拉以南非洲的援助。日本的发展援助主要集中在电力、天然气和运输部门，向这三个部门发放的援款大约占其对外援助总额的 50% 以上，其次是农业和采矿业，日本很少对发展中国家的教育、卫生和计划生育等部门提供援助。

三、法国的对外发展援助

法国是发展援助委员会中第三大援助国，自 1985—1999 年，法国提供的官方发展援助净交付额基本保持在联合国所规定的 0.7% 的标准以上，它是世界五个经济大国中，提供的官方发展援助额占国民生产总值的比例最高的国家。法国历来非常重视发展援助，它的官方发展援助额一直在稳步增长，1965 年、1970 年、1975 年、1980 年、1985 年、1990 年分别为 7.52 亿美元、9.71 亿美元、20.93 亿美元、41.62 亿美元、39.95 亿美元、71.63 亿美元，此后，各年便维持在七八十亿美元的水平上。即使在发展援助委员会 18 个成员国中有 11 个国家的官方发展援助净交付额都比前一年有大幅度下降的 1989 年，法国的官方发展援助额仍比 1988 年提高了 5.85 亿美元，达到了 74.5 亿美元，仅比当年头号经济大国美国的官方发展援助净交付额 76.76 亿美元少了 2.26 亿美元，而当年位于第一和第二援助大国的美国和日本 1989 年的官方发展援助净交付额却分别比 1988 年减少了 24.6 亿美元和 1.96 亿美元。

法国主管对外发展援助的机构有合作部、文化科学和技术关系管理总局、中央经济合作金库、财政部、领地国务部。它们分别负责不同国家和地区的发展援助工作，法国的海外省和领地的发展援助由领地国务部直接负责，各专业部和中央经济合作金库有时也向他们提供援助；对撒哈拉以南讲法语的非洲国家的财政和技术援助由合作部负责，贷款由中央经济合作金库负责；对其他发展中国家的无偿援助和援助性贷款由财政部负责，技术援助由文化科学和技术关系管理总局负责。此外，法国的各专业部分别负责执行各自领域内的技术援助。1975 年以后，中央经济合作金库开始向讲法语以外的国家或地区提供援助。

法国提供援助的主要形式有赠款、贷款和技术援助。赠款在法国提供的双边援助中一直占有很高的比例，目前每年在 80% 左右。法国政府贷款的期限一般为 30 年，宽限期为 10 年，利率原来在 2.5% 以下，1987 年以后改为 2% 以下，从第二个 10 年开始每半年还款一次，政府贷款有时还以混合贷款的形式提供。法国的技术援助主要采取培训技术人员、接受留学生和派遣技术专家等形式。法国对外发展援助的重点地区是海外省及其领地，每年将援助总额的一半以上给了这些国家和地区，其次是讲法语的非洲国家或地区。目前，法国增加了对法语以外国家或地区的发展援助。法国对外提供的发展援助主要集中在教育和卫生部门，其次是农业和农村发展部门。

四、德国的对外发展援助

德国是世界第三经济强国，也是发展援助委员会五大援助国之一。20 世纪 70 年代，原联邦德国跨入发展援助委员会三大援助国的行列。进入 80 年代以后，由于法国对外援助额的不断增加而退居第四位。原联邦德国的官方发展援助净交付额一直在稳步增长，似乎每隔五年就要踏上一个新的台阶。1965 年，原联邦德国的官方发展援助净交付额为 4.56 亿美元，1970 年达 6.99 亿美元，比 1965 年上升了 34.48%；1975 年为 16.89 亿美元，比 1970 年上升了 58.7%；1980 年为 35.67 亿美元，比 1975 年上升了 52.6%；1990 年为 93.80 亿美元，比 1980 年上升了 38.02%，此后便一直维持在这一水平上。近几年来，虽然德国的官方发展援助净交付额占其国民生产总值的比例一直徘徊在 0.4%左右，远远低于联合国所规定的 0.7%的水平，但高于西方国家 0.3%的平均水平。

德国的发展援助政策是：原则上只向与德国有正式外交关系的发展中国家提供援助，援助数额的多少取决于受援国与德国的关系；一般不搞军事援助，也不向与军事援助有关的项目提供援助；受援国必须是发展中国家或有某种特殊需要的国家。近些年来，德国政府提出了援助政策应遵循的五大目标，即和平、人权、民主、市场经济和环境保护。

德国的双边发展援助的方式主要有贷款、无偿援助和技术援助，并只提供给那些经双方商定的项目，德国政府贷款的条件视受援国经济状况而定，对最贫穷的发展中国家的贷款期限为 50 年，宽限期为 10 年，利率仅为 0.75%，；对收入较高的发展中国家的贷款期限为 20 年，宽限期为 5 年，利率在 4%左右；对中等收入的发展中国家的贷款期限为 30 年，宽限期为 10 年，利率在 2%左右。德国对最不发达国家有关基础设施项目往往采取无偿援助。德国提供技术援助的形式主要包括培训、科研和咨询。

德国从事双边发展援助的主要机构有德意志开发银行和复兴信贷银行，德意志开发银行主要通过投资和贷款的方式向最贫穷的发展中国家提供财政援助和技术援助，而复兴信贷银行则向所有的发展中国家提供项目贷款和技术援助。德国对外发展援助的重点国家或地区是非洲最贫穷的国家或地区，尤其是撒哈拉以南的非洲国家或地区，德国每年向这些国家或地区提供的援助额大约占德国对外援助总额的 50%以上，其次是亚洲，约占 25%，拉美和欧洲各占 10%左右。能源、交通、工业和农业是德国对外发展援助的主要部门。

五、英国的对外发展援助

英国是世界上最早从事发展援助的国家之一，截止到 1999 年底，英国共向 120 多个国家或地区提供过发展援助。英国 1960 年的官方发展援助净交付额在发展援助委员会中仅次于美国居世界第二位，进入 20 世纪 60 年代中期以后，援助大国的地位不断下降，

1987 年以后位于美国、日本、法国、德国和意大利之后退居第六位。英国的官方发展援助净交付额占国民生产总值的比重也不断下滑，从 1965 年的 0.47%下滑到 1990 年的 0.27%，在经济合作与发展组织的成员国中位居第 17 位。目前，英国援助大国的地位正在受到经济合作与发展组织其他成员国如荷兰、加拿大和瑞典等的挑战。

英国开展双边援助的主要方式有赠款、贷款及援助与贸易基金。英国政府每年提供的双边赠款占援助总额的比例很高，基本维持在95%以上。贷款的赠与成分也很高，20 世纪70 年代在70%左右，90 年代平均在98%以上，既高于发展援助委员会成员国92.8%的平均水平，也高于发展援助委员会要求其成员国达到的94.7%的水平。英国的政府贷款往往是由 25%的政府贷款和75%的出口信贷所组成，贷款的期限一般在 20~25 年之间，宽限期为 5~10 年，利率为 5%。援助与贸易基金虽然是用于发展援助，但它是为促进英国商品的出口而设立的，在使用该基金提供援助时，英国对项目合同总价的 30.1%~35.1%提供赠款，对合同总额的 69.9%至 64.9%提供出口信贷或由受援国以自有外汇支付，这一方式主要用于对亚洲远东地区的援助。

英国主管对外发展援助工作的机构是 1964 年设立的海外开发局。在此之前，联邦关系部和外交部分别负责英联邦国家和英联邦以外国家的援助。1961 年，英国成立了海外合作局，接管了政府各部门分管的所有的技术援助工作，但该局从属于外交部领导。英国发展援助的执行机构是英联邦开发公司，它只对英联邦国家提供有偿援助，不提供无偿援助。英国对外发展援助的重点地区是非洲，尤其是撒哈拉以南的非洲国家，英国每年将 50%以上的援款用于这一地区，其中，肯尼亚、马拉维、莫桑比克、赞比亚、乌干达、苏丹、津巴布韦、埃塞俄比亚等国得到的援助最多，其次是南亚地区的国家，南亚的印度是累计得到英国援助最多的英联邦国家。英国对发展援助的主要部门是教育、健康、人口、公共管理等，每年资助这些部门的款项占英国双边发展援助总额的 25%，其次是能源、运输、农业和采矿等部门。

567

第六节　中国与国际发展援助

现代的世界是一个开放的世界，对于已经打开国门并日益开放的中国来说，从事和接受国际发展援助已成为中国参与国际经济合作活动的重要内容。对外向发展中国家提供援助和向国际多边机构提供援助资金，并接受国际多边和双边援助，对加强中国与世界各国的联系与合作，提高中国的国际地位，推动改革开放，加快中国的经济发展有着非常重要的意义。

一、中国对外发展援助

（一）中国对外发展援助概述

中国作为发展中的社会主义国家，在 1950 年，就本着国际主义的精神，向友好的邻国和发展中国家提供援助。随着中国经济实力的增强及国际政治和经济环境的变化，中国的对外发展援助事业有了较大的发展。纵观中国多年对外发展援助的历程，大致可分为四个发展阶段。

1. 初始阶段（1950—1963 年）

中华人民共和国成立之初，由于中国国内百废待兴，国外面对资本主义国家的经济封锁，中国的经济建设困难重重。但为了支持一些国家的民族解放运动并帮助它们恢复和发展经济，中国先后向朝鲜、越南、阿尔巴尼亚等 20 多个社会主义国家和一些亚洲的发展中国家提供了军事援助和经济援助。其中支援朝鲜的抗美战争及其战后重建成为这一时期中国对外援助的重点。中国的军事援助则是通过物资和现汇援助来进行的，而中国的经济援助是通过成套设备援助来实施的。

2. 发展阶段（1964—1970 年）

随着中国经济的恢复与发展，中国对外援助的规模和范围都有较大的发展。在这七年中，援助支出比初始阶段增加了 1 倍多，项目数量增加了 2 倍多，援助范围从 20 多国扩展到 30 多国，尤其是增加了对非洲国家的援助，并为支援越南的抗美战争，给予了越南大量的军事、物资和技术援助。

3. 急剧增长阶段（1971—1978 年）

随着中国在联合国合法席位的恢复，中国为加强与广大发展中国家的合作，对外援助进入了空前的大发展时期。这主要表现在两个方面：一是援助范围从 30 多国增加到 66 国，援助地区从亚洲国家扩大到拉美和南太平洋国家，其中支援越南、柬埔寨、老挝三国的抗美战争是这一时期中国援助的重点；二是援助规模也急剧扩大，1971—1978 年 8 年的对外援助额是 1950—1970 年 20 年援助总额的 159%。这一时期中国的对外援助支出已占到中国政府同期财政收入的 5.88%，这与当时的中国国力极不协调。

4. 调整改革时期（1979—1994 年）

中国进入改革开放时期以后，经过对中国近 40 年援外工作经验的总结，对援外工作又有了新的认识，并对中国对援外工作的方针和政策进行了全面和合理的调整。即既要继续加强对发展中国家的援助，又要量力而行；既要提供援助，也应接受援助。因此，援助的布局、结构、规模、方式和重点领域进行了调整。尤其强调援助投资少、效益好和直接使受援国人民受益的中小型项目。与此同时，还改变了援助项目的管理体制，实施承包责任制，克服了实报实销，吃大锅饭的弊病。经过调整，中国的援外工作走上了健康发展的道路。

5. 新的发展时期（1995 年至今）

随着国内外政治和经济形势的变化，根据国务院下达的有关指示，1995 年下半年中国对外援助方式进行了改革。其主要精神是援外方式多样化和资金来源多样化，重点帮助受援国发展当地急需的中小型项目，支持双方企业互利合作。以利于提高援助效益，帮助受援国发展民族工业，促进中国与发展中国家的双边关系和经贸合作。中国援外方式改革的具体内容是推行援外政府贴息贷款；推动援外项目合资合作；适当增加无偿援助，一般不再提供无息贷款。援外方式改革的结果增加了援助的范围，解决了援外资金不足的问题，提高了援助的效益。中国的对外援助事业从此进入了新的发展时期。

截至 2004 年底，我国提供过援助的国家和区域组织达到 161 个，其中 40 个为接受过一次性或少量援助的国家和区域组织，共提供无偿援助、低息和无息贷款合计 1 239.75 亿元人民币（其中 2004 年提供 48.36 亿元），提供优惠贷款 174.13 亿元人民币（均为银行资金，其中 2004 年提供 42.45 亿元），两项合计 1 413.88 亿元，承担实施各类项目 2 007 个，并提供大量一般物资和少量现汇援助。我国援建的各类成套项目涉及受援国生产和生活的各个领域，形成了一定的生产能力和规模，项目的内容包括工业、农业、文教、卫生、通讯、电力、能源、交通以及社会公共设施等。累计派出各类技术人员约 56 万人次，为发展中国家举办各类培训班近 600 期，培训 12 000 人。迄今，我国企业还在 54 个国家实施了 122 个优惠贷款项目。自 1992 年以来，我国企业还与受援国对援外项目进行了合资合作，目前，已在 42 个国家实施了 97 个援外合资合作项目。

（二）中国对外援助方式的改革

1. 中国对外援助方式改革的必要性

对外援助是中国应尽的国际主义义务，始于 1950 年的中国对外援助事业经历了近半个世纪的沧桑，已取得了明显的成效。近些年来，随着中国改革开放的深化和发展中国家政治经济形势的变化，中国对外援助所面临的国内外环境发生了巨大的变化。目前，发展中国家普遍实行经济自由化和企业私有化，迫切希望更多的国外企业前去进行投资，并要求给予更多的援助。这其中不仅要求援助的项目越来越多，而且涉及的领域也越来越广。但是，中国也是一个发展中国家，建设资金短缺，到目前为止，约有 6 000 万人尚未脱贫，能用于援外的资金十分有限。而中国面对的是 102 个受援国，经常接受中国援助的也有 80 多个国家。这样，受援国多而且需求量大就与中国援助资金有限之间的矛盾日益突出。因此，过去单一政府间的援外方式已不适应目前的国内外经济环境，援外方式的改革便应运而生。1995 年 5 月 16 日，国务院下达了关于援外工作的有关指示，从此拉开了中国援外方式改革的序幕。

2. 中国对外援助方式改革的主要内容

中国援外方式改革的具体内容是推行援外政府贴息贷款；推动援外项目合资合作；适当增加无偿援助，一般不再提供无息贷款。

（1）推行援外政府贴息贷款方式

政府贴息贷款是指中国政府向受援国提供带有赠与成分的优惠贷款的资金，来源于商业银行的借款，其优惠利率与银行基准利率之间的利息差额由政府的援外费补贴。这样做的好处在于，一是政府资金与银行资金相结合，可以扩大援助规模；二是银行作为执行机构能提高资金的使用效益；三是推动了双方企业的投资合作，以利于带动中国的技术、设备、原材料的出口。这也是目前国际上通用的一种做法。

中国的援外优惠贷款是一种含有赠与成分的低息贷款，其年利率最高不超过4%，贷款期限（含使用期、宽限期和偿还期）一般为8~10年，其中的赠与成分在25%以上。优惠贷款的发放原则是：①政策性，即贷款既要符合中国发放优惠贷款的国别政策，还要符合受援国的产地政策，中国援助的重点是经济困难的周边友好国家、最不发达国家和其他低收入国家，对这些国家的援助金额和优惠程度相对较高，在项目的选择上应该是以当地需要又有资源的中小型项目为主；②安全性，即借款人必须有还本付息的能力并提供保证；③效益性，即贷款项目是利用当地资源，项目的产品有市场并具有良好经济效益；④有偿性，即借款人应及时并足额还本付息。

中国提供优惠贷款的项目是经受援国政府推荐，并由中国政府审定的。鉴于中国优惠贷款发放的上述原则，申请使用中国优惠贷款的项目必须具备以下条件：①项目所在国必须是与中国政府签有优惠贷款框架协议的国家，而且该国的政局应该稳定，经济状况良好；②项目应符合中国政府提供优惠贷款的政策性原则，并得到受援国政府和中国政府的批准；③项目的商务合同金额一般不低于100万美元，项目所需的技术、服务和物资从中国引进或采购的部分不得低于商务合同总金额的70%；④项目必须具有良好的经济效益和长远的社会效益，并能促进项目所在国的经济发展；⑤贷款项目的借款人应具有还本付息的能力并提供担保，担保机构应有良好的信誉和代偿能力；⑥使用贷款及实施项目的企业，不仅应具有较强的经济技术实力和国际化经营能力，还应具备良好的资信和财务状况；⑦贷款项目所需的当地配套资金、设备、厂房、原材料、能源、劳动力、交通运输、销售市场等条件已得到落实。

国务院在关于援外工作有关指示中指定中国进出口银行为援外政府贴息贷款的承诺银行，对外贸易经济合作部为该项贷款业务的政府归口管理部门。中国发放援外优惠贷款的程序是：①根据受援国的需要和中国的可能，中国政府与受援国政府就贷款的额度、主要条件等商签框架协议；②受援国政府或两国合资组成的企业向中国政府提出拟用贷款的项目；③经过对外贸易经济合作部对受援国或已与受援国合资的中国企业提出使用贷款的项目进行初步审核后，推荐给中国进出口银行，在中国进出口银行经评估并确认该项目有经济效益后，与受援国政府指定的银行在框架协议范围内签订贷款协议并组织实施。

援外优惠贷款自 1995 年下半年实施以来至 1996 年底，中国政府已与 22 个国家或地区签订了优惠贷款框架协议，其中亚洲 4 个，非洲 16 个，拉美 1 个，南太平洋地区 1 个，中国对外贸易经济合作部推荐的项目为 22 个，中国进出口银行已会同受援国政府部门或政府指定的银行对其中的 10 个项目进行了评估，并签订了具体贷款协议。中国的援外工作已进入一个崭新的阶段。但是在实际运作中，受援国普遍反映中国的政府贷款的利率比其他国家的援助性贷款利率高 2~3 个百分点，而且还款期也短得多，即优惠程度不够，甚至有些受援国视中国的政府贷款为商业性贷款，这也是我国援外政策中应改进的问题。

（2）推动援外项目合资合作方式

援外项目合资合作是援外与投资、贸易和其他方面的互利合作相结合的一种新的援外方式。其具体做法是，中国企业与受援国企业就某一项目共同出资进行合作，中国政府和受援国政府在政策和资金上予以支持。20 世纪 50、60 年代，中国曾向一些国家无偿援建过一些生产性项目，由于资金和技术等原因，在项目建成移交后陷于困境。援外项目采用合资合作方式可以避免这一现象。具体地讲，援外项目采用合资合作方式的好处主要体现在三个方面：一是将政府援外资金与企业资金相结合，可以增加资金来源及扩大项目的规模；二是两国企业在管理、技术方面长期合作，使援助项目的效益与企业的自身利益挂钩，以巩固援助成果，提高援助效益；三是由于双方企业合资合作项目均是生产性及效益好的中小型项目，这不仅可以增加企业的收益，还可为受援国增加收入和创造就业机会。

20世纪80年代，中国就曾对援外项目采用过管理合作、代管经营、租赁经营、合资经营、技术合作等方式，上述方式对巩固援助的成果起到了较好的作用。自1992年初，中国就开始对援外项目采取合资合作方式进行了尝试，经过3年多的实践，到1998年底止，中国已与近50个受援国就45个项目的合资合作问题进行了商谈，其中批准立项和实施的项目已达40个，其中的大部分项目已进入实施阶段。例如，卢旺达水泥厂代管经营，马里塞古纺织厂合资经营、肯尼亚制药厂的独资经营等。经过3年多的实践，援外项目的合资合作方式已形成了以下3种具体做法：

①对新建的援助项目，受援国政府将中国政府提供的优惠贷款转贷给受援国企业作为受援国企业参与合资合作项目的资本，中国企业再另外投资与受援国企业进行合资经营。

②将中国已援建成的生产性项目，转为由受援国企业与中国企业合资成合作经营，以提高其援助项目的效益。

③受援国政府与中国政府或两国的主管部门签订原则性协议，在两国政府予以政策和资金扶持的前提下，由两国企业共同举办合资或合作项目。

援外项目的合资合作方式不仅培养了受援国的技术人才，增强了受援国的经营管理水平，促进了受援国的经济发展，而且为中国的优秀企业发挥技术优势，选择有资源、有市场、有效益的项目到海外去发展提供了契机。目前，中国政府的援外优惠贷款很大一部分用于合资合作项目。

（3）适当增加无偿援助，一般不再提供无息贷款

无偿援助不仅灵活、多样、实施快、效果好，而且可以配合中国的外交工作。因此，中国政府今后将适当增加无偿援助。但无偿

援助主要用于项目、技术和物资援助，以及多边援助资金和大使援助基金。在中国财力允许的范围内，还继续提供少量的捐款，援建一些受援国人民能广泛受益的公共工程和社会福利项目。无偿援助的主要对象是经济比较困难的周边友好国家，最不发达国家和外交上有特殊需要的国家。今后中国政府一般不再向受援国提供无息贷款，对有特殊需要对外提供无息贷款，需报国务院批准。

中国援外方式的改革是中国援外工作一项长期的战略任务。中国的援外工作从向受援国援建一些永久性的设施，如体育馆、会议大厦、铁路等，到在受援国开办独资、合资、合作企业，已走过了艰难的历程。在实践中不断探索适合国际和国内政治经济需要的援外方式，是中国援外工作的一项长期战略任务。

二、中国利用国际发展援助

自 1949 年新中国成立以后，在资本主义国家对中国实行经济封锁和中国国内"左"的思想影响下，中国只向周边友好国家和一些发展中国家提供援助，但却拒绝接受国际多边和双边援助。1978 年 8 月，中国政府改变原来的做法，决定采用"有给有取"的方针，从而揭开了中国接受外援的历史。中国接受的外援来自双边和多边渠道。

（一）中国利用国际双边援助

外国政府向中国提供的援助也分为有偿和无偿援助两部分。外国政府对中国的有偿援助主要是通过政府贷款来进行的，中国政府接受的外国政府贷款中既有项目贷款，也有商品贷款；既有有息的，也有无息的；还有与出口信贷相结合的混合贷款。20 世纪 80 年代以来，中国接受的外国政府贷款多为混合贷款，利率一般为 1%~3%，偿还期为 20~30 年，综合计算其赠与成分在 35% 以上。政府贷款从币种来看，有美元贷款、日元贷款、英镑贷款、法国法郎贷款、马克贷款和科威特弟纳尔贷款等。自 1979 年以来，中国已与日本、比利时、丹麦、法国、英国、意大利、德国、西班牙、奥地利、瑞士、瑞典、卢森堡、荷兰、挪威、芬兰、加拿大、澳大利亚、科威特、韩国等建立了双边贷款关系。截至 1998 年 5 月 31

日止，中国利用外国政府贷款总额为 353.7 亿美元，涉及 1 700 多个项目。其中中国接受的日本政府贷款最多，大约占到了中国接受的外国政府贷款总额的 40%。自 1979 年到 2000 年 12 月 31 日止，日本共向中国提供了 2.65 万亿日元的政府贷款，约合 220 亿美元，占中国接受外国政府贷款总额的 40%。其中第一批（1979—1983年）提供了 15 亿美元；第二批（1984—1988 年）为 21 亿美元；第三批（1990—1995 年）为 56 亿美元；第四批（1996—2000 年）为 128 亿美元。此外，2000 年日本还向中国提供了 172 亿美元的特别贷款，用于北京地铁和西安咸阳机场的改建工程。2000 年以后，日本对中国的政府贷款改为采用单年度方式，而且对中国提供的贷款额连年下滑，2001 年度共提供了 1 613.6 亿日元的政府贷款，比 2000 年的 2 144 亿日元减少了 25%，2003 年仅有 967 亿日元。截止到 2003 年 12 月 31 日，日本共向中国提供了 2.9 万多亿日元的政府贷款。经国务院批准，对外贸易经济合作部原先委托中国对外经济贸易信托投资公司办理的外国政府贷款转贷业务及相关资产、债权、债务，从 1995 年 9 月 1 日起，全部划转中国进出口银行。中国政府利用国际双边无偿援助较晚，始于 1982 年，到目前为止，有近 20 个国家或地区向中国提供过无偿援助。外国向中国提供的双边无偿援助多属于项目援助，其项目援助额约合 23 亿美元，共完成项目 300 多个。

（二）中国利用国际多边援助

中国接受的国际多边援助主要来自联合国发展系统和世界银行。自 1971 年中国恢复了在联合国的合法席位以后，中国与联合国发展系统的合作经历了逐步扩大到深入发展的过程。中国于1972 年到 1978 年曾派代表参与了联合国有关发展问题的决策并向其捐款。从 1979 年起，中国改变了只捐款不受援的政策，开始接受联合国发展系统的无偿援助。截至 1996 年底，联合国发展系统的各机构共向中国提供了 21 亿美元的援助，其中主要是通过开发计划署、粮食计划署、农发基金、人口基金会、儿童基金会、粮农组织、世界卫生组织、教科文组织、全球环保基金等机构提供的，涉及农牧渔业、林业、机械、电子、能源、基础设施及老少边穷的开发项目达 1 000 多个。1979—2004 年，中国仅接受开发计划署的援款就达 5.78 亿美元，实施了 5 个国别方案，安排项目 800 多个。人口基金会一开始就重视与中国的合作，合作涉及的领域有妇幼保健和计划生育、避孕药的生产与研究、妇女、人口和发展。人口基金会于 1980 年 6 月就通过了第一个援华国别方案（1980—1984 年），提供援款 5 000 万美元，安排项目 22 个。其中，中国与人口基金会于 1982 年合作进行的第三次全国人口普查中，人口基金会向中国提供了 21 套计算机设备，使中国首次利用计算处理数据获得成功。此外，人口基金会又向中国提供了第二（1985—1989 年）、第三（1990 年至 1996 年）和第四个（1997—2000 年）援华国别方案。截至 2004 年底，中国共接受人口基金会的援款达 2.5 亿美元，安排了近 180 多个项目。中国与儿童基金会也分别在 1980—1981 年、1982—1984 年、1985—1989 年、1990—1993 年、1994—1995 年、1996—2000 年开展了 6 期合作，援款额分别为 700 万美元、2 016 万美元、5 000 万美元、5 000 万美元、3 600 万美元和 8 500 万美元，涉及儿童免疫、卫生与营养、基础教育、妇幼发展等方面，其中 20 世纪 80 年代初合作实施的脊髓灰质炎、麻疹、白喉、百日咳 4 种疫苗接种以省为单位达 85%，1991 年以县为单位也达到了 85%。2001—2005 年的第 7 期合作正在进行中，儿童基金会承诺向在该期合作中向我国提供 6 000 万美元的正常资源的无偿援助和 4 000 万美元的特筹资金的无偿援助。截至 2004 年底，我国共接受儿童基金会捐款约为 3.2 亿美元。开发计划署、人口基金会和儿童基金会是联合国发展系统内向中国提供援助最多的机构。截至 2004 年底，上述三个机构共向中国提供援款 11.48 亿美元，安排了近 1 200 个项目。

世界银行贷款也是中国利用多边援助的一个主要途径，中国利用世界银行贷款是从 1981 年开始的，10 多年来，世界银行向中国的贫困地区提供了大量的贷款，以支持中国的基础设施建设、教育、卫生、农村发展、减贫以及培训和技术援助等，截至 2005 年 6 月 30 日，世界银行共向中国提供的贷款 386 亿美元的，其中包括约 90 亿美元的软贷款。世界银行贷款与联合国发展系统提的技术援助一样，对中国的教育、卫生、基础设施建设、扶贫、环保等工作起了巨大的支持作用。

三、中国参与国际发展援助的意义

自 1978 年以来，中国更加积极地参与国际双边和多边发展援助，并取得了可喜的成就，它在政治和经济上都具有重要的意义。其具体表现在以下四个方面：

（一）提高了中国在世界上的地位

中国向周边友好国家和广大的发展中国家提供发展援助不仅加强了与世界各国的联系，增强了相互间的了解，而且还提高了中国在世界政治舞台上的地位。对外援助已成为中国开展国际政治斗争不可缺少的手段，并对提高中国的国际地位起到了十分重要的作用。

（二）带动了中国的技术、设备、原材料等的出口，为中国企业走向世界提供了契机

在中国对外进行援助时，由于鼓励采用合资合作的方式，并由双方国家在政策和资金上给予扶持，这就使中国企业利用其技术、设备、原材料等与受援国得到优惠贷款资助的企业进行合资合作。这不仅推动了中国企业的国际化，而且还为中国的技术、设备和原材料等打开了国外市场。

（三）弥补了中国建设资金的不足

中国是一个发展中国家，众多需要改建、扩建、新建的重点项目或扶贫工程，往往需要投入大量的外汇资金引进国外的先进技术和设备，外汇资金的短缺与众多项目需要上马的矛盾就显得十分突出，利用国际多边或双边援助将会缓解这一矛盾。

（四）缩小了中国与发达国家之间的技术差距

援助国通过项目或技术援助，给中国带来了大量的先进技术和设备，以及通过对中国各类技术人员的培训和派遣专家到中国讲学，大大提高了中国企业的生产能力、技术人员的整体素质和科研能力，如加拿大援助中国的电力研究项目，就曾大幅度提高了中国电力行业的技术水平。利用援助来提高中国的整体技术水平，进而又使中国达到了缩小与发达国家技术水平差距的目的。

后　　记

经全国高等教育自学考试指导委员会同意，由经济管理类专业委员会负责高等教育自学考试经济管理类专业教材的组编工作。

《对外经济管理概论》（2005年版）自学考试教材由杜奇华担任主编，黄晓玲教授、宋沛副教授担任副主编，本书各章的编写人员如下：

第一、二、三、五、十三、十四章，对外经济贸易大学杜奇华教授；

第四章，对外经济贸易大学黄晓玲教授；

第六章，对外经济贸易大学杜奇华教授、王萍副研究员；

第七章，对外经济贸易大学杜奇华教授、王伟副研究员；

第八章，对外经济贸易大学杜奇华教授、王鼎辉副研究员；

第九章，对外经济贸易大学杜奇华教授、刘伟晶副研究员；

第十章，对外经济贸易大学宋沛副教授、费娇艳副研究员；

第十一章，对外经济贸易大学杜奇华教授、王雪平副研究员；

第十二章，对外经济贸易大学杜奇华教授、郑菁副研究员。

参加本教材审稿讨论会并提出修改意见的有北京师范大学姚新超教授、对外经济贸易大学于俊年教授和北京大学杜丽群副教授。全书由对外经济贸易大学杜奇华教授修改定稿。在此一并表示感谢。

全国高等教育自学考试指导委员会

经济管理类专业委员会

附　录

全国高等教育自学考试经济管理类专业

对外经济管理概论
自学考试大纲

出 版 前 言

　　为了适应社会主义现代化建设事业对培养人才的需要,我国在 20 世纪 80 年代初建立了高等教育自学考试制度;经过 20 多年的发展,高等教育自学考试已成为我国高等教育基本制度之一。高等教育自学考试是个人自学、社会助学和国家考试相结合的一种高等教育形式,是我国高等教育体系的一个重要组成部分。实行高等教育自学考试制度,是落实宪法规定的"鼓励自学成才"的重要措施,是提高中华民族思想道德和科学文化素质的需要,也是造就和选拔人才的一条途径。应考者通过规定的专业考试课程并经思想品德鉴定达到毕业要求的,可以获得毕业证书,国家承认其学历并按照规定享有与普通高等学校毕业生同等的有关待遇。

　　从 20 世纪 80 年代初期开始,各省、自治区、直辖市先后成立了高等教育自学考试委员会,开展了高等教育自学考试工作,多年来为国家培养造就了大批专门人才。为科学、合理地制定高等教育自学考试标准,提高教育质量,全国高等教育自学考试指导委员会(以下简称"全国考委")组织各方面的专家对高等教育自学考试专业设置进行了调整,统一了专业设置标准,并陆续制定了 200 多个专业考试计划。在此基础上,各专业委员会按照专业考试计划的要求,从造就和选拔人才的需要出发,编写了相应专业的课程自学考试大纲,进一步规定了课程学习和考试的内容与范围,有利于社会助学,使个人自学要求明确,考试标准规范化、具体化。

　　全国考委按照国务院发布的《高等教育自学考试暂行条例》的规定,根据教育测量学的要求,对高等教育自学考试课程的自学考试大纲进行了探索、研究与建设。目前,为更好地贯彻十六大和全国考委五届二次会议精神,以"三个代表"重要思想为指导,全国考委办公室及其各个专业委员会在 2003 年开始较大幅度地对新一轮的课程自学考试大纲组织修订或重编。

全国考委经济管理类专业委员会在考试大纲建设过程中结合高等教育自学考试工作的实践,参照全日制普通高等学校相关课程的教学基本要求,并力图反映学科内容的发展变化,体现自学考试的特点,组织制定了《对外经济管理概论自学考试大纲》,现经教育部批准,颁发施行。

《对外经济管理概论自学考试大纲》是该课程编写教材和自学辅导书的依据,也是个人自学、社会助学和国家考试的依据,各地教育部门、考试机构应认真贯彻执行。

全国高等教育自学考试指导委员会

2004 年 12 月

目　　录

Ⅰ　课程性质与设置目的要求 ························· 587
Ⅱ　课程内容与考核目标 ··························· 588

第一章　国际经济与贸易概述 ····················· 588
一、学习目的和要求 ····························· 588
二、课程内容 ······························· 588
三、考核知识点 ······························ 590
四、考核要求 ······························· 590

第二章　国际贸易理论 ························· 592
一、学习目的和要求 ····························· 592
二、课程内容 ······························· 592
三、考核知识点 ······························ 593
四、考核要求 ······························· 594

第三章　国际贸易政策 ························· 595
一、学习目的和要求 ····························· 595
二、课程内容 ······························· 595
三、考核知识点 ······························ 598
四、考核要求 ······························· 598

第四章　中国对外贸易管理 ····················· 600
一、学习目的和要求 ····························· 600
二、课程内容 ······························· 600

三、考核知识点 ……………………………………………… 602

四、考核要求 ……………………………………………… 602

第五章　国际技术贸易 ………………………………………… 604

一、学习目的和要求 ……………………………………… 604

二、课程内容 ……………………………………………… 604

三、考核知识点 …………………………………………… 606

四、考核要求 ……………………………………………… 606

第六章　中国对外技术贸易管理 …………………………… 608

一、学习目的和要求 ……………………………………… 608

二、课程内容 ……………………………………………… 608

三、考核知识点 …………………………………………… 609

四、考核要求 ……………………………………………… 609

第七章　国际服务贸易 ………………………………………… 611

一、学习目的和要求 ……………………………………… 611

二、课程内容 ……………………………………………… 611

三、考核知识点 …………………………………………… 612

四、考核要求 ……………………………………………… 613

第八章　中国对外服务贸易管理 …………………………… 615

一、学习目的和要求 ……………………………………… 615

二、课程内容 ……………………………………………… 615

三、考核知识点 …………………………………………… 616

四、考核要求 ……………………………………………… 617

第九章　国际金融 ……………………………………………… 618

一、学习目的和要求 ……………………………………… 618

二、课程内容 ……………………………………………… 618

三、考核知识点 …………………………………………… 619

四、考核要求 ………………………… 619

第十章　中国对外金融管理……………… 621
　一、学习目的和要求 ……………… 621
　二、课程内容 ……………………… 621
　三、考核知识点 …………………… 623
　四、考核要求 ……………………… 623

第十一章　中国利用外资管理…………… 625
　一、学习目的和要求 ……………… 625
　二、课程内容 ……………………… 625
　三、考核知识点 …………………… 626
　四、考核要求 ……………………… 627

第十二章　中国对外投资管理…………… 628
　一、学习目的和要求 ……………… 628
　二、课程内容 ……………………… 628
　三、考核知识点 …………………… 630
　四、考核要求 ……………………… 630

第十三章　国际工程承包与劳务合作……… 632
　一、学习目的和要求 ……………… 632
　二、课程内容 ……………………… 632
　三、考核知识点 …………………… 635
　四、考核要求 ……………………… 636

第十四章　国际发展援助………………… 638
　一、学习目的和要求 ……………… 638
　二、课程内容 ……………………… 638
　三、考核知识点 …………………… 640
　四、考核要求 ……………………… 640

Ⅲ 有关说明与实施要求 ························· 642

附 录 题型举例 ····························· 645

后 记 ···································· 647

I 课程性质与设置目的要求

  《对外经济管理概论》课程是全国高等教育自学考试经济管理类部分专业的一门共同必考课。它的内容包括国际经济各个领域和我国对外经济管理的基本知识，是一门偏重知识性和应用性的课程。

  自改革开放以来，我国对外经济交往激增，经济工作者急需学习和了解国际经济和对外经济管理方面的知识。设置本课程的目的是为了使自学应考者获得一定的国际经济和对外经济管理的基本知识；要求自学应考者在学习本课程时，既要学好国际贸易、国际金融和国际经济合作领域内的基本知识，又要学习好中国对外贸易管理、对外金融管理和对外经济合作管理方面的基本知识和主要方针、政策，因为学好前者是学好后者的必要准备。其中，应考者应重点掌握对外经济贸易管理的基本理论和基本做法，以使应考者在通晓对外经济贸易管理基本知识的前提下，提高分析和解决实际问题的能力。

  本课程的重点内容有，古典贸易理论，新贸易理论，关税和非关税措施及世贸组织，国际技术贸易方式，知识产权的国际保护，服务贸易理论与政策，国际收支，汇率，国际金融市场，中国对外投资方式，国际工程承包与劳务合作，国际发展援助的援助方式以及各援助机构发放援助的条件和程序。

Ⅱ 课程内容与考核目标
（考核知识点、考核要求）

第一章 国际经济与贸易概述

一、学习目的和要求

通过学习本章中有关国际经济与贸易和国际分工的基本知识，要求了解国际经济与贸易的产生与发展，以及它们在国际经济活动中的地位和作用；熟悉国际分工和世界市场的产生和发展，国际经济与贸易的特点以及发展趋势，以便灵活运用这些知识来分析具体的情况，审时度势，用所学知识指导自己的实践。

二、课 程 内 容

第一节 国际经济与贸易的基本知识

（一）国际经济与贸易的基本概念
1. 国际经济
2. 国际贸易
3. 国际经济与贸易
（二）国际经济与贸易的研究对象

1. 国际经济与贸易的发展阶段
2. 国际经济与贸易的理论和学说
3. 国际经济与贸易的有关政策
4. 国际经济与贸易与各个国家经济之间的关系
（三）国际经济与贸易的有关概念
1. 货物贸易与服务贸易
2. 总贸易体系与专门贸易体系
3. 对外贸易额与对外贸易量
4. 贸易差额、贸易条件
5. 对外贸易依存度
6. 直接贸易、间接贸易和转口贸易
7. 对外贸易货物结构和国际贸易货物结构
8. 对外贸易与国际贸易地理方向

第二节　国际经济与贸易的产生和发展

（一）国际经济与贸易的起源
（二）国际经济与贸易发展的历史阶段
1. 奴隶社会的国际经济与贸易
2. 封建社会的国际经济与贸易
3. 资本主义社会的国际经济与贸易
4. 社会主义社会的国际经济与贸易
（三）国际经济与贸易的现状
1. 二战后至冷战结束前的国际经济与贸易
2. 冷战后的国际经济与贸易
3. 当前的国际经济与贸易
4. 国际经济与贸易的发展前景

第三节　国际分工与国际经济与贸易

（一）国际分工的产生和发展

1. 国际分工的含义
2. 国际分工的产生和发展
3. 国际分工的特点和作用
（二）影响国际分工发展的因素
（三）国际贸易与国际分工的关系

第四节　国际经济与贸易的地位和作用

（一）国际经济与国际贸易的关系
1. 国际贸易对国际经济发展的促进作用
2. 国际经济发展对国际贸易的影响
（二）国际经济与贸易的地位和作用
1. 国际经济与贸易在发达国家中的地位和作用
2. 国际经济与贸易在发展中国家的地位和作用

三、考核知识点

（一）国际经济与贸易的基本知识
（二）国际经济与贸易的产生和发展
（三）国际经济与贸易的现状和前景
（四）国际分工
（五）国际分工与国际经济与贸易的关系
（六）国际经济与贸易的地位和作用

四、考 核 要 求

（一）国际经济与贸易的基本知识
1. 识记：（1）国际货物贸易、国际服务贸易。（2）总贸易体系与专门贸易体系。（3）对外贸易额与对外贸易量。（4）贸易差额、贸易条件。（5）对外贸易依存度。（6）直接贸易、间接贸易和转口贸易。（7）对外贸易货物结构和国际贸易货物结构。（8）对外贸易与国际贸易地理方向。

2. 应用：对外贸易量和贸易条件的计算。

（二）国际经济与贸易的产生和发展

1. 识记：（1）国际经济与贸易的产生必须具备的两个基本条件。（2）国际贸易与资本主义生产方式的联系。

2. 领会：（1）国际经济与贸易的产生和发展。（2）国际贸易和资本主义生产方式自始至终都是不可分割地紧密联系在一起的。（3）社会主义制度下发展国际经济与贸易的客观必然性。

（三）国际经济与贸易的现状和前景

识记：国际经济与贸易近期发展走势的特点。

（四）国际分工

1. 识记：国际分工的含义。

2. 领会：（1）国际分工的产生和发展。（2）国际分工的特点和作用。（3）影响国际分工发展的因素。

（五）国际分工与国际经济与贸易的关系

领会：（1）国际分工的发展推动了国际贸易的发展。（2）国际分工影响国际贸易的地区分布。（3）国际分工影响国际贸易的地理方向。（4）国际分工影响国际贸易的商品结构。（5）各国在国际分工中的地位影响各国对外贸易政策。

（六）国际经济与贸易的地位和作用

1. 识记：国际经济与国际贸易的关系。

2. 领会：国际经济与贸易的地位和作用。

第二章　国际贸易理论

一、学习目的和要求

通过本章的学习，要求掌握有关国际贸易的一些基本理论；了解国际贸易理论的几个主要派别；熟悉各理论产生的背景、特点及其主要内容；还要在此基础上掌握有关理论的积极意义及存在的问题或局限性。

二、课 程 内 容

第一节　古典贸易理论

（一）重商主义

1. 早期重商主义

2. 晚期重商主义

3. 对重商主义的评价

（二）绝对成本论

1. 绝对成本论的主要内容

2. 对绝对成本论的评价

（三）比较成本论

1. 比较成本论提出的背景

2. 比较成本论的内容

3. 对比较成本论的评价

第二节 新古典贸易理论

（一）相互需求论

1. 约翰·穆勒的相互需求论

2. 马歇尔的提供曲线

3. 对相互需求论的评价

（二）要素禀赋论

1. 狭义的要素禀赋论——H-O 定理

2. 要素价格均等化定理

3. 对要素禀赋论的评价

（三）里昂惕夫之谜

第三节 新贸易理论

（一）技术差距论

（二）产品生命周期理论

1. 产品生命周期理论的内容

2. 对产品生命周期理论的评价

（三）需求偏好相似理论

（四）产业内贸易理论

1. 产业内贸易理论提出的背景

2. 产业内贸易的含义和特征

3. 产业内贸易产生的基础及制约因素

4. 对产业内贸易的早期探索

5. 产业内贸易的理论模型

三、考核知识点

（一）古典贸易理论

（二）新古典贸易理论

（三）新贸易理论

四、考核要求

（一）古典贸易理论

1. 识记：（1）早期重商主义和晚期重商主义的特点。（2）绝对成本论的主要内容。（3）比较成本论提出的背景。（4）比较成本论的主要内容。

2. 领会：（1）早期重商主义和晚期重商主义的区别。（2）绝对成本论的积极意义及局限性。（3）比较成本论的积极意义及其局限性。

（二）新古典贸易理论

1. 识记：（1）约翰·穆勒相互需求论的主要内容。（2）马歇尔的提供曲线。（3）狭义要素禀赋论的主要内容。（4）要素价格均等化定理的主要内容。（5）里昂惕夫之谜。

2. 领会：（1）相互需求论的积极意义。（2）要素禀赋论的积极作用及缺陷。

（三）新贸易理论

1. 识记：（1）技术差距论的内容。（2）产品生命周期理论的内容。（3）需求偏好相似理论的内容。（4）产业内贸易的含义和特征。（5）产业内贸易理论模型。

2. 领会：（1）产品生命周期的三个发展阶段。（2）产品生命周期理论的优点及缺陷。（3）产业内贸易理论提出的背景。（4）产业内贸易产生的基础及制约因素。

3. 应用：通过理解新贸易理论，来为分辨各国贸易政策的合理性。

第三章　国际贸易政策

一、学习目的和要求

　　通过本章的学习，要求掌握国际贸易政策的含义及在现实中的作用；了解关税措施及非关税措施的内容与作用；熟悉鼓励出口和出口管制以及贸易条约与协定和 WTO 的相关知识，以达到在对外贸易实践中灵活运用，反对保护主义，发展本国贸易的目的。

二、课 程 内 容

第一节　国际贸易政策

（一）国际贸易政策的目的和类型
（二）对外贸易政策的演变
（三）自由贸易政策理论依据
（四）保护贸易政策的理论依据
1. 重商主义
2. 汉密尔顿的关税保护论
3. 李斯特的幼稚产业保护论
4. 凯恩斯保护贸易理论
（五）国际贸易政策的发展趋势

第二节　关 税 措 施

（一）关税概述

1. 关税的概念

2. 关税的特点

（二）关税的种类

1. 按照征收的对象或商品流向，关税可分为进口税、出口税与过境税

2. 按征税的目的，关税可分为财政关税与保护关税

3. 按照差别待遇和特定的实施情况，关税可分为进口附加税、差价税、特惠税与普遍优惠制

（三）关税的基本分类与关税征收

1. 税率的基本分类

2. 关税的征收标准

3. 海关税则和通关手续

第三节　非关税措施

非关税措施，又称非关税壁垒，是指除关税外，为限制进口而设置的各种贸易壁垒的一切直接或间接措施。

（一）非关税壁垒的含义

（二）非关税壁垒的特点

（三）非关税壁垒的作用特点

（四）非关税壁垒的主要种类

1. 配额限制

2. 金融控制

3. 采购及经营限制

4. 价格限制

5. 技术性贸易壁垒

第四节　鼓励出口和出口管制

（一）鼓励出口方面的措施

1. 出口信贷

2. 出口信贷国家担保制

3. 出口补贴

4. 商品倾销

5. 外汇倾销

6. 促进出口的组织措施

7. 外汇分红、出口奖励证制和复汇率制

（二）出口管制方面的措施

1. 出口管制的商品

2. 出口管制形式

3. 出口管制的机构与措施

第五节　贸易条约与协定

（一）贸易条约与协定概述

1. 贸易条约与协定的内容结构

2. 贸易条约与协定的种类

3. 贸易条约与协定中所适用的法律待遇条款

（二）国际商品协定和商品综合方案

1. 国际商品协定

2. 商品综合方案

第六节　世界贸易组织

（一）世界贸易组织的宗旨、范围、职能

1. 世界贸易组织的宗旨

2. 世界贸易组织的范围

3. 世界贸易组织的职能

（二）世界贸易组织的结构

（三）世界贸易组织的特点

三、考核知识点

（一）国际贸易政策
（二）关税措施
（三）非关税措施
（四）鼓励出口和出口管制
（五）贸易条约与协定
（六）世界贸易组织

四、考 核 要 求

（一）国际贸易政策

1. 识记：（1）国际贸易政策的目的和类型。（2）自由贸易政策理论依据。

2. 领会：（1）对外贸易政策的演变。（2）重商主义。（3）凯恩斯保护贸易理论。

（二）关税措施

1. 识记：（1）关税的概念、特点。（2）关税的种类。（3）海关税则的种类。

2. 领会：（1）反补贴税。（2）反倾销税。（3）差价税。（4）特惠税。（5）普惠制。

（三）非关税措施

1. 识记：（1）非关税壁垒的特点。（2）非关税壁垒的主要种类。（3）外汇控制预先进口存款制。

2. 领会：（1）非关税壁垒的作用特点。（2）技术性贸易壁垒。（3）价格限制。

3. 应用：通过了解非关税壁垒的措施来探讨企业如何应对非关税壁垒的措施。

（四）鼓励出口和出口管制

1. 识记：（1）出口信贷和出口信贷国家担保制的含义。（2）

出口管制的商品形式。（3）外汇倾销。（4）商品倾销。

2. 领会：（1）促进出口的组织措施。（2）外汇分红、出口奖励证制和复汇率制。

（五）贸易条约与协定

1. 识记：（1）最惠国待遇条款。（2）国民待遇条款。

2. 领会：（1）国际商品协定的结构。（2）商品综合方案的主要内容。

（六）世界贸易组织

1. 识记：（1）世界贸易组织的宗旨、范围、职能。（2）世界贸易组织的结构。

2. 领会：世界贸易组织的特点。

3. 应用：通过了解世界贸易组织的规则，来分析如何利用世界贸易组织规则来扩大出口。

第四章　中国对外贸易管理

一、学习目的和要求

通过本章的学习，要求掌握出口商品战略、以质取胜战略、科技兴贸战略和进口商品战略的内容和措施，对外贸易发展战略中国对外贸易宏观管理的法律、经济和行政手段的主要内容；熟悉配额、许可证、关税、汇率等管理手段；了解中国对外贸易的现状及其管理目标。

二、课　程　内　容

第一节　对外贸易发展概述

1978 年底党的十一届三中全会以后，我国对外贸易进入了一个新的发展时期，对外贸易额持续高速增长，进出口商品结构显著改善，进出口生产呈现多元化。

第二节　发展对外贸易的作用

（一）促进国民经济协调发展
（二）促进生产发展与产业结构升级
（三）提高科学技术水平
（四）扩大劳动就业
（五）丰富国内市场

第三节　对外贸易发展战略

（一）出口商品战略

1. "六五"计划时期的出口商品战略（1980—1985年）

2. "七五"计划时期的出口商品战略（1986—1990年）

3. "八五"计划时期的出口商品战略（1991—1995年）

4. "九五"计划时期的出口商品战略（1996—2000年）

5. "十五"计划时期的出口商品战略（2001—2005年）

（二）以质取胜战略

1. 以质取胜战略的内涵

2. 实施以质取胜战略的措施

（三）科技兴贸战略

1. 科技兴贸战略的内涵

2. 实施科技兴贸战略的重要意义

3. 科技兴贸战略的措施与成效

（四）出口市场多元化战略

1. 出口市场格局的演变

2. 实施出口市场多元化战略的必要性

3. 实施出口市场多元化战略的措施

（五）进口商品战略

第四节　对外贸易宏观管理

（一）对外贸易宏观管理模式

1. 计划经济体制下的对外贸易宏观管理

2. 改革开放以来对外贸易宏观管理模式的改革与调整

（二）对外贸易宏观管理的法制手段

（三）对外贸易宏观管理的经济调节手段

1. 汇率与汇率制度

2. 对外贸易税收和税收制度

3. 进出口信贷制度

（四）对外贸易宏观管理的行政手段

1. 外贸经营权管理

2. 进出口配额管理

3. 进出口许可证管理

4. 海关管理

5. 进出口外汇管理

6. 进出口商品检验管理

三、考核知识点

（一）对外贸易发展概况
（二）发展对外贸易的作用
（三）对外贸易发展战略
（四）对外贸易宏观管理

四、考核要求

（一）对外贸易发展概况

1. 识记：对外贸易的含义。

2. 领会：中国对外贸易规模、结构和市场。

（二）发展对外贸易的作用

领会：发展对外贸易的作用。

（三）对外贸易发展战略

1. 识记：（1）出口商品战略的内涵。（2）以质取胜战略的内涵。（3）科技兴贸战略的内涵。（4）进口商品战略的内涵。

2. 领会：（1）出口商品战略的演变。（2）实施以质取胜战略的措施。（3）实施科技兴贸战略的重要意义、措施与成效。（4）实施出口市场多元化战略的必要性和措施。（5）进口商品战略的演变。

（四）对外贸易宏观管理

1. 识记：（1）对外贸易宏观管理的含义。（2）汇率与汇率制度的含义。（3）关税、税则、税率的含义。（4）出口退税的含义。（5）配额的含义和种类。（6）许可证的含义和种类。

2. 领会：（1）对外贸易宏观管理模式的演变。（2）对外贸易宏观管理的法制手段。（3）对外贸易宏观管理的经济调节手段。（4）对外贸易宏观管理的行政手段。

3. 应用：通过了解对外贸易的管理手段来掌握管理对外贸易的方法。

第五章　国际技术贸易

一、学习目的和要求

通过本章的学习，要求掌握专利和商标的特点、种类及授予条件，专有技术的含义及与专利的区别，国际技术转让方式等；熟悉有关专利和商标权的国际公约，当代国际技术贸易的特点等；了解国际技术贸易在当代国际经济活动中地位和意义。

二、课 程 内 容

第一节　国际技术贸易概述

（一）技术的含义
（二）国际技术贸易
（三）国际技术贸易的特点

第二节　国际技术贸易的内容

（一）专利
1. 专利的含义
2. 专利的种类
3. 专利的特点
4. 授予发明专利和实用新型专利的条件
（二）商标权
1. 商标的概念

2. 商标的作用

3. 商标的种类

4. 商标权及其内容

5. 商标权的特征

（三）专有技术

1. 专有技术的概念

2. 专有技术的特征

3. 专有技术与专利的区别

第三节　国际技术贸易的方式

（一）许可证贸易

1. 许可证贸易的概念

2. 许可证贸易的种类

（二）技术服务

（三）合作生产与合资经营

（四）国际工程承包

（五）补偿贸易

第四节　国际技术贸易的价格与支付

（一）技术价格的决定因素

（二）技术价格的构成

（三）技术转让费的支付

第五节　知识产权的国际保护

（一）保护专利的国际公约

1. 《巴黎公约》

2. 《专利合作条约》

3. 《海牙协定》

4.《欧洲专利公约》

（二）保护商标权的国际公约

1.《巴黎公约》

2.《商标国际注册马德里协定》及《商标国际注册马德里协定有关议定书》

3.《尼斯协定》

4.《维也纳协定》

三、考核知识点

（一）国际技术贸易概述

（二）国际技术贸易的内容

（三）国际技术贸易的方式

（四）国际技术贸易的价格与支付

（五）保护专利的国际公约

（六）保护商标权的国际公约

四、考核要求

（一）国际技术贸易概述

1. 识记：（1）技术的含义。（2）技术的分类。

2. 领会：（1）国际技术贸易的特点。（2）有偿的技术转让。（3）无偿的技术转让。

（二）国际技术贸易的内容

1. 识记：（1）专利的概念。（2）专利的分类。（3）商标的概念。（4）商标的分类。（5）专有技术。

2. 领会：（1）专有技术的特征。（2）商标的特征。（3）专有技术与专利的区别。

（三）国际技术贸易的方式

1. 识记：（1）专利许可。（2）专有技术许可。（3）商标许可。（4）综合许可。（5）普通许可。（6）排他许可。（7）独占许可。

（8）分许可。（9）交叉许可。

2. 领会：（1）技术服务。（2）合作生产。（3）合资经营。

（四）国际技术贸易的价格与支付

1. 识记：（1）技术价格的构成。（2）技术价格的决定因素。

2. 领会：（1）总付。（2）提成支付。（3）入门费加提成费。

3. 应用：技术价格的计算。

（五）保护专利的国际公约

1. 识记：（1）《巴黎公约》。（2）《专利合作条约》。

2. 领会：（1）《海牙协定》。（2）《欧洲专利公约》。

（六）保护商标权的国际公约

1. 识记：（1）《巴黎公约》。（2）《商标国际注册马德里协定》及《商标国际注册马德里协定有关议定书》。

2. 领会：（1）《尼斯协定》。（2）《维也纳协定》。

3. 应用：通过了解有关知识产权方面的公约，在全世界保护自己的知识产权。

第六章　中国对外技术贸易管理

一、学习目的和要求

通过本章学习，应考者要掌握国际技术贸易政策的概念、特点及作用；熟悉我国对外技术贸易政策和管理制度；了解与知识产权有关的国际公约。

二、课 程 内 容

第一节　中国对技术贸易政策

（一）国际技术贸易政策的概念和特点

1. 国际技术贸易政策的概念

2. 国际技术贸易政策的特点

（二）国际技术贸易政策的作用

（三）国际技术贸易政策的类型

1. 国际技术贸易鼓励政策

2. 国际技术贸易限制政策

3. 国际技术贸易禁止政策

（四）我国的对外技术贸易政策

第二节　中国国际技术贸易管理

（一）中国技术进出口管理制度

（二）当前中国技术贸易管理实践

1. 中国技术贸易的管理部门
2. 中国对技术进出口管理的基本原则
3. 中国对技术进出口的管理
4. 中国国际技术贸易管理的范围

（三）我国国际技术贸易中管制限制性商业惯例的做法

1. 中国关于限制性商业惯例的法律规定
2. 中国在国际技术贸易实践中应采取的对策

第三节　中国参与的与知识产权有关的国际组织和条约

（一）世界知识产权组织

（二）与贸易有关的知识产权协议

（三）其他主要公约与协定

1. 保护工业产权的巴黎公约

2. 保护版权的伯尔尼公约和世界版权公约

3. 专利合作条约

4. 商标国际注册马德里协定

5. 保护集成电路知识产权的华盛顿公约

（四）中美两国政府关于保护知识产权的谅解备忘录

三、考核知识点

（一）国际技术贸易政策
（二）中国技术贸易管理
（三）中国参与的与知识产权保护有关的国际公约

四、考核要求

（一）国际技术贸易政策
1. 识记：国际技术贸易政策的类型。

609

2. 领会：（1）国际技术贸易政策的作用。（2）中国对外技术贸易的主要政策。

（二）中国技术贸易管理

1. 识记：（1）中国技术贸易的管理部门。（2）中国对外技术贸易管理的范围。（3）中国对技术进出口的分类管理。

2. 领会：（1）中国技术贸易管理的主要法规。（2）中国技术进出口管理的基本方针和政策。（3）中国技术进出口的程序。（4）中国对外技术贸易中管制限制性商业惯例的做法。

（三）中国参与的与知识产权保护有关的国际公约

1. 识记：中国参与的与知识产权保护有关的国际公约。

2. 领会：中国参与的与知识产权保护有关的国际公约的主要内容。

3. 应用：中国应如何利用有关知识产权公约来保护中外企业或个人的知识产权。

第七章 国际服务贸易

一、学习目的和要求

通过本章学习，要求应考者重点掌握国际服务贸易的定义、特点和分类，国际服务贸易的重要性及其自由化趋势；熟悉国际服务贸易的主要理论和政策；了解《服务贸易总协定》的相关内容。

二、课 程 内 容

第一节 国际服务贸易概述

（一）国际服务贸易的定义

1. 从进出口角度描述的传统定义

2.《美国和加拿大自由贸易协定》对服务贸易的定义

3.《服务贸易总协定》对服务贸易的定义

（二）国际服务贸易的特点及分类

1. 国际服务贸易的特点

2.《国际服务贸易总协定》对服务贸易的分类

（三）国际服务贸易与几个相近概念的辨析

1. 服务贸易与无形贸易

2. 国际服务贸易与国际货物贸易

3. 国际服务贸易与国际服务交流

（四）国际服务贸易的产生与发展

（五）当代国际服务贸易发展的主要特征

（六）国际服务贸易快速发展的原因探析

第二节　国际服务贸易理论与政策

（一）国际服务贸易理论研究概述
（二）国际服务贸易的主要理论
1. 传统比较优势理论对服务贸易适用性的争论
2. 对服务贸易比较学说的修正
3. 服务贸易比较优势的决定因素
4. 规模报酬递增和不完全竞争条件下的服务贸易理论
（三）国际服务贸易政策
1. 自由贸易政策
2. 保护贸易政策

第三节　服务贸易总协定

（一）《服务贸易总协定》的产生
（二）《服务贸易总协定》的总体结构和主要内容
1.《服务贸易总协定》的总体结构
2.《服务贸易总协定》的主要内容
（三）《服务贸易总协定》的重要作用

三、考核知识点

（一）国际服务贸易的定义
（二）国际服务贸易的特点和分类
（三）国际服务贸易发展的历史及主要特征
（四）国际服务贸易快速发展的原因探析
（五）国际服务贸易理论
（六）国际服务贸易政策
（七）服务贸易总协定

四、考 核 要 求

（一）国际服务贸易的定义

1. 识记：（1）从进出口角度描述的传统定义。（2）《美国和加拿大自由贸易协定》对服务贸易的定义。（3）《服务贸易总协定》对服务贸易的定义。

2. 领会：《服务贸易总协定》定义产生的客观原因和特殊背景。

（二）国际服务贸易的特点及分类

1. 识记：国际服务贸易不同于国际货物贸易的特点。

2. 领会：《服务贸易总协定》对国际服务贸易的分类。

（三）国际服务贸易发展的历史及主要特征

1. 识记：当代国际服务贸易发展的主要特征。

2. 领会：国际服务贸易产生和发展的历史。

（四）国际服务贸易快速发展的原因探析

领会：当今国际服务贸易快速发展的深层原因。

（五）国际服务贸易理论

1. 识记：（1）国际服务贸易理论研究的发展历史。（2）当代国际服务贸易理论研究的特点。

2. 领会：国际服务贸易的主要理论。

（六）国际服务贸易政策

1. 识记：（1）国际服务贸易壁垒产生的原因。（2）国际服务贸易壁垒的形式。

2. 领会：（1）发达国家服务贸易自由化的政策取向。（2）发展中国家服务贸易自由化的政策取向。

3. 应用：通过了解不同国家服务贸易政策来探讨中国现行服务贸易政策的合理性。

（七）服务贸易总协定

1. 识记：（1）服务贸易总协定的结构。（2）服务贸易总协定的主要内容。（3）服务贸易总协定的重要作用。

2. 领会：服务贸易总协定的产生和发展。

3. 应用：通过了解《服务贸易总协定》，寻求服务贸易的发展方向。

第八章　中国对外服务贸易管理

一、学习目的和要求

　　通过本章的学习，应考者应熟悉中国国内服务贸易发展的历史与现状，我国现阶段服务贸易各行业发展的特点与趋势；从各行业的开放状况、相关服务贸易的发展现状了解我国在对外服务贸易管理过程中所面对的问题与挑战，并在一定程度上把握政策制定的起点与方向。

二、课 程 内 容

第一节　中国国内服务贸易发展概述

（一）我国服务业的发展状况
（二）我国服务贸易的发展现状
（三）我国服务贸易发展的特征

第二节　中国服务贸易各行业发展现状

（一）运输服务贸易
1. 海洋运输服务贸易
2. 航空运输服务贸易
（二）旅游服务贸易
1. 行业发展现状
2. 行业入世承诺

3. 旅游服务贸易发展现状与问题

4. 我国旅游服务贸易发展的潜力与对策

（三）建筑工程服务贸易

1. 建筑业发展概况

2. 加入 WTO 后有关建筑方面的承诺及国际惯例

3. 我国建筑服务贸易发展现状

（四）电信服务贸易

1. 行业发展概况

2. 行业入世承诺

3. 入世后我国电信服务贸易须承担的义务及发展策略

（五）信息咨询服务

1. 我国信息咨询业的现状及存在的问题

2. 入世对我国信息咨询业的影响

第三节　我国有关服务贸易的法律规定

（一）我国服务贸易法律体系

1. 我国有关服务贸易的基本法律

2. 调整特定行业的基本法律

（二）我国服务贸易法律体系的缺陷

（三）我国服务贸易法律体系发展思路

三、考核知识点

（一）我国服务业发展概况

（二）我国服务贸易发展概况及现阶段特点

（三）我国服务各行业开放现状

（四）我国服务贸易各行业基本法律

四、考核要求

（一）我国服务业发展概况

领会：（1）我国服务业发展历史。（2）服务业发展现状。

（二）我国服务贸易发展概况及现阶段特点

领会：（1）我国服务贸易发展概况。（2）我国服务贸易特点及其成因分析。

（三）我国服务各行业开放现状

1. 识记：世贸组织对各行业的界定。

2. 领会：（1）各行业发展现状。（2）各行业入世承诺及承诺相关背景。（3）各行业未来发展方向及对策。

（四）我国服务贸易各行业基本法律

1. 识记：（1）我国服务贸易的法律调整体系。（2）各行业主要调节法律及其作用。

2. 领会：我国现阶段服务贸易法律体系的缺陷及发展思路。

3. 应用：服务贸易法规实施。

第九章 国际金融

一、学习目的和要求

通过学习本章有关国际金融的基本知识，要求应考者掌握国际收支、外汇和汇率、国际储备以及国际金融市场等，并能够将本章国际金融知识与对外经济管理的其他部分知识相衔接，为今后从事涉外经贸以及经济管理等工作提供一定的理论基础。

二、课 程 内 容

第一节 国际金融概述

（一）国际金融的含义及内容
（二）早期国际金融学说概览

第二节 国 际 收 支

（一）国际收支的概念
（二）国际收支平衡表
（三）国际收支不平衡的原因与影响
（四）国际收支的调节

第三节 汇　　率

（一）外汇与汇率的概念

（二）汇率的标价方法

（三）不同货币制度下的汇率决定

（四）汇率的变动及其对经济的影响

（五）汇率制度

第四节　国际储备

（一）国际储备的概念

（二）国际储备的构成

（三）国际储备的作用

第五节　国际金融市场

（一）国际金融市场的概念

（二）国际金融市场的构成

（三）欧洲货币市场

（四）国际金融市场的金融创新

三、考核知识点

（一）国际金融概述

（二）国际收支

（三）汇率

（四）国际储备

（五）国际金融市场

四、考核要求

（一）国际金融概述

领会：（1）国际金融的含义。（2）国际金融的内容。（3）早期国际金融学说。

（二）国际收支

1. 识记：（1）国际收支的概念。（2）国际收支不平衡的原因。（3）国际收支不平衡的影响。

2. 领会：（1）国际收支平衡表。（2）国际收支的调节。

（三）汇率

1. 识记：（1）外汇与汇率的概念。（2）直接标价法。（3）间接标价法。（4）固定汇率制度。（5）浮动汇率制度。

2. 领会：（1）不同货币制度下的汇率决定。（2）影响汇率变动的因素。（3）汇率变动对经济的影响。

3. 应用：汇率的计算。

（四）国际储备

1. 识记：（1）国际储备的概念。（2）国际储备的构成。（3）黄金储备。（4）外汇储备。（5）在基金组织的储备头寸。（6）特别提款权。

2. 领会：国际储备的作用。

（五）国际金融市场

1. 识记：（1）国际金融市场的概念。（2）国际金融市场的构成。（3）欧洲货币市场。

2. 领会：（1）欧洲货币市场的特点。（2）国际金融市场的金融创新。

3. 应用：欧洲货币市场的业务。

第十章　中国对外金融管理

一、学习目的和要求

　　通过本章的学习，要求了解我国外汇管理制度的沿革历史、现状及问题。对我国现行的国际收支管理、外汇储备管理、外汇市场管理和金融机构外汇业务管理形成全面的认识。对人民币完全可兑换有一定了解，认识到资本项目可兑换是长期的发展趋势，但是必须谨慎推行。另外，在加入 WTO 的大环境下，我国金融服务开放的步伐必然不断加快。

二、课　程　内　容

第一节　中国外汇管理

（一）中国外汇管理制度改革历程

1. 1978 年改革开放前我国的外汇管理体制

2. 经济转轨时期我国的外汇管理体制

3. 1994 年以来，我国的外汇管理体制改革

（二）我国现行的外汇管理体制框架简述

1. 中国现行外汇制度内容简介

2. 中国外汇管理体制改革的成效和积极意义

（三）中国外汇管理体制现存的问题

1. 人民币汇率市场化程度低

2. 我国现行的固定汇率制度会削弱我国货币政策的效力

3. 我国现行的固定汇率制度淡化了我国企业的汇率风险意识

4. 人民币汇率过于稳定存在很大的外汇投机风险

5. 外汇市场发展不规范，不健全

6. 银行结售汇制度缺乏弹性

（四）中国外汇管理体制改革方向

1. 逐步推进资本项目可兑换

2. 实现人民币汇率形成市场化

3. 推行比例结汇形式的意愿结汇制

4. 建立符合国际规范的外汇市场

第二节　人民币完全可兑换

（一）资本项目可兑换的含义

（二）现行国际收支中资本项目的管理

（三）人民币资本项目可兑换的收益与风险

1. 人民币资本项目可兑换的收益分析

2. 人民币资本项目可兑换的风险分析

（四）中国经济深度开放形势下的资本项目可兑换压力

1. WTO 以及相关国际组织的推动

2. 开放型经济大发展的内在需要

3. 资本管制的有效性受到越来越大的挑战

4. 难以承受的管制成本

（五）谨慎推进资本项目可兑换进程

第三节　WTO 与中国金融开放

（一）中国金融开放概述

1. 中国金融开放的历程回顾及未来展望

2. 中国金融开放面临的机遇、挑战及对策

（二）中国金融对外开放的改革发展方向

（三）中国金融服务各行业的对外开放

1. 中国银行业的对外开放

2. 中国证券业的对外开放

3. 中国保险业的对外开放

三、考核知识点

（一）中国外汇管理制度改革历程

（二）我国现行的外汇管理体制框架简述

（三）中国外汇管理体制现存的问题

（四）中国外汇管理体制改革方向

（五）资本项目可兑换的含义

（六）现行国际收支中资本项目的管理

（七）人民币资本项目可兑换的收益与风险

（八）中国经济深度开放形势下的资本项目可兑换压力

（九）谨慎推进资本项目可兑换进程

（十）中国金融开放概述

（十一）中国金融对外开放的改革发展方向

（十二）中国金融服务各行业的对外开放

四、考 核 要 求

（一）中国外汇管理制度改革历程

1. 识记：（1）1978 年改革开放前我国的外汇管理体制。（2）经济转轨时期我国的外汇管理体制。

2. 领会：我国的外汇管理体制改革。

（二）我国现行的外汇管理体制框架简述

1. 识记：中国现行外汇制度内容简介。

2. 领会：中国外汇管理体制改革的成效和积极意义。

（三）中国外汇管理体制现存的问题

领会：（1）人民币汇率形成机制市场化程度低，人民币汇率制度实际上已经逐步演变为盯住美元的固定汇率制度。（2）我国现行的固定汇率制度会削弱我国货币政策的效力。（3）我国现行的固定汇率制度淡化了我国企业的汇率风险意识。（4）人民币汇率过于稳定存在很大的外汇投机风险。（5）外汇市场发展不规范，不健全。（6）银行结售汇制度缺乏弹性。

（四）中国外汇管理体制改革方向

领会：（1）逐步推进资本项目可兑换。（2）实现人民币汇率形成市场化。（3）推行比例结汇形式的意愿结汇制。（4）建立符合国际规范的外汇市场。（5）进一步完善国际收支申报体系。（6）进一步完善外汇管理法规体系。

（五）资本项目可兑换的含义

识记：资本项目可兑换的含义。

（六）现行国际收支中资本项目的管理

识记：现行国际收支中资本项目的管理。

（七）人民币资本项目可兑换的收益与风险

1. 识记：人民币资本项目可兑换的收益分析。

2. 领会：人民币资本项目可兑换的风险分析。

（八）中国经济深度开放形势下的资本项目可兑换压力

领会：（1）WTO以及相关国际组织的推动。（2）开放型经济大发展的内在需要。（3）资本管制的有效性受到越来越大的挑战。（4）难以承受的管制成本。

（九）谨慎推进资本项目可兑换进程

1. 识记：（1）尽快放开类。（2）逐步放宽类。

2. 领会：（1）偏严掌握类。（2）严格控制类。

（十）中国金融开放概述

1. 识记：中国金融开放的历程回顾及未来展望。

2. 领会：中国金融开放面临的机遇、挑战及对策。

（十一）中国金融对外开放的改革发展方向

1. 识记：清理和完善金融法律体系。

2. 领会：（1）提高金融政策的透明度。（2）确立审慎的金融监管体制。

（十二）中国金融服务各行业的对外开放

领会：（1）中国银行业的对外开放。（2）中国证券业的对外开放。（3）中国保险业的对外开放。

第十一章　中国利用外资管理

一、学习目的和要求

通过本章学习，要求重点掌握我国利用外资的必要性、具体方式，以及我国对外资的优惠政策和对外资的管理等问题的基本知识。

二、课　程　内　容

第一节　中国利用外资的概况

（一）中国利用外资的历史回顾
1. 中华人民共和国成立初期至 1977 年
2. 改革开放后至今
（二）外资对我国经济发展的作用

第二节　中国利用外资的方式

（一）外商直接投资
1. 中外合资经营企业
2. 中外合作经营企业
3. 外商独资企业
4. 外商投资股份有限公司
5. 投资性公司
6. 中外合作开发企业

7. BOT 投资方式

（二）对外借款

1. 政府借款

2. 国际金融组织贷款

3. 国际商业贷款

（三）对外证券融资

1. 对外发行证券

2. 通过上市筹集资金

（四）其他方式

1. 补偿贸易

2. 对外加工装配

第三节　入世与我国利用外资的政策措施

（一）中国有关利用外资的优惠政策及评价

1. 中国有关利用外资的优惠政策

2. 对中国利用外资优惠政策的评价

（二）世贸组织有关投资的协议

1. 与投资有关的世贸组织的一些主要的基本原则

2.《与贸易有关的投资措施协议》与中国利用外资

（三）入世对我国利用外资的影响

三、考核知识点

（一）我国利用外资的概况

（二）利用外资的必要性

（三）外商直接投资

（四）对外借款

（五）对外证券融资

（六）利用外资的优惠政策及评价

（七）WTO 与利用外资

四、考 核 要 求

（一）我国利用外资的概况

识记：我国利用外资的发展历程。

（二）利用外资的必要性

领会：外资对我国经济发展的作用。

（三）外商直接投资

1. 识记：（1）中外合资经营企业。（2）中外合作经营企业。（3）外商独资企业。（4）外商投资股份有限公司。（5）投资性公司。（6）中外合作开发企业。

2. 领会：（1）中国利用外商直接投资的概况。（2）各种外商投资企业的特点。

3. BOT 投资方式。

（四）对外借款

1. 识记：（1）政府借款。（2）国际商业贷款。（3）国际金融组织贷款

2. 领会：（1）中国对外借款的概况。（2）各种借款方式的特点。

（五）对外证券融资

1. 识记：对外发行证券。

2. 领会：中国对外证券融资的概况及特点。

3. 应用：通过上市筹集资金。

（六）利用外资的优惠政策及评价

1. 识记：中国对外资优惠政策的内容。

2. 领会：利用外资的优惠政策对我国经济发展产生的影响。

（七）WTO 与利用外资

领会：加入 WTO 对中国利用外资的影响。

第十二章　中国对外投资管理

一、学习目的和要求

通过本章学习，要求重点掌握中国对外投资的必要性、可行性、基本方式、战略和策略，以及对外投资管理等问题的基本知识。

二、课 程 内 容

第一节　中国对外投资概况

（一）中国对外投资的发展概况
（二）中国对外投资的特点
（三）中国对外投资的必要性
（四）中国对外投资的可行性

第二节　"走出去"战略与中国企业海外直接投资

（一）"走出去"战略的含义
（二）中国实施"走出去"的战略意义
（三）入世与"走出去"战略

第三节　中国对外投资的方式和战略

（一）中国对外投资的方式

1. 对外直接投资

2. 对外证券投资

（二）中国企业对外投资的战略

1. 投资主体选择战略

2. 投资部门和行业选择战略

3. 投资区域选择战略

4. 全方位市场战略

5. 银行与企业密切联合的资金融通战略

6. 跨国并购战略

7. 中小企业发展战略

8. "属地化"战略

第四节　中国对外投资管理

（一）中国对外投资的宏观管理

1. 国务院综合性归口管理

2. 专业性管理

3. 地方政府管理

4. 中国驻外使馆的管理

（二）中国对外投资的法律法规和政策

1. 中国对外投资的立法原则

2. 中国对外投资的法律和法规

（三）中国对外直接投资的鼓励与保护政策

1. 资金扶持

2. 税收减免和外汇留成

3. 海外企业产品进口

4. 机电产品出口企业海外投资优惠政策

5. 向海外投资者提供保护的政策

（四）中国企业在海外投资开办企业的程序

（五）中国对外投资企业项目建议书、可行性报告、合同及章程的主要内容

第五节　中国对外投资管理中存在的问题及应对措施

（一）中国对外投资管理中存在的问题

（二）中国对外投资管理中应对问题的措施

三、考核知识点

（一）中国对外投资的特点

（二）中国对外投资的可行性与必要性

（三）中国"走出去"战略与对外投资

（四）中国入世与"走出去"战略

（五）中国股权投资

（六）中国对外投资的战略

（七）中国对外投资的管理和审批

（八）中国对外投资管理中存在的问题及应对措施

四、考核要求

（一）中国对外投资的特点

领会：中国对外投资的特点。

（二）中国对外投资的必要性和可行性

领会：中国对外投资的必要性和可行性。

（三）中国"走出去"战略与对外投资

1. 识记："走出去"战略的含义和层次。

2. 领会："走出去"战略与对外投资的关系。

（四）中国入世与"走出去"战略

领会：中国入世与"走出去"战略的关系。

（五）股权投资

1. 识记：股权投资：（1）独资企业。（2）合资企业：①股权式合资企业。②契约式合资企业。

2. 领会：各种股权投资的特点。

（六）中国对外投资战略

1. 识记：（1）投资主体选择战略。（2）投资部门和行业选择战略。（3）投资区域选择战略。（4）全方位市场战略。（5）银行与企业密切联合的资金融通战略。（6）跨国并购战略。（7）中小企业发展战略。（8）"属地化"战略。

2. 领会：中国对外投资各项战略实施情况。

（七）中国对外投资的管理和审批

1. 识记：（1）中国对外投资的管理原则。（2）中国对外投资的审批原则。

2. 领会：中国对外投资管理机构。

3. 应用：中国对外投资管理的法律法规的实施。

（八）中国对外投资管理中存在的问题及应对措施

领会：（1）中国对外投资管理中存在的问题。（2）如何解决我国对外投资管理中存在的问题。（3）如何进一步发展如国对外投资。

第十三章　国际工程承包与劳务合作

一、学习目的和要求

通过本章的学习，要求应考者掌握国际工程承包与劳务合作的基本概念，国际工程承包与劳务合作市场的特点，招投标的基本程序，国际工程承包合同的主要内容；熟悉银行保函的种类，施工索赔的方法；了解中国开展国际工程承包的现状等。

二、课 程 内 容

第一节　国际工程承包概述

（一）国际工程承包的含义
（二）国际工程承包方式
（三）国际工程承包市场的特点

第二节　招标与投标

（一）招标
1. 招标的概念
2. 招标的方式
3. 招标的程序
（二）投标
1. 投标的概念
2. 投标的特点

632

第三节　国际工程承包合同与施工管理

（一）合同的种类

1. 按价格的构成和价格的确定方法来划分，合同可以分为总价合同、单价合同和成本加酬金合同。

2. 按承包的内容划分，合同可以分为施工合同、设备的供应与安装合同、工程咨询合同、工程服务合同、交钥匙合同、交产品合同、BOT 合同。

3. 按承包方式划分，合同可分为总包合同、分包合同和二包合同。

（二）国际工程承包合同的内容

1. 承包合同的定义

2. 业主的责任与违约

3. 承包商的义务与违约

4. 工程师和工程师代表

5. 转让与分包

6. 开工与竣工

7. 检验与检查

8. 工程移交

9. 工程变更

10. 价格与支付

11. 特殊风险

12. 争议的解决

（三）国际工程承包的施工管理

第四节　国际工程承包的银行保函

（一）银行保函的含义

（二）银行保函的内容

（三）银行保函的种类

1. 投标保函
2. 履约保函
3. 预付款保函
4. 工程维修保函
5. 临时进口物资税收保函
6. 免税工程的进口物资税收保函

第五节　国际工程承包的施工索赔与保险

（一）施工索赔
1. 施工索赔的含义
2. 施工索赔的原因
3. 施工索赔的依据与费用
4. 索赔的程序
（二）国际工程承包保险
（三）国际工程承包保险的险别
1. 工程一切险
2. 第三方责任险
3. 人身意外险
4. 汽车险
5. 货物运输险
6. 社会福利险

第六节　国际劳务合作

（一）国际劳务合作的概念
（二）国际劳务合作的作用
1. 对劳务输出国的作用
2. 对劳务输入国的作用
3. 对整个世界经济的作用
（三）劳务输出及其客观必然性

1. 劳务输出的概念

2. 劳务输出的客观必然性

（四）劳务的种类及劳务输出的方式

1. 劳务的种类

2. 劳务输出的方式

（五）国际劳务市场及其与商品贸易市场的区别

1. 国际劳务市场的概念

2. 国际劳务市场与商品贸易市场的区别

（六）国际劳务合同的基本条款

1. 雇主的义务

2. 劳务输出方的义务

3. 劳务人员的工资待遇

4. 劳务人员的生活待遇

5. 劳动与社会保障

6. 仲裁条款

第七节　中国对外承包工程与劳务合作

（一）中国开展对外承包工程与劳务输出的指导思想

（二）中国经营对外承包和劳务输出业务的公司应具备的条件

三、考核知识点

（一）国际工程承包概述

（二）招标

（三）投标

（四）国际工程承包合同

（五）国际工程承包的银行保函

（六）国际工程承包的施工索赔与保险

（七）国际劳务合作

四、考核要求

（一）国际工程承包概述

1. 识记：（1）国际工程承包的概念。（2）总包。（3）单独承包。（4）分包。（5）二包。

2. 领会：国际工程承包市场的特点。

3. 应用：（1）联合承包。（2）合作承包。

（二）招标

1. 识记：（1）招标的概念。（2）公开招标。（3）国际限制性招标。（4）两段招标。

2. 领会：（1）谈判招标。（2）招标的特点。

3. 应用：招标程序。

（三）投标

1. 识记：（1）投标的概念。（2）投标的特点。

2. 领会：（1）投标的程序。（2）标书。

3. 应用：投标的程序。

（四）国际工程承包合同

1. 识记：（1）交产品合同。（2）BOT 合同。（3）交钥匙合同。（4）总价合同。（5）单价合同。（6）成本加酬金合同。

2. 领会：（1）施工合同。（2）设备的供应与安装合同。（3）工程咨询合同。（4）工程服务合同。

（五）国际工程承包的银行保函

1. 识记：（1）国际工程承包银行保函的含义。（2）履约保函。（3）预付款保函。

2. 领会：（1）银行保函的内容。（2）工程维修保函。（3）临时进口物资税收保函。（4）免税工程的进口物资税收保函。

（六）国际工程承包的施工索赔与保险

1. 识记：（1）施工索赔的含义。（2）施工索赔的原因。（3）施工索赔的依据。（4）工程一切险。（5）第三方责任险。

2. 领会：（1）施工索赔的费用。（2）人身意外险。（3）汽车险。（4）货物运输险。（5）社会福利险。

3. 应用：索赔的程序。

（七）国际劳务合作

1. 识记：（1）国际劳务合作的作用。（2）劳务的种类。（3）劳务输出的方式。

2. 领会：（1）劳务输出的客观必然性。（2）国际劳务市场及其与商品贸易市场的区别。

3. 应用：国际劳务合同的基本条款。

第十四章　国际发展援助

一、学习目的和要求

通过本章的学习，要求应考者掌握国际发展援助的方式，联合国发展系统及其援助的实施方法和程序，世界银行贷款的种类、特点、条件及发放程序，政府贷款的种类、特点和发放程序；熟悉主要发达国家对外发展援助机构；了解当代国际发展援助的特点等。

二、课 程 内 容

第一节　国际发展援助概述

（一）国际发展援助的概念

（二）国际发展援助的方式

1. 双边援助

2. 多边援助

3. 财政援助

4. 技术援助

5. 项目援助

6. 方案援助

（三）国际发展援助的特点

第二节　联合国发展系统的援助

（一）联合国发展系统

（二）联合国发展系统的三大筹资机构

（三）联合国发展系统援助的实施程序

1. 制定国别方案和国家间方案

2. 编制项目文件

3. 项目的实施

4. 项目的评价

5. 项目的后续活动

第三节　世界银行贷款

（一）世界银行概述

（二）世界银行贷款的特点

（三）世界银行的贷款条件

（四）世界银行贷款的种类

1. 具体投资贷款

2. 部门贷款

3. 结构调整贷款

4. 技术援助贷款

5. 紧急复兴贷款

（五）世界银行贷款的发放程序

1. 项目的选定

2. 项目的准备

3. 项目的评估

4. 项目的谈判

5. 项目的执行

6. 项目的总结评价

第四节　政　府　贷　款

（一）政府贷款的概念及其种类

（二）各国提供政府贷款的一般条件

（三）政府贷款的发放程序

第五节　主要发达国家的对外发展援助

（一）美国的对外发展援助
（二）日本的对外发展援助
（三）法国的对外发展援助
（四）德国的对外发展援助
（五）英国的对外发展援助

第六节　中国与国际发展援助

（一）中国对外发展援助
1. 中国对外发展援助概述
2. 中国对外援助方式的改革
（二）中国利用国际发展援助
1. 中国利用国际双边援助
2. 中国利用国际多边援助
（三）中国参与国际发展援助的意义

三、考核知识点

（一）国际发展援助概述
（二）联合国发展系统
（三）世界银行贷款
（四）政府贷款
（五）中国与国际发展援助

四、考　核　要　求

（一）国际发展援助概述

1. 识记：（1）国际发展援助的概念。（2）双边援助。（3）多边援助。（4）财政援助。（5）技术援助。

2. 领会：（1）项目援助。（2）方案援助。（3）国际发展援助的特点。

（二）联合国发展系统

1. 识记：（1）联合国发展系统。（2）开发计划署。（3）儿童基金会。（4）人口基金会。

2. 领会：（1）联合国发展系统援助的实施程序。（2）国别方案。（3）国家间方案

（三）世界银行贷款

1. 识记：（1）国际复兴开发银行。（2）国际开发协会。（3）国际金融公司。（4）世界银行贷款的特点。

2. 领会：（1）世界银行的贷款条件。（2）世界银行贷款的种类。

3. 应用：世界银行贷款的发放程序。

（四）政府贷款

1. 识记：（1）政府贷款的概念。（2）软贷款。（3）混合型贷款。

2. 领会：各国提供政府贷款的一般条件。

3. 应用：政府贷款的发放程序。

（五）中国与国际发展援助

1. 识记：（1）中国对外援助的发展阶段。（2）中国利用国际多边援助。

2. 领会：（1）中国利用国际双边援助。（2）中国参与国际发展援助的意义。

Ⅲ 有关说明与实施要求

为了使本大纲的规定在个人自学、社会助学和考试命题中得到贯彻和落实，兹对有关问题作如下说明，并进而提出具体实施要求。

一、关于考核目标的说明

为使考试内容具体化和考试要求标准化，本大纲在列出考试内容的基础上，对各章规定了考核目标，包括考核知识点和考核要求。明确考核目标，使自学应考者能够进一步明确考试内容和要求，更有目的地系统学习教材；使考试命题能够明确命题范围，更准确地安排考试的知识能力层次和难易度。

本大纲在考核目标中，按照识记、领会、应用三个层次规定其应达到的能力层次要求。三个能力层次是递进等级关系。各能力层次的含义是：

识记：能知道有关的名词、概念、知识的含义，并能正确认识和表述。是低层次的要求。

领会：在识记的基础上，能全面把握基本概念、基本原理、基本方法，能掌握有关概念、原理、方法的区别与联系。是较高层次的要求。

应用：在领会的基础上，能运用基本概念、基本原理、基本方法分析和解决有关的理论问题和实际问题。其中"简单应用"，是指在领会的基础上，能用学过的一两个知识点分析和解决简单的问题；"综合应用"，是指在简单应用的基础上，能用学过的多个知识点，综合分析和解决比较复杂的问题，是最高层次的要求。

二、关于自学教材

全国组编本：《对外经济管理概论》，杜奇华主编，武汉大学出版社 2005 年版。

三、自学方法指导

1. 在全面系统学习的基础上掌握基本理论、基本知识、基本方法。本课程内容涉及国民经济和社会发展的各个方面，知识范围广泛，各章之间既有联系又有很大不同，有的还有相对独立性。自学应考者应首先全面系统地学习各章，记忆应当识记的基本概念、名词，深入理解基本理论，弄懂基本方法的内涵；其次，要认识各章之间的联系，注意区分相近的概念和相类似的问题，并掌握它们之间的联系；再次，在全面系统学习的基础上，有目的的深入学习重点章节，但切忌在没有全面系统学习教材的情况下孤立地去抓重点。

2. 本课程涉及国际经济领域内的各种知识，内容十分复杂，要完全精通这些知识，绝非只学习这门课程就能够完成。因此，本课程特别强调基本知识的学习和掌握，要在这方面狠下功夫。

3. 重视理论联系实际，注意结合我国对外经济管理工作的实践进行学习。自学应考者在学习过程中应把课程的内容同当前国际经济的现状和我国对外经济管理的实际联系起来，进行对照比较，分析研究，以增强感性认识，更深刻地领会教材内容，将知识转化为能力，提高自学分析问题和解决问题的能力。

四、对于社会助学的要求

1. 社会助学者应根据本大纲规定的考试内容和考核目标，认真钻研指定教材，明确本课程与其他课程的不同特点和学习要求，对自学应考者进行切实有效的辅导，引导他们防止自学中的各种偏向，把握社会助学的正确导向。

2. 要正确处理基础知识和应用能力的关系，努力引导自学应考者将识记、领会同应用联系起来，把基础知识和原理转化为应用能力，在全面辅导的基础上，着重培养和提高自学应考者分析问题和解决问题的能力。

3. 要正确处理重点和一般的关系。课程内容有重点与一般之分，但考试内容是全面的，而且重点与一般是相互联系的，不是截然分开的。社会助学者应指导助学应考者全面系统地学习教材，掌握全部考试内容和考核知识点，在此基础上再突出重点。总之，要把重点学习同兼顾一般结合起来，切忌孤立地抓重点，把自学应考者引向猜题押题。

五、关于考试命题的若干要求

1. 本课程的命题考试，应根据本大纲所规定的考试内容和考核目标来确定考试范围和考核要求，不要任意扩大或缩小考试范围，提高或降低考核要求。考试试题要覆盖到各章，并适当突出重点章节，体现本课程的内容重点。

2. 本课程在试题中对不同能力层次要求的分数比例一般为：识记占20%，领会占30%，简单应用占30%，综合应用占20%。

3. 试题要合理安排难度结构。试题难易度可分为易、较易、较难、难四个等级。每份试卷中，不同难易度试题的分数比例，一般为：易，占20%；较易，占30%；较难，占30%；难，占20%。必须注意，试题的难度与能力层次不是一个概念，在各能力层次中都会存在不同难度的问题，切勿混淆。

4. 本课程考试试卷采用的题型，一般有：单项选择题、多项选择题、名词解释、简答题、论述题。各种题型的具体形式可参见本大纲附录。

附录 题型举例

（一）**单项选择题**（在每小题列出的四个备选项中只有一个是符合题目要求的，请将其代码填写在题后的括号内。错选、多选或未选均无分）

1. 净贸易条件的计算公式是（　　　）。
   A. $I = (P_X/P_M) \times Q_X$
   B. $S = (P_X/P_M) \times Z_X$
   C. $N = (P_X/P_M) \times 100$
   D. $D = (P_X/P_M) \times (Z_X/Z_M)$

2. 新外贸法规定，我国对技术贸易采用（　　　）。
   A. 授权审批　　　　　　　B. 外贸登记
   C. 许可证管理　　　　　　D. 严格限制

3. 在下列贷款方式中，属于援助性贷款的是（　　　）。
   A. 出口信贷　　　　　　　B. 政府贷款
   C. 商业银行贷款　　　　　D. 打包放款

（二）**多项选择题**（在每小题列出的五个备选项中有两个以上是符合题目要求的，请将其代码填写在每题后的括号内。错选、多选、少选或未选均无分）

1. 影响国际分工发展的因素包括（　　　）。
   A. 社会生产力是国际分工形成和发展的决定性因素
   B. 自然条件是国际分工产生和发展的基础性条件
   C. 资本国际化是国际分工深入发展的必要条件
   D. 国际经济与贸易是国际分工深入发展的必要条件
   E. 国际生产关系决定了国际分工的性质

2. 国际服务贸易壁垒的主要形式有（　　　）。

A. 人员移动壁垒　　B. 资本移动壁垒

C. 产品移动壁垒　　D. 商业存在壁垒

E. 服务移动壁垒

3. 目前，我国利用的外国政府贷款的主要种类有（　　　）。

A. 项目贷款　　　　B. 无息贷款

C. 计息贷款　　　　D. 合同贷款

E. 混合贷款

（三）名词解释

1. 倾销

2. 国际收支

3. 专利

（四）简答题

1. 国际经济与贸易产生的基本条件是什么？

2. 《中华人民共和国对外贸易法》的基本原则是什么？

3. 利用外资对我国经济发展带来哪些推动作用？

（五）论述题

1. 试述产业内贸易的含义及其特点，并分析产业内贸易理论对当今国际贸易活动的现实指导意义。

2. 试述我国国际技术贸易活动中如何保护中外双方知识产权人的权利。

3. 试述入世后如何进一步加强我国对外投资的管理？对管理中现存的问题如何进行妥善的解决？

后　　记

2004 年 4 月由教育部全国高等教育自学考试办公室召开了全国高等教育自学考试课程大纲、教材编前会，会上确定了《对外经济管理概论》课程大纲编写的指导思想、基本原则和要求。

本大纲由对外经济贸易大学杜奇华教授负责编写。大纲写成后，北京师范大学姚新超教授、对外经济贸易大学于俊年教授和北京大学杜丽群副教授对大纲进行审稿并提出修改意见。在此一并表示感谢。

全国高等教育自学考试指导委员会

经济管理类专业委员会

2005 年 7 月